U0685106

2022

wanguo万国　深蓝法考

国家统一法律职业资格考试

刑法

讲义版 ②

万国专题讲座

孙自立◎编著
万国深蓝法考研究中心◎组编

中国法制出版社
CHINA LEGAL PUBLISHING HOUSE

图书在版编目（CIP）数据

刑法 / 孙自立编著；万国深蓝法考研究中心组编
. —北京：中国法制出版社，2022.1
2022国家统一法律职业资格考试万国专题讲座：讲
义版
ISBN 978-7-5216-2257-7

Ⅰ. ①刑⋯　Ⅱ. ①孙⋯　②万⋯　Ⅲ. ①刑法—中国—
资格考试—自学参考资料　Ⅳ. ①D924.04

中国版本图书馆CIP数据核字（2021）第220716号

责任编辑：黄丹丹　　　　　　　　　　　　　　　　封面设计：李　宁

刑法
XING FA

编著 / 孙自立
组编 / 万国深蓝法考研究中心
经销 / 新华书店
印刷 / 保定市中画美凯印刷有限公司
开本 / 787毫米 × 1092毫米　16开　　　　　　　印张 / 27.5　字数 / 635千
版次 / 2022年1月第1版　　　　　　　　　　　2022年1月第1次印刷

中国法制出版社出版
书号 ISBN 978-7-5216-2257-7　　　　　　　　　　　　　定价：74.00元

北京市西城区西便门西里甲16号西便门办公区　　　传真：010-63141852
邮政编码：100053

网址 : http://www.zgfzs.com　　　　　　　　　　　**编辑部电话 : 010-63141812**
市场营销部电话 : 010-63141612　　　　　　　　　**印务部电话 : 010-63141606**
（如有印装质量问题，请与本社印务部联系。）

如有二维码使用问题，请与万国深蓝法考技术部联系。二维码使用有效期截至2022年12月31日。电话：400-155-1220

总序

精准学习，锚定法考通关之路

丢掉考试中40%的分数仍可能通关，貌似宽松；但实际上，过往的法考（司考）每年通过率不到20%，八成以上考生被拒之门外。高容错率、低通过率，似乎是难题太多；而在历年考题中，高难度、易丢分的题目却又屈指可数。这就是法考（司考）的奇特属性，也是被蒙蔽了接近二十年的不解之谜。这一不解之谜所造成的痛苦达到二十年多之顶峰，也加剧了考生的无所适从（刚出考场就开始在网上吐槽）。

2018年，法考在诸多方面出现了划时代的重大变化——主观题、客观题分开考，主观题开卷考，机考方式改革，内容结构调整等；2019年，考试时间提前，客观题分两批次考试；2020年，考试延期，主观题考试实现全面机考，采用电子法条形式，并出现民法学科与商法学科、民法学科与民事诉讼法学科交叉考查的新形式；2021年，考试再度延期，考生们在延期等待中苦苦坚持、又在坚持中对将会出现的变化迷茫无措。我们不禁疑问，法考还会出现哪些变革？

在迷雾中，我们已经探索了二十多年，从传统的培训，到基于移动互联网的培训。我们现在确信：以往荒唐的备考方式，是真正的、唯一的谜底。

以往备考是这样的：买上摞起来差不多一米高的书，尽早开始，在两个月内将所有学科快速学完一遍，之后无限循环，在考前达到五轮甚至六轮以上的重复。这种备考方式可称为"消耗式学习"，它需要大量时间，透支备考者的体力、精力，但是否能真正掌握知识点，却是"混沌"的。

"消耗式学习"的另一个场景，是在时间超长的名师视频课件中点播，然后像网络追剧般看完每一个视频。视频课件中"名师"带来的微妙心理暗示，给备考者营造出最舒适的备考体验。然而视频即使全部看完，考题正确率却仍旧难以提升。

"消耗式学习"的失败，在于它试图通过机械式重复学习来谋求理解上的深入，只关注知识的"强行灌输"过程，甚少关注消化与否的结果，只关注知识的"输入"，甚少关注知识的"输出"（即在记忆、理解知识的基础上运用知识）；知识"输入"时只考虑到大多数考生的共性问题，甚少涉及每个考生的个性化问题。

彻底揭开不解之谜的谜底，让备考高效的解决之道应当是：在备战法考的全过程中，能始终对考生各知识掌握情况持续测量，之后全面评估考生的掌握程度分布，从而有针对性地安排接下来的学习重点。这样的路径在考生的个体维度独立建立，便意味着每个人都拥有了对自己而言效率最高且独一无二的备考过程。

万国，以此构建"深蓝法考"。

从2017年开始，深蓝法考APP开始帮助每年备考的考生们通过客观题，再通过主观题！实现了他们法考过关的梦想。"精准学习＋个性化定制"的备考方式，让进入深蓝的考生们，无法再回到过去的备考模式中，深蓝把备考的一切装进考生的口袋，它是所向披靡的法考通关工具。深蓝成为那些没有非常充足时间、复习时间碎片化且亟需复习效率的在职备考人员的贴心人。

深蓝法考APP客观题备考学习阶段

进入深蓝法考APP的学习，第一步是对考生的实际学习需求进行测评，定制出个性化的学习计划，在此基础上，进入"基础学习＋考前冲刺"的深蓝全程学习。学习模式包括：初阶的"学＋测"；高阶的"学＋测＋补"。

随着学习内容及学习阶段的不断推进，深蓝及时安排考生完成与学习进度相同学科的测试卷。测试卷的作用是帮助考生查找学习薄弱环节；接下来，深蓝私教安排考生进入一对一的深蓝问诊课堂，通过课后定制的解决方案，帮助考生将学习中的薄弱环节学懂、掌握。深蓝在每个学习节点上，都推出法考多学科不同主题的直播授课。进入考前冲刺，深蓝问诊课是考生高效、精准学习的强大学习工具，确保考生对高频考点的全面掌握。

"基础学习＋考前冲刺"的深蓝全程学习内容，全部都在考生各自的定制计划中以动态调整的形式不断完美实现，这就是考生们在深蓝法考APP的帮助下，顺利通过的重要原因。

深蓝法考APP主观题备考学习阶段

深蓝依据历年主观题考试内容，将攻克主观题所要具备的能力，归纳为通关核心三大能力，这三大能力是：（1）对主观题具体问题的定性与判断的知识能力；（2）答案定位于法条，确定法言法语关键词的能力；（3）知识答案＋法言法语关键词形成表述的能力。

三大能力的学习与训练完美地体现在深蓝"精准学习＋个性化定制"的法考主观题应试学习产品之中：首先，深蓝通过课前测试对考生学习需求进行初步归因和归类；其次，通过深蓝"学练测＋问诊课"，定制出个性化的学习计划；再次，将考生在深蓝题库或学练测中所展示的学习薄弱点，关联到三大能力项下，进行数据整合，以周为单位推出考生主观题三大能力学习数据报告；最后，指导考生进行精准地查漏补缺学习。

同时，深蓝主观题的人工视频批改是目前法考主观题产品中成效显著、口碑极佳的学习通关工具，它的批改效果极大提高了考生对上述三大能力的掌握效率。

深蓝清晰而精准地记录了每一位深蓝考生客观题、主观题学习的全部过程，包括学习上的进步、学习中途的停滞，以及放弃学习之后的倒退等每一个细小环节，生成每一位深蓝考生的学习数据轨迹。这些学习数据迅速提供给深蓝教研团队，帮助他们不断开发新的法考学习产品，造福更多的考生通过考试，实现梦想！

北美冰球手韦恩·格雷茨基的一句话隐喻了远见，令我受益匪浅："我向冰球将要到达的地方滑去，而不是它曾经过的地方。"教育与技术深度结合形成了完美交集，我喜欢这个交集，也确信"深蓝法考"所做的一切已是个正确的开始。

2021 年 11 月

前言

　　1993年的秋天，夕阳照满了整个村子，炊烟袅袅……4周岁的小孙和一群小伙伴在村头正忙着烤偷自庄稼地的玉米和地瓜（数额和年龄均不够，不成立盗窃罪），一个个被熏黑的小脸露着洁白的大板牙吃得不亦乐乎。不知谁嘴欠说了一句：那边有个柴垛，谁敢点了？大家面面相觑，停下嘴中的美食，露出"怂包"的表情。"这有啥不敢的？我来！"人群中传来"首要分子"小孙的呐喊声！

　　其实他们也不是真怂，因为柴垛不远处就是村口的加油站和木材加工作坊。小孙能揽下这个任务，实属"人在江湖做大哥，骑虎难下"。就这样，火苗借着风势瞬间变成火球（放火罪这个具体危险犯的危险已成定局）。跑，就成了接下来这帮小屁孩唯一的出路。

　　后续结果就是：在村长喇叭广播通知下，几乎全村的老少爷们都来救火，你一桶他一盆地泼。幸运的是，火势很快得到控制，没有爆炸，那个加油站还在，只是那个老板吓得只剩下半条命了。接下来的事情可想而知，迫于"自首"或"立功"的一些人很快将小孙供出，并协助抓捕。小孙当年预料到后果极其严重，趁着天蒙蒙黑，大家救火时无所顾及，偷偷地溜走了。那一夜，小孙没敢回家，在村子某个不知名的柴垛窝了一个晚上，虽然村站喇叭不停传出小孙父母"不打小孙，只求其平安回家"的承诺，但是在那个4岁孩子眼中，这一切都是谎言，彻头彻尾的谎言……

　　5岁那年随着父母搬进了县城生活，那田地、河流、摸鱼、掏鸟、烤红薯、抓蚂蚱的日子成了他最怀恋的童年记忆。父母不久后的离异彻底改变了这个大家眼中的"坏孩子"，父亲的生病，母亲的离开，小孙不知哪来的勇气选择留守在父亲身边，过着粗茶淡饭的生活、穿着表兄、表姐剩下的衣服，这个孩子的脸上在那些年多了一丝坚毅。

　　小学毕业那个暑假，身体好些的父亲外出打工赚钱，小孙拿着父亲留下的些许现金自己独自生活了近2个月。黑夜，他不怕吗？应该是不怕的，毕竟是一个经历过独自在柴垛过夜的小伙子。暑假结束，小孙也迎来了自己的初中生涯。依稀记得，这家伙自己扛着行李卷，叫了一辆三轮车，将其送到离家不是很远的学校报到。在这里，小孙遇到了他人生中一个最难忘记的恩师——班主任"大娟"。大娟老师这三年里无论是学习还是生活上，都把小孙当成亲孩子一样对待，最让小孙感动的事儿，莫过于从同学那里听说的：班主任对孙自立也太好了吧，她自家孩子放学都没去及时接，而是先把洗好的水果送到了在宿舍生病休息的自立面前，量好体温、配好药看着他吃完才跑去接自家小孩。

小孙对大娟的那份恩情永远都不会忘记。他玩命地学习，最好的一次是在29个班，1300多人的初二考了一次全年级第19名。那次大娟老师开心地更像一个孩子……三年的时间过得好快，小孙考上了县里最好的中学，高二分班坚定选择了自己更爱的文科，考上了大学，读了研究生，更选择自己最爱的专业：法学。快20年了，小孙和大娟依旧亲人一样。如今，小孙的儿子"七仔"出生，1岁多了，自然多了一位爱他的奶奶！

小孙感谢父亲拼命供自己读书，也庆幸自己没有误入歧途，更感谢所有这一路上帮过他的师长、朋友、同学。一次偶然的机会（可能更是因为经济拮据的原因），小孙走上了法考、法硕培训的讲台，依稀记得为了第一次上台花了近10天时间备课，更记得这7年的授课中走南闯北的颠簸，这7年是奔波的、操劳的，更是幸福的。小孙遇到了心爱的姑娘，在相识这7年中，他们由朋友成为恋人，最后成为爱人。随着胖嘟嘟的"七仔"出生，当年的小孙怕是更名为老孙更合适了（私下同学更喜欢称呼他为"大圣"，可能是姓氏的缘由吧）。他身上的担子更重了，责任感也更强了，都说一个男人有了工作、有了家庭、有了孩子会更成熟，起初老孙并不完全相信，但现在的他在这条路上"痴迷"地前行着，乐此不疲。

回过头，来说说授课这些年，关于教学理念，老孙还是很有自己看法的——刑法是一门极其讲求思维逻辑的学科，不是只靠单纯背诵记忆就能拿下的。但是又有同学反映刑法逻辑听懂了，题目为什么依旧漏洞百出？不难看出，如今法考时代的题目难度逐年攀升，一般同学逻辑上似乎跟得上，但是其欠缺不少"技术"，那种能把知识点运用到做题实战中的技术，那种知识点看不出却依旧能"蒙对题"的技术。这些年老孙一直强调，备考应坚持"理论逻辑+应试技术"双管齐下的理念。一道题目就算理论上有所欠缺，考场上完全可能通过技术手段开辟新的得分方式。但这并不意味着学习上可以偷奸耍滑，所有的"技术"都是建立在踏实、勤奋、付出的基础之上。

你们备考路上的心酸、不易，过来人老孙极其懂得。感恩备考路上你我的相遇，这一路的相扶陪伴，注定会换来明天的面朝大海、春暖花开。

最后老孙祝福每一位努力备考的考生：法考均"既遂"，不辜负每一位老师的"教唆"与"帮助"。

对了，"坏老孙"的故事还有很多，诸如欺负表妹、盗窃四驱车、拆毁厨具、暴揍嘴欠的小于同学等等，我们未完待续……

法律职业资格考试是一个极要求扎实基本功的资格考试，这些年一直被流传"中华第一考"的江湖传说。也有人说过法律就是背诵下法条就可以啦，这种话只能被当作门外汉一样而被"鄙视"。

刑法应该是考试中所有学科中的"super star"了，不仅仅源于其分值很高、本身的江湖气息，同样也因为常常存在正反两面的观点展示而让同学们疲惫不堪。本书是完全按照官方考试用书和命题人的观点写作，为应试备考路上的大家，提供一个正确的指引。

孙自立

2021 年 12 月

编写说明

　　《万国专题讲座》是我们万国学校经过二十多年法考（司考）培训之摸索、锤炼，由我们优秀的授课老师和专业的研发中心人员共同创造出来的品牌，它已经成为国内法考培训领域中经典系列之一。

　　自2016年起，《万国专题讲座》引入互联网技术，打造完成"深蓝法考"学习平台，在传统图书培训环境中加入手机扫码，实现移动互联网式学习。《万国专题讲座》已经升级成为"会讲课""会刷题""会答疑"的全新法考学习通关模式。

　　《万国专题讲座·讲义版》由一线资深授课老师严格按照法考大纲的要求，全面系统编写而成。对于考生而言，是法考通关最基础的学习内容。本套书具有如下特点：

1.重要考点课程表

　　我们与授课老师反复沟通打磨，为广大考生全新呈现了"重要考点课程表"这一版块。

　　依托于"深蓝法考"APP的大数据学习模型，结合授课老师多年丰富授课经验，提炼历年司考真题及法考模拟题所涉高频考点，重要考点课程表归纳总结了法考学科的重要核心考点。同时，为助力考生全面系统学习，我们与授课老师一道，为重要考点课程表所涉考点配备了相应的视频（音频）课程。考生可通过扫描图书封面的二维码（一书一码），进入"深蓝法考"APP获取相关资源。

　　在"深蓝法考"APP上，考生可以获得个性化的定制学习：反复学习授课老师讲解的课件视频（音频）内容；就相关内容提出疑问，提交"深蓝"获取解答；在深蓝题库中刷题，检测自己的学习情况；在法条库中查找法条，初步建立起学科体系。

　　实现高效、精准学习，这就是深蓝法考2022年学习包讲义版相较同类品种的最大差异与优势。

2.知识体系图

　　在每一专题里，我们根据学科特点及授课老师的教学模式，以不同形式建立知识体系图。考生在这一知识体系图中可以清晰、直观地了解各个知识点（考点）之间的关系，同时还可以根据授课老师的讲解，在图上标注出重点、难点和自己需要反复学习的知识点，打造一份属于考生自己的法考学习笔记。

3.命题点拨

命题点拨包括三部分内容：本专题内考试大纲要求掌握的重点知识点（考点）、考试所出现的高频次考查内容以及对考试内容命题趋势的预测。

在此重点提醒考生，一定要仔细审读"命题点拨"的内容。在这一部分中，授课老师针对以上内容予以说明并给出复习建议，认真读懂这部分内容能帮助考生实现事半功倍的复习效果。

4.知识点详解

此部分为本书主干，是授课老师结合学科特点对各科内容的具体讲解。考生在学习初期，应先通读该部分内容，打好基础；继而根据授课老师针对重点知识点的考查角度、详细内容的讲解阐述，透彻理解掌握相关制度规则。

本部分有如下特点：一是授课老师将教学中考生所提出的疑难问题、易混淆问题进行集中讲解，配置详细的解析，帮助考生明晰哪些是重点考查的知识点，使考生在备考中能够做到明确重点、有的放矢；二是对于易混淆的知识点，我们设置了"注意"版块，从多视角进行解析，帮助考生绕开考点陷阱；三是对于需要重点记忆的内容，多以图表方式呈现，为考生记忆提供便利。

按照上述思路进行体系化学习后，考生可以清楚地将专题中的重点、易混淆、要背诵的知识点（考点）内容集中总结，按照学习计划从容备考。

5.经典考题

本书所收录的"经典考题"是近年来的司考真题及法考模拟题。遴选试题的标准是考点考查频次必须是2次以上；题目严谨，不能有较大歧义，同时要尽量方便考生查询。其作用是实现同步练习的目的。对于"经典考题"，我们在书中均给出了答案与解析，考生可以仔细阅读。

在此提醒考生，一定要及时刷题，找出学习中的漏洞；同时通过做题，体会重点考点、易混淆点、难点的内容，巩固并掌握知识点。

《万国专题讲座·讲义版》与《万国专题讲座·重点法条记忆版》《万国专题讲座·题库版》《万国专题讲座·精粹背诵版》组成超强的万国学习包提供给广大考生，祝福考生们心想事成，实现法考通关目标！

万国深蓝法考研究中心

2021 年 12 月

目录

刑法总论之三　刑罚论

刑法分论之一　分论概述

刑法分论之四　侵害国家法益的犯罪

◉ 重要考点课程表 ◉

序号	重要考点	序号	重要考点
1	刑法的解释	26	自首和立功
2	罪刑法定原则	27	数罪并罚制度
3	刑法的空间适用范围	28	缓刑制度
4	刑法的时间适用范围	29	减刑与假释
5	犯罪构成要件	30	刑罚消灭
6	单位犯罪	31	故意杀人罪
7	不作为犯	32	故意伤害罪
8	危害结果	33	侵犯行动自由的犯罪
9	刑法上的因果关系	34	侵犯人格权的犯罪
10	犯罪故意与过失	35	诬告陷害罪与刑讯逼供罪
11	故意犯罪的事实认识错误	36	抢劫罪
12	正当防卫与紧急避险	37	盗窃罪
13	刑事责任能力与年龄	38	诈骗罪
14	犯罪未遂	39	侵占与职务侵占罪
15	犯罪中止	40	敲诈勒索罪
16	共同犯罪的基本理论	41	故意毁坏财物罪
17	间接正犯	42	抢夺罪
18	共犯人的分类及其刑事责任	43	贪污罪
19	共犯的特殊问题	44	挪用公款罪
20	罪数的区分	45	受贿罪
21	实质的一罪	46	行贿罪
22	处断的一罪	47	生产、销售伪劣商品罪
23	管制、禁止令与死刑	48	走私罪
24	附加刑与量刑情节的分类	49	伪造货币罪与持有、使用假币罪
25	累犯	50	信用卡诈骗罪

续　表

序号	重要考点	序号	重要考点
51	保险诈骗罪	57	走私、贩卖、运输、制造毒品罪
52	合同诈骗罪与非法经营罪	58	以危险方法危害公共安全罪
53	招摇撞骗罪	59	交通肇事罪与危险驾驶罪
54	逃税罪	60	滥用职权罪
55	窝藏、包庇罪	61	玩忽职守罪
56	伪证罪、妨害作证罪与帮助毁灭、伪造证据罪	62	徇私枉法罪与司法工作人员的其他渎职犯罪

⊙ 刑法总则体系图表 ⊙

【介绍】一颗星代表一般了解；三颗星代表比较重要；五颗星代表非常重要（考试必考点）

刑法总论	刑法论	刑法概说			1.刑法的概念 ★
					2.刑法的特征 ★
					3.刑法的解释 ★★★★★
		刑法的基本原则			1.罪刑法定原则 ★★★★★
					2.平等适用刑法原则 ★
					3.罪刑相适应原则 ★
		刑法适用效力	空间适用范围		1.属地原则 ★★★
					2.属人原则 ★★★
					3.保护原则 ★★★
					4.普遍管辖原则 ★★★
			时间适用范围		从旧兼从轻原则 ★★★
	犯罪论	犯罪构成	客观违法层面	构成要件	1.行为主体 ★★★
					2.行为对象 ★
					3.危害行为 ★★★★★
					4.危害结果 ★★★
					5.因果关系 ★★★★★
				阻却事由	1.正当防卫 ★★★★★
					2.紧急避险 ★★★
					3.被害人承诺 ★★★
			主观责任层面	构成要件	1.犯罪故意 ★★★★★
					2.犯罪过失 ★★★★★
					3.无罪过事件 ★★★
					4.事实认识错误 ★★★★★
				阻却事由	1.责任年龄 ★★★★★
					2.责任能力 ★★★★★
					3.违法性认识可能性 ★★★
					4.期待可能性 ★★★

续　表

刑法总论	犯罪论	未完成形态	1.犯罪预备★★		
			2.犯罪未遂★★★★		
			3.犯罪中止★★★★★		
		共同犯罪	1.共同犯罪的基础理论★★		
			2.共同正犯★★★		
			3.间接正犯★★★		
			4.狭义的共犯（教唆犯与帮助犯）★★★★★		
			5.承继的共犯（中途上了贼船）★★★★★		
			6.片面的共犯★★★		
			7.共犯的特殊问题★★★★★		
			8.共犯的处罚★★★		
		罪数	实质的一罪	1.继续犯★★★	
				2.想象竞合犯★★★★★	
				3.结果加重犯★★★★★	
			法定的一罪	1.结合犯★★★	
				2.集合犯★	
			处断的一罪	1.连续犯★	
				2.牵连犯★★★	
				3.吸收犯★★★	
	刑罚论	刑罚的体系	主刑	1.管制★★★	
				2.拘役★★★	
				3.有期徒刑★	
				4.无期徒刑★	
				5.死刑★★★★★	
			附加刑	1.罚金★★★	
				2.没收财产★★★	
				3.剥夺政治权利★★★	
				4.驱逐出境★	
		刑罚的裁量	1.量刑情节★★★	2.累犯★★★★★	
			3.自首★★★★★	4.立功★★★★★	
			5.数罪并罚★★★★★	6.缓刑★★★★★	
		刑罚的执行与消灭	1.减刑★★★		
			2.假释★★★★★		
			3.追诉时效★★★		

◎ 刑法分则体系图表 ◎

刑法分论	人身犯罪	1.故意杀人罪与故意伤害罪 ★★★★★
		2.组织出卖人体器官罪 ★★★
		3.遗弃罪 ★★★
		4.强奸罪 ★★★
		5.强制猥亵、侮辱罪 ★★★
		6.负有照护职责人员性侵罪 ★★★
		7.非法拘禁罪 ★★★★★
		8.绑架罪 ★★★★★
		9.拐卖妇女、儿童罪 ★★★★★
		10.收买被拐卖的妇女、儿童罪 ★★★
		11.诬告陷害罪 ★★★
		12.侮辱罪、诽谤罪 ★★★
		13.刑讯逼供罪、暴力取证罪 ★★★
		14.强迫劳动罪 ★★★
		15.虐待罪；虐待被监护、看护人罪 ★★★
		16.雇用童工从事危重劳动罪 ★
		17.虐待被监管人罪 ★
		18.侵犯公民个人信息罪 ★★★
		19.破坏军婚罪 ★
	侵犯财产罪	1.抢劫罪、盗窃罪、诈骗罪 ★★★★★（十分重要）
		2.抢夺罪 ★★★
		3.侵占罪 ★★★
		4.敲诈勒索罪 ★★★
		5.故意毁坏财物罪 ★
	危害国家安全罪	1.间谍罪 ★
		2.资助危害国家安全犯罪活动罪 ★
		3.叛逃罪 ★
		4.为境外窃取、刺探、收买、非法提供国家秘密、情报罪 ★★★
	危害公共安全罪	1.放火罪 ★★★
		2.以危险方法危害公共安全罪 ★★★★★
		3.交通肇事罪 ★★★★★
		4.危险驾驶罪 ★★★★★

续　表

刑法分论			5.妨害安全驾驶罪★★★★
			6.破坏交通工具罪、破坏交通设施罪★★★
			7.帮助恐怖活动罪★★★
			8.准备实施恐怖活动罪★★★
			9.非法出租、出借枪支罪★★★
			10.丢失枪支不报罪★★★
			11.危险作业罪★★★
			12.重大责任事故罪与不报、谎报安全事故罪★
			13.非法制造、买卖、运输、邮寄、储存枪支、弹药、爆炸物罪★
	破坏社会主义市场经济秩序罪	生产、销售伪劣商品罪（重点节）	1.一般罪名（生产、销售伪劣产品罪）与特殊罪名（生产、销售、提供假药罪等）之间的法条竞合关系的处理原则★★★★★
			2.本节抽象危险犯、具体危险犯、实害犯的分类★★★★★
			3.本节罪名之间的包含评价关系★★★
		走私罪	1.走私假币罪（对象为伪造的货币）★★★
			2.走私文物罪和走私贵重金属罪（注意这两个罪名的行为方式是由内到外）★★★
			3.走私国家禁止进出口的货物、物品罪（注意本罪常考的对象为管制刀具、仿真枪支和变造的货币等）★★★
			4.走私淫秽物品罪（本罪要求牟利目的或者传播目的，二者具备其一即可）★★★
			5.本节罪与罪之间的包含评价关系★★★
		妨害对公司、企业的管理秩序罪	1.虚报注册资本罪与虚假出资、抽逃出资罪★
			2.非法经营同类营业罪的主体★
			3.为亲友非法牟利罪的主体和行为方式★★★
		破坏金融管理秩序罪（重点节）	1.货币类犯罪较为重要（伪造货币罪和变造货币罪的区别、使用假币罪的行为本质、货币类犯罪的罪数等）★★★★★
			2.高利转贷罪（主观目的、变相高利转贷的类型）★★★
			3.非法吸收公众存款罪★★★
			4.违法发放贷款罪★
			5.洗钱罪（7大上游犯罪）★★★
		金融诈骗罪（重点节）	1.集资诈骗罪与非法吸收公众存款罪的区别★★★
			2.贷款诈骗罪与骗取贷款罪的区别★★★
			3.保险诈骗罪的主体和罪数★★★
			4.信用卡诈骗罪（十分重要）★★★★★
		危害税收征管罪	1.逃税罪的主体和"但书"规定★★★
			2.骗取出口退税罪的罪数★★★
		侵犯知识产权罪	1.侵犯商业秘密罪★★★
			2.侵犯著作权罪★★★

刑法分论	妨害社会管理秩序罪	扰乱市场秩序罪	1.非法经营罪的类型 ★★★★
			2.强迫交易罪的行为类型与相关司法解释 ★★★
			3.提供虚假证明文件罪的罪数 ★★★
		扰乱公共秩序罪（重点节）	1.妨害公务罪、袭警罪 ★★★
			2.招摇撞骗罪（侵犯的法益、冒充的主体、与诈骗罪的关系）★★★
			3.伪造、变造、买卖身份证件罪 ★
			4.使用虚假身份证件、盗用身份证件罪 ★
			5.编造、故意传播虚假信息罪 ★★★
			6.聚众斗殴罪（处罚对象与法律拟制）★★★
			7.赌博罪 ★★★
			8.冒名顶替罪 ★★★
			9.信息网络类犯罪 ★★★★★
			10.考试作弊类犯罪 ★★★★★
			11.高空抛物罪 ★★★
			12.寻衅滋事罪 ★★★
			13.黑社会犯罪 ★★★
		妨害司法罪（重点节）	1.伪证罪等4大犯罪的区别 ★★★
			2.虚假诉讼罪 ★★★
			3.窝藏、包庇罪 ★★★★★
			4.掩饰、隐瞒犯罪所得、犯罪所得收益罪 ★★★
			5.脱逃罪的主体 ★★★
		妨害国（边）境管理罪	国（边）境犯罪的罪数（加重与并罚问题）★★★
		妨害文物管理罪	1.倒卖文物罪（"倒卖"含义的变化）★★★
			2.盗掘古文化遗址、古墓葬罪的罪数 ★★★
		危害公共卫生罪	1.非法行医罪6大考点（职业犯、行为主体、要求反复性与持续性、承诺无效、不要求营利目的、本罪的结果加重犯）★★★
			2.非法组织卖血罪、强迫卖血罪 ★
			3.妨害传染病防治罪 ★★★
		破坏环境资源保护罪	1.污染环境罪 ★
			2.盗伐林木罪、滥伐林木罪 ★★★
		走私、贩卖、运输、制造毒品罪（核心节）	1.走私、贩卖、运输、制造毒品罪 ★★★★★
			2.非法持有毒品罪 ★★★
			3.包庇毒品犯罪分子罪 ★★★
			4.窝藏、转移、隐瞒毒品、毒赃罪的成立前提 ★★★
			5.容留他人吸毒罪 ★★★
			6.妨害兴奋剂管理罪 ★★★

刑法分论		组织、强迫、引诱、容留、介绍卖淫罪	1.组织、强迫卖淫罪的罪数 ★★★
			2.引诱、容留、介绍卖淫罪与引诱幼女卖淫罪的关系 ★★★
	贪污贿赂犯罪	1.贪污罪、职务侵占罪、挪用公款罪、挪用资金罪的相互区分 ★★★★★	
		2.贪污罪的4大成立条件 ★★★★★	
		3.挪用公款罪3大类型的包含评价关系 ★★★★★	
		4.受贿罪与利用影响力受贿罪 ★★★★★	
		5.巨额财产来源不明罪 ★★★	
	渎职罪	1.滥用职权罪的主体和成立类型 ★★★	
		2.玩忽职守罪的主体和成立条件 ★★★	
		3.徇私枉法罪的主体、类型、与受贿罪的罪数关系 ★★★	
		4.其他渎职类犯罪的主体身份特殊记忆 ★★★	

刑法总论之一

刑法论

专题一 刑法概说

命题点拨

了解刑法的概念、特征、任务、机能等内容，让初学刑法的同学们明白"刑法"到底是什么，有什么意义？学习本专题内容是为接下来的刑法学习打基础，考试中并不是常规考点，了解即可。

一、刑法的概念

刑法是规定犯罪及其法律后果的法律规范的总和。在中国，刑法是由全国人民代表大会及其常务委员会代表人民的意志制定的、规定犯罪及其法律后果的法律。

二、刑法的特征

（一）调整范围的广泛性

刑法在保护的利益与调整的对象上比较广泛，从国家安全、公共安全、经济秩序到公民个人的人身权利、财产权利。

（二）调整对象的专门性

刑法主要规定犯罪以及运用刑罚的方法同犯罪作斗争、追究犯罪人的刑事责任，而其他法律则各有自己的任务和实现的方法。

（三）刑罚制裁的严厉性

刑法的强制力度较其他法律的强制力度要严厉得多。违反刑法的后果是刑罚制裁，刑罚制裁的方法包括剥夺生命、自由、财产、资格等重要的权益。

（四）发动的补充性和保障性

刑法需要遵循明确性和谦抑性原则、罪刑法定原则。作为保护社会的"最后手段"，只有当其他部门法不能充分保护某种社会关系时，才由刑法调整。

三、刑法的任务与机能

（一）任务

1.惩罚任务：用刑罚同一切犯罪行为作斗争。

2.保护任务：

（1）政治方面——保卫国家安全，保卫人民民主专政的政权和社会主义制度。

（2）经济方面——保护国有财产和劳动群众集体所有的财产，保护公民私人所有的财产。

（3）权利方面——保护公民的人身权利、民主权利和其他权利。

（二）机能

机能指刑法能产生的积极作用。机能与任务相辅相成，机能保障任务的顺利完成。

1.规制机能（约束）：对人的行为进行规制或者约束的机能。其方式是将一定的行为当作犯罪，对其规定刑罚，向国民显示该行为为法律所不容许；或者要求国民不要实施特定的犯罪行为。

2.保护机能（保护）：保护国家、社会和个人法益的机能。

3.保障机能（尊重人权）：（1）保障公民不受国家刑罚权的非法侵害；（2）保障犯罪人不受刑法规定之外的刑罚处罚。

专题二　刑法的解释

命题点拨

本专题地位十分重要。主要涉及以下考点：根据主体不同的刑法解释类型，渊源、效力、法律、解释四者的逻辑关系；解释理由和解释技巧的区别；扩大解释与类推解释的关系；同类解释、体系解释的逻辑等。

一、概念

刑法解释是对刑法规定用语的意义进行说明，是赋予刑法规范特定含义的思维或实践过程。刑法解释必须要探究法条用语的含义，揭示其所描述的事实、表达的价值判断和应然观念。

二、解释的种类和效力

（一）有效解释

1.立法解释：指在刑法施行过程中，立法机关（全国人大常委会）对发生歧义的规定所作的解释。

2.司法解释：最高人民法院、最高人民检察院对法律应用问题所作的解释，具有普遍的适用效力。

（二）无效解释

学理解释：由有权机关之外的机关、团体、社会组织、学术机构、国民个人对刑法所作的解释。

【提示】学理解释不具有法律效力，但是对刑事立法和司法都有重要的参考价值。

（三）总结

1.刑法的渊源是法律本身，解释不是刑法本身，不是渊源，但是解释具有和法律相同的效力。

2.解释刑法并不意味着存疑时作出有利于被告的解释。存疑时有利于被告的原则只是刑事诉讼法中的证据法则，如果一存在疑问就作出有利于被告的解释，即使没有疑问也可能存在人为制造疑问的现象，那刑法就会成为一纸空文。

例如：刑法中的"贩卖"是否仅限于购买后再出卖，这是有疑问的。在面对行为人出卖了其所拾得的500克海洛因的案件时，恐怕不能得出有利于被告的无罪结论。

3.如果问旧的立法解释和新的司法解释关于同一个问题谁的效力更大？答曰：老子和儿子谁听谁的？很明显，儿子（新的）要听老子（旧的）的话，因为差着辈呢。所以立法解释在效力上一定大于司法解释，无论新旧。

4.效力强弱：立法解释＞司法解释＞学理解释。

三、解释的理由和种类

（一）概念

解释理由，即解释者在解释时需要借鉴、参考的事项、条件或论据。解释理由无穷无尽，常见的有文理解释、论理解释。

（二）文理解释

这是指按照表述法律规范的文字的字面含义进行的一种解释，包括对条文中字词、概念等文字字义的解释。但是由于用语具有模糊性、多义性等特点，将文理解释作为解释理由，其说服力总是有限的，需要参考其他的解释理由。

例如： 刑法规定，"以暴力、胁迫或者其他手段强奸妇女的"，构成强奸罪。按照文理解释，可将丈夫强行与妻子性交的行为解释为"强奸妇女"。通过字面进行理解，丈夫违背妻子意志强行与之性交的当然属于"强奸妇女"。司法实践中，上述情况一般不认为丈夫成立强奸罪，除非在极端情况下，比如夫妻二人处在离婚诉讼期间且长时间分居。

（三）论理解释

1.体系解释

这是指根据刑法条文在整个刑法中的地位，联系相关法条的含义，阐明其规范意旨的解释方法。简而言之，体系解释就是语文中的"联系上下文分析某一词汇在不同语境下所具有的不同含义"。

例1： 刑法分则中的"买卖"一词，并不是均指购买并卖出。单纯的购买或者出售，同样可以属于"买卖"。比如贩卖自己制作的淫秽物品，也构成贩卖淫秽物品牟利罪。

例2： "伪造"和"变造"两个词汇，前者往往是能够包含后者的，《刑法》第196条信用卡诈骗罪中"使用伪造的信用卡的"，其中"伪造"是包含"变造"的。

例3： 《刑法》第170条规定了伪造货币罪，第173条规定了变造货币罪，此时"伪造"就不能包含"变造"。

例4： 刑法对抢劫罪与强奸罪的手段行为均使用了"暴力、胁迫"的表述，虽然二罪的法定刑相同，但根据体系解释规则，需要对二罪中的"暴力、胁迫"作不同解释。强奸罪是人身犯罪，抢劫罪是财产犯罪，俗话说"钱乃身外之物"，强奸罪保护的法益要重于抢劫罪，所以强奸罪中的暴力也就应该略低于抢劫罪，这样才能体现出对人身法益保护的重视。

2.同类解释

这是指对于具有相同上位属性的用语可以作为同一类用语进行相当性解释。一般情况下，出现"其他""等"的词汇，表明属于同类性标志。

例1： 《刑法》第20条第3款规定："对正在进行行凶、杀人、抢劫、强奸、绑架以及其他严重危及人身安全的暴力犯罪，采取防卫行为，造成不法侵害人伤亡的，不属于防卫过当，不负刑事责任。"其中"其他"暴力犯罪可以包括抢劫枪支罪、劫持航空器罪、暴动越狱罪等。

例2： 甲对拆迁不满，在高速公路中间车道用树枝点燃一个焰高约20厘米的火堆，将其分成两堆后离开。火堆很快就被通行车辆轧灭。以危险方法危害公共安全罪中的"危险方法"仅限于与放火、决水、爆炸、投放危险物质相当的方法，而不是泛指任何具有危害公共安全性质的方法。因为刑法将本罪规定在第114条与第115条之中，根据同类解释规则，它必须与前面所列举的行为相当。本案中，20厘米的火堆对公共安全的危害很难达到放火、爆炸等犯罪行为的程度，所以不成立以危险方法危害公共安全罪，同理也不会成立放火罪（具体危险犯）。

　　例3：一个村的村民集体在自己的村里修了一条路，后来在这个村建起了一座高污染型的工厂，厂里散发的恶臭和排放的黑烟严重污染了当地的环境。当地村民多次向上反映，但是都没有结果，无奈之下，他们就把自己修的路挖断了，这样一来通往工厂唯一的路也就断了。货送不进来，这个厂就只能停产了。《刑法》第276条规定了破坏生产经营罪，该罪是指由于泄愤报复或者其他个人目的，毁坏机器设备、残害耕畜或者以其他方法破坏生产经营的行为。从这个罪的罪状中列举的犯罪手段来看，"毁坏机器设备、残害耕畜"都是破坏生产资料的方式，那么根据同类解释规则，"以其他方法破坏生产经营"也应该理解成以破坏生产资料的方式破坏生产经营。这样看来，村民挖断路的行为并没有直接破坏这个厂的生产资料，不能成立破坏生产经营罪。

　　3.当然解释

　　入罪时举轻以明重，出罪时举重以明轻。认为是犯罪的时候，轻的行为确定成立犯罪，那么与之相对应的重行为更应当认定为是犯罪；反之，在排除成立犯罪的时候，重的行为不成立犯罪，那么与之相对应的轻的行为更不应该成立犯罪。

　　【注意】当然解释是根据形式逻辑来论证而得出的结论，而该结论并不一定符合罪刑法定原则。当然解释适用时，也要求案件事实符合刑法规定的犯罪构成，而不能简单地以案件事实严重为由追究行为人的刑事责任，即当然解释的结论，也必须能为刑法用语所包含。

　　例1：《刑法》第356条关于毒品再犯的规定不适用于未满18周岁的人。理由：累犯和毒品再犯相比较，累犯要重于毒品再犯，因为累犯的法律后果是从重处罚、不得缓刑和假释，而单纯的毒品再犯只是从重处罚。根据当然解释中的出罪时举重以明轻，未满18周岁的人不成立累犯，当然也就不适用毒品再犯的规定。

　　例2：（错误判断）既然将为了自己饲养而抢劫他人宠物的行为认定为抢劫罪，那么，根据当然解释，对为了自己收养而抢劫他人婴儿的行为更应认定为抢劫罪，否则会导致罪刑不均衡。这句话的逻辑应该这么理解：前后两个行为对比，确实后行为更重，所以根据当然解释的原理属实更应成立犯罪，但是成立的犯罪不应是一致的。后者应成立拐骗儿童罪。

　　例3：根据《刑法》第358条的规定，为组织卖淫的人招募、运送人员的行为属于协助组织卖淫的行为，那么比招募、运送人员的行为性质更为恶劣的行为，如为组织卖淫的人充当打手的行为也应当认定为"其他"协助组织卖淫的行为，属于当然解释。

四、解释的技巧

　　（一）平义解释

　　该解释一般是针对法律中的日常用语而言，即按照该用语最平白的字义进行解释。

对专门的法律术语不会采用平义解释。

例1：对于"战时""故意"等概念，只能按照刑法性规定作出解释。

例2：故意杀人罪中的"人"，强奸罪的对象"妇女"，这些均属于平义解释。

（二）扩大解释

扩大解释又叫扩张解释，指刑法条文的字面通常含义比刑法的真实含义窄，于是扩张字面含义，使其符合刑法真实含义的解释技巧。扩大解释是对用语通常含义的扩张，不能超出用语可能具有的含义，也即不能超出国民的可预测范围。

例1：将运钞车解释为金融机构，属于扩大解释。

例2：将用法上的凶器，比如菜刀、板砖等解释为携带凶器抢夺中的"凶器"，属于扩大解释。

例3：将可以组装并使用的弹壳、弹头解释为走私武器、弹药罪中的"弹药"，属于扩大解释。

例4：将男性向不特定的女性提供性服务解释为组织卖淫罪中的"卖淫"，属于扩大解释。

例5：将借记卡、储蓄卡解释为信用卡诈骗罪中的"信用卡"，属于扩大解释。

例6：将电子邮件解释为侵犯通信自由罪中的"信件"，属于扩大解释。

（三）类推解释

类推解释，指将不符合法律规定的情形解释为符合法律规定的情形。其本质是违反罪刑法定原则的扩大解释，其解释的内容超出了国民的预测范围。

例1：将劫持汽车罪中的"汽车"解释为包含火车、地铁，属于类推解释。因为劫持火车、地铁的，成立破坏交通工具罪。

例2：将破坏军婚罪中的"同居"解释为包含通奸，属于类推解释。

例3：将伪造货币罪中的"伪造"解释为包含变造，属于类推解释。

例4：将虚假的灾情、疫情信息解释为编造、故意传播虚假恐怖信息罪中的"恐怖信息"，属于类推解释。

例5：将男人解释为强奸罪中的"妇女"，属于类推解释。

例6：将盗窃骨灰的行为认定为盗窃"尸体"，属于类推解释。

（四）缩小解释

缩小解释，指刑法条文解释后的含义小于条文字面的含义。

例1：将为境外窃取、刺探、收买、非法提供国家秘密、情报罪的"情报"解释为"关系国家安全和利益、尚未公开或者依照有关规定不应公开的事项"，属于缩小解释。

例2：聚众淫乱罪应缩小解释为具有一定公然性的聚众淫乱。沙漠里、荒山中的聚众淫乱不能随意定罪。

例3：将丢失枪支不报罪中的"严重后果"解释为"枪支被不法分子捡到用来实施违法犯罪活动而造成的严重后果"，属于缩小解释。

（五）反对解释

反对解释，指根据刑法条文的正面表述，推导其反面含义的解释技巧。

例1：对于告诉才处理的亲告罪，没有告诉，就不得处理。

例2："判处死刑缓期执行的，在死刑缓期执行期间，如果没有故意犯罪，二年期满以后，减为无期徒刑"，因此未满2年的死缓，不得减为无期徒刑。

（六）补正解释

补正解释，指在刑法文字发生错误时，统观刑法全文加以补正，以阐明刑法真实含义的解释技巧。

【注意】补正解释的核心在于"正"，并不是"补"。对使用不当的用语作出与刑法整体的相协调。

例1：将洗钱罪中的"没收"解释为没收或者返还被害人，属于补正解释。

例2：将《刑法》第63条中的"以下"解释为不包括本数，属于补正解释。

【归纳总结】

1.扩大解释是将刑法规范可能蕴含的最大含义揭示出来，是在一定限度内的解释极限化；类推解释是将刑法规范本身没有包含的内容解释进去，是解释的过限化。

2.类推定罪量刑不是适用刑法，而是创造刑法规范，是立法行为，而非司法活动，如果司法机关类推，那就违背了立法与司法的权力分立原则，是罪刑法定原则所禁止的。另外，立法解释也不能类推，因为立法解释不是立法，二者的程序是不同的。

对　　比	扩大解释	类推解释
是否在用语可能的含义范围内	是	否
有无超出国民的预测可能性	未超出	超出

经典考题：关于刑法解释，下列说法正确的是：（2019年仿真题）[1]

A.将虐待罪的对象"家庭成员"解释为包括保姆在内，属于类推解释

B.根据体系解释，传播淫秽物品罪与传播性病罪中"传播"的含义一致

C.将副乡长冒充市长招摇撞骗解释为冒充国家机关工作人员招摇撞骗，违反文理解释

D.根据论理解释，倒卖文物罪中的倒卖是指以牟利为目的，买入或者卖出国家禁止经营的文物

---

[1]【答案】D。A项错误，"家庭成员"应作扩大解释，包括常年共同生活的管家、保姆、事实婚姻关系的"夫妻"等，其更强调家庭生活的居住性和亲密性。B项错误，前者的传播是指通过播放、陈列、在互联网上建立淫秽网站、网页等方式使淫秽物品让不特定或者多数人感知以及通过出借、赠送等方式散布、流传淫秽物品的行为；后者的传播是指明知自己患有梅毒、淋病等严重性病而卖淫、嫖娼的行为。通过对比不难发现，前者的传播侧重通过一定的媒介用于"观看"，后者则侧重通过身体来"感受"，一个是观看，一个是行动。C项错误，文理解释是指按照表述法律规范的文字的字面含义进行的一种解释，包括对条文中字词、概念等文字字义的解释。副乡长冒充市长招摇撞骗，按照文理解释，当然也属于"冒充"的含义。招摇撞骗罪的"冒充"行为包括低级别官员冒充高级别官员。D项正确，倒卖文物罪中"倒卖"的含义之前仅限于"二道贩子（低价买进高价卖出）"，之后司法解释规定"倒卖"是指出售或者为出售而收购、运输、储存的行为。该解释扩大了"倒卖"的含义，更有利于打击文物犯罪。综上，D项当选。

专题三　刑法的基本原则

命题点拨

考试中的重点考点，其中罪刑法定的基本内容属于核心考查角度，而且本项考点容易和刑法的解释进行结合性、关联性考查。

第一节　罪刑法定原则

一、法条及含义

第3条　法律明文规定为犯罪行为的，依照法律定罪处刑；法律没有明文规定为犯罪行为的，不得定罪处刑。

【含义】"法无明文规定不为罪，法无明文规定不处罚。"

二、思想基础

（一）民主主义

民主主义要求国家的重大事务应由国民自己决定，各种法律由国民自己制定，国民对一切重大事务享有决定权。

（二）尊重人权主义

为了保障人权，制定的法律应当满足国民的预测性，要使得国民事先能够预测自己行为的性质和后果，以更好地保障国民的行动自由。

三、基本内容

（一）成文的罪刑法定

成文的罪刑法定原则所要求的是法律主义，即只有成文的法律才可以规定犯罪及其法律后果。成文的罪刑法定原则排斥习惯法、判例、政策、行政法规等。

在这里需要强调一下排斥习惯法的理由。虽然习惯法在一定范围内确实最能体现民意，但是由于习惯法不成文，缺乏明确性的表达，而且习惯法适用范围狭窄不具有普遍性，所以应当被禁止。

行政法律法规虽然是成文形式，但是行政机关没有立法机关的委任或授权，是无权制定罪刑规范的。

（二）事前的罪刑法定（禁止事后法）

事前的罪刑法定原则禁止溯及既往，这是法律本质的体现。禁止溯及既往是保障国民自由，尊重国民预测可能性的要求。因为国民总是根据现行有效的法律来规划和实施自己的行为。如果允许适用事后法，即要求国民要遵守未来的法律，这对国民来说将是一件极为恐怖的事情。

根据预测可能性的原理，下列做法违反禁止事后法的原则：

1.对行为时并未禁止的行为科处刑罚

例如：现在老孙刑法授课行为不构成犯罪，授课结束后的一个月出台新刑法认为我之前的授课行为成立犯罪，将老孙刑事定罪处罚。这不公平！

2.对行为时虽有法律禁止但并未以刑罚禁止（未规定法定刑）的行为科处刑罚

例如：甲嫖娼（行政法禁止），事后新法将其认定为"嫖娼罪"，处刑事处罚。这不公平！

3.事后提高法定刑或者加重刑罚内容

例如：甲事前触犯危险驾驶罪（法定刑为拘役），事后新法将其法定刑提升至5年以上有期徒刑。这不公平！

4.事后减少犯罪构成要件或者降低犯罪成立条件而增加犯罪的可能性

例如：甲犯A罪（之前是结果犯），事后新法将该罪修订为危险犯，并将甲按照新法定罪处罚。这不公平！

5.改变刑事证据规则，事后允许以较少或较简单的证据作为定罪依据

例如：B罪的认定需要人证＋物证，事后只按照人证即可定罪。这不公平！

【注意】根据从旧兼从轻原则，如果新法更轻，是允许适用事后法（新法）的规定的。

（三）严格的罪刑法定

严格的罪刑法定禁止类推解释。所谓类推解释，是指需要判断的具体事实与法律规定的构成要件基本相似时，将后者的法律效果适用于前者，也即简单地将某一法律条文的规定套用于不符合这一犯罪构成但与该法律规定的犯罪构成相似的具体事实。如果都可以这样进行简单"套用"的话，那么国民的预测可能性也就得不到尊重。所以这种违反国民预测可能性的类推解释原则上需要被禁止。但允许有利于行为人的类推解释。

例如：第389条第3款规定："因被勒索给予国家工作人员以财物，没有获得不正当利益的，不是行贿。"该规定可以类推适用于对非国家工作人员行贿罪。

（四）确定的罪刑法定

确定的罪刑法定原则要求刑罚明确、确定和适当。

1.明确性

刑事立法和刑法解释的用语要准确、明确，不得有歧义、不得含糊不清。

【注意】罪状是对犯罪行为的描述方式，与罪刑法定原则中的明确性没有关系。

2.禁止处罚不当罚的行为（刑法谦抑性、补充性的体现）

法治并不意味着一切琐细之事均由法律处理，更不意味着琐细之事由刑法处理。

3.禁止不均衡、残虐的刑罚

要求刑罚与罪行要相适应，重罪重判、轻罪轻判，绝对禁止轻罪重判。同时必须反对残虐的刑罚。

4.禁止绝对不定刑和绝对不定期刑

绝对不定刑只规定了行为构成犯罪，没有规定刑罚种类；绝对不定期刑规定了行为构成犯罪，也规定了刑罚种类，但是没有规定具体刑期。以上这两者都是被禁止的，因为这样的规定违反了国民的可预测性。所以得出结论：没有犯罪就没有刑罚，反之没有刑罚也就没有犯罪。

第二节　平等适用刑法原则

一、法条

第4条　对任何人犯罪，在适用法律上一律平等。不允许任何人有超越法律的特权。

二、具体表现

1.定罪上的平等：平等地认定犯罪。

2.量刑上的平等：平等地裁量刑罚。

3.执行上的平等：平等地执行刑罚。

第三节　罪刑相适应原则

一、法条

第5条　刑罚的轻重，应当与犯罪分子所犯罪行和承担的刑事责任相适应。

【**总结**】刑罚的轻重＝客观行为危害性＋主观恶性。

例如： 对累犯从重处罚、不得假释、不得缓刑；对未成年人、又聋又哑的人、限制刑事责任能力人、自首、立功的人从宽处罚；对中止犯处罚明显轻缓于未遂犯、预备犯；对过失犯处罚明显轻缓于故意犯等，体现了刑罚与犯罪人主观恶性、人身危险性相适应。

二、具体表现

1.制刑上：侧重考虑犯罪性质，制定协调合理的刑罚体系。

2.量刑上：侧重考虑犯罪情节，做到重罪重判，轻罪轻判。

3.行刑上：侧重考虑人身危险性，合理地运用减刑和假释。

经典考题："罪刑法定原则的要求是：（1）禁止溯及既往（_____的罪刑法定）；（2）排斥习惯法（_____的罪刑法定）；（3）禁止类推解释（_____的罪刑法定）；（4）刑罚法规的适当（_____的罪刑法定）。"下列哪一选项与题干空格内容相匹配？（2010年卷二第1题，单选）①

    A.事前——成文——确定——严格

    B.事前——确定——成文——严格

    C.事前——严格——成文——确定

    D.事前——成文——严格——确定

---

① 【答案】D。（1）禁止溯及既往（或禁止事后法）具体指，刑法如果可以溯及既往，便违反了国民的可预测性，因此也称之为"事前的罪刑法定"。（2）排斥习惯法，是指成文法主义，犯罪和刑罚都必须要由相应的立法机关制定并以文字加以记载，这便是"成文"的含义所在。习惯法并未符合"成文"的含义，所以将其排除在外。（3）类推解释是指对于法律没有明文规定的行为，适用与该行为相类似规定的法条，这既违反了民主主义也违反国民的预测可能性，所以在对条文进行解释的时候应当严格限制其可能含义的范围，因此也称之为"严格的罪刑法定"。（4）刑罚法规的适当是指刑罚规范应当明确、适当，因此也称之为"确定的罪行法定"。综上，D项当选。

专题四　刑法适用效力

命题点拨

空间效力的四大原则（属地、属人、保护、普遍管辖）以及时间效力的"从旧兼从轻"原则历来是考试中的核心考点。这几年关于"从旧兼从轻"原则的考查已经深入到司法解释的逻辑中，值得我们重点学习和把握。

第一节　刑法的空间适用范围

一、概念

刑法的空间适用范围，也称刑法的空间效力，所解决的是一国刑法在什么地域、对什么人适用的问题。

二、属地原则（我的地盘听我的）

第6条　凡在中华人民共和国领域内犯罪的，除法律有特别规定的以外，都适用本法。凡在中华人民共和国船舶或者航空器内犯罪的，也适用本法。

犯罪的行为或者结果有一项发生在中华人民共和国领域内的，就认为是在中华人民共和国领域内的犯罪。

1."领域内"指的是中华人民共和国的领土，包括领陆、领水、领空。

2.我国领域的延伸，悬挂或涂有我国国旗、国徽标识的航空器与船舶①也属于我国的领土范围。但是不包括国际长途汽车或者火车。

3.犯罪地的确定标准：行为地或者结果地（沾边就管）。以下情况都适用我国刑法：（1）行为与结果均发生在我国领域内的。（2）仅行为发生在我国领域内或者仅结果发生在我国领域内的。（3）只有一部分行为或者只有一部分结果发生在我国领域内的。

（1）关于预备犯，预备行为实施地属于犯罪地。

（2）关于未遂犯，行为地和行为人希望、放任结果发生之地、可能发生结果之地，均属于犯罪地。

（3）关于共同犯罪，共犯行为只要发生在国内（哪怕一部分），就属于国内犯罪，有属地管辖权。

①实行犯在国内，教唆犯和帮助犯在国外，共犯从属性原则，一窝端，都可以管辖。

②实行犯在国外且构成犯罪（如故意杀人），教唆犯和帮助犯在国内，教唆犯、帮

---

① 公海上的石油钻井平台与船舶适用同样的原则。

助犯适用我国刑法，实行犯国外管。

③实行犯在国外且不构成犯罪（在阿拉斯加开设赌场），教唆犯和帮助犯在国内，教唆犯、帮助犯不适用我国刑法。

4.除外适用：（1）享有外交特权和豁免权的外国人的刑事责任，通过外交途径解决；（2）港澳台地区不适用大陆刑法；（3）民族自治地方的特殊变通与规定。

三、属人原则（中国人国外做坏事）

第7条　中华人民共和国公民在中华人民共和国领域外犯本法规定之罪的，适用本法，但是按本法规定的最高刑为三年以下有期徒刑的，可以予以不追究。

中华人民共和国国家工作人员和军人在中华人民共和国领域外犯本法规定之罪的，适用本法。

1.我国公民在国外犯罪原则上适用我国刑法，但是犯轻罪（中国刑法规定最高刑为3年以下有期徒刑）的，可以不追究刑事责任，也就意味着，追究刑事责任也是可以的。

2.国家工作人员和军人是没有例外情形的，不管所犯之罪是否为轻罪，一律追究刑事责任。因为他们的身份和职权决定了其在领域外犯罪会直接危害国家安全与利益。

四、保护原则（中国人国外被欺负）

第8条　外国人在中华人民共和国领域外对中华人民共和国国家或者公民犯罪，而按本法规定的最低刑为三年以上有期徒刑的，可以适用本法，但是按照犯罪地的法律不受处罚的除外。

1.适用本原则的前提条件是我们国家或我国公民在国外受欺负了。

2.行为触犯的必须是重罪（轻罪不管你），即中国刑法规定最低刑为3年以上有期徒刑。

3.双重犯罪地原则，即我国法律和犯罪地法律都认为这种行为是犯罪。

五、普遍管辖原则（打击国际犯罪）

第9条　对于中华人民共和国缔结或者参加的国际条约所规定的罪行，中华人民共和国在所承担条约义务的范围内行使刑事管辖权的，适用本法。

1.适用需要满足的条件：

（1）危害人类共同利益的犯罪，如劫持民用航空器（不包括军用、政府性质的航空器）、国际贩毒、国际贩奴、灭绝种族等。

（2）我国缔结或者参加了公约。

（3）我国刑法也规定这种行为属于犯罪行为。

（4）罪犯出现在我国领域范围之内。

2.如果我国对某一行为适用了普遍管辖原则，此时适用的法律必须是我国现行的刑事法律规范，不能适用缔结或参加的国际公约。

六、我国对外国判决的态度（消极承认）

第10条　凡在中华人民共和国领域外犯罪，依照本法应当负刑事责任的，虽然经过外国审判，仍然可以依照本法追究，但是在外国已经受过刑罚处罚的，可以免除或者减轻处罚。

【提示】四大原则的适用顺序：属地原则＞属人原则＞保护原则＞普遍管辖原则。

第二节　刑法的时间适用范围

一、法条及含义

第12条　中华人民共和国成立以后本法施行以前的行为，如果当时的法律不认为是犯罪的，适用当时的法律；如果当时的法律认为是犯罪的，依照本法总则第四章第八节的规定应当追诉的，按照当时的法律追究刑事责任，但是如果本法不认为是犯罪或者处刑较轻的，适用本法。

本法施行以前，依照当时的法律已经作出的生效判决，继续有效。

我国刑法关于时间效力的原则是：从旧兼从轻原则。该原则指的是，旧法生效下实施的新行为，原则上适用旧法，除非新法的规定对行为人更有利，才适用新法。

【口诀】未决犯，先从旧，新法轻了把效力秀。

情　　形		刑法规定	适用原则	新法溯及力有无
新旧法不一致	旧法不认为是犯罪	用旧法	从旧	无
	旧法认为是犯罪，但新法不认为是犯罪	用新法	从轻	有
新旧法都认为是犯罪且根据新法未超过追诉时效		原则上用旧法	从旧	无
		如果新法处刑较轻，则用新法	从轻	有

二、适用对象

1.刑法溯及力适用的对象只能是未决犯，对于已决犯不适用。

2.按照审判监督程序重新审判的案件，适用行为时的法律（旧法）。

3.针对跨法犯（持续犯、连续犯）的刑法溯及力问题：行为既触及旧法，同样也触及新法，直接适用新法即可。这就是所谓的"脚踏两只船"，跟着"新船"走。

4.司法解释的溯及力问题

（1）从新原则：解释是对法律条文的阐释和说明，法律条文之前没有出现相关解释，解释什么时候出，什么时候用，随时有效。因为对法条的阐释和说明是可以随时出现的。例如，行为时无相关司法解释，新司法解释实施时正在审理的案件，应当依新司法解释办理。①这句话就是正确的。

（2）从旧兼从轻：针对同一个法律条文，之前存在相关解释，随后又出台一个新解释，前后有冲突的，坚持从旧兼从轻原则。例如，行为时有相关司法解释，新司法解释

---

① 2017年卷二第1题B项。

实施时正在审理的案件，仍须按旧司法解释办理。[①] 这句话就是错误的。

例如： 刑法法条（2015）⇨ 犯罪行为（2018）⇨ 司法解释（2019）⇨ 被抓捕（2020）

问题：2019年的司法解释能否适用于2018年的犯罪行为？

回答：可以。司法解释是对刑法条文的阐释与说明，2015年的刑法条文在2018年的犯罪行为之前，即满足事前的罪刑法定原则，该法条可以对其之后的行为加以评价适用。2019年的司法解释是对2015年的刑法条文的说明，其溯及力是跟着法条走的，当然也就能对2018年的犯罪行为加以评价适用。

【**总结**】司法解释（"小弟"）跟着刑法法条（"大哥"）"混"，大哥能收拾的人，小弟也可以，即司法解释对其生效前、生效后的行为均可适用。

【**口诀**】只有新，新适用；只有旧，旧适用；有新又有旧，谁轻谁来秀。

经典考题： 关于刑法及司法解释的时间效力，下列选项正确的有：（2018年仿真题）[②]

A. 甲在2010年受贿500万，2016年司法解释规定受贿罪"数额特别巨大"的标准为300万元，2017年司法解释规定受贿罪"数额特别巨大"的标准为600万元，甲在2018年被抓获，应适用新的司法解释，不能认定为受贿"数额特别巨大"

B. 2016年司法解释规定了受贿罪的数额标准，乙于2015年至2018年连续受贿多次，乙的所有受贿行为均可以适用该司法解释

C. 1997年刑法规定，生产、销售有毒、有害食品罪为具体危险犯，只有造成具体的危险才能定罪。2011年《刑法修正案（八）》将该罪规定为抽象危险犯，只要实施了生产、销售行为，就认为有抽象的危险，应以犯罪论处。丙于2010年实施了生产、销售有毒、有害食品的行为，但并没有造成具体危险状态，于2015年被抓获。丙的行为可以适用《刑法修正案（八）》，应以犯罪论处

D. 2000年最高人民法院出台了针对某一问题的司法解释，该解释不能适用于其生效之前的犯罪行为

[①] 2017年卷二第1题C项。注意其与上个脚注B项的区别在于行为时就有相关司法解释（司法解释虽然不是刑法的渊源和法条本身，但是具有和法律条文相同的法律效果，司法实践中被大量适用），审理过程中又出来新的司法解释，这就出现前后两种解释的碰撞，为了公平起见，需要坚持从旧兼从轻原则。

[②]【**答案**】AB。解释是对法律条文的阐释和说明，法律条文之前没有出现相关解释，解释什么时候出，什么时候用，随时有效。因为对法条的阐释和说明是可以随时出现的。例如，行为时无相关司法解释，新司法解释实施时正在审理的案件，应当依新司法解释办理。针对同一个法律条文，之前存在相关解释，随后又出台一个新解释，前后有冲突的话，坚持从旧兼从轻原则。A项正确，未决犯审理中关于同一法条有新旧不同的司法解释的，原则按照旧的司法解释处理，除非新的司法解释更有利于行为人。B项正确，司法解释就是对法条的理解和说明，法条存在之后的犯罪行为都可以适用该法条，那么针对该法条进行说明的司法解释的适用也没有问题。C项错误，丙的行为属于旧法生效期间实施的，原则上适用旧法，除非新法更轻。关于生产、销售有毒、有害食品罪旧法是具体危险犯，新法是抽象危险犯，新法在本罪的认定上变得更加容易，很明显新法更重了，那就更要适用旧法，不能成立犯罪。D项错误，参考上述第一段第一句话内容，不再赘述。综上，AB项当选。

刑法总论之二

犯罪论

专题五 犯罪的分类

命题点拨

本专题内容在考试中的地位很低，主要是对一些犯罪分类的标准和概念性内容进行一般把握，相对重点的小考点是亲告罪内容，学习时稍稍加以注意即可。

一、自然犯与法定犯罪

（一）自然犯

自然犯，指即使刑法规范对行为本身没有规定，其也会受到社会伦理的非难与谴责的情形，如故意杀人罪、强奸罪、盗窃罪等。

（二）法定犯罪

法定犯罪，指刑法规范的内容与社会伦理之规范间有时存在不一致之处，对于行为的犯罪性质，只有根据刑法的规定才能加以确定并进行非难与谴责的情形，如非法经营罪、非法吸收公众存款罪等。

【注意】自然犯和法定犯之间的界限不是永久不变的，随着社会状况和公众价值的变化，二者会互相转化。

【总结】自然犯是一种"自体恶"，法定犯是一种"禁止恶"。

二、亲告罪与非亲告罪

（一）亲告罪（我的事情我作主）

亲告罪是指犯罪是否进行追究，取决于个人的意思，在追诉之时必须经过有告诉权者告诉的犯罪。具体罪名如下：

1.诽谤罪，但是诽谤行为严重危害社会秩序和国家利益的除外。

2.侮辱罪，但是侮辱行为严重危害社会秩序和国家利益的除外。

3.暴力干涉婚姻自由罪，但是暴力行为导致被害人死亡的除外，导致被害人死亡的情形包括暴力引起被害人自杀的情形。

4.虐待罪，但是本罪有3种情形属于亲告罪的例外：

（1）虐待行为致使被害人重伤；

（2）虐待行为致使被害人死亡；

（3）被害人没有能力告诉，或者因受到强制、威吓无法告诉。

5.侵占罪，本罪是真正的亲告罪，没有例外情况。

【总结1】除了侵占罪之外，其他亲告罪都有成为公诉案件的可能性。

【总结2】《刑法》第98条规定："本法所称告诉才处理，是指被害人告诉才处理。如果被害人因受强制、威吓无法告诉的，人民检察院和被害人的近亲属也可以告诉。"原则上，上述5大亲告罪要遵守该条之规定，被害人受强制、威吓无法告诉的，告诉主体由被害人变成其他人（人民检察院和近亲属）。但是虐待罪十分特殊，其被害人受强制、威吓无法告诉的，直接成为公诉案件，不再是别人替其告诉。

（二）非亲告罪（我的事情国家作主）

非亲告罪是指侦查、起诉、审判程序由国家司法机关直接推动，起诉权利由检察机关享有，是否提起公诉不取决于个人意思的犯罪。

三、身份犯与非身份犯

（一）身份犯

这是指以特殊身份作为客观构成要件要素的犯罪，如贪污罪、刑讯逼供罪、玩忽职守罪等。

（二）非身份犯

这是指不以特殊身份作为客观构成要件要素的犯罪，如放火罪、故意杀人罪、抢劫罪等。

例如：（2013年卷二第16题D项）"侮辱罪、诽谤罪属于亲告罪，未经当事人告诉，一律不得追究被告人的刑事责任。"该说法错误，侮辱罪和诽谤罪原则上是亲告罪，但是如果侮辱行为、诽谤行为严重危害社会秩序和国家利益的，就属于公诉范围。

专题六　构成要件符合性

命题点拨

宏观层面搭建犯罪成立的标准（框架），重点学习构成要件要素的分类，其中记述的构成要件要素与规范的构成要件要素的区别属于核心考查内容。

一、犯罪构成的概念与意义

（一）概念

犯罪成立条件（犯罪构成）是刑法规定的，反映行为的法益侵犯性与非难可能性的，为该行为成立犯罪所必须具备的违法构成要件和责任要件的有机整体。

（二）意义

1.犯罪构成作为法律规定的确立犯罪的要件，它是定罪量刑的法律准绳。

（1）成立犯罪的标准。

（2）成立一罪还是数罪的标准。

（3）区别此种犯罪与彼种犯罪的标准。

（4）通过确定是否犯罪、一罪与数罪、此罪与彼罪、罪轻与罪重，为正确量刑提供根据。

2.强调依据犯罪构成定罪量刑，有利于贯彻法治原则，保护公民的合法权益，准确地惩罚犯罪。

3.在刑法理论中，犯罪构成是刑法理论的核心和刑法理论体系的基础。

【总结】定罪标准、量刑标准、理论核心与体系基础。

二、两阶层犯罪构成的逻辑体系

	客观构成要件	客观阻却事由
客观层面 （违法要件）	1.行为主体。 2.危害行为。 3.行为对象。 4.危害结果。 5.因果关系（行为与结果的桥梁、纽带）。	1.正当防卫。 2.紧急避险。 3.被害人承诺。
	主观构成要件	**主观阻却事由**
主观层面 （责任要件）	1.犯罪故意。 2.犯罪过失。 3.无罪过事件。 4.事实认识错误。	1.责任年龄。 2.责任能力。 3.违法性认识可能性。 4.期待可能性。

三、构成要件要素的分类

（一）记述构成要件要素与规范构成要件要素

1.记述构成要件要素：只需要进行事实判断，根据知觉的、认知的活动即可确定的要素，如毒品、妇女、护照、签证等。

2.规范构成要件要素：需要经过法官的规范的评价活动、补充的价值判断才能确定的要素，如淫秽物品、猥亵、残忍、严重、侮辱、恶劣、户、国家工作人员等。

【总结1】二者区别在于是否需要主观价值判断。记述不需要（几乎没争议），规范需要（仁者见仁，智者见智）。

【总结2】上述两种要素之间的关系并不是绝对的，可能随着社会的发展、时代的变迁、人们思想的转变而发生互换。例如，故意杀人罪的"人"一般认为是记述的构成要件要素，但随着人类科技的发展，对"死亡"如何界定，就存在脑死亡、呼吸停止、心脏停止说等不同的学说，抑或是人工智能机器人是否属于"人"也存在不同的学说。从这一意义上看，"人"属于规范的构成要件要素。

（二）成文构成要件要素与不成文构成要件要素

1.成文构成要件要素：刑法明文规定的构成要件要素。

2.不成文构成要件要素：刑法条文表面上没有明文规定，但根据犯罪的本质、刑法条文之间的相互关系、刑法条文对相关要素的描述所确定的，成立犯罪所必须具备的要素（躲在"背后"不可或缺的要素）。

【总结】刑法条文中绝大多数都是成文的构成要件要素，所以同样反向记忆一些不成文要素。

例1：盗窃罪没有规定"以非法占有为目的"，但实际上这些财产犯罪必须以非法占有为目的。"以非法占有为目的"就是这些罪名的不成文构成要件要素。

例2：诈骗罪中没有明文规定"受骗者基于认识错误处分财物"，但成立诈骗罪需要以其为要件，同样是不成文构成要件要素。

（三）客观构成要件要素与主观构成要件要素

1.客观构成要件要素（看得见、摸得着）：外在、客观的要素。如行为、结果、身份、时间等。

2.主观构成要件要素（看不见、摸不着）：内在、主观的要素。如故意、过失、目的、动机等。

【总结】客观看"颜值"，主观看"心灵"。

（四）积极构成要件要素与消极构成要件要素

1积极构成要件要素：积极地、正面地表明成立犯罪须具备的要素。

2.消极构成要件要素：消极地、反面地来否定什么行为是犯罪的要素。

例如：《刑法》第389条第3款规定："因被勒索给予国家工作人员以财物，没有获得不正当利益的，不是行贿。"其中的"因被勒索""没有获得不正当利益"便是消极构成要件要素，从反面否定了行贿罪的成立。

【总结】刑法中构成要件要素几乎都是积极的，消极的极少，所以要求反向记忆。

（五）真正构成要件要素与表面（虚假）构成要件要素

1.真正构成要件要素：为违法性提供根据的要素。

2.表面构成要件要素：不为违法性提供根据，只是为了区分相关犯罪界限而规定的要素。

例如：《刑法》第277条（妨害公务罪）第4款规定："故意阻碍国家安全机关、公安机关依法执行国家安全工作任务，未使用暴力、威胁方法，造成严重后果的，依照第一款的规定处罚。"其中的"未使用暴力、威胁方法"不是成立犯罪的必备要件，因为使用了暴力，更构成犯罪（本罪的前3款为暴力型的方式）。第4款仅仅起到与前3款的区分、界限作用。

【总结】刑法中绝大多数的构成要件要素都是真正构成要件要素，所以要求反向记忆。

（六）共同构成要件要素与非共同构成要件要素

1.共同构成要件要素：所有犯罪的成立都必须具备的要素。如主体、行为、罪过等。

2.非共同构成要件要素：不是所有犯罪的成立都必须具备的要素。如对象、结果等。

经典考题：《刑法》第246条规定："以暴力或者其他方法公然侮辱他人或者捏造事实诽谤他人，情节严重的，处三年以下有期徒刑、拘役、管制或者剥夺政治权利。"关于本条的理解，下列哪些选项是正确的？（2012年卷二第51题，多选）①

A."以暴力或者其他方法"属于客观的构成要件要素

B."他人"属于记述的构成要件要素

C."侮辱"、"诽谤"属于规范的构成要件要素

D."三年以下有期徒刑、拘役、管制或者剥夺政治权利"属于相对确定的法定刑

---

① 【答案】ABCD。A项正确，"以暴力或者其他方法"是对该罪客观行为的描述，属于客观的构成要件要素；B项正确，"他人"只需要法官的一般的社会认识即可，不需要主观价值判断，所以属于记述的构成要件要素；C项正确，"侮辱"、"诽谤"需要法官的主观价值判断，属于规范的构成要件要素；D项正确，"三年以下有期徒刑、拘役、管制或者剥夺政治权利"是对本罪的量刑的确定，但是这一规定有范围和幅度，所以属于相对确定的法定刑。我国刑法对法定刑绝大多数采取相对确定的法定刑。综上，ABCD项当选。

专题七　客观违法要件

命题点拨

对犯罪构成要件的具体展开，其中行为主体（单位犯罪）、危害行为（实行行为、不作为犯罪）、犯罪结果（结果加重犯）、因果关系都属于极其重要的核心考点。

第一节　行为主体

一、自然人犯罪

对于自然人，主要问题是特殊身份。特殊身份，是指行为人在身份上的特殊资格或特殊地位。特殊身份必须是在行为主体开始实施犯罪行为时就具有的特殊资格，不是在犯罪后或者犯罪过程中形成的。例如，贪污贿赂犯罪要求具备国家工作人员身份，开始犯罪时没有这个身份，是不能构成贪污贿赂犯罪的（指的是实行犯）。

构成要件要求自然人具备特殊身份，或者刑罚的加重、减轻以具有特殊身份为前提的犯罪，称为身份犯。身份犯包括真正身份犯与不真正身份犯。

1.真正身份犯又称定罪身份、构成身份，只有具备某种身份才能构成犯罪。例如，贪污贿赂犯罪要求行为人具备国家工作人员身份。

2.不真正身份犯：又称加减身份、量刑身份，不影响定罪，仅影响量刑的身份。例如，国家机关工作人员犯诬告陷害罪的，从重处罚。

【注意】真正身份犯的间接正犯的认定也需要具备身份。例如，要想成为挪用公款罪的间接正犯，就需要具备国家工作人员的身份。

二、单位犯罪

（一）条文及概念

1.条文

第30条　公司、企业、事业单位、机关、团体实施的危害社会的行为，法律规定为单位犯罪的，应当负刑事责任。

第31条　单位犯罪的，对单位判处罚金，并对其直接负责的主管人员和其他直接责任人员判处刑罚。本法分则和其他法律另有规定的，依照规定。

2.概念

单位犯罪，是指公司、企业、事业单位、机关、团体为本单位谋取非法利益或者为单位全体或多数成员谋取非法利益，由单位决策机构按照决策程序做出决策，由直接责任人员负责实施的犯罪。

（二）单位与成员的关系

1.单位犯罪是单位本身的犯罪，不是各个成员的共同犯罪，也不是单位与成员的共同犯罪。

2.单位与单位之间可以构成共同犯罪。单位与自然人之间也可以构成共同犯罪。

3.《全国人民代表大会常务委员会关于〈中华人民共和国刑法〉第三十条的解释》规定："公司、企业、事业单位、机关、团体等单位实施刑法规定的危害社会的行为，刑法分则和其他法律未规定追究单位的刑事责任的，对组织、策划、实施该危害社会行为的人依法追究刑事责任。"也即，刑法规定某些罪名不能由单位构成，但是单位实施了该犯罪，可以让单位直接责任人员承担该犯罪的刑事责任。

（三）不构成单位犯罪的情形

根据司法解释的规定，以下为自然人犯罪：

1.个人为进行违法犯罪活动而设立的公司、企业、事业单位实施犯罪的。

2.公司、企业、事业单位设立后，以实施犯罪为主要活动的。

3.盗用单位名义实施犯罪，违法所得由实施犯罪的个人私分的。

4.没有取得法人资格的独资、私营企业实施犯罪的。

（四）特殊主体资格

1.单位涉嫌犯罪后，若被其主管部门、上级机构等吊销营业执照、宣告撤销或者破产的，直接追究其直接责任人员或主管人员的刑事责任。

【**总结**】单位犯罪后，单位死了追究活着的自然人的刑事责任。

2.单位犯罪后，该单位发生分立、合并或者其他资产重组等情况的，该单位虽主体发生变更，因其实质上并未消灭，其权利义务由变更后的单位承受，故对其实施的犯罪仍具备刑事责任能力，仍应追究原单位的刑事责任。①

---

① 2002年7月8日《最高人民法院、最高人民检察院、海关总署关于办理走私刑事案件适用法律若干问题的意见》第19条规定　单位走私犯罪后，单位发生分立、合并或者其他资产重组等情况的，只要承受该单位权利义务的单位存在，应当追究单位走私犯罪的刑事责任。走私单位发生分立、合并或者其他资产重组后，原单位名称发生更改的，仍以原单位（名称）作为被告单位。承受原单位权利义务的单位法定代表人或者负责人为诉讼代表人。单位走私犯罪后，发生分立、合并或者其他资产重组情形，以及被依法注销、宣告破产等情况的，无论承受该单位权利义务的单位是否存在，均应追究原单位直接负责的主管人员和其他直接责任人员的刑事责任。1998年11月18日《最高人民法院研究室关于企业犯罪后被合并应当如何追究刑事责任问题的答复》指出，人民检察院起诉时该犯罪企业已被合并到一个新企业的，仍应依法追究原犯罪企业及其直接负责的主管人员和其他直接人员的刑事责任。人民法院审判时，对被告单位应列原犯罪企业名称，但注明已被并入新的企业，对被告单位所判处的罚金数额以其并入新的企业的财产及收益为限。2021年1月26日《最高人民法院关于适用〈中华人民共和国刑事诉讼法〉的解释》第345条规定，审判期间，被告单位合并、分立的，应当将原单位列为被告单位，并注明合并、分立情况。对被告单位所判处的罚金以其在新单位的财产及收益为限。

【总结】单位犯罪后，单位没死（只是换了一种活法），仍追究原单位的责任。

3.以单位的分支机构或者内设机构、部门的名义实施犯罪 → 同时满足：（1）以自己名义犯罪；（2）违法所得归该机构、部门 → 成立单位犯罪。

（五）单位犯罪的处罚

1.双罚制：单位＋自然人。

2.单罚制：自然人。

【口诀】"单位犯罪的处罚，自然人跑不掉。"

【提示】对于单位的处罚只有一种形式：罚金。

经典考题：关于单位犯罪的主体，下列哪一选项是错误的？（2006年卷二第5题，单选）[①]

A.不具有法人资格的私营企业，也可以成为单位犯罪的主体

B.刑法分则规定的只能由单位构成的犯罪，不可能由自然人单独实施

C.单位的分支机构或者内设机构，可以成为单位犯罪的主体

D.为进行违法犯罪活动而设立的公司、企业、事业单位，或者公司、企业、事业单位设立后，以实施犯罪为主要活动的，不能成为单位犯罪的主体

第二节　危害行为

一、概述

（一）概念

犯罪是法益侵害的行为。危害行为是基于人的意识和意志支配实施的客观上侵犯法益的身体活动。

（二）特征

1.有体性：能够改变客观事物的身体动或者静，不包括犯意形成与流露。

【提醒】言论属于思想范畴，但是发表言论属于行为范畴。

2.有意性：受人的意识和意志支配下的身体动或者静，不包括反射动作、睡梦中的动作等，如梦游强奸案。

3.有害性：至少具备法益侵害可能性。法益侵害性的有无直接影响不能犯与犯罪未遂的区分。如甲拿刀杀乙，丙及时将乙推开，丙的行为不属于危害行为。

（三）实行行为

实行行为是刑法分则规定的、具有法益侵犯急迫性、为社会生活所不容许的行为。

[①]【答案】A。A项错误，私营企业要想构成单位犯罪，必须要具有法人资格；B项正确，这是纯正的单位犯罪，所以只能由单位构成，如单位受贿罪只能由单位构成；C项正确，根据司法解释的规定，以单位的分支机构或者内设机构的名义实施犯罪的，违法所得归分支机构或者内设机构所有的，可以认定为单位犯罪；D项正确，根据司法解释的规定，公司、企业、事业单位设立后，以实施犯罪为主要活动的，成立自然人犯罪，不构成单位犯罪。综上，A项当选。

1.实行行为的构成要件

（1）实行行为必须符合刑法规定的具体犯罪的构成要件。例如，故意杀人罪的实行行为是杀人行为，要求具有剥夺他人生命的危险性。

（2）危害行为是指对刑法所保护的法益制造危险的行为，如果这种危险性极低，也不属于实行行为，只有那些对法益制造<u>现实、紧迫、直接危险</u>的行为，才属于实行行为。这是其与预备行为、共犯行为（教唆行为、帮助行为）的核心不同之处。

（3）实行行为并不是任何与法益侵害结果具有某种联系或条件的行为，而必须是类型性的法益侵害行为。

例如： 甲希望乙跑步时摔死而劝乙跑步，即使乙跑步时碰巧摔死，也不能将甲的劝说行为认定为杀人行为。

（4）减少或避免了法益侵害的行为，不属于实行行为。

例1： 一块砖头正要砸中张三的头部，李四用木棍挡了一下砖头，使张三头部受伤的程度减轻。李四的行为不属于实行行为。

例2： 小孩从三楼掉下来，路人孙某伸手去接，没有接住，小孩摔死。孙某的行为不属于实行行为。

（5）行为虽然对结果的发生做出了贡献，但行为本身不具有发生结果的危险性，不属于实行行为。

例如： 甲将自己的斧头借给乙劈柴，乙在劈柴时不小心导致家人受伤。甲的出借行为不属于实行行为。

2.实行行为与其他刑法理论的关联

（1）<u>区分犯罪预备与犯罪未遂</u>：着手（实行行为的起点）之前为预备阶段，之后为实行阶段。

（2）<u>区分犯罪未遂与不能犯</u>：没有开始实行行为，不能成立犯罪未遂，如果行为没有侵犯法益可能时，为不能犯。

（3）<u>影响因果关系判断</u>：因果关系是实行行为与实害结果之间引起与被引起的关系。

（4）<u>影响共犯人的分类</u>：共同犯罪根据分工不同，可以分为实行犯、教唆犯、帮助犯。

二、不作为犯罪

（一）概念

1.<u>作为犯（不让你干偏干、积极对抗）</u>：以积极的身体举动实施刑法禁止的行为。

2.<u>不作为犯（让你干偏不干、消极抵抗）</u>：以消极的身体静止不履行刑法规定的义务。

【**提示**】"消极的身体静止"不是指行为人没有任何身体活动，而是指其没有实施法所期待的行为。例如，逃税罪是不履行缴纳税款义务的行为，有这义务你不做，这就是不作为犯。但是不作为犯的逃税罪可以通过积极的<u>方式</u>（改账本）和消极的<u>方式</u>（不申报）来不履行义务。所以作为方式和不作为方式属于作为犯和不作为犯的下位概念。

（二）作为与不作为的关系

1.作为与不作为的<u>相竞合（并驾齐驱，条条大路通罗马）</u>。例如，汽车司机在十字路口遇到红灯时，仍然向前行驶，导致行人死亡。从不应当向前行驶而向前行驶（不应为而为）来看，属于作为；从应当刹车而不刹车（应为而不为）的角度来看，则属于不作为。所以此案件从两个角度分别分析，均可以得出一致的结论，即交通肇事罪。

2.作为与不作为的相结合（双手合十，缺一不可）。例如，抗税是逃避纳税义务的行为。在此意义上说，抗税行为包括了不作为。但是另一方面，抗税罪并非单纯地不履行纳税义务，还要求行为人实施了"抗"税的行为。根据刑法规定，以暴力、胁迫方法拒不缴纳税款的，是抗税，而上述手段行为只能表现为作为，故抗税行为同时包含了作为与不作为。

（三）分类

1.真正（纯正）的不作为犯：是指刑法明文规定只能由不作为构成的犯罪。

【常考总结】6"不"+1"弃"

（1）丢失枪支不报罪。

（2）不报安全事故罪。

（3）拒不支付劳动报酬罪。

（4）拒不执行判决、裁定罪。

（5）巨额财产来源不明罪。

（6）拒不履行信息网络安全管理义务罪。

（7）遗弃罪。

【提示】当题目中出现以上7种罪名的描述时，只有表述为真正的不作为犯罪，才是正确结论。如果将其描述为作为与不作为的相结合或者相竞合等，都是错误结论。

2. 不真正（不纯正）的不作为犯：行为人以不作为方式实施了通常由作为方式实施的犯罪。也即：不真正的不作为犯=作为（常态）或不作为。例如，故意杀人罪，既可用刀捅死人，也可将婴儿活活饿死。当用不作为饿死婴儿时为不真正不作为犯。

【提示】有的犯罪只能以作为实施。例如，包庇罪、非法吸收公众存款罪。

（四）成立条件（核心重点）

【记忆公式】该为 → 能为 → 却不为 → 导致值得处罚的刑事结果（因果关系）→ 不作为犯

1.作为义务的发生根据（该为）。

（1）对危险物的管理义务。

例1：主人对饲养的凶狗负有监督义务，动物园的管理人员对饲养的动物有管理义务。当动物咬人时，负有阻止义务。

例2：机动车的所有人有阻止没有驾驶资格的人或者醉酒的人驾驶汽车的义务。

（2）对他人危险行为的监督义务（这里的他人与行为人一般具有监护、监管关系）。

例1：父母对年幼子女的危险行为负有监督义务。如果年幼子女伤害别人，父母有阻止和救助义务。

例2：具有完全行为能力的人之间不存在监督义务，如夫妻之间、成年的兄弟姐妹之间并不具有这样的监督义务，妻子明知丈夫受贿而不制止的，并不成立受贿罪的帮助犯。

（3）对自己先前行为引起的法益侵害危险的防止义务。先前行为可以是合法行为，也可以是违法行为甚至是犯罪行为。

例1：意外提供有毒食品引起他人中毒，提供者有救助义务。

例2：甲在黑夜里将车停在高速路上，未采取措施以防止后面车辆"追尾"，导致车辆相撞。甲对受伤司机有救助义务。

例3：大街上，甲男向乙女提出分手，乙女声称如果分手就割腕自杀。甲男不制止，乙女自杀身亡。由于提出分手不会给乙女的生命创设危险，所以甲男没有救助义务。

（4）紧急避险行为可以作为先行行为而产生作为义务。

例如：甲追杀乙，乙在逃跑过程中发现骑着摩托车的丙，乙用力将丙拖下车，骑车逃跑。摆脱甲的追杀后，乙骑着摩托车寻找丙，想将车返还并当面致歉，找到丙后，乙发现丙重伤昏迷，为逃避责任，乙将车子丢下后逃离，丙因未得到及时救治而死亡。乙之前的紧急避险行为对丙造成了伤害，当然存在救助义务，乙能救而不救，构成不作为形式的故意杀人罪。

【延伸】正当防卫对不法侵害人是否存在救助义务？此需要分不同情形处理：

第一，如果正当防卫造成被害人死亡也不过当时，正当防卫人没有救助义务。

第二，如果正当防卫致人伤害并未过当，而且该伤害不可能导致死亡（即没有过当危险），正当防卫人同样没有救助义务。

第三，如果正当防卫造成了伤害（该伤害本身不过当），并具有死亡的紧迫危险（即具有防卫过当的危险），发生死亡结果就会过当，那么，应该认定正当防卫人具有救助义务。

即便防卫者存在上述第三种情况的救助义务，针对造成过当的结果（如死亡）也应认为是之前作为行为和后面不作为行为共同导致的防卫过当。不能孤立地认为只是后面行为独立导致的防卫过当。

（5）被害人自陷风险的行为，行为人没有救助义务。

自陷风险是指行为人的行为对法益没有制造现实、直接的危险，但是提供了一定的可能条件。被害人对风险有认识，并具备控制和消除能力，但是自愿陷入特定风险，导致危害结果发生。行为人的行为不是刑法上的危害行为，对被害人的法益侵害结果不承担责任。

例1：甲为了逗乙，向湖中扔300元，乙跳入湖中去捡，被淹死。乙的行为属于被害人自陷风险，与甲无关。

例2：甲想杀乙，得知乙毒瘾很大，故无偿为乙提供大量毒品，乙欣喜若狂，一次吸食大量毒品后死亡。乙属于自陷风险，与甲无关。

（6）行为人实施没有增加、制造危险或者该危险并不紧迫、微不足道的行为，无作为义务。

例1：甲将自己的一把精美藏刀拿给乙观看欣赏时，乙突然看见了自己的仇人丙，并对其实施了杀人行为。甲没有作为义务。

例2：路人甲将路边捡到的婴儿抱到了福利院大门前，该行为没有制造婴儿生命健康的危险或者说甲的行为降低了婴儿所面临的危险程度。

（7）基于法律规范而产生的保护法益义务（法律规范将某项法益的保护设定给特定行为人，行为人就负有保护义务）。

例1：成年人带儿童出去游玩，负有保护儿童生命健康的义务。

例2：普通人发现火灾而不报警的，不成立不作为犯罪，因为法益保护不依赖于报警人。

（8）基于职务、业务、制度规定产生的保护义务。

例1：警察对犯罪行为中的被害人有救助义务。

例2：医生对病人有救助义务。

（9）基于自愿（合同与自愿接受行为）而产生的保护义务。

例1：签订合同的保姆对婴儿有保护义务。

例2：保镖有保护雇主安全的义务，当雇主生命受到威胁能救助而不救助的，可构成不作为形式的故意杀人罪。

例3：妻子自杀时，丈夫有救助义务。

（10）对自己支配的建筑物、汽车等场所内的危险的阻止义务。

例1：出租车司机看到车上男乘客在强奸女乘客，司机负有阻止义务。司机如果不阻止，就构成强奸罪的不作为形式的帮助犯。

例2：自家的封闭庭院里突然闯入一个危重病人或者生活不能自理的儿童，他人不能发现和救助，庭院的支配者有义务救助。

例3：卖淫女在嫖客家与嫖客发生关系，嫖客心肌梗塞，卖淫女没有救助义务。如果事情发生在卖淫女住宅内，则卖淫女有救助义务。

（11）对发生在自己身体上的危险行为的阻止义务。

例如：男子任由幼女对自己实施猥亵行为时，因为该危险发生在男子身体上，该男子负有阻止义务，否则成立不作为的猥亵儿童罪。

2.作为的可能性（能为）。

【提示】作为的可能性＝个人能力＋客观环境。

例1：（个人能力）大叔带邻居小孩游玩，小孩落水。虽然大叔有救助义务，但是他不会游泳，没有去救小孩，不构成不作为犯。

例2：（客观环境）甲带自己的外甥去黄河的壶口瀑布游玩，甲的外甥由于调皮不慎掉入了瀑布之中。虽说甲非常善于游泳，但此时由于身处吞吐量极大的壶口瀑布，甲根本无法救助，不能强迫要求甲有救助义务。

3.结果回避的可能性（因果关系）。

该项有个前提条件，就是客观上要有履行的可能性，即结果避免可能性。如果行为人再怎么尽力作为，危害结果仍不可避免地发生，那么行为人不构成不作为犯罪。这便要求危害结果的发生和不履行义务之间具有因果关系。如果危害结果的发生不是不履行义务导致的，那么行为人不构成不作为犯。

例1：甲在车间工作时不小心使一根铁钻刺入乙的头颅。甲没有立即将乙送往医院而是逃往外地。甲一直以为是自己不及时救助而导致乙死亡，但医院证明，即使将乙送往医院，乙也不可能得到救治。甲的行为不构成不作为的故意杀人罪。

例2：父亲甲过失将自己的孩子摔在地上，看孩子没有哭闹，就没有送往医院。三天后孩子死亡。经查明，死亡原因是脑部受到重创导致的，但查明受伤太严重，就算被摔当时送往医院也救不活。甲的行为不构成不作为的故意杀人罪。

4.不作为与作为的等价性（处罚必要性）。

"该为、能为、而不为"是成立不作为犯的定性要求，具备了，只能说明该行为属于不作为。但是，是否达到值得科处刑罚的程度，还有个量的要求。公式：不作为犯罪=定性要求+量的要求。

例如： 苏明成和父亲苏大强闹别扭：（1）三天没理父亲，没给父亲做饭，父亲大强只能自己买着吃，这种行为很明显达不到处罚的程度，无罪；（2）将父亲逐出家门，父亲大强一人在城市的街头流浪，半年后被发现时精神恍惚、疾病缠身，儿子明成成立遗弃罪；（3）开车将父亲大强拉到塔克拉玛干沙漠，然后自己开车回家，该行为可成立遗弃罪与故意杀人罪的想象竞合犯，按照重罪故意杀人罪定罪处罚。

三、对"持有"的理解与认定

1."持有"行为，是指人对物的实力支配。法考通说认为：持有是一种作为。

2.认定持有型犯罪，只要行为人支配、控制特定违禁品即可，与行为人是否依法上交特定违禁品无关。

3.故意持有多种犯罪对象，成立多个持有型犯罪的，应当数罪并罚。与此相类似，同时故意走私多种对象，成立多个走私型犯罪的，也应当数罪并罚。

经典考题： 关于不作为犯罪，下列哪些选项是正确的？（2013年卷二第51题，多选）①

A.船工甲见乙落水，救其上船后发现其是仇人，又将其推到水中，致其溺亡。甲的行为成立不作为犯罪

B.甲为县公安局长，妻子乙为县税务局副局长。乙在家收受贿赂时，甲知情却不予制止。甲的行为不属于不作为的帮助，不成立受贿罪共犯

C.甲意外将6岁幼童撞入河中。甲欲施救，乙劝阻，甲便未救助，致幼童溺亡。因只有甲有救助义务，乙的行为不成立犯罪

D.甲将弃婴乙抱回家中，抚养多日后感觉麻烦，便于夜间将乙放到菜市场门口，期待次日晨被人抱走抚养，但乙被冻死。甲成立不作为犯罪

---

① 【答案】BD。A项错误，甲已经将乙救上船，此时乙已经没有了危险状态，但是甲发现乙是自己的仇人时，又将乙推下水中导致乙溺水身亡，甲成立作为方式的故意杀人罪而不是不作为方式的故意杀人罪。B项正确，成年的兄弟姐妹、夫妻之间不具有监管义务，甲对自己妻子收受贿赂的行为并无阻止义务，所以甲不成立不作为犯罪。C项错误，甲意外将6岁幼童撞入河中，此时甲对儿童有救助的义务，甲本来想施救，但是被乙劝阻，甲成立不作为犯罪，乙成立不作为犯罪的教唆犯。D项正确，甲本身对弃婴没有监护和照顾的义务，但是甲将弃婴抱回家，此时甲便有了照顾和监护的义务，之后又将婴儿弃之，当然构成不作为犯罪。综上，BD项当选。

第三节　行为对象

一、概念

行为对象又叫犯罪对象，一般是指实行行为所作用的物、人与组织（机构）等客观存在的现象。行为对象并不是所有犯罪都要求的构成要件要素。

二、行为对象的界定

1.行为对象与组成犯罪行为之物不同。例如，赌资是组成赌博罪之物，而不是赌博罪的对象；贿赂是组成受贿罪、行贿罪之物，一般不认为是行为对象。

2.行为对象与行为孳生之物不同。例如，行为人伪造的文书、制造的毒品等，不是行为对象。因此，在毒品犯罪中，走私、贩卖、运输毒品时，毒品是行为对象；制造毒品时，毒品属于行为孳生之物。

3.行为对象与犯罪所得不同。例如，职业杀手所领得的报酬，生产、销售伪劣产品所获得的销售金额，不是行为对象。

4.行为对象与犯罪工具不同。例如，盗窃罪中的钥匙是犯罪工具，不是行为对象；飞车抢夺中的摩托车是犯罪工具，不是行为对象；使用伪造的信用卡进行诈骗时，伪造的信用卡是供犯罪行为使用之物，不是信用卡诈骗罪的对象。

三、行为对象的特征

1.不是所有的犯罪都有行为对象。例如，脱逃罪、偷越国（边）境罪等都不具有行为对象。

2.有的犯罪只有一个行为对象，有的犯罪会有多个行为对象。例如，抢劫罪的行为对象包括人身和财物。

第四节　犯罪结果

一、概念

危害结果是危害行为给刑法所保护的法益所造成的现实侵害事实（实害结果）与现实危险状态（危险结果）。

【总结】危害结果=实害结果+危险结果。

二、实害犯与危险犯

实害犯	1.实害犯指将发生实际法益侵害结果作为处罚（定罪）根据的犯罪。例如，污染环境罪的成立要求出现严重污染环境的结果；生产、销售、提供劣药罪同样是实害犯。 2.过失犯罪的成立均要求实害结果的出现。

续　表

危险犯	具体危险犯	对法益的危险要求达到具体现实程度。是否达到具体危险，由法官来认定。例如，放火罪、爆炸罪、破坏交通工具罪。 【特点】具体危险犯中的"危险"是一种生活、生产中常见的危险，该危险只有达到现实的、具体的程度，才会被司法者所惩处。例如，"放火""爆炸"行为在生活、生产中随处可见（点烟、生火做饭、爆破等），难道这些行为一出现，有一点点危险就能定罪吗？
	抽象危险犯 （行为犯）	对法益的危险只要求达到一种抽象的危险感即可。是否达到抽象的危险感，由立法预先规定。例如，盗窃枪支罪；生产、销售假药罪；生产、销售有毒、有害食品罪等。 【特点】又称行为犯，这种"危险"在生产、生活中不常见，只要行为人实施了该行为，行为本身就蕴含着危险的性质。
	总结	具体危险犯侧重于"结果"的危险；抽象危险犯侧重于"行为"本身的危险。

三、结果加重犯

结果加重犯指法律规定的一个犯罪行为（基本犯罪），由于发生了严重结果而加重其法定刑的情况。例如，故意伤害致人死亡、抢劫致人死亡等。公式：基本犯罪+加重结果=基本罪名+加重处罚。

1.实施基本犯罪行为，但造成了加重结果，二者之间具有直接因果关系。例如，故意伤害后，被害人在送往医院的途中遇车祸死亡，介入因素中断了因果关系，不属于故意伤害致人死亡的结果加重犯。

2.行为人对加重结果至少有过失。

（1）基本犯故意，加重结果过失。

例1：故意伤害致死。

例2：非法拘禁致人重伤、死亡。

例3：拐卖妇女、儿童致使被拐卖的妇女、儿童死亡。

例4：暴力干涉婚姻自由致使被害人死亡。

例5：虐待致人重伤、死亡。

（2）基本犯故意，加重结果过失或者故意。

例1：抢劫致人重伤、死亡。

例2：劫持航空器致人重伤、死亡。

例3：强奸致使被害妇女重伤、死亡。

3.刑法就发生的加重结果加重了法定刑。

加重了法定刑，是相对于基本犯罪的法定刑而言，即结果加重犯的法定刑高于基本犯罪的法定刑。如果刑法没有加重法定刑，结果再严重也不是结果加重犯。结果加重犯只能认定为一个罪，不能数罪并罚。

例1：遗弃行为致人重伤或死亡的，因为没有加重法定刑，不是结果加重犯，成立遗弃罪与过失致人重伤罪或过失致人死亡罪的想象竞合犯。

例2：虐待行为致人重伤或死亡的，成立虐待罪的结果加重犯。

经典考题：关于结果加重犯，下列哪一选项是正确的？（2015年卷二第8题，单选）[1]

A.故意杀人包含了故意伤害，故意杀人罪实际上是故意伤害罪的结果加重犯

B.强奸罪、强制猥亵妇女罪的犯罪客体相同，强奸、强制猥亵行为致妇女重伤的，均成立结果加重犯

C.甲将乙拘禁在宾馆20楼，声称只要乙还债就放人。乙无力还债，深夜跳楼身亡。甲的行为不成立非法拘禁罪的结果加重犯

D.甲以胁迫手段抢劫乙时，发现仇人丙路过，于是立即杀害丙。甲在抢劫过程中杀害他人，因抢劫致人死亡包括故意致人死亡，故甲成立抢劫致人死亡的结果加重犯

第五节　因果关系

一、概念

刑法上的因果关系是指实行行为与现实危害结果之间的引起与被引起的关系。实行行为合法则地造成了结果时，结果就是实行行为的危险的现实化。

因果关系中的原因，只能是类型化的实行行为，而不包括预备行为。如果行为本身不具有法益侵害的危险甚至减少了法益侵害的危险，就不是实行行为，因而不可能将结果归属于该行为。

二、理论意义

1.影响故意犯罪形态的认定。在故意犯罪中，如果实行行为与危害结果之间存在因果关系，成立犯罪既遂；如果没有因果关系，则成立未遂或中止。例如，甲敲诈勒索乙（当地黑社会大哥）的钱财，乙十分欣赏甲的勇气，便给了甲2万元。甲成立敲诈勒索罪未遂。因为甲取得财物和敲诈勒索行为没有因果关系。

2.影响过失犯罪的成立。由于过失犯罪的成立须以造成实害结果为前提，这就要求过失行为与实害结果之间具有因果关系。例如，甲酒量极大，一天朋友聚会，甲喝了8两白酒，但是这点量对其根本没有任何影响，之后甲驾车回家的路上，由于行人突然闯红灯撞在了甲的车上当场死亡。本案中，甲酒后驾车属于违章行为，同时也出现了被害人死亡的结果，但是被害人的死亡结果并不是由于甲酒后驾车的违章行为所导致，即甲的违章行为与被害人的死亡结果之间没有因果关系，因此甲不成立交通肇事罪。

3.影响结果加重犯的成立。例如，甲只想伤害乙，致乙轻伤，又送乙去医院，途中第三人车祸致乙死亡。甲的伤害行为与乙的死亡没有因果关系，因此甲只构成故意伤害罪，而非故意伤害罪致人死亡。

---

[1]【答案】C。A项错误，故意杀人罪是一个独立的罪名，并不是故意伤害罪的结果加重犯。B项错误，强制猥亵罪没有结果加重犯，而且两个罪的客体只能说是相似，不是相同。强奸罪的犯罪客体是妇女性的自主选择权，强制猥亵罪的客体是被害人的性的羞耻心。C项正确，乙的自杀行为中断了因果关系，所以甲不成立结果加重犯。D项错误，甲杀人的行为并不是抢劫导致，而是另起犯意，不能把死亡结果归责于抢劫，不属于抢劫致死的结果加重犯。综上，C项当选。

三、判断与认定

（一）缩小范围去理解"刑法上的因果关系"

1.生活中，原因与结果是相对的，随处可见。但是刑法研究因果关系的目的是解决行为人对危害结果是否应当承担刑事责任，所以，在认定因果关系时应当抽取危害行为与危害结果这对现象，研究其因果关系。

2.因果关系是不以人的主观意志为转移的客观存在。判断过程中，切勿因主观假想而影响因果关系的客观流程。

3.因果关系一般表现为两种现象（行为与结果）之间有着内在的、必然的、合乎规律的引起与被引起的关系。这是因果关系基本的和主要的表现形式，而偶然的、巧合的、低概率的引起与被引起的关系，不属于刑法上因果关系的探讨范围。

例如：甲欲抢劫前面单独行走的妇女，便远远地跟踪。妇女发觉有人跟踪，为了"丢卒保车"，将提包扔下便跑。甲捡到提包，还追上妇女并扇其一耳光，骂道："你什么意思？施舍吗？"遂拿着提包离去。甲的抢劫行为只是预备行为，不构成抢劫罪既遂，而构成抢劫罪犯罪预备。甲捡走钱包的行为不构成盗窃罪或侵占罪，因为该财物已经属于妇女的抛弃物。

（二）"条件说"是因果关系判断的"初印象"

实行行为与结果之间存在着没有前者就没有后者的条件关系时，前者就是后者的原因。公式：无A则无B，A即B因。

例1：甲强奸乙女，乙女觉得无脸见人，便深夜服毒自杀。按照条件说，没有甲的强奸行为，乙女就不会自杀死亡，所以甲的强奸行为与乙女死亡结果之间具有因果关系。

例2：甲女得知男友乙移情，怨恨中送其一双滚轴旱冰鞋，企盼其运动时摔伤。乙穿此鞋运动时，果真摔成重伤。按照条件说，没有甲女送鞋的行为，乙男就不会重伤，所以甲女的行为与乙男的重伤之间具有因果关系。

【总结】上述案例按照条件说分析，均会得出因果关系存在的结论。但是这种"初印象"的结论在认定刑法上因果关系的存在与否时，未免有点"扯得离谱"，刑法是"屏障法"，自身具备的谦抑性让其不会过多"管辖"和"干涉"日常生活中的因果关系，而将主要精力放在具有高度危险性的实行行为所引起的侵犯法益结果的因果流程之上。

（三）"相当因果关系说"限定合理范围

该说认为实行行为对法益产生的危险应当是类型化的危险，而非偶然的危险，其制造的实害结果应当是类型化的结果，而非偶然的结果。当实行行为的类型化危险相当性地实现为现实结果时，该结果才能算到实行行为头上。如果是偶然的、非类型化的、与实行行为不具有相当性的结果，不应归责于实行行为。

（四）具体判断角度

角度一：从因果关系的概念角度进行考查

刑法上的因果关系是指实行行为与现实危害结果之间的引起与被引起的关系。

1.是否为实行行为？

逆向思维考查，具有较高的隐蔽性：如果题目本身的行为连实行行为都不是的话，那就没有必要去讨论刑法上的因果关系，即不存在因果关系。

因果关系的题目设置的问法无非就是："关于因果关系的判断正确、错误的是……"所以导致同学们的内心是将题目中的行为直接认定为属于实行行为，然后判断之时就直奔因果关系有无的主题。此时就忽略了一个十分重要的前提条件，即题目中的行为是否属于实行行为（对法益制造现实、紧迫、直接危险的行为）。此处如果设置考点的话，很多同学十分容易陷入命题人的陷阱之中。

例如：（2007年卷二第1题C项）"丙经过铁路道口时，遇见正在值班的熟人项某，便与其聊天，导致项某未及时放下栏杆，火车通过时将黄某轧死。丙的行为与黄某的死亡之间存在因果关系。"本案中，丙和值班人员项某聊天是正常的社会行为，不会产生法所禁止的危险，因此根本不是实行行为，那还谈什么刑法上的因果关系？

2.反问法的应用！

在肯定题目中的行为是实行行为的前提下进行内心反问，一问实害结果产生没？二问该结果是由哪一个或者哪几个实行行为导致的？这样能快速直接反映出因果关系概念中引起与被引起的特点。

这样做题节省时间，而且可以肯定自己的内心结论，但是并不是所有因果关系的题目都可以采用此种高效便捷的方法。

例1：（2003年卷二第41题C项）丙追杀情敌赵某，赵狂奔逃命。赵的仇人赫某早就想杀赵，偶然见赵慌不择路，在丙尚未赶到时，即向其开枪射击，致赵死亡。赵的死亡和丙的追杀没有因果关系。

反问过程：赵某死了吗？ → 死了 → 怎么死的？ → 被开枪打死的 → 谁开的枪？ → 赫某开的 → 所以死亡结果归于赫某，与丙的追杀之间没有因果关系。

例2：（2006年卷二第2题D项）甲与乙都对丙有仇，甲见乙向丙的食物中投放了5毫克毒物，且知道5毫克毒物不能致死，遂在乙不知情的情况下又添加了5毫克毒物，丙吃下食物后死亡。甲投放的5毫克毒物本身不足以致丙死亡，故甲的投毒行为与丙的死亡之间不存在因果关系。

反问过程：丙死了没？ → 死了 → 怎么死的？ → 被毒死的 → 谁的毒药发挥作用毒死的？ → 甲、乙的毒药一起发挥作用将丙毒死的 → 所以甲、乙的行为与丙的死亡均具有因果关系。

角度二：介入因素（最核心的考查方式）

```
实行行为  →  介入因素（刀）  →  实害结果
```

"介入因素"这把刀如果"锋利"，则切断关系；如果"迟钝"，则不切断关系。判断其"锋利"与否的标准如下：

1.三标准法（常态法）

第一步：先前行为对结果发生所起的作用大小；

第二步：介入因素异常性的大小（发生概率大小）；

第三步：介入因素本身对结果发生所起的作用大小。

2.两标准法（精炼法）

第一步：介入因素正常还是异常，如果正常，不中断因果关系；如果异常则进入第二步分析。

第二步：看异常的介入因素是否独立导致结果的发生，如果是，则中断因果关系；如果不是，则不中断因果关系。

例如：（2003年卷二第41题AB项）下列关于刑法上因果关系的说法哪些是正确的？

A. 甲欲杀害其女友，某日故意破坏其汽车的刹车装置。女友如驾车外出，15分钟后遇一陡坡，必定会坠下山崖死亡。但是，女友将汽车开出5分钟后，即遇山洪暴发，泥石流将其冲下山摔死。死亡结果的发生和甲的杀害行为之间，没有因果关系

B. 乙欲杀其仇人苏某，在山崖边对其砍了7刀，被害人重伤昏迷。乙以为苏某已经死亡，遂离去。但苏某自己醒来后，刚迈了两步即跌下山崖摔死。苏某的死亡和乙的危害行为之间存在因果关系

A项正确：甲实施了危害行为，女友最终死亡，中间介入了山洪暴发的因素。首先，该介入因素是异常的；其次，该异常的介入因素独立导致了女友的死亡结果，所以中断因果关系。也即，死亡结果的发生和甲的危害行为之间不存在因果关系。

B项正确：乙之前有重伤的危害行为，之后苏某坠崖死亡，中间介入了被害人自己迈步坠崖的行为，对于这个介入因素，我们判断醒来迈步坠崖是正常介入因素，因为被害人重伤昏迷在悬崖边，苏醒后意识极其不清，迈步坠崖的发生概率极高，所以该正常的介入因素不会中断因果关系，即被害人苏某的死亡是由于乙的重伤行为导致，死亡结果与乙的伤害行为有因果关系。

角度三：将因果关系与犯罪中止相结合进行考查

1. **原则**：犯罪中止的成立条件：（1）要具有中止行为；（2）防止结果的发生。

2. **例外**：存在中止行为+结果发生+因果关系被介入因素中断 → 犯罪中止。

题目通过介绍存在中止行为但是结果依然发生的案例来考查依旧可以成立犯罪中止的例外情形，这里的例外情形可以看作是因果关系的关联考查。

这个例外为什么在只有中止行为没有避免结果就能成立犯罪中止呢？对比原则和例外不难发现：原则中结果根本就没有发生，所以行为人的行为和根本没发生的结果之间肯定没有因果关系；而例外中正是由于结果被介入因素所中断，因此也就和之前的行为没有了因果关系，所以从这个角度去对比的话，这个例外当然也就在只有中止行为的情况下依然成立犯罪中止。

经典考题：甲为杀乙，对乙下毒。甲见乙中毒后极度痛苦，顿生怜意，开车带乙前往医院。但因车速过快，车右侧撞上电线杆，坐在副驾驶位的乙被撞死。关于本案的分析，下列哪些选项是正确的？（2014年卷二第53题，多选）①

---

① 【答案】AB。A项正确，如果认为乙的死亡结果应归责于驾车行为，那么投毒的行为与死亡也就没有了因果关系，与此同时甲将乙送往医院的行为又是真挚积极的努力（即存在中止行为），应认定犯罪中止，符合上述总结的例外情形。B项正确，如果认为乙的死亡结果应归责于投毒行为，那么死亡结果就与投毒行为有因果关系，当然构成故意杀人罪既遂。C项错误，如果危害结果与行为人的行为没有因果关系，而且行为人又做出了真挚积极的努力，完全可以成立犯罪中止。D项错误，如果有真挚的努力，但是行为与危害结果之间存在因果关系，而且没有阻止危害结果的发生，还是不会认定为犯罪中止。综上，AB项当选。

A.如认为乙的死亡结果应归责于驾车行为，则甲的行为成立故意杀人中止

B.如认为乙的死亡结果应归责于投毒行为，则甲的行为成立故意杀人既遂

C.只要发生构成要件的结果，无论如何都不可能成立中止犯，故甲不成立中止犯

D.只要行为人真挚地防止结果发生，即使未能防止犯罪结果发生的，也应认定为中止犯，故甲成立中止犯

角度四：特殊体质

特殊体质：被害人存在特殊疾病的问题。

【结论】（1）因果关系一定存在；（2）行为人是否负责要看其主观心态。

【提示】特殊体质的本质逻辑也是行为通常性、合法则地引起结果的发生，如吓唬行为引起心脏病、划破皮肤引起血友病的流血不止。如果行为与结果之间不具备通常性、合法则的关系，依旧不能因为看似特殊体质而直接得出具备因果关系的结论。例如，甲将毒药拌在干果上，试图以诱骗乙吃干果的方式杀害乙，但乙对其中的干果有严重的过敏症状，不知情的甲连哄带骗让乙吃了5颗干果，乙的过敏症状引发其他疾病死亡（此时毒药的毒性尚未发作）。本案看似是特殊体质或狭义因果关系错误，其实不然，因为投毒通常不会导致过敏而死，只有导致毒死，该结果才会与行为有因果关系。

例如：（2008年卷二第52题B项）"乙以杀人故意瞄准李某的头部开枪，但打中了李某的胸部（未打中心脏）。由于李某是血友病患者，最后流血不止而死亡。乙的行为与李某的死亡之间没有因果关系。"该项说法错误。特殊体质问题，肯定存在因果关系，记住结论即可。

角度五：共同犯罪之"部分实行，全部责任"

"部分实行，全部责任"：共同犯罪中，每个人彼此相互协作、补充，形成一个有机整体，导致结果的发生，实施了部分行为的人，也要对共同的整体所导致的全部结果承担责任。也即只要成立共同犯罪，所有的共犯对结果均须负责，均存在因果关系。

经典考题：甲、乙、丙共同故意伤害丁，丁死亡。经查明，甲、乙都使用铁棒，丙未使用任何凶器；尸体上除一处致命伤外，再无其他伤害；可以肯定致命伤不是丙造成的，但不能确定是甲造成还是乙造成的。关于本案，下列哪一选项是正确的？（2016年卷二第7题，单选）①

A.因致命伤不是丙造成的，尸体上也没有其他伤害，故丙不成立故意伤害罪

B.对甲与乙虽能认定为故意伤害罪，但不能认定为故意伤害（致死）罪

C.甲、乙成立故意伤害（致死）罪，丙成立故意伤害罪但不属于伤害致死

D.认定甲、乙、丙均成立故意伤害（致死）罪，与存疑时有利于被告的原则并不矛盾

---

① 【答案】D。本案为共同犯罪，而且甲、乙、丙是共同正犯。在共犯中要坚持"部分实行，全部责任"，实施了部分实行行为的共同犯罪人，也要对共同的实行行为所导致的全部结果承担正犯的责任。因此，关于到底是谁的行为导致了被害人的死亡便无关紧要，甲、乙、丙三人的行为与死亡结果均有因果关系，都要对死亡结果负责。综上，D项当选。

专题八　客观违法阻却事由

命题点拨

正当防卫不仅是传统核心重点，而且在新增司法解释的大背景下，更是变得无比重要。紧急避险和正当防卫的区别也是重点内容。

第一节　一般正当防卫

一、法条

第20条第1、2款　为了使国家、公共利益、本人或者他人的人身、财产和其他权利免受正在进行的不法侵害，而采取的制止不法侵害的行为，对不法侵害人造成损害的，属于正当防卫，不负刑事责任。

正当防卫明显超过必要限度造成重大损害的，应当负刑事责任，但是应当减轻或者免除处罚。

二、适用前提

正当防卫是一种法定的客观违法阻却事由，适用的前提是：行为符合刑法分则规定的犯罪构成要件，即制造法律所禁止的风险。也就是说正当防卫单纯从客观角度看，其属于"犯罪行为"，只是其披上了一件合法的外衣即为了保护法益，才将自己本身的"犯罪行为"合法化。所以如果一个行为从客观角度去评判连"犯罪行为"都不是的话，那这种行为本身就是无罪的，也就不需要通过正当防卫的理论去证明其行为合法化。例如，甲、乙有纠纷，甲想把乙推下船（乙躲闪），甲自己不小心掉入河中，乙害怕救上来后继续伤害自己而没有救助，后其他人将甲救起。乙不构成正当防卫。因为乙的躲闪行为根本就不是"犯罪行为"，所以也就不存在正当防卫的探讨余地。

【提示】紧急避险也是如此，与正当防卫的适用是相同的逻辑。

三、成立条件

（一）起因条件

现实的不法侵害：不法性、侵害性、现实性。

1.不法性

（1）不法侵害＝犯罪行为＋违法行为。只要侵害行为具有不法性，原则上都属于正当防卫的前提。因为一般的违法行为也属于侵犯法益的行为，而且防卫者很难准确把握犯罪与一般违法的区别，如果将不法侵害仅限于犯罪行为，将不利于公民行使防卫权，这并不是正当防卫的初衷。

（2）并非对任何违法犯罪行为都可以进行防卫，只是对那些具有进攻性、破坏性、紧迫性、持续性的不法侵害，在采取正当防卫可减轻或者避免法益侵害结果的情况下，才可以进行正当防卫。例如，重婚罪、贿赂罪等虽然是犯罪行为，但是这些犯罪不属于具有进攻性、破坏性、紧迫性的不法侵害，所以不能对之进行正当防卫。

（3）防卫主体不限于被害人本人。只要是面临不法侵害，不管是被害人本人，还是无关第三人（见义勇为），都可以正当防卫，予以制止。例如，甲在路上看到乙在抢劫丙，甲对乙可以进行正当防卫。再如，对于正在进行的拉拽方向盘、殴打司机等妨害安全驾驶、危害公共安全的违法犯罪行为，可以实行防卫。

【注意】成年人对于未成年人正在实施的针对其他未成年人的不法侵害，应当劝阻、制止；劝阻、制止无效的，可以实行防卫。

（4）对合法行为不得进行正当防卫。正当防卫、紧急避险的行为不属于不法侵害，所以对正当防卫、紧急避险本身不能进行正当防卫。对正当防卫的反击行为属于故意侵害行为，对紧急避险的反击行为属于紧急避险。

（5）针对"黑吃黑"的不法侵害可以实施正当防卫。例如，甲盗窃了巨额财物，知情的乙对甲的这笔赃物进行抢劫，甲奋力反抗将其击退。甲的行为可以认定为正当防卫。

（6）对客观的不法侵害即可正当防卫——根据两阶层的犯罪构成体系，犯罪由客观阶层和主观阶层构成。一个行为符合客观阶层，就表明该行为在客观上具有法益侵害性。[①]至于行为人在主观阶层是否具有故意、过失，是否达到责任年龄、具有责任能力等，只是影响责任的承担。

例1：甲突遇精神病人乙持刀袭击。乙追赶甲至一死胡同，甲迫于无奈，与其搏斗，将其打伤。甲的行为属于正当防卫。

例2：甲在打猎过程中，由于疏忽，没有注意远处的小孩乙，丙发现后大喊甲注意远处的小孩，甲没能听到，丙拿枪击中甲的胳膊，及时避免小孩被甲打死。丙的行为属于正当防卫。

2.侵害性

（1）对侵害公法益（国家法益、社会法益）的不法行为，普通人原则上不能随意进行正当防卫。因为公法益的侵害，其防卫主体是特殊的（国家将这种防卫权赋予特殊的国家机关或个人，如警察等），普通人并没这项权力，不能随意行使防卫权。但是如果这种侵犯公法益的行为同时也侵犯个人法益或极端危险（指望特定主体实施防卫权可能来不及等）时，普通人仍可以实施正当防卫。例如，甲不能为了保护国境安全而开枪射杀偷越国（边）境的乙。

[①] 2020年8月28日《最高人民法院、最高人民检察院、公安部关于依法适用正当防卫制度的指导意见》指出，明知侵害人是无刑事责任能力人或者限制刑事责任能力人的，应当尽量使用其他方式避免或者制止侵害；没有其他方式可以避免、制止不法侵害，或者不法侵害严重危及人身安全的，可以进行反击。

（2）针对不作为的不法侵害，同样可以行使正当防卫。例如，甲交通肇事，将行人乙撞成重伤。甲见乙受重伤，心生恐惧，刚想离开，被另一行人丙看到。丙见状要求甲将乙送至医院，甲不肯，丙无奈而动手将甲打伤，逼其将乙送至医院，最终乙得到救治。丙成立正当防卫。

（3）对自己招致的不法侵害是否可以正当防卫？需要具体讨论：

①防卫挑拨不成立正当防卫。

②轻微过失或无过错引起对方的侵害，或者预想只会引起对方轻微的反击，对方却实施重大法益侵害行为，这种情况仍可以正当防卫。例如，甲知道乙是一个急脾气，对乙骂了一句脏话，谁成想乙回家拿了一把菜刀准备要砍甲。甲对乙的这种过激的重大法益侵害行为可以实施正当防卫。

（4）关于动物的侵害，是否可以正当防卫？需要具体讨论：

①对野生动物的攻击行为进行反击，不属于正当防卫。因为正当防卫的前提，即不法侵害必须是由人实施的（野生动物的攻击不属于人的不法侵害），但是可以对这种攻击进行紧急避险。

②如果主人利用自己饲养的动物故意或者过失攻击他人，这相当于主人的不法侵害，反击动物，成立正当防卫。

③如果主人不存在过错，其饲养的动物攻击他人，他人反击的行为如何认定？

观点一：行为无价值论者认为，因为主张故意、过失是违法要素，否认物是违法主体，因而否认对物防卫。但是，法律不可能认为在动物侵害人的生命、身体时，人只能忍受。所以，这些学者主张对动物的反击成立紧急避险。

观点二：结果无价值论者认为，对物防卫是正当防卫或者准正当防卫，依照我国刑法的规定，正当防卫只能针对"不法侵害人"。但是，根据客观违法论的立场，在动物自发侵害他人时，即使管理者（如饲主等）主观上没有过失，也是其客观疏忽行为所致，仍应认为管理者存在客观的侵害行为（不作为），打死、打伤该动物的行为，属于对管理者的正当防卫。

（5）防止将滥用防卫权的行为认定为防卫行为。

对于显著轻微的不法侵害，行为人在可以辨识的情况下，直接使用足以致人重伤或者死亡的方式进行制止的，不应认定为防卫行为。不法侵害系因行为人的重大过错引发，行为人在可以使用其他手段避免侵害的情况下，仍故意使用足以致人重伤或者死亡的方式还击的，不应认定为防卫行为。[①]

3.现实性

不法侵害必须是现实存在的，不能主观臆测。如果不存在现实的不法侵害而行为人误以为存在不法侵害，并进行所谓的防卫，就是假想防卫（"天下刁民都想害朕"）。假想防卫应作以下处理：

（1）假想防卫不可能是故意为之（因为没有犯罪故意），否则就是故意犯罪而非假

[①] 2020年8月28日《最高人民法院、最高人民检察院、公安部关于依法适用正当防卫制度的指导意见》。

想防卫。

（2）如果行为人主观有过失且刑法规定为过失犯罪的，就以过失犯罪论处。

（3）如果主观上没有过失，则按意外事件处理。

【总结】将假想防卫最后作无罪处理，大体上存在两个理由：一是主观上无罪过而认定为意外事件；二是主观上即使有过失，但是这种过失并不满足过失犯罪的构成要件而无罪。

例如：（2013年卷四第2题）甲与余某有一面之交，知其孤身一人。某日凌晨，甲携匕首到余家盗窃，物色一段时间后，未发现可盗财物。此时，熟睡中的余某偶然大动作翻身，且口中念念有词。甲怕被余某认出，用匕首刺死余某，仓皇逃离。（事实一）

逃跑中，因身上有血迹，甲被便衣警察程某盘查。程某上前拽住甲的衣领，试图将其带走。甲怀疑遇上劫匪，与程某扭打。甲的朋友乙开黑车经过此地，见状停车，和甲一起殴打程某。程某边退边说："你们不要乱来，我是警察。"甲对乙说："别听他的，假警察该打。"程某被打倒摔成轻伤。（事实二）

问：事实二，对甲、乙的行为应当如何定性？理由是什么？

答：甲、乙的行为系假想防卫。假想防卫视情况成立过失犯罪或意外事件。在本案中，甲、乙在程某明确告知是警察的情况下，仍然对被害人使用暴力，主观上有过失。但是，过失行为只有在造成重伤结果的场合，才构成犯罪。甲、乙仅造成轻伤结果，因此，对于事实二，甲、乙均无罪。

【提示】对假想防卫可以进行正当防卫。

（二）时间条件

不法侵害正在进行时方可实施正当防卫，即犯罪行为已经开始尚未结束。不法侵害没有开始或结束后实施防卫的，分别属于事前防卫和事后防卫，统称不适时防卫，不能评价为正当防卫，如果符合犯罪构成要件，按照具体的故意或过失犯罪认定。

1.不法侵害的开始时间：对法益产生现实、紧迫的威胁。

2.不法侵害的结束时间：法益不再处于现实、紧迫的侵害、威胁之中。具体包括3种情况：（1）不法侵害行为已经结束；（2）不法侵害行为确已自动中止；（3）不法侵害人已经被制服或丧失侵害能力。

【注意1】对于不法侵害虽然暂时中断或者被暂时制止，但不法侵害人仍有继续实施侵害的现实可能性的，应当认定为不法侵害仍在进行。

【注意2】对于不法侵害是否已经开始或者结束，应当立足防卫人在防卫时所处情境，按照社会公众的一般认知，依法作出合乎情理的判断，不能苛求防卫人。

【注意3】在财产犯罪中，不法侵害人虽已取得财物，但通过追赶、阻击等措施能够追回财物的，可以视为不法侵害仍在进行。换言之，被当场发现并同时受到追捕的财产性违法犯罪的侵害行为，一直延续到不法侵害人将其所取得的财物藏匿至安全场所为止，在此之前，追捕者使用强力将财物取回的行为，属于正当防卫。例如，甲抢劫到乙的财物，抢劫罪虽已既遂，但乙当场对甲使用暴力夺回财物的，属于正当防卫。

3.防卫装置能否成立正当防卫？

防卫装置和人的事前防卫在逻辑本质上还是有明显区别的，人的事前防卫可以具有主动攻击性（甲早知道乙晚上7点来家里杀自己，甲于下午5点先来到乙家，将乙杀掉），防卫装置虽然时间上是提前设置好，但是其有一个基本原则：人不犯我、我不犯人。只有行为人的不法侵害实际发生或来临时，防卫装置才会在现场起到反击防卫的效果。这就和盗墓是一个道理：你不去挖人家的墓穴，墓穴中的机关也就不会攻击你。防卫装置成立正当防卫具体须满足以下条件：

（1）防卫手段与不法侵害具有相当性，手段差不多就得了，不能太过分。例如，不能为了家中防贼而设置一个名叫"万箭齐发"的防卫装置。

（2）没有危害公共安全，否则可能成立其他犯罪。例如，私拉电网，危及公共安全的，可成立以危险方法危害公共安全罪。

（3）满足以上两点，防卫装置在不法侵害来临时发挥作用，时间上不属于事前防卫。

例1：甲去外地出差时在自己的住处安装了防卫装置，一日小偷乙到甲家行窃时被该装置击成轻微伤，小偷乙顿时怕了甲家的先进设备，仓皇而逃。甲成立正当防卫。

例2：甲去外地出差时在自己的住处安装了防卫装置。一日父母来甲家帮其打扫卫生，结果被击成重伤。甲对此有预见义务，成立过失犯罪。

（三）意思条件

成立正当防卫，刑法理论上通说观点要求防卫者具有防卫意识。

防卫意识 = 认识因素 + 意志因素	
认识因素	防卫人认识到不法侵害正在进行。
意志因素	防卫人出于保护国家、公共利益、本人或者他人的人身、财产和其他权利免受正在进行的不法侵害的目的即保护合法权益的动机。

目前法考中，关于防卫意识的考查方式，主要是通过陈列观点的方式让同学们依据不同的观点得出不同的结论。请务必掌握。

观点如下：

观点一：要求具有完整的防卫意识，既要求有防卫认识，又要求有防卫意志。

观点二：只要求有防卫认识，不要求有防卫意志。

观点三：不要求防卫意识，既不要求有防卫认识，也不要求有防卫意志。只要行为符合正当防卫的客观条件，即可成立正当防卫。

例如：甲下班回家的路上看见乙正在强奸被害妇女丙，甲刚刚得知今年的法考成绩又没有合格，心想碰到我算你倒霉，我正要发泄下内心的压抑情绪。于是甲将乙暴打一顿，乙落荒而逃。请用上述观点分析本案例，并得出与之对应的结论。

1.防卫挑拨（俗称"激将法"）

在刑法理论上，把故意地挑逗对方进行不法侵害而借机加害于不法侵害人的行为称为防卫挑拨。在防卫挑拨中，虽然存在一定的不法侵害，挑拨人也实行了所谓正当防卫，形式上符合正当防卫的客观条件，但由于该不法侵害是在挑拨人的故意挑逗下诱发的，其主观上具有犯罪故意，而没有防卫意识，客观上也实施了犯罪行为（挑拨行为也是犯罪行为的一部分），因而依法构成犯罪。

2.相互斗殴（单挑、约架）

相互斗殴是指参与者在其主观上的不法侵害故意的支配下，客观上所实施的互相侵害的行为。在互相斗殴的情况下，由于行为人主观上没有防卫意图，其行为也不得视为正当防卫。另外一个角度是，双方均具有轻伤的承诺，所以任何一方的斗殴行为均不具有违法性，所以原则上无正当防卫。

在斗殴中，也可能出现正当防卫的前提条件，因而也可以进行正当防卫。

例1：甲、乙斗殴，甲求饶或者逃走，乙继续侵害的，"斗殴"事实上已经结束，甲可以进行正当防卫（"斗殴结束后的不依不饶"）。

例2：甲、乙斗殴，乙突然掏出手枪欲杀害甲，甲此时可以防卫（"暴力升级"）。

【提示】因琐事发生争执，双方均不能保持克制而引发打斗，对于有过错的一方先动手且手段明显过激，或者一方先动手，在对方努力避免冲突的情况下仍继续侵害的，还击一方的行为一般应当认定为防卫行为。

3.偶然防卫（坏心办好事）

偶然防卫是指故意或者过失侵害他人法益的行为符合了正当防卫客观条件的情况。

例如：乙欲杀死丙，正要开枪时，被窗外的甲开枪打死。甲没有认识到乙正要杀人，甲只有杀害乙的故意。经事后查明，若甲当时不将乙打死，乙就会将丙打死。

【总结1】本案中，甲既没有防卫认识，也没有防卫意志。

【总结2】偶然防卫案例的特点在于：整个案情中不是1个案例的"独角戏"，而是2个案例的"双簧戏"。

【问题】那么偶然防卫是否成立正当防卫呢？

观点展示：

观点一：正当防卫的成立要求具备完整的防卫意识，所以偶然防卫不成立正当防卫。理由是：我国《刑法》20条关于正当防卫的规定使用了"为了……免受正在进行的不法侵害"这种主观色彩浓厚的用语。如今理论界绝大多数学者坚持正当防卫的成立需要具备完整的防卫意识。本案例中的偶然防卫者甲没有防卫意识，而仅仅是行为恰好救了一个人的结果不能成为阻却违法的理由，所以甲不成立正当防卫。甲在当时具有杀人的故意和杀人的行为，且将想杀的人杀死，应构成故意杀人罪既遂。

观点二：正当防卫的成立不要求具备防卫意识，即认识和意志均不要求，所以偶然防卫成立正当防卫。理由是：违法的本质是法益侵害，偶然防卫保护了优越法益，因而阻却违法性。行为是否侵害法益是一种客观事实。故意、过失是责任要素而不是违法要素。与之相应，所谓的防卫意志也不是影响违法性的要素。因此，成立正当防卫不以防卫人主观上具有防卫意志为前提，偶然防卫便可成立正当防卫。

观点三：正当防卫的成立要求具备完整的防卫意识，所以偶然防卫不成立正当防卫。甲有杀人故意和杀人的行为，根据主客观相一致的定罪原则，甲成立故意杀人罪。但是本案具有复杂性和重合性，因为本案并不是一个案情的存在，而是两个案情的交织，即甲杀乙，同时乙在杀丙。这样一个复杂性、重合性的案例就不得不考虑综合性的对比结果。观点一只看到了甲杀死了乙，甲就成立既遂，这有点孤立、片面地看问题。不能否认的整体结果就是，甲把乙杀了，但是却救了更加无辜的好人丙。所以前后整体比较会发现：甲属于坏的行为却造成了一个相对好的结果。那么在案件的认定过程中就需要双方面的肯定，既肯定甲的坏行为（构成故意杀人罪），又需肯定甲造成好的结果即救了丙，而这个好结果的出现意味着坏结果的消亡，所以最后整理得出的就是坏的行为并没有让坏的结果出现，所以本案成立故意杀人罪的未遂。

【提示】观点一仍是理论界的通说观点，不考查观点展示的情况下，仍需按照观点一进行分析。观点二为张明楷教授的观点（结果无价值的无罪说），观点三为周光权教授的观点（行为无价值的未遂说）。

【建议】如果法考主观题中考查偶然防卫的观点展示问题，大家作答时基本只需要答出两个观点即可，除非特别强调让你写出三个以上，这种概率很小。建议大家直接写出前两个观点，因为逻辑分析过程相对简单，认可哪个不重要，考场上能拿分才是最关键的。

（四）对象条件

防卫对象主要是不法侵害人的人身，在某些特定情况下，物也可以成为防卫对象。防卫第三者的行为，不得视为正当防卫。

1.防卫第三者而符合紧急避险条件的，应以紧急避险论，不负刑事责任。

2.防卫第三者而出于侵害之故意的，应以故意犯罪论。

3.防卫第三者主观上具有过失的，应以过失犯罪论。

【提示1】对于多人共同实施不法侵害的，既可以针对直接实施不法侵害的人进行防卫，也可以针对在现场共同实施不法侵害的人进行防卫。

【提示2】正当防卫和紧急避险可能存在竞合关系。例如，甲用刀砍乙，乙不得已用丙的花瓶进行反击。乙属于对甲正当防卫和对丙紧急避险的竞合。

【提示3】正当防卫的成立不要求现实地排除了不法侵害。例如，甲对乙实施抢夺行为，乙反击甲，但是甲非常"抗揍"，仍然将财物夺走。乙的反击行为仍然成立正当防卫。

（五）限度条件

正当防卫不能明显超过必要限度造成重大损害，否则属于防卫过当。

1.防卫过当不是独立罪名，应根据符合的具体犯罪构成要件确定罪名。

2.事后防卫≠防卫过当。例如，甲强奸乙女之后，准备提裤子走人。乙女趁甲男不注意，捡起石块将其砸死。乙的行为属于事后防卫，成立故意杀人罪。

3.认定防卫过当需要同时满足两个条件："明显超过必要限度"＋"造成重大损害"。公式：防卫过当=手段过分+结果过分。

（1）准确认定"明显超过必要限度"。防卫是否"明显超过必要限度"，应当综合不法侵害的性质、手段、强度、危害程度和防卫的时机、手段、强度、损害后果等情节，考虑双方力量对比，立足防卫人防卫时所处情境，结合社会公众的一般认知作出判断。在判断不法侵害的危害程度时，不仅要考虑已经造成的损害，还要考虑造成进一步损害的紧迫危险性和现实可能性。不应当苛求防卫人必须采取与不法侵害基本相当的反击方式和强度。通过综合考量，对于防卫行为与不法侵害相差悬殊、明显过激的，应当认定防卫明显超过必要限度。

防卫行为是否在限度之内的认定应该立足于防卫行为实施的"当时"，对危险性进行"事前"判断，而不是在整个不法侵害和防卫行为都结束以后再去进行"事后"判断，站在"事后诸葛亮"的立场把防卫人想象成可以预估一切、有足够忍耐力、足够理智的人，这不符合设置正当防卫制度的逻辑[①]。

（2）准确认定"造成重大损害"。"造成重大损害"是指造成不法侵害人重伤、死亡。造成轻伤及以下损害的，不属于重大损害。防卫行为虽然明显超过必要限度但没有造成重大损害的，不应认定为防卫过当。

例1：身材魁梧的甲看到身材瘦小的乙想要非法入侵自己（甲）的住宅，甲用菜刀砍伤乙致其轻伤。甲的行为仍构成正当防卫。因为手段过分，但结果不过分。

例2：郑某深夜在家中听到厨房有动静，进去一看，发现一身材瘦小的小偷吴某正试图从窗口爬进他家盗窃，下半身还卡在窗外，于是拿起菜刀把吴某砍成重伤。郑某属于防卫过当，综合案情可以认定郑某成立故意伤害罪。因为其手段过分，结果也过分。

【总结】在具备防卫必要性即手段没有明显超过必要限度的情况下，无论损害多么重大，都应该将其归属于不法侵害人自己，那么防卫人同样不能适用防卫过当的结论，可成立正当防卫。

第二节　特殊正当防卫

第20条第3款　对正在进行行凶、杀人、抢劫、强奸、绑架以及其他严重危及人身安全的暴力犯罪，采取防卫行为，造成不法侵害人伤亡的，不属于防卫过当，不负刑事责任。

1.特殊正当防卫的起因条件必须是严重危及人身安全的暴力犯罪，即使表面罪名是暴力犯罪，也并不意味着一定能对其实施特殊正当防卫。例如，对麻醉抢劫、投毒杀人、迷奸等非暴力犯罪行为不得进行特殊正当防卫。

2.严重危及人身安全的暴力犯罪，并不限于法条中列举的犯罪，只要根据同类解释，达到严重危及人身安全的暴力程度，都可以对其进行特殊正当防卫。例如，抢劫枪支罪、劫持航空器罪、暴动越狱罪等，都可以实施特殊正当防卫。

3.准确理解和把握"行凶"。根据《刑法》第20条第3款的规定，下列行为应当认定为"行凶"：

（1）使用致命性凶器，严重危及他人人身安全的。

（2）未使用凶器或者未使用致命性凶器，但是根据不法侵害的人数、打击部位和力度等情况，确已严重危及他人人身安全的。虽然尚未造成实际损害，但已对人身安全造成严重、紧迫危险的，可以认定为"行凶"。例如，实践中，对于男子深夜闯入女性住宅实施暴力及侮辱行为，在具有实施拘禁、强奸、伤害等数个故意犯罪可能性的情况下，虽然没有实施具体犯罪行为，也被认定为"行凶"。[②]

---

① 周光权：《刑法公开课》，北京大学出版社2019年版，第80页。

② "吴某某故意杀人案"，载陈兴良、张军、胡云腾主编：《人民法院刑事指导案例裁判要旨通纂》（上卷），北京大学出版社2013年版，第304~306页。

4.准确理解和把握"杀人、抢劫、强奸、绑架"。《刑法》第20条第3款规定的"杀人、抢劫、强奸、绑架",是指具体犯罪行为而不是具体罪名。在实施不法侵害过程中存在杀人、抢劫、强奸、绑架等严重危及人身安全的暴力犯罪行为的,如以暴力手段抢劫枪支、弹药、爆炸物或者以绑架手段拐卖妇女、儿童的,可以实行特殊正当防卫。有关行为没有严重危及人身安全的,应当适用一般正当防卫的法律规定。

5.准确把握一般防卫与特殊防卫的关系。对于不符合特殊防卫起因条件的防卫行为,致不法侵害人伤亡的,如果没有明显超过必要限度,也应当认定为正当防卫,不负刑事责任。

【提示】特殊正当防卫与一般正当防卫的区别

起因条件不同	特殊正当防卫的起因是严重危及人身安全的暴力犯罪;而一般防卫的起因则是一般违法即可。
限度条件不同	特殊正当防卫没有必要限度,不存在防卫过当;一般正当防卫具有必要限度,存在防卫过当。
总结	你温柔,我温柔,反击行为不能太过头;你加倍,我加倍,弄伤弄死无所谓。

经典考题:关于正当防卫,下列哪一选项是错误的？(2009年卷二第3题,单选)[①]

A.制服不法侵害人后,又对其实施加害行为,成立故意犯罪

B.抢劫犯使用暴力取得财物后,对抢劫犯立即进行追击的,由于不法侵害尚未结束,属于合法行为

C.动物被饲主唆使侵害他人的,其侵害属于不法侵害;但动物对人的自发侵害,不是不法侵害

D.基于过失而实施的侵害行为,不是不法侵害

第三节　紧急避险

一、法条

第21条　为了使国家、公共利益、本人或者他人的人身、财产和其他权利免受正在发生的危险,不得已采取的紧急避险行为,造成损害的,不负刑事责任。

[①]【答案】D。A项正确,正当防卫的时间条件必须是不法侵害正在进行时,制服不法侵害人后,再对其实施加害行为,属于事后防卫,构成故意伤害罪。B项正确,财产犯罪的特殊性在于在不法侵害人将财物藏匿至安全场所之前,对其都可以实施防卫行为。C项正确,主人教唆饲养的动物去侵害他人,动物是饲养人实施不法行为的工具,说到底是人实施了不法侵害,但是如果是动物自发侵害,和人没有关系即排除人的故意和过失,那么此时动物不具有工具化特征,也就谈不上是人的不法侵害。有同学认为动物自身发动攻击也是不法侵害,但是刑法评价和讨论的毕竟是人的行为,也就是说不法侵害必须是能够评价为人的不法侵害。D项错误,不法侵害指的是客观上的侵害法益的行为,和不法侵害人主观心态没有关系,对于过失的不法侵害当然可以进行正当防卫。综上,D项当选。

　　紧急避险超过必要限度造成不应有的损害的，应当负刑事责任，但是应当减轻或者免除处罚。

　　第一款中关于避免本人危险的规定，不适用于职务上、业务上负有特定责任的人。

二、成立条件

（一）起因条件

1.必须发生了现实危险。

2.危险必须现实存在，危险可来源于自然力量、动物侵袭、人的危害行为等。但职务上、业务上负有特定职责的人对所面临的危险不能实施紧急避险。例如，发生火灾时，消防人员不能为避免火灾对本人的危险而采取紧急避险。

【提示】如果事实上不存在风险，对误以为存在的风险实施避险行为，属于假想避险。其处理原则和假想防卫是一致的。

（二）时间条件

危险正在发生或迫在眉睫且尚未消除即可略微提前一点。

"正在发生"强调危险具有紧迫性，即已经开始，尚未结束，如不立即避险便会丧失回避实害结果的最后或最佳机会。

（三）意思条件

要求具有避险意识。同防卫意识一样，避险意识=避险认识+避险意志，即行为人要认识到自己是在为了挽救合法权益而进行避险。

关于偶然避险是否成立紧急避险？存在下列观点：

观点一：行为无价值认为成立紧急避险需要避险意识，因为主观的动机是评判行为人行为性质的关键要素，即好心好行为，坏心坏行为。所以连避险意识（好的动机）都不存在，其行为便不可以认定为紧急避险（好的行为）。

观点二：结果无价值更注重法益的重要性，即使没有避险意识，但是客观上有助于法益保护的行为，不具有违法性，仍成立紧急避险。

例如：甲意图盗窃，砸坏了乙的汽车玻璃，却救出了被乙误锁在车内、濒临窒息的乙的2岁孩子。按照观点一，甲没有避险意识，不成立紧急避险，成立故意毁坏财物罪；按照观点二，甲造成的结果是好结果，客观上保护了更高的法益，属于紧急避险。

【提示】偶然避险和偶然防卫观点展示的分析逻辑大致相同。

（四）补充性条件

出于不得已损害另一法益。不得已就是无路可走，如果还可以通过报警、逃跑等其他方式化解风险，就不能实施紧急避险。因为避险行为的实施毕竟会伤及无辜第三人的法益，法益都是受法律保护的，所以要想给自己伤害别人法益找一个合理的"借口"，最合适的莫过于"我别无他选"。

（五）限度条件

避险手段没有超过必要限度造成不应有的损害，即保护的法益≥所侵犯的法益，不能因小失大，至于法益的种类并没有具体限制。

例1：为了保护个人的生命法益可以牺牲公共的财产法益。

例2： 鱼塘边工厂仓库着火，甲用水泵从乙的鱼塘抽水救火，致鱼塘中价值2万元的鱼苗死亡，但是仓库中价值2万元的商品因灭火及时未被烧毁。甲属于紧急避险。

【延伸】生命可以避险吗？这一直属于理论界争议的问题。

观点一： 通说观点认为任何个人的生命都具有最高价值，其属于人格的最基本、最核心的要素，生命之间是平等的，没有高低贵贱之分。所以通过牺牲别人生命来保全自己生命，超出了避险的限度要求，理论上称之为"超规范的紧急避险"，理应承担刑事责任。

观点二： 在一些特殊情况下，牺牲别人保护自己同样有成立紧急避险的余地。如：（1）被牺牲者同意牺牲自己以保护他人；（2）被牺牲者已被特定化，即使不对其避险也会立即牺牲；（3）被牺牲者的死亡危险性更大，即使不避险也会先牺牲；（4）被牺牲者成为导致他人死亡的危险源等。

例1： 击落被恐怖分子劫持的即将撞上大楼的飞机，从而保护了大楼里更多人的生命。

例2： 甲、乙遭遇海难，二人同时抓住一块木板，但是该木板只能承受一个人的重量，甲为了让自己活下来而将乙推开。

例3： 高速行驶的火车如果正常行驶会撞上山体滑坡的巨石而发生车厢脱轨的严重后果（极可能造成很多人伤亡），司机转向另一条铁轨导致一个小孩被撞死。

上述案例按照观点二都有成立紧急避险的余地，进而将行为人的行为无罪化处理。

三、受强制的紧急避险的认定

受强制的紧急避险：受他人强制实施紧急避险的情形

例如： 绑架犯A绑架了B的儿子，要求B抢劫银行的巨额现金，否则杀害其子。B为了挽救儿子的生命而实施了抢劫银行的行为。

观点一： 如果被强制者B实施了盗窃等较轻的犯罪，当然成立紧急避险，但在实施了抢劫等重大犯罪的情况下，不成立紧急避险。理由：首先，如果认为B的行为成立紧急避险，则其行为属于合法行为。果真如此，银行职员等反击B的行为反而不成立正当防卫，这显然不妥当。因为银行职员并没有忍受B的抢劫行为的义务。其次，由于A意图通过B的行为实现自己的意图，故可以认为B分担了A的不法行为。所以，在衡量被强制者B的法益（其儿子的生命）与其侵害的法益（银行财产）时，必须考虑B分担了违法行为的事实。

观点二： 在受强制的紧急避险的场合，虽然应当考虑被强制者B分担了不法行为的事实，但从实质上看，只有当存在紧急避险以外的保全法益的方法而B却采取了紧急避险的方法时，才能认为B分担了不法行为。因此，应当在补充性要件（不得已）的范围内探讨是否成立紧急避险，而不能对此附加其他特别限制。换言之，只要B的行为符合紧急避险的条件，就成立紧急避险。银行职员不知真相对B实施的反击，属于假想防卫；在这种情况下，由于银行职员不可能有过失，故并不成立犯罪。银行职员知道真相的，只能再实施紧急避险。

四、正当防卫与紧急避险的区别

条 件	正当防卫	紧急避险
起因条件	人为的不法侵害。	除了人为制造的危险，还包括自然力的破坏、动物的侵袭等。
时间条件	只能在不法侵害发生的过程中，不能提前与推后。	危险正在发生或者即将发生、迫在眉睫。
限制条件	并无不得已的规定。	不得已而为之。
对象条件	不法侵害者本人。	无辜的第三人的合法权益。
限度条件	可以等于或者大于不法侵害可能造成的损害，只要不过于悬殊。	所造成的损害必须小于或等于所避免的损害（要尊重无辜第三人，不能因小失大）。

经典考题：关于正当防卫与紧急避险，下列哪一选项是正确的？（2016年卷二第6题，单选）①

A.为保护国家利益实施的防卫行为，只有当防卫人是国家工作人员时，才成立正当防卫

B.为制止正在进行的不法侵害，使用第三者的财物反击不法侵害人，导致该财物被毁坏的，对不法侵害人不可能成立正当防卫

C.为摆脱合法追捕而侵入他人住宅的，考虑到人性弱点，可认定为紧急避险

D.为保护个人利益免受正在发生的危险，不得已也可通过损害公共利益的方法进行紧急避险

第四节 被害人承诺

一、性质

被害人的承诺，符合一定条件，便可以排除损害被害人法益的行为的违法性。阻却违法的法理依据在于：法律尊重个人对某些法益的自我决定权。

---

① 【答案】D。A项错误，为保护国家利益实施的防卫行为，对正当防卫人身份主体没有限制，国家工作人员可以防卫，一般人同样可以。"只有……才……"的出现，表明本句话过于绝对，错误的可能性极高，考场上注意做题技巧的运用。B项错误，利用第三人的财物对行为人实施防卫行为完全可以，同时造成第三人财物毁损的，对第三人来说可成立紧急避险，所以本案属于对行为人的正当防卫与对第三人的紧急避险的竞合关系。C项错误，前提是合法追捕，这种情况下的逃避行为本身就不受法律保护，当然不能侵犯他人住宅的安宁，所以不能成立紧急避险。逆向思维：如果这种行为可以成为紧急避险的合法行为的话，那是对犯罪后逃跑行为的变相支持。D项正确，出于不得已而为之是紧急避险的补充性条件，这是必须具备的，至于牺牲利益的类型没有特殊要求，只有轻重要求，当要保护的个人利益大于所牺牲的公共利益之时，当然是可以进行紧急避险的。综上，D项当选。

二、成立条件

1.承诺范围：被害人对承诺的法益具有处分权限。

（1）可以承诺：自由、财产、名誉、轻伤、性权利可以承诺。

（2）不能承诺：重伤、生命、国家法益、社会公共法益、他人法益不可以承诺。

2.承诺能力：被害人对承诺事项的意义、范围有理解能力。

（1）没有辨认控制能力的精神病人、幼儿缺乏承诺能力。例如，患有精神疾病的妇女承诺与甲发生性关系，甲成立强奸罪。哄骗3岁孩子将压岁钱交给自己，不属于诈骗。

（2）一些未成年人虽达到一定年龄，但是对相关法益缺乏承诺能力。例如，未满14周岁的幼女对性的自主选择权没有承诺能力，未满18周岁的人对出卖自己的器官同样没有承诺能力。

3.主观条件：被害人的承诺必须是其真实意思表示。如果是戏言性承诺、基于被强制或被胁迫做出的承诺，是无效承诺。

关于承诺真实有效的判断标准：

学说	法益关系错误说（通说）	承诺动机错误，应认为该承诺有效，阻却违法；如果因为受骗而对所放弃的法益的种类、范围或者危险性发生了错误认识（法益关系的错误），其所做出的承诺无效。 【提示】该学说核心逻辑：既然被害人承诺放弃的是法益内容，那么在被害人对法益（种类、范围、危害性）方面有了解的基础上还选择放弃，这就属于知情而放，当然有效，阻却违法。反之，对法益内容完全不清楚，而事实上的放弃，无效，不阻却违法。
	本质错误说	如果被害人没有陷入错误（或者知道真相）就不会做出承诺时，该承诺无效。
案例		例1：甲女以为与乙发生性关系，乙便会给自己丈夫调动工作。但是发生性关系后，乙并没有给其丈夫调动工作。 例2：甲打电话给乙，告知乙家的狗跑出来咬人，可能随时闹出人命。乙承诺甲杀死自己家的狗，甲得到承诺之后将正在熟睡的狗杀害。 例3：行为人冒充妇女乙的丈夫实施奸淫行为时，黑夜中的乙以为对方是自己的丈夫而同意发生性关系。
解析		例1：根据本质错误说（如果甲女知道真相就不会承诺，所以承诺无效）→ 乙成立强奸罪；根据法益关系错误说，甲仅是动机错误，对性的选择权放弃很清楚 → 乙不成立强奸罪。 例2：本质错误说（如果乙知道真相就不会承诺，承诺无效）→ 甲成立故意毁坏财物罪；根据法益关系错误说，乙完全被骗，无动机错误，承诺无效 → 甲成立故意毁坏财物罪。 例3：根据本质错误说（如果乙知道真相就不会承诺，承诺无效）→ 甲成立强奸罪；根据法益关系错误说，乙完全被骗，无动机错误，承诺无效 → 甲成立强奸罪。

4.承诺时间。

（1）如果被害人在结果发生前变更承诺，原来的承诺无效。

例如：甲女在乙男猛烈的金钱诱惑下，同意与之发生性关系，二人相约来到宾馆房间，调情之时，甲女实在无法忍受乙男的长相，便不愿继续，乙男仍强行与甲发生性关系。乙成立强奸罪。

（2）事后承诺无效，先前行为成立犯罪。

例如：甲强奸了乙女，事后乙喜欢上甲，向警方表示自己当时自愿与甲发生性关系，但是这种事后承诺不影响甲强奸罪的成立。

5.原则上必须存在现实的承诺，推定承诺也承认承诺的有效性。

现实上没有被害人的承诺，但如果被害人知道事实真相后当然会承诺，在这种情况下，推定被害人的意志所实施的行为是基于推定的承诺的行为。

例如：发生火灾之际，为了避免烧毁被害人的贵重财产，闯入屋内搬出贵重物品的行为，就是基于推定的承诺的行为。基于推定的承诺所实施的行为，符合一定条件的，也排除犯罪的成立。

6.实施的行为不得超出承诺预设的范围。例如，甲承诺乙轻伤自己，而乙却重伤了甲，乙成立故意伤害罪。

【提示】符合上述承诺条件，承诺有效，阻却违法。但是所谓的阻却违法是针对所承诺的法益造成损害的行为不具有违法性，并不代表其行为不构成别的犯罪。例如，甲女同意数人同时对其实施淫乱行为，虽然排除强奸罪的成立，但依旧可成立聚众淫乱罪。就此罪而言，甲女不再是被害人，而是犯罪主体。

专题九　主观责任要件

命题点拨

罪过（故意、过失）的认定无论是客观题还是主观题，都是极其核心的重点内容；事实认识错误属于传统重点。

第一节　责任概述

一、概念与分类

罪过是对特定危害行为与特定危害结果的故意或者过失。

故意	直接故意	过失	疏忽大意的过失
	间接故意		过于自信的过失

罪过形式结构 = 认识因素 + 意志因素

罪过形式	认识因素	意志因素	对法益的态度
直接故意	明知必然或可能会发生	希望（积极或消极）	敌视
间接故意	明知可能会发生	放任（听任发展）	漠视
过于自信的过失	预见可能发生	反对（不想发生）	轻视
疏忽大意的过失	应当预见未预见	反对（不想发生）	忽视

二、其他

1.认识到结果必然发生，此时行为人哪怕不积极追求结果发生，而是对结果持放任态度，也属于直接故意心态。因为放任的前提是有选择的（发生或不发生），如果是结果必然发生（没有选择），就不会出现间接故意的罪过。

例如：甲因为与乙有仇而决心杀乙。甲是爆破工作的合闸工，乙是爆破工作的安检员。这天，甲发现乙与丙要进山检查爆破线路，认为杀乙的机会已到，就到工作室准备合闸爆破。但甲产生思想斗争，因为他意识到，自己合闸后矿山爆炸，不但是乙，同在山里的丙也会必死无疑。虽然自己和乙"不共戴天"，但与丙无怨无仇，将丙炸死显然于心不忍。但转念一想，这是矿山最后一次爆破，如果放弃这次机会，以后杀乙的机会就没了。最后，甲还是下狠心合上了爆破闸门，矿山爆炸，乙、丙均被炸死。本案中，甲对丙的死亡同样属于直接故意。

2.对象错误中的罪过为直接故意。

例如：黄某意图杀死张某，当其得知张某当晚在单位值班室值班时，即放火将值班室烧毁，其结果却是将顶替张某值班的李某烧死。因为黄某在放火杀人的时候认识到自己放火的行为必然或者可能导致办公室里值班的"那个人"死亡，意志因素也是积极追求和希望"那个人"死亡，所以该错误不会影响行为人直接故意的认定。

3.在考试中，间接故意和过于自信的过失的区分认定属于常考点，因为二者在认识因素上基本一致，只不过意志因素前一个是"无所谓"心态，后一个是"反对"心态。如何界定这两个心态就变得十分关键。一个有效的方法就是：找措施。如果题目中描述了行为人实施相关措施，该措施基本就是在暗示你行为人内心对该结果持的是反对心态，进而就能更好的区分二者。

4.一个罪能由间接故意成立，那么一定能由直接故意成立，这符合当然解释的逻辑思维。

第二节　犯罪故意

一、法条

第14条　明知自己的行为会发生危害社会的结果，并且希望或者放任这种结果发生，因而构成犯罪的，是故意犯罪。

故意犯罪，应当负刑事责任。

二、故意的类型

（一）确定故意

这是指行为人对于构成要件事实的认识比较清楚（知道结果会发生），犯罪意思确定的故意形态。

（二）不确定故意

这是指行为人对于犯罪对象、结果等构成事实缺乏具体认识的情形。具体分为如下三类：

1.未必的故意，是指结果的发生不确定，但结果发生，行为人内心也是接受的。

2.择一的故意，是指行为人认识到自己的行为会造成某结果的出现，究竟该结果发生于谁身上是不确定的。

例如：逃犯甲的手枪只有一发子弹，警察乙带着警犬在后面追捕，甲认识到回头射击既可能只打死警察，也可能只打死警犬，但不可能同时打中警察和警犬。

可能性一：只打死警犬。结论：甲成立故意毁坏财物罪既遂与故意杀人罪未遂，想象竞合。

可能性二：只打死警察。结论：甲成立故意毁坏财物罪未遂与故意杀人罪既遂，想象竞合。

可能性三：警察、警犬都没打死。结论：甲成立故意毁坏财物罪未遂与故意杀人罪未遂，想象竞合。

上述三种可能都是按照想象竞合犯认定，成立重罪故意杀人罪的既遂或未遂。

3.概括的故意，是指行为人对结果的发生仅有大致的认识，没有明确性认识。例如，甲向人群中投掷炸弹，对炸谁、死亡人数等是不确定的。

三、故意的认定标准

（一）总体要求

认定犯罪故意，不能简单地认为只需要认识到危害结果的发生，还应包括对行为人本身、行为性质、对象等的认识，即客观构成要件具有规制故意的机能。[①]

（二）具体要求

1.对行为人本人的认知要求

一些犯罪故意的认定要求行为人对自己的情况有认知，否则不具备犯罪故意。例如，如果行为人没有认识到自己感染上性病而去嫖娼，就没有传播性病罪的故意。

2.对行为内容与社会意义的认知要求

一些犯罪故意的认定要求行为人对行为内容与社会意义有认知，否则不具备犯罪故意。

例1：甲采野菜包饺子，误将有毒植物当成可食用野菜，导致乙死亡。甲没有杀人的故意。

例2：甲误将外文的淫秽书刊当作外文诗集贩卖，缺乏对行为的社会意义的认识，不具有贩卖淫秽物品牟利罪的故意。

【提示】针对纯粹性记述性构成要件要素，只要认识到客观事实即可；而针对规范的构成要件要素，不需要行为人了解规范概念的法律意义，只要行为人认识内容与规范概念的实质相当即可。例如，行为人不知道"淫秽物品"的规范概念，但是知道该物属于"黄片"即可。

3.对行为对象的认知要求

一些犯罪故意的认定要求行为人对行为对象的情况有认知，否则不具备犯罪故意。

例1：窝藏、包庇罪，要求认识到自己窝藏、包庇的是犯罪分子。

例2：成立掩饰、隐瞒犯罪所得罪，要求行为人明知自己掩饰、隐瞒的是犯罪所得。

例3：对于贩卖毒品，要求认识到对象是毒品，但不要求认识到毒品的具体种类、成分、数量。

4.对危害结果的认知要求

一些犯罪故意的认定要求行为人对危害结果的情况有认知，否则不具备犯罪故意。例如，天价"玉米案"中老农认识不到玉米（科研产品）的高昂价格而将其偷走，没有认识到数额较大的财物被转移的结果，所以不构成盗窃罪。

5.对无违法阻却事由的认知要求

行为人如果认识到自己的行为存在违法阻却事由的话，不可能存在犯罪故意。例如，抢劫犯对某便衣警察实施抢劫行为，警察对其实施正当防卫，警察对自己行为的合法性

---

① 付立庆：《刑法总论》，法律出版社2020年版，第196页。

是有认知的，当然也就不能评价为故意犯罪。

6.关于因果关系的认知要求

因果关系不属于故意犯罪的认识内容，由于故意的成立要求行为人对行为的内容与社会意义以及危害结果有认识，故行为人对自己的行为与危害结果之间的因果关系的认识不是故意的独立认识内容。

例如：甲欲开枪打死乙，乙为了躲避子弹而后退，不慎掉下悬崖摔死。首先，在客观上，根据介入因素三标准判断，甲的开枪行为与乙的死亡具有因果关系。其次，在主观上，甲所预想的因果历程（开枪打死）与实际发生的因果历程（失足摔死）并不一致，甲对实际发生的因果历程没有认识，但这无关紧要，不影响犯罪故意的成立。甲构成故意杀人罪既遂。

7.对违法性的认知要求

违法性的含义：是指行为在刑法上的禁止性和应受处罚性。

【结论】行为人的主观认识在违法层面即法律层面的认知是不要求的，认识只要达到事实层面即可。

行为人的主观认识只需要达到事实层面即可，如果还要求行为人对行为的刑法规定内容有认识的话，那么很容易成为行为人逃避处罚的借口，其可以声称自己没有认识到自己行为在刑法上是被禁止的。这会造成对越懂法的人越不利的现象。

例如：甲为法学专业的学生，暑假回家在田地中劳作时，对其身边的舅舅说："知道您暗恋咱们村的村花乙很久，既然追不上，您就趁无人之时将她拖进小树林……"然后猥琐地笑了笑。舅舅也心领神会，但是舅舅义正辞严地说："不行，如果我真的那么做了，我在村里怎么做人？更何况，这种行为会被110铐走的！我绝对不能这么做，哼！"虽然舅舅是个普通的农民，根本就没有学过法律，也不知道刑法中"强奸罪"是如何定罪、如何处罚的。但是舅舅对这种强行与妇女发生性关系不被社会所容忍的事实是很清楚的，也即舅舅对事实层面是有认识的，对法律层面没有认识。在这种情况下，如果他违背"村花"意愿，强行与之发生性关系，我们就能够认定舅舅具有强奸罪的故意。

8.坚持故意与行为同时存在原则

"责任与行为同时存在"是现代刑法理论公认的命题。故意的罪过只能是行为时的心理态度，不能将行为前的意志作为故意的形式与内容。

（1）事前罪过为直接故意，行为时的罪过可能评价为间接故意或者过失。

例如：丈夫计划利用在水库教妻子游泳时使妻子溺死，但是在开车前往水库的路上因为过失发生交通事故，导致妻子死亡。丈夫对妻子的死亡成立过失犯罪。

（2）行为人在过失或者意外导致结果发生后，对结果高度满意的，也不成立故意犯罪。

例如：老公经常与妻子吵架，很是郁闷，为了缓和夫妻之间的紧张关系，二人商量去海边度假旅游，结果妻子被海浪卷走而亡，丈夫对这突如其来的结果很是满意。本案为意外事件，丈夫无罪过。

（3）在着手实行犯罪时具有故意，但是结果发生前放弃故意的，也不影响故意的认定。

例如：甲着手故意杀害乙致其重伤，将被害人送往医院抢救脱险，仍成立故意杀人罪（中止）。

9.结果加重犯中"加重结果"的认识

结果加重犯中的加重结果，属于不需要认识的内容。如果对加重结果的发生有认识的话，其行为性质就发生变化，不再是之前结果加重犯的罪名。

例如：故意伤害致死，属于故意伤害罪的结果加重犯，如果对死亡的发生有认识，那行为人成立的罪名就是故意杀人罪，而不再是故意伤害罪了。

四、犯意转化、另起犯意、对象转换

（一）犯意转化

【前提】该转化限于两个行为所侵犯的法益具有包容关系。

【情形】在实行犯罪的过程中，导致A罪与B罪的转化。

例1：甲在故意伤害他人的过程中，改变犯意，意图杀死他人，并将被害人杀死。甲构成故意杀人罪（既遂）。

例2：乙本欲杀死他人，在杀害过程中，改变杀人意图，认为造成伤害即可，没有致人死亡即停止侵害行为。乙构成故意杀人罪（中止）。

【结论】跟着重的、高的走，按一罪处理。

（二）另起犯意

【情形】前罪结束（既遂、未遂、中止）后又另起犯意实施另一个犯罪行为。

例如：甲先对张某实施伤害行为，致其昏迷。此时，甲发现张某戴有金首饰，见财起意将首饰装入口袋里。甲构成故意伤害罪、盗窃罪，数罪并罚。

【结论】前后分别评价，原则上数罪并罚。

（三）对象转换

【情形】行为人在实施犯罪的过程中，有意识地将原先设定的行为对象转移到另一个对象之上。

例1：甲原本打算抢劫他人名画而侵入住宅，但入室后抢劫了手机。甲属于入户抢劫既遂，一罪即可。

例2：甲原本打算盗窃A的财物，侵入了A、B合住的房间，但侵入房间后只盗窃了B的财物。甲构成盗窃罪一罪。

例3：甲为了强奸A女，在其水中投放了麻醉药，A女的母亲也恰好喝了这杯水，母女全部昏迷。甲入室后，发现对A女母亲更感兴趣，遂放弃A女，转而对其母亲实施了奸淫行为。甲对A女成立强奸罪中止，对其母亲成立强奸罪既遂，都是强奸，所以按照一罪处理。

例4：甲为了抢劫手表而对孙某（便衣警察）实施暴力，在强取财物时，发现孙某腰间别着一把手枪，便使用强力劫取了该手枪。甲属于抢劫罪中止与抢劫枪支罪既遂，数罪并罚。

【结论】1.法益一致，非专属性（如财物），犯罪行为相同，则合并判断，一罪。参考上述例1、例2。

2.法益一致，专属性（性权利、生命），犯罪行为即使相同，也要分开判断，但是构成的罪名一致，最终也是按照一罪处理。参考上述例3。

3.法益不同，则需要数罪并罚。参考上述例4。

经典考题： 下列哪一行为构成故意犯罪？（2012年卷二第5题，单选）①

A.他人欲跳楼自杀，围观者大喊"怎么还不跳"，他人跳楼而亡

B.司机急于回家，行驶时闯红灯，把马路上的行人撞死

C.误将熟睡的孪生妻妹当成妻子，与其发生性关系

D.做客的朋友在家中吸毒，主人装作没看见

第三节　犯罪过失

一、法条

第15条　应当预见自己的行为可能发生危害社会的结果，因为疏忽大意而没有预见，或者已经预见而轻信能够避免，以致发生这种结果的，是过失犯罪。

过失犯罪，法律有规定的才负刑事责任。

二、过失犯罪的成立条件

1.要存在过失行为。

2.要发生实害结果。

3.过失行为与实害结果之间具有因果关系。

三、过失犯罪与故意犯罪的联系

	区别角度	故意犯罪	过失犯罪
不同点	成立条件	一般不要求发生实害结果	必须存在实害结果
	主观罪过程度	重	轻
	共同犯罪	存在	不存在
	未完成形态	存在	不存在
	处罚	处罚故意犯罪为原则	过失犯罪的处罚须刑法明确规定
包容评价的关系	通说观点：认为二者属于一种位阶关系——故意属于上层，过失属于下层，故意可以降格评价为过失。		

---

① 【答案】D。A项错误，围观者的言语刺激不能认定为刑法上的"杀人行为"，因为言语刺激不会造成足以致人死亡的危险，围观者没有犯罪的故意，只是起哄看热闹而已。B项错误，司机不成立故意犯罪，成立交通肇事罪，是过失犯罪。C项错误，行为人没有认识到熟睡的女子不是妻子，没有强奸罪的故意，更何况也没有违背妻妹的意志，所以不成立故意犯罪。D项正确，行为人明知道他人在自己的家中吸毒，其有阻止的义务而不阻止，是一种放任的态度，至少成立间接故意。综上，D项当选。

四、信赖原则

根据信赖原则，在行为人合理信赖被害人或第三人将采取适当行为时，如果其采取不适当行为，对造成的结果要由其自己承担，行为人不担责。

例1：甲、乙是马戏团演员，甲表演飞刀精准，从未出错。某日甲表演时，乙突然移动身体位置，飞刀掷进乙胸部致其死亡。甲的行为属于意外事件。

例2：甲驾车在封闭的高速公路上正常行驶，乙突然横穿进高速路，甲来不及避让将其撞死。甲不成立犯罪。

经典考题：张某和赵某长期一起赌博。某日两人在工地发生争执，张某推了赵某一把，赵某倒地后后脑勺正好碰到石头上，导致颅脑损伤，经抢救无效死亡。关于张某的行为，下列哪一选项是正确的？（2007年卷二第14题，单选）①

A.构成故意杀人罪   B.构成过失致人死亡罪

C.构成故意伤害罪   D.属于意外事件

第四节 事实认识错误

体系图：

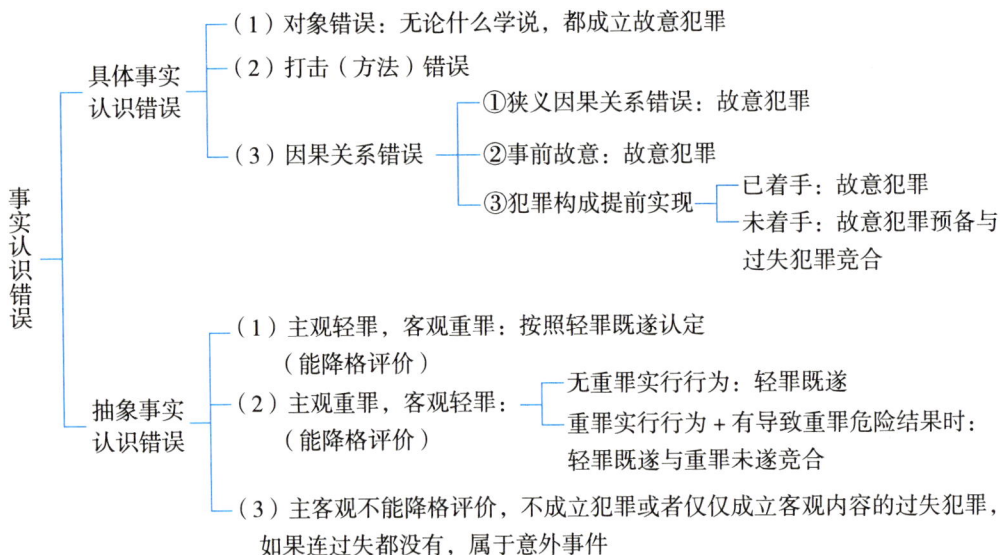

事实认识错误，是指行为人主观认识和客观事实不一致的状态。

---

① 【答案】B。本案中，张某和赵某在工地上发生争执，张某推了赵某，导致赵某头部碰在石头上死亡。张某作为一个正常的成年人，应该预见到在工地这样一种石头和钢筋等危险物较多的场合将他人推倒会对他人的人身安全产生危害结果，但是由于情绪激动疏忽大意而没有预见到，所以属于疏忽大意的过失。综上，B项当选。

1.事实认识错误主要解决以下两个问题：

问题一：行为人的认识与实际情况不一致时，能否成立故意犯罪？（故意还在不在）

问题二：行为人的认识与实际情况不一致时，能否成立犯罪既遂？（因果关系还在不在）

2.解决事实认识错误的学说

（1）法定符合说（"大气的人"）：行为人所认识的事实与实际发生的事实，只要在犯罪构成范围内是一致的，就可以认定行为人为故意的罪过。

（2）具体符合说（"较真的人"）：行为人所认识的事实与实际发生的事实具体地相一致时，才可以认定行为人为故意的罪过。

【总结】（1）上述两个学说是认定行为人对事实认识错误结果能不能承担故意犯罪责任的标准。（2）其中法定符合说为通说，如果不考查观点展示，直接按照通说得出结论。

一、具体事实认识错误（同一犯罪构成之内的错误——"小错误"）

（一）对象错误

1.概念

行为人误把甲对象当作乙对象加以侵害，而甲对象与乙对象处于同一犯罪构成内，行为人的认识内容与客观事实仍属同一犯罪构成的情况。

例如：甲本想杀死仇人乙，黑夜里误将丙当作乙而杀害。

2.法定符合说的推理过程

上述案例中，甲想杀乙，却误将丙当作乙杀害，但是想杀乙（主观认识事实）和实际杀死的丙（实际发生的事实）都是人的生命，没有超出故意杀人罪的犯罪构成范围，所以成立故意杀人罪既遂。

3.具体符合说的推理过程

这种对象错误并不重要，因而不影响故意犯罪既遂的成立。因为在行为的当时，行为人想杀的是"那个人"，而事实上也杀了"那个人"，因而属于具体的符合，所以成立故意杀人既遂。而且，甲想杀的乙其实根本就没有在现场，只有被认错的丙在现场，按照具体符合说，只有一个人在现场，所以具体起来也就是丙。

4.结论

对象错误中，两种学说的结论是一致的，只成立故意犯罪一罪。

5.判断方法

方法一：主观出错。

方法二：法益侵犯个数为一个。

（二）打击错误（方法错误）

1.概念

打击错误，是指由于行为本身的误差，导致行为人所欲攻击的对象与实际受害的对象不一致，但这种不一致仍然没有超出同一犯罪构成的情况。

例如：甲举枪射击乙，因没有瞄准而击中了旁边的丙，导致丙死亡。

2.法定符合说的推理过程

上述案例中，甲主观想杀"人"，客观上也杀死了"人"，构成故意杀人罪既遂。在法定符合说看来，甲只要具有杀人的故意，那么对乙和丙就都具有杀人的故意。具体而言，甲对乙构成故意杀人罪未遂，对丙构成故意杀人罪既遂。因为甲只有一个开枪射杀的行为，属于想象竞合犯，择一重罪论处，定故意杀人罪既遂。

3.具体符合说的推理过程

由于客观事实与行为人的主观认识没有形成具体的相符合，所以，在上例中，甲对乙承担杀人未遂的责任，对丙则承担过失致人死亡的责任；由于只有一个行为，故二者属于想象竞合犯，从一重罪论处。此时，甲想杀的乙实实在在地出现在现场，而丙也同时在现场，所以按照具体符合说才能具体分开来看。

4.结论

具体事实认识错误中的打击错误，两种学说观点有区别：具体符合说认为行为人构成故意犯罪的未遂与过失犯罪的想象竞合；法定符合说认为行为人构成故意犯罪之间的想象竞合。

5.判断方法

方法一：客观出错。

方法二：法益侵犯个数为多个。

（三）因果关系错误

1.狭义因果关系错误

（1）概念。

行为人预想的因果历程样态与实际发生的因果历程样态不一致。

例如：甲为了使乙溺死而将其推入井中，井中没水，乙摔死在井中。

（2）分析。

客观上，甲的行为与乙的死亡存在因果关系，就是甲的行为导致的死亡结果；主观上，因果关系的具体样态不是故意的认识内容，不要求行为人对此有认识，即使没有认识到或产生认识错误，也不影响犯罪故意的成立。因此，甲构成故意杀人罪既遂。

（3）结论。

狭义的因果关系错误不影响因果关系的存在，行为人依旧成立故意犯罪既遂。

2.事前故意

（1）概念。

行为人误认为第一个行为已经造成结果，出于其他目的实施第二个行为，实际上是第二个行为才导致预期的结果的情况。

（2）图示及案例

杀人故意	结果发生

出事之前有故意

例如：甲想开车撞死仇人乙，导致乙重伤休克（第一个行为），甲以为乙已经死亡，

为了毁尸灭迹，将乙扔进河里（第二个行为），实际上乙是溺水身亡。

观点展示：

理论一（通说）：犯罪后实施毁灭罪证的行为，不算异常因素，不中断前后因果关系，构成故意杀人罪既遂。

理论二：甲的第一个行为成立故意杀人罪未遂，第二个行为成立过失致人死亡罪，数罪并罚。

理论三：将两个行为视为一个行为，将两个行为的主观视为概括的故意，认定为一个故意杀人罪既遂。

理论四：甲的第二个行为如果是间接故意，则将两个行为整体认定为故意杀人罪既遂；如果是过失，则将两个行为按故意杀人罪未遂和过失致人死亡罪分别处理。

3.犯罪构成的提前实现

（1）概念。

提前实现了行为人所预想的犯罪构成。

（2）图示及案例

结果发生　　　　杀人故意

犯罪结果提前出现

例1：甲准备使乙吃安眠药熟睡后将其绞死，但未待甲实施绞杀行为，乙由于安眠药过量而死亡。行为人已经着手实行犯罪，并且有实行的意思，故应认定为故意杀人既遂。

观点展示：

观点一（通说）：虽然构成要件结果提前发生，但投放过量安眠药本身有致人死亡的紧迫危险，能够认定在被害人喝的时候就已经着手实施杀人行为，故意存在于着手实行时即可，故对被害人的死亡承担故意杀人既遂的刑事责任。

观点二：投放安眠药时只是想致被害人昏迷，没有认识到当时的行为会导致死亡，亦即当时缺乏既遂的故意，因而不能对故意杀人既遂负责，只能认定为故意杀人未遂与过失致人死亡的想象竞合。

例2：妻子为杀害丈夫，准备了有毒饭菜，打算等丈夫（每天下午6点准时到家）回家后给丈夫吃。在丈夫回家前，妻子去花园遛弯。但在妻子回家之前，丈夫偶然提前回家吃了有毒饭菜而死亡。由于妻子还没有着手实行的意思，只能认定该行为同时触犯故意杀人预备与过失致人死亡罪，从一重罪论处。

（3）结论

通过以上案例分析可知，犯罪构成的提前实现的判断重点在于犯罪行为是否着手，如果着手则成立故意犯罪既遂，否则便不成立故意犯罪既遂，而可能成立故意犯罪（预备）与过失犯罪的想象竞合犯。

二、抽象事实认识错误（不同犯罪构成之间的错误，即跨界的错误——"大错误"）

（一）能降格评价（包容关系）

1.主观轻罪、客观重罪：轻罪范围内具有一致性，成立轻罪既遂。

例1： 甲以为是尸体而实施奸淫行为，但被害人当时并未死亡。

行为虽然符合强奸罪（重罪）的构成要件，但主观上没有强奸罪的故意，仅有侮辱尸体（轻罪）的故意，而客观上强奸活人的行为能包容评价为侮辱尸体的行为，所以只能认定为侮辱尸体罪既遂。

有人会提出强奸罪和侮辱尸体罪为对立关系即前者不能降格评价为后者，如果按照这种观点，那么甲的主客观内容在这两个罪的范围内均是不一致的，而过失强奸也不成立犯罪，因此甲就是无罪。倘若甲无罪，你不觉得很不合理吗？如果一个死人被侮辱成立犯罪，而一个被误以为死，实际却没死的女性被侮辱反而无罪，活人不如死人值得保护，这恐怕不合适。

强奸和侮辱尸体不是对立关系，前者和后者外在特点基本一致，只是被害对象一个有生命一个没生命。有人曾进行比喻：强奸＝侮辱尸体＋一口气，笔者觉得这个公式还是蛮形象的。

例2： 甲在10楼阳台上浇花时，不慎将金镯子（价值3万元）甩到了楼下。甲立即让儿子在楼上盯着，自己跑下楼去捡镯子。路过此处的乙看见地面上有一只金镯子，以为是谁不慎遗失的，在甲到来之前捡起镯子迅速逃离现场。甲经多方询查后找到乙，但乙否认捡到金镯子。

乙在捡到金镯子之时，以为是谁不慎遗失的，因此，主观上想犯的是侵占罪（轻罪），客观上却是盗窃罪（重罪）的结果，虽然侵占罪和盗窃罪犯罪构成不同，两罪存在重合的限度（前提条件）即侵占罪，因此，乙构成侵占罪的既遂。

2.主观重罪、客观轻罪。

（1）有重罪的实行行为和出现重罪结果的危险，却只发生轻罪的结果，成立轻罪既遂与重罪未遂的想象竞合犯；没发生轻罪结果，则只成立重罪未遂。

例如： 甲想杀乙，开枪向乙射击，没有打中乙，却打中乙身旁的珍贵文物，造成文物毁损。甲构成故意杀人罪未遂与过失损毁文物罪的想象竞合犯。如果本案击中的是普通财物，由于过失损坏普通财物无罪，则只成立故意杀人罪的未遂。

（2）没有重罪的实行行为或重罪的危险结果，只成立轻罪既遂。

例如： 甲误将女尸当作活人强奸。甲主观上有强奸罪的故意（可降格评价为侮辱尸体罪的故意），客观上有侮辱尸体的行为，主客观在侮辱尸体罪的范围内是一致的，成立侮辱尸体罪。

（二）不能降格评价（对立关系）

例如： 甲误把活人乙当作财物毁坏，导致乙死亡。

本案中，甲没有毁坏财物的客观行为（因为乙是人不是财物），所以不成立故意毁坏财物罪；甲虽然客观上有故意杀人的行为，但是主观上并没有杀人的故意，同样不成立故意杀人罪。但是本案不能做无罪处理，因为甲对于杀人行为是有过失的，成立过失致人死亡罪。如果连过失都没有，则属于意外事件。

主客观没有重合内容时，不成立犯罪或者仅仅成立客观内容的过失犯罪，如果连过失都没有，属于意外事件。

经典考题：关于事实认识错误，下列哪一选项是正确的？（2014年卷二第7题，单选）①

A. 甲本欲电话诈骗乙，但拨错了号码，对接听电话的丙实施了诈骗，骗取丙大量财物。甲的行为属于对象错误，成立诈骗既遂

B. 甲本欲枪杀乙，但由于未能瞄准，将乙身旁的丙杀死。无论根据什么学说，甲的行为都成立故意杀人既遂

C. 事前的故意属于抽象的事实认识错误，按照法定符合说，应按犯罪既遂处理

D. 甲将吴某的照片交给乙，让乙杀吴，但乙误将王某当成吴某予以杀害。乙是对象错误，按照教唆犯从属于实行犯的原理，甲也是对象错误

---

① 【答案】A。A项正确，甲拨电话是预备行为，当电话接通后甲以为接电话的丙就是自己想诈骗的乙，这属于对象错误，无论是法定符合说还是具体符合说均认为成立诈骗罪既遂。B项错误，本案属于方法错误，法定符合说与具体符合说结论不同。C项错误，事前的故意属于因果关系错误，是具体的事实认识错误。D项错误，甲教唆乙杀吴某，乙把王某当作吴某杀害，乙属于对象错误，但是对于甲来说，乙是甲的杀人工具或者说是杀人方法，此时杀人工具自己出现偏差，对于甲而言属于方法错误。综上，A项当选。

专题十　主观责任阻却事由

命题点拨

责任能力和责任年龄属于核心考点，其中《刑法修正案（十一）》关于责任年龄的修改势将成为最近几年的热点问题。

第一节　责任年龄

一、法条

第17条　已满十六周岁的人犯罪，应当负刑事责任。

已满十四周岁不满十六周岁的人，犯故意杀人、故意伤害致人重伤或者死亡、强奸、抢劫、贩卖毒品、放火、爆炸、投放危险物质罪的，应当负刑事责任。

已满十二周岁不满十四周岁的人，犯故意杀人、故意伤害罪，致人死亡或者以特别残忍手段致人重伤造成严重残疾，情节恶劣，经最高人民检察院核准追诉的，应当负刑事责任。

对依照前三款规定追究刑事责任的不满十八周岁的人，应当从轻或者减轻处罚。

因不满十六周岁不予刑事处罚的，责令其父母或者其他监护人加以管教；在必要的时候，依法进行专门矫治教育。

第17条之一　已满七十五周岁的人故意犯罪的，可以从轻或者减轻处罚；过失犯罪的，应当从轻或者减轻处罚。

二、完全无责任年龄

不满12岁无任何刑事责任，即 X < 12 无罪、无刑。

1.生日的第二天才满1周岁，也即生日当天没有增加一岁。

2.不允许以行为人发育早熟，具有责任能力为前提，将不满责任年龄的人定罪处罚。俗话说："穷人的孩子早当家。"但这句话并不适合刑事责任年龄的认定标准。

3.实践中，如果犯罪嫌疑人拒不交代自己年龄的，司法机关可以委托鉴定机构进行骨龄鉴定，该鉴定可以作为判断其年龄的证据。这种鉴定不要求查明具体出生日期。例如，丙因实施爆炸被抓，相关证据足以证明丙已满15周岁，但无法查明具体出生日期。不能追究丙的刑事责任。本句话为错误表述。

三、相对有责任年龄

（一）已满12周岁不满14周岁（12 ≤ X < 14）

1.罪名（或行为）性质要求：（1）故意杀人罪；（2）故意伤害罪；（3）特别残忍手段（挖眼、割耳、剁手脚、泼硫酸等）。其中只包括故意杀人罪和故意伤害罪，不包括过失犯罪，且包括拟制的情形。例如，非法拘禁使用多余暴力致人死亡、伤残的或者聚众斗殴致人死亡、重伤的，均可拟制为故意杀人罪和故意伤害罪，情节恶劣，经最高人民检察院核准追诉的，应当负刑事责任。

2.结果要求：针对上述（1）和（2）要出现致人死亡的结果；针对上述（3）要出现重伤且造成严重残疾。

3.程度要求：情节恶劣。例如，顽劣霸凌、多次欺凌他人甚至屡教不改的；造成极为广泛恶劣社会影响的；造成多人死伤或者以极其残忍的手段杀害父母等尊亲属的或者残害婴幼儿的，都可视为情节恶劣。

4.程序要求：经最高人民检察院核准追诉。

【提示】1.上述条件的要求，体现对未成年人犯罪的惩处依旧采取极其谨慎的态度，"教育为主，惩治为辅"的方针依旧不变。

2.故意杀人、故意伤害不是单纯指罪名，应当是指实施故意杀人或者重伤行为。例如，12岁的甲绑架并杀害被绑架人，不能因实施绑架+故意杀害被绑架人，成立绑架罪，进而将甲无罪化处理。甲依旧可以按照故意杀人罪追究其刑事责任。

3."以特别残忍手段致人重伤造成严重残疾"也应包括行为人故意杀人未遂（致人重伤造成严重残疾）的情形。否则，同样的严重后果，犯故意杀人罪（重罪）无需承担刑事责任，但故意伤害罪（轻罪）却需要承担刑事责任，会导致罪刑配置不均。[①]这里强调举轻以明重的思维逻辑，即特别残忍手段+重伤+严重残疾=负责；故意杀人+重伤+严重残疾=更要负责。

（二）已满14周岁不满16周岁（14 ≤ X < 16）

1.《刑法》第17条第3款规定的8个罪不仅仅局限于"罪名"，而是这8个严重的犯罪"行为"。而且针对8个行为的更高层次的"亲属"罪名，原则上也承担责任。例如，抢劫罪要负责，那么抢劫枪支、弹药、爆炸物罪同样也要负责。

2.法律拟制的8种罪也需要承担刑事责任。

（1）法律拟制的故意伤害罪、故意杀人罪：非法拘禁使用暴力致人伤残、死亡的；刑讯逼供致人伤残、死亡的；暴力取证致人伤残、死亡的；虐待被监管人致人伤残、死亡的；聚众"打砸抢"致人伤残、死亡的；聚众斗殴致人重伤、死亡的。

【口诀】1拘禁、2个聚、3监狱。

（2）法律拟制的抢劫罪：携带凶器抢夺的抢劫罪；聚众"打砸抢"，毁坏或抢走公私财物的首要分子成立抢劫罪；转化抢劫罪，但是司法解释认定已满14不满16周岁这个年龄段的未成年人对转化抢劫行为成立故意伤害罪或故意杀人罪。在此作例外性把握。

---

① 马文博：《刑法修正案（十一）法考专题精讲》，中国法制出版社2021年版，第3页。

【**注意1**】此项知识点的考查方式往往具有迷惑性，表面的罪名看似不负责任，但是实施了表面罪名的加重行为，最终要负责。所以提醒各位考生，不看表面看实质，不看广告看疗效。例如，绑架并"撕票"的行为属于绑架罪的结合犯，只成立绑架罪。15周岁的甲如果实施上述行为，其本质的故意杀人行为需要负责，成立故意杀人罪。

【**注意2**】行为人实施行为时年龄不够，结果发生时年龄够了，是否需承担刑事责任？

例1：甲在不满14周岁时安放定时炸弹，炸弹于甲已满14周岁后爆炸，导致多人伤亡。分析：作为的时候年龄是不够的，所以作为行为导致的结果不成立犯罪；满了14岁之后具有阻止爆炸的义务，没履行这种义务就是一种不作为，所以成立爆炸罪的不作为犯。

例2：乙在14周岁生日当晚故意砍杀张某，后心生悔意将其送往医院抢救，张某仍于次日死亡。分析：生日当天不满一岁，所以本案乙仍然是13周岁实施杀人行为。作为的时候年龄是不够的，所以作为行为导致的结果不成立犯罪；而且乙履行了救助义务，所以结果的发生自然也就没有不作为犯的问题。也可以换个角度思考，即以行为时为准，最终次日的死亡结果也是未满14周岁的行为在时间上的延展而已，这和死亡结果当时就发生的情形并无区别，所以不需要负责。

例3：丙于14周岁生日当晚11点59分59秒朝乙扔了一个炸弹，炸弹于0点0分3秒爆炸而导致丁死亡。分析：作为的时候年龄是不够的，所以作为行为导致的结果不成立犯罪；12点之后就满14岁了，虽然具有阻止爆炸的义务，但是其没有作为的可能性（时间太短），所以其不作为依旧不成立犯罪。

在分析上述类似案例的时候，一定要从两个角度分析，即作为和不作为，这种题目的特点就是作为的时候年龄不够，所以犯罪即使成立也和作为无关；可能成立犯罪的理由就寄托于不作为的可能性之上，所以重点分析不作为是否满足犯罪的成立条件，如果不作为也不成立犯罪的话，最终结论就是无罪。

四、完全有责任年龄

已满16周岁，承担所有罪名的刑事责任（$X \geq 16$）。

关于犯罪行为跨越法定年龄的情况探讨（下述的年龄特指"周岁"）：

1.在已满14岁不满16岁时实施8个罪的行为，已满16岁后实施同样的行为，一并追责。例如，甲15岁实施抢劫行为，16岁的时候又实施了抢劫行为，按照抢劫罪一并处理。

2.在不满14岁时实施8个罪的行为，在已满14不满16岁时实施同样的行为，处理后者。例如，乙13岁时实施轮奸行为，14岁的时候又实施了普通强奸行为，只能按照普通的强奸罪给乙定罪量刑。

3.犯罪行为一致进行，从未达到年龄的时刻延续到法定年龄满足的时刻。对满了年龄后的事实承担责任。例如，15岁的丙非法拘禁李某，一直拘禁到16岁，只评价16岁之后的拘禁行为。如果满足犯罪构成要件，定罪处罚，如果不满足要件（如拘禁时间达不到犯罪的标准），则最终无罪。

4.诈骗、敲诈勒索、抢劫等前后两部分组成的犯罪，年龄不够的时候实施了欺骗、恐吓、压制反抗的行为，达到法定年龄后才取得财物，不成立诈骗罪、敲诈勒索罪、抢劫罪。但不排除侵占罪的成立可能。

五、减轻责任年龄

1.不满18周岁（X＜18）。即使成立犯罪，量刑上应当从轻或者减轻处罚。

2.已满75周岁（X≥75）。故意犯罪的，可以从轻或者减轻处罚；过失犯罪的，应当从轻或者减轻处罚。

【归纳总结】

完全不负责	不满12周岁（X＜12）。	
相对负责	已满12不满14周岁（12≤X＜14）	犯故意杀人、故意伤害罪，致人死亡或者以特别残忍手段致人重伤造成严重残疾，情节恶劣，经最高人民检察院核准追诉的，应当负刑事责任。
	已满14不满16周岁（14≤X＜16）	犯故意杀人、故意伤害致人重伤或者死亡、强奸、抢劫、贩卖毒品、放火、爆炸、投放危险物质罪的，应当负刑事责任。
完全负责	已满16周岁（X≥16）。	
减轻负责	不满18周岁（X＜18）	应当从轻或者减轻处罚。
	已满75周岁（X≥75）	故意犯罪的，可以从轻或者减轻处罚；过失犯罪的，应当从轻或者减轻处罚。

因不满16周岁不予刑事处罚的，责令其父母或者其他监护人加以管教；在必要的时候，依法进行专门矫治教育。

第二节　责任能力

一、法条

第18条　精神病人在不能辨认或者不能控制自己行为的时候造成危害结果，经法定程序鉴定确认的，不负刑事责任，但是应当责令他的家属或者监护人严加看管和医疗；在必要的时候，由政府强制医疗。

间歇性的精神病人在精神正常的时候犯罪，应当负刑事责任。

尚未完全丧失辨认或者控制自己行为能力的精神病人犯罪的，应当负刑事责任，但是可以从轻或者减轻处罚。

醉酒的人犯罪，应当负刑事责任。

第19条　又聋又哑的人或者盲人犯罪，可以从轻、减轻或者免除处罚。

二、结构

责任能力＝辨认能力＋控制能力。

1.辨认能力（"看得懂"）：行为人认识自己特定行为的性质、结果与意义的能力。

2.控制能力（"管得住"）：行为人支配自己实施或者不实施特定行为的能力。

三、精神病人

（一）"完全疯"不负责

精神病人在不能辨认或者不能控制自己行为的时候造成危害结果，经法定程序鉴定确认的，不负刑事责任，但是应当责令他的家属或者监护人严加看管和医疗；在必要的时候，由政府强制医疗。

（二）"时而疯"

间歇性的精神病人是否构成犯罪，应当以行为时精神是否正常为标准进行判断，不能以侦查、起诉、审判时是否精神正常为标准。

【总结】

间歇性精神病人的刑事责任承担问题（精神正常简称"疯前"，犯病后简称"疯后"）	
类型一	疯前的行为于疯后导致结果 → 负责。这是因为结果和正常时的行为有关联。 例如：甲为了复仇，在仇人黄某家安放了炸弹，在回家的路上甲犯了精神病，此时炸弹爆炸，黄某被炸死。甲要负责。
类型二	疯前A行为 + 疯后A行为 → 负责。这是因为假设不犯病的情况下，行为人依旧会继续实施完之前的行为，即使犯病，但是后续行为和之前的行为偏差不大或者说一致，那这就和精神正常时将行为一直实施完毕的情况没有区别，所以要负责。 例如：乙精神正常时对李某实施杀人行为，在这个过程中就犯病疯了，但继续实施杀人行为，并将李某杀死。乙成立故意杀人罪既遂。
类型三	疯前A行为 + 疯后B行为，由B行为导致结果 → A行为针对的罪名成立（通常是未遂，如果出现结果，当然成立既遂），B行为不负责。 例如：丙对被害人张某实施故意伤害行为，突然犯病疯了，然后对其实施抢劫行为。丙构成故意伤害未遂，抢劫罪不负责。
提示	"病症和行为相关联原则"——精神病导致某些行为的责任能力消失或降低，但如果该行为和精神病无关，行为人依旧要承担责任。 例如：甲患有严重的受迫害妄想症（精神病的一种），某日与朋友李某在马路上临时起意对行人实施强奸。受迫害妄想症的精神病人对他人实施杀害或伤害行为来进行"自我保护"，这是该病导致的无能力的体现，但是通过强奸来进行"自我保护"，这恐怕很难自圆其说。因此甲应负强奸罪的刑事责任。

（三）"半疯半醒"

尚未完全丧失辨认或者控制自己行为能力的精神病人犯罪的，应当负刑事责任，但是可以从轻或者减轻处罚。

四、醉酒的人

1.生理性醉酒：指日常生活中的醉酒，属于完全有刑事责任能力，应当负完全刑事责任。

2.病理性醉酒：指因酒精中毒导致幻觉、妄想等精神病症状，是精神病的一种。这属于完全无刑事责任能力，不负刑事责任。

五、生理缺陷的人

1.又聋又哑的人或盲人犯罪的刑事责任。属于有刑事责任能力，但刑事责任能力减弱，即应当负刑事责任，但可以从轻、减轻或者免除处罚。

【提示】聋哑人必须是又聋又哑才可以从宽处罚。

2.此类人之所以从宽处罚，是因为其生理条件的缺失让其对比健全之人而言，其犯罪能力是有所不足的。反之，如果案例中，生理机能的丧失并没有影响行为人的刑事责任能力，其不应得到所谓的"优待"。

例如：甲在大学读书期间因生病变成聋哑人，心情十分低落，面临同学的嘲笑，甲将其同学故意杀害。甲由于是后天失声、失聪，其认知、控制等刑事责任能力并不比健全人差，所以对其不应从宽处罚。

六、原因自由行为

（一）概念

原因自由行为，是指具有责任能力的行为人，故意或者过失使自己一时陷入丧失或者尚未完全丧失责任能力的状态，并在该状态下实施了符合构成要件的违法行为。其本质逻辑就是"自己的过错自己买单"。

（二）结论

根据原因自由行为的法理，对于故意或过失导致自己陷入限定责任能力状态进而实施犯罪的，应当追究责任，而且不能适用从轻或者减轻处罚。过去考试中多次考查吸毒、喝酒后使自己陷入限定责任能力的状态进而实施犯罪的案例，均属于本知识点的考查。

（三）推理

在这里需要重点分析下关于喝酒和吸毒两种行为导致责任能力消失或降低的具体区别：

社会生活中允许喝酒，但是吸毒行为是被禁止的，二者相比较，后者的危害性要远高于前者。

1.喝酒

生理性醉酒即日常喝酒喝多了属于完全刑事责任能力，不能从宽处罚。但是病理性醉酒（酒精中毒导致幻觉、妄想等精神病症状，是精神病的一种），属于无刑事责任能力，不负刑事责任。但是如果明知自己有病理性醉酒史，仍然饮酒导致自己丧失或降低责任能力然后实施犯罪的，依旧要负刑责。

2.吸毒

例如：（2016年卷二第3题A项）甲第一次吸毒产生幻觉，误以为伍某在追杀自己，用木棒将伍某打成重伤。甲的行为成立过失致人重伤罪。本项在当年为正确选项。主要原因是关键词"第一次"，即使是第一次吸毒，正常人也应会了解到吸毒的危害性，所以根据原因自由行为原理，其仍然要承担刑事责任，但具体是故意责任还是过失责任，就需要和"第一次"进行关联分析。"第一次"证明经验不足，不能说明其具有直接追求或放任相关结果的出现的意志因素，再结合本案中的假想防卫问题的出现，认定为过失致人重伤罪合适。注意2018年的一道单选题："甲在家中吸毒后产生幻觉，快递员乙前来甲家中送快递，甲以为前来送快递的快递员乙要杀害自己，将乙打成重伤。关于甲的行为如何定性"？本案中并没有强调是甲的"第一次"吸毒，关键词之差，导致命题老师表达的核心思想还是有区别的。所以一个吸毒的人对吸毒后产生幻觉这种现象是有经历的，而且知道家中是随时出现人的地方，对这种幻觉和结果的产生有认知的情况下还没有防范和避免措施，至少可以认定是一种间接的故意，甲成立故意伤害罪，且不需要从轻或者减轻处罚。

　　经典考题： 关于刑事责任能力，下列哪一选项是正确的？（2016年卷二第3题，单选）①

　　A. 甲第一次吸毒产生幻觉，误以为伍某在追杀自己，用木棒将伍某打成重伤。甲的行为成立过失致人重伤罪

　　B. 乙以杀人故意刀砍陆某时突发精神病，继续猛砍致陆某死亡。不管采取何种学说，乙都成立故意杀人罪未遂

　　C. 丙因实施爆炸被抓，相关证据足以证明丙已满15周岁，但无法查明具体出生日期。不能追究丙的刑事责任

　　D. 丁在14周岁生日当晚故意砍杀张某，后心生悔意将其送往医院抢救，张某仍于次日死亡。应追究丁的刑事责任

第三节　违法性认识错误

一、概念

　　违法性认识错误，是指行为人认识到了符合构成要件的事实，但不知道自己的行为被法律禁止的情形。

---

① 【答案】A。A项正确，由于甲是第一次吸毒，产生幻觉才误以为存在不法侵害而反击，这在理论上被称之为"假想防卫"。假想防卫的后果：不可能成立故意犯罪，有过失，符合过失犯罪成立条件的，成立过失犯罪，连过失都没有的，属于意外事件。本案中，甲并没有犯罪故意，但是第一次吸毒也应当预见到吸毒后可能存在某些不良反应，所以至少可以评价其是存在过失的，成立过失致人重伤罪。B项错误，间歇性精神病人的刑事责任能力判断：（1）疯前实施的犯罪行为于疯后产生结果 → 要负责；（2）疯前+疯后实施的是同一种行为的 → 要负责；（3）疯前A行为+疯后B行为，由B行为导致的结果 → A行为针对的犯罪属于未遂，B行为的结果不需要负责。本案属于（2）类型，按照上述总结分析，乙成立的是犯罪既遂，而题目中"不管采取何种学说，都是未遂"的说法便不攻自破。C项错误，已满14周岁不满16周岁的人需要对爆炸罪负责，那本案中既然足以证明丙已满15周岁，至于具体的出生日期是否查清就没有必要了。D项错误，生日当天不满一岁，所以本案丁仍然是13周岁实施杀人行为，以行为时为准，最终次日的死亡结果也是未满14周岁的丁的行为的一个时间上的延展而已，这和死亡结果当时就发生的情形并无区别，所以不需要负责。综上，A项当选。

二、分类

1.误以为自己的行为是违法犯罪，实际上合法，处理结论是不构成犯罪。例如，误以为自己跟人通奸是犯罪，实际上无罪。

2.误以为自己的行为是合法的，实际上是违法犯罪。是否构成犯罪需要作如下讨论：

（1）行为人产生了违法性认识错误，是由于过失而没有认识到。处理：不影响成立犯罪。例如，甲误以为盗窃不违法犯罪，实际上构成盗窃罪，其有认识的可能性，甲成立盗窃罪。

（2）行为人产生了违法性认识错误，但是这种错误认识避免不了。处理：无罪。例如：甲欲从事生产经营，向市场监督管理局书面咨询其经营是否合法，市场监督管理局正式答复该经营合法。甲便实施该种经营，但该经营实际上构成非法经营罪。由于甲信赖市场监督管理局的正式答复，所以便没有违法性认识可能性，应作无罪处理。

第四节　期待可能性

一、概念

期待可能性是指从行为时的具体情况看，可以期待行为人不实施不法行为而实施其他合法行为。

二、逻辑

如果行为人不具有期待可能性，即我们不能从我们的视角去期待他实施合法行为，那么他实施的不法行为就不值得被处罚。

三、地位

期待可能性并没有在刑法中明确规定，属于刑法学界较为有争议的一项"超法规的责任阻却事由"，所以过去考试的题目中关于这个问题的考查往往是在个别选项中进行，而且考查的案例基本都是没有争议的。在实务判决中，对采用期待可能性理论持谨慎、消极态度。

【提示】我国刑法中没有期待可能性原则的一般规定，加之此概念来自刑法理论之中，一些考生可能会因不知如何把握而焦虑。对此实无必要，因为，我国刑法已将大多缺乏期待可能性的情形排除在犯罪之外，在明文规定之外再通过期待可能性出罪的情形并不多。涉及期待可能性的常考内容如下：

1.盗窃后销赃的行为不再认定为赃物犯罪。

2.行为人实施自己包庇自己、窝藏自己、毁灭证据等妨害司法的行为，不再认定为具体的妨害司法类型的罪名。

专题十一　犯罪的特殊形态

命题点拨

每年必考知识点，其中犯罪形态的判断思路、犯罪未遂、犯罪中止是关键内容。犯罪预备较为次要，一般把握就可以。

第一节　概　述

一、概念

1.故意犯罪形态，是在故意犯罪的发展过程中，由于出现某种原因而导致的结局呈现的不同状态，包括犯罪预备、犯罪未遂、犯罪中止和犯罪既遂。前三者统称为犯罪的未完成形态。

2.犯罪未完成形态只存在于故意犯罪中。由于过失犯罪的成立要求必须出现实害结果，所以过失犯罪不可能存在预备、未遂和中止问题。

【延伸1】间接故意中是否存在未完成形态？

观点一：间接正犯不存在犯罪未完成形态。

理由：间接故意是放任结果的发生，其对结果的发生与否持无所谓的态度，所以危害结果没有发生不能认为是犯罪未得逞，难以认定属于犯罪未完成形态。[①]

观点二：间接正犯存在犯罪未完成形态。

理由：从规范意义上说，间接故意和直接故意没有本质区别，况且直接故意犯罪人与间接故意犯罪人可以成立共同犯罪，既然如此，在共同犯罪未遂的情况下，没有理由仅处罚直接故意的行为人而不处罚间接故意的行为人。[②]

【延伸2】间接故意原则上不存在犯罪预备。理由：犯罪预备以确定的犯意为前提。

二、体系图

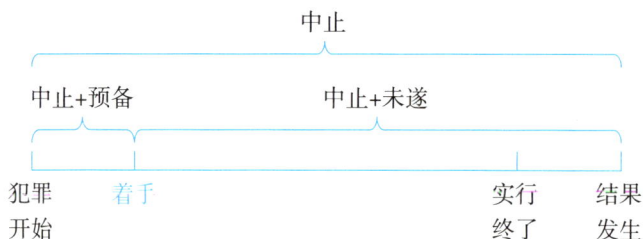

[①] 周光权：《刑法总论》（第三版），中国人民大学出版社2016年版，第226页。
[②] 张明楷：《刑法学（上）》（第五版），法律出版社2016年版，第331页。

三、弗兰克公式

能而不欲 → 内因 → 中止

欲而不能 → 外因 → 未遂

【注意】弗兰克公式放在着手之后的阶段才是没有瑕疵的。

四、故意犯罪形态的判断思路

第一步：看行为人是否着手，如果未着手，则属于预备阶段，此阶段不可能既遂与未遂，只可能中止（内因）与预备（外因）。

例如：甲预谋杀乙而买来尖刀，思考半天之后放弃杀人计划，这属于预备阶段中止；如果正在家磨刀时被邻居举报，警察将其抓走，这属于犯罪预备（外因）。

第二步：行为人着手后，犯罪得逞（希望、放任的结果发生），则犯罪既遂。既遂后就不可能再出现犯罪未完成形态（预备、未遂、中止均不可能）。

例如：（2006年真题）甲意图陷害乙，遂捏造了乙受贿10万元并与他人通奸的所谓犯罪事实，写了一封匿名信给检察院反贪局。检察机关经初查发现根本不存在受贿事实，对乙未追究刑事责任。甲欲使乙受到刑事追究的意图未能得逞。甲的行为构成诬告陷害罪的既遂（本罪的既遂标准：诬告行为达到了使司法机关可能采取刑事追究活动的程度），不能因为没有实现目的就认为是未遂。

第三步：行为人着手后，未得逞，如果是外因未得逞属于未遂，内因未得逞属于中止。

例如：甲用尖刀顶在乙的脖子上逼其交出财物，乙将自己口袋掏空也就只有一张面巾纸，甲无奈放弃。这属于着手之后的犯罪未遂（外因）。如果乙掏出现金的同时一张医院账单掉在地上（家人生病住院，花费巨大），甲捡起来看到后十分同情，就不再劫取财物，还掏出200元给了乙。此时，甲成立犯罪中止。

【提示1】判断犯罪形态时，第一步一定要先判断阶段即通过着手判断，阶段确定好之后再判断内外因，这样的思考顺序才能准确锁定犯罪形态。

【提示2】就同一犯罪行为而言，出现了一种犯罪形态后，不可能再出现另一种犯罪形态。例如，既遂后不可能再出现未遂、中止、预备；未遂后也不可能再出现既遂、中止、预备。

第二节　犯罪预备

一、法条

第22条　为了犯罪，准备工具、制造条件的，是犯罪预备。

对于预备犯，可以比照既遂犯从轻、减轻处罚或者免除处罚。

二、成立条件

（一）主观上为了实施犯罪

1.条文中的"为了犯罪"，应理解为"为了实行犯罪"，不包括为了犯罪预备而做准备。也即犯罪预备是为实行行为做准备，不是为预备行为做准备，预备的预备不是犯罪预备。

例如：为了实行抢劫而购买凶器的行为，是预备行为。为了购买凶器打工赚钱的行为，不是犯罪预备行为。

打工赚钱（预备的预备）→ 买刀（犯罪预备）→ 抢劫（实行行为）

【延伸】准备实施恐怖活动罪属于预备犯的正犯化，因此打工赚钱的行为可以是预备行为。

（二）客观上为实行行为做了准备

1.准备工具的具体表现：购买某种物品作为犯罪工具、制造犯罪工具、改装物品使之适应犯罪需要、租借他人物品作为犯罪工具、盗窃他人物品作为犯罪工具等。

2.制造条件的具体表现：（1）调查犯罪现场；（2）调查被害人行踪；（3）出发前往犯罪现场；（4）守候被害人到来；（5）诱骗被害人前往犯罪现场；（6）排除犯罪障碍；（7）商议犯罪计划等。

（三）未能着手实行犯罪

1.预备行为阶段过程中，某种原因阻碍着手实行。

例如：甲为了实施强奸行为而赶往被害人家中，结果路上被劫匪劫走。

2.预备行为已经实施完毕，某种原因阻碍着手实行。

例如：甲来到想抢劫的人家中，但是主人外出上班了。

（四）未着手缘于外因

如果是由于内因停止，成立犯罪中止。

三、处罚

对于预备犯，可以比照既遂犯从轻、减轻处罚或者免除处罚。

第三节　犯罪未遂

一、法条

第23条　已经着手实行犯罪，由于犯罪分子意志以外的原因而未得逞的，是犯罪未遂。

对于未遂犯，可以比照既遂犯从轻或者减轻处罚。

二、成立条件

（一）已经着手实施犯罪

1."着手"的判断标准：行为对法益是否造成现实、紧迫、直接的危险。

常考犯罪的着手认定：

（1）使用枪支杀人的场合，掏枪是预备，瞄准是着手。

（2）入室盗窃的场合，撬门只是预备，入室后开始物色财物才是着手。

（3）在诬告陷害的场合，捏造犯罪事实是预备，向相关机关告发才是着手。

（4）保险诈骗罪的场合，向保险公司提出理赔才是着手，只是咨询理赔事宜，不算着手。

（5）醉驾类型的危险驾驶罪，醉酒后启动汽车算是着手。

（6）抢劫罪中，实施压制反抗的行为是着手。

（7）隔离犯①着手，仍旧具体分析行为是否产生现实、紧迫、直接的危险。

例1：甲趁乙出差之机，潜入乙的住宅，向其药酒中投放了毒药，只有乙回家后要喝药酒之时，才能认定为甲的着手。

例2：甲向零食里注入了毒素，邮寄给乙，准备将其杀死。邮寄的过程中不属于着手，只有乙准备或开始食用时才算着手。

例3：甲给乙邮寄炸弹，准备将其炸死，应认为寄送时就属于着手。因为炸弹有随时爆炸的危险性。

2."着手"不是犯罪行为的起点（犯罪行为的起点是犯罪预备行为），而是犯罪实行行为的起点，但不是预备行为的终点。

3.犯罪预备与犯罪未遂。

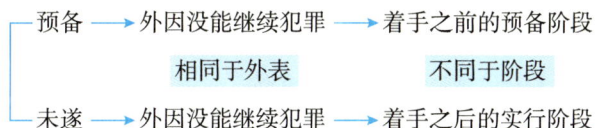

例如：（2006年卷二第54题AC项）下列哪些选项是错误的？

A.甲、乙二人合谋抢劫出租车，准备凶器和绳索后拦住一辆出租车，谎称去郊区某地。出租车行驶到检查站，检查人员见甲、乙二人神色慌张便进一步检查，在检查时甲、乙意图逃离出租车被抓获。甲、乙二人的行为构成抢劫（未遂）罪

C.甲意图杀害乙，经过跟踪，掌握了乙每天上下班的路线。某日，甲准备了凶器，来到乙必经的路口等候。在乙经过的时间快要到时，甲因口渴到旁边的小卖部买饮料，待甲返回时，乙因提前下班已经过了路口。甲等了一阵儿不见乙经过，就准备回家，在回家路上因凶器暴露被抓获。甲的行为构成故意杀人（未遂）罪

结论：上述AC项中的行为均为犯罪预备，原因是没有着手。

（二）犯罪未得逞

1.犯罪未得逞，一般是指没有发生行为人所希望或者放任的、行为性质所决定的实害结果，②并不是什么结果都不能出现。如果发生实害结果，则属于犯罪既遂。

例如：甲基于杀人的故意对乙实施杀人行为，甲以为乙死亡，遂离开。乙被路人送往医院救活，但是仍旧造成了乙严重残疾（重伤结果）。甲属于故意杀人罪未遂。

---

① 隔离犯是指犯罪的实行行为与作为犯罪构成要件的结果发生在不同时间的犯罪。

② 例如，故意杀人罪的结果是死亡；盗窃罪、诈骗罪、抢劫罪等财产犯罪的结果是取得、控制他人财物。

2. "结果"貌似发生，但是因果关系并不存在，仍旧属于未遂。

例如：甲对乙实施诈骗行为，但从一开始就被乙识破骗局。不过乙欣赏甲的那种勇气与执着，深深被其折服与打动，就给了甲3000元。甲成立诈骗罪未遂。因为乙并不是因为陷入错误认识而处分财物的。

【注意】如果是预备行为偶然提前导致的实害结果，不属于犯罪既遂。

3.结果加重犯的未遂。

（1）基本犯既遂，结果加重犯未遂。

行为没有实现加重结果。行为人对加重结果持故意心态，但该结果未实现，此时成立结果加重犯的未遂。对此，应同时适用结果加重犯的法定刑和未遂犯的规定，再根据基本犯的犯罪形态进一步量刑。

例如：甲先杀人后劫财，但人没杀死。对此，基本犯既遂，结果加重犯未遂，应适用结果加重犯的法定刑，同时适用总则关于未遂犯的处罚规定。反之，甲将人杀死了，但没有取得财物，成立基本犯未遂与结果加重犯的既遂，应适用结果加重犯的法定刑，同时适用未遂犯的规定。

（2）基本犯未遂，结果加重犯既遂。

加重结果出现，可是基本犯罪未遂。适用结果加重犯的法定刑，同时适用刑法总则关于未遂犯的规定。此时如果同时构成其他犯罪的，按照想象竞合犯处理。

例如：甲为了强奸妇女，刚将妇女打成重伤，就被赶到的警察抓捕。强奸致人重伤属于强奸罪的结果加重犯，但是基本的强奸罪却是未遂。

（三）由于外因未得逞

行为人自认为（坚持主观判断）存在足以阻却危害结果发生的客观障碍而放弃，或者客观上存在犯罪不可能既遂的原因。

例如：2020年1月底，湖北某小镇，甲男闯入乙女的房间欲实施强奸（已着手），乙女灵机一动，撒谎说自己刚刚从武汉回来（封城前两天），并假装咳嗽，甲男一听，吓得马上逃跑。本案即使客观上该男子可以继续实施犯罪，但其主观上不敢再实施（一种主观上足以阻却的外部因素），应按照犯罪未遂认定。

1.自然因素的阻碍。例如，甲开枪射击乙，恰好旁边掉落下来的石头挡住了子弹，避免了乙的死亡。

2.其他人的阻碍。例如，甲向仇人乙的致命处连捅10刀，以为其必死无疑而迅速逃离，结果路过的好心人将乙及时送往医院，乙被救活。

3.被侵犯对象的阻碍。例如，甲对乙实施暴力准备强奸，谁知乙是跆拳道高手，将行为人甲打趴在地。

4.行为人自身的阻碍。例如，甲入室盗窃，此时听见门外有动静，以为有人回来而跳窗逃跑。

三、处罚

对于未遂犯，可以比照既遂犯从轻或者减轻处罚。

四、未遂犯与不能犯

（一）不能犯的概念和类型

不能犯是指行为人虽然主观有犯意，但是客观行为不具有任何法益侵害危险，所以无罪。

具体类型如下：

1.方法不能犯：甲用食盐当作毒药杀人；用无法射击的枪杀人。

2.对象不能犯：乙将沙漠中的稻草人当作活人射杀。

3.主体不能犯：丙误以为自己是国家工作人员而挪用"公款"。

4.迷信犯（方法不能犯的一种）：画个圈圈诅咒你。

【提示】在判断行为是否有法益侵害性时，同样不能以纯粹的客观角度去评价危险的有无。例如，甲向乙家投掷手榴弹，但是乙一家人出门游玩没被炸死。不能认为他家本来就没人（事后角度），不可能造成人的死亡，就认定甲属于不能犯。因为从这种纯客观角度去评价，可能导致有法益侵害可能性（乙家通常有人存在）的犯罪行为被无罪化处理。本案例和将沙漠中的稻草人当作活人射杀的案例不同，毕竟沙漠中人存在的可能性十分小，所以其成立不能犯。

（二）二者的核心区别

未遂犯有法益侵害可能性，不能犯没有法益侵害可能性。

（三）判断法益侵害可能性有无的学说

观点一：具体危险说

以行为时为基准，按照一般人的感觉或行为人的特别认识，结合经验知识或与此紧密相关的因果法则，判断危险是否存在（事前判断）。[①]需要强调的是，该说主张的一般人可能认识到的事实一定是一种客观事实，而不是一般人想象或感觉。这其中包括一般人从客观角度合理地相信存在事实上的某种可能性。该学说注重行为时一般人的正常感觉。

观点二：客观危险说

只有当行为人主观上具有故意，客观上实施的行为具有侵害法益的紧迫危险时，才能认定为犯罪未遂；行为人主观上具有犯意，其客观行为没有侵害法益的任何危险时，就应认定为不能犯，不以犯罪论处。至于客观行为是否具有侵害法益的紧迫危险，则应以行为时存在的所有客观事实为基础，站在行为时，根据客观的因果法则进行判断。[②]该学说注重事后查明的客观结果。

例1：甲将乙打倒在地，然后用柴草掩盖，乙身体活动几下，甲认为乙还活着，便又实施杀害行为。事后鉴定，身体的活动是死亡过程中的抽搐现象，并非生命迹象。

【思考】本案是未遂犯还是不能犯？请根据上述观点得出与之相对应的结论。

【分析】根据观点一：按照一般人，根据现场情况会合理确信具有生命存在的可能

---

① 周光权：《刑法总论（第三版）》，中国人民大学出版社2016年版，第285页。

② 张明楷：《刑法学（上）》（第五版），法律出版社2016年版，第358页。

性。甲的第二次杀害行为足以剥夺被害人的一切生命机会，产生了侵害他人生命的危险，因而成立故意杀人罪未遂。

根据观点二：事后查明乙在当时确实已经死亡，不再是活人而是尸体。甲的第二个杀害行为在客观上根本就没有致人死亡的可能性，属于不能犯，不成立故意杀人罪。

例2：甲于某晚在乙家盗窃，准备要走的时候发现卧室门虚掩着，便透过门缝观察，发现一身材S型、穿着花睡衣、披着长发的"女子"背对着自己，顿时兽性大发，扑上去准备实施强奸行为，但是发现被害人是这家的男主人。

【思考】本案是未遂犯还是不能犯？请根据上述观点得出与之相对应的结论。

【分析】根据观点一：按照一般人，根据现场情况会合理确信被害人应属于女性。甲的强奸行为足以剥夺妇女的性的自主选择权，产生了侵犯法益的危险，只不过由于结果是男人，男人不属于强奸罪的对象，这成了一个阻止甲不能得逞的外因，所以甲成立强奸罪未遂。

根据观点二：事后查明被害人是男人，男人不是强奸罪的保护对象，甲之后的行为在客观上根本就不能剥夺妇女的性的自主选择权，所以属于不能犯，不成立强奸罪。

【结论】上述两个案例分别在2003年和2005年的考试题中出现，在当年公布的答案中，其结果都是按照未遂犯处理（当时观点一占主流）。该考点之后没有再考查过定论性的试题，在如今刑法试题必出观点展示的大背景下，掌握上述不同观点，势在必行！

经典考题：甲欲枪杀仇人乙，但早有防备的乙当天穿着防弹背心，甲的子弹刚好打在防弹背心上，乙毫发无损。甲见状一边逃离现场，一边气呼呼地大声说："我就不信你天天穿防弹背心，看我改天不收拾你！"关于本案，下列哪些选项是正确的？（2009年卷二第52题，多选）①

A. 甲构成故意杀人中止

B. 甲构成故意杀人未遂

C. 甲的行为具有导致乙死亡的危险，应当成立犯罪

D. 甲不构成犯罪

第四节　犯罪中止

一、法条

第24条　在犯罪过程中，自动放弃犯罪或者自动有效地防止犯罪结果发生的，是犯

---

① 【答案】BC。本案中，甲已经开枪射击乙，对乙的生命产生现实、紧迫的危险。但是由于乙穿着防弹背心而未能导致危害结果的发生，乙穿防弹背心完全是阻却甲不能杀人成功的外因，所以甲成立犯罪未遂。有同学认为这里完全能继续开枪，打乙的头部等要害部位，但是在做题时不能自己主观改变题的意思而加入自己的想象，题目中就是描述甲开枪射杀乙，乙身着防弹衣而避免死亡结果，甲也就马上逃离现场，因为此时枪击声肯定会引来关注，甲不能再继续实施杀人行为，所以只能是犯罪未遂。综上，BC项当选。

罪中止。

对于中止犯，没有造成损害的，应当免除处罚；造成损害的，应当减轻处罚。

二、成立条件

（一）时间性

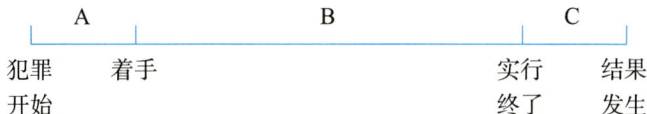

犯罪中止可以发生在危害结果发生之前的A、B、C三大阶段。

【提示】犯罪中止只发生在故意犯罪的过程之中，预备之前的犯意表示阶段和犯罪既遂之后均不存在中止的问题。同样，在犯罪未遂已成终局状态的情况下，也不再讨论中止问题。例如，甲对仇人王某猛砍20刀后离开现场。2小时后，甲为寻找、销毁犯罪工具回到现场，见王某仍然没有死亡，但极其可怜，即将其送到医院治疗。甲的行为属于犯罪未遂。之后送医院救助的行为属于未遂后的悔罪表现，可以作为量刑情节予以考虑。

（二）客观性

1.中止不仅是一种内心状态的转变，还要求客观上存在中止行为。具体有两种方式：

（1）自动放弃犯罪行为。

例如：甲对乙实施砍杀行为，砍了一刀（不足以致死），觉得乙太可怜，便停了下来。

（2）自动有效地防止犯罪结果的发生。

例如：甲以杀人的故意开枪射击乙，导致乙血流不止（2小时后必死），甲看到乙痛苦的样子，顿生怜意，开车将乙送往医院救活。

2.自动放弃可重复侵害行为的，是犯罪中止。

例如：甲的枪中有5发子弹，第一枪未打中，在可以继续射击的情况下放弃犯罪，成立犯罪中止。但是如果只有一发子弹的话，没打中，则成立犯罪未遂。

3.危险犯中危险状态的出现，并不是犯罪既遂的标志。危险状态形成后，行为人自动采取有效措施，避免危害结果发生的，可认定为犯罪中止。

例如：甲为了阻止拆迁活动，携带煤气罐来到拆迁现场，在数十名拆迁人员面前打开煤气并点燃。甲自己拿着喷火的煤气罐顿觉惊恐、害怕，于是将其扔入旁边的水池后逃离现场。甲的行为可以成立犯罪中止。

4.行为人的放弃必须是真实且彻底的，不能是暂时的停止。

例如：甲进入乙家行窃，发现乙家的财物很多，而自己只带了一个小皮包，遂打车回家拿皮箱准备多拿点。这不属于中止行为。

5.财产犯罪中，转换犯罪对象不算犯罪中止。

例如：甲欲盗窃乙家保险柜中的现金，入室后看到笔记本电脑，便放弃现金而窃得笔记本电脑，不属于中止，成立盗窃既遂。

（三）自动性

1.自动性判断的学说顺序：限定主观说 → 主观说 → 客观说。

（1）限定主观说：行为人基于害怕、惶恐、后悔、同情、惭愧、不安、恐怖等规范的特殊情感对自己行为加以否定并放弃犯罪，这充分表明行为人回到了合法性的轨道，应肯定其自动性。例如，甲对乙实施杀害行为，看到乙痛苦惨叫的表情顿生悔意而放弃。

（2）主观说：弗兰克公式——能而不欲是中止，欲而不能是未遂。在"能"与"不能"的判断上，要以行为人的认识为标准（主观说），不能以客观事实进行判断。行为人主观上认为完全可以既遂但不愿意既遂，即使事实上并不能既遂，也肯定其自动性，认定为中止；反之，则认定为未遂。

例如：（2012年卷二第8题）甲欲杀乙，将乙打倒在地，掐住脖子致乙深度昏迷。30分钟后，甲发现乙未死，便举刀刺乙，第一刀刺中乙腹，第二刀扎在乙的皮带上，刺第三刀时刀柄折断。甲长叹"你命太大，整不死你，我服气了"，遂将乙送医，乙得以保命。经查，第一刀已致乙重伤。本案，甲认为自己已不可能杀死对方，成立故意杀人罪未遂。有不少考生认为，甲在把刀柄刺断的情况下，要想杀死乙完全可以啊，比如说搬石头砸死乙，把乙扔入水中淹死等。提醒考生，在做题时不要主观联想题目，也就是不要自己编题，如果这样的话，你的思维永远不可能与出题老师一致。本案中描述的甲的叹息内容就是在告诉你甲已经认为自己不可能杀死乙了，那为什么还要自己继续编造乙最终可以被杀的内容？这是众多考生的弱点，一定要努力克服，使自己的思维努力朝题目本身的含义靠近。

（3）客观说：认为自动性应该以行为人所认识的外部事态是否使行为人丧失选择自由为判断标准，而是否达到这一标准应根据一般人观念或一般社会经验进行评价。如果是，那么就不具有自动性，成立犯罪未遂；反之，则具有自动性，成立犯罪中止。

例如：甲在外地打工期间耐不住寂寞，于黑夜里实施强奸行为，强奸过程中发现对方是自己的胞妹，于是停止了强奸行为。甲成立强奸罪未遂。

2.自动性的具体问题

（1）放弃犯意要求具有彻底性。这里的放弃指的是放弃本次的特定犯意，不是放弃所有犯罪的犯意。

例1：甲本想强奸妇女乙，压制反抗的过程中发现乙很有钱，便放弃强奸，转而对其实施了抢劫。甲成立强奸罪的中止，但是依旧成立抢劫罪既遂。

例2：甲用工具撬开仓库门，在往外搬运财物时，突然下起了大暴雨，甲无奈停止搬运，心想暴雨结束后再继续。甲不属于犯罪中止。

（2）因为嫌弃、厌恶而放弃犯罪。

例如：甲黑夜对乙女进行暴力压制，准备实施强奸，仔细一看发现其长得很丑，便产生嫌弃之情，起身离开。甲成立强奸罪中止。

（3）基于目的物的障碍而放弃犯罪。

例1：甲打算盗窃博物馆的珍贵文物"马踏飞燕"，深夜潜入馆内，发现"马踏飞燕"已经被工作人员转移走。甲的这种"扑空"行为，即使存在其他文物可以盗窃，同样属于盗窃未遂，因为甲早已"心有所属"。

例2：甲想杀死躺在被窝的前妻，砍了两刀发现不对劲，掀开被子发现是自己的女儿，便赶紧将女儿送往医院救治成功。甲属于杀人未遂。

（4）发现存在手段障碍而放弃犯罪。

①准备的手段出现障碍且当时很难找到代替手段，认定为未遂。

例如：甲将他人的跑车撬开，准备偷走，坐上车后发现不知如何启动。甲属于盗窃未遂，这在当时很难找到代替手段。

②准备的手段出现障碍，当时容易找到代替手段而放弃，认定为中止。

例如：甲为了杀乙而随身携带了手榴弹、手枪、砍刀等作案工具，来到乙家门口，准备用手榴弹将正在院子内浇花的乙炸死，但是甲发现自己忘记了手榴弹的使用方法，便放弃杀乙。甲属于故意杀人的中止，因为其完全可以通过携带的枪支、砍刀等工具完成杀人，代替手段很容易获取。

（5）发现对方为熟人而放弃犯罪。

例如：甲于深夜准备对经过此处的妇女实施强奸行为，在施暴的过程中发现该女性是自己的同学，进而放弃犯罪，甲属于强奸罪的中止。熟人之间按照通常的理念是可以实施犯罪的，实务中发生于熟人之间的犯罪也并不在少数，所以这属于能而不欲，成立中止。但是如果发现是至亲（如父母、夫妻、兄弟姐妹等），原则上按照未遂认定。

（6）因构成要件以外的目标已经实现而放弃犯罪，成立中止还是未遂？

例如：甲为了阻止乙和自己的女儿谈恋爱，以杀人的故意对乙开枪，但是并未击中。乙害怕大喊："叔叔，我不再和您女儿谈恋爱了，绝对不谈了。"甲听后便没有继续开枪。关于本案例存在以下观点展示：观点一：如果认为第一枪未打中属于实行终了的未遂，则甲不属于中止；或者认为甲因为杀人之外的目标（阻止恋爱）才是根本目的且已经实现，那么这种放弃行为就不值得褒奖，属于犯罪未遂。观点二：如果认为杀人才是甲的根本目标，在完全能够继续实施杀人行为的情况下选择停止，则可以认定甲为犯罪中止。

（7）不能满足特定倾向而放弃犯罪。

例如：具有性虐待倾向的甲意图强奸乙，但是乙是一个失去生活希望的女性，在甲对自己实施强奸行为时表现得极为冷漠，根本没有任何反抗。在甲看来这简直就是对自己行为的极度漠视，而且甲也体会不到那种性虐待的刺激感，便放弃奸淫。甲成立强奸罪未遂。

（8）关于认识错误问题。

①主观上认为不能既遂，客观上却可以 → 根据主观定，成立未遂。

例如：甲入室盗窃，突然听见窗外有玻璃瓶打碎的声音，以为家中有人归来（其实是屋顶的花猫将玻璃瓶不小心踢了下来摔碎），便匆匆逃离。甲成立犯罪未遂。

②主观上认为完全可以既遂，客观上却不能 → 根据主观定，成立中止。

例如：甲入室盗窃，不知屋子外面公安机关已经布置了天罗地网准备抓捕甲。甲突然听见窗外的一声猫叫，顿时觉得人生短暂，应和家人多聚，便放弃了盗窃。然后从自己挖的进入屋内的地下通道走掉了。甲成立犯罪中止。

（四）有效性

1.有效性，是指行为人原本所希望或者放任的、行为性质所决定的犯罪结果没有发生（不代表不发生任何结果）。即使行为人自动放弃或积极努力防止，但结果仍发生了，也不能成立犯罪中止。

　　例1： 甲对乙实施杀害行为，看到乙鲜血直流，顿生怜悯，将其送往医院进行救治，最后乙虽没死，但仍受重伤（死亡结果没有出现）。甲依旧成立犯罪中止。

　　例2： 乙委托甲为其购买胃药，甲却将毒药交给乙。第二天，甲心生悔意，找到乙欲要回之前的"药品"，乙谎称已经服用，效果很好，甲见乙没什么异状就回家了，没有将真相告知乙。当晚，乙服用"药品"后中毒身亡。甲的防止措施并没有阻止死亡结果的发生，依旧成立故意杀人罪既遂。

　　2.中止行为需要真挚的努力即行为对结果的避免通常有积极、促进作用，才能肯定其有效性。

　　例1： 甲实施了放火行为，离开现场之际对旁观者说："拜托啦，哥们，大家都忙救救火吧。"然后就离开了，即使他人将火扑灭，甲也不成立放火罪中止。

　　例2： 甲以杀人的故意将乙砍伤，致其昏迷，后心生悔意将其送往医院抢救，跟医生说自己看到有歹徒对乙行凶，其将乙救下后送来医院。医生经过全力抢救，避免了乙的死亡。可以认定甲成立犯罪中止。

　　3.危害结果的发生归责于介入因素而不是行为人的危害行为，在行为人存在中止行为的情况下，依旧肯定其中止的有效性，认定为犯罪中止。

　　例如： 甲以杀人意思伤害乙，但后悔了，及时送医救治。医生在手术时出现严重医疗事故，导致乙死亡。本案中，乙的死亡结果应归责于医生的行为，甲为了避免危害结果已经付出了真挚努力，应肯定有效性，认定甲成立犯罪中止。

　　4.行为人的危害行为原本就不会使犯罪既遂。

　　例如： 甲给乙投毒，认为足以致人死亡，但实际上远未达到致死量。看到乙痛苦的样子，甲后悔，及时送医救治。本案应肯定中止的有效性，认定甲成立犯罪中止。

　　5.中止行为足以防止结果发生，但事实上是由与中止行为无关的其他人的行为防止结果的发生，也应认定为犯罪中止。

　　例如： 甲向乙投放毒药后，心生悔意，立即拨打120急救电话（该行为完全能救助乙），但是邻居丙在救护车到来前，开自家车将乙送往医院，乙经抢救后脱险。甲成立犯罪中止。

　　【总结】 犯罪中止＝自动性＋中止行为＋有效性。
　　三好学生＝思想好＋行为好＋结果好。

三、"造成损害"的理解

（一）法条及含义
　　第24条第2款 对于中止犯，没有造成损害的，应当免除处罚；造成损害的，应当减轻处罚。

　　"造成损害"是指虽然没有发生行为人期待的构成要件结果，但发生了刑法分则规定的其他犯罪的损害结果。

　　例如： 故意杀人罪的法定结果是致人死亡，中止行为实施后人没死，但是出现轻伤的结果（符合故意伤害罪的结果要求），这种情况属于造成损害的中止犯，应当减轻处罚。如果只是出现轻微伤及以下的结果（不属于具体罪名的结果要求），这就属于没有造成损害的中止犯，应当免除处罚。

（二）因果性

因果性指的是中止行为之前的犯罪行为所导致，并不是中止行为所导致，即中止行为导致的结果不属于"造成损害"，依旧应当免除处罚。

例如：甲向仇人乙的食物中投毒，乙中毒后疼痛难忍，甲无证驾驶车辆将其送往医院，途中闯红灯和其他车辆发生严重碰撞，导致被害人重伤，被害人被送往医院后，抢救脱险。乙的重伤是甲的中止行为（开车送医院）导致的，并不是之前的投毒杀人行为导致的，所以甲属于故意杀人罪中止，没有造成损害，对故意杀人罪免除处罚。但是其无证驾驶、闯红灯的行为可成立交通肇事罪。

经典考题：甲以杀人故意放毒蛇咬乙，后见乙痛苦不堪，心生悔意，便开车送乙前往医院。途中等红灯时，乙声称其实自己一直想死，突然跳车逃走，三小时后死亡。后查明，只要当时送医院就不会死亡。关于本案，下列哪一选项是正确的？（2015年卷二第6题，单选）①

A.甲不对乙的死亡负责，成立犯罪中止

B.甲未能有效防止死亡结果发生，成立犯罪既遂

C.死亡结果不能归责于甲的行为，甲成立犯罪未遂

D.甲未能阻止乙跳车逃走，应以不作为的故意杀人罪论处

---

① 【答案】A。在犯罪过程中，自动放弃犯罪或者自动有效地防止犯罪结果发生的，是犯罪中止。犯罪中止的成立要求三性：时空性、主动性、有效性。其中，主动性和有效性是犯罪中止的核心特征。本案中的甲在实施杀人行为之后，主动开车将乙送往医院，甲为防止死亡结果的出现做出了真挚的努力，符合主动性的要件。如果正常发展，乙并不会死亡。但在送医途中，出现了乙跳车逃走这一被害人自身的介入因素，这一介入因素是异常的、独立的，独立造成了死亡结果的出现。换言之，甲的行为原本具有有效性，只不过是由于乙的自身行为，才导致了死亡结果的出现。对甲而言，其具备主动性和有效性两个基本特征，应认定为犯罪中止。综上，A项当选。

专题十二　共同犯罪

命题点拨

刑法知识体系中极为庞杂的一专题内容，其逻辑推理的属性更是极为突出。客观、主观题目每年都会进行大量考查，而且这些年对共同犯罪的理论考查难度在不断增强，需要考生们在这一专题付出更多的精力。其中，共犯的基础理论、教唆犯、帮助犯、共犯与身份、共犯过剩、共犯中止、共犯形态和部分实行、全部责任等均属于核心重难点。

第一节　共同犯罪的基础理论

一、法条

第25条　共同犯罪是指二人以上共同故意犯罪。

二人以上共同过失犯罪，不以共同犯罪论处；应当负刑事责任的，按照他们所犯的罪分别处罚。

【解读】上述法条的内容将共同犯罪限定在故意犯罪之内，而二人以上共同过失犯罪，不以共同犯罪论处；应当负刑事责任的，按照他们所犯的罪分别处罚。

二、共同犯罪的立法宗旨

共同犯罪的立法与理论主要是为了解决法益侵害结果归属于谁的行为这一问题，即是为了确定共同犯罪在违法上的连带性。共同犯罪是多个参与人共同形成的合力，法益侵害的事实与各个参与人具有物理上、心理上的因果性，而这种复杂、连带的因果性便决定了参与人违法的连带性。对违法的判断是一般的判断，对责任的判断是个别的判断即违法是连带的，责任是个别的。

判断思路：客观违法层面——参与者是一个整体，不分你我，连带违法，成立共犯。主观责任层面——你有责、他无责；你A罪的责任、他B罪的责任；你具备责任能力、他不具备责任能力等来进一步判断责任是否承担或怎么承担。

例1：甲、乙共谋杀丙，同时向其开枪，甲击中丙导致其死亡，乙并没有击中。即使不考察乙的行为，甲也要对丙的死亡担责，成立故意杀人罪既遂。但是如果单独考察乙，乙不需要对丙的死亡负责（这是不公平的）。在肯定甲、乙成立共同犯罪的基础上，则可以将二人视为一个整体，所以乙当然要对整体造成的死亡结果负责，同样成立故意杀人罪既遂。

例2：甲、乙共谋教训丙，甲暗藏杀机，二人共同对丙实施暴力殴打行为，丙死亡。在确定共犯的前提下，甲、乙二人的整体行为导致了死亡结果的发生，所以二人均需要对死亡负责。具体而言，甲有杀人的故意和行为，成立故意杀人罪既遂，乙只有伤害的故意和行为，成立故意伤害罪致人死亡的结果加重犯，二人在故意伤害罪范围内成立共犯关系。

例3：甲（16周岁）与乙（12周岁）共谋并一起强奸了被害妇女丙。只要意识到共同犯罪是一种客观层面的违法形态，那么就能肯定甲、乙二人成立强奸罪的共同犯罪。因此甲适用强奸罪中轮奸的加重法定刑，而乙由于没有达到刑事责任年龄，不对其定罪处罚。

三、何谓"共同"

"共同"指的是二人以上基于意思联络去一起做坏事，我们是团结的，是一致的，是合体的，我们不是单打独斗，是团队作战。关于"共同"的认定有如下学说：

1.完全犯罪共同说：该说认为，二人以上只能就完全相同的犯罪成立共同犯罪。

2.部分犯罪共同说：该说认为，二人以上虽然共同实施了不同的犯罪，但当这些不同的犯罪之间具有重合的性质时，则在重合的限度内成立共同犯罪。

3.行为共同说：也叫事实共同说，该说认为，共同犯罪是指数人共同实施了行为，而不是实施特定的犯罪。也即在具有实施行为意思联络的前提下，实施行为具有共同性就可以成立共同犯罪。

例1：甲、乙共谋去教训丙，但甲却暗藏杀人之心。最终丙在甲、乙的拳打脚踢之下死亡，身上只有一处致命伤，查不清到底是谁所为。

【分析】按照完全犯罪共同说理论：甲实施的是故意杀人的行为，乙实施的是故意伤害的行为，甲、乙二人在客观行为、主观故意、触犯的罪上都不一样，所以不成立共同犯罪。既然不成立共同犯罪，那么甲、乙的定罪只能分开来看。但是故意犯罪的结果归责必须要证明行为与结果之间存在因果关系，而本案中根本查不清到底是谁的行为所致，所以综合来看：甲成立故意杀人罪未遂，乙成立故意伤害罪（不应对死亡结果负责）。这种结论在任何人看来都是不合理的，因为二人同谋对被害人实施暴力，被害人死亡结果却不被负责，显然难以接受。

按照部分犯罪共同说理论：甲实施的是故意杀人的行为，乙实施的是故意伤害的行为，甲、乙二人的客观行为部分重合（故意杀人行为是更严重的故意伤害行为），所以二人在故意伤害罪的范围内成立共犯。既然成立了共犯关系，那么也就意味着此时死亡结果查得清还是查不清就不重要了，按照"部分实行，全部责任"原理，二人的行为与死亡结果均具有因果关系，所以甲成立故意杀人罪既遂，乙成立故意伤害罪（致人死亡），二者对死亡结果都负有责任。

例2：甲为了谋取不正当利益，送给局长乙20万元现金，乙欣然接受。

【分析】甲成立行贿罪、乙成立受贿罪，二人属于必要共犯即对向犯。如果本案例按照完全犯罪共同说分析，会得出两个罪名不同，无法成立共犯的结论。按照部分犯罪共同说同样会发现这两个罪没有交集，也无法成立共犯。只有按照行为共同说分析，会得出二人有意思联络的情况下，共同实施了犯罪行为，这样就可以得出成立共犯的结论。

【总结】完全犯罪共同说是老学说（基本淘汰），除非考查观点展示，否则不用；部分犯罪共同说和行为共同说在认定是否成立共犯的时候可直接使用，如果找得到重合点（交集），按照部分犯罪共同说得出成立共犯的结论；如果找不到重合点（交集），但是二人有意思联络，行为具有一致性，此时可以按照行为共同说得出成立共犯的结论。

四、何谓"犯罪"

因为共同犯罪解决的是客观违法层面的一致性，所以其中"犯罪"的含义也应当理解为客观共同的暂时"犯罪"，而主观责任的确定则是在客观"犯罪"问题解决之后需要分析判断的问题。

例如： 甲和乙共谋强奸丙，事后查明甲12岁或者甲为精神病人。客观层面甲、乙成立共犯，主观层面甲不是没有达到刑事责任年龄就是没有刑事责任能力，但这并不影响二人成立共犯关系，否则是不能评价轮奸事实的。肯定了共犯关系，解决了轮奸事实，适用轮奸的加重法定刑，再解决主观责任问题。

五、共犯分类

（一）任意共犯与必要共犯

1.任意共犯：一人能够单独实施的犯罪由二人以上共同实施的情形。例如，盗窃罪可以由一个人实施，也可以由多个人实施。

2.必要共犯：必须由二人以上共同实施的犯罪。存在如下分类：

（1）对向犯：是指以存在二人以上相互对向的行为为要件的犯罪。

①双方的罪名与法定刑相同。例如，重婚罪、代替考试罪。注意：也可能存在只有一方成立犯罪的情形。

②双方的罪名与法定刑都不同。例如，行贿罪与受贿罪。注意：也可能只存在行贿或只存在受贿的情形。

③片面的对向犯：只处罚一方的行为。例如，贩卖淫秽物品牟利罪，只处罚贩卖者，不处罚购买者。注意：片面对向犯由于不处罚其中一方，刑法理论上认为这不属于共同犯罪。例如，（2012年卷二第55题A项）甲见卖淫秽影碟的小贩可怜，给小贩1000元，买下200张淫秽影碟。该项不成立共同犯罪。

（2）聚众共同犯罪：由首要分子组织、策划、指挥众人实施的共同犯罪。例如，聚众持械劫狱罪、聚众斗殴罪、聚众淫乱罪。

【注意】 聚众共同犯罪≠聚众犯罪：后者不一定属于共同犯罪。例如，聚众扰乱公共场所秩序、交通秩序罪。

（3）集团共同犯罪：3人以上有组织地实施的共同犯罪。例如，组织、领导、参加恐怖组织罪。

（二）事前通谋的共犯与事前无通谋的共犯

1.事前通谋的共犯：着手前通谋的，是事前通谋的共同犯罪。

2.事前无通谋的共犯：着手时或者实行过程中通谋的，是事前无通谋的共同犯罪。

（三）简单共同犯罪与复杂共同犯罪

简单共犯	是否存在分工	没有分工
复杂共犯		有实行、教唆、帮助等分工

（四）一般共同犯罪与特殊共同犯罪

一般共犯	是否存在组织	无组织
特殊共犯		有组织

（五）教唆犯、帮助犯、实行犯（根据分工不同而分）

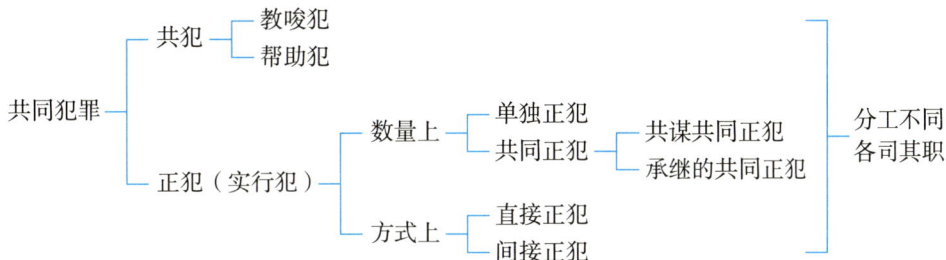

```
                    ┌─ 教唆犯
              共犯 ─┤
              │     └─ 帮助犯
              │
共同犯罪 ─────┤                      ┌─ 单独正犯
              │         数量上 ──────┤           ┌─ 共谋共同正犯     分工不同
              │        │             └─ 共同正犯 ─┤                  各司其职
              正犯（实行犯）─────────┤             └─ 承继的共同正犯
                        │
                        └ 方式上 ──────┬─ 直接正犯
                                       └─ 间接正犯
```

（六）主犯、从犯、胁从犯（根据作用不同而分）

1.主犯，是指组织、领导犯罪集团进行犯罪活动的或者在共同犯罪中起主要作用的犯罪分子。

2.从犯，是指在共同犯罪中起次要或者辅助作用的犯罪分子。

3.胁从犯，是指被胁迫参加犯罪的犯罪分子，即犯罪人是在他人的暴力强制或者精神威逼之下被迫参加犯罪的。犯罪人虽有一定程度选择的余地，但并非自愿。

经典考题：甲欲杀丙，假意与乙商议去丙家"盗窃"，由乙在室外望风，乙照办。甲进入丙家将丙杀害，出来后骗乙说未窃得财物。乙信以为真，悻然离去。关于本案的分析，下列哪一选项是正确的？（2017年卷二第7题，单选）①

A.甲欺骗乙望风，构成间接正犯。间接正犯不影响对共同犯罪的认定，甲、乙构成故意杀人罪的共犯

B.乙企图帮助甲实施盗窃行为，却因意志以外的原因未能得逞，故对乙应以盗窃罪的帮助犯未遂论处

C.对甲应以故意杀人罪论处，对乙以非法侵入住宅罪论处。两人虽然罪名不同，但仍然构成共同犯罪

D.乙客观上构成故意杀人罪的帮助犯，但因其仅有盗窃故意，故应在盗窃罪法定刑的范围内对其量刑

---

① 【答案】C。A项错误，首先，甲是直接杀死被害人的行为人，属于直接正犯；其次，乙根本没有杀人故意，怎么可能成立故意杀人罪？ B项错误，结论是盗窃罪帮助犯的未遂，乙客观上帮助甲杀人望风，主观上是盗窃罪的故意，无论如何甲、乙不成立盗窃罪，连盗窃罪都不成立何来未遂？ C项正确，甲主观为杀人故意，客观为杀人行为，所以成立故意杀人罪；根据行为共同说，甲、乙二人在非法入户行为上是一致的，二人构成共同犯罪，无论是杀人还是盗窃都是要求入户的，所以乙至少成立非法侵入住宅罪。D项错误，前半句话没问题，乙客观上确实是甲故意杀人罪的帮助犯。但是由于乙没有杀人故意，不成立最终的故意杀人罪帮助犯，主观是盗窃故意，而杀人不能降格评价为盗窃，所以乙也绝对不成立盗窃罪，那何来以盗窃罪法定刑量刑呢？综上，C项当选。

第二节　共同正犯（实行犯）

一、概念

1. 直接正犯：行为人自己实施符合构成要件的行为造成法益侵害、危险结果的。

2. 共同正犯：以共同的犯罪意思，各自分担犯罪的一部分，共同实现"自己的犯罪"的人。

二、部分实行，全部责任

一根绳上的蚂蚱，谁也跑不了。共同正犯中，各正犯者彼此相互协作、补充，结成一个有机整体，导致结果的发生。实施了部分实行行为的正犯者，也要对共同的实行行为所导致的全部结果承担正犯的责任。在"部分实行，全部责任"的前提下，还要坚持"区别对待，罪责自负"的原则，即各共犯人只能在自己有责的范围内对共同造成的违法事实承担责任，对他人超出共同故意实行的犯罪不承担责任。

【总结】除出现共犯关系过剩或共犯脱离情形，在共同正犯以及教唆犯、帮助犯与正犯的关系中均适用"部分实行，全部责任"原则。

例1：甲、乙有意思联络同时开枪杀死丙（故意心态）——共同犯罪。

例2：甲、乙无意思联络同时开枪杀死丙（故意心态）——同时犯。

例3：甲、乙同时过失开枪杀死丙（过失心态）——共同过失犯罪。

【注意】上述所有案例事后查明，只有一处致命伤，但是查不清到底是谁射击的。

【分析】例1：甲、乙共同正犯，二人是一个共同体，虽然查不清是谁所为，但是这并不重要，能证明是由这个共同体所为，根据"部分实行，全部责任"原则，甲、乙二人的行为与死亡结果均有因果关系，均成立故意杀人罪既遂。

例2：甲、乙之间无意思联络，不成立共同犯罪，二人其实为同时故意犯罪。二人在互相不知对方存在的前提下同时实施了故意杀人行为。但是由于证明不了到底是谁的行为导致丙的死亡，所以甲、乙的行为与死亡结果之间均没有因果关系（存疑有利于被告人），因此甲、乙均成立故意杀人罪的未遂。

例3：甲、乙二人为过失行为，证明不了因果关系，所以无罪。

三、共同正犯的分类

（一）共谋共同正犯

共同谋划实行犯罪，虽然最终有人没有实际参与实行行为，但是其共同谋划的行为仍然对整个犯罪起到物理、心理等实质支配作用，成立犯罪既遂。

例如：甲、乙共谋今晚去丙家行窃，但是乙因有事耽搁未去，甲一人顺利盗窃巨额财物。甲、乙二人成立盗窃罪既遂的共犯。

（二）附加的共同正犯

虽然单独足以支配犯罪既遂，但为了确保既遂，多人共同针对同一对象实施相互附

加的实行行为。（类似多重保险）

例如： 为了确保杀死被害人，20人同时朝被害人开枪，被害人身中数弹死亡。20个杀手都是故意杀人罪的共犯，成立犯罪既遂。

（三）择一的共同正犯

虽然单独不足以确保犯罪既遂，但相互配合，足以确保犯罪既遂的情形。（类似双保险）

例如： 某大厦仅有4个安全出口，由4名杀手分别堵截，最终被害人被其中的一名杀手杀死。4名杀手对被害人的死亡起到不可或缺的相互协作的作用，属于共同正犯，成立故意犯罪既遂。

（四）承继的共同正犯

前行为人实施部分实行行为，后行为人参与后部分实行行为。（中途上了贼船）

例如： 甲对丙实施抢劫行为，路过的乙看见后主动加入抢劫行为之中。

经典考题： 甲、乙上山去打猎，在一茅屋旁的草丛中，见有动静，以为是兔子，于是一起开枪，不料将在此玩耍的小孩打死。在小孩身上，只有一个弹孔，甲、乙所使用的枪支、弹药型号完全一样，无法区分到底是谁所为。对于甲、乙的行为，应当如何定性？（2008年卷二第6题，单选，四川）①

A.甲、乙分别构成过失致人死亡罪

B.甲、乙构成过失致人死亡罪的共同犯罪

C.甲、乙构成故意杀人罪的共同犯罪

D.甲、乙不构成犯罪

第三节　间接正犯（"借人杀人"）

一、概念

实行行为，不一定只限于行为人自身的直接的身体动作，与利用动物、工具一样，将他人作为媒介实行犯罪，也是可能的。这种通过利用他人实现犯罪的情况，就是间接正犯。

二、属性

"借人"的含义——犯罪事实支配说（把人当猴耍）：行为人通过强制或者某些手

---

① 【答案】D。首先，共同过失犯罪不是共同犯罪，因为我国刑法中的共同犯罪指的是共同故意犯罪，所以共同过失犯罪不能用共同犯罪的理论去分析；其次，过失犯罪的成立条件有三个：第一，行为人要有过失行为。第二，要有现实的危害结果。第二，要证明过失行为与实害结果之间存在因果关系。只有满足全部三点才能成立过失犯罪。本案中，甲、乙两人将茅屋旁草丛中的小孩当作兔子开枪打死，属于共同过失行为，但这不是共同犯罪，甲、乙两人的过失行为要分别判断。由于二人的枪支、子弹型号完全一样，查不清到底是谁的过失行为导致的实害结果，因此根据疑罪从无、疑罪从轻原则，甲、乙两个人的过失行为与实害结果都没有因果关系，所以二人不构成犯罪。综上，D项当选。

段支配直接实施者，从而整体地控制、支配犯罪构成要件的实现。其本质上，被支配的对象和犯罪工具区别不大，但是工具是死的，被支配的人却是有意识的，所以只要行为人对被利用者达到控制、支配程度，进而实现犯罪的，就属于该罪的间接正犯（背后的"大佬"）。

三、类型

1.利用欠缺责任者的行为。例如，甲指使5岁的乙进入商店盗窃，甲构成间接正犯。

2.利用他人缺乏故意的行为。例如，甲将毒品说成是药品，利用不知情的乙运输毒品的，成立运输毒品罪的间接正犯。

3.利用他人的合法行为。例如，甲事实上想杀害乙，却教唆乙去杀丙，同时甲告知丙有人要杀他，让其做好防卫的准备。后来乙持刀来杀丙的时候，被丙正当防卫而杀死。甲属于利用丙的合法行为除掉乙，成立故意杀人罪的间接正犯。

4.利用他人的过失行为。例如，具有杀人故意的医生甲将某种注射液交给护士乙，令其注射给病人丙。由于该注射液与正常药品的颜色有重大差异，护士乙稍加注意即可发现，但忙于下班约会的乙没有检查就给丙注射，导致丙死亡。被利用者乙可成立医疗事故罪，而甲成立故意杀人罪的间接正犯。

5.利用他人欠缺目的的行为。例如，甲有传播淫秽物品牟利的目的，但其隐瞒该目的，并说服乙传播淫秽物品。乙成立传播淫秽物品罪，甲成立传播淫秽物品牟利罪的间接正犯。

6.利用他人轻罪故意的行为。例如，甲不知道丙坐在高级轿车里休息，而乙知道，乙为了杀死丙，教唆甲放火烧掉该车，甲照做，丙被烧死。甲构成故意毁坏财物罪和过失致人死亡罪的想象竞合，乙属于故意杀人罪的间接正犯与故意毁坏财物罪教唆犯的想象竞合。

7.利用被害人的行为。例如，甲谎称乙饲养的名贵宠物狗患上新冠肺炎，极易传染给人，乙信以为真而将狗杀掉。甲成立故意毁坏财物罪的间接正犯。

8.利用他人缺乏违法性认识的可能性的行为。例如，司法人员甲欺骗乙说："捕杀麻雀是完全合法的行为，你可以大量捕杀。"乙信以为真后捕杀大量麻雀。甲成立间接正犯。

【总结】间接正犯原则上不属于共同犯罪（上述"5"中的案例，二人可成立传播淫秽物品罪的共犯），被利用的人不是绝对无罪（参考上述"6"中的案例）。

【延伸】1.通说认为亲手犯不成立间接正犯。亲手犯是指行为人必须亲自实施刑法分则罪状所要求的实行行为即自己的事情自己做，这样才能构成犯罪的情形。例如，脱逃罪、重婚罪等，这些犯罪不能通过控制别人来完成，只能自己"亲力亲为"。

2.真正身份犯不能成立间接正犯。例如，贪污罪只能由具有国家工作人员身份的人成立，没有这个身份的人谈不上控制别人，进而自己成立贪污罪的间接正犯。其可以成立教唆犯或帮助犯。

第四节　狭义的共犯（教唆犯与帮助犯）

一、共犯的处罚根据

与单个人犯罪的本质一样，共同犯罪的本质也是侵害法益。单独正犯是直接引起法益侵害的犯罪类型，共同正犯是共同引起法益侵害的犯罪类型，间接正犯是通过支配他人的行为引起法益侵害的犯罪类型，教唆犯与帮助犯则是间接引起法益侵害的犯罪类型。

学说一（旧理论）：共犯独立性说认为，即使正犯（实行犯）没有实施犯罪，作无罪处理，共犯（教唆犯、帮助犯）也构成犯罪，也即共犯成立犯罪，不以正犯成立犯罪为前提，共犯在成立犯罪上具有独立性。共犯独立说的重要理由是：共犯主观上具有教唆或帮助他人犯罪的故意。

学说二（新理论）：共犯从属性说认为，在共同犯罪中，正犯（实行犯）是直接实施犯罪的人，对法益的侵害最直接；共犯（教唆犯、帮助犯）只是促使犯罪、帮助犯罪的人，对法益的侵害带有间接性，需借助实行犯去实施犯罪才能实现对法益的侵害。如果实行犯没有实施犯罪，教唆犯、帮助犯的教唆行为、帮助行为便失去了成立犯罪的基础，对法益不具有侵害的危险。这样，教唆行为、帮助行为便不会成为危害行为，便也不构成犯罪。这种定罪思维符合两阶层的犯罪构成体系，即先判断客观阶层，看行为对法益有无危险，是不是危害行为。如果客观上没有危害行为，便直接得出无罪结论，即使主观上有犯罪故意。因为犯罪是行为，而不是思想。

二、教唆犯

（一）概念

故意唆使并引起他人实施符合构成要件的违法行为的人。

（二）成立条件

1.被教唆的对象

（1）被教唆的对象要求是一个完整意义上的"人"，即要具有一定的规范意识和辨认控制能力，不要求必须达到刑事责任年龄。如果教唆的对象是缺乏规范意识的人，那行为人成立间接正犯。

例如：甲教唆乙（15周岁，曾因盗窃多次被公安部门教育）去实施盗窃，此时的乙虽然在承担盗窃罪的年龄上差一点，但是其对盗窃行为是有规范意识和辨认控制能力的，所以甲依旧成立教唆犯。如果乙为5周岁，则甲就成立间接正犯。

（2）对真正身份犯教唆，其存在责任阻却事由，教唆者成立教唆犯。

例如：15周岁的乙通过篡改年龄当了警察，甲教唆乙刑讯逼供，乙接受教唆实施刑讯逼供行为。甲成立教唆犯。

（3）教唆的对象必须是特定的，人数可一个或多个（只要能确定具体范围即可）。如果教唆的对象不特定，则属于"煽动"的意义范畴，而"煽动"成立的犯罪不再是教唆犯，而是独立的实行犯。

【注意】（1）如果实行犯本身就存在犯罪故意，教唆者不成立教唆犯（犯罪故意不是教唆出来的）。例如，（2013年卷二第55题A项）乙因妻丙外遇而决意杀之。甲对此不知晓，出于其他原因怂恿乙杀丙。后乙杀害丙。甲不构成故意杀人罪的教唆犯。

（2）被教唆者有犯罪故意，教唆者只是提升其犯罪数额，不成立教唆犯，可能成立帮助犯。原因在于本身的犯罪要件能涵盖所有的数额问题。例如，乙已有盗窃犯意，只想盗窃数千元，而甲唆使其盗窃数万元的，甲只成立帮助犯，不成立教唆犯。

（3）被教唆者有实施基本犯罪的故意，教唆者教唆基本犯罪基础之上的加重犯，教唆者成立加重要件的教唆犯。[①]原因在于本身基本犯罪的要件不能涵盖加重要件的内容。例如，甲有实施普通抢劫的故意，乙教唆甲实施入户抢劫或抢劫银行。乙构成抢劫罪加重要件的教唆犯。

（4）被教唆者有重罪的犯罪故意，教唆者教唆的是与重罪性质相同的轻罪，教唆者原则上不成立犯罪（降低犯意和法益侵害，不宜按照犯罪处理，但不绝对排除成立帮助犯的可能性）。例如，甲已有强奸故意，乙教唆甲："强奸罪判刑很重的，还是猥亵吧。"甲便实施猥亵。乙原则上是无罪的，但是如果乙为甲实施猥亵行为提供很强的精神支持的话，则同样可以成立帮助犯。需要看题目的具体描述。

（5）被教唆者有轻罪的犯罪故意，教唆者教唆的是与轻罪性质相同的重罪，教唆者成立重罪的教唆犯。例如，乙已有盗窃犯意，甲唆使其抢劫的，甲成立抢劫罪的教唆犯。

（6）被教唆者有A罪的犯罪故意，教唆者教唆的是与A罪性质不同的B罪，教唆者成立B罪的教唆犯。例如，甲有盗窃罪的故意，乙教唆甲说："弄点钱多没意思啊，你去强奸妇女吧。"甲便实施了强奸行为，乙成立强奸罪的教唆犯。

（7）被教唆者计划未来实施犯罪，教唆者教唆其现在、马上实施的，教唆者成立教唆犯（但是反过来的情况不成立教唆犯）。

（8）被教唆者同时有犯A、B两个罪的意思，正在举棋不定之际，教唆者帮助其选择并坚定其犯罪信心的，同样是教唆犯。

2.教唆行为

（1）成立教唆犯，必须有唆使他人实行犯罪的教唆行为。教唆行为必须引起他人实施符合构成要件的违法行为的意思，进而使之实行犯罪。

（2）成立教唆犯，要以被教唆者实施符合构成要件的违法行为为前提，被教唆者是否有犯罪故意并不重要，因为共同犯罪所要解决的是客观违法层面的一致性。

例如：甲教唆乙说"丙是坏人，你将这个毒药递给他喝。"乙却听成了"丙是病人，你将这个土药递给他喝"，于是将毒药递给丙，丙喝下毒药后死亡，但乙并无杀人故意。甲构成故意杀人罪的教唆犯。[②]本案例中甲具有教唆的故意，客观上也引起乙实施了杀人行为，主客观相一致，可以认定甲成立教唆犯。乙无犯罪故意，并不影响甲教唆犯的成立。

---

① 张明楷：《刑法学（上）》（第五版），法律出版社2016年版，第415页。

② 张明楷："共犯对正犯故意的从属性之否定"，载《政法论坛》2010年第5期。

（3）间接教唆（A教唆B，让其教唆C杀D）、连锁教唆（A教唆B，B教唆C，C教唆D，D将E杀害）的场合，同样构成教唆犯。

（4）教唆的具体方法没有限制，包括开导、劝告、哀求、挑拨、刺激、利诱、怂恿、命令、指示、欺骗等。

3.教唆故意

（1）教唆犯的认定不单单要求教唆行为在客观上引起他人实施了违法行为，还要求教唆者主观上要具有教唆的故意。绝对排除说者无意，听者有心的情形。例如，甲向乙炫耀自己拐卖妇女赚了好多钱。乙却暗自下决心也去拐卖妇女。客观上，甲的行为对乙起到教唆效果，但是，甲对乙的犯罪没有认识，也没有教唆故意，不构成拐卖妇女罪的教唆犯。

（2）未遂的教唆与教唆的未遂

①未遂的教唆，是指教唆者故意教唆他人实施不能既遂的行为（参考例1）。[①]

②教唆的未遂，是指教唆者故意教唆他人实施可能既遂的行为，由于外因而没能成功（参考例2）。

例1：甲将一支不能发射子弹的仿真手枪交给乙，指示乙当场开枪杀害丙，乙接受教唆开枪射击，因没有子弹而未能致丙死亡。甲、乙均无罪。

例2：甲给了乙一把有子弹的真枪，指示乙当场开枪杀害丙，乙接受教唆开枪射击，但是子弹卡壳了。乙构成杀人未遂，甲构成教唆犯未遂。

【引申1】教唆未遂的对应法条——《刑法》第29条第2款规定："如果被教唆的人没有犯被教唆的罪，对于教唆犯，可以从轻或者减轻处罚。"这个条款在理解上存在一定的争议性。具体如下：

观点一：共犯独立性说认为，共犯的成立是具有独立性的，是完全可以脱离正犯而存在的。按照此观点，教唆犯只要实施了教唆行为，即使被教唆者没有实施犯罪、拒绝犯罪、尚未开始犯罪（预备阶段）等，教唆者仍成立教唆未遂。

观点二：共犯从属性说认为（法考中的主流观点），如果从客观主义立场出发，教唆犯本身应当是引发他人犯意，他人根本没有由此产生犯意的，或者虽然接受教唆，但是没有实施任何行为的，教唆行为并不直接面对行为客体，其教唆行为本身不会对法益造成损害。[②]所以《刑法》第29条第2款的真实含义应该是：教唆者教唆他人犯罪，被教唆者已经着手实行犯罪，但没有达到既遂的状态。[③]言外之意，如果被教唆者没有实施犯罪、拒绝犯罪、尚未开始犯罪（预备阶段）等，教唆者不能成立教唆未遂，应属于无罪情形，不是刑罚的处罚对象。

【引申2】陷害教唆，即行为人以使他人受到刑事处罚为目的，诱使他人犯罪，而于被教唆人着手实行后，抓捕被教唆人，使其难以达到既遂状态。例如，甲为了让乙受到

---

① 张明楷：《刑法学（上册）》（第五版），法律出版社2016年版，第417页。

② 周光权：《刑法总论》（第三版），中国人民大学出版社2016年版，第347页。

③ 张明楷：《刑法学》（第四版），法律出版社2011年版，第378页。

刑事责任追究，教唆乙去强奸丙，在其进入丙的卧室之时，得到甲报警的警察将乙抓获。这就是陷害教唆，对甲应该如何处理呢？

陷害教唆其本质也是一种未遂的教唆，其不能按照教唆犯认定。因为教唆犯除了引起他人的犯罪意图之外，还希望被教唆的人完成犯罪进而使得法益受到破坏，而陷害教唆中所谓的教唆者是没有让被教唆者完成犯罪既遂的想法的，所以不能认定其属于真正的教唆犯。

（三）教唆犯的正犯化

当刑法分则条文将教唆他人实施特定犯罪的行为规定为独立犯罪时，对教唆者不能依所教唆的罪定罪，而应依照分则条文规定的犯罪定罪，不适用刑法总则关于教唆犯的规定。常见情形如下：

1.煽动分裂国家罪。

2.煽动颠覆国家政权罪。

3.煽动军人逃离部队罪。

4.妨害作证罪。

5.引诱、教唆他人吸毒罪。

6.引诱卖淫罪。

7.引诱幼女卖淫罪。

8.引诱未成年人聚众淫乱罪。

（四）教唆犯与间接正犯的关系

教唆犯与间接正犯不是对立关系，而是包容关系，间接正犯可以包容评价为教唆犯。		
相同之处	客观上引起他人实施了符合构成要件的违法行为。	
不同之处	支配程度不同	1.教唆犯：对实行者没有达到支配、控制的程度。
		2.间接正犯：对实行者达到了支配、控制的程度。
	主观故意不同	1.教唆犯：只是引起他人实施客观违法行为，为教唆故意。
		2.间接正犯：引起他人实施客观违法行为是方便自己得逞，为正犯故意。
案例	例1：甲对乙说："前方是你的仇人丙，开枪打死他。"乙发现确实是自己的仇人丙便开枪杀死了丙。甲引起了他人的客观违法行为，而乙此时存在犯罪故意，甲对乙并没有达到支配、控制程度，所以甲属于教唆犯。	
	例2：甲欺骗乙说："前方是野猪，开枪打死它。"实际上前方是仇人丙。乙不知情，开枪打死了丙。甲引起了他人的客观违法行为，而乙此时根本不存在犯罪故意，甲对乙达到支配、控制程度，所以甲属于间接正犯。	
	例3：甲对乙说："前方是你的仇人丙，开枪打死他。"乙却听成了"前方是头野猪，开枪打死它"，于是开枪，打死了丙。甲引起了他人的客观违法行为，且甲客观上支配、控制了乙的行为，但是甲没有间接正犯的故意，只有教唆犯的故意，所以甲不成立间接正犯，由于间接正犯的结果能够包含教唆犯的结果，甲属于教唆犯。	

续　表

分析	由于间接正犯和教唆犯不是绝对对立关系，而是包容评价关系（间接正犯可以降格评价为教唆犯），因此教给各位考生解决上述案例的做题技巧（简称大括号法）： 例1　┏ 主观 ⟶ 教唆犯的故意（甲没有欺骗乙） 　　　┗ 客观 ⟶ 教唆犯的效果（乙明知且自己支配整个犯罪过程） 因此，根据主客观相一致的原则，甲成立教唆犯。 例2　┏ 主观 ⟶ 间接正犯的故意（甲欺骗了乙，想支配犯罪） 　　　┗ 客观 ⟶ 间接正犯的效果（乙被骗，所以甲支配整个犯罪过程） 因此，根据主客观相一致的原则，甲成立间接正犯。 例3　┏ 主观 ⟶ 教唆犯的故意（甲没有欺骗乙） 　　　┗ 客观 ⟶ 间接正犯的效果（乙误听而被甲支配整个犯罪过程） 间接正犯的客观效果可以降格评价为教唆犯的效果，因此，根据主客观相一致的原则，甲成立教唆犯。

经典考题：《刑法》第29条第1款规定："教唆他人犯罪的，应当按照他在共同犯罪中所起的作用处罚。教唆不满十八周岁的人犯罪的，应当从重处罚。"对于本规定的理解，下列哪一选项是错误的？（2013年卷二第9题，单选）[①]

A.无论是被教唆人接受教唆实施了犯罪，还是二人以上共同故意教唆他人犯罪，都能适用该款前段的规定

B.该款规定意味着教唆犯也可能是从犯

C.唆使不满14周岁的人犯罪因而属于间接正犯的情形时，也应适用该款后段的规定

D.该款中的"犯罪"并无限定，既包括一般犯罪，也包括特殊身份的犯罪，既包括故意犯罪，也包括过失犯罪

三、帮助犯

（一）概念

帮助犯是指故意对正犯提供辅助，使正犯的犯罪更容易得逞的情形。帮助犯的成立同样要具备帮助行为和帮助的故意（坚持主客观相一致）。

（二）成立条件

1.帮助行为

（1）帮助行为要与正犯的行为结果之间具有物理的或心理的因果性，即要求帮助行为具有促进危险的作用特征。

[①] 【答案】D。A项正确，被教唆者接受教唆实施犯罪，与教唆者成立共犯，教唆犯可以多人，二人以上共同实施教唆行为的，多个教唆者也要根据其所起作用处罚。B项正确，教唆犯如果在共同犯罪中起次要作用，成立从犯。C项正确，教唆不满18周岁的人犯罪要从重处罚，那么教唆不满14周岁的人犯罪，按照当然解释，更应该从重处罚，更加符合法理。间接正犯可以包容评价为教唆犯，二者并不是对立关系。D项错误，共同犯罪指的是故意犯罪形态，不包括过失犯罪，教唆犯和被教唆者成立共同犯罪，因此要排斥过失犯罪的教唆。综上，D项当选。

①物质帮助，要求帮助行为需具有帮助的功能特征，且帮助的功能特征只要求可能性即可，不要求具有实现的必然性。具体包括：提供凶器、帮忙踩点、排除障碍等。

例1：甲要入室盗窃，让乙提供图纸。乙故意提供一张完全错误的图纸。乙不构成帮助犯（帮倒忙不具有促进作用）。

例2：甲要入室盗窃，让乙提供图纸。乙按照要求提供，甲入室后根本就没有用图纸便找到财物。乙仍然成立盗窃罪的帮助犯（具有可能性即可）。

②精神帮助，要求能够证明对实行行为起到实质促进作用。具体包括：出主意、改进犯罪方案、撑腰打气、强化犯意等。

例如：甲正在实施强奸妇女的行为，路过的乙看见后对甲大声说："兄弟加油！"乙的行为不成立帮助犯（没有实质的帮助促进作用）。

（2）作为的帮助与不作为的帮助。

例如：剧场负责人目睹演员演出淫秽节目而不制止，成立不作为的帮助犯。

（3）中立的帮助犯。

中立的帮助探讨的本质问题是中立的日常行为是否能成立帮助犯？其成立条件为：①明知对方正在或即将犯罪；②行为给对方犯罪是否起到了实质紧迫的促进作用。

例1：乙、丙在五金店门前互殴，店员甲旁观。乙边打边掏钱向甲买一羊角锤。甲递锤时对乙说"你打伤人可与我无关"。乙用该锤将丙打成重伤。满足上述两点要求，甲成立帮助犯。

例2：甲、乙、丙组成盗窃团伙，租住在出租屋，每天到附近饭馆吃饭。饭馆老板丁明知他们吃完饭要外出盗窃仍给他们提供服务。不满足上述第二点要求，所以丁不成立帮助犯。

例3：甲实施撬锁行为，由于技术差，撬了很长时间都没成功，加上早晨没吃早饭而瘫软在地上。路过的外卖小哥乙得知上述所有内容后，将自己手中的盒饭送给甲，甲吃后恢复体力，顺利撬开门锁，盗窃成功。乙成立帮助犯。

（4）正犯实行行为的客观阶层性。

只要正犯的行为是符合构成要件的违法行为，即使正犯没有故意，以帮助故意实施帮助行为者，成立帮助犯（共犯的限制从属性理论）。也即违法是连带的，责任是个别的。

例如：咖啡店店主甲欲杀害老顾客乙，将毒药交给店员丙保管，并告知真相，要求丙在乙下次来临时将毒药交给自己。几周后乙来到，丙将毒药交给甲。但甲已经忘记要杀乙，不知是毒药，递给乙，致乙死亡。丙没有间接正犯故意，只有帮助故意，构成帮助犯。

（5）帮助犯既遂的条件。

①正犯实现犯罪既遂。

例如：甲入室盗窃，请乙帮忙在门外望风。甲刚将门打开就被警察抓获，乙属于帮助犯的未遂。

②帮助行为与正犯的既遂结果之间具备因果关系。

例1：甲欲盗窃丙家，让乙为自己的盗窃配把钥匙。乙答应照办。甲拿着乙提供的钥匙盗窃成功。甲最终的既遂结果与乙的钥匙之间有因果关系，所以乙构成帮助犯既遂。

例2： 甲欲盗窃丙家的财物，让乙将丙家的钥匙放在自己家楼下的信箱里，乙答应后将钥匙放入信箱内，但是甲没有找到钥匙，就采用其他方法入户盗窃成功。乙的帮助行为与甲的盗窃结果之间没有因果关系，乙属于帮助犯未遂。

2.帮助故意

（1）与教唆的故意的内容一样，不需要正犯具备特定的犯罪故意，即只要正犯的行为是符合构成要件的违法行为，即使正犯没有故意，以帮助故意实施帮助行为者，也可能成立帮助犯。

例如： 乙误以为甲女想杀死其丈夫，便将毒药交给甲女，甲女以为这是治病的良药，就端给丈夫喝，丈夫被毒死。甲女虽然没有杀人的故意，但是其客观上实施了杀人行为，乙主观上有杀人的帮助故意，客观上也帮助甲杀人，所以乙依旧成立故意杀人罪的帮助犯。

（2）如果帮助者主观上没有帮助的故意，而是过失的帮助行为，则过失的帮助行为与故意的实行行为之间不构成共同犯罪。

例如： 甲欲杀死丙，向乙借枪，谎称去打猎。乙没有尽到谨慎注意义务，疏忽大意，便将枪借给甲。甲拿到枪杀死了丙。客观上，乙的行为给甲的杀人提供了帮助作用，但是乙对甲的杀人行为没有认识到，也没有帮助杀人的故意。乙不构成故意杀人罪的帮助犯。

（三）帮助犯正犯化与帮助犯的量刑规则

1.帮助犯正犯化（"升职且加薪"）

帮助犯正犯化是指帮助犯已被分则条文提升为正犯。常见情形有：

（1）资助危害国家安全犯罪活动罪。

（2）资敌罪。

（3）帮助恐怖活动罪。

（4）提供虚假证明文件罪。

（5）帮助毁灭、伪造证据罪。

（6）提供伪造、变造的出入境证件罪。

（7）协助组织卖淫罪。

（8）放纵走私罪。

（9）帮助犯罪分子逃避处罚罪。

（10）辩护人、诉讼代理人毁灭证据、伪造证据、妨害作证罪。

2.帮助犯的量刑规则（"不升职只加薪"）

这是指帮助犯没有被提升为正犯，依然属于帮助犯（依然坚持共犯从属性原则，依然以正犯的成立为前提），只是刑法分则为其规定了独立法定刑，不再适用总则关于帮助犯的从宽处罚规定。

例如： 《刑法》第287条之二第1款规定："明知他人利用信息网络实施犯罪，为其犯罪提供互联网接入、服务器托管、网络存储、通讯传输等技术支持，或者提供广告推广、支付结算等帮助，情节严重的，处三年以下有期徒刑或者拘役，并处或者单处罚金。"该条规定的是帮助信息网络犯罪活动罪。本罪属于帮助犯的量刑规则，其成立要以被帮者成立犯罪为前提。

（四）帮助犯未遂与未遂的帮助犯

1.帮助犯的未遂（以为能成功，却失败了）

这是指帮助犯自身未达到既遂形态。根据共犯从属性理论，帮助犯的形态从属于实行犯，故帮助犯之所以未遂，是因为实行犯未遂。典型例子是：甲明知乙要去杀丙，遂给乙提供了100%的毒药，但乙在投毒过程中，被丙发现进而仓皇逃走。本案中，由于实行犯乙未遂，故帮助犯甲也是未遂。

2.未遂的帮助犯（明知成功不了）

这是指帮助犯所提供的帮助行为本身不可能达到既遂状态，只能达到未遂的状态。典型例子是：甲明知乙要去杀丙，遂给乙提供了50%的毒药，乙虽然将毒药投给丙，但丙服毒后并未死亡。本案中，甲提供50%的毒药行为本身无论如何也不可能达到既遂的状态，只能达到未遂的状态，故属于未遂的帮助犯。

【总结】区分帮助犯的未遂与未遂的帮助犯的一个最直接的标准是：前者的帮助行为原本可以达到既遂的状态，但由于实行犯未遂，故导致了帮助犯也未遂；而后者的帮助行为本身无论如何都不可能达到既遂的状态，只能达到未遂的状态。

（五）对不特定正犯的帮助行为

明知自己提供的设备、方法等只能或通常用于犯罪，该行为也真的为正犯提供了促进意义，行为人成立帮助犯。但是如果上述设备、方法具有正当用途即主观上无帮助故意，即使客观有促进意义，行为人也不成立帮助犯。

例1：甲发明了一种窃电设备，该设备没有其他正当用途，随后出售给用电量很大的乙（工厂老板），乙用这个设备为自己工厂"节约"了很大一部分用电量。甲成立盗窃罪的帮助犯。

例2：甲公司在网络上免费提供下载工具，乙利用该工具下载淫秽视频进行销售。甲公司不成立帮助犯。

经典考题：甲欲去乙的别墅盗窃，担心乙别墅结构复杂难以找到贵重财物，就请熟悉乙家的丙为其标图。甲入室后未使用丙提供的图纸就找到乙价值100万元的珠宝，即携珠宝逃离现场。关于本案，下列哪些说法是正确的？（2009年卷二第51题，多选）[①]

A.甲构成盗窃罪，入户盗窃是法定的从重处罚情节

B.丙不构成犯罪，因为客观上没能为甲提供实质的帮助

C.即便甲未使用丙提供的图纸，丙也构成盗窃罪的共犯

D.甲、丙构成盗窃罪的共犯，甲是主犯，丙是帮助犯

[①]【答案】CD。入户盗窃只是盗窃罪的一个行为种类，并不是盗窃罪的法定从重处罚情节。甲准备去盗窃乙家的别墅，请丙为其提供乙家别墅的图纸从而方便其顺利行窃，丙提供。但是甲入室之后并没有使用图纸就顺利窃取财物，那么在认定丙是否成立共犯以及是否对窃取的财物承担责任时，就需要进行判断。丙提供图纸，给予甲心理上、物理上的帮助，虽然甲没有用图纸，但是并不能否认图纸一直具有随时可以使用的可能性，也就是说图纸对于甲的心理上的帮助作用是一直存在的，在此意义上，丙的行为对甲的犯罪行为具有实质的帮助作用，与甲成立盗窃罪的共犯，甲是主犯，丙是帮助犯。综上，CD项当选。

第五节　承继的共犯（中途上了贼船）

一、概念

1.承继的共同正犯，是指前行为人已经实施了一部分实行行为之后，后行为人以共同实行的意思参与实行犯罪的情况。

例如：甲以抢劫罪的故意对乙实施暴力，压制了乙的反抗，此时知道真相的丙与甲共同强取财物。

2.承继的帮助，是指前行为人（正犯）实施了一部分实行行为之后，知道真相的后行为人以帮助的故意实施了帮助行为。

例如：甲实施抢劫杀人行为，在甲杀死被害人后强取财物的过程中，知道真相的乙拿着手电筒为甲照明，使甲在黑暗中更容易取得财物。

【注意】不存在承继的教唆犯，因为教唆犯是引起他人的犯意，承继共犯是在犯罪过程中发生的，既然是在犯罪过程中，就说明他人已经具备犯罪故意，因此，不可能存在承继的教唆犯。

二、承继的时间

（一）原则

承继的共犯原则上只能存在于犯罪既遂之前，犯罪既遂之后不可能有承继的共犯。在犯罪行为实质性完结之后，不可能成立承继的共同正犯与帮助犯。例如，甲盗窃他人财物既遂后被主人追赶，知情的乙通过欺骗手段使甲摆脱抓捕。乙不成立盗窃罪的共犯，可按照窝藏罪认定。

（二）例外

继续犯，如非法拘禁罪等在犯罪既遂后加入仍可以认定为共犯关系。因为继续犯的特点在于犯罪行为与不法状态在一定时间内一直处于继续状态，所以共犯可随时加入。

例如：甲绑架了丙的孩子，欲向丙勒索财物。此时乙参与进来，帮助看管小孩或向丙勒索财物。因为绑架罪的实行行为是实力控制人质（非法拘禁），因此是继续犯，只要实力控制了人质就既遂。既遂后，乙参与进来，构成绑架罪的承继的共犯。

（三）类型

1.犯罪分为两个阶段，参加后行为的，成立承继的共犯。

例1：诈骗罪中，前行为人实施了欺骗行为，后行为人参与接受财物，成立承继的帮助犯。

例2：敲诈勒索中，前行为人实施了恐吓行为，后行为人参与接受财物，成立承继的帮助犯。

例3：抢劫罪中，前行为人实施了暴力、胁迫等行为，后行为人参与了取走财物的行为的，后行为人成立抢劫罪的共犯。如果起到实质作用，成立共同正犯；起到帮助作用成立帮助犯。

2.结合犯,后行为人参与后一犯罪行为的,不成立结合犯,仅成立后罪。

例如:甲绑架丙,没能向丙的家属要到钱,决定杀害被绑架人。此时,得知真相的乙参与进来和甲共同杀死了丙。甲属于绑架并杀害被绑架人,成立绑架罪一罪,乙仅成立故意杀人罪,二人在故意杀人罪范围内成立共同犯罪。

三、责任认定

甲(行为人)——→ 实施抢劫中压制反抗的暴力 ——→ 丙(被害人)

(压制反抗后上了贼船)

乙(知情者)

责任认定的原则:

第一步:先行为的结果由先行为人负责,不能归属于后行为人。

第二步:后行为人加入后共同导致的结果,二人都负责(部分实行,全部责任)。

第三步:结果只能确定由其中一人导致却查不清是谁,责任由先行为人承担。

例1:甲抢劫丙,将丙打倒在地,乙此时参与进来帮甲捡起了财物,丙经抢救无效死亡。事后查明,丙的死亡是甲的暴力造成的。

例2:甲抢劫丙,将丙打倒在地,在甲知情的情形下,乙参与进来踢丙心脏一脚,然后捡起财物。事后查明,丙的死亡是乙踢死的。

例3:甲抢劫丙,向丙心脏踢一脚,乙参与进来也向丙心脏踢一脚,后丙死亡。事后无法查明致死一脚是谁踢的。

【分析】例1:甲、乙构成抢劫罪承继的共同犯罪,甲构成抢劫罪致人死亡(对死亡结果负责任),乙只构成抢劫罪,对丙的死亡结果不承担刑事责任。因为二者没有因果关系,一个人无需对与自己行为没有因果关系的结果负责。(第一步)

例2:甲、乙构成抢劫罪承继的共同犯罪,乙构成抢劫罪致人死亡,甲也构成抢劫罪致人死亡,因为乙加入后就和甲形成了一个整体,这个整体导致了结果的发生,所以甲、乙均需对死亡结果负责任。(第二步)

例3:死亡结果只由甲负责。这是因为,如果查明是甲导致的,甲负责,乙不负责;如果查明是乙导致的,乙负责,甲也要负责。根据案件存疑时应作有利于行为人的判断,只由先行为人甲负责,不能由后行为人乙负责(因为有可能冤枉乙)。(第三步)

第六节　片面共犯("让我偷偷爱你就好")

一、概念

参与同一犯罪的人中,一方认识到自己是在和他人共同实施符合构成要件的违法行为,而另一方没有认识到有他人和自己共同实施的情形。

二、类型

（一）片面实行犯

另一方偷偷地与实行方共同实施犯罪，而实行方对此不知情。

例如：甲欲对丙实施强奸行为时，乙在甲不知情的情况下，使用暴力将丙打伤，甲得以顺利实施奸淫行为。

（二）片面教唆犯

另一方偷偷地教唆实行方实施犯罪，而实行方对此不知情。

例如：甲偷偷将乙的妻子与丙通奸的照片放在乙桌子上，同时放了一把枪，乙发现后火冒三丈，将丙打死。

（三）片面帮助犯

另一方偷偷地帮助实行方实行犯罪，而实行方对此不知情。

例如：甲欲杀丙，看到乙在追杀丙，便暗中设置绳索将丙绊倒，乙顺利杀了丙。

三、处理原则

知情一方适用共同犯罪处罚原则，不知情一方不适用共同犯罪的处罚原则。

例1：甲知道乙计划前往丙家抢劫，为帮助乙取得财物，便暗中先赶到丙家，将丙打昏后离去（丙受轻伤）。乙来到丙家时，发现丙已昏迷，以为是丙疾病发作晕倒，遂从丙家取走价值5万元的财物。

例2：甲得知乙将要强奸丙女，便提前给丙投放了安眠药，并暗中观察乙的奸淫行为，但是乙并不知情，在乙离开后，甲又奸淫了丙女。

观点展示：

1.如果承认片面共犯属于共同犯罪：例1中，甲成立抢劫罪，乙成立盗窃罪；例2中，甲成立强奸罪且属于轮奸，乙只成立普通强奸。

2.如果否认片面共犯属于共同犯罪：例1中，甲成立故意伤害罪和盗窃罪帮助犯的想象竞合，乙仅成立盗窃罪；例2中，甲、乙各自成立普通强奸罪，不属于轮奸。

第七节　共犯的特殊问题

一、共犯与身份

（一）概念

关于共犯与身份的理论，主要是为了解决两个问题：一是在真正（构成）身份犯的场合，非身份者与有身份者共同犯罪时，如何处理？与此相联系的是不同身份者的共同犯罪如何处理的问题。二是在不真正（加减）身份犯场合，对非身份者如何处理？

（二）定罪

1.实行犯+共犯

实行犯+教唆犯（帮助犯）→后者跟着前者走。实行犯成立A罪，后者就成立A罪的教唆犯或帮助犯；实行犯成立B罪，后者就成立B罪的教唆犯或帮助犯。原因在于共犯从属性。

例如：乙教唆甲盗窃，甲去实施盗窃，乙成立盗窃罪的教唆犯；甲实施抢劫的行为，乙望风，乙成立抢劫罪的帮助犯。

2.实行犯+实行犯

实行犯+实行犯 → 平起平坐，各自成立各自的犯罪，然后交叉成立对方犯罪的共犯（想象竞合）。

例如：甲来到某公司，欲盗窃公司仓库，对公司保安经理乙说："你打开门，我们一起偷，偷到的东西你拿七成。"乙答应照办，并分得财物。甲与乙构成共同犯罪。甲同时触犯盗窃罪（实行犯）和职务侵占罪（帮助犯），想象竞合，择一重罪论处；乙同时触犯盗窃罪（帮助犯）和职务侵占罪（实行犯），想象竞合，择一重罪论处。

根据司法解释的规定，公司、企业或者其他单位中，非国家工作人员与国家工作人员勾结，分别利用各自的职务便利，共同将本单位的财物非法占为己有，按照主犯的犯罪性质定罪。主从犯如果无法直接判断的，则根据职权大小、隶属关系进行认定。

例如：国有控股公司里，甲是会计（非国家工作人员），乙是财务总监（国家工作人员），共谋利用各自职务便利，共同侵吞公司财物。乙的身份地位高，是贪污罪的实行犯。乙和甲构成贪污罪的共同犯罪，甲是贪污罪的共犯。

3.无身份+真正的身份

无身份者（不具有构成身份的人）与有身份者（具有构成身份的人）共同实施真正身份犯时，构成共同犯罪（无身份者构成真正身份犯的共犯）。

例如：妻子（无身份）帮着丈夫（国家工作人员）受贿，妻子和丈夫成立受贿罪的共犯，丈夫是正犯，妻子是帮助犯。

（三）量刑

对有身份者适用量刑身份的法定刑。

例如：国家机关工作人员甲和普通人乙共同利用甲的职权非法拘禁丙，二人构成非法拘禁罪的共犯，而且由于甲的特殊身份，对其要从重处罚。

二、共犯过剩（实行过限）

（一）概念

共犯过剩是指正犯的行为与结果超出了共同正犯、教唆犯、帮助犯的故意内容。该理论主要解决的问题是未超出者是否需要对超出的部分负责的问题。

（二）判断是否负责的标准

1.客观条件

共同部分与超出部分是否存在物理或者心理上的类型性因果关系（相当性）。

例如：甲入室盗窃，乙望风，甲盗窃后强奸了女主人丙。甲、乙是盗窃罪的共犯，甲是实行犯，乙是帮助犯。甲是强奸罪的实行犯，乙不需对甲的强奸行为负责。因为盗窃和强奸不存在类型化的因果关系，通常情况下，盗窃行为不会导致强奸行为的出现。

2.主观条件

在具备类型性因果关系的情况下，未超出者对超出的部分是否存在过错。存在过错，要对超出的结果担责，没有过错则无需担责。

（1）如果是故意的过错——未超出者对超出的部分有所认识，并且持希望或者放任的态度，往往成立超出部分的、新的重罪或原有犯罪的结果加重犯等。

例1：甲、乙共谋盗窃，乙对甲说："如果被发现不要手下留情，我在外面给你好好望风"。甲盗窃过程中被发现，将主人丙打成重伤。甲属于转化型抢劫，乙也转化为抢劫罪共犯。首先，共同盗窃与抢劫行为具备类型化的因果关系，抢劫行为是由盗窃行为发展而来；其次，乙对甲的抢劫行为持故意态度。

例2：甲、乙共谋抢劫，乙对甲说："如果反抗就不要手下留情，我在外面给你好好望风"。甲在抢劫的过程中遭遇被害人反抗而将其杀害。甲、乙二人都成立抢劫致人死亡的结果加重犯。

（2）如果是过失的过错——未超出者对超出的部分有过失，需要对超出的部分承担过失责任，往往是结果加重犯，如果该罪没有结果加重犯，至少量刑会更重（体现对结果的担责）。

例1：甲、乙共谋教训共同的仇人丙，乙望风，甲入室。由于遭到激烈反抗，甲恼羞成怒，将丙打死。甲构成故意杀人罪。首先，甲、乙的共同伤害行为与甲的杀人行为具备类型性的因果关系，杀人行为是由伤害行为发展而来；其次，乙对甲可能实施杀人行为应该有所预见，所以乙需要对甲实施的超出部分行为承担责任，但是乙并不具备杀人的故意，因此，不应该对故意杀人罪承担责任，只需要对故意伤害罪的既遂结果（死亡结果）承担责任，所以乙属于故意伤害致人死亡的结果加重犯。

例2：丁教唆17岁的肖某抢夺他人手机，肖某在抢夺得手后，为抗拒抓捕将追赶来的被害人打成重伤。本案中，肖某成立转化型抢劫，丁对抢劫的行为没有故意，可以认为存在过失（因为二者关联性很强，其有注意义务），丁不成立抢劫罪，其可以认定为抢夺罪的教唆犯，但是要对重伤的结果担责，可体现在量刑上。

（3）如果是无过错——未超出者对超出的部分没有预见可能性，未超出者不需要对超出的部分承担责任。

例如：乙教唆甲入室教训丙，由于遭到激烈反抗，甲恼羞成怒，放火将丙家点燃，丙被烧死，并造成整栋大楼损失惨重。甲构成故意杀人罪。首先，甲、乙的共同伤害行为与甲的杀人行为具备类型性的因果关系，杀人行为是由伤害行为发展而来；其次，乙对甲可能实施杀人行为应该有所预见，但对甲所采取的放火手段，不可能预见。因此，甲构成故意杀人罪与放火罪的想象竞合犯，从一重罪处罚；乙构成故意伤害罪（致人死亡）。

三、共犯的中止

（一）概述

共犯中止＝自动性＋共犯脱离。

共犯的中止首先要求是犯罪人主动为之，如果其不具有自动性则不具备中止的实质要件。那么接下来则需要重点掌握共犯脱离的问题。

（二）共犯脱离

所谓共犯关系的脱离，实际上是同时消除已经实施的共犯行为与结果之间的物理的因果性和心理的因果性。

1.实行犯的脱离

（1）着手前：一般人告知同伙后，随时撤；但是主谋（领袖作用）除了自己撤还得阻止其他人。

例如：甲、乙共谋晚上共同入室抢劫，傍晚甲欲中止，对乙谎称："我肚子疼，需要去医院治疗，我不去了，你去吧！"乙相信便自己去实施，并抢劫既遂。甲没有明确告知退出意思，不成立中止，而成立既遂。

（2）着手后：仅自己撤不行，还要阻止同伙。

例如：甲、乙共同实施抢劫行为，在压制被害人反抗的过程中甲突然不干了，转身离开，弄得乙莫名其妙，但是乙仍然一个人完成了抢劫行为。甲成立犯罪既遂。

2.教唆犯、帮助犯的脱离

对于教唆犯和帮助犯的脱离，掌握一个基本原则即"打扫干净再走"，也就是说无论何时想脱离，必须完全消除自己的教唆作用和帮助作用。

例1：甲经过一周的不懈努力，终于教唆成功，乙同意第二天下午去盗窃丙家财物。第二天上午，甲反悔，给乙发了一条微信让其放弃，乙下午仍然去丙家盗窃成功。甲、乙均盗窃既遂，甲属于教唆犯。

例2：甲为乙的盗窃提供了一把钥匙，又后悔，向乙索要，乙暗自配了一把，然后将原来的钥匙还给甲，用配的钥匙盗窃成功。甲没有完全消除帮助作用，仍成立既遂。

例3：甲决意盗窃，并邀请乙为自己的入户盗窃望风，在甲入户物色财物的过程中，乙打电话告诉甲自己不再实施望风行为。甲知道乙离开后继续实施盗窃行为并既遂的，乙成立盗窃罪的中止犯，不承担既遂责任。

例4：甲入户盗窃，邀约乙为其盗窃望风，乙同意并为甲望风。但在甲入户后，乙悄悄溜走了，甲并不知情，且盗窃既遂。本案中，由于甲一直以为乙在为自己盗窃望风，所以即使乙离开现场，其行为依然使甲心安理得，所以甲的盗窃既遂和乙的行为之间仍旧存在心理上的因果关系，乙成立盗窃罪既遂。

【例外】教唆者如果积极努力采取有效阻止措施，但因很意外的原因未能有效阻止，也可以成立中止。例如，甲教唆乙去丙家强奸丙，乙在去的路上，甲又后悔，便打电话让乙回来，但乙不答应。甲便报警（属于有效阻止措施），并告知被害人让其做好准备。乙入室后被抓。甲成立犯罪中止。

【总结】犯罪人想要脱离共犯关系，一定要尽自己最大努力将其在共犯中的作用力全部清除。具体而言：（1）教唆犯消除的是一种心理的因果性。（2）帮助犯消除的是物理或心理的因果性。（3）实行犯（正犯）消除的是物理或心理的因果性。

四、共犯与不作为

（一）分类

1. "不作为+不作为"的共犯形式。

例如：甲、乙夫妻面对饥饿的婴儿，都不喂食，婴儿死亡。甲、乙二人成立故意杀人罪的共犯（均属于不作为犯）。

2. "作为+不作为"的共犯形式。

例如：丈夫甲发现妻子乙给其戴了绿帽子，盛怒之下将火气全撒在5岁大的女儿身上，对女儿实施暴打，妻子乙不进行阻止就坐在沙发上，嘴里还一直说："你打啊，有本事你把她打死。"甲连续打了20分钟，女儿被打成重伤。甲、乙二人成立故意伤害罪的共犯，甲是作为犯，乙是不作为犯。

3. 教唆他人实施不作为犯罪。

例如：甲的孩子落入水中（5岁），甲准备施救，此时同村的乙对甲说："你孩子不是你亲生的，是隔壁老王的，而且这孩子那么坏，救他干啥呀？救上来以后也是祸害社会的人。"甲早就怀疑孩子不是自己亲生，听了乙的话，便未施救。后来孩子淹死。甲成立故意杀人罪的不作为犯，乙是教唆犯。

4. 帮助他人实施不作为犯罪。

例如：甲知道张三实施间谍犯罪，其有隐瞒的打算。乙知道甲的这个想法之后，对甲说："一定不要将张三的情况说给任何人。"后来，在国家安全机关向甲调查张三间谍罪的相关情况时，甲拒绝提供。甲成立拒绝提供间谍犯罪证据罪（纯正不作为犯），而乙成立该罪的帮助犯（心理强化作用）。

（二）共犯的作为义务

本知识点其实质是"共同犯罪+共犯过剩+不作为犯罪"的一个组合型考查方式，难度偏高。

共犯人的犯罪行为也可能产生阻止同案犯犯罪行为的义务，如果不履行这种义务，要对同案犯制造的结果担责，而这种担责的表现就是要判断是否成立同案犯过剩行为的不作为共犯。

作为义务有无的判断标准：共犯行为如果使被害人处于不能反抗或使其法益处于危险、需要保护的状态时，其对其他同案犯的相关行为有阻止义务。简言之，你给同案犯的其他行为创造了便利，那你就有义务阻止。

例1：甲以强奸的故意对丙女使用暴力，致其昏迷后奸淫，随后乙来到现场也要强奸昏迷的丙，甲就站在旁边看着啥也没做。本案中，乙成立普通的强奸罪，而甲属于强奸中轮奸的加重情形。原因在于甲之前暴力致丙昏迷，这为乙的强奸提供了便利，所以甲有阻止义务，其不阻止就要对乙的强奸负责。

例2：甲、乙二人共同入户抢劫，甲进屋后将被害人丙女捆绑于床上，使之无法动弹。取得财物后刚要离开，乙发现丙十分漂亮，便实施了强奸行为，甲什么也没做，静静地在客厅等乙结束后才一起离开。本案中，甲同样要对乙的强奸行为负责，因为其捆绑行为使丙的性的自主选择权面临侵犯，甲是有阻止乙强奸的义务的，不阻止的话，依旧成立强奸罪（不作为犯）。

例3：甲、乙共同入户盗窃，甲在客厅盗窃，乙则进入卧室。乙在行窃过程中发现午睡的女主人丙很是漂亮，便对其实施了强奸，丙拼命反抗。甲发现后什么也没做，静静地在客厅等乙结束后才一起离开。本案中，甲不需要对乙的强奸负责。因为二人的入户行为并没有使丙的性的自主选择权处于危险状态，丙陷入被保护的状态也不是甲造成的，所以甲没有阻止乙强奸的义务，不需要对强奸负责，仅成立盗窃罪。

五、共犯与错误

（一）概念

共同犯罪中，直接侵犯法益的行为是由正犯（实行犯）实施的，共犯（教唆犯和帮助犯）对因果过程并不具有支配力，二者是依托于正犯来完成侵犯法益的目的。所以，共犯主观上的认识事实和正犯实际造成的事实之间可能存在差异，这就是共犯的事实认识错误问题。这里需要考生们将事实认识错误的相关理论与共犯理论相结合，进行整体把握。

（二）共犯与具体的事实认识错误

1.正犯对象错误——法定符合说，共同犯罪整体不受影响。

例1：甲、乙共谋杀丙，在共同实施杀人行为时，都认为前方是丙，实际上杀的是丁。甲、乙二人成立故意杀人罪的既遂。

例2：甲是杀人的正犯，乙是教唆犯或帮助犯。甲将丁误认为是丙而错杀。甲成立故意杀人罪既遂，乙属于故意杀人罪既遂的教唆犯或帮助犯。

2.正犯打击错误——法定符合说，共同犯罪整体不受影响。

例1：甲、乙共谋杀丙，在共同实施杀人行为时，没有击中丙，却击中丙身边的丁。甲、乙二人成立故意杀人罪的既遂。

例2：甲是杀人的正犯，乙是教唆犯或帮助犯。甲在实施杀人行为时，没有击中丙，却击中丙身边的丁。甲成立故意杀人罪既遂，乙属于故意杀人罪既遂的教唆犯或帮助犯。

3.正犯的"实行过限"——同一构成要件内的过限，不影响犯罪既遂。

例1：甲教唆乙杀自己的仇人张三，但是乙认为杀死甲的另一个仇人李四，甲会更高兴，于是乙将李四杀死。乙的行为没有违背甲杀害仇人概括的故意（你想杀死仇人，我替你杀死了仇人，都是仇人么），甲依旧构成故意杀人罪的教唆犯。

例2：甲教唆乙去伤害王某，乙前去王某家踩点时，和王某家的邻居李某发生激烈争吵，一怒之下将李某打成重伤。乙虽然实施了伤害行为，但是这与甲之前的教唆没有因果关系，所以甲只能构成故意伤害罪的教唆未遂。

（三）共犯与抽象的事实认识错误

1.共犯超出共犯故意之外实施犯罪，该犯罪与共犯内容属于不同构成要件时，就属于共犯的抽象事实认识错误。

2.其本质也属于"实行过限"的一种表现形式。其他共犯是否对不同犯罪构成的结果担责，要看共犯行为与"过限结果"之间是否具有紧密关系，如果有才负责。

例1：（质的过限——实行犯完全"超纲"）甲教唆乙抢劫，乙却实施了强奸行为。

甲成立抢劫罪的教唆未遂。

例2：（量的过限——实行犯部分"超纲"）丙教唆丁伤害，丁却实施了杀人。伤害和杀人在伤害范围内具有重合性，所以丙成立故意伤害（致人死亡）罪的教唆犯。

六、共犯与犯罪形态

甲（实行犯）、乙（帮助犯、教唆犯）	1.甲着手实行＋既遂　→　乙既遂
	2.甲着手实行＋未遂　→　乙未遂
	3.甲着手实行＋中止　→　乙未遂
	4.甲属于未着手的预备　→　乙预备
	5.甲属于未着手的中止　→　乙预备
	6.甲根本就没实施犯罪　→　乙无罪
对应案例	**例1：** 乙教唆甲去入室盗窃，甲入室盗窃成功。甲盗窃罪既遂，乙盗窃罪既遂。
	例2： 乙教唆甲去入室盗窃，甲刚入室就被抓。甲盗窃罪未遂，乙盗窃罪未遂。
	例3： 乙教唆甲去入室盗窃，甲刚入室就自动放弃。甲盗窃罪中止，对于乙来说，甲的中止行为属于意志以外的原因，之前已经着手，所以乙盗窃罪未遂。
	例4： 乙教唆甲去入室盗窃，甲在前往被害人家中的路上被抓。甲未着手，属于盗窃罪预备，对于乙来说，同样属于着手之前预备阶段的外因阻断，乙也成立盗窃罪预备。
	例5： 乙教唆甲去入室盗窃，甲在前往被害人家中的路上自动放弃。甲属于盗窃罪中止，乙同样是盗窃罪预备。
	例6： 乙教唆甲去入室盗窃，甲压根就没去。甲、乙均不成立犯罪。

经典考题： 甲、乙、丙共谋要"狠狠教训一下"他们共同的仇人丁。到丁家后，甲在门外望风，乙、丙进屋打丁。但当时只有丁的好友田某在家，乙、丙误把体貌特征和丁极为相似的田某当作是丁进行殴打，遭到田某强烈抵抗和辱骂，二人分别举起板凳和花瓶向田某头部猛击，将其当场打死。关于本案的处理，下列哪些判断是正确的？（2008年卷二第61题，多选，四川）①

A.甲、乙、丙构成共同犯罪

B.甲、乙、丙均成立故意杀人罪

C.甲不需要对丁的死亡后果负责

D.甲成立故意伤害罪

---

① 【答案】AD。甲、乙、丙共谋要"狠狠教训一下"他们共同的仇人丁，3人对丁有共同伤害的故意，甲望风，乙、丙进屋对丁实施殴打。但是本题中出现了将田某当作丁进行殴打的对象错误，具体事实认识错误的对象错误不影响故意犯罪的既遂。但是殴打遭到了田某的极力反抗，随之乙、丙暴力瞬间升级，实施了杀人的故意，将田某打死。乙、丙肯定构成故意杀人罪，甲只有伤害的故意，甲、乙、丙3人在故意伤害罪范围内成立共犯。但是甲在门外望风的帮助行为对乙、丙实施杀人有心理上和物理上的帮助，甲要对死亡结果承担责任，所以甲构成故意伤害罪（致人死亡）。综上，AD项当选。

第八节　共犯的处罚

一、法条

　　第26条　组织、领导犯罪集团进行犯罪活动的或者在共同犯罪中起主要作用的，是主犯。

　　三人以上为共同实施犯罪而组成的较为固定的犯罪组织，是犯罪集团。

　　对组织、领导犯罪集团的首要分子，按照集团所犯的全部罪行处罚。

　　对于第三款规定以外的主犯，应当按照其所参与的或者组织、指挥的全部犯罪处罚。

　　第27条　在共同犯罪中起次要或者辅助作用的，是从犯。

　　对于从犯，应当从轻、减轻处罚或者免除处罚。

　　第28条　对于被胁迫参加犯罪的，应当按照他的犯罪情节减轻处罚或者免除处罚。

二、主犯

（一）第26条第1款

1.主犯的种类

（1）组织、领导犯罪集团进行犯罪活动的犯罪分子。

（2）其他共同犯罪中起主要作用的犯罪分子。

　　【总结】主犯是共同犯罪的特有概念，因为只有在共同犯罪中起主要作用才是主犯，次要作用是从犯。

2.首要分子

（1）犯罪集团中的首要分子。

（2）聚众犯罪中的首要分子。

　　【总结】聚众犯罪不一定属于共同犯罪，因为在个别聚众犯罪中只存在一个首要分子，这种情况也就没有所谓的共犯的成立余地。例如，聚众斗殴罪。

3.二者关系

主犯≠首要分子（二者不一一对应）。

　　组织、领导犯罪集团进行犯罪活动的首要分子是否属于主犯？属于，即组织、领导犯罪集团进行犯罪活动的首要分子=主犯。也即犯罪集团的首要分子一定是主犯。

（二）第26条第3、4款

1.首要分子只是对犯罪集团的全部罪行负责。

　　但是集团所犯的全部罪行不等于"全体成员"所犯的全部罪行，即如果集团成员超出集团犯罪计划，独自实施的犯罪行为，其自己单独承担刑事责任，这和首要分子没关系。而且有时候实行犯具体实施了犯罪之后组织者、首要分子才知情，或者实行犯超出了首要分子所要求的手段程度，这些情况下，首要分子的量刑往往不一定是最重的，所以首要分子受到的处罚可不一定比其他成员或实行者重。

2.其他主犯，对其组织、指挥、参与的全部罪行承担刑事责任。

三、从犯

共同犯罪中，可以只有主犯（须两个主犯），没有从犯；但不可能只有从犯，没有主犯。

从犯应当对自己参与的全部犯罪承担刑事责任（只对帮助行为发挥了帮助作用的危害结果承担刑事责任），并且应当从轻、减轻处罚或者免除处罚，即相对于没有从犯情节的处罚而进行从轻、减轻或者免除处罚；但不是"比照主犯"进行处罚，因为共同犯罪中完全存在主犯不受处罚（如主犯年龄不够）而只有从犯或者胁从犯受处罚的情形。

四、胁从犯

1.胁从犯的身份转化：行为人一开始被胁迫参加犯罪，但在着手实行后变得积极主动，在共同犯罪中起主要作用的，应认定为主犯，而非胁从犯。

2.如果行为人身体完全被强制，意志自由完全被剥夺，则不构成胁从犯。

例1：抢劫犯持枪劫持出租车司机，令司机将其送往某银行实施抢劫行为的，出租车司机因为完全丧失意志自由，不构成抢劫罪的胁从犯。

例2：民航飞机在飞行中突然遭遇武装歹徒劫持，机长为避免机毁人亡，不得已将飞机开往歹徒指定地点。机长的行为属于紧急避险，不成立劫持航空器罪的胁从犯。

专题十三　罪数

命题点拨

犯罪论的时间轴：定罪、形态、共犯、罪数。前面内容将犯罪论的前三部分论述完毕，本专题即开始罪数论的把握。研究的本质问题就是行为人到底是触犯一罪，还是数罪并罚。

罪数的通常判断标准：一行为一罪、数行为数罪。有原则必然也有例外，如绑架并杀害被绑架人的，只成立绑架罪一罪，加重处罚即可，无需数罪并罚。

第一节　罪数概说

一、概念

罪数指的是行为人构成犯罪的数量。无论是刑法理论还是司法实践，罪数问题是一个易于理解却难以记忆的问题，以行为数量为依据是解决罪数问题的有效途径。

二、区分罪数的意义

1.正确区分罪数，有利于准确定罪。准确定罪的含义，除了包括准确地认定行为是否构成犯罪、是构成此罪还是彼罪之外，还包括准确地认定行为构成的是一罪还是数罪，这三者又密切联系。

2.正确区分罪数，有利于合理量刑。根据罪刑关系的基本原理，对一罪只能一罚，对数罪应当并罚。将一罪定为数罪时，通常会导致无根据地加重行为的法律后果；将数罪定为一罪时，往往会导致无根据地减轻行为的法律后果。例外的也可能出现相反情况。因此，一罪与数罪的混乱，必然造成量刑上的畸轻畸重现象；只有正确区分罪数，才能为合理量刑提供前提条件。

三、罪数的认定

（一）罪数的认定标准

行为说	认为行为是犯罪的核心要素，主张按照自然观察到的行为个数判断犯罪的个数，即行为人实施一行为的，只能构成一罪；实施数行为的，才能构成数罪。当一行为造成数结果、触犯数罪名的，也认为是一罪。
法益说	认为犯罪的本质是对法益的侵害，主张以犯罪行为侵害的法益个数作为判断罪数的标准。法益说把法益分为专属法益（如生命、自由等）与非专属法益（如财产等）。前者根据法益的主体来确定法益的个数，由此，一枪射杀数人是数罪；后者根据法益的归属确定法益的个数，即从甲、乙、丙三家偷盗财物，就是数罪。

续　表

意思说	认为犯罪是行为人主观犯罪意思的外部表现，行为只是行为人犯罪意思或主观恶性的表征,应当以行为人犯罪意思的个数作为判断犯罪个数的标准。只要出于单一的意思，不管造成什么样的结果，都是一罪。
构成要件说	以构成要件为标准，主张符合一次（一个）构成要件的事实就是一罪,符合数次（数个）构成要件的事实就是数罪。 【提示】该学说是我国刑法学确定罪数的通说。

（二）罪数认定的具体指导观念

罪数认定应以符合犯罪构成为基本标准，同时考虑以下情形：

1.只侵害一个法益，原则上定一罪。例如，盗窃后又毁坏财物的，因为仅侵害一个法益，所以只定一个盗窃罪，毁坏行为成立不可罚的事后行为。

2.对数次相同的行为能够进行一次评价，只定一罪。例如，连续诈骗、贪污等，数额累计，只定一罪。

3.一罪的评价能够包含另一罪的评价，只定一罪；反之，定数罪。

例1：行为满足结果加重犯的犯罪构成，那么就无需再认定对加重结果的过失犯。

例2：行为满足结合犯的犯罪构成，那么就无需再认定各个犯罪。绑架撕票便是如此。

例3：对破坏交通设施行为的法律评价能够包含故意毁坏财物的行为，仅认定为一罪。

例4：为杀人而盗窃枪支并实施了杀人行为的，数罪并罚；为骗取保险金，故意伤害或者杀害被保险人的，数罪并罚。

4.行为人仅有一罪的责任，只定一罪。例如，盗窃后又销售赃物的，行为人仅对盗窃有责任，对销赃行为缺乏期待可能性，因而不构成掩饰、隐瞒犯罪所得罪，成立不可罚的事后行为。

【总结】

实质的一罪	继续犯；结果加重犯；想象竞合犯。
法定的一罪	结合犯；集合犯。
处断的一罪	连续犯；牵连犯；吸收犯。

第二节　实质的一罪

实质的一罪主要有继续犯、结果加重犯、想象竞合犯。

一、继续犯

（一）概念

又称持续犯，是指作用于同一对象的一个犯罪行为从着手实行到实行终了，犯罪行为与不法状态在一定时间内同时处于继续状态的犯罪，如非法拘禁罪、绑架罪。

【提示】爱情就是继续犯，相爱的行为与状态一直持续到分手或离婚那天！

（二）特征

1.一个犯罪故意。

2.侵犯同一法益。

3.犯罪行为能够对客体形成持续、不间断的侵害。

4.犯罪完成、造成不法状态后，行为仍能继续影响不法状态，使客体遭受持续侵害。不法状态不能脱离犯罪行为而独立存在。

（三）特殊问题的处理

1.继续犯最终按照一罪进行处理，和时间长短没有关系。

2.追诉时效的起算时间推后，不是从犯罪成立之日起计算，而是从犯罪行为终了之日起计算。

3.正当防卫时机。在犯罪既遂以后，如果犯罪行为继续存在，属于正在进行的不法侵害，允许进行正当防卫。

4.犯罪继续期间，其他人加入的，可以成立共犯。

5.继续犯的持续时间跨越新旧刑法时，适用新法。

二、结果加重犯

（一）概念

结果加重犯在事实评价上只有一个行为，但是造成了加重结果，并且法条对加重结果设置了升格的法定刑。*例如，抢劫致人重伤、死亡等。*

（二）结果模式

基本犯罪＋加重结果＝定基本罪名＋加重处罚

（三）特征

一个行为侵害两个法益，造成两个结果，即基本结果（危险结果或实害结果）和加重结果（只能是实害结果）。

（四）处理

只成立一个罪，即罪名不变，适用加重的法定刑，不用数罪并罚。

三、想象竞合犯

（一）概念

一行为符合数个犯罪构成要件，触犯数个罪名，侵犯数个法益，但只定一罪（从一重罪处罚）。

【理由】由于想象竞合犯只有一行为，从重视行为在确认罪数方面的地位的观点看，以"一行为"而犯数罪，不是实际的数罪，而是观念上的数罪或者想象的数罪，所以想象竞合犯又称观念竞合犯或想象数罪。含有貌似数罪实为一罪的意味。

【总结】想象竞合就是脚踏两只船。

（二）处理

想象竞合犯应从一重罪处断，否则便对一行为进行了重复的评价，这显然是不公平的。

【例外】根据《刑法》第204条第2款的规定，纳税人缴纳一般税款后，采用假报出口等手段骗取所缴税款，貌似骗取出口退税，实为逃税，定逃税罪。如果骗取的税款超过所缴纳税款，超过部分构成骗取出口退税罪，与逃税罪实行数罪并罚。这实际上是一个行为触犯两个罪名，属于想象竞合犯，但却数罪并罚。例如，甲缴纳税款60万元，后又通过出口退税方式骗取税款80万。这80万中，60万相当于逃税数额，20万属于骗取出口退税数额。一个行为既触犯逃税罪，又触犯骗取出口退税罪，本应择一重罪论处，但数罪并罚。

（三）与法条竞合犯的区别

法条竞合犯，是指法条之间存在特别关系、补充关系、吸收关系，因而仅可能适用一个法条的情形。例如，诈骗罪与合同诈骗罪、盗窃罪与盗窃枪支罪。

区别一	想象竞合（"陌生人"）：法条间属于对立关系即无关系，竞合取决于案件事实的巧合性，属于巧合性、临时性、短暂性的竞合。
	法条竞合（"亲属、血缘关系"）：法条之间存在交叉、包容关系。这种竞合与事实无关，源自于法条内部设置，为永久性竞合。
区别二	想象竞合（"1对多"）：侵犯数个罪保护的法益、数个客体、数个对象、造成数个结果。
	法条竞合（"1对1"）：侵犯了一个罪保护的法益、一个客体、一个对象、造成一个结果。
区别三	想象竞合：从一重罪处罚。
	法条竞合：一般情况下，特别法优先于一般法。

经典考题：关于法条关系，下列哪一选项是正确的（不考虑数额）？（2016年卷二第11题，单选）①

A.即使认为盗窃与诈骗是对立关系，一行为针对同一具体对象（同一具体结果）也完全可能同时触犯盗窃罪与诈骗罪

B.即使认为故意杀人与故意伤害是对立关系，故意杀人罪与故意伤害罪也存在法条竞合关系

C.如认为法条竞合仅限于侵害一犯罪客体的情形，冒充警察骗取数额巨大的财物时，就会形成招摇撞骗罪与诈骗罪的法条竞合

D.即使认为贪污罪和挪用公款罪是对立关系，若行为人使用公款赌博，在不能查明其是否具有归还公款的意思时，也能认定构成挪用公款罪

---

① 【答案】D。A项错误，题干表述的一行为同时触犯盗窃罪与诈骗罪，这是想象竞合犯的结论表述。确实，这两个罪完全存在成立想象竞合犯的情形，但是想象竞合犯的成立是产生不同的结果，即盗窃A产生了A结果，诈骗B产生了B结果，但是如果产生同一结果的话，是不会成立想象竞合犯的。B项错误，法条竞合，法条之间存在交叉、包容关系。如果是对立关系的话，是不会存在法条竞合的。C项错误，题干表述的是冒充警察骗取数额巨大的财物，该行为不仅触犯招摇撞骗罪，同时也触犯诈骗罪，所以不符合法条竞合触犯一法益的前提，应属于想象竞合犯。D项正确，贪污罪和挪用公款罪的区别点在于是否有非法占有的目的，如果查不清，根据存疑时有利于行为人的原则，不能认定具有非法占有的目的，因此只能成立挪用公款罪。综上，D项当选。

第三节　法定的一罪

法定的一罪指数个独立的犯罪行为依据刑法的规定作为一罪定罪处罚的情况。主要有结合犯、集合犯。

一、结合犯

1.概念：指数个原本独立的犯罪行为，根据刑法的明文规定，结合成为一个犯罪的情况。

2.公式表现：

（1）标准公式：A罪+B罪=C罪。

（2）我国公式：A罪+B罪=B罪。

3.常见情形

（1）绑架杀害被绑架人的，成立绑架罪。

（2）拐卖妇女过程中又奸淫被拐卖的妇女的，成立拐卖妇女罪。

（3）拐卖妇女过程中又引诱、强迫被拐卖的妇女卖淫的，成立拐卖妇女罪。

4.处理：结合犯，按照一罪处理，不能数罪并罚。

5.结合犯存在未遂或者中止的可能性，即适用结合犯的法定刑，同时适用未遂或者中止的处罚规定。例如，甲绑架乙之后又杀害乙。如果甲杀害乙的过程中被人阻止或者中止杀人行为的，适用"杀害被绑架人"的法定刑，同时适用未遂或者中止的处罚规定（按照行为判断，而非最终结果推断）。

二、集合犯

1.概念：指行为人以实施不定次数的同种犯罪行为为目的，实施了数个同种犯罪行为，刑法规定作为一罪论处的犯罪形态。

2.类型

（1）职业犯：犯罪构成预定将一定的犯罪作为职业或业务反复实施的，如非法行医罪。

（2）营业犯：犯罪构成预定以营利为目的反复实施一定犯罪的，如"以赌博为业"的赌博罪。

3.处理：由于集合犯是法定的一罪，不实行数罪并罚。

第四节　处断的一罪

处断的一罪是指数行为触犯数罪但按一罪定罪处罚的情况。主要有连续犯、牵连犯、吸收犯。

一、连续犯

（一）概念

连续犯指基于同一或概括的犯意，实施数次连续性的同种行为，触犯同一罪名。

（二）特征

1.基于同一或概括的故意。

2.实施数个相同行为。

3.数次行为具有连续性。判断有无连续性的标准：一看主观上有无连续实施某种犯罪行为的故意；二看客观上行为对象、方式、时间等是否具有连续性。

4.触犯同一罪名。

（三）处理

1.多次行为成为某罪的犯罪类型。例如，多次盗窃、多次抢夺。

2.多次行为成为某罪的法定升格条件。例如，多次抢劫。

3.多次行为本应独立定罪处理，但只定一罪，数额累计计算。例如，多次走私、多次贪污。这种情形中有些行为之间在时间上可能间隔很远，已经不具有连续性，严格讲已经不属于这里的连续犯，但在科刑上也只按一罪处理。

二、牵连犯

（一）概念

牵连犯指为了实现一个统一的目的，行为通常可分为手段行为与目的行为或原因行为与结果行为两个部分，且触犯不同罪名的情形。

（二）特征

1.手段行为与目的行为或原因行为与结果行为分别触犯了不同罪名。

2.手段行为与目的行为或原因行为与结果行为之间要存在高度的牵连关系。

3.所谓的牵连关系，要具有类型化、通常性的特征。这是指不是任何手段行为与目的行为结合起来都构成牵连犯，只有手段行为与目的行为在实践中经常结合在一起，具有了类型化的特征，才能构成牵连犯。

例1：为了诈骗而伪造国家机关证件，具有类型化特征，属于牵连犯；丙为了杀人去抢劫他人的菜刀，不具有类型化特征，不是牵连犯。

例2：丙先后三次侵入军人家中盗窃军人制服，后身穿军人制服招摇撞骗。而不属于牵连犯，应数罪并罚。

例3：甲为冒充国家机关工作人员招摇撞骗而盗窃国家机关证件，并持该证件招摇撞骗。甲不属于牵连犯，应数罪并罚。

例4： 甲花4万元收买被拐卖的妇女周某做智障儿子的妻子，周某不从，伺机逃走。甲为避免人财两空，以3万元将周某出卖。甲不属于牵连犯，按照法律规定，成立拐卖妇女罪一罪。

（三）处罚

对牵连犯应从一重罪处罚或从一重罪且从重处罚。例外也可能数罪并罚。例如，渎职犯罪同时受贿的，除徇私枉法罪，民事、行政枉法裁判罪，执行判决、裁定失职罪，执行判决、裁定滥用职权罪需要从一重罪处断外，均应数罪并罚。

三、吸收犯

（一）概念

吸收犯指数行为触犯不同罪名，但彼此之间存在吸收关系的情形，成立吸收行为的罪名。例如，甲盗窃枪支后非法持有，非法持有行为被盗窃行为吸收，只定盗窃枪支罪。

（二）特征

1.存在相互独立的多个行为。

2.多个行为触犯不同的罪名。

3.多个行为之间具有吸收关系，前行为是后行为的必经阶段，后行为是前行为的必然发展结果。

（三）种类

1.重行为吸收轻行为。

例如： 伪造货币之后运输、出售假币的，成立伪造货币罪，从重处罚。

2.实行行为吸收预备行为。

例如： 准备入户抢劫，进入后发现屋内无人，便实施了盗窃。盗窃罪的实行行为吸收了抢劫罪的预备行为，只定盗窃罪。

3.主行为吸收从行为。

例如： 先教唆后实行，实行行为将教唆行为吸收。

刑法总论之三

刑罚论

专题十四　刑罚体系

命题点拨

本专题内容偏向于记忆，考查频率最高的考点是死刑，其性价比极高，重点学习。

主刑体系					
刑种	性质	刑期	内　容	执行机关	折抵
管制	限制自由刑	3~2~3	1.限制自由。 2.5项内容（《刑法》第39条第1款）。 3.同工同酬。 4.可适用禁止令。	社区矫正机关	1：2
拘役	短期自由刑	1~6~1	1.短期剥夺，就近劳动。 2.酌量报酬。 3.每月回家1~2天。	公安机关	1：1
有期徒刑	剥夺自由	6~15 （并罚问题下文详述）	强制劳动改造。	监狱或其他执行场所	1：1
无期徒刑	剥夺自由	终身	1.强制劳动改造。 2.剥夺政治权利终身。	监狱	无
死刑	包括死刑立即执行和死刑缓期2年执行。（具体内容下文详述）				

第一节　主　刑

一、管制

（一）法条

第38条　管制的期限，为三个月以上二年以下。

判处管制，可以根据犯罪情况，同时禁止犯罪分子在执行期间从事特定活动，进入特定区域、场所，接触特定的人。

对判处管制的犯罪分子，依法实行社区矫正。

违反第二款规定的禁止令的，由公安机关依照《中华人民共和国治安管理处罚法》的规定处罚。

第39条　被判处管制的犯罪分子，在执行期间，应当遵守下列规定：

（一）遵守法律、行政法规，服从监督；

（二）未经执行机关批准，不得行使言论、出版、集会、结社、游行、示威自由的权利；

（三）按照执行机关规定报告自己的活动情况；

（四）遵守执行机关关于会客的规定；

（五）离开所居住的市、县或者迁居，应当报经执行机关批准。

对于被判处管制的犯罪分子，在劳动中应当同工同酬。

第40条　被判处管制的犯罪分子，管制期满，执行机关应即向本人和其所在单位或者居住地的群众宣布解除管制。

第41条　管制的刑期，从判决执行之日起计算；判决执行以前先行羁押的，羁押一日折抵刑期二日。

（二）概念

管制是对罪犯不予关押，但限制其一定自由，实行社区矫正的刑罚方法。

（三）考点汇总

1.期限

（1）3~2~3：3个月以上2年以下，数罪并罚时不得超过3年。

（2）起算：刑期从判决执行之日起计算；判决执行前先行羁押的，羁押1日折抵刑期2日。

【注意】对于经过批准离开居住地的罪犯，经许可外出的期间应计入执行期。

2.劳动报酬：被判管制的罪犯可以自谋生计，不强制劳动，在劳动时应当与普通公民同工同酬。

3.执行方式：将罪犯置于社区内，在相关社会团体和民间组织以及社会志愿者的协助下，在判决确定的期限内，由专门的国家机关对罪犯的行为与心理进行矫正。

4.禁止令

（1）概念：判处管制，可以根据犯罪情况，同时禁止犯罪分子在执行期间从事特定活动，进入特定区域、场所，接触特定的人。

（2）适用对象：管制犯、缓刑犯（不包括假释犯）。

（3）期限：期限可以小于或者等于管制执行、缓刑考验的期限；但是判处管制的，禁止令的期限不得少于3个月；宣告缓刑的，禁止令的期限不得少于2个月。

（4）特殊要求：禁止令也不能限制、影响犯罪人的正常生活。例如，不能禁止犯罪的人上公共厕所，不能禁止犯罪的人去医院。

（5）禁止令的主要内容（根据相关司法解释整理）。

①禁止进行的活动。

A.个人为进行违法犯罪活动而设立公司、企业、事业单位或者在设立公司、企业、事业单位后以实施犯罪为主要活动的，禁止设立公司、企业、事业单位。

B.实施证券犯罪、贷款犯罪、票据犯罪、信用卡犯罪等金融犯罪的，禁止从事证券交易、申领贷款、使用票据或者申领、使用信用卡等金融活动。

C.利用从事特定生产经营活动实施犯罪的，禁止从事相关生产经营活动。

D.附带民事赔偿义务未履行完毕，违法所得未追缴、退赔到位，或者罚金尚未足额缴纳的，禁止从事高消费活动。

②禁止进入的场所。

A.禁止进入夜总会、酒吧、迪厅、网吧等娱乐场所。

B.未经执行机关批准，禁止进入举办大型群众性活动的场所。

C.禁止进入中小学校区、幼儿园园区及周边地区，确因本人就学、居住等原因，经执行机关批准的除外。

D.其他确有必要禁止进入的区域、场所。

③禁止接触的人。

A.未经对方同意，禁止接触被害人及其法定代理人、近亲属。

B.未经对方同意，禁止接触证人及其法定代理人、近亲属。

C.未经对方同意，禁止接触控告人、批评人、举报人及其法定代理人、近亲属。

D.禁止接触同案犯。

E.禁止接触其他可能遭受其侵害、滋扰的人或者可能诱发其再次危害社会的人。

二、拘役

（一）法条

第42条　拘役的期限，为一个月以上六个月以下。

第43条　被判处拘役的犯罪分子，由公安机关就近执行。

在执行期间，被判处拘役的犯罪分子每月可以回家一天至两天；参加劳动的，可以酌量发给报酬。

第44条　拘役的刑期，从判决执行之日起计算；判决执行以前先行羁押的，羁押一日折抵刑期一日。

（二）概念

短期剥夺罪犯人身自由，就近实行劳动改造的刑罚方法。

（三）考点汇总

1.期限

（1）1~6~1：1个月以上6个月以下，数罪并罚时不得超过1年。

（2）起算：刑期从判决执行之日起计算，判决执行以前先行羁押的，羁押1日折抵刑期1日。

2.劳动报酬：实行强制劳动改造，可以酌量发给报酬（注意与管制的报酬问题对比记忆）。

3.执行方式：由公安机关在就近的看守所执行。在执行期间，被判处拘役的犯罪分子每月可以回家一天至两天。

4.特点：短期剥夺人身自由，是一种短期自由刑。

三、有期徒刑

（一）法条

第45条　有期徒刑的期限，除本法第五十条、第六十九条规定外，为六个月以上十五年以下。

第46条　被判处有期徒刑、无期徒刑的犯罪分子，在监狱或者其他执行场所执行；凡有劳动能力的，都应当参加劳动，接受教育和改造。

第47条　有期徒刑的刑期，从判决执行之日起计算；判决执行以前先行羁押的，羁押一日折抵刑期一日。

（二）概念

剥夺罪犯一定期限的自由，实行强迫劳动改造的刑罚方法。

（三）考点汇总

1.期限

（1）通常期限：6个月至15年。

（2）数罪并罚的期限：

①总和刑期＜35年 → 并罚最高不超过20年。

②总和刑期≥35年 → 并罚最高不超过25年。

（3）起算：刑期从判决执行之日起计算，判决执行以前先行羁押的，羁押1日折抵刑期1日。

2.劳动报酬：强制劳动，无报酬。

3.执行机关：由监狱或其他执行场所执行。

四、无期徒刑

（一）法条

第46条　被判处有期徒刑、无期徒刑的犯罪分子，在监狱或者其他执行场所执行；凡有劳动能力的，都应当参加劳动，接受教育和改造。

（二）概念

剥夺犯罪人终身自由，强制实行劳动改造的刑罚方法。

（三）考点汇总

1.劳动报酬：强制劳动，无报酬。

2.执行机关：由监狱或其他场所执行。

3.执行方式：无期徒刑不能孤立适用，应当附加剥夺政治权利终身。

五、死刑

（一）法条

第48条　死刑只适用于罪行极其严重的犯罪分子。对于应当判处死刑的犯罪分子，如果不是必须立即执行的，可以判处死刑同时宣告缓期二年执行。

死刑除依法由最高人民法院判决的以外，都应当报请最高人民法院核准。死刑缓期执行的，可以由高级人民法院判决或者核准。

第49条　犯罪的时候不满十八周岁的人和审判的时候怀孕的妇女，不适用死刑。

审判的时候已满七十五周岁的人，不适用死刑，但以特别残忍手段致人死亡的除外。

第50条　判处死刑缓期执行的，在死刑缓期执行期间，如果没有故意犯罪，二年期满以后，减为无期徒刑；如果确有重大立功表现，二年期满以后，减为二十五年有期徒刑；如果故意犯罪，情节恶劣的，报请最高人民法院核准后执行死刑；对于故意犯罪未执行死刑的，死刑缓期执行的期间重新计算，并报最高人民法院备案。

对被判处死刑缓期执行的累犯以及因故意杀人、强奸、抢劫、绑架、放火、爆炸、投放危险物质或者有组织的暴力性犯罪被判处死刑缓期执行的犯罪分子，人民法院根据犯罪情节等情况可以同时决定对其限制减刑。

第51条　死刑缓期执行的期间，从判决确定之日起计算。死刑缓期执行减为有期徒刑的刑期，从死刑缓期执行期满之日起计算。

（二）概念

剥夺罪犯生命的刑罚方法。

【注意】只能适用于罪行极其严重的犯罪分子（严格控制死刑的适用）。

（三）死刑的类型

1.死刑立即执行。

2.死刑缓期两年执行。

（四）死刑的限制适用对象

1.“未”：犯罪时不满18周岁的人。

这是指犯罪的时候，不是指审判的时候。如果犯罪时不满18周岁，审判时已满18周岁，也不能适用死刑。

2.“孕”：审判时怀孕的妇女。

（1）“审判时”需作扩大解释，即整个羁押期间，一直从侦查阶段的羁押延续到刑场执行之前。

【提示】千万不要简单地认为就是“法院审判期间”。

（2）“怀孕的妇女”包括：正在怀孕的妇女；分娩的妇女；流产的妇女（包括自然流产和人工流产）。

3.“老”：审判时已满75周岁的人。

原则上，审判时已满75周岁的人不适用死刑，但是以特别残忍手段致人死亡的（如故意杀人、故意伤害致人死亡等），可以适用死刑。

【注意】以上的“未”“老”“孕”不适用死刑，包括既不适用死刑立即执行，也不适用死缓。

（五）死缓制度

1.关于第50条第1款的理解

（1）死刑缓期执行期间 → 无故意犯罪 → 2年期满 → 无期徒刑。

（2）死刑缓期执行期间 → 无故意犯罪且有重大立功 → 2年期满 → 25年有期徒刑。

（3）死刑缓期执行期间 → 故意犯罪，情节恶劣 → 报最高人民法院核准 → 执行死刑。

（4）死刑缓期执行期间 → 故意犯罪（但没有被执行死刑）→ 死缓考验期重新计算（新判决确定之日起计算新考验期），并报最高人民法院备案。

【背诵技巧】无故意变无期、立大功25、故意恶劣说拜拜、一般故意重新来。

【提示】死缓考验期执行期间如果出现过失犯罪，应将过失犯罪的刑罚与原来的死缓并罚，并罚的结果肯定是依旧执行死缓，那么此时死缓的考验期只能重新计算。

2.关于第50条第2款的理解

对两类严重的死缓犯（累犯和故意杀人、强奸、抢劫、绑架、放火、投放危险物质或者有组织的暴力性犯罪分子被判处死缓的），可以对其限制减刑。例如，（2015年卷二第10题C项）对被判处无期徒刑的累犯，根据犯罪情节等情况，法院可同时决定对其限制减刑。该项错误，限制减刑是死缓的累犯，而不是无期的累犯。

（1）死缓减为无期徒刑（这不是减刑，这属于死缓的执行方式）的，满足减刑的条件，再怎么减刑，也不能少于25年。

（2）死缓减为25年有期徒刑（这也不是减刑，这属于死缓的执行方式）的，满足减刑的条件，再怎么减刑，也不能少于20年。

【背诵技巧】累犯加暴力，减刑有余地。

（六）死刑的程序

死刑除依法由最高人民法院判决的以外，都应当报请最高人民法院核准。死刑缓期执行的，可以由高级人民法院判决或者核准。

经典考题：《刑法》第49条规定：_____的时候不满18周岁的人和_____的时候怀孕的妇女，不适用死刑。_____的时候已满75周岁的人，不适用死刑，但_____的除外。下列哪一选项与题干空格内容相匹配？（2012年卷二第11题，单选）①

A.犯罪——审判——犯罪——故意犯罪致人死亡

B.审判——审判——犯罪——故意犯罪致人死亡

C.审判——审判——审判——以特别残忍手段致人死亡

D.犯罪——审判——审判——以特别残忍手段致人死亡

第二节　附加刑

一、罚金

（一）法条

第52条 判处罚金，应当根据犯罪情节决定罚金数额。

第53条 罚金在判决指定的期限内一次或者分期缴纳。期满不缴纳的，强制缴纳。对于不能全部缴纳罚金的，人民法院在任何时候发现被执行人有可以执行的财产，应当随时追缴。

由于遭遇不能抗拒的灾祸等原因缴纳确实有困难的，经人民法院裁定，可以延期缴纳、酌情减少或者免除。

---

① 【答案】D。参考《刑法》第49条内容即可。

（二）概念

罚金属于财产刑的一种，是法院判处犯罪分子向国家缴纳一定数额金钱的刑罚方法。

【总结】罚金相当于罪犯欠国家的钱，没有特殊情况不会延、减、免；遵循随时有随时缴的基本原则。

（三）适用方式

单处罚金	主要针对单位犯罪，如单位受贿罪和单位行贿罪。
选处罚金	要么不适用，要么单独适用。 例如：某法条规定，实施某行为的，"处3年以下有期徒刑、拘役或者罚金"。在此，要么不适用罚金，要适用就只能单独适用。
并处罚金	判处主刑的同时并处罚金。 例如：某法条规定，实施某行为的，"处5年以下有期徒刑或者拘役，并处罚金"。在此，必须附加适用罚金，不能不用，也不能单独适用罚金。
并处或单处罚金	要么附加适用，要么单独适用。 例如：某法条规定，实施某行为的，"处3年以下有期徒刑或者拘役，并处或者单处罚金"。在此，要么并处罚金，要么单处罚金，但不可不处罚金。

（四）缴纳方式

具体包括：（1）限期一次缴纳；（2）限期分期缴纳；（3）期满不缴纳的，强制缴纳；（4）随时追缴；（5）延期缴纳；（6）减免缴纳。

（五）程序

罚金的延、减、免，要经过人民法院裁定。

（六）顺序

承担民事赔偿的犯罪分子又被判处罚金的，其财产先承担民事赔偿。

在民事责任和刑事责任发生竞合时，为了保护被害人的合法权益，法律规定在犯罪分子财产不足时，实行"先民后刑"原则。

二、没收财产

（一）法条

第59条　没收财产是没收犯罪分子个人所有财产的一部或者全部。没收全部财产的，应当对犯罪分子个人及其扶养的家属保留必需的生活费用。

在判处没收财产的时候，不得没收属于犯罪分子家属所有或者应有的财产。

第60条　没收财产以前犯罪分子所负的正当债务，需要以没收的财产偿还的，经债权人请求，应当偿还。

第64条　犯罪分子违法所得的一切财物，应当予以追缴或者责令退赔；对被害人的合法财产，应当及时返还；违禁品和供犯罪所用的本人财物，应当予以没收。没收的财物和罚金，一律上缴国库，不得挪用和自行处理。

（二）概念

将罪犯个人财产的全部或部分强制、无偿收归国有，是一种严厉的财产刑。

（三）适用对象

犯罪分子的个人合法财产。

【注意1】不得没收属于犯罪分子家属所有或者应有的财产。

【注意2】犯罪所得及其他非法财产应依法予以收缴，而非没收。如果属于被害人合法财产的，应当及时返还。总结：收缴+非法；没收+合法。

【注意3】没收全部财产时，应当给犯罪分子个人及其扶养的家属（包括成年家属）留必要的生活费用。道理很简单：不能赶尽杀绝！

（四）正当债务的偿还问题

满足以下两点，法院应当还：

1.没收财产前犯罪分子所负的正当债务。

2.债权人请求（法院不主动偿还）。

【注意1】非正当债务，如赌债、高利贷超出合法利息的部分，不在此列。

【注意2】形式上要一步到位，与被告人的执行能力无关。凡刑法规定必须并处罚金或并处没收财产的，均应依法并处。被告人的执行能力不能作为是否判处财产刑的依据。即使被告人没有可供执行的财产，也应并处。

【注意3】偿还的债务不超过没收的财产范围——债务的偿还要以没收为限即不能让法院倒贴。

（五）财产刑的并罚问题

第69条第2款　数罪中有判处附加刑的，附加刑仍须执行，其中附加刑种类相同的，合并执行，种类不同的，分别执行。

罚金的并罚	合并执行，对数个罚金的数额累计相加，执行总和数额。
没收财产的并罚	如果数个犯罪都被判处没收部分财产，则对每个没收部分财产的判决都执行；如果数个犯罪有一个被判处没收全部财产，采取吸收原则，只需执行一个没收全部财产即可。
罚金与没收财产的并罚	1.一个人多个罪，罚金和没收财产需要分别执行。 2.先后顺序：先执行罚金后执行没收财产（体现人性关怀）。①

三、剥夺政治权利

（一）法条

第54条　剥夺政治权利是剥夺下列权利：

（一）选举权和被选举权；

（二）言论、出版、集会、结社、游行、示威自由的权利；

（三）担任国家机关职务的权利；

---

① 2014年10月30日《最高人民法院关于刑事裁判涉财产部分执行的若干规定》第13条第1款规定："被执行人在执行中同时承担刑事责任、民事责任，其财产不足以支付的，按照下列顺序执行：（一）人身损害赔偿中的医疗费用；（二）退赔被害人的损失；（三）其他民事债务；（四）罚金；（五）没收财产。"

（四）担任国有公司、企业、事业单位和人民团体领导职务的权利。

第55条　剥夺政治权利的期限，除本法第五十七条规定外，为一年以上五年以下。判处管制附加剥夺政治权利的，剥夺政治权利的期限与管制的期限相等，同时执行。

第56条　对于危害国家安全的犯罪分子应当附加剥夺政治权利；对于故意杀人、强奸、放火、爆炸、投毒、抢劫等严重破坏社会秩序的犯罪分子，可以附加剥夺政治权利。独立适用剥夺政治权利的，依照本法分则的规定。

第57条　对于被判处死刑、无期徒刑的犯罪分子，应当剥夺政治权利终身。

在死刑缓期执行减为有期徒刑或者无期徒刑减为有期徒刑的时候，应当把附加剥夺政治权利的期限改为三年以上十年以下。

第58条　附加剥夺政治权利的刑期，从徒刑、拘役执行完毕之日或者从假释之日起计算；剥夺政治权利的效力当然施用于主刑执行期间。

被剥夺政治权利的犯罪分子，在执行期间，应当遵守法律、行政法规和国务院公安部门有关监督管理的规定，服从监督；不得行使本法第五十四条规定的各项权利。

（二）概念

剥夺政治权利是指剥夺犯罪人参加管理国家和政治活动的权利的刑罚方法。

（三）内容

1.选举权和被选举权。

2.言论、出版、集会、结社、游行、示威自由的权利。

3.担任国家机关职务的权利。

4.担任国有公司、企业、事业单位和人民团体领导职务的权利。

剥夺政治权利不是只剥夺上述权利的一部分，而是同时剥夺上述四项权利。被剥夺政治权利的犯罪人，在执行期间，应当遵守法律、行政法规和国务院公安部门有关监督管理的规定，服从监督；不得行使上述四项权利。

【背诵技巧】无选举、不说话、国机啥都不能搞、国企不能当领导。

（四）适用对象

1.应当剥夺政治权利

（1）对于危害国家安全的犯罪分子，应当附加剥夺政治权利。

（2）对于被判处死刑、无期徒刑的犯罪分子，应当剥夺政治权利终身。

2.可以剥夺政治权利

《刑法》第56条规定，对于故意杀人、强奸、放火、爆炸、投放危险物质、抢劫等严重破坏社会秩序的犯罪分子，可以附加剥夺政治权利。除了对该条所列举的犯罪人以外，对其他严重破坏社会秩序的犯罪人，也可以附加剥夺政治权利。例如，对故意伤害、盗窃等其他严重破坏社会秩序的犯罪，犯罪分子主观恶性较深、犯罪情节恶劣、罪行严重的，也可以依法附加剥夺政治权利。对严重经济犯罪分子、严重的贪污、受贿犯罪分子、严重的渎职犯罪分子，也可以附加剥夺政治权利。

（五）期限

1.死刑、无期徒刑 → 终身。

2.死缓减为有期或者无期减为有期 → 3年到10年。

3.独立适用或者附加于有期、拘役适用 → 1年到5年。

4.附加于管制适用 → 与管制期限相同。

（六）起算日

1.独立适用：判决执行之日起计算。

2.管制+剥夺：与管制同时起算、同时进行、同时结束。

3.有期、拘役+剥夺：执行完毕或假释之日（不是假释届满之日）起算；剥夺政治权利的效力当然施用于主刑执行期间，也即在主刑执行期间也是没有政治权利的。

4.死刑、无期+剥夺：主刑执行之日起计算。

【提示】上述第2、3点在考试中属于重点。

四、驱逐出境

第35条　对于犯罪的外国人，可以独立适用或者附加适用驱逐出境。

第三节　非刑罚处罚措施

一、职业禁止

（一）法条

第37条之一　因利用职业便利实施犯罪，或者实施违背职业要求的特定义务的犯罪被判处刑罚的，人民法院可以根据犯罪情况和预防再犯罪的需要，禁止其自刑罚执行完毕之日或者假释之日起从事相关职业，期限为三年至五年。

被禁止从事相关职业的人违反人民法院依照前款规定作出的决定的，由公安机关依法给予处罚；情节严重的，依照本法第三百一十三条（拒不执行判决、裁定罪）的规定定罪处罚。

其他法律、行政法规对其从事相关职业另有禁止或者限制性规定的，从其规定。

（二）立法背景

增加禁止从事一定职业的资格刑。对犯罪人进行职业资格剥夺的实体根据是犯罪人再次利用该职业实施犯罪行为的危险性，增设职业禁止的目的在于"预防再犯罪"，这属于我国刑法新的一项保安处分措施。

例如：医生利用职业便利收受贿赂造成重大医疗事故；邮局等快递行业工作人员利用职业便利盗窃他人邮递包裹中的财物。以上情形都是可以根据具体情况对行为人实施职业禁止。

（三）刑罚内容

对于违反职业禁止要求，情节严重的，依照拒不执行判决、裁定罪的规定定罪处罚；情节不严重的，由公安机关给予行政处罚。

（四）起算日

刑罚（指主刑，不包括附加刑）执行完毕之日或者假释之日（不是假释届满之日）起算，简单地说，都是从"监狱"出来之日起。

（五）期限

3年至5年。

【注意】**其他法律法规优先适用原则**，该原则明确了与其他法律、行政法规之间的衔接与协调。如果其他法律或者行政法规已经有了职业禁止的规定，那么法院就无需再对该行为进行刑法上的职业禁止了。

经典考题：关于职业禁止，下列哪一选项是正确的？（2016年卷二第9题，单选）①

A.利用职务上的便利实施犯罪的，不一定都属于"利用职业便利"实施犯罪

B.行为人违反职业禁止的决定，情节严重的，应以拒不执行判决、裁定罪定罪处罚

C.判处有期徒刑并附加剥夺政治权利，同时决定职业禁止的，在有期徒刑与剥夺政治权利均执行完毕后，才能执行职业禁止

D.职业禁止的期限均为3年至5年

二、其他

第37条 对于犯罪情节轻微不需要判处刑罚的，可以免予刑事处罚，但是可以根据案件的不同情况，予以训诫或者责令具结悔过、赔礼道歉、赔偿损失，或者由主管部门予以行政处罚或者行政处分。

第64条 犯罪分子违法所得的一切财物，应当予以追缴或者责令退赔；对被害人的合法财产，应当及时返还；违禁品和供犯罪所用的本人财物，应当予以没收。没收的财物和罚金，一律上缴国库，不得挪用和自行处理。

【总结】对犯罪物品的处理：

1.犯罪分子违法所得的一切财物，应当予以追缴或者责令退赔。违法所得的财物，是指犯罪分子因实施犯罪活动而取得的全部财物，包括金钱或者物品。所谓追缴，是指将犯罪分子的违法所得强制收归国有。"责令退赔"，是指犯罪分子已将违法所得使用、挥霍或者毁坏的，也要责令其按违法所得财物的价值退赔。

2.对于追缴和退赔的违法所得，如果是属于被害人的合法财物，应当及时返还。对于被害人的合法财产被损坏或者已经不存在的，应当折价退赔。

3.对于违禁品和供犯罪所用的本人财物，应当没收。所谓违禁品，是指依照国家规定，公民不得私自留存、使用的物品，如枪支、弹药、毒品以及淫秽物品等"供犯罪所用的本人财物"，是指供犯罪分子进行犯罪活动而使用的属于他本人所有的钱款和物品。

4.对于依法没收的财物和罚金，一律上缴国库，即由最后结案的单位统一上缴国家财政，不得挪作他用。

---

① 【答案】B。A项错误，范围比较：利用职业便利＞利用职务便利，因此小范围的概念便一定符合大范围的概念，题干中的"不一定"是错误的。B项正确，《刑法》第37条之一第2款规定："被禁止从事相关职业的人违反人民法院依照前款规定作出的决定的，由公安机关依法给予处罚；情节严重的，依照本法第三百一十三条（拒不执行判决、裁定罪）的规定定罪处罚。"C项错误，职业禁止自刑罚执行完毕之日或者假释之日起禁止从事相关职业，这里的"刑罚执行完毕"指的是主刑执行完毕，不包括附加刑。D项错误，《刑法》第37条之一第3款规定："其他法律、行政法规对其从事相关职业另有禁止或者限制性规定的，从其规定。"所以如果是其他法律法规优先适用的话，就不一定3至5年的期限。综上，B项当选。

专题十五 刑罚的裁量（量刑）

命题点拨

本专题是刑罚论中最核心的部分，其中的累犯、自首、立功、数罪并罚、缓刑、假释、追诉时效等均是考试中的常考的重点内容。

第一节 量刑情节

一、法条

第61条 对于犯罪分子决定刑罚的时候，应当根据犯罪的事实、犯罪的性质、情节和对于社会的危害程度，依照本法的有关规定判处。

第62条 犯罪分子具有本法规定的从重处罚、从轻处罚情节的，应当在法定刑的限度以内判处刑罚。

第63条 犯罪分子具有本法规定的减轻处罚情节的，应当在法定刑以下判处刑罚；本法规定有数个量刑幅度的，应当在法定量刑幅度的下一个量刑幅度内判处刑罚。

犯罪分子虽然不具有本法规定的减轻处罚情节，但是根据案件的特殊情况，经最高人民法院核准，也可以在法定刑以下判处刑罚。

二、概念

量刑情节是指在行为已经构成犯罪的前提下，法院对犯罪人裁量刑罚时应当考虑的，据以决定量刑轻重或者免除刑罚处罚的各种情况。

三、类型

（一）从重处罚、从轻处罚

1.所谓从重，是指没有从重情节应该怎么判，而有了从重情节又应该怎么判。

2.所谓从轻，是指没有从轻情节应该怎么判，而有了从轻情节又应该怎么判。

【总结】从重和从轻都要在法定刑的限度之内判处刑罚，不能超出法定刑。

【提示】

6年（代表中线）

```
├──────┼──────┼──────┼──────┤
3年    5年    7年    10年
```

从重、从轻切勿在法定刑之内找所谓的中线或者人为设定中线，认为超过中线就是

从重，低于中线就是从轻。这种说法是错误的。以5年以上7年以下这个法定刑为例进行分析说明。

1.从重、从轻必须是在5年至7年这个法定刑内，不能超出。

2.如果一般情况应该判处6年零6个月的刑罚，有了从轻情节，判处了6年零3个月的刑罚，虽然超过中线，但这仍属于从轻。

3.如果一般情况应该判处5年零3个月的刑罚，有了从重情节，判处了5年零6个月的刑罚，虽然低于中线，但这仍属于从重。

（二）减轻处罚

1.减轻处罚要在法定刑以下判处刑罚。所以原则上减轻比从轻更轻。

2.补正解释——根据上图7年以上10年以下这个法定刑进行分析。原则上，行为人的行为要在 $7 \leqslant X \leqslant 10$ 的范围内判处刑罚，但是有了减轻事由后，应该在下一个法定刑内，即5年以上7年以下范围内量刑，但是此时的7年以下是不包含本数7的，也即量刑范围是：$5 \leqslant X < 7$。不包含本数的原因是，体现减轻在法定刑以下处罚的含义，如果包含本数7，那就会存在交集，不能体现减轻的精神。

3.减轻处罚有刑格限制，只能在下一个刑格内处罚，不能跨越式减轻（台阶要一阶一阶走）。也即刚才的分析中，只能在5年以上7年以下这个刑格中量刑，不能直接跨越到3年以上5年以下这个刑格中量刑。

4.减轻处罚的特殊情形：虽然不具有本法规定的减轻情节，但是根据案件特殊情况，经最高人民法院核准，也可以减轻处罚。

第二节　累　犯

一、法条

第65条　被判处有期徒刑以上刑罚的犯罪分子，刑罚执行完毕或者赦免以后，在五年以内再犯应当判处有期徒刑以上刑罚之罪的，是累犯，应当从重处罚，但是过失犯罪和不满十八周岁的人犯罪的除外。

前款规定的期限，对于被假释的犯罪分子，从假释期满之日起计算。

第66条　危害国家安全犯罪、恐怖活动犯罪、黑社会性质的组织犯罪的犯罪分子，在刑罚执行完毕或者赦免以后，在任何时候再犯上述任一类罪的，都以累犯论处。

二、概念

被判处一定刑罚的犯罪人，在刑罚执行完毕或者赦免以后，在法定期限内又犯一定之罪的情形。（俗称：给脸不要）

三、类型及成立条件

（一）一般累犯

1.罪过条件：前罪和后罪都必须是故意犯罪。

2.刑度条件：前罪和后罪都必须是被判或应判有期徒刑以上刑罚的犯罪。

3.时间条件：后罪发生在前罪刑罚执行完毕或者被赦免的5年之内。

4.消极条件：未满18周岁的人犯罪和过失犯罪不成立累犯。

【背诵技巧】前后故意非过失，有期以上刑期执，执行完毕5年里，未满18不成立。

【注意1】好多考生在内心已经形成了一种只要看到案例中出现未满18周岁和过失犯罪就立马得出不成立累犯的这样一种定性的思维模式。其实这与做题内心的焦躁是有极大关系的。希望各位考生将题目认真审完，如今的考试中在考查是否成立累犯之时完全有可能在案例中列出3个罪名，其中第1个罪名虽然是未满18周岁或者是过失犯罪，但是后面两个罪名完全成立累犯，最终结论是成立累犯！

【注意2】危险驾驶罪和代替考试罪的最高刑为拘役，案例中只存在前后两个罪的前提下，如果其中一个罪名是上述这两个罪时，不成立累犯。

【注意3】执行完毕的考查往往是结合着缓刑考验期满与假释考验期满的效果进行的：

（1）缓刑考验期满的效果 → 原判刑罚不再执行，不成立累犯。

（2）假释考验期满的效果 → 视为原判刑罚执行完毕，可成立累犯。

【注意4】关于"前罪"——如果前罪并罚的宣告刑为有期徒刑以上刑罚，只要其中存在故意犯罪被判处有期徒刑以上刑罚的，就可以认定为累犯。

例1：甲因盗窃罪被判处6个月有期徒刑，因过失致人死亡罪被判处2年有期徒刑，并罚决定执行2年有期徒刑。甲在执行完毕后的第4年又犯抢劫罪（入户抢劫），甲成立累犯。

例2：如果上述案例盗窃罪为6个月拘役，其他表述不变。甲不成立累犯。

【注意5】关于"后罪"——如果后罪为数罪，对应当判处管制、拘役或单处附加刑的犯罪，不能适用累犯制度而从重处罚。

例如：甲犯故意伤害罪被判处3年有期徒刑，执行完毕后的5年内又犯盗窃罪和使用虚假身份证件罪，分别应判处4年有期徒刑和管制。此时只能对盗窃罪作为累犯从重处罚，不能对使用虚假身份证件罪作为累犯。

【注意6】"执行完毕"针对的是主刑，不包括附加刑，而且只要主刑中的有期徒刑执行完毕即可有成立累犯的余地，并罚中管制没有执行完毕的，不影响累犯的成立。

例如：甲犯A罪（故意犯罪）被判处3年有期徒刑，B罪（故意犯罪）3个月管制。甲执行完A罪的3年有期徒刑，需要执行3个月的管制，在这3个月内，甲犯C罪（故意犯罪），应被判处5年以上有期徒刑，甲成立累犯。

（二）特殊累犯

特殊累犯的其他成立条件和一般累犯一样，除了以下3个特殊之处：

1.犯罪范围缩小化：前后罪只能是3大类犯罪，即危害国家安全犯罪、恐怖活动犯罪、黑社会性质的组织犯罪。

2.刑度要求放松化：前后罪不要求是有期徒刑以上刑罚，哪怕是被判处拘役、管制甚至单独判处附加刑也是可以成立特殊累犯的。

3.时间间隔放大化：后罪发生在前罪刑罚执行完毕或被赦免的什么时候在所不问。

【背诵技巧】前后犯罪国恐黑，所有刑罚有机会，时间间隔无所谓，其他参考一般累。

【注意1】前后罪要求均属于上述3大类犯罪，但是不要求前后罪都必须是3大类犯罪中的同一类。例如，前罪属于危害国家安全犯罪，后罪属于黑社会性质的组织犯罪的，同样可以成立特殊累犯。如果前后犯罪中有一个不是上述3大类犯罪，是否成立累犯，就只能看其是否满足一般累犯的成立条件。

【注意2】特殊累犯的成立同样要求前罪刑罚执行完毕或被赦免。

【注意3】未满18周岁和过失犯罪同样不成立特殊累犯。

【注意4】并不是所有的"国家秘密"类型的犯罪都属于国家安全犯罪。例如，故意泄露国家秘密罪和非法获取国家秘密罪不属于国家安全犯罪，按照一般累犯原则去处理。考试中需要记住"为境外……国家秘密、情报罪"，这个罪不需要记住具体的行为方式，重点在于3个字"为境外"，国家秘密和情报都让你弄到境外去了，难道不危害国家安全吗？

四、累犯的法律后果

1.应当从重处罚。

2.不得缓刑。

3.不得假释。

经典考题：关于累犯，下列哪一选项是正确的？（2015年卷二第10题，单选）①

A.对累犯和犯罪集团的积极参加者，不适用缓刑

B.对累犯，如假释后对所居住的社区无不良影响的，法院可决定假释

C.对被判处无期徒刑的累犯，根据犯罪情节等情况，法院可同时决定对其限制减刑

D.犯恐怖活动犯罪被判处有期徒刑4年，刑罚执行完毕后的第12年又犯黑社会性质的组织犯罪的，成立累犯

第三节　自首与立功（简称"自立"）

一、一般自首

（一）法条

第67条　犯罪以后自动投案，如实供述自己的罪行的，是自首。对于自首的犯罪分子，可以从轻或者减轻处罚。其中，犯罪较轻的，可以免除处罚。

被采取强制措施的犯罪嫌疑人、被告人和正在服刑的罪犯，如实供述司法机关还未掌握的本人其他罪行的，以自首论。

犯罪嫌疑人虽不具有前两款规定的自首情节，但是如实供述自己罪行的，可以从轻处罚；因其如实供述自己罪行，避免特别严重后果发生的，可以减轻处罚。

---

① 【答案】D。A项错误，对于累犯和犯罪集团的首要分子，不适用缓刑，不包括积极参加者。B项错误，累犯是不得假释的。C项错误，是判处死缓的累犯，法院可同时决定对其限制减刑。D项正确，成立特殊累犯。综上，D项当选。

（二）概念

自首，指犯罪以后自动投案，如实供述自己罪行的行为，即自首＝自动投案＋如实供述。

（三）自动投案

1.何时投案

（1）犯罪事实没有被发觉时，可成立自首。

例如：甲强奸了妇女乙，但强奸事实一直未被发觉，后良心发现，自动投案，构成自首。

（2）犯罪事实被发觉，但没有锁定犯罪嫌疑人时，可成立自首。

例如：甲和乙吵架引发互殴，过程中，甲不小心将乙打死，并逃离现场。警方控制现场后却不知道是谁导致乙的死亡，此时甲自动投案，成立自首。

（3）犯罪事实和犯罪嫌疑人都已被发现，但是对犯罪嫌疑人尚未发布强制措施的命令。此时自动投案，构成自首。

（4）警方已经对犯罪嫌疑人发布强制措施的命令，但是尚未缉拿归案，犯罪嫌疑人仍在逃亡中。

①犯罪后逃跑，在被通缉、追捕过程中，主动投案，成立自首。

②经查实确已准备去投案，或者正在投案途中，被公安机关捕获的，应当视为自动投案，成立自首。

③犯罪后潜逃至异地，即使犯罪地司法机关已经发觉，但是异地司法机关尚未发觉，仅因形迹可疑，被盘问、教育后，主动交代自己罪行，视为自动投案，成立自首。

【总结1】投案行为必须发生在犯罪人尚未归案之前，即未被讯问、扭送或采取强制措施之前。

【总结2】被通缉、追捕过程中，同样可以主动投案，但本质是能跑而不跑，如果是实在跑不掉而投案，不能肯定其自动性。例如，罪犯甲被警察当街追捕，甲跑得很快，不小心跑进一个死胡同，面临堵在胡同的警察，甲"选择"自动投案。这是不能认定为自首的，因为这是甲无路可走之后的被动投案。

2.向谁投案

找司法机关、非司法机关（如犯罪人所在单位，基层组织）、有关个人（如单位负责人、被害人、村主任等）都可以认定为自首。

3.怎么投案

（1）亲首（自己亲自投案）：亲自将自己置于司法机关的实力控制之下。当然，罪犯可以先采取打电话、发传真、发短信、电子邮件、微信、QQ等，随后归案。如果随后不归案，不算自动投案。

（2）代首（他人代为投案）：这主要是指因病因伤或犯罪人为了救助被害人、挽回法益侵害等不能亲自投案的情形。

（3）送首（亲友送去投案）：行为人犯罪后，亲友经过规劝送其到司法机关投案的，可以成立自首。但是如果犯罪嫌疑人明显反抗，亲友被迫采取捆绑等手段将其送至司法机关，则不属于自动投案。

（4）陪首（别人陪同投案）：行为人犯罪后，在他人（可以是朋友、邻居、同学、同事、单位领导等）的陪同下投案自首的。

（5）首服：是指犯罪人在实施了告诉才处理的犯罪以后，向有告诉权的人告知自己的犯罪事实，并同意其告知司法机关的情形。

【提示1】"自动投案"不要求具备特定的动机和目的。

例如：甲参与共同盗窃后，主动投案并供述其参与盗窃的具体情况。后查明，系因分赃太少、得知举报有奖才投案。甲仍可认定为自首。

【提示2】因特定违法行为被采取行政拘留、司法拘留、强制隔离戒毒等行政、司法强制措施期间，主动向执行机关交代尚未掌握的犯罪行为的，成立自首。

4.投案彻底性

犯罪嫌疑人自动投案必须具有彻底性，即投案后将自己置于司法机关控制之下，并始终配合司法机关追诉，直到开庭审判。

（1）投案后又逃跑的，不算自首；又回来的，算自首。

（2）被动归案后，又逃跑，然后又回来的，不算自首。如果行为构成脱逃罪，再回来的，可成立脱逃罪的自首。

（3）自动投案并交代罪行后隐匿脱逃的，不成立自首。

（4）委托他人代为自首而本人拒不到案的，不成立自首。

【提示】犯罪人匿名将赃物送回司法机关或原主人处，或者通过电话、书信等方式匿名向司法机关报案或指出赃物所在，因为上述行为没有将自己置于司法机关的有效控制之下，不能成立自首。

（四）如实供述

1.供述内容为主要犯罪事实即可，即与犯罪人主观记忆相符，和客观犯罪事实基本相符，不要求全部的犯罪事实细节。例如，不交代犯罪证据、犯罪工具、藏尸地点，隐瞒犯罪数额等，并不影响如实供述的认定。

2.除基本事实供述之外，还要求犯罪嫌疑人供述自己的姓名、年龄、职业等基本情况。

3.供述仅限于对犯罪事实的描述，不包括对犯罪事实的法律评价或个人评论。行为人行使自我辩护权，进行合理或不合理的辩解，不属于供述行为，也不影响自首的成立。自首后又翻供的，不成立自首，但在一审判决前又能如实供述的，仍以自首论。

4.在单独犯罪中，供述自己的犯罪事实已足够，但在共同犯罪中，犯罪嫌疑人除了如实供述自己的罪行，还应当供述自己所知道的同案犯的罪行；主犯还应当供述其他同案犯的共同犯罪事实，才能构成自首。之所以如此，是因为共同犯罪中同案犯是犯罪的必要组成部分，如果不交代清楚，无法满足供述主要犯罪事实的要求。

5.犯有数罪，仅如实供述其中一部分犯罪的，只对如实供述的部分犯罪认定为自首。

（五）司法解释规定要点

1.罪行尚未被司法机关发觉，仅因形迹可疑，被有关组织或者司法机关盘问、教育后，主动交代自己的罪行的，属于自动投案。

2.犯罪后逃跑，在被通缉、追捕过程中，主动投案的；经查实确已准备去投案，或者正在投案途中，被公安机关捕获的，应当视为自动投案。

3.犯罪后未主动报案，虽未表明自己是作案人，但没有逃离现场，在司法机关询问时交代自己罪行的，成立自首。

4.明知他人报案而在现场等待，抓捕时无拒捕行为，供认犯罪事实的，成立自首。

5.在司法机关未确定犯罪嫌疑人，尚在一般性排查询问时主动交代自己罪行的，成立自首。

6.犯罪后潜逃至异地，即使犯罪地司法机关已经发觉，但是异地司法机关尚未发觉，仅因形迹可疑，被盘问、教育后，主动交代自己罪行，视为自动投案，成立自首。

7.没有自动投案，但办案机关所掌握线索针对的犯罪事实不成立，在此范围外犯罪分子交代同种罪行的，仍以自首论处。

8.交通肇事罪的自首：逃逸后又归案，属于自首；没有逃逸，直接主动报案归案，也是自首。

（六）单位自首

所谓单位犯罪的自首，是指单位在犯罪以后，自动投案，如实交代自己的罪行的行为。具体情况如下：

1.单位犯罪案件中，单位集体决定或者单位负责人决定而自动投案，如实交代单位犯罪事实的，或者单位直接负责的主管人员自动投案，如实交代单位犯罪事实的，应当认定为单位自首。

2.单位自首的，直接负责的主管人员和直接责任人员未自动投案，但如实交代自己知道的犯罪事实的，可以视为自首；拒不交代自己知道的犯罪事实或逃避法律追究的，不应当认定为自首。

3.单位没有自首，直接责任人员自动投案并如实交代自己知道的犯罪事实的，对该直接责任人员应当认定为自首。

【总结】1.单位（整体）自首，领导（个人）跟着走（投案+供述），单位自首。

2.单位（整体）自首，领导（个人）逃走（不投案+供述），领导自首。

3.单位（整体）自首，领导（个人）逃走（不投案+不供述），领导不自首。

4.单位（整体）不自首，领导（个人）不逃走（投案+供述），领导自首。

个人跟着单位走，单位来你也来，大家都好；单位来你不来，但你说，算你好；单位来，你不来也不说，你不好；单位不来你却来，你就好。

二、特殊自首（准自首）

（一）概念

被采取强制措施的犯罪嫌疑人、被告人或者正在服刑的罪犯，如实供述司法机关还未掌握的本人其他罪行的行为。

（二）主体

被采取强制措施的犯罪嫌疑人、被告人或者正在服刑的罪犯。

（三）如实供述

如实供述司法机关尚未掌握的本人其他罪行。

1.必须是本人的罪行。如果是别人的罪行可能构成立功。

2.本人的罪行必须是尚未被司法机关掌握。

3.必须是异种罪行，即与司法机关已掌握的或判决确定的罪行属不同种罪行。如果是同种罪行，可以酌情从轻处罚，但不属于自首。

是否属于同种罪行一般以罪名区分，不同罪名便是不同种罪行。但是，虽然罪名不同，但二者属于选择性罪名或者在法律、事实上密切关联（如吸收关系、牵连关系、选择性罪名等），则仍认为属于同种罪行。

例1：甲因受贿被采取强制措施后，又交代因受贿为他人谋取利益的行为，构成滥用职权罪的，应认定为同种罪行。

例2：乙因走私毒品罪被捕，又交代自己贩卖毒品的罪行，应认定为同种罪行。

三、坦白与自首的关系

坦白，是指犯罪分子被动归案之后，如实供述自己的罪行，并接受国家司法机关审查和裁判的行为。

（一）相同点

1.均以自己实施了犯罪行为为前提。

2.都是在犯罪人归案之后如实交代自己的犯罪事实。

3.两者的犯罪人都有接受国家司法机关审查和裁判的行为。

4.两者都是从宽处罚的情节。

（二）不同点

1.自首是犯罪人自动投案之后，主动如实供述自己犯罪事实的行为，或者被动归案以后，如实供述司法机关还未掌握的本人其他罪行的行为；而坦白则是犯罪人被动归案之后，如实交代自己被指控的犯罪事实的行为。

2.自首与坦白所反映的犯罪人的人身危险性程度不同，自首犯的人身危险性相对较轻，坦白者的人身危险性相对较重。在一般情况下，自首比坦白的从宽处罚幅度要大。

【总结】

坦白与一般自首	坦白与特别自首
相同之处：如实供述自己的罪行。	相同之处：都是被动归案。
不同之处：坦白是被动归案，一般自首是主动归案。	不同之处：坦白供述的内容是被掌握的，特殊自首供述的内容没被掌握。

经典考题：关于自首，下列哪一选项是正确的？（2017年卷二第9题，单选）[1]

①【答案】B。A项错误，"犯罪以后"是指犯罪成立之后，而"犯罪过程中"当然属于"犯罪以后"的时间要求，符合自首条件。B项正确，乙否认自己的行为，不符合如实供述，当然不成立自首。C项错误，如实供述要求交代基本的客观犯罪事实，行为人的自我辩护是被允许的，并不会影响自首的成立。D项错误，司法解释规定，犯罪后潜逃至异地，即使犯罪地司法机关已经发觉，但是异地司法机关尚未发觉，仅因形迹可疑，被盘问、教育后，主动交代自己罪行，视为自动投案，成立自首。本案中不交代真实身份就不成立自首的说法也确实过于绝对，还需要看身份会不会影响定罪量刑问题，如果身份作用力很小，其不交代也是无所谓的，依旧可以成立自首。综上，B项当选。

A.甲绑架他人作为人质并与警察对峙，经警察劝说放弃了犯罪。甲是在"犯罪过程中"而不是"犯罪以后"自动投案，不符合自首条件

B.乙交通肇事后留在现场救助伤员，并报告交管部门发生了事故。交警到达现场询问时，乙否认了自己的行为。乙不成立自首

C.丙故意杀人后如实交代了自己的客观罪行，司法机关根据其交代认定其主观罪过为故意，丙辩称其为过失。丙不成立自首

D.丁犯罪后，仅因形迹可疑而被盘问、教育，便交代了自己所犯罪行，但拒不交代真实身份。丁不属于如实供述，不成立自首

四、立功

（一）法条

第68条　犯罪分子有揭发他人犯罪行为，查证属实的，或者提供重要线索，从而得以侦破其他案件等立功表现的，可以从轻或者减轻处罚；有重大立功表现的，可以减轻或者免除处罚。

（二）概念

犯罪人犯罪后揭发他人犯罪行为，查证属实，或者提供重要线索，从而得以侦破其他案件，以及其他有利于预防、查获、制裁犯罪的行为。

（三）立功的主体

1.刑法上的立功只能由"犯罪分子"实施。一般人不能成立刑法上的立功。

2.立功要由犯罪分子本人实施，别人帮助实施的不成立立功。

【总结】立功只能"亲力亲为"，即自己的事情自己做。

（四）立功的实质条件

1.从法律上说（人身危险性降低）

行为人在犯罪后揭发他人犯罪行为，或者提供重要线索，从而得以侦破其他案件，表明行为人对犯罪行为的痛恨，因而其再次犯罪可能性较小。

2.从政策上说（节约了司法资源）

揭发他人犯罪行为，或者提供重要线索，有利于司法机关发现、侦破其他犯罪案件，从而实现刑法的确证，有利于节约司法资源。

【总结】如果不满足以上两点，不能随便认定为立功表现。例如，行为人到案后向地震灾区捐款2000万元的，不应认定为立功。这种捐款行为只能说明其有爱心，而有爱心不能表明具备上述两种实质根据。

（五）立功的类型

1.揭发式立功

犯罪分子揭发他人的犯罪行为，并查证属实。

（1）犯罪人告发他人对自己犯罪属于"揭发"。例如，甲女因诈骗罪被捕，揭发乙男强奸自己，应认定为立功。换言之，这里的揭发包含被害人告发。

（2）对他人所认定的罪名应在"如实供述自己的罪行"的范围之外。如果揭发同案犯想构成立功，必须是共同犯罪以外的其他犯罪才可以。揭发同案犯的同案行为属于自

首或者坦白的内容。

　　【提示】针对对向犯（如行贿罪、受贿罪），揭发他人的事实属于如实供述自己犯罪事实的组成部分，不能认定为立功。

　　（3）不要求立功者检举揭发的是完全符合犯罪构成的犯罪行为。这里的"犯罪行为"只要求具备客观阶层的条件即可。

　　【注意】（1）揭发了他人的"犯罪行为"，事后查明他人在实施客观危害行为时不具有责任能力的，属于立功。

　　（2）揭发了他人的"犯罪行为"，但他人在行为时并没有故意与过失，而是意外事件造成的，也应认定为立功。

　　（3）揭发了他人的"犯罪行为"，但他人的行为未达到司法解释所规定的犯罪数额的，不影响立功的成立。

　　（4）揭发了他人的"犯罪行为"，事后查明"他人"已经死亡的，构成立功。

　　（5）揭发了他人的"犯罪行为"，但是该犯罪行为已超过规定时效的，构成立功。

　　（6）"揭发"他人正当防卫、紧急避险等排除犯罪的行为，不属于立功。

　　（7）揭发他人犯罪行为，不能适用中国刑法的，不属于立功。

　　（8）揭发他人实施的告诉才处理的犯罪的，不属于立功。因为对于告诉才处理的犯罪，不存在公诉，也就不存在节约司法资源的问题。

　　2.提供线索式立功

　　提供侦破其他案件的重要线索，经查证属实。

　　根据司法解释规定，下列不属于立功：

　　（1）犯罪分子通过贿买、暴力、胁迫等非法手段，或者被羁押后与律师、亲友会见过程中违反监管规定，获取他人犯罪线索并"检举揭发"的，不能认定为有立功表现。

　　（2）犯罪分子将本人以往查办犯罪职务活动中掌握的，或者从负有查办犯罪、监管职责的国家工作人员处获取的他人犯罪线索予以检举揭发的，不能认定为有立功表现。

　　（3）犯罪分子亲友为使犯罪分子"立功"，向司法机关提供他人犯罪线索、协助抓捕犯罪嫌疑人的，不能认定为犯罪分子有立功表现。

　　3.协助抓捕式立功

　　协助司法机关抓捕其他犯罪嫌疑人。

　　根据司法解释规定，犯罪分子具有下列行为之一，使司法机关抓获其他犯罪嫌疑人的，属于"协助司法机关抓捕其他犯罪嫌疑人"：

　　（1）按照司法机关的安排，以打电话、发信息等方式将其他犯罪嫌疑人（包括同案犯）约至指定地点的。

　　（2）按照司法机关的安排，当场指认、辨认其他犯罪嫌疑人（包括同案犯）的。

　　（3）带领侦查人员抓获其他犯罪嫌疑人（包括同案犯）的。

　　（4）提供司法机关尚未掌握的其他案件犯罪嫌疑人的联络方式、藏匿地址的，等等。

　　犯罪分子提供同案犯姓名、住址、体貌特征等基本情况，或者提供犯罪前、犯罪中掌握、使用的同案犯联络方式、藏匿地址，司法机关据此抓捕同案犯的，不能认定为协助司法机关抓捕同案犯。

4.科研发明式立功

在生产、科研中进行技术革新，成绩突出的；在抢险救灾或者排除重大事故中表现突出的；对国家和社会有其他贡献的。这些情形应能体现出犯罪分子的人身危险性降低，才能认定为立功。

5.阻止犯罪式立功

阻止他人犯罪。例如，在监狱服刑期间，阻止狱友实施故意杀人的，可构成立功。

（六）重大立功

1.所谓重大立功，根据有关司法解释，是指犯罪分子检举、揭发他人重大犯罪行为，经查证属实；提供侦破其他重大案件的重要线索，经查证属实；阻止他人重大犯罪活动；协助司法机关抓捕其他重大犯罪嫌疑人（包括同案犯）；对国家和社会有其他重大贡献等表现的行为。

2.对于重大立功，可以减轻或者免除处罚。

【提示】重大立功，是指上述犯罪嫌疑人或者被告人可能被判处无期徒刑以上刑罚的。

（七）立功的法律后果

1.一般立功：可以从轻或者减轻处罚。

2.重大立功：可以减轻或者免除处罚。

经典考题：下列哪些选项不构成立功？（2012年卷二第57题，多选）①

A.甲是唯一知晓同案犯裴某手机号的人，其主动供述裴某手机号，侦查机关据此采用技术侦查手段将裴某抓获

B.乙因购买境外人士赵某的海洛因被抓获后，按司法机关要求向赵某发短信"报平安"，并表示还要购买毒品，赵某因此未离境，等待乙时被抓获

C.丙被抓获后，通过律师转告其父想办法协助司法机关抓捕同案犯，丙父最终找到同案犯藏匿地点，协助侦查机关将其抓获

D.丁被抓获后，向侦查机关提供同案犯的体貌特征，同案犯由此被抓获

第四节　数罪并罚

一、法条

第69条　判决宣告以前一人犯数罪的，除判处死刑和无期徒刑的以外，应当在总和

---

① 【答案】ACD。AD项错误，根据相关司法解释的规定，协助司法机关抓获其他犯罪嫌疑人（包括同案犯），应当认定为有立功表现。但是，犯罪分子提供同案犯姓名、住址、体貌特征等基本情况，或者提供犯罪前、犯罪中掌握、使用的联络方式、藏匿地址，司法机关据此抓捕同案犯的，不能认定为协助司法机关抓获同案犯。所以甲和丁都不构成立功。B项正确，根据相关司法解释的规定，按照司法机关的安排，以打电话、发信息等方式将其他犯罪嫌疑人（包括同案犯）约至指定地点，成立抓捕型立功。所以乙属于立功表现。C项错误，丙的父亲找到同案犯藏匿地点，协助侦查机关将其抓获，不能认定为丙的立功表现。综上，ACD项当选。

刑期以下、数刑中最高刑期以上，酌情决定执行的刑期，但是管制最高不能超过三年，拘役最高不能超过一年，有期徒刑总和刑期不满三十五年的，最高不能超过二十年，总和刑期在三十五年以上的，最高不能超过二十五年。

数罪中有判处有期徒刑和拘役的，执行有期徒刑。数罪中有判处有期徒刑和管制，或者拘役和管制的，有期徒刑、拘役执行完毕后，管制仍须执行。

数罪中有判处附加刑的，附加刑仍须执行，其中附加刑种类相同的，合并执行，种类不同的，分别执行。

第70条 （先并后减）判决宣告以后，刑罚执行完毕以前，发现被判刑的犯罪分子在判决宣告以前还有其他罪没有判决的，应当对新发现的罪作出判决，把前后两个判决所判处的刑罚，依照本法第六十九条的规定，决定执行的刑罚。已经执行的刑期，应当计算在新判决决定的刑期以内。

第71条 （先减后并）判决宣告以后，刑罚执行完毕以前，被判刑的犯罪分子又犯罪的，应当对新犯的罪作出判决，把前罪没有执行的刑罚和后罪所判处的刑罚，依照本法第六十九条的规定，决定执行的刑罚。

【总结1】

主刑				附加刑	
刑种	单罚	并罚	原则	同种	异种
管制	3月~2年	≤3年	限制加重	合并执行	分别执行
拘役	1月~6月	≤1年			
有期徒刑	6月~15年	总和刑期不满35年：≤20年			
		总和刑期35年以上：≤25年			
无期徒刑	无期徒刑	无期徒刑（除被死刑吸收）	吸收原则		
死刑	死刑	死刑			

【总结2】

吸收原则	1.死刑+其他主刑=死刑 2.无期+除死刑外的其他主刑=无期 3.有期徒刑+拘役=有期徒刑
限制加重原则	1.管制：3~2~3。 2.拘役：1~6~1。 3.有期徒刑并罚最小值为数刑中的最大值，其最大值的确定和数刑之和有关系，规律如下： 结论一：数罪之和≤20 → 并罚最大值就是数罪之和。 结论二：20<数罪之和<35 → 并罚最大值是20。 结论三：数罪之和≥35 → 并罚最大值是25。
并科原则	1.有期徒刑+管制=都要执行（先有期后管制） 2.拘役+管制=都要执行（先拘役后管制） 3.异种附加刑分别执行

二、概念

数罪并罚，是指法院对一人犯数个罪分别定罪量刑，并根据法定原则与方法决定应当执行的刑罚。

三、有期、拘役、管制间的并罚（第69条第2款）

公式总结	"同种吸"	有期徒刑+拘役=有期徒刑（有期吸收拘役）
	"异种并"	有期徒刑+管制=都要执行（先有期后管制） 拘役+管制=都要执行（先拘役后管制）

1.数个有期+数个拘役=数个有期的并罚

例如：甲犯A、B、C三罪，分别被判处有期徒刑3年、5年和拘役6个月。在有期徒刑和拘役并存的情况下，有期徒刑直接吸收拘役，所以只对有期徒刑3年和5年进行并罚，所以并罚的范围是：$5 \leqslant X \leqslant 8$，最终在这个范围内确定甲应当执行的有期徒刑。

2.多个有期徒刑或多个拘役+多个管制=各自管各自、各自执行各自

例如：甲犯A、B、C、D四个罪，分别被判处有期徒刑3年、5年和管制1年、2年。各自管各自、各自执行各自的含义就是，此时有期徒刑并罚的范围是：$5 \leqslant X \leqslant 8$；管制并罚的范围是：$2 \leqslant Y \leqslant 3$。分别确定了有期徒刑和管制的并罚范围之后，在有期徒刑执行完毕之后再单独执行管制的刑期。

3.多个有期徒刑+多个拘役+多个管制=多个有期徒刑+多个管制=各自管各自、各自执行各自

例如：甲犯A、B、C、D、E五个罪，分别被判处有期徒刑3年、5年、拘役6个月、管制1年、2年。此时，拘役直接不用再执行，相当于没有发生过。各自管各自、各自执行各自的含义就是，此时有期徒刑并罚的范围是：$5 \leqslant X \leqslant 8$；管制并罚的范围是：$2 \leqslant Y \leqslant 3$。分别确定了有期徒刑和管制的并罚范围之后，在有期徒刑执行完毕之后再单独执行管制的刑期。

四、有期徒刑的并罚原则

有期并罚时 —— 总和刑期<35 —— 最高刑期不超过20年
总和刑期≥35 —— 最高刑期不超过25年

例1：三个罪分别被判处3年、4年、5年 → $5 \leqslant X \leqslant 12$。
例2：三个罪分别被判处7年、8年、9年 → $9 \leqslant X \leqslant 20$。
例3：三个罪分别被判处11年、13年、14年 → $14 \leqslant X \leqslant 25$。
结论一：数罪之和≤20 → 并罚最大值就是数罪之和。
结论二：20<数罪之和<35 → 并罚最大值就是20。
结论三：数罪之和≥35 → 并罚最大值就是25。

五、漏罪先并后减（《刑法》第70条）

（一）漏罪为什么要先并后减？

在理想状态下，漏罪原本就应与前罪同时被发现，然后数罪并罚的，所以，即便现在才发现遗漏，也应该回到初始状态，先并罚，之后再扣除已经执行的刑罚，故先并后减。

（二）经典案例

例1：甲在判决宣告以前犯有A、B二罪，但法院只判决A罪8年有期徒刑；执行3年后发现B罪，法院对B罪判处9年有期徒刑。

例2：乙在判决宣告以前犯有A、B、C、D四个罪，但法院只判决A罪8年有期徒刑、B罪12年有期徒刑，决定合并执行18年有期徒刑。执行5年后，发现C罪与D罪，法院判处C罪5年有期徒刑、D罪7年有期徒刑。

例3：丙在判决宣告以前犯有A、B、C、D四个罪，但法院只判决A罪11年有期徒刑、B罪12年有期徒刑，决定合并执行18年有期徒刑。执行5年后，发现C罪与D罪，法院判处C罪10年有期徒刑、D罪13年有期徒刑。

（三）案例分析

【提示】"先并后减"或者"先减后并"中的"减"指的是减掉已经执行的那部分刑期。

1.例1分析：A罪为8年，B罪（漏罪）为9年，执行刑期（被减者）为3年。

第一步："先并"：8年和9年并罚 → $9 \leqslant X \leqslant 17$ → 范围1

第二步："后减"：$9-3 \leqslant X \leqslant 17-3$ → $6 \leqslant X \leqslant 14$ → 范围2

第三步：得出两个范围，一个是没有减掉执行刑期的范围；另一个是减掉执行刑期的范围。这两个范围没有对错之分，在题目中要看最后结论是怎么问的？可能有两种结论分别对应不同的范围。

结论一 → 对应范围1：法院数罪并罚决定执行15年有期徒刑，已经执行的刑期包含在内。15年在范围1内，所以这属于没减之前，已经执行的刑期当然包含在内！

结论二 → 对应范围2：法院数罪并罚决定执行8年有期徒刑，已经执行的刑期不包含在内。8年在范围2内，所以这属于减掉之后，已经执行的刑期当然不包含在内！

2.例2分析：之前并罚18年，C罪5年，D罪7年，执行刑期（被减者）为5年。

第一步："先并"：18年、5年、7年并罚 → $18 \leqslant X \leqslant 20$ → 范围1

第二步："后减"：$18-5 \leqslant X \leqslant 20-5$ → $13 \leqslant X \leqslant 15$ → 范围2

第三步：得出两个范围，一个是没有减掉执行刑期的范围；另一个是减掉执行刑期的范围。这两个范围没有对错之分，在题目中要看最后结论是怎么问的？可能有两种结论分别对应不同的范围。

结论一 → 对应范围1：法院数罪并罚决定执行19年有期徒刑，已经执行的刑期包含在内。19年在范围1内，所以这属于没减之前，已经执行的刑期当然包含在内！

结论二 → 对应范围2：法院数罪并罚决定执行14年有期徒刑，已经执行的刑期不包含在内。14年在范围2内，所以这属于减掉之后，已经执行的刑期当然不包含在内！

3.例3分析：之前并罚18年，C罪10年，D罪13年，执行刑期（被减者）为5年。

第一步："先并"：18年、10年、13年并罚 → 18 ≤ X ≤ 25 → 范围1

第二步："后减"：18-5 ≤ X ≤ 25-5 → 13 ≤ X ≤ 20 → 范围2

第三步：得出两个范围，一个是没有减掉执行刑期的范围；另一个是减掉执行刑期的范围。这两个范围没有对错之分，在题目中要看最后结论是怎么问的？可能有两种结论分别对应不同的范围。

结论一 → 对应范围1：法院数罪并罚决定执行22年有期徒刑，已经执行的刑期包含在内。22年在范围1内，所以这属于没减之前，已经执行的刑期当然包含在内！

结论二 → 对应范围2：法院数罪并罚决定执行16年有期徒刑，已经执行的刑期不包含在内。16年在范围2内，所以这属于减掉之后，已经执行的刑期当然不包含在内！

六、新罪先减后并（《刑法》第71条）

（一）新罪为什么要先减后并?

因为前罪随着刑罚执行，犯罪人已经逐渐被改造，到新罪发生时，犯罪人只相当于犯应判处剩余刑期之罪，所以要先减后并。

【提示】既犯新罪又发现漏罪的处理原则：先解决漏罪，再解决新罪，实际操作就是先并后减再并。

（二）经典案例

例1：甲因犯某罪被判处有期徒刑15年，执行10年后又犯新罪，对新罪判处有期徒刑8年。

例2：乙因盗窃被判7年，执行3年后，又犯故意伤害罪应判11年，同时发现漏罪强奸罪应判12年。

（三）案例分析

【提示】"先并后减"或者"先减后并"中的"减"指的是减掉已经执行的那部分刑期。

1.例1分析：前罪15年，新罪8年，执行刑期（被减者）为10年。

第一步："先减"：15-10=5。

第二步："后并"：5年和8年并罚 → 8 ≤ X ≤ 13。

第三步：只得出一个范围，在这个范围内选择具体的年限，该年限为服刑者还需服刑的时间。加上之前减掉的服刑时间，就是其总的服刑时间。例如，决定执行11年，那么服刑者就需要再服刑11年的时间，加上之前的10年，总共服刑21年。

2.例2分析：先解决漏罪，再解决新罪。

第一步："解决漏罪" → 7年和12年先并：12 ≤ X ≤ 19；再两头各减去3年：9 ≤ X ≤ 16 → 因为后面解决新罪也会涉及"减"的问题，不能前后减掉两次，所以这两个范围我们要利用第二个范围。在第二个范围内选择一个具体的刑期，如12年，再把这个12年具体带入到下一步分析中。

第二步："解决新罪" → 因为之前解决漏罪已经将之前执行的刑期减掉了，所以12年直接与新罪的11年"并"就可以了 → 12 ≤ X ≤ 20。最后在这个范围内来决定执行刑期就可以了。

【总结】漏罪、新罪并罚原则谐音技巧

技巧一	从漏罪入手，LBJ谐音为"老北京"。
技巧二	"新减并"谐音为"新煎饼"，天津人的最爱。
技巧三	从漏罪入手，"漏并减"巧记为"LBJ（勒布朗·詹姆斯）"，此为篮球爱好者的记忆技巧。

七、缓刑、假释考验期内发现漏罪、新罪（考验期内发生的）的总结

	缓刑	1.考验期届满前 → 漏罪 → 撤销缓刑（及时发现及时解决）→ 数罪并罚（第69条）。 2.考验期届满前 → 新罪 → 撤销缓刑（给脸不要脸的结果）→ 数罪并罚（第69条）。 3.考验期届满后 → 新罪 → 撤销缓刑（不要脸何须管时间）→ 数罪并罚（第69条）。 4.考验期届满后 → 漏罪 → 不能撤销（人性自保遵守约定）→ 另行起诉。
	假释	1.考验期届满前 → 漏罪 → 撤销假释（及时发现及时解决）→ 先并后减（第70条）。 2.考验期届满前 → 新罪 → 撤销假释（给脸不要脸的结果）→ 先减后并（第71条）。 3.考验期届满后 → 新罪 → 撤销假释（不要脸何须管时间）→ 先减后并（第71条）。 4.考验期届满后 → 漏罪 → 不能撤销（人性自保遵守约定）→ 另行起诉。
规律总结	分析	1.考验期届满之前（意味着现在这个罪还没有完全解决完毕），发现漏罪（本不该漏），应回归到原始状态（需要撤销缓刑），将数个罪进行并罚。 2.考验期届满之后（意味着现在这个罪已经解决完毕）再发现漏罪，你就不能因为漏罪（毕竟历史遗留问题）而撤销此罪的考验期（因为人家考验期里那么乖），只能另行侦查、起诉。 3.无论考验期届满前还是届满后，只要发现在考验期之内犯新罪，一律撤销缓刑或假释，然后进行数罪并罚。道理很简单：考验期是一次"机会"，你需要珍惜它，在考验期里面犯新罪，这是一件很过分的事，国家当然要收回这次"机会"即撤销缓刑或假释，对你进行并罚。 4.有人会问：考验期届满后再犯新罪，还能撤销缓刑或假释吗？回答：这怎么可能？考验期合格届满之后，意味着你珍惜了这次"机会"，国家很是欣慰，奖励就给你了（这是你应得的）。之后你再犯新罪，就和上次"机会"没有任何关联，凭什么撤销呢？这里其实涉及的是行为人成不成立累犯的问题。如果是缓刑考验期届满后5年内犯新的故意犯罪，不成立累犯，因为缓刑考验期届满意味着前罪不再执行，即没有执行完毕的问题，何来累犯？假释考验期届满后，意味着前罪执行完毕，所以满足条件可以成立累犯。 5.有人又会问：缓刑撤销后的并罚为什么没有"先减"或"后减"的问题，而假释却有呢？回答："先减"或"后减"中的"减"指的是减掉已经执行的刑期，缓刑没有实际执行过，谈何"减"的问题？假释之前可是实际执行过的，所以才有"减"的问题。

经典考题：判决宣告以前一人犯数罪，数罪中有判处（1）和（2）的，执行（3）；数罪中所判处的（4），仍须执行。将下列哪些选项内容填入以上相应括号内是正确的？（2016年卷二第55题，多选）①

    A.（1）死刑　（2）有期徒刑　（3）死刑　（4）罚金

    B.（1）无期徒刑　（2）拘役　（3）无期徒刑　（4）没收财产

    C.（1）有期徒刑　（2）拘役　（3）有期徒刑　（4）附加刑

    D.（1）拘役　（2）管制　（3）拘役　（4）剥夺政治权利

第五节　缓　刑

一、法条

第72条　对于被判处拘役、三年以下有期徒刑的犯罪分子，同时符合下列条件的，可以宣告缓刑，对其中不满十八周岁的人、怀孕的妇女和已满七十五周岁的人，应当宣告缓刑：

（一）犯罪情节较轻；

（二）有悔罪表现；

（三）没有再犯罪的危险；

（四）宣告缓刑对所居住社区没有重大不良影响。

宣告缓刑，可以根据犯罪情况，同时禁止犯罪分子在缓刑考验期限内从事特定活动，进入特定区域、场所，接触特定的人。

被宣告缓刑的犯罪分子，如果被判处附加刑，附加刑仍须执行。

第73条　拘役的缓刑考验期限为原判刑期以上一年以下，但是不能少于二个月。

有期徒刑的缓刑考验期限为原判刑期以上五年以下，但是不能少于一年。

缓刑考验期限，从判决确定之日起计算。

第74条　对于累犯和犯罪集团的首要分子，不适用缓刑。

第75条　被宣告缓刑的犯罪分子，应当遵守下列规定：

（一）遵守法律、行政法规，服从监督；

（二）按照考察机关的规定报告自己的活动情况；

---

① 【答案】ABC。AB项正确。根据《刑法》第69条第1款的规定，判决宣告以前一人犯数罪的，除判处死刑和无期徒刑的以外，应当在总和刑期以下、数刑中最高刑期以上，酌情决定执行的刑期。针对主刑问题，只要数个主刑中存在死刑或者无期徒刑，那么其他类型的主刑就会被吸收而只执行死刑或者无期徒刑。而针对附加刑的并罚原则是：同种合并执行，异种分开执行。C项正确，D项错误。根据《刑法》第69条第2款的规定，数罪中有判处有期徒刑和拘役的，执行有期徒刑。数罪中有判处有期徒刑和管制，或者拘役和管制的，有期徒刑、拘役执行完毕后，管制仍须执行。关于有期徒刑与拘役、有期徒刑与管制、拘役与管制之间的并罚问题的公式总结：（1）有期徒刑＋拘役＝有期徒刑（吸收原则）；（2）有期徒刑＋管制＝都要执行（并科原则）；（3）拘役＋管制＝都要执行（并科原则）。综上，ABC项当选。

（三）遵守考察机关关于会客的规定；

（四）离开所居住的市、县或者迁居，应当报经考察机关批准。

第76条　对宣告缓刑的犯罪分子，在缓刑考验期限内，依法实行社区矫正，如果没有本法第七十七条规定的情形，缓刑考验期满，原判的刑罚就不再执行，并公开予以宣告。

第77条　被宣告缓刑的犯罪分子，在缓刑考验期限内犯新罪或者发现判决宣告以前还有其他罪没有判决的，应当撤销缓刑，对新犯的罪或者新发现的罪作出判决，把前罪和后罪所判处的刑罚，依照本法第六十九条的规定，决定执行的刑罚。

被宣告缓刑的犯罪分子，在缓刑考验期限内，违反法律、行政法规或者国务院有关部门关于缓刑的监督管理规定，或者违反人民法院判决中的禁止令，情节严重的，应当撤销缓刑，执行原判刑罚。

二、概念

缓刑是一种之前给犯罪的人"机会"的执行制度。对于被判处拘役、3年以下有期徒刑的犯罪人，由于其犯罪情节较轻，有悔罪表现，没有再犯罪的危险，暂不执行刑罚对所居住社区没有重大不良影响的，就可以规定一定的考验期，暂缓刑罚执行；如果犯罪人在考验期内遵守一定条件，原判刑罚就不再执行的制度。

（一）缓刑与死刑缓期执行

二者虽然都是有条件地不执行原判刑罚，都不是独立的刑种，但在适用对象、执行方法、法律后果等方面存在本质区别。

（二）缓刑与免除处罚

缓刑以判处一定的刑罚为前提，而免除处罚时并没有判处刑罚；缓刑具有执行所判刑罚的可能性，免除处罚不存在这种可能性。

（三）缓刑与暂予监外执行

根据刑事诉讼法的规定，对于被判处有期徒刑或者拘役的罪犯，有严重疾病需要保外就医的，或者怀孕或正在哺乳自己婴儿的妇女，适用保外就医不可能有社会危险性、不可能自伤自残的，可以暂予监外执行；对于被判处有期徒刑、拘役，生活不能自理，不致危害社会的罪犯，也可以暂予监外执行。

缓刑与暂予监外执行具有严格区别：

1.缓刑适用于被判处拘役、3年以下有期徒刑的犯罪人；暂予监外执行对有期徒刑没有期限限制。

2.宣告缓刑后，事实上没有执行刑罚；暂予监外执行时，仍然在执行刑罚。

3.缓刑是有条件地不执行所判刑罚，如果犯罪人遵守了法定条件，原判刑罚就不再执行；而暂予监外执行的情形消失后，犯罪人刑期未满的，应当及时收监执行。

三、适用条件

（一）对象条件

1.被判处拘役或者3年以下有期徒刑（包含本数正好3年）的犯罪分子。此处是就宣告刑而言，而不是指法定刑；即使法定最低刑高于3年有期徒刑，但因具有减轻处罚情节而判处3年以下有期徒刑的，也可能适用缓刑。

2.对被判处管制或者单处附加刑的，不能适用缓刑。因为管制与附加刑都没有剥夺犯罪人的人身自由，适用缓刑没有实际意义。

3.如果一人判决前犯数罪，实行数罪并罚后，决定执行的刑罚为3年以下有期徒刑或者拘役的，也可以适用缓刑。

（二）实质条件

1.犯罪情节较轻。

2.有悔罪表现。

3.没有再犯罪的危险。

4.宣告缓刑对所居住社区没有重大不良影响。

【提示】犯罪人在考验期内又犯新罪，表明其社会危害性和人身危险性仍非常大，就不符合适用缓刑的条件（要求没有再犯罪的危险）。因此在数罪并罚后，对犯罪人不能再次适用缓刑。

（三）消极性条件（限制条件）

累犯和犯罪集团的首要分子，不适用缓刑。

（四）区别对待原则

具备了上述条件的，对一般人而言，是可以宣告缓刑；对其中不满18周岁的人、怀孕的妇女和已满75周岁的人（未老孕），是应当宣告缓刑。

四、法律后果

（一）缓刑成功

原判刑罚不再执行。既然是不再执行，所以不会涉及执行完毕的问题，因此，在缓刑考验期内再犯新罪以及在考验期满后再犯新罪的，都不成立累犯。

（二）缓刑失败

1.缓刑考验期届满之前发现漏罪 → 撤销缓刑（及时发现及时解决）→ 数罪并罚（第69条）。

2.缓刑考验期内犯了新罪（给脸不要）→ 不要脸何须管时间，撤销缓刑 → 数罪并罚（第69条）。

3.在缓刑考验期内，违反法律、行政法规或者监管规定，情节严重的，应当撤销缓刑，执行原判刑罚。

4.被宣告缓刑的犯罪人，在缓刑考验期内，违反人民法院判决中的禁止令，情节严重的，应当撤销缓刑，执行原判刑罚。

五、缓刑考验期

1.拘役：原判刑罚≤考验期≤1年，但不得少于2个月。

2.有期徒刑：原判刑罚≤考验期≤5年，但不得少于1年。

六、其他

1.因为判处缓刑时没有实际执行刑罚，所以不存在减去已经执行的刑期问题，不存在"先并后减"或"先减后并"的做法。

2.缓刑的考验期从判决确定之日起计算，已经经过的缓刑考验期不算在已经执行的刑期内。

3.原判决宣告以前先行羁押的，羁押日期应当折抵刑期。但是这里的羁押是指刑事羁押，行政拘留等不属于刑事羁押，不能折抵刑期。

4.缓刑可以适用禁止令。

经典考题： 关于缓刑的适用，下列哪些选项是正确的？（2015年卷二第59题，多选）①

A.甲犯重婚罪和虐待罪，数罪并罚后也可能适用缓刑

B.乙犯遗弃罪被判处管制1年，即使犯罪情节轻微，也不能宣告缓刑

C.丙犯绑架罪但有立功情节，即使该罪的法定最低刑为5年有期徒刑，也可能适用缓刑

D.丁17岁时因犯放火罪被判处有期徒刑5年，23岁时又犯伪证罪，仍有可能适用缓刑

---

① 【答案】ABCD。A项正确，缓刑只适用于被判处拘役或者3年以下有期徒刑的犯罪人。如果一人判决前犯数罪，实行数罪并罚后，决定执行的刑罚为3年以下有期徒刑或者拘役的，也可以对其适用缓刑。B项正确，如A项解析所述，缓刑只适用于被判处拘役或者3年以下有期徒刑的犯罪人。对被判处管制的，不能适用缓刑，因为管制没有剥夺犯罪人的人身自由，对其适用缓刑没有实际意义。C项正确，如A项解析所述，缓刑只适用于被判处拘役或者3年以下有期徒刑的犯罪人。所谓被判处拘役或者3年以下有期徒刑，是就宣告刑而言，而不是指法定刑。即使法定最低刑高于3年有期徒刑，但因具有减轻处罚情节而判处3年以下有期徒刑的，也可能适用缓刑。D项正确，根据《刑法》第74条的规定，对于累犯和犯罪集团的首要分子，不适用缓刑。本案中的丁第一次犯罪时不满18周岁，而且前后两罪的间隔时间已经超过5年，不成立一般累犯，自然可以对其适用缓刑。综上，ABCD项当选。

专题十六 刑罚的执行（行刑）

命题点拨

本专题内容中的假释属于传统重点。

第一节 减 刑

一、法条

第78条 被判处管制、拘役、有期徒刑、无期徒刑的犯罪分子，在执行期间，如果认真遵守监规，接受教育改造，确有悔改表现的，或者有立功表现的，可以减刑；有下列重大立功表现之一的，应当减刑：

（一）阻止他人重大犯罪活动的；

（二）检举监狱内外重大犯罪活动，经查证属实的；

（三）有发明创造或者重大技术革新的；

（四）在日常生产、生活中舍己救人的；

（五）在抗御自然灾害或者排除重大事故中，有突出表现的；

（六）对国家和社会有其他重大贡献的。

减刑以后实际执行的刑期不能少于下列期限：

（一）判处管制、拘役、有期徒刑的，不能少于原判刑期的二分之一；

（二）判处无期徒刑的，不能少于十三年；

（三）人民法院依照本法第五十条第二款规定限制减刑的死刑缓期执行的犯罪分子，缓期执行期满后依法减为无期徒刑的，不能少于二十五年，缓期执行期满后依法减为二十五年有期徒刑的，不能少于二十年。

第79条 对于犯罪分子的减刑，由执行机关向中级以上人民法院提出减刑建议书。人民法院应当组成合议庭进行审理，对确有悔改或者立功事实的，裁定予以减刑。非经法定程序不得减刑。

第80条 无期徒刑减为有期徒刑的刑期，从裁定减刑之日起计算。

二、概念

减刑是指对于被判处管制、拘役、有期徒刑、无期徒刑的犯罪人，在刑罚执行期间，如果认真遵守监规，接受教育改造，确有悔改表现，或者有立功表现的，适当减轻原判刑罚的制度。

1.减刑与改判：减刑是在原判决基础上减轻刑罚；改判是撤销原判决，重新作出判决。

2.减刑与减轻处罚：减刑属于刑罚的执行；减轻处罚是在作出判决时在量刑上减轻处罚，属于刑罚的裁量。

3.减刑与死缓减为无期、有期：死缓减为无期徒刑或者有期徒刑属于死缓的执行方式，不是《刑法》第78条规定的真正意义上的减刑。

三、适用条件

（一）对象条件

被判处管制、拘役、有期徒刑、无期徒刑的犯罪分子。注意：判处拘役或者3年以下有期徒刑并宣告缓刑的罪犯，一般不适用减刑。

（二）实际执行期限条件

1.判处管制、拘役、有期徒刑的，不能少于原判刑期的1/2。

2.判处无期徒刑的，不能少于13年。

【提示】上述内容强调的是减刑之后剩余的最低实际期限。

（三）实质条件

1.可以减刑：犯罪人在刑罚执行期间，认真遵守监规，接受教育改造，确有悔改表现，或者有立功表现。

2.应当减刑：犯罪人在刑罚执行期间，有重大立功表现。

四、减刑程序

必须由执行机关向中级以上人民法院提出减刑建议书。基层人民法院无权裁定减刑；中级以上人民法院在没有执行机关的减刑建议书的情况下，不能直接减刑；执行机关本身也不能直接减刑。

法院应当组成合议庭进行审理，裁定减刑。中级以上人民法院在没有组成合议庭的情况下，不得裁定减刑；裁定减刑时，应以事实为根据，以法律为准绳。

五、司法解释

1.关于"确有悔改表现"

对职务犯罪、破坏金融管理秩序和金融诈骗犯罪、组织（领导、参加、包庇、纵容）黑社会性质组织犯罪等罪犯，不积极退赃、协助追缴赃款赃物、赔偿损失，或者服刑期间利用个人影响力和社会关系等不正当手段意图获得减刑、假释的，不认定其"确有悔改表现"。例如，（2017年卷二第17题C项）"丙犯贪污罪被判处无期徒刑，拒不交代贪污款去向，一直未退赃。丙已服刑20年，确有悔改表现，无再犯危险。对丙可假释。"该项错误，无论减刑还是假释，都需要满足"确有悔改表现"的要求。根据《最高人民法院关于办理减刑、假释案件具体应用法律的规定》第3条第2款规定，对职务犯罪、破坏金融管理秩序和金融诈骗犯罪、组织（领导、参加、包庇、纵容）黑社会性质组织犯罪等罪犯，不积极退赃、协助追缴赃款赃物、赔偿损失，或者服刑期间利用个人影响力和社会关系等不正当手段意图获得减刑、假释的，不认定其"确有悔改表现"。

2.有期徒刑罪犯的减刑起始时间（将有期徒刑设为X）

（1）X＜10年→应当执行2年以上方可减刑。

（2）X≥10年 → 应当执行3年以上方可减刑。

【注意】都是自判决执行之日起计算。

【提示】这里强调的是从什么时候可以开始减刑。

3.被判处死缓的罪犯经过一次或者几次减刑后，其实际执行的刑期不得少于15年，死刑缓期执行期间不包括在内。

4.被判处终身监禁的罪犯，在死刑缓期执行期满依法减为无期徒刑的裁定中，应当明确终身监禁，不得再减刑或者假释。

第二节　假　释

一、法条

第81条　被判处有期徒刑的犯罪分子，执行原判刑期二分之一以上，被判处无期徒刑的犯罪分子，实际执行十三年以上，如果认真遵守监规，接受教育改造，确有悔改表现，没有再犯罪的危险的，可以假释。如果有特殊情况，经最高人民法院核准，可以不受上述执行刑期的限制。

对累犯以及因故意杀人、强奸、抢劫、绑架、放火、爆炸、投放危险物质或者有组织的暴力性犯罪被判处十年以上有期徒刑、无期徒刑的犯罪分子，不得假释。

对犯罪分子决定假释时，应当考虑其假释后对所居住社区的影响。

第82条　对于犯罪分子的假释，依照本法第七十九条规定的程序进行。非经法定程序不得假释。

第83条　有期徒刑的假释考验期限，为没有执行完毕的刑期；无期徒刑的假释考验期限为十年。

假释考验期限，从假释之日起计算。

第84条　被宣告假释的犯罪分子，应当遵守下列规定：

（一）遵守法律、行政法规，服从监督；

（二）按照监督机关的规定报告自己的活动情况；

（三）遵守监督机关关于会客的规定；

（四）离开所居住的市、县或者迁居，应当报经监督机关批准。

第85条　对假释的犯罪分子，在假释考验期限内，依法实行社区矫正，如果没有本法第八十六条规定的情形，假释考验期满，就认为原判刑罚已经执行完毕，并公开予以宣告。

第86条　被假释的犯罪分子，在假释考验期限内犯新罪，应当撤销假释，依照本法第七十一条的规定实行数罪并罚。

在假释考验期限内，发现被假释的犯罪分子在判决宣告以前还有其他罪没有判决的，应当撤销假释，依照本法第七十条的规定实行数罪并罚。

被假释的犯罪分子，在假释考验期限内，有违反法律、行政法规或者国务院有关部门关于假释的监督管理规定的行为，尚未构成新的犯罪的，应当依照法定程序撤销假释，收监执行未执行完毕的刑罚。

二、概念

假释，是指对于被判处有期徒刑、无期徒刑的部分犯罪人，认真遵守监规，接受教育改造，确有悔改表现，没有再犯罪的危险，经过执行一定刑罚之后，附条件地予以提前释放的制度。附条件，是指被假释的犯罪人，如果遵守一定条件，就认为原判刑罚已经执行完毕；倘若没有遵守一定条件，就收监执行原判刑罚乃至数罪并罚。与缓刑相比，假释属于之后给罪犯改过自新的机会。

假释是附条件地提前释放，但不同于释放。释放既可能是无罪释放，也可能是刑罚执行完毕而释放，还可能是赦免释放，但都是无条件释放，不存在再执行的可能性。

三、适用条件

（一）对象条件

被判处无期徒刑、有期徒刑的犯罪分子。对被判处管制、拘役的，不能假释。

（二）实际执行期限条件

1.有期徒刑，执行原判刑期1/2以上，才可以适用假释。

2.无期徒刑，实际执行13年以上，才可以适用假释。

3.特殊情况：经最高人民法院核准，可以不受上述执行刑期的限制。"特殊情况"是指与国家、社会利益有重要关系的情况。例如，国家政治、国防、外交等方面的特殊需要。

（三）实质条件

假释只适用于在刑罚执行期间，认真遵守监规，接受教育改造，确有悔改表现，没有再犯罪的危险的犯罪人。

（四）消极条件（限制条件）

1.累犯不予假释。

2.因故意杀人、强奸、抢劫、绑架、放火、爆炸、投放危险物质或者有组织的暴力性犯罪被判处10年以上有期徒刑、无期徒刑的犯罪分子不得假释。

【注意】上述2中的犯罪分子即使减刑后其刑期低于10年，也不得假释。

3.重大贪污贿赂犯罪 → 死缓 → 减为无期 → 终身监禁 → 不得假释。

4.对于生效裁判中有财产性判项，罪犯确有履行能力而不履行或者不全部履行的，不予假释。

四、假释考验期限

1.有期徒刑的假释考验期限 → 没有执行完毕的刑期。

2.无期徒刑的假释考验期限 → 10年。

五、假释后果

（一）假释成功

视为原判刑罚执行完毕。因此，假释成功后再犯新罪的，可能成立累犯。

（二）假释失败

1.考验期届满前 → 漏罪 → 撤销假释（及时发现及时解决）→ 先并后减（第70条）。

2.考验期内犯了新罪 → 不管什么时候发现 → 撤销假释（不要脸何须管时间）→ 先减后并（第71条）。

3.在假释考验期内，违反法律、行政法规或者监管规定，应当撤销假释，收监执行尚未执行完毕的刑罚。

六、假释程序

（一）法条依据

根据第82条的规定，对于犯罪人假释的，由执行机关向中级以上人民法院提出假释建议书。人民法院应当组成合议庭进行审理，对符合假释条件的，裁定予以假释。非经法定程序不得假释。

（二）命题角度

1.必须由执行机关向中级以上人民法院提出假释建议书。基层法院无权裁定假释；中级以上人民法院在没有执行机关的假释建议书的情况下，不能直接假释；执行机关本身也不能直接假释。（体现权力制约）

2.法院应当组成合议庭进行审理，裁定假释。中级以上人民法院在没有组成合议庭的情况下，不得裁定假释；裁定假释时，应以事实为根据，以法律为准绳。

七、司法解释

1.死缓的罪犯减为无期徒刑或者有期徒刑后，实际执行15年以上，方可假释，该实际执行时间应当从死刑缓期执行期满之日起计算。死刑缓期执行期间不包括在内，判决确定以前先行羁押的时间不予折抵。

2.罪犯既符合法定减刑条件，又符合法定假释条件的，可以优先适用假释。

3.罪犯因为考验期内犯新罪被撤销假释的，一般不得再假释。但因漏罪被撤销假释的罪犯，如果罪犯对漏罪曾作如实供述但原判未予认定，或者漏罪系其自首，符合假释条件的，可以再假释。

经典考题：关于假释，下列哪一选项是错误的？（2009年卷二第12题，单选）[①]

A.甲系被假释的犯罪分子，即便其在假释考验期内再犯新罪，也不构成累犯

B.乙系危害国家安全的犯罪分子，对乙不能假释

[①]【答案】B。A项正确，假释考验期内犯新罪，要撤销假释，也就意味着前罪没有执行完毕，既然前罪都没有执行完毕，也就不可能成立累犯。B项错误，不得假释的人有两类：一是累犯，二是因故意杀人、强奸、抢劫、绑架、放火、爆炸、投放危险物质或者有组织的暴力性犯罪被判处10年以上有期徒刑、无期徒刑的犯罪分子。乙属于危害国家安全的犯罪分子，其满足条件是可以假释的。C项正确，丙既不是累犯，也不是暴力性犯罪被判处10年以上有期徒刑、无期徒刑的犯罪分子，所以满足假释的其他条件，当然可以假释。D项正确，只要不是累犯和暴力性犯罪单独判处10年以上有期徒刑、无期徒刑的犯罪分子，即使数罪并罚超过10年，仍然可以假释。综上，B项当选。

C.丙因犯罪被判处有期徒刑二年，缓刑三年。缓刑考验期满后，发现丙在缓刑考验期内的第七个月犯有抢劫罪，应当判处有期徒刑八年，数罪并罚决定执行九年。丙服刑六年时，因有悔罪表现而被裁定假释

D.丁犯抢劫罪被判有期徒刑九年，犯寻衅滋事罪被判有期徒刑五年，数罪并罚后，决定执行有期徒刑十三年，对丁可以假释

专题十七　刑罚的消灭

命题点拨

在最近几年考试中都会出现追诉时效试题（包括客观题和主观题），希望考生们学习时着重把握。

第一节　追诉时效

一、法条

第87条　犯罪经过下列期限不再追诉：

（一）法定最高刑为不满五年有期徒刑的，经过五年；

（二）法定最高刑为五年以上不满十年有期徒刑的，经过十年；

（三）法定最高刑为十年以上有期徒刑的，经过十五年；

（四）法定最高刑为无期徒刑、死刑的，经过二十年。如果二十年以后认为必须追诉的，须报请最高人民检察院核准。

二、概念

刑罚的消灭，是指由于法定的或事实的原因，致使国家对犯罪人的刑罚权归于消灭。

追诉时效，是刑法规定的，对犯罪人进行刑事追诉的有效期限；在此期限内，司法机关有权追诉；超过了此期限，司法机关就不能再进行追诉。因此，超过追诉时效，意味着不能行使求刑权、量刑权与行刑权，也不能适用非刑罚的法律后果，因而导致法律后果消灭。

三、法条的理解

追诉时效的公式总结，X代表最高法定刑：

1. X < 5，追5年。

2. 5 ≤ X < 10，追10年。

3. 10 ≤ X ≤ 15，追15年。

4. 无期徒刑、死刑，追20年。

【注意1】通过不等号的方式能更清楚地表达文字含义，比如某罪法定刑为10以下有期徒刑，文字其实表达最高法定刑包括10，所以此时要追15年，切勿认为追10年，好多考生忽略10以下其实是包含本数的！

【注意2】X代表的是最高法定刑，而且X就是一个数字，对于这个数字，需要根据题目的描述来判断，比如7年以上有期徒刑，那么这个范围内的最高法定刑不就是15年吗？（7年以上，一个罪的有期不能超过15年）那么好了，通过题目给的范围确定了最高法定刑，再把确定了的这个最高法定刑，带入到法条中，看其符合哪个阶段，如果这个最高法定刑X不满5年，追5年；满5年，不满10年，追10年；满10年，追15年。就是这个道理。所以刚才那个7年以上，不就是最高法定刑满10年了？追15年！大家千万不要拿题目给的范围去套范围，这样的话永远是错的，要拿数字去套那个范围！

【注意3】共同犯罪中，一人超过追诉时效，另一人没有超过，则只能对后者追诉。

四、追诉时效的计算

1."犯罪之日"是犯罪成立之日，即行为符合犯罪构成之日。

【注意】连续犯、继续犯，其追诉期限从犯罪行为终了之日起计算。

2.追诉期限应从犯罪之日起计算到审判之日为止。只要在审判之日还没有超过追诉期限，就能追诉。

五、追诉时效的延长

1.人民检察院、公安机关、国家安全机关立案侦查或者人民法院受理案件以后逃避侦查、审判的，不受追诉时效的限制。

2.被害人在追诉期限内提出控告，人民法院、人民检察院、公安机关应当立案而不予立案的，不受追诉时效的限制。

3.经过最高人民检察院核准。无期、死刑超过20年认为有必要追诉的。

【提示】延长就是不受时效的限制，可以一直追。

六、追诉时效的中断

追诉时效的中断即时效重新计算，也称追诉时效的更新，是指在时效进行期间，因发生法律规定的事由，而使以前所经过的时效期间归于无效，法律规定的事由终了之时，时效重新开始计算，即在追诉期限以内又犯罪的，前罪的追诉时效便中断，其追诉时效从后罪成立之日起重新计算。

【注意】追诉时效延长和追诉时效中断竞合时，适用延长的规定。

经典考题：1980年初，张某强奸某妇女并将其杀害。1996年末，张某因酒后驾车致人重伤。两案在2007年初被发现。关于张某的犯罪行为，下列哪些选项是错误的？（2009年卷二第55题，多选）[1]

---

[1]【答案】ABD。犯罪经过下列期限不再追诉：（1）法定最高刑为不满5年有期徒刑的，经过5年；（2）法定最高刑为5年以上不满10年有期徒刑的，经过10年；（3）法定最高刑为10年以上有期徒刑的，经过15年；（4）法定最高刑为无期徒刑、死刑的，经过20年。如果20年以后认为必须追诉的，须报请最高人民检察院核准。本案中，在1980年初，张某犯强奸罪和故意杀人罪，此时普通强奸罪的最高法定刑为10年有期徒刑，追诉时效为15年；而故意杀人罪最高法定刑为死刑，追诉时效为20年。到了1996年，张某犯交通肇事罪，此时强奸罪的追诉时效已过，不再追究，而故意杀人罪的追诉时效要从此重新计算20年。对于交通肇事致人重伤且逃逸，最高法定刑为7年，其追诉时效为10年。到了2007年案发的时候，交通肇事罪的追诉时效已过，不再追究。而故意杀人罪的追诉时效没有过，因此，张某只需承担故意杀人罪的刑事责任。综上，ABD项当选。

A.应当以强奸罪、故意杀人罪和交通肇事罪追究其刑事责任，数罪并罚

B.应当以强奸罪追究其刑事责任

C.应当以故意杀人罪追究其刑事责任

D.不应当追究任何刑事责任

第二节　赦　免

一、概念及类型

赦免是国家宣告对犯罪人免除其罪、免除其刑的一种法律制度，包括大赦与特赦。

1.大赦：是指国家对不特定的多数犯罪分子的赦免。其效力及于罪与刑两个方面，即对宣布大赦的犯罪，不再认为是犯罪，也不再追究其刑事责任。已受罪刑宣告的，宣告归于无效；已受追诉而未受罪刑宣告的，追诉归于无效。

2.特赦：是指国家对特定的犯罪分子的赦免，即对于受罪刑宣告的特定犯罪分子免除其刑罚的全部或部分的执行。这种赦免只赦其刑，不赦其罪。

二、大赦与特赦的区别

对象不同	1.大赦是赦免一定种类或不特定种类的犯罪，其对象是不特定的犯罪人。 2.特赦是赦免特定的犯罪人。
时间不同	1.大赦既可实行于法院判决之后，也可实行于法院判决之前。 2.特赦只能实行于法院判决之后。
内容不同	1.大赦既可赦其罪，又可赦其刑。 2.特赦只能赦其刑，不能赦其罪。
结果不同	1.大赦后再犯罪不构成累犯。 2.特赦后再犯罪的，如果符合累犯条件，则构成累犯。

刑法分论之一 分论概述

专题十八　分论概述

命题点拨

本专题中注意规定与法律拟制是重点内容，尤其是后者，在刑法分则很多罪名中均有涉及，需要特殊把握。

第一节　罪状与罪名

一、罪状

（一）概念

罪状是分则罪刑规范对犯罪具体状况的描述，指明适用该罪刑规范的条件，行为只有符合某罪刑规范的罪状，才能适用该规范。

（二）类型

1.简单罪状：是指对犯罪特征进行简单描述的情形。例如，《刑法》第232条中的"故意杀人的"，是简单罪状。之所以采用简单罪状，往往是因为犯罪特征为众人所知，无须具体描述（你懂我懂大家懂，不需要废话连篇）。简单罪状不违反罪刑法定原则。

2.叙明罪状：是指在罪刑规范中对具体犯罪的构成特征作了详细的描述。例如，《刑法》236条规定"以暴力、胁迫或其他手段强奸妇女的"就是叙明罪状。之所以采用叙明罪状，常常是因为这些犯罪的特征不为一般人所知（一般人不懂），也难以从总则的规定中予以把握，需要作详细规定。叙明罪状的特点是，要件明确，避免歧义。

3.引证罪状：是指引用刑法的其他条款来说明和确定某一犯罪的构成特征。例如，《刑法》第260条第1款规定了虐待罪的罪状和法定刑，其第2款规定："犯前款罪，致使被害人重伤、死亡的，处二年以上七年以下有期徒刑。"之所以采用引证罪状，是因为犯罪特征在刑法条文中已有规定，不必重复描述。引证罪状的特点是条文简练，避免重复。

4.空白罪状：是指没有具体说明某一犯罪的成立条件，但指明了必须参照的其他法律、法令。例如，《刑法》第345条第2款规定："违反森林法的规定，滥伐森林或者其他林木，数量较大的，处三年以下有期徒刑、拘役或者管制，并处或者单处罚金……"之所以采用空白罪状，是因为这些犯罪首先以触犯其他法规为前提，行为内容在其他法规中已有规定，刑法条文又难以作简短表述。空白罪状的特点是参照其他法规，避免复杂表述。

【提示】所有罪状都不违反罪刑法定原则。

【背诵技巧】简单罪状：简单的问题简单说；叙明罪状：复杂的问题详细说；引证

罪状：他人的事情你来说；空白罪状：自己的事情别人说。

二、罪名

（一）概念

罪名就是犯罪名称，是对具体犯罪本质的或主要特征的高度概括。

罪名虽然概括了犯罪内容，但罪名本身并不是确定和解释该犯罪具体犯罪构成的依据；换言之，在确定具体犯罪的构成要件与责任要件时，应以刑法分则明文规定的罪状、总则条文的相关规定以及其他相关条文的内容为依据，而不能直接以罪名为依据确定犯罪构成的具体内容。

（二）类型

1.类罪名与具体罪名

（1）类罪名：是某一类犯罪的总名称。例如，危害国家安全罪，危害公共安全罪，侵犯公民人身权利、民主权利罪，侵犯财产罪等。

（2）具体罪名：是各种具体犯罪的名称。每个具体罪名都有其定义、成立条件与法定刑。例如，《刑法》第263条规定的抢劫罪、第236条规定的强奸罪等。

【提示】不能将类罪名作为具体罪名使用。

2.单一罪名与选择罪名与概括罪名

（1）单一罪名：是指所包含的犯罪构成的具体内容单一，只能反映一个犯罪行为，不能分解拆开使用的罪名。例如，故意杀人罪、故意伤害罪、非法捕捞水产品罪等。

（2）选择罪名：是指所包含的犯罪构成的具体内容复杂，反映出多种行为类型，既可概括使用，也可分解拆开使用的罪名。

①行为选择，即罪名中包括了多种行为。例如，引诱、容留、介绍卖淫罪，走私、贩卖、运输、制造毒品罪。

②对象选择，即罪名中包括了多种对象。例如，拐卖妇女、儿童罪。

③行为与对象同时选择，即罪名中包括了多种行为与多种对象。例如，非法制造、买卖、运输、邮寄、储存枪支、弹药、爆炸物罪。

（3）概括罪名：是指其包含的犯罪构成的具体内容复杂，反映出多种具体行为类型，但只能概括使用，不能分解拆开使用的罪名。

例如：信用卡诈骗罪，包括了使用伪造的信用卡或者使用以虚假的身份证明骗领的信用卡、使用作废的信用卡、冒用他人信用卡、恶意透支等具体行为类型。不管行为人是实施其中一种还是数种行为，都定信用卡诈骗罪。也即，仅恶意透支的，定信用卡诈骗罪，而非定恶意透支罪；实施了上述几种行为的，仍定信用卡诈骗罪，也不实行数罪并罚。

第二节　注意规定

一、概念

注意规定是在刑法已作基本规定的前提下，提示司法人员注意、以免司法人员忽略的规定（本该如此）。

二、特征

1.注意规定的设置，并不改变基本规定的内容，只是对基本规定内容的重申，即使不设置注意规定，也存在相应的法律适用根据（按基本规定处理）。

例如：司法解释规定，携带挪用的公款潜逃的，按照贪污罪论处。该规定就是注意规定。因为携带挪用的公款潜逃的，由于具有了非法占有目的，本身就构成贪污罪。这条规定的出台只是提醒不要将这种情形定为挪用公款罪。即使没有这条规定，遇到携带挪用的公款潜逃的情形，也应按照贪污罪论处。

2.注意规定只具有提示性，其表述的内容与相关基本规定的内容完全相同，因而不会导致将原本不符合相关规定的行为也按相关规定论处。换言之，如果注意规定指出"对A行为应当依甲罪论处"，那么，只有当A行为完全符合甲罪的犯罪构成时，才能将A行为认定为甲罪。

例如：《刑法》第271条第1款规定了职务侵占罪，第2款规定："国有公司、企业或者其他国有单位中从事公务的人员和国有公司、企业或者其他国有单位委派到非国有公司、企业以及其他单位从事公务的人员有前款行为的，依照本法第三百八十二条、第三百八十三条的规定定罪处罚。"显然，只有当国家工作人员的行为完全符合《刑法》第382条规定的贪污罪的犯罪构成时，才能以贪污罪论处。所以，第271条第2款是注意规定，它不会导致将原本不符合贪污罪要件的行为也认定为贪污罪。

三、常考总结

1.第156条：与走私罪犯通谋，为其提供贷款、资金、账号、发票、证明，或者为其提供运输、保管、邮寄或者其他方便的，以走私罪的共犯论处。（走私罪共犯）

2.第183条：保险公司的工作人员利用职务上的便利，故意编造未曾发生的保险事故进行虚假理赔，骗取保险金归自己所有的，依照本法第271条的规定定罪处罚。（职务侵占罪）

国有保险公司工作人员和国有保险公司委派到非国有保险公司从事公务的人员有前款行为的，依照本法第382条、第383条的规定定罪处罚。（贪污罪）

3.第184条：银行或者其他金融机构的工作人员在金融业务活动中索取他人财物或者非法收受他人财物，为他人谋取利益的，或者违反国家规定，收受各种名义的回扣、手续费，归个人所有的，依照本法第163条的规定定罪处罚。（非国家工作人员受贿罪）

国有金融机构工作人员和国有金融机构委派到非国有金融机构从事公务的人员有前款行为的，依照本法第385条、第386条的规定定罪处罚。（受贿罪）

4.第185条：商业银行、证券交易所、期货交易所、证券公司、期货经纪公司、保险公司或者其他金融机构的工作人员利用职务上的便利，挪用本单位或者客户资金的，依照本法第272条的规定定罪处罚。（挪用资金罪）

国有商业银行、证券交易所、期货交易所、证券公司、期货经纪公司、保险公司或者其他国有金融机构的工作人员和国有商业银行、证券交易所、期货交易所、证券公司、期货经纪公司、保险公司或者其他国有金融机构委派到前款规定中的非国有机构从事公务的人员有前款行为的，依照本法第384条的规定定罪处罚。（挪用公款罪）

5.第198条第4款：保险事故的鉴定人、证明人、财产评估人故意提供虚假的证明文件，为他人诈骗提供条件的，以保险诈骗的共犯论处。（保险诈骗罪共犯）

6.第242条第1款：以暴力、威胁方法阻碍国家机关工作人员解救被收买的妇女、儿童的，依照本法第277条的规定定罪处罚。（妨害公务罪）

7.第253条第2款：犯前款罪（私自开拆、隐匿、毁弃邮件、电报罪）而窃取财物的，依照本法第264条的规定定罪从重处罚。（盗窃罪）

8.第265条：以牟利为目的，盗接他人通信线路、复制他人电信号码或者明知是盗接、复制的电信设备、设施而使用的，依照本法第264条的规定定罪处罚。（盗窃罪）

9.第272条第2款：国有公司、企业或者其他国有单位中从事公务的人员和国有公司、企业或者其他国有单位委派到非国有公司、企业以及其他单位从事公务的人员有前款行为的，依照本法第384条的规定定罪处罚。（挪用公款罪）

10.第287条规定：利用计算机实施金融诈骗、盗窃、贪污、挪用公款、窃取国家秘密或者其他犯罪的，依照本法的有关规定定罪处罚。（金融诈骗罪、盗窃罪、贪污罪和挪用公款罪）

11.第310条：明知是犯罪的人而为其提供隐藏处所、财物，帮助其逃匿或者作假证明包庇的，处3年以下有期徒刑、拘役或者管制；情节严重的，处3年以上10年以下有期徒刑。（窝藏、包庇罪）

犯前款罪，事前通谋的，以共同犯罪论处。（事后的帮助犯）

12.第349条第3款：犯前两款罪（包庇毒品犯罪分子罪与窝藏、转移、隐瞒毒品、毒赃罪），事先通谋的，以走私、贩卖、运输、制造毒品罪的共犯论处。（事后的帮助犯）

13.第350条第2款：明知他人制造毒品而为其生产、买卖、运输前款规定的物品（制毒物品）的，以制造毒品罪的共犯论处。（事前的帮助犯）

14.第355条第1款：依法从事生产、运输、管理、使用国家管制的麻醉药品、精神药品的人员，有下列两种行为的，以走私、贩卖毒品罪论处：一是向走私、贩卖毒品的犯罪分子提供国家管制的能够使人形成瘾癖的麻醉药品、精神药品的；二是以牟利为目的向吸食、注射毒品的人提供国家管制的能够使人形成瘾癖的麻醉药品、精神药品的。（走私、贩卖毒品罪的共犯）

15.第382条第3款：与前两款所列人员（国家工作人员与受委托管理、经营国有财产的人员）勾结，伙同贪污的，以共犯论处。（贪污的共犯）

16.第384条第2款：挪用用于救灾、抢险、防汛、优抚、扶贫、移民、救济款物归个人使用的，按照挪用公款罪论处，并从重处罚。（挪用公款罪）

17.第385条第2款：国家工作人员在经济往来中，违反国家规定，收受各种名义的回扣、手续费，归个人所有的，以受贿论处。（受贿罪）

18.第389条第2款：在经济往来中，违反国家规定，给予国家工作人员以财物，数额较大的，或者违反国家规定，给予国家工作人员以各种名义的回扣、手续费的，以行贿论处。（行贿罪）

19.第394条：国家工作人员在国内公务活动或者对外交往中接受礼物，依照国家规定应当交公而不交公，数额较大的，依照本法第382条、第383条的规定定罪处罚。(贪污罪)

20.《最高人民法院关于审理偷税抗税刑事案件具体应用法律若干问题的解释》第6条：实施抗税行为致人重伤、死亡，构成故意伤害罪、故意杀人罪的，按照故意伤害罪、故意杀人罪论处。(抗税行为本身构成抗税罪，同时与故意伤害罪、故意杀人罪想象竞合)

第三节 法律拟制

一、概念

法律拟制是指立法者出于某种目的，将原本不符合某种规定的行为也按照该规定处理(强行扭转)。

二、特征

在法律拟制的场合，尽管立法者明知T2与Tl在事实上并不完全相间，但出于某种目的仍然对T2赋予与Tl相同的法律效果，从而指示法律适用者，将T2视为Tl的一个事例，对T2适用Tl的法律规定。

例如：《刑法》第267条第2款规定："携带凶器抢夺的，依照本法第二百六十三条的规定定罪处罚。"携带凶器抢夺（T2）与《刑法》第263条规定的抢劫罪（T1）在事实上并不完全相同，或者说，携带凶器抢夺的行为原本并不符合抢劫罪的犯罪构成，但立法者赋予该行为（T2）与抢劫罪（T1）相同的法律效果。如果没有《刑法》第267条第2款的法律拟制，对于单纯携带凶器抢夺的行为，只能认定为抢夺罪，而不能认定为抢劫罪。

由此可见，法律拟制可谓一种特别规定。特别之处在于即使某种行为原本不符合刑法的相关规定，但在刑法明文规定的特殊条件下也应按相关规定论处。

三、常考总结

1.第196条第3款：盗窃信用卡并使用的，依照本法第264条的规定定罪处罚。(在对人使用时，信用卡诈骗罪 → 盗窃罪)

2.第238条第2款：使用暴力(拘禁之外更高的暴力)致人伤残、死亡的，依照本法第234条、第232条的规定定罪处罚。(非法拘禁 → 故意伤害、故意杀人罪)

3.第241条第5款：收买被拐卖的妇女、儿童又出卖的(此时收买的主观目的不是为了出卖)，依照本法第240条的规定定罪处罚。(收买拐卖的妇女、儿童罪 → 拐卖妇女、儿童罪)

4.第247、248条：致人伤残、死亡的，依照本法第234条、第232条的规定定罪从重处罚。(刑讯逼供、暴力取证、虐待被监管人 → 故意伤害、故意杀人罪)

5.第267条第2款：携带凶器抢夺的，依照抢劫罪论处。(抢夺罪 → 抢劫罪)

6.第269条：犯盗窃、诈骗、抢夺罪，为窝藏赃物、抗拒抓捕或者毁灭罪证而当场

使用暴力或者以暴力相威胁的，依照本法第263条（抢劫罪）的规定定罪处罚。（盗窃罪、诈骗罪、抢夺罪 → 抢劫罪）

7.第289条：聚众"打砸抢"，致人伤残、死亡的，依照本法第234条、第232条的规定定罪处罚。毁坏或者抢走公私财物的，除判令退赔外，对首要分子，依照本法第263条的规定定罪处罚。（聚众"打砸抢"→ 故意伤害罪、故意杀人罪、抢劫罪）

8.第292条第2款：聚众斗殴，致人重伤、死亡的，依照本法第234条、第232条的规定定罪处罚。（聚众斗殴罪 → 故意伤害罪、故意杀人罪）

9.第333条第2款：非法组织卖血、强迫卖血，对他人造成伤害的，依照故意伤害罪论处。（非法组织卖血罪、强迫卖血罪 → 故意伤害罪。在过失导致伤害时，拟制为故意伤害罪；在过失导致死亡时，成立故意伤害罪致人死亡）

10.第382条第2款：受国家机关、国有公司、企业、事业单位、人民团体委托管理、经营国有财产的人员，利用职务上的便利，侵吞、窃取、骗取或者以其他手段非法占有国有财物的，以贪污论。（职务侵占罪 → 贪污罪）

11.第362条：旅馆业、饮食服务业、文化娱乐业、出租汽车业等单位的人员，在公安机关查处卖淫、嫖娼活动时，为违法犯罪分子通风报信，情节严重的，依照本法第310条的规定定罪处罚。（为卖淫嫖娼等违法行为通风报信 → 窝藏、包庇罪）

刑法分论之二　　侵害个人法益的犯罪

专题十九　侵犯公民人身权利、民主权利罪

命题点拨

考试中的核心王者内容，其中故意杀人罪、故意伤害罪、非法拘禁罪、绑架罪、拐卖妇女、儿童罪均是极其常考的核心知识点。组织出卖人体器官罪、强奸罪、诬告陷害罪、刑讯逼供罪、虐待罪、侵犯公民个人信息罪等属于相对次要的地位。负有照护职责人员性侵罪为《刑法修正案（十一）》新增罪名。

第一节　侵犯生命、身体的犯罪

一、故意杀人罪

（一）法条

第232条　故意杀人的，处死刑、无期徒刑或者十年以上有期徒刑；情节较轻的，处三年以上十年以下有期徒刑。

（二）概念

故意杀人罪，是指故意非法剥夺他人生命的行为。生命是行使其他一切权利的基础和前提，任何公民的生命都受法律保护。

（三）构成要件

1.行为主体：原则上为已满14周岁的自然人，经过特别程序可下调至已满12周岁。

2.行为对象

（1）"他人"→不包括自杀的行为。

（2）尸体没有生命，不能成为故意杀人罪的对象。

（3）婴儿有生命，杀死婴儿构成故意杀人罪；杀死胎儿不构成故意杀人罪。

3.非法性：依法执行命令枪决罪犯、符合法定条件的正当防卫杀人等行为，阻却违法性，不构成故意杀人罪。

4.剥夺生命的方式

（1）作为方式杀人。例如，刀砍、斧劈、拳击、枪杀等。

（2）不作为方式杀人。例如，母亲故意不给婴儿哺乳致其死亡等。

（3）物理的方式。例如，刺杀、毒杀等。

（4）心理的方式。例如，以精神冲击方法致心脏病患者死亡。

5.责任为故意，即明知自己的行为会发生他人死亡的结果，并希望或放任这种结果的发生。

（四）法律拟制的故意杀人罪

1.非法拘禁使用暴力致人死亡的 → 故意杀人罪

2.刑讯逼供致人死亡的　　　　　→ 故意杀人罪

3.暴力取证致人死亡的　　　　　→ 故意杀人罪

4.虐待被监管人致人死亡的　　　→ 故意杀人罪

5.聚众"打砸抢"致人死亡的　　→ 故意杀人罪

6.聚众斗殴致人死亡的　　　　　→ 故意杀人罪

【提示】看到上述6种情况出现死亡结果，确定罪名时一定要十分谨慎，不再是原有犯罪本身的罪名，而是成立故意杀人罪。例如，丙系检察官，为逼取口供殴打犯罪嫌疑人郭某，致其死亡。对丙应以刑讯逼供罪论处。这是错误表述，丙应成立故意杀人罪。

【背诵技巧】1拘禁、2个聚、3监狱。

（五）安乐死

1.消极安乐死：是指对濒临死亡的患者，经其承诺，不采取治疗措施任其自然死亡，这种行为没有明显缩短患者生命，不成立故意杀人罪。

例如：甲得了绝症，治疗期间非常痛苦而且医疗费用很高，甲不想再进行治疗，便和家人及主治医生商讨后不再为其医治，并且拔掉身上的各种医疗设备的管子等，不久之后甲离开人世。

2.积极安乐死：为了免除患者的痛苦，提前结束其生命，这种行为明显缩短患者生命，构成故意杀人罪。

例如：乙得了绝症，治疗期间非常痛苦而且医疗费用很高，乙不想再进行治疗，便和家人及主治医生商讨提前结束自己的生命，家人和医生同意后为其注射了提前结束生命的药物，乙从而结束了生命。

【提示】我国允许消极安乐死，不允许积极安乐死，后者在我国成立故意杀人罪。

（六）自杀

1.相约自杀

（1）概念：二人以上相互约定自愿共同自杀的行为（黄泉路上结伴而行）。

（2）类型及处理结果

①相约双方均自杀身亡 → 不存在犯罪问题。

②相约双方各自实施自杀行为，其中一方死亡，另一方自杀未得逞 → 未得逞一方也不构成犯罪。

③相约自杀，其中一方杀死对方，继而自杀未得逞 → 成立故意杀人罪，但量刑时可以从轻处罚。

【总结】只要你不动手，对方死没死，你都无罪；你动手就犯罪了。

【提示】以相约自杀为幌子欺骗被害人自杀的，行为人可成立故意杀人罪的间接正犯。

2.教唆、帮助他人自杀

（1）概念：教唆他人自杀是指行为人故意采取引诱、怂恿、欺骗等方法，使他人产生自杀意图；帮助自杀是指在他人已有自杀意图的情况下，帮助他人自杀。

（2）类型及处理结果

①教唆行为、帮助行为具有间接正犯性质 → 成立故意杀人罪。例如，成年人诱骗4岁小孩自杀的。

②教唆行为、帮助行为的性质不属于间接正犯时，定性具有如下观点：

观点一：情节较轻的故意杀人罪。这是我国司法实践的一般处理，尊重生命，认为生命具有唯一性和不可重复性。

观点二：无罪。共犯从属性原则，自杀的人无罪，教唆和帮助的更无罪（当然解释）。

3.其他行为引起他人自杀

（1）正当行为引起他人自杀的 → 不构成犯罪。

（2）错误行为或者轻微不法行为（如一般辱骂）引起他人自杀的 → 不构成犯罪。

（3）严重不法行为引起他人自杀身亡，将严重不法行为与引起他人自杀身亡的后果进行综合评价，其法益侵害达到犯罪程度时 → 应以相关犯罪论处。

例如：诽谤他人，行为本身的情节并不严重，但引起他人自杀身亡，便可综合起来认定行为情节严重，将该行为以诽谤罪论处。

（4）犯罪行为引起他人自杀身亡，不符合故意杀人罪的犯罪构成 → 应按该犯罪行为定罪并可从重处罚。

例如：强奸妇女引起被害妇女自杀的，以强奸罪从重处罚。

（5）少数结果加重犯包括了自杀的 → 应按照结果加重犯的法定刑处罚。

例如：暴力干涉婚姻自由引起被害人自杀的，应适用《刑法》第257条第2款的法定刑。

（七）其他问题

1.未经本人同意摘取其器官，或者摘取不满18周岁的人的器官，或者强迫、欺骗他人捐献器官，致人死亡或者具有致人死亡危险的，应当认定为故意杀人罪。

2.对于以放火、爆炸、投放危险物质等危险方法杀人案件的定性：以放火、爆炸等危险方法故意杀人时，其行为不仅符合放火、爆炸等罪的犯罪构成，而且符合故意杀人罪的犯罪构成，属于想象竞合犯。

二、过失致人死亡罪

（一）法条

第233条　过失致人死亡的，处三年以上七年以下有期徒刑；情节较轻的，处三年以下有期徒刑。本法另有规定的，依照规定。

（二）认定问题

刑法分则某些条文规定的过失犯罪与规定过失致人死亡罪的刑法条文形成特别法条与普通法条的关系，在这种情况下，应按特别法条论处，不定过失致人死亡罪。

例如：交通肇事罪、医疗事故罪、重大责任事故罪、重大劳动安全事故罪与过失致人死亡罪竞合，直接认定为前者罪名，不再认定后者罪名。

（三）罪数问题

1.过失致人死亡 → 结果加重犯

（1）故意伤害罪致死。

（2）强奸罪致死。

（3）非法拘禁罪致死（指拘禁本身的暴力致死）。

（4）虐待罪致死。

（5）暴力干涉婚姻自由致死（包括被害人自杀的情形）。

（6）抢劫罪致死。

2.过失致人死亡 → 拟制为故意杀人。前文的故意杀人已详述（1拘禁、2个聚、3监狱）。

3.过失致人死亡 → 拟制为故意伤害。

例如：非法组织卖血、强迫卖血过程中过失导致被害人重伤的，成立故意伤害罪；如果导致死亡，成立故意伤害罪（致人死亡），这里不能想当然地认为成立故意杀人罪。

三、故意伤害罪

（一）法条

第234条　故意伤害他人身体的，处三年以下有期徒刑、拘役或者管制。

犯前款罪，致人重伤的，处三年以上十年以下有期徒刑；致人死亡或者以特别残忍手段致人重伤造成严重残疾的，处十年以上有期徒刑、无期徒刑或者死刑。本法另有规定的，依照规定。

（二）概念

故意伤害罪，是指故意非法损害他人身体健康的行为。本罪侵犯的法益为生理机能的健全。

（三）构成要件

1.行为主体

（1）轻伤 → 已满16周岁的自然人。

（2）重伤、死亡 → 原则上为已满14周岁的自然人，其中故意伤害致人死亡经过特别程序可下调至已满12周岁。

2.行为对象：他人身体。

【注意1】伤害自己身体的，不成立故意伤害罪。但是自伤行为侵犯了国家或社会法益而触犯了刑法规范时，可能构成其他犯罪。例如，军人为了逃避军事义务，在战时自伤身体的，应适用《刑法》第434条规定的战时自伤罪。

【注意2】毁坏尸体的行为，不成立故意伤害罪。基于同样的理由，伤害胎儿身体的，也不构成本罪。

【注意3】伤害的程度：根据我国刑法规定，伤害结果的程度分为轻伤、重伤与伤害致死。这三种情况直接反映伤害行为的罪行轻重，因而对量刑起重要作用。

3.非法性

例如：因正当防卫、紧急避险而伤害他人，因治疗上的需要经患者同意为其截肢，体育运动项目中规则所允许的伤害等，阻却违法性，不成立犯罪。

4.责任为故意，即明知自己的行为会发生他人伤害的结果，并且希望或放任这种结果发生。

（四）法律拟制的故意伤害罪

1.非法拘禁使用暴力致人伤残的 → 故意伤害罪

2.刑讯逼供致人伤残的　　　　→ 故意伤害罪

3.暴力取证致人伤残的　　　　→ 故意伤害罪

4.虐待被监管人致人伤残的　　→ 故意伤害罪

5.聚众"打砸抢"致人伤残的　→ 故意伤害罪

6.聚众斗殴致人重伤的　　　　→ 故意伤害罪

【提示】看到上述6种情况出现伤残结果，确定罪名时一定要十分谨慎，不再是原有犯罪本身的罪名，而是成立故意伤害罪。其中"伤残"的"伤"均指重伤以上。

【背诵技巧】1拘禁、2个聚、3监狱。

（五）自伤与被害人承诺

1.教唆、帮助有责任能力的成年人自伤的（包括轻伤、重伤）→ 不成立故意伤害罪。因为自伤者不构成犯罪，根据共犯从属性原理，教唆犯、帮助犯同样不构成犯罪。

2.被害人承诺。

（1）轻伤的承诺 → 有效 → 不成立犯罪。

例如：甲要求乙将自己的小拇指砍掉（属于轻伤），乙照办，乙不成立故意伤害罪。

（2）重伤承诺原则无效。例如，丙要求丁将自己的大拇指砍掉（属于重伤），丁照办，丁成立故意伤害罪。

（3）重伤承诺例外有效：①承诺主体满18周岁；②为了保护重大法益；③出于自愿，没有受到强迫、欺骗。

例如：甲得了尿毒症，弟弟乙（19岁）为了挽救哥哥的生命，出于自愿同意医生摘取自己的肾脏移植给哥哥。医生移植肾脏的行为无罪。

（六）故意伤害罪与故意杀人罪的关系

事实上，任何杀人既遂都必然经过了伤害过程，任何杀人未遂也必然造成了伤害结果或者具有造成伤害结果的危险性。

经典考题：甲以伤害故意砍乙两刀，随即心生杀意又砍两刀，但四刀中只有一刀砍中乙并致其死亡，且无法查明由前后四刀中的哪一刀造成死亡。关于本案，下列哪一选项是正确的？（2015年卷二第16题，单选）[①]

A.不管是哪一刀造成致命伤，都应认定为一个故意杀人罪既遂

[①]【答案】D。关于故意伤害罪与故意杀人罪的关系，存在两种理论学说：对立理论和单一理论。对立理论认为，杀人和伤害是两个相互排斥的概念，杀人故意排除伤害故意，故杀人不包含伤害。单一理论则认为，杀人行为必然包含伤害行为，杀人故意必然包含伤害故意。在行为人起先以伤害故意、后来以杀人故意对他人实施暴力，但不能证明是前行为致人死亡还是后行为致人死亡时，根据对立理论，行为人对该死亡结果不负责，即应认定为故意伤害罪未遂和故意杀人罪未遂。根据单一理论，可以将行为人的行为认定为一个故意伤害致死。显然，单一理论具有合理性。事实上，任何杀人既遂都必然经过了伤害的过程，任何杀人未遂也必然造成了伤害结果或者具有造成伤害结果的危险性。据此，对本案中的甲认定为一个故意伤害罪（致人死亡）即可。综上，D项当选。

B.不管是哪一刀造成致命伤，只能分别认定为故意伤害罪既遂与故意杀人罪未遂

C.根据日常生活经验，应推定是后两刀中的一刀造成致命伤，故应认定为故意伤害罪未遂与故意杀人罪既遂

D.根据存疑时有利于被告人的原则，虽可分别认定为故意伤害罪未遂与故意杀人罪未遂，但杀人与伤害不是对立关系，故可按故意伤害（致死）罪处理本案

（七）司法解释

1.高空抛物：为伤害、杀害特定人员实施高空抛物行为的，依照故意伤害罪、故意杀人罪定罪处罚。过失导致物品从高空坠落，致人死亡、重伤，符合《刑法》第233条、第235条规定的，依照过失致人死亡罪、过失致人重伤罪定罪处罚。

2.在疫情防控期间，故意伤害医务人员造成轻伤以上的严重后果，或者对医务人员实施撕扯防护装备、吐口水等行为，致使医务人员感染新型冠状病毒的，依照《刑法》第234条的规定，以故意伤害罪定罪处罚。

3.窨井盖：对于涉及公共安全犯罪以外的其他场所的窨井盖，明知会造成人员伤亡后果而实施盗窃、破坏行为，致人受伤或者死亡的，分别以故意伤害罪、故意杀人罪定罪处罚。

四、组织出卖人体器官罪

（一）法条

第234条之一　组织他人出卖人体器官的，处五年以下有期徒刑，并处罚金；情节严重的，处五年以上有期徒刑，并处罚金或者没收财产。

未经本人同意摘取其器官，或者摘取不满十八周岁的人的器官，或者强迫、欺骗他人捐献器官的，依照本法第二百三十四条（故意伤害罪）、第二百三十二条（故意杀人罪）的规定定罪处罚。

违背本人生前意愿摘取其尸体器官，或者本人生前未表示同意，违反国家规定，违背其近亲属意愿摘取其尸体器官的，依照本法第三百零二条（盗窃、侮辱、故意毁坏尸体、尸骨、骨灰罪）的规定定罪处罚。

（二）概念

组织出卖人体器官罪，是指组织他人出卖人体器官的行为。

（三）构成要件

1.行为主体：已满16周岁的自然人。

2.行为对象：人体器官，由不同类型的人体组织构成的，能够发挥特定生理机能的集合体。

（1）只包括活体器官，不包括尸体器官。

（2）眼角膜、皮肤、肢体、骨头等属于人体器官；血液、骨髓、脂肪、细胞不属于器官。

（3）违背本人生前意愿摘取其尸体器官，或者本人生前未表示同意，违反国家规定，违背其近亲属意愿摘取其尸体器官的，以盗窃、侮辱、故意毁坏尸体、尸骨、骨灰罪论处。

3.被组织的人

（1）组织不满18周岁的人出卖人体器官的，无论其是否承诺，均按照故意杀人罪（如果死亡）、故意伤害罪认定。[1]

（2）如果被组织者是成年人，其同意的情况下，行为人成立组织出卖人体器官罪；不同意的，成立故意杀人罪或者故意伤害罪。

4.行为方式：组织出卖。注意下列内容：

（1）组织者既可以是多人，也可以是一人。

（2）组织行为既包括经营人体器官买卖活动，也包括以招募、引诱等手段使他人出卖器官的行为，还包括组织买卖人体器官的中介行为。

（3）组织他人捐献人体器官的，不成立本罪。

（4）出卖自己人体器官的行为，不成立本罪。

（5）单纯购买人体器官的行为，不成立本罪。

5.主观罪过：故意，是否出于营利目的不影响本罪的成立。

五、遗弃罪

（一）法条

第261条　对于年老、年幼、患病或者其他没有独立生活能力的人，负有扶养义务而拒绝扶养，情节恶劣的，处五年以下有期徒刑、拘役或者管制。

（二）概念

遗弃罪，是指对于年老、年幼、患病或者其他没有独立生活能力的人，负有扶养义务而拒绝扶养，情节恶劣的行为。遗弃罪的保护法益不是家庭成员间的伦常关系，而是被害人的生命、身体的安全。

（三）构成要件

1.行为主体：对他人生命健康负有扶助义务的人。

（1）亲属法规定的扶助义务。例如，未成年人、老年人的监护人。

（2）特殊职业产生的扶助义务。例如，医院、养老机构等相关责任人员。

（3）合同之间产生的扶助义务。例如，被家庭花钱雇佣看护婴儿或者照顾老人的保姆。

（4）其他行为产生的扶助义务。例如，将他人的未成年子女带往外地乞讨的人，对该未成年人具有扶养义务；先前行为使他人生命、身体处于危险状态的人，具有扶养义务；等等。

2.行为对象：因年老、年幼、患病或者其他原因（如受伤）而没有独立生活能力的人。例如，因吸毒而缺乏生活能力的人、手脚被捆绑的人、事故的受伤者、溺水者以及其他生命、身体陷入危险境地的人，均应包括在本罪的行为对象之内。

3.能扶养而不扶养：使他人生命、身体产生危险或在他人生命、身体处于危险状态时不予救助。

---

[1] 此项知识点至少考查过4次，一定要牢记。

（1）将需要扶养的人移置于危险场所。例如，父母将婴儿置于民政机关门前的，应认为将需要扶养的人移置于危险场所。

（2）将需要扶养的人从一种危险场所转移至另一种更为危险的场所。

（3）将需要扶养的人遗留在危险场所。

（4）离开需要扶养的人。例如，行为人离家出走，使应当受其扶养的人得不到扶养。

（5）妨碍需要扶养的人接近扶养人。

（6）不提供扶助，如不提供经济供给，不给予必要照料。

4.情节要求

成立遗弃罪要求情节恶劣。对此，应根据遗弃行为的方式、行为对象、结果等进行综合判断。例如，多次遗弃被害人的，遗弃行为对被害人生命产生紧迫危险的，遗弃行为致人伤亡的，孤儿院、福利院管理人员将多名孤儿、患者等送往外地的应认定为情节恶劣。

5.主观罪过：故意，即明知自己的行为会使年老、年幼、患病或者其他没有独立生活能力的人的生命、身体处于危险状态，并希望或者放任危险状态的发生。

（四）罪数

1.遗弃行为致人重伤或者死亡的 → 成立遗弃罪与过失致人重伤罪或过失致人死亡罪的想象竞合犯。

2.相比较虐待罪而言，虐待行为致人重伤或者死亡的 → 成立虐待罪的结果加重犯。

（五）本罪与故意杀人罪的关系

1.遗弃行为虽然将被害人至于危险境地，但是对生命不具有紧迫危险，可成立本罪。

2.如果将被害人的生命置于危险境地且有紧迫危险时，则属于故意杀人行为。例如，甲将婴儿置于福利院门前，成立遗弃罪。如果将婴儿置于无人经过的荒郊野外，则成立故意杀人罪。

第二节　侵犯性自由的犯罪

一、强奸罪

（一）法条

第236条　以暴力、胁迫或者其他手段强奸妇女的，处三年以上十年以下有期徒刑。

奸淫不满十四周岁的幼女的，以强奸论，从重处罚。

强奸妇女、奸淫幼女，有下列情形之一的，处十年以上有期徒刑、无期徒刑或者死刑：

（一）强奸妇女、奸淫幼女情节恶劣的；

（二）强奸妇女、奸淫幼女多人的；

（三）在公共场所当众强奸妇女、奸淫幼女的；

（四）二人以上轮奸的；

（五）奸淫不满十周岁的幼女或者造成幼女伤害的；

（六）致使被害人重伤、死亡或者造成其他严重后果的。

（二）概念

强奸罪分为两种类型：一是普通强奸，即使用暴力、胁迫或者其他手段，强行与妇女性交的行为；二是奸淫幼女，即与不满14周岁的幼女性交的行为，不管该幼女是否同意。

强奸罪的法益是妇女（包括幼女）的性的自主决定权，其基本内容是妇女按照自己的意志决定性行为的权利。

（三）构成要件

1.行为主体

（1）一般是男子，其中单独的直接正犯只能是男子（已满14周岁，具有辨认控制能力的男性自然人）。

（2）妇女可以成为强奸罪的教唆犯、帮助犯，也可以成为强奸罪的间接正犯与共同正犯。

例1：A女、B女和甲男共谋强奸C女，A、B使用暴力打晕C，甲上前奸淫C。A、B、甲是强奸罪的共同正犯（共同实行犯）。

例2：甲（女）唆使乙（男，精神病患者）强奸丙（女），乙实施了强奸。甲是强奸罪的间接正犯。

【注意】按照文理解释，可将丈夫强行与妻子性交的行为解释为"强奸妇女"。即便承认丈夫对妻子可以成立强奸罪，也应限制其成立的范围。

第一，婚姻正常存续期间，丈夫强行与妻子发生性交的，一般不宜成立强奸罪。

第二，离婚诉讼期间、因各种纠纷长期分居期间、妻子被丈夫长期虐待期间，丈夫强行与妻子发生性交的，应成立强奸罪。

第三，丈夫教唆、帮助他人强奸妻子的，成立强奸罪。

2.行为对象

对象是妇女，妇女的社会地位、思想品德、生活作风、结婚与否等均不影响本罪的成立。

3.行为手段

使妇女无法反抗、不敢反抗、不知反抗的一切手段。具体如下：

（1）暴力手段：是指不法对被害妇女行使有形力的手段 → 被害妇女无法反抗。

例如：行为人直接对被害妇女采取殴打、捆绑、堵嘴、卡脖子、按倒等危害人身安全或人身自由，使妇女不能反抗的手段。

（2）胁迫手段：对被害妇女以恶害相通告 → 引起被害妇女恐惧心理 → 被害妇女不敢反抗。

例如：丙利用职权胁迫女下属丁，使丁产生恐惧心理而不敢反抗，进而与丁发生性关系。丙成立强奸罪。但是如果双方相互利用（如导演和女演员），则不是这里的胁迫。

（3）其他手段：具有与暴力、胁迫相同的强制性质的其他使被害妇女不知反抗、不敢反抗或者不能反抗的手段。

①用酒灌醉或药物麻醉的方法强奸妇女。

②利用妇女熟睡之机进行强奸。

③冒充妇女的丈夫或情夫进行强奸。

④利用妇女患重病之机进行强奸。

⑤造成或利用妇女处于孤立无援的状态进行强奸。

⑥组织和利用会道门、邪教组织或者利用迷信奸淫妇女。

【注意】上述暴力、胁迫与其他手段都必须达到使妇女明显难以反抗的程度。否则难以认定为强奸罪。

例1：乙（女）去甲（男）家做客，期间甲提出要和乙发生性关系的要求，被乙拒绝。在乙将要离开甲家时，甲以轻微力量拉着乙的手，再次暗示要求发生性关系时，乙女说："好吧，好吧！"，此时甲不成立强奸罪。

例2：当考生感觉可能不及格而要求考官关照时，考官说："如果不和我发生关系，就不给你及格"。此认定为胁迫手段。考官也不成立强奸罪。

例3：男子对卖淫女子说："我是警察！Understand？"卖淫女连忙点头回答："Yes，Yes！"进而发生性关系的，不能认定为其他手段。警察不成立强奸罪。

4.奸淫手段

强奸首先是指男女之间的性交行为，换言之，性交行为是本罪的结果行为。性交以外的猥亵行为，不构成强奸罪。

5.主观罪过

故意，即明知自己以暴力、胁迫等手段与妇女性交的行为会发生侵害妇女的性的自主决定权（包括地点、方式、时间、人数等）的结果，并且希望或者放任这种结果的发生。

例1：女子以男子使用安全套为前提同意性交，而男子采取暴力、胁迫手段不使用安全套与妇女性交的，成立强奸罪。

例2：女子同意晚上8点与男子性交，但是男子下午5点半就强行与之发生性关系的，成立强奸罪。

例3：女子同意与男子在宾馆房间性交，但男子在歌厅强行与女子性交的，成立强奸罪。

例4：女子虽然同意与男子性交，但不同意在月经期性交，行为人强行在女子月经期与之性交的，成立强奸罪。

例5：卖淫女子仅同意分别与甲、乙二人性交，而不同意甲、乙二人同时在场时性交，但甲、乙二人强行同时在场与之性交的，成立强奸罪。

（四）奸淫幼女

1.含义

奸淫幼女指与不满14周岁的幼女性交。由于幼女身心发育不成熟，缺乏辨别是非的能力，不理解性行为的后果与意义，也没有抗拒能力，因此，不论行为人采用什么手段，也不问幼女是否愿意，只要与幼女性交，就侵害了其性的决定权，成立强奸罪。

【注意】奸淫幼女的行为同样成立强奸罪，而不是"奸淫幼女罪"（无此罪名）。

2.罪过

具有奸淫幼女的故意。

（1）要求行为人认识到女方一定或者可能是幼女或者不管女方是否是幼女而决意实

施奸淫行为，被奸淫的女方又确实是幼女的，就成立奸淫幼女类型的强奸罪。因此，间接故意也可以构成奸淫幼女犯罪。

（2）过失不可能成立奸淫幼女的犯罪。

例如：幼女早熟，身材高大且虚报年龄，行为人在不知道其为幼女的情况下，经幼女同意性交的，不能认定为强奸罪。因为行为人并不明知对方是幼女，缺乏奸淫幼女的故意。

3.司法解释

（1）已满14周岁不满16周岁的人偶尔与幼女发生性行为，情节轻微、未造成严重后果的，不认为是犯罪。

（2）对于不满12周岁的被害人实施奸淫等性侵害行为的，应该认定行为人"明知"对方是幼女。该解释强调性侵年龄低于12周岁的，不接受行为人进行年龄错误的抗辩。

（五）重点的法定升格条件

1."在公共场所当众强奸妇女、奸淫妇女的"

（1）只要在不特定或者众人可能看到、感觉到的公共场所强奸妇女、奸淫妇女，就属于"在公共场所当众强奸妇女、奸淫妇女的"。

（2）"当众"中的"众"不要求必须是3人或3人以上，同时不应当包括行为人。例如，乙、丙、丁在现场帮助甲强奸妇女，而现场没有其他人的，不应认定甲当众强奸妇女。因为本案如果评价为当众强奸，同时也是轮奸，这样做会重复评价。

2."二人以上轮奸"

这是指二人以上在同一场所、前后间隔很短的时间范围内，轮流对被害人实施性侵的行为。

（1）时间要求具有连续性。

例如：甲、乙共同对被害妇女丙实施强奸行为，甲负责望风，乙负责强奸，做案成功后二人逃之夭夭。时隔一个月，上次望风的甲在人流量偏少的乡间小路上再次碰见丙，然后对丙实施强奸行为。对甲、乙不能适用轮奸的加重法定刑。

（2）空间不一定必须要求在同一地点。

例如：甲、乙、丙3人在废弃的工厂共同对被害妇女丁实施强奸行为，甲、乙强奸结束后，丙不愿在此处继续进行，3人遂带着丁来到了风景秀丽的河边小树林中，丙在小树林中将丁强奸。甲、乙、丙3人同样适用轮奸的加重法定刑。

（3）不要求行为主体均达到刑事责任年龄或均具有刑事责任能力。

例如：12周岁的甲与16周岁的乙共同轮奸了被害妇女丙。客观违法层面上，甲、乙属于强奸罪的共同正犯，对乙适用轮奸加重的法定刑，甲由于没有达到刑事责任年龄而不承担刑事责任。

（4）轮奸属于情节加重犯，存在未遂状态。

例1：张三和李四以轮奸犯意共同对丙女实施暴力，但均未得逞，应认为二人轮奸未遂。适用轮奸的法定刑，同时适用未遂犯的从宽处罚规定。

例2：甲、乙以轮奸犯意共同对丙女实施暴力，甲奸淫后，乙由于意志以外的原因未得逞。此时甲、乙二人强奸罪基本犯是既遂的，加重犯轮奸是未遂的。此时属于轮奸未遂与强奸既遂的想象竞合。

3."致使被害人重伤、死亡或者造成其他严重后果"

强奸致人重伤、死亡属于结果加重犯。成立条件如下：

（1）强奸行为本身（为了强奸实施的暴力行为、奸淫行为）导致重伤或死亡结果，否则不成立结果加重犯。

例1：甲强奸妇女后，为了灭口杀死妇女，构成强奸罪和故意杀人罪，数罪并罚。

例2：甲以强奸的故意对妇女着手实施暴力，被害妇女为逃避而跌入山崖中摔死。甲属于强奸致死的结果加重犯。

（2）强奸行为与加重结果之间应有直接因果关系。

例如：妇女被强奸后羞愤自杀，不属于强奸致人死亡。

（3）强奸致人重伤、死亡 → 包括强奸行为故意或者过失导致。

【提示】甲强奸妇女后，为了报复、灭口而杀死、伤害妇女，定强奸罪与故意杀人罪、故意伤害罪，实行数罪并罚。

（六）罪数

1.行为人先故意杀害妇女，然后再实施奸尸或者其他侮辱行为的，即使行为人在杀害妇女时具有奸尸的意图，也不认定为强奸罪，而应认定为故意杀人罪与侮辱尸体罪，实行数罪并罚。

2.拐卖妇女的过程中强奸被拐卖的妇女的 → 只成立拐卖妇女罪，适用加重法定刑。

3.强奸后迫使卖淫的 → 强奸罪与强迫卖淫罪并罚。

4.收买被拐卖的妇女，然后强奸的 → 数罪并罚。

5.组织、运送他人偷越国（边）境过程中强奸被害人的 → 数罪并罚。

（七）其他

1.正确处理奸淫女精神病患者。

（1）患有精神病或先天痴呆症的妇女 → 承诺无效 → 行为人明知妇女是精神病患者或（程度严重的）痴呆者而与之性交的 → 成立强奸罪。

（2）行为人确实不知妇女是精神病患者或痴呆者 → 也未采用暴力、胁迫等手段，经本人同意与之性交的 → 不成立强奸罪。

（3）在间歇性的精神病妇女精神正常期间 → 经本人同意与之性交的 → 不成立强奸罪。

2.男女双方原来有通奸关系，女方后来告男方强奸的，不能认定为强奸罪。

3.对于所谓半推半就的性行为，如果不是违背妇女意志的，一般不宜以强奸罪处理。只有确实是违背妇女意志的，才能以强奸罪定罪处罚。

4.男女双方原来有通奸关系，后来该妇女明确表示不再保持这种通奸关系，而男方以暴力、胁迫或者其他手段强行与该妇女发生性关系的，应当以强奸罪定罪处罚。

二、负有照护职责人员性侵罪

（一）法条

第236条之一 对已满十四周岁不满十六周岁的未成年女性负有监护、收养、看护、教育、医疗等特殊职责的人员，与该未成年女性发生性关系的，处三年以下有期徒刑；情节恶劣的，处三年以上十年以下有期徒刑。

有前款行为，同时又构成本法第二百三十六条规定之罪的，依照处罚较重的规定定罪处罚。

（二）概念

负有照护职责人员性侵罪，是指对已满14周岁不满16周岁的未成年女性负有监护、看护、教育、医疗等特殊职责的人员，与该未成年女性发生性关系的行为。

本罪的设立，是为了使少女的身心健康成长不受特殊职责人员对之实施性交的障碍。

（三）构成要件

1.行为主体

对已满14周岁不满16周岁的未成年女性负有监护、看护、教育、医疗等特殊职责的人员。前述主体只有与少女之间形成较为稳定的依赖关系时，才能成为本罪的主体。

例1：甲周末出差，因不放心，所以将自己14岁的女儿交给邻居乙照顾。期间乙与该少女自愿发生性关系的，乙不成立本罪。

例2：15岁的少女甲在一两次就医后，自愿和医生乙发生性关系，医生乙不成立本罪。

2.行为对象

被监护、看护、教育、医疗的已满14周岁不满16周岁的未成年女性。

3.行为方式

上述主体与被害对象发生性关系。

（1）不需要采用暴力、胁迫手段。

（2）少女同意乃至主动要求，行为人同样可以成立本罪。

（3）性关系就是指狭义的性交行为，不包括猥亵行为。

4.罪过形式

本罪属于故意犯罪，要求行为人认识到对方是已满14周岁不满16周岁的少女。如果行为人确实以为对方已满16周岁，不能成立本罪。

【注意】如果行为人与被其照顾的不满14周岁的幼女性交，但确实以为对方已满14周岁的，也成立本罪。

（四）本罪与强奸罪的关系

有特殊职责的人员性侵未成年女性，如果14到16岁未成年女性本人同意，被告人当然就构成本罪。但是如果未成年女性本人不同意，这个有特殊职责的人就同时构成强奸罪，这时要按强奸罪处罚。

三、强制猥亵、侮辱罪

（一）法条

第237条第1、2款 以暴力、胁迫或者其他方法强制猥亵他人或者侮辱妇女的，处五年以下有期徒刑或者拘役。

聚众或者在公共场所当众犯前款罪的，或者有其他恶劣情节的，处五年以上有期徒刑。

（二）概念

强制猥亵、侮辱罪，是指以暴力、胁迫或者其他方法强制猥亵他人或者侮辱妇女的行为。

（三）构成要件

1.行为主体

已满16周岁的自然人。妇女可以成为本罪的帮助犯、教唆犯，甚至是直接正犯。

例如：甲（女）看上了帅哥乙，上去一把将乙推倒在地并与之发生性关系。甲成立强制猥亵、侮辱罪。

2.行为对象

（1）已满14周岁的自然人，包括女性和男性。

例如：甲男冒充自己是公司负责招聘的人员，通过向被害人（男）饮料中下催眠药的方式，将多名男子猥亵。

（2）如果违背妇女意志与之发生性关系，则成立强奸罪。也即当被害人为女性的时候，危害行为不包括性交行为。

（3）如果猥亵不满14周岁的儿童，成立猥亵儿童罪。

3.行为方式

（1）猥亵行为。

①直接对他人实施猥亵行为。例如，强行抠摸他人隐私部位，强行捏摸妇女胸部，强行脱光他人衣裤，强行与他人接吻、搂抱等。

②迫使他人对行为人本人或者第三者实施猥亵行为。例如，强迫他人为行为人或第三者手淫。

③强迫他人自行实施猥亵行为。例如，当场强迫他人自己手淫、当场强迫妇女捏摸自己的胸部等。

④强迫他人观看第三者的猥亵行为。例如，强迫他人观看第三者隐私部位等。

（2）侮辱行为与猥亵行为具有同一性。不再做过多说明。

（3）必须以暴力、胁迫或者其他使他人不能反抗、不敢反抗、不知反抗的方法强制猥亵、侮辱他人。换言之，对于本罪中"暴力、胁迫或者其他方法"，应当与强奸罪中的"暴力、胁迫或者其他手段"作出相同的解释。例如，强行或趁其不注意扒光妇女衣裤的行为。

4.主观罪过

故意，行为人明知自己的猥亵、侮辱行为侵犯了他人性的羞耻心，但仍然强行实施该行为。而且本罪的成立不要求行为人主观上具有追求刺激或者满足性欲的内心倾向。

例如：甲闲来无事在大街上乱逛，为了取乐将一名妇女的衣裤扒光。甲成立强制猥亵罪。

（四）法定刑升格条件

"其他恶劣情节"。例如，甲猥亵妇女乙，被害妇女自杀的情形；或者行为人将猥亵过程拍摄并上传网络的情形；等等。

四、猥亵儿童罪

（一）法条

237条第3款　猥亵儿童的，处五年以下有期徒刑；有下列情形之一的，处五年以上有期徒刑：

（一）猥亵儿童多人或者多次的；

（二）聚众猥亵儿童的，或者在公共场所当众猥亵儿童，情节恶劣的；

（三）造成儿童伤害或者其他严重后果的；

（四）猥亵手段恶劣或者有其他恶劣情节的。

（二）概念

本罪是指猥亵不满14周岁的儿童的行为。

（三）构成要件

1.行为主体：已满16周岁的人，包括男性和女性。

2.行为对象

（1）男童 → 包括性交行为。

（2）女童 → 不包括性交行为，否则成立强奸罪。

3.行为方式

（1）作为。例如，甲（20周岁）与12岁的小姑娘接吻10分钟，并伴有乱摸行为。

（2）不作为。例如，夏天的某个中午，4岁女童甲来到邻居大叔家，看见大叔穿的较少，无意间掏出大叔的隐私部位玩耍，大叔没有制止，成立不作为的猥亵儿童罪。

第三节　侵犯行动自由的犯罪

一、非法拘禁罪

（一）法条

第238条　非法拘禁他人或者以其他方法非法剥夺他人人身自由的，处三年以下有期徒刑、拘役、管制或者剥夺政治权利。具有殴打、侮辱情节的，从重处罚。

犯前款罪，致人重伤的，处三年以上十年以下有期徒刑；致人死亡的，处十年以上有期徒刑。使用暴力致人伤残、死亡的，依照本法第二百三十四条、第二百三十二条的规定（故意伤害罪、故意杀人罪）处罚。

为索取债务非法扣押、拘禁他人的，依照前两款的规定处罚。

国家机关工作人员利用职权犯前三款罪的，依照前三款的规定从重处罚。

（二）概念

非法拘禁罪，是指故意非法拘禁他人或者以其他方法非法剥夺他人人身自由的行为。

（三）保护法益的学说争议

1.本罪的法益是人的身体活动的自由

2.学说分歧：

（1）学说一：现实自由说（通说），该说认为只有侵犯了他人现实的人身自由，才成立本罪。

（2）学说二：可能的自由说，该说认为只要他人有潜在的、可能的自由，就可以成立本罪。

例如：甲将夜间熟睡的乙反锁在房间里，次日清晨在乙醒来之前就打开了锁。甲的行为是否构成非法拘禁罪？

根据学说一：甲的行为没有侵害乙的现实人身自由，不成立非法拘禁罪。

根据学说二：甲的行为侵害了乙可能的人身自由（乙可能半夜起来上厕所等），成立非法拘禁罪。

（四）构成要件

1.行为主体

（1）年满16周岁的自然人。

（2）国家机关工作人员是本罪的量刑身份，利用职权犯本罪，从重处罚。

2.行为对象

作为行为对象的"他人"没有限制，但必须是具有身体活动自由的自然人。

（1）只要具有基于意识从事身体活动的能力即可，不要求具有刑法上的责任能力与民法上的法律行为能力，故能够行走的幼儿、精神病患者，能够依靠轮椅或者其他工具移动身体的人，均可成为本罪的对象。

（2）只要没有现实人身自由的人，均不属于本罪的对象。例如，病床上的植物人、常年卧病在床的人、深度醉酒的人。

（3）成立本罪，要求被害人认识到自己被剥夺自由的事实，但不要求认识到有人对自己实施非法拘禁罪。

例如：民航机长载乘客从甲地飞往乙地后，谎称乙地不能降落而又返回甲地。乘客虽然没有认识到机长对自己实施非法拘禁行为，但认识到自己的自由被剥夺。机长的行为成立非法拘禁罪。

3.行为方式

剥夺人身自由的方法没有限制，如非法逮捕、拘留、监禁、扣押、办封闭式"学习班"、"隔离审查"等等，均包括在内。

【提示】非法拘禁罪是持续犯，拘禁的时间长短原则上不影响本罪的成立，只影响量刑，不需要数罪并罚。

4.非法性

剥夺人身自由的行为必须具有非法性，不具备违法阻却事由。否则不成立非法拘禁罪。

例1：司法机关根据法律规定，对于有犯罪事实和重大嫌疑的人，依法采取拘留、逮捕等限制人身自由的强制措施的行为，阻却违法性，不成立非法拘禁罪。

例2：将上访的精神正常的人以患有精神病为由关进精神病院，属于非法拘禁。

例3：公民将正实行犯罪或犯罪后及时被发觉的、通缉在案的、越狱逃跑的、正在被追捕的人依法扭送至司法机关的，阻却违法性，不成立非法拘禁罪。

例4：为了防止凶暴的醉汉危害他人的生命或身体，不得已拘束其身体的行为，不构成犯罪。

例5：人身自由承诺有效，阻却违法性。被害人基于真实的自由意志，嘱托或同意将自己置于特定场所的，阻却拘禁行为的违法性。行为人不成立非法拘禁罪。

【注意】使用欺骗的手段剥夺他人自由，能否成立非法拘禁罪？

（1）被骗人误以为没有身体活动自由，不存在有效承诺，成立非法拘禁罪。例如，甲谎称电梯停电（实际是其断电），使乘坐电梯的乙误以为自己只能滞留于其中。甲成立非法拘禁罪。

（2）被骗人明知存在身体活动自由，即存在有效承诺（承诺动机不影响承诺效力），不成立非法拘禁罪。例如，甲欺骗乙说："为了进行身体测试，你在一间小屋里待上几天，给你10万元报酬。"乙照办实施。甲不成立非法拘禁罪。

5.主观罪过

故意，即行为人明知自己的行为会发生剥夺他人身体自由权利的结果，并希望或者放任这种结果的发生。

（五）结果加重犯

非法拘禁罪的结果加重犯是指非法拘禁行为本身导致的重伤、死亡，仍成立非法拘禁罪。例如，甲通过绳子捆绑的方式非法拘禁了乙，但是由于绳子绑得过紧，导致乙窒息而死。甲成立非法拘禁罪的结果加重犯。

1.非法拘禁罪的结果加重犯情形中的"暴力"是指拘禁行为本身之内的暴力。

2.重伤、死亡结果与非法拘禁行为之间必须具有直接的因果关系。

（1）行为人在实施基本行为之后或之时，被害人自杀、自残、自身过失等造成死亡、伤残结果的，因缺乏直接性要件，不能认定为结果加重犯。

（2）被害人为了摆脱单纯的拘禁，选择高度危险的摆脱方式（如沿着下水管道逃出高楼房间）导致身亡的，行为人不属于非法拘禁罪的结果加重犯。

（3）非法拘禁会引起警方的解救行为，故正常的解救行为造成被害人伤亡的，具备直接性要件，应将伤亡结果归责于非法拘禁者，成立结果加重犯。

3.致人重伤、死亡的结果，要求行为人是过失心态而非故意心态。

（六）法律拟制

法律拟制是指使用超出拘禁行为本身的暴力致人伤残、死亡的，成立故意伤害罪、故意杀人罪。非法拘禁罪法律拟制情形中的"暴力"是指超出拘禁行为之外更高、更强的暴力。

例如：甲将乙吊在高空横梁上然后摇晃，绳子断裂，乙掉下摔死。甲使用了超出拘禁本身的暴力，过失致人死亡，适用法律拟制的情形，转化为故意杀人罪。

【总结】非法拘禁（使用暴力）致人死亡，应分为三种情形处理：

1.非法拘禁致人死亡，但没有使用超出拘禁行为所需范围的暴力的，仍然适用《刑法》第238条第2款前段的规定，以非法拘禁罪的结果加重犯论处。

2.在非法拘禁的过程中产生杀人故意实施杀人行为的，不适用《刑法》第238条第2款的规定，而应直接认定为数罪，即非法拘禁罪与故意杀人罪并罚。

3.非法拘禁使用超出拘禁行为所需范围的暴力致人死亡，而没有杀人故意的（以对死亡具有预见可能性为前提），适用《刑法》第238条第2款后段的规定。法律拟制为故意杀人罪。

（七）《刑法》第238条第3款

1.司法解释认为索取债务的"债务"包括合法之债+非法之债（赌债、高利贷等），为了索取债务非法扣押、拘禁他人的，无论债务是合法的还是非法的，均成立非法拘禁罪。

2.为索取债务非法扣押、拘禁他人的"他人"包括与债务人有共同财产关系、抚养关系、扶养关系的第三人。如果不属于上述关系，可能成立绑架罪。

例1：甲为了向债务人乙索取债务，将乙的老婆或者儿子、父母关押起来。甲的行为成立非法拘禁罪。

例2：甲为了向债务人乙索取债务，将乙的外甥关押起来。甲的行为成立绑架罪。

（八）本罪的认定

1.严格区分本罪与合法拘捕而发生错误的界限。

例如：司法机关依照法定程序拘捕了重大犯罪嫌疑分子，但后经查证该人无罪，予以释放的，只能认为是错误拘捕，不能认定为非法拘禁。

2.非法拘禁行为与结果又触犯其他罪名的，应根据其情节与有关规定处理。

例1：以非法绑架、扣留他人的方法勒索财物的，成立绑架罪。

例2：以出卖为目的非法绑架妇女、儿童的，构成拐卖妇女、儿童罪。

例3：收买被拐卖的妇女、儿童后，非法剥夺其人身自由的，实行数罪并罚。

经典考题：《刑法》第二百三十八条第一款与第二款分别规定："非法拘禁他人或者以其他方法非法剥夺他人人身自由的，处三年以下有期徒刑、拘役、管制或者剥夺政治权利。具有殴打、侮辱情节的，从重处罚。""犯前款罪，致人重伤的，处三年以上十年以下有期徒刑；致人死亡的，处十年以上有期徒刑。使用暴力致人伤残、死亡的，依照本法第二百三十四条、第二百三十二条的规定定罪处罚。"关于该条款的理解，下列哪些选项是正确的？（2011年卷二第60题，多选）①

A.第一款所称"殴打、侮辱"属于法定量刑情节

B.第二款所称"犯前款罪，致人重伤"属于结果加重犯

C.非法拘禁致人重伤并具有侮辱情节的，适用第二款的规定，侮辱情节不再是法定的从重处罚情节

---

① 【答案】ABD。A项正确，"具有殴打、侮辱情节的，从重处罚。"这显然是法律明确规定的非法拘禁罪的加重情节，属于法定量刑情节。B项正确，"犯前款罪，致人重伤的，处三年以上十年以下有期徒刑；致人死亡的，处十年以上有期徒刑。"基本罪名不变，只不过法定刑升格，属于非法拘禁罪的结果加重犯。C项错误，第1款规定是非法拘禁罪的基本规定，适用于其余款项，除非有例外规定。D项正确，第2款有明显的两阶层：第一种暴力是非法拘禁行为本身的暴力，导致被害人重伤、死亡的，属于非法拘禁罪的结果加重犯；第二种暴力则是超出了非法拘禁行为本身之外的暴力，该暴力导致被害人重伤、死亡的则按照故意伤害罪、故意杀人罪定罪处罚，属于法律拟制条款。综上，ABD项当选。

D.第二款规定的"使用暴力致人伤残、死亡",是指非法拘禁行为之外的暴力致人伤残、死亡

二、绑架罪

（一）法条

第239条 以勒索财物为目的绑架他人的，或者绑架他人作为人质的，处十年以上有期徒刑或者无期徒刑，并处罚金或者没收财产；情节较轻的，处五年以上十年以下有期徒刑，并处罚金。

犯前款罪，杀害被绑架人的，或者故意伤害被绑架人，致人重伤、死亡的，处无期徒刑或者死刑，并处没收财产。

以勒索财物为目的偷盗婴幼儿的，依照前款的规定处罚。

（二）概念

绑架罪，是指利用被绑架人的近亲属或者其他人对被绑架人安危的忧虑，以勒索财物或满足其他不法要求为目的，使用暴力、胁迫或者麻醉方法劫持或以实力控制他人的行为。

绑架罪侵害的法益是被绑架人在本来的生活状态下的身体安全与行动自由。

（三）构成要件

1.行为主体

已满16周岁的自然人。已满14周岁不满16周岁的人实施绑架行为，不以犯罪论处。故意杀害被绑架人的，应认定为故意杀人罪。

2.行为对象

行为对象是任何他人，包括妇女、儿童和婴幼儿乃至行为人的子女或父母。

【注意】盗窃婴儿的行为，根据主观目的不同，分别作以下处理：

（1）出卖为目的 → 拐卖儿童罪。

（2）勒索财物为目的 → 绑架罪。

（3）无上述两种目的，行为侵害了未成年人的人身自由与身体安全的 → 拐骗儿童罪。

3.行为方式

（1）使用暴力、胁迫或者麻醉方法劫持或以实力控制他人。

（2）对于缺乏或者丧失行动能力的被害人，采取偷盗、运送等方法使其处于行为人或第三者实力支配下的，也可能成立绑架罪。

（3）向第三人提出不法要求必须是向第三人提出，不能是向人质本人，否则就构成抢劫罪。也即本罪与抢劫罪的关键区别在于行为人行为时想让谁担心。因为这样做你能快速锁定行为人的主观故意，进一步确定成立何罪。

①想让第三人担心（绑架的故意）成立绑架罪。

例如：甲持刀将乙逼入废弃建筑物内，扔给其一张银行卡并说："让你妻子2小时内往此卡内转入10万元钱，否则弄死你。"甲成立绑架罪，因为甲行为时想让第三人担心。

②想让人质担心（抢劫的故意）成立抢劫罪。

例如：甲持刀将乙逼入废弃建筑物内，扔给其一张银行卡并说："给你小子2个小时

时间，让此卡内出现10万元钱，否则弄死你。"甲成立抢劫罪，因为甲行为时想让乙本人担心。

（4）绑架和抢劫的其他区别：绑架的取财不要求当场性，而抢劫的取财要求当场性即同一时间、同一地点。

例如：甲用尖刀逼着乙去自动取款机取出现金，马上拿走，这具有当场性，成立抢劫罪；如果甲控制乙的孩子，限期3天将钱打入银行卡内，这种行为则不具有当场取财性，成立绑架罪。

4.主观罪过

（1）具有故意，行为人对于侵害他人身体安全与行动自由的结果持希望或者放任态度。

（2）具有勒索财物或满足其他不法要求的目的。行为人出于其他目的、动机以实力支配他人后，才产生勒索财物意图进而勒索财物的即其他犯罪控制被害人的过程中才产生绑架的故意，成立绑架罪。

（3）具有勒索财物或满足其他不法要求的目的。

①其中的"财物"包括财产性利益。

例如：债务人甲将债权人乙的儿子丙控制，要求乙在没有得到实际债务偿还的情况下，将欠条交出并出具已经还款的证明。乙无奈照做。甲成立绑架罪。

②"不法"不限于刑法上的不法，包括政治目的、恐怖活动目的、泄愤报复目的以及逃避、抗拒追捕或者要挟政府提供某种待遇等。

（四）既遂标准

实力控制了被害人。

【提示】绑架罪是目的犯，其上述既遂标准以绑对人为前提，如果绑错人则成立绑架罪未遂，因为这样并不会让特定人内心担忧，行为人目的落空。

（五）罪数

1.行为人没有实施绑架行为，直接杀害被害人后，向被害人家属勒索财物的，前行为成立故意杀人罪；后行为成立敲诈勒索罪与诈骗罪的想象竞合犯，然后实行数罪并罚。

2.行为人实施了绑架行为，因未勒索到财物或者出于其他原因杀害被绑架人后，再次掩盖事实勒索赎金的，前行为属于绑架杀害被绑架人的情形，只成立绑架罪；后行为成立敲诈勒索罪与诈骗罪的想象竞合犯，然后实行数罪并罚。

3.犯绑架罪，故意杀害被绑架人的 → 结合犯 → 成立绑架罪。

4.犯绑架罪，故意伤害被绑架人，致人重伤、死亡的 → 结合犯 → 成立绑架罪。

5.犯绑架罪，故意伤害被绑架人，致人轻伤的 → 数罪并罚。

6.绑架行为本身过失导致被绑架人重伤、死亡的 → 绑架罪与过失致人重伤罪或者过失致人死亡罪的想象竞合犯。

【注意】绑架罪在《刑法修正案（九）》之后就没有结果加重犯了。

7.绑架他人后 → 实施强奸、侮辱、猥亵、盗窃等行为 → 数罪并罚。

8.在绑架过程中，因被绑架人的监护人、保护人或者其他在场人反抗等原因，行为人为排除阻碍而故意杀害、伤害上述人员的 → 绑架罪与故意杀人罪或者故意伤害罪并罚。

9.绑架过程中又当场劫取被害人随身携带财物的，同时触犯绑架罪和抢劫罪两罪名，应择一重罪定罪处罚（不并罚）。

10.故意制造骗局使他人被骗进而欠下债务，然后以索债为由将被害人作为人质，要求被害人近亲属偿还债务的，以绑架罪论处。

11.绑架罪与非法拘禁罪不是对立关系，虽然不能将非法拘禁评价为绑架，但可以将绑架评价为非法拘禁。明确这一点，对于犯罪的认定具有意义。

例如： 15周岁的A绑架B后，使用暴力致使B死亡，但A既没有杀人故意，也没有伤害故意。由于绑架可以评价为非法拘禁，根据《刑法》第238条的规定，非法拘禁使用暴力致人死亡的，应以故意杀人罪论处，故对A应以故意杀人罪论处。倘若认为绑架罪与非法拘禁罪是对立关系，则对A的行为只能宣告无罪。因为根据《刑法》第17条2款的规定，甲既不对绑架负责，也不对过失致人死亡负责。

经典考题： 甲男（15周岁）与乙女（16周岁）因缺钱，共同绑架富商之子丙，成功索得50万元赎金。甲担心丙将来可能认出他们，提议杀丙，乙同意。乙给甲一根绳子，甲用绳子勒死丙。关于本案的分析，下列哪一选项是错误的？（2014年卷二第16题，单选）①

A.甲、乙均触犯故意杀人罪，因而对故意杀人罪成立共同犯罪

B.甲、乙均触犯故意杀人罪，对甲以故意杀人罪论处，但对乙应以绑架罪论处

C.丙系死于甲之手，乙未杀害丙，故对乙虽以绑架罪定罪，但对乙不能适用"杀害被绑架人"的规定

D.对甲以故意杀人罪论处，对乙以绑架罪论处，与二人成立故意杀人罪的共同犯罪并不矛盾

三、拐卖妇女、儿童罪

（一）法条

第240条 拐卖妇女、儿童的，处五年以上十年以下有期徒刑，并处罚金；有下列情形之一的，处十年以上有期徒刑或者无期徒刑，并处罚金或者没收财产；情节特别严重的，处死刑，并处没收财产：

（一）拐卖妇女、儿童集团的首要分子；

（二）拐卖妇女、儿童三人以上的；

（三）奸淫被拐卖的妇女的；

（四）诱骗、强迫被拐卖的妇女卖淫或者将被拐卖的妇女卖给他人迫使其卖淫的；

---

① 【答案】C。甲、乙二人成立共谋共同正犯，二人一起共谋共同实施了绑架并杀害被绑架人的行为，但是由于甲只有15岁，对于绑架罪不负刑事责任，只对故意杀人罪负刑事责任；而乙已满16周岁，需要对绑架罪负完全刑事责任，乙属于绑架并杀害被绑架人的结合犯。共同犯罪不解决罪名确定的问题，解决的是对于危害结果的承担问题。所以按照行为共同说，甲、乙共同犯罪，甲成立故意杀人罪，乙成立绑架罪。按照"部分实行，全部责任"原则，被害人的死亡与甲、乙的行为都有因果关系，所以二人对死亡结果均负责。综上，C项当选。

（五）以出卖为目的，使用暴力、胁迫或者麻醉方法绑架妇女、儿童的；

（六）以出卖为目的，偷盗婴幼儿的；

（七）造成被拐卖的妇女、儿童或者其亲属重伤、死亡或者其他严重后果的；

（八）将妇女、儿童卖往境外的。

拐卖妇女、儿童，是指以出卖为目的，拐骗、绑架、收买、贩卖、接送、中转妇女、儿童的行为之一的。

（二）概念

拐卖妇女、儿童罪，是指以出卖为目的，拐骗、绑架、收买、贩卖、接送、中转妇女、儿童的行为。本罪侵害的法益是妇女、儿童的人身自由。

（三）构成要件

1.行为主体：已满16周岁的人。

（1）已满14周岁不满16周岁的人拐卖妇女、儿童的，不成立犯罪。

【注意】已满14周岁不满16周岁的人如果在拐卖妇女过程中强奸妇女的，则以强奸罪论处。

（2）医疗机构、社会福利机构等单位的工作人员将所诊疗、护理、抚养的儿童贩卖给他人的，以拐卖儿童罪论处。

（3）明知他人系拐卖妇女、儿童的"人贩子"，仍然利用从事诊疗、福利救助等工作的便利或者了解被拐卖方情况的条件，居间介绍的，以拐卖妇女、儿童罪的共犯论处。

（4）明知他人拐卖妇女、儿童，仍然向其提供被拐卖妇女、儿童的健康证明、出生证明或者其他帮助的，以拐卖妇女、儿童罪的共犯论处。

2.行为对象：仅限于妇女与儿童。

（1）拐卖已满14周岁的男性公民的行为，不成立本罪，符合其他犯罪构成的，可按其他犯罪论处，如非法拘禁罪等。

（2）以营利为目的，出卖亲生子女（未满14周岁）的，成立拐卖儿童罪。

（3）迫于生活困难，或者受重男轻女思想影响，私自将没有独立生活能力的子女送给他人抚养，包括收取少量"营养费""感谢费"的，属于民间送养行为，不能以拐卖儿童罪论处。反之，明知对方没有抚养目的或者没有抚养能力，仍然将亲生幼儿交付给对方以获取一定的对价的，应该成立拐卖儿童罪。

3.行为方式

行为方式为拐骗、绑架、收买、贩卖、接送、中转行为。以上这些行为都是本罪的实行行为，不是帮助行为。实施多个行为，也只需要按照一罪处罚，不需要数罪并罚。

4.被害人承诺问题

（1）妇女的承诺有效，阻却违法性。

例如：甲征得妇女乙的同意，将乙带往某地使之成为人妻的，即使收受了买方的财物，也不应认定为"拐卖"行为。甲不成立拐卖妇女罪。

（2）儿童的承诺无效。

例如：12岁的甲生活的家庭条件一般，其主动要求乙（20周岁）将自己卖往富裕人家，乙照做。乙成立拐卖儿童罪。

5.主观罪过

责任要素除故意外，还要求以出卖为目的（出卖目的不等于营利目的）。

例如：为了报复他人而贩卖妇女、儿童的，成立本罪。至于行为人实施拐卖妇女、儿童的行为后实际上是否获利，更不影响本罪的成立。

（四）既遂标准

1.常见的既遂标准：实力控制即既遂，与是否卖出没有关系。

例如：甲以出卖为目的绑架了妇女、儿童，此时只要绑架行为达到了对被害人的控制程度，甲即成立本罪的既遂。至于之后甲在没有卖出去之前就被警方抓获或者没有收到对价等情形，不影响本罪的既遂。

2.特殊的既遂标准：出卖亲生子女或者出卖捡拾儿童的，要以卖出去为既遂标准。

例如：甲生了个女娃，认为女娃不能继承香火，便将其卖掉，当将婴儿卖出去时，甲才成立拐卖儿童罪的既遂。

（五）重要的法定刑升格条件

1. "奸淫被拐卖的妇女的"

（1）拐卖妇女、儿童的过程中，奸淫妇女或者幼女的，只成立本罪，不再认定为强奸罪。

（2）本罪未将强制猥亵、侮辱罪吸收为升格条件，即如果又强制猥亵、侮辱妇女的，应并罚。

2. "诱骗、强迫被拐卖的妇女卖淫或者将被拐卖的妇女卖给他人迫使其卖淫的"

（1）引诱、强迫卖淫的行为不再成立其他犯罪，只成立本罪即可，只不过法定刑加重。

（2）拐卖过程中，引诱、强迫男童卖淫的，应数罪并罚。

3. "造成被拐卖的妇女、儿童或者其亲属重伤、死亡或者其他严重后果的"

（1）加重处罚，只成立本罪即可。

（2）拐卖行为本身过失造成伤亡。需满足以下两点：

①伤亡结果与拐卖行为之间具有直接因果关系。例如，甲拐卖妇女，妇女自杀，不属于这里的死亡结果。

②主观上是过失造成，或者为了实现拐卖目的故意造成。例如，拐卖过程中出于泄愤、报复等其他目的，故意将妇女打成重伤，另成立故意伤害罪，与拐卖妇女罪并罚。

（六）本罪的认定

1.以介绍婚姻为名，采取非法扣押身份证件、限制人身自由等方式，或者利用妇女人地生疏、语言不通、孤立无援等境况，违背妇女意志，将其出卖给他人的 → 以拐卖妇女罪追究刑事责任。

2.以介绍婚姻为名，与被介绍妇女串通骗取他人钱财，数额较大的 → 以诈骗罪追究刑事责任。

四、收买被拐卖的妇女、儿童罪

（一）法条

第241条　收买被拐卖的妇女、儿童的，处三年以下有期徒刑、拘役或者管制。

收买被拐卖的妇女，强行与其发生性关系的，依照本法第二百三十六条（强奸罪）的规定定罪处罚。

收买被拐卖的妇女、儿童，非法剥夺、限制其人身自由或者有伤害、侮辱等犯罪行为的，依照本法的有关规定定罪处罚。

收买被拐卖的妇女、儿童，并有第二款、第三款规定的犯罪行为的，依照数罪并罚的规定处罚。

收买被拐卖的妇女、儿童又出卖的，依照本法第二百四十条的规定（拐卖妇女、儿童罪）定罪处罚。

收买被拐卖的妇女、儿童，对被买儿童没有虐待行为，不阻碍对其进行解救的，可以从轻处罚；按照被买妇女的意愿，不阻碍其返回原居住地的，可以从轻或者减轻处罚。

（二）概念

收买被拐卖的妇女、儿童罪，指故意用金钱或其他财物收买被拐卖的妇女、儿童的行为。

本罪侵害的法益同样是妇女、儿童的人身自由。

（三）罪数

1.收买被拐卖的妇女、儿童后有拘禁、伤害、杀害、虐待、侮辱、猥亵、强奸等行为的，应当实行数罪并罚。

2.收买后又出卖的，只定拐卖妇女、儿童罪。这包括两种情形：

（1）买来就是为了卖的，买属于卖的一种控制手段，这本身就属于拐卖妇女、儿童罪。这是注意规定。

（2）买前没有出卖意图，收买后才产生出卖意图，然后出卖，只定拐卖妇女、儿童罪。这是法律拟制。

例如： 甲收买了一位被拐卖的妇女，本想做儿妻，该女宁死不屈，无奈卖掉。对甲只以拐卖妇女罪论处。

【总结】 1.拐卖+强奸=拐卖（见例1）。

2.收买+强奸=并罚（见例2）。

3.收买+拐卖=拐卖（买来不是为了卖的，法律拟制，见例3）。

4.收买+强奸+拐卖=拐卖（买来不是为了卖的，法律拟制，包含了强奸，见例4）。

例1： 甲拐卖妇女并强奸被拐卖的妇女。甲只成立拐卖妇女罪一罪，强奸作为拐卖妇女罪的法定刑升格条件。

例2： 甲收买被拐卖的妇女乙并强奸了乙。甲成立收买被拐卖的妇女罪与强奸罪，并罚。

例3： 甲收买被拐卖的妇女乙做老婆，但是乙誓死不从，甲为了避免人财两空，又将乙卖掉。这本是两种行为，但是法律将其拟制为拐卖妇女罪一罪。但是如果甲收买乙就是为了出卖的，那么直接成立拐卖妇女罪，不需要法律拟制。

例4： 甲收买被拐卖的妇女乙做老婆，但是乙誓死不从，甲为了让乙顺从自己而将其强奸，但是乙仍然不答应，而且几次想自杀都被甲救了下来，甲无奈又将乙出卖。甲有3个行为，分别是收买被拐卖的妇女的行为、强奸行为、拐卖妇女的行为，收买不是为了出卖，之后由于其他原因而出卖的，直接拟制为拐卖妇女罪一罪，那么中间的强奸行为也就被这个法律拟制的拐卖妇女罪所吸收，最终甲只成立拐卖妇女罪一罪，并且可以做到罪刑相适应。

（四）本罪的处罚

1.收买被拐卖的妇女、儿童的，一律入刑。

2.对被买儿童没有虐待行为且不阻碍对其进行解救的，可以从轻处罚。

3.按照被买妇女的意愿，不阻碍其返回原居住地的，可以从轻或者减轻处罚。

（五）本罪的着手与既遂

1.与拐卖者商讨收买价格，是本罪的着手。

2.从拐卖者手中接收被害人，是本罪的既遂。

五、诬告陷害罪（"让好人坐牢"）

（一）法条

第243条 捏造事实诬告陷害他人，意图使他人受刑事追究，情节严重的，处三年以下有期徒刑、拘役或者管制；造成严重后果的，处三年以上十年以下有期徒刑。

国家机关工作人员犯前款罪的，从重处罚。

不是有意诬陷，而是错告，或者检举失实的，不适用前两款的规定。

（二）概念

诬告陷害罪，是指故意向公安、司法机关或有关国家机关告发捏造的犯罪事实，意图使他人受刑事追究，情节严重的行为。

本罪侵害的法益为人身权利。

（三）构成要件

1.行为主体

（1）已满16周岁的自然人。

（2）国家机关工作人员犯本罪，从重处罚。本罪是不真正身份犯，国家机关工作人员是量刑身份，而非定罪身份。

2.行为对象

（1）向司法机关虚告自己犯罪的，不成立诬告陷害罪。但是为了给犯罪分子脱罪而诬告自己，构成包庇罪。

（2）所诬告的对象应当是实在的人，而不是虚无人，否则就不可能导致司法机关的刑事追究活动，因而不会侵犯他人的人身权利。

（3）同意他人诬告自己，他人不成立本罪。教唆他人诬告自己，教唆者和诬告者都不成立本罪。

（4）诬告没有达到法定年龄或者没有责任能力的人犯罪的，仍构成诬告陷害罪。虽然司法机关查明真相后不会对这些人科处刑罚，但将他们作为侦查的对象，使他们卷入刑事诉讼，就侵犯了其人身权利。

（5）对象只能是自然人，不包括单位。但是，形式上诬告单位犯罪，但所捏造的事实导致可能对自然人进行刑事追诉的，也成立本罪。

例如：（2017年卷二第16题C项）诬告陷害罪虽是侵犯公民人身权利的犯罪，但诬告企业犯逃税罪的，也能追究其诬告陷害罪的刑事责任。本项为正确选项。

3.告发对象

向公安、司法机关或有关国家机关告发。这样才足以引起司法机关的追究活动。向新闻记者、普通老百姓告发或者张贴大字报方式，不成立本罪，可成立诽谤罪。

4.诬告内容

捏造的事实为犯罪事实，而不是一般的违法事实（如卖淫、嫖娼、吸毒等）。这样才可能使被害人受到刑事追究。其中捏造事实属于本罪的预备行为，诬告陷害属于本罪的实行行为。

（1）轻罪事实，因误解而告发为重罪，不属于诬告。例如，甲以为乙成立盗窃罪（其实为侵占罪）而告发，甲不属于诬告。

（2）存在犯罪事实，告发时在犯罪情节上有一定差异，不属于诬告。例如，甲告发乙挪用公款50万元，经查，乙挪用公款为20万元，甲不属于诬告。

（3）存在轻罪事实，为了让公安立案，告发了性质相同的重罪，不成立诬告陷害罪。例如，甲告发乙犯了强制猥亵罪，公安却不予立案，甲无奈便告发乙强奸了自己。甲不成立诬告陷害罪。

5.责任形式

（1）故意，即行为人明知自己所告发的是虚假的犯罪事实，明知诬告陷害行为会发生侵犯他人人身权利的结果，并且希望或者放任这种结果的发生。

（2）必须具有使他人受到刑事追究的目的（意图）；但不要求将该目的作为其行为的唯一目的或者主要目的，只要行为人存在该目的即可。

（3）"意图使他人受刑事追究" ≠ 意图使他人受刑罚处罚。行为人虽然明知自己的诬告行为不可能使他人受刑罚处罚，但明知自己的行为会使他人被刑事拘留、逮捕等，意图使他人成为犯罪嫌疑人而被立案侦查的，也应认定为"意图使他人受刑事追究"。

（4）不是有意诬陷，而是错告或者检举失实的，不成立犯罪。

（四）既遂标准

诬告行为达到了使司法机关可能采取刑事追究活动的程度 → 既遂。本罪的既遂，不要求公安司法机关启动调查程序，更不要求实际追究了被害人的刑事责任。

经典考题：关于诬告陷害罪的认定，下列哪一选项是正确的（不考虑情节）？（2017年卷二第16题，单选）[1]

---

[1] 【答案】C。A项错误，本项不触犯侮辱罪，因为侮辱罪侵犯的法益是他人的社会评价和个人名誉，而且侮辱罪要求具有公然性。仅仅向司法机关诬告的行为不具有公然性，不会侵犯侮辱罪法益。B项错误，法官明知被告人被诬告仍然判有罪，触犯的是徇私枉法罪而非诬告陷害罪。C项正确，对象只能是自然人，不包括单位。但是，形式上诬告单位犯罪，但所捏造的事实导致可能对自然人进行刑事追诉的，也成立本罪。诬告单位逃税会使得自然人受到刑事责任追究，会侵犯自然人的人身权利，所以可以成立本罪。D项错误，诬告没有达到法定年龄或者没有责任能力的人犯罪的，仍构成诬告陷害罪。虽然司法机关查明真相后不会对这些人科处刑罚，但将他们作为侦查的对象，使他们卷入刑事诉讼，就侵犯了其人身权利。综上，C项当选。

A.意图使他人受刑事追究，向司法机关诬告他人介绍卖淫的，不仅触犯诬告陷害罪，而且触犯侮辱罪

B.法官明知被告人系被诬告，仍判决被告人有罪的，法官不仅触犯徇私枉法罪，而且触犯诬告陷害罪

C.诬告陷害罪虽是侵犯公民人身权利的犯罪，但诬告企业犯逃税罪的，也能追究其诬告陷害罪的刑事责任

D.15周岁的人不对盗窃负刑事责任，故诬告15周岁的人犯盗窃罪的，不能追究行为人诬告陷害罪的刑事责任

六、强迫劳动罪

（一）法条

第244条 以暴力、威胁或者限制人身自由的方法强迫他人劳动的，处三年以下有期徒刑或者拘役，并处罚金；情节严重的，处三年以上十年以下有期徒刑，并处罚金。

明知他人实施前款行为，为其招募、运送人员或者有其他协助强迫他人劳动行为的，依照前款的规定处罚。

单位犯前两款罪的，对单位判处罚金，并对其直接负责的主管人员和其他直接责任人员，依照第一款的规定处罚。

（二）概念

强迫劳动罪，是指自然人或者单位以暴力、威胁或者限制人身自由的方法强迫他人劳动，或者明知他人以暴力、威胁或者限制人身自由的方法强迫他人劳动，而为其招募、运送人员或者以其他方式协助强迫他人劳动的行为。

（三）构成要件

1.行为主体：自然人和单位都可以成立本罪。

2.行为对象：他人，不限于本单位的职工，也即任何人都可以成为本罪的对象。

例如： 甲从马路上将不认识的乙拉到自己的工地并强迫乙为其工作。甲的行为可以成立本罪。

3.行为类型

（1）直接强迫劳动。

①其中限制人身自由是指将他人的人身自由控制在一定范围、一定限度内的方法。例如，不准他人外出，不准他人参加社交活动等。

②如果采取剥夺人身自由的方法（如将他人长时间关闭在车间里），则成立非法拘禁罪与本罪的想象竞合犯。

③既遂标准：强迫行为使被害人开始从事其不愿意从事的劳动的，成立本罪的既遂。

④行为人是否提供劳动报酬，不影响本罪的成立。

⑤责任形式为故意，不要求具有特定的目的与动机。

（2）协助强迫劳动。

①明知他人以暴力、威胁或者限制人身自由的方法强迫他人劳动，而为其招募、运

送人员或者以其他方式协助强迫他人劳动。

例如：（2017年卷二第15题D项）丁明知工厂主熊某强迫工人劳动，仍招募苏某等人前往熊某工厂做工。丁未亲自强迫苏某等人劳动，不构成强迫劳动罪。该项属于错误选项，丁构成强迫劳动罪。

②上述行为属于帮助犯的量刑规则（不属于帮助犯正犯化），仍属丁帮助犯，需坚持共犯从属性原则，其成立帮助犯以被害人被他人强迫劳动为前提。

七、雇用童工从事危重劳动罪

（一）法条

第244条之一　违反劳动管理法规，雇用未满十六周岁的未成年人从事超强度体力劳动的，或者从事高空、井下作业的，或者在爆炸性、易燃性、放射性、毒害性等危险环境下从事劳动，情节严重的，对直接责任人员，处三年以下有期徒刑或者拘役，并处罚金；情节特别严重的，处三年以上七年以下有期徒刑，并处罚金。

有前款行为，造成事故，又构成其他犯罪的，依照数罪并罚的规定处罚。

（二）概念

雇用童工从事危重劳动罪，是指违反劳动管理法规，雇用未满16周岁的未成年人从事超强度体力劳动的，或者从事高空、井下作业的，或者在爆炸性、易燃性、放射性、毒害性等危险环境下从事劳动，情节严重的行为。

（三）构成要件

1.行为对象：未满16周岁的童工。

2.行为类型

（1）雇用未满16周岁的未成年人从事超强度体力劳动。

（2）雇用未满16周岁的未成年人从事高空、井下作业。

（3）雇用未满16周岁的未成年人在爆炸性、易燃性、放射性、毒害性等危险环境下从事劳动，情节严重。

【记忆口诀】超强体力、上天入地、危险环境。

3.行为方式：只要雇用就可以，不要求强迫。

4.责任形式：本罪为故意罪过，要求行为人明知是未满16周岁的未成年人而雇用。

（四）罪数

1.如果先雇用然后又强迫劳动，就构成本罪和强迫劳动罪，数罪并罚。

2.非法雇用童工，造成事故，又构成其他犯罪的，依照数罪并罚的规定处罚。

例如：雇用童工从事高空、井下作业，同时造成重伤、死亡事故，又成立重大责任事故罪的，数罪并罚。

八、刑讯逼供罪

（一）法条

第247条　司法工作人员对犯罪嫌疑人、被告人实行刑讯逼供或者使用暴力逼取证人证言的，处三年以下有期徒刑或者拘役。致人伤残、死亡的，依照本法第二百三十四条、第二百三十二条的规定定罪从重处罚。

（二）概念

刑讯逼供罪，是指司法工作人员对犯罪嫌疑人、被告人使用肉刑或者变相肉刑，逼取供述的行为。

本罪的法益，首先是犯罪嫌疑人、被告人的人身权利，其次是司法活动的正当性。

（三）构成要件

1.行为主体

司法工作人员，即有侦查、检察、审判、监管职责的工作人员。本罪为真正的身份犯。

（1）未受公安机关正式录用，受委托履行侦查、监管职责的人员或者合同制民警，也可以成为本罪主体。

（2）超市保安或普通单位的保卫处工作人员，都不是司法工作人员，不属于本罪的主体。

（3）一般人私设公堂讯问他人，构成非法拘禁罪或故意伤害罪。

（4）一般人与司法工作人员伙同刑讯逼供的，以刑讯逼供罪的共犯论处。

2.行为对象

犯罪嫌疑人和被告人（二者的主体相同，只不过是不同阶段的不同称呼）。

【注意】犯罪嫌疑人和被告人的行为实际上是否构成犯罪，对本罪的成立没有影响。

3.行为手段：刑讯+逼供。

（1）刑讯：使用肉刑或者变相肉刑。例如，打、捆绑、殴打以及其他折磨人的肉体的方法或者冻、饿、烤、晒、不准睡觉等。

（2）至于行为人是否得到供述，被害人的供述是否符合客观事实，并不影响本罪的成立。

（3）使用肉刑或变相肉刑，但并不逼取供述的，不是刑讯逼供。

（4）诱供、佯装刑讯的，不成立刑讯逼供罪。

例如：警察丙知道犯罪嫌疑人丁胆子小，于是将老虎凳、辣椒水等刑讯工具摆在犯罪嫌疑人丁的面前吓唬说："不招的话就让你享受享受"。丁迫于内心的压力招了。警察丙不成立刑讯逼供罪。

4.主观罪过：故意，犯罪动机不影响本罪成立。不管是"为公"还是"为私"，刑讯逼供行为都侵犯了他人的人身权利，动机不应影响定罪。

（四）本罪的认定

1.正确区分本罪与正当防卫之间的关系。

例如：犯罪分子绑架他人后，将人质藏匿在危险场所，不及时营救就有生命危险，此时，一般人或者司法工作人员使用暴力迫使犯罪分子说出藏匿地址的，属于正当防卫。

2.刑讯逼供行为致使被害人伤残、死亡 → 故意伤害罪、故意杀人罪。

只要刑讯逼供致人伤残或者死亡，不管行为人对伤害或死亡具有何种心理状态（以具有预见可能性为前提），均应认定为故意伤害罪或故意杀人罪，并从重处罚。

经典考题： 关于刑讯逼供罪的认定，下列哪些选项是错误的？（2012年卷二第60题，多选）①

A. 甲系机关保卫处长，采用多日不让小偷睡觉的方式，迫其承认偷盗事实。甲构成刑讯逼供罪

B. 乙系教师，受聘为法院人民陪审员，因庭审时被告人刘某气焰嚣张，乙气愤不过，一拳致其轻伤。乙不构成刑讯逼供罪

C. 丙系检察官，为逼取口供殴打犯罪嫌疑人郭某，致其重伤。对丙应以刑讯逼供罪论处

D. 丁系警察，讯问时佯装要实施酷刑，犯罪嫌疑人因害怕承认犯罪事实。丁构成刑讯逼供罪

九、暴力取证罪

（一）法条

第247条 司法工作人员对犯罪嫌疑人、被告人实行刑讯逼供或者使用暴力逼取证人证言的，处三年以下有期徒刑或者拘役。致人伤残、死亡的，依照本法第二百三十四条、第二百三十二条的规定定罪从重处罚。

（二）概念

暴力取证罪，是指司法工作人员使用暴力逼取证人证言的行为。

（三）构成要件

1. 行为主体：司法工作人员。

2. 行为对象：证人。这里的"证人"宜作广义理解。

（1）不具有作证资格的人，不知道案件真相的人，也可能成为本罪中的证人。

（2）年幼者、精神病患者，也能成为本罪中的证人。

3. "暴力"的理解

（1）暴力是指对证人使用有形力的一切方法，暴力的程度没有限定。

（2）使用胁迫、欺骗、测谎仪，不属于暴力取证。

（四）法律拟制

暴力取证行为致使被害人伤残、死亡→故意伤害罪、故意杀人罪。

十、虐待被监管人罪

（一）法条

第248条 监狱、拘留所、看守所等监管机构的监管人员对被监管人进行殴打或者体罚虐待，情节严重的，处三年以下有期徒刑或者拘役；情节特别严重的，处三年以上

---

① 【答案】ACD。A项错误，刑讯逼供罪的主体是司法工作人员，保卫处长不具有司法工作人员的身份，不成立此罪。B项正确，乙在出任人民陪审员的时候具有司法工作人员的身份，但乙的殴打行为并不是为了刑讯逼供，而只是出于泄愤，所以乙不构成刑讯逼供罪。C项错误，按照法律拟制的规定，丙构成故意伤害罪。D项错误，"刑讯"意味着必须实施肉刑或者变相肉刑的行为，佯装刑讯不属于"刑讯"范围，所以丁不构成刑讯逼供罪。综上，ACD项当选。

十年以下有期徒刑。致人伤残、死亡的。依照本法第二百三十四条（故意伤害罪）、第二百三十二条（故意杀人罪）的规定定罪从重处罚。

监管人员指使被监管人殴打或者体罚虐待其他被监管人的，依照前款的规定处罚。

（二）概念

虐待被监管人罪，是指监狱、拘留所、看守所等监管机构的监管人员对被监管人进行殴打或体罚虐待，或者指使被监管人殴打或体罚虐待其他被监管人，情节严重的行为。

（三）构成要件

1.行为主体

监管机构的监管人员，既包括监狱、拘留所、看守所的监管人员，也包括缉捕戒毒所等监管机构的监管人员。

2.行为对象

被监管人，既包括犯罪嫌疑人、罪犯，又包括被行政拘留、司法拘留的人员。

3.行为内容

要求在执行职务的过程中实施殴打或体罚虐待行为。

（四）法律拟制

虐待被监管人致使被害人伤残、死亡的→故意伤害罪、故意杀人罪。

第四节　侵犯人格权的犯罪

一、侮辱罪

（一）法条

第246条　以暴力或者其他方法公然侮辱他人或者捏造事实诽谤他人，情节严重的，处三年以下有期徒刑、拘役、管制或者剥夺政治权利。

前款罪，告诉的才处理，但是严重危害社会秩序和国家利益的除外。

通过信息网络实施第一款规定的行为，被害人向人民法院告诉，但提供证据确有困难的，人民法院可以要求公安机关提供协助。

（二）概念

侮辱罪，是指使用暴力或者其他方法公然败坏他人名誉，情节严重的行为。本罪的法益是他人的名誉。

（三）构成要件

1.行为主体：已满16周岁的自然人。

2.行为对象：侮辱对象必须是特定的人。

（1）特定的人就行，具体人数没有限制（1个或1群都可以）。

（2）在大庭广众之中进行无特定对象的谩骂，不构成侮辱罪。

（3）死者和法人不是本罪的对象，但如果表面上侮辱死者和法人，实际上是侮辱死者家属和法定代表人的，同样成立侮辱罪。

3.行为方式

（1）侮辱，是毁损他人名誉、降低他人社会评价的行为。

（2）侮辱方式包括：

①暴力侮辱。这里的暴力不是指杀人、伤害、殴打，而是指使用强力败坏他人的名誉。例如，使用强力逼迫他人做难堪的动作；当众打被害人耳光等。

②非暴力动作侮辱。例如，与人握手后，随即取出纸巾擦拭，作嫌恶状。

（3）侮辱行为必须公然进行。所谓"公然"侮辱，是指采用不特定或者多数人可能知悉（实际知不知悉不重要）的方式对他人进行侮辱。

例如： 甲和乙去无人区冒险旅行过程中，甲对乙进行谩骂。由于无他人可知晓，甲的行为不成立侮辱罪。

（4）侮辱行为不要求发生在公共场所，公然也不要求被害人在场。但是，如果仅仅面对着被害人进行侮辱，没有第三者在场，也不可能被第三者知悉，则不构成侮辱罪。

4.内容：侮辱内容可真可假。

例如： 甲知道乙是卖淫女而当众骂乙是卖淫女、婊子，成立本罪；甲捏造乙是卖淫女的事实而公然骂其是婊子，也可成立本罪。

5.责任形式

故意，即行为人明知自己的侮辱行为会造成败坏他人名誉的结果，并且希望或者放任这种结果的发生。

6.本罪属于告诉才处理的犯罪。自诉转公诉的例外：侮辱行为严重危害社会秩序和国家利益的。

（四）第246条第3款内容之解读

增加网络侮辱、诽谤他人，情节严重的可入刑的规定。

1.有此项权利的是法院，并不包括检察院或者律师等。

2.自诉人自身并没有权利要求公安机关提供协助，只能通过人民法院来要求公安机关协助。

3.前提条件是被害人举证困难，如果举证达不到困难程度，法院也不会要求公安机关提供协助。

二、诽谤罪

（一）法条

第246条 以暴力或者其他方法公然侮辱他人或者捏造事实诽谤他人，情节严重的，处三年以下有期徒刑、拘役、管制或者剥夺政治权利。

前款罪，告诉的才处理，但是严重危害社会秩序和国家利益的除外。

通过信息网络实施第一款规定的行为，被害人向人民法院告诉，但提供证据确有困难的，人民法院可以要求公安机关提供协助。

（二）概念

诽谤罪，是指捏造并散布某种事实，足以败坏他人名誉，情节严重的行为。

（三）构成要件

1.行为主体：已满16周岁的自然人。

2.行为对象：诽谤对象必须是特定的人。

（1）特定的人既可以是一人，也可以是数人。

（2）诽谤时虽未具体指明被害人的姓名，但能推知具体被害人的，仍构成诽谤罪。

（3）不包括死人。但是通过诽谤死人，侵害了死者家属名誉，可构成诽谤罪。

3.行为类型

（1）自己捏造虚假事实，进而公然散布。

（2）明知属于捏造的虚假事实，进而散布。

4.责任形式

故意，行为人明知自己散布的是足以损害他人名誉的虚假事实，明知自己的行为会发生损害他人名誉的结果，并且希望或者放任这种结果的发生。

【总结】诽谤罪与侮辱罪的区别

1.行为方式不同

（1）诽谤罪不能使用暴力。

（2）侮辱罪可以使用暴力。

2.行为内容不同

（1）诽谤罪只能是捏造的假的事实。

（2）侮辱罪可真可假。

三、侵犯公民个人信息罪

（一）法条

第253条之一　违反国家有关规定，向他人出售或者提供公民个人信息，情节严重的，处三年以下有期徒刑或者拘役，并处或者单处罚金；情节特别严重的，处三年以上七年以下有期徒刑，并处罚金。

违反国家有关规定，将在履行职责或者提供服务过程中获得的公民个人信息，出售或者提供给他人的，依照前款的规定从重处罚。

窃取或者以其他方法非法获取公民个人信息的，依照第一款的规定处罚。

单位犯前三款罪的，对单位判处罚金，并对其直接负责的主管人员和其他直接责任人员，依照各该款的规定处罚。

（二）概念

侵犯公民个人信息罪，是指违反国家有关规定，向他人出售或者提供公民个人信息，或者将在履行职责或者提供服务过程中获得的公民个人信息，出售或者提供给他人，以及窃取或者以其他方法非法获取公民个人信息，情节严重的行为。

（三）构成要件

1.行为主体：由国家机关或者金融、电信、交通、教育、医疗等单位的工作人员扩大到一般主体。例如，律师、房屋中介人员、健身会所工作人员等一般工作者也可能成立本罪。

2.行为对象

公民个人信息。根据司法解释规定，"公民个人信息"，是指以电子或者其他方式记录的能够单独或者与其他信息结合识别特定自然人身份或者反映特定自然人活动情况的各种信息，包括姓名、身份证件号码、通信通讯联系方式、住址、账号密码、财产状况、行踪轨迹等。[①]

例如：甲长期用高倍望远镜偷窥邻居的日常生活，由于邻居的日常生活不属于"电子或者其他方式记录"，所以不成立本罪。

【提示】"公民"不包括单位和死者。

3.行为方式

（1）违反国家有关规定，向他人出售或者提供公民个人信息。

司法解释规定，未经被收集者同意，将合法收集的公民个人信息向他人提供的，属于《刑法》第253条之一规定的"提供公民个人信息"，但是经过处理无法识别特定个人且不能复原的除外。

（2）违反国家有关规定，将在履行职责或者提供服务过程中获得的公民个人信息，出售或者提供给他人的。例如，银行工作人员、宾馆工作人员在工作中获得的公民个人信息。

（3）窃取或者其他非法手段获取（要求非法获取，如果向公安机关提供便于其查处犯罪的，阻却违法）。

司法解释规定，违反国家有关规定，通过购买、收受、交换等方式获取公民个人信息，或者在履行职责、提供服务过程中收集公民个人信息的，属于《刑法》第253条之一第3款规定的"以其他方法非法获取公民个人信息"。

4.责任形式：故意，特定目的和动机不影响本罪的成立。

第五节　妨害婚姻家庭、监护权利的犯罪

一、暴力干涉婚姻自由罪

（一）法条

第257条　以暴力干涉他人婚姻自由的，处二年以下有期徒刑或者拘役。

犯前款罪，致使被害人死亡的，处二年以上七年以下有期徒刑。

第一款罪，告诉的才处理。

（二）概念

暴力干涉婚姻自由罪，是指以暴力干涉他人结婚或离婚自由的行为。

婚姻自由包括：结婚自由与离婚自由。

[①] 2017年5月8日《最高人民法院、最高人民检察院关于办理侵犯公民个人信息刑事案件适用法律若干问题的解释》。

（三）构成要件

1.行为主体：已满16周岁的自然人。

2.行为对象：对象与主体不要求具有特殊关系。例如，甲暴力干涉外甥女的婚姻自由，也可成立本罪。

3.行为方式：行为人要以暴力干涉他人婚姻自由。

（1）要实施有形力的暴力行为。例如，实施捆绑、殴打、禁闭、抢掠等对人体有形力的行为。

（2）仅有干涉行为而没有实施暴力的，不构成本罪。例如，甲以自杀相威胁，干涉女儿乙的婚姻自由，不成立本罪。

（3）以暴力相威胁进行干涉的，也不构成本罪。例如，丙大声警告女儿丁："如果你嫁给戊，我就杀了你们。"丙不成立本罪。

（4）暴力极为轻微的，不能视为本罪的暴力行为。例如，A为了阻止女儿B嫁给C，狠踢了女儿一脚，这种行为不属于本罪的暴力行为。

（5）暴力干涉恋爱的，不能认定为本罪。例如，D得知自己的女儿E和仇人的儿子F谈恋爱后，气不打一处来，将女儿E暴打一顿并阻止女儿E继续与F交往。该行为不成立本罪，视情况有可能成立故意伤害罪、非法拘禁罪等。

（四）诉讼类型

本罪为亲告罪，只有被害人告诉才处理。自诉转公诉的例外：暴力干涉婚姻自由的行为导致被害人死亡。

（五）罪数

1.长期以暴力干涉婚姻自由，只要其中一次属于故意杀人或故意伤害行为，则构成暴力干涉婚姻自由罪与故意杀人罪或故意伤害罪，实行数罪并罚。

2.暴力干涉婚姻自由的行为，致使被害人死亡的，成立本罪的结果加重犯，即依然成立本罪，只不过法定刑加重。这里的"死亡"包括因暴力干涉婚姻自由而直接引起被害人自杀的情形。

例如：父亲甲以暴力干涉儿子与丙女的结婚事宜（未对丙女实施暴力），丙女因此而自杀的，对甲不能适用"致人死亡"的结果加重犯之规定。

二、重婚罪

（一）法条

第258条　有配偶而重婚的，或者明知他人有配偶而与之结婚的，处二年以下有期徒刑或者拘役。

（二）概念

重婚罪，是指有配偶而又与他人结婚，或者明知他人有配偶而与之结婚的行为。

本罪侵害的法益是合法婚姻关系。

（三）构成要件

1.行为主体

（1）已婚者 → 与他人再次结婚。

（2）单身者 → 明知他人结婚而与之结婚；不知对方已婚，不成立犯罪。

2.行为方式

（1）法律婚姻+法律婚姻。

（2）法律婚姻+事实婚姻。

【总结】法定婚+法定婚（或事实婚）→ 成立重婚。

事实婚+法定婚（或事实婚）→ 不成立重婚。

3.责任形式为故意。

（1）已婚者明知自己有配偶而又故意与他人结婚，如果认为自己的配偶死亡或者认为自己与他人没有配偶关系而再结婚的，不构成重婚罪。

（2）单身者必须明知他人有配偶而与之结婚；如果确实不知道对方有配偶而与之结婚的，不构成重婚罪。

三、破坏军婚罪

（一）法条

第259条　明知是现役军人的配偶而与之同居或者结婚的，处三年以下有期徒刑或者拘役。

利用职权、从属关系，以胁迫手段奸淫现役军人的妻子的，依照本法第二百三十六条（强奸罪）的规定定罪处罚。

（二）概念

破坏军婚罪，是指明知是现役军人的配偶，而与之结婚或者同居的行为。

（三）构成要件

1.行为对象

现役军人的配偶，是指现役军人的妻子或丈夫，即与现役军人登记结婚，建立了婚姻关系的人。

（1）不包括仅与现役军人有婚约关系的"未婚夫""未婚妻"。

（2）不包括男女朋友。

2.行为方式

（1）结婚：是指与现役军人的配偶登记结婚，或者形成事实婚姻。

（2）同居：是指在一定时期内与现役军人的配偶姘居且共同生活。

【注意】同居不包括通奸行为。如果将这里的同居解释为包括通奸的话，属于不利于被告人的类推解释，应当禁止。

3.责任形式为故意，即行为人必须明知是现役军人的配偶而与之结婚或者同居。由于某种原因不知对方是现役军人的配偶而与之结婚或者同居的，不构成本罪。

（四）本罪与重婚罪、强奸罪的关系

1.本罪与重婚罪

二者不是对立关系，是法条竞合关系，如果重婚行为同时符合本罪的构成要件，以本罪论处即可。

2.本罪与强奸罪

第259条第2款规定："利用职权、从属关系，以胁迫手段奸淫现役军人的妻子的，依照本法第二百三十六条（强奸罪）的规定定罪处罚。"

该款属于注意规定，这种行为本身就符合强奸罪的构成要件，应当以强奸罪论处。如果行为人虽然利用了职权或者从属关系，而没有进行胁迫的，不能认定为强奸罪。

四、虐待罪

（一）法条

第260条 虐待家庭成员，情节恶劣的，处二年以下有期徒刑、拘役或者管制。

犯前款罪，致使被害人重伤、死亡的，处二年以上七年以下有期徒刑。

第一款罪，告诉的才处理，但被害人没有能力告诉，或者因受到强制、威吓无法告诉的除外。

（二）概念

虐待罪，是指对共同生活的家庭成员，经常以打骂、冻饿、强迫过度劳动、有病不予治疗、限制自由、凌辱人格等手段，从肉体上和精神上进行摧残、折磨，情节恶劣的行为。

（三）构成要件

1.行为主体：共同生活的同一家庭成员。

【注意】该"家庭成员"可以作扩大解释，包括常年共同生活的管家、保姆、事实婚姻关系的"夫妻"。

2.行为对象：同样为共同生活的同一家庭成员。

3.行为方式：实施虐待行为。

（1）虐待行为的内容必须表现为进行肉体上的摧残与精神上的折磨。例如，殴打、冻饿、强迫过度劳动、有病不予治疗、侮辱、咒骂、讽刺、不让参加社会活动等。

（2）虐待行为必须具有经常性、一贯性，偶尔一次不成立本罪。

4.成立本罪还要求情节恶劣。

情节是否恶劣，要从虐待的手段、持续的时间、对象、结果等方面进行综合评价。对于虐待手段轻微、持续时间短、没有造成严重后果等情节不恶劣的虐待行为，不以虐待罪论处。

5.责任形式：故意，即行为人明知自己的虐待行为侵害了被害人的人身权利，并且希望或者放任这种结果发生。

（四）罪数

1.结果加重犯

第260条第2款规定："犯前款罪，致使被害人重伤、死亡的，处二年以上七年以下有期徒刑。"

所谓致使被害人重伤、死亡，是指由于被害人经常受虐待逐渐造成身体的严重损伤或导致死亡，或者由于被害人不堪忍受虐待而自杀、自伤，造成死亡或重伤。

2.数罪并罚

在情节恶劣的经常性虐待过程中，其中一次产生伤害或杀人故意，进而实施伤害或杀人行为的，则构成虐待罪与故意伤害罪或故意杀人罪，实行数罪并罚。

（五）第260条第3款的解读

1.虐待罪原则上属于亲告罪。

2.虐待罪自诉转公诉的情形：

（1）虐待致人重伤、死亡。

（2）被害人没有能力告诉，或者因受强制、威吓无法告诉。例如，被虐待者为婴幼儿或者行动不便、知识水平退化的老人，这些人没有能力告诉，所以这种情形的虐待罪转为公诉案件。

五、虐待被监护、看护人罪

（一）法条

第260条之一 对未成年人、老年人、患病的人、残疾人等负有监护、看护职责的人虐待被监护、看护的人，情节恶劣的，处三年以下有期徒刑或者拘役。

单位犯前款罪的，对单位判处罚金，并对其直接负责的主管人员和其他直接责任人员，依照前款的规定处罚。

有第一款行为，同时构成其他犯罪的，依照处罚较重的规定定罪处罚。

（二）概念

虐待被监护、看护人罪，是指对被监护、看护的人，经常以打骂、冻饿、强迫过度劳动、有病不予治疗、限制自由、凌辱人格等手段，从肉体上和精神上进行摧残、折磨，情节恶劣的行为。

（三）构成要件

1.行为主体：对未成年人、老年人、患病的人、残疾人等负有监护、看护职责的人。例如，学校的老师（包括幼儿园的幼师）、医院的医生、养老院的护理人员、家里的护工保姆等都可以成为本罪的犯罪主体。

2.行为对象：被监护、看护的人。例如，幼儿园小朋友、养老院的老人、孤儿院的孤儿等。

3.行为方式：参考虐待罪（二者是一致的）。

（四）本罪与虐待罪的区别

1.两罪侵犯的法益不同：本罪侵犯的法益是被监护人、被看护人的人身权利；而虐待罪既侵害了受害者的人身权利，也侵害了家庭成员之间的亲密关系。

2.犯罪主体不同：本罪主体为有监护、看护职责的非家庭成员，单位也可以成为本罪主体；而虐待罪的主体是同一家庭的成员，彼此之间存在一定的亲属关系或者扶养关系，且只有自然人才可以成为虐待罪的主体。

3.想象竞合时的处罚不同：触犯本罪同时构成其他犯罪（如致使被害人重伤、死亡）的，依照处罚较重的规定定罪处罚；虐待致使被害人重伤、死亡的，还是以虐待罪定罪处罚。

4.案件告诉方式不同：本罪属于公诉案件，虐待罪原则上是亲告罪。

5.量刑不同：本罪，处3年以下有期徒刑或者拘役；虐待罪，处2年以下有期徒刑、拘役或者管制。本罪量刑要重于虐待罪，原因是本罪的社会危害性更大。

（五）司法解释①

对未成年人、残疾人负有监护、看护职责的人组织未成年人、残疾人在体育运动中非法使用兴奋剂，具有下列情形之一的，应当认定为《刑法》第260条之一规定的"情节恶劣"，以虐待被监护、看护人罪定罪处罚：（1）强迫未成年人、残疾人使用的；（2）引诱、欺骗未成年人、残疾人长期使用的；（3）其他严重损害未成年人、残疾人身心健康的情形。

六、组织残疾人、儿童乞讨罪

（一）法条

第262条之一   以暴力、胁迫手段组织残疾人或者不满十四周岁的未成年人乞讨的，处三年以下有期徒刑或者拘役，并处罚金；情节严重的，处三年以上七年以下有期徒刑，并处罚金。

（二）概念

组织残疾人、儿童乞讨罪，是指以暴力、胁迫手段组织残疾人或者不满14周岁的未成年人乞讨的行为。

（三）成立条件

1.行为对象

（1）残疾人和未满14周岁的人。

（2）以暴力、胁迫手段组织已满14周岁的没有残疾的人乞讨的，不成立本罪，但可能成立强迫劳动罪。

2.行为方式

（1）以暴力、胁迫手段组织残疾人或者不满14周岁的人乞讨。

（2）以利诱、欺骗等手段组织他人乞讨的，不成立本罪。

（3）组织实施的是乞讨行为，而非其他行为。

（4）行为方式为组织，而非帮助和教唆。

3.责任形式

故意，即明知是残疾人或者不满14周岁的人而以暴力、胁迫手段组织乞讨。是否出于牟利目的，以及客观上是否牟利，不影响本罪的成立。

（四）罪数

1.该行为如果符合诈骗罪的构成要件，成立本罪与诈骗罪的想象竞合犯。

2.将被害人故意打伤，之后实施本罪行为的，数罪并罚。

---

① 2019年11月18日《最高人民法院关于审理走私、非法经营、非法使用兴奋剂刑事案件适用法律若干问题的解释》。

七、组织未成年人进行违反治安管理活动罪

（一）法条

第262条之二　组织未成年人进行盗窃、诈骗、抢夺、敲诈勒索等违反治安管理活动的，处三年以下有期徒刑或者拘役，并处罚金；情节严重的，处三年以上七年以下有期徒刑，并处罚金。

（二）概念

组织未成年人进行违反治安管理活动罪，是指组织未成年人进行盗窃、诈骗、抢夺、敲诈勒索等违反治安管理活动的行为。

（三）构成要件

1.行为对象：未成年人。

2.行为方式：组织未成年人实施盗窃、诈骗、抢夺、敲诈勒索等违反治安管理的活动。

3.责任形式：故意，要求行为人明知被组织者为未成年人。

（四）罪数

1.组织未成年人进行盗窃、诈骗、抢夺、敲诈勒索等活动的行为，既触犯盗窃、诈骗、抢夺、敲诈勒索等罪，也触犯本罪，存在数罪并罚的情形。

2.组织未成年人进行盗窃、诈骗、抢夺、敲诈勒索等活动的行为，既触犯盗窃、诈骗、抢夺、敲诈勒索等罪，也触犯本罪，也存在想象竞合犯的情形。

专题二十　侵犯财产罪

命题点拨

　　所有知识点中最重要的专题，没有之一。其中抢劫罪、盗窃罪、诈骗罪是并驾齐驱的"三驾马车"。敲诈勒索罪、侵占罪、抢夺罪身居次席（但是仍旧相比较其他专题的一般罪名要重要得多）。

第一节　概　述

一、财产犯罪体系表

财产犯罪	取得型	是否存在非法占有目的	有	转移占有型	完全违背意志	抢劫罪、抢夺罪、盗窃罪
					瑕疵违背意志	诈骗罪、敲诈勒索罪
				变占有为所有型	侵占罪、职务侵占罪	
	毁弃型		无	故意毁坏财物罪、破坏生产经营罪		
	不履行债务型		拒不支付劳动报酬罪			
提示	上述众多财产犯罪中，抢劫罪、盗窃罪、诈骗罪是最为核心的罪名。					

二、财产犯罪的概念与法益

（一）概念

　　侵犯财产罪，是指以非法占有为目的，非法取得公私财物，或者挪用单位财物，故意毁坏公私财物以及拒不支付劳动报酬的行为。

（二）法益

1.财产所有权及其他本权

（1）"所有权"可以根据民法确定，即包括财产的占有权、使用权、收益权与处分权。

（2）"其他本权"包括合法占有财物的权利（他物权）以及债权。

（3）所有权人从盗窃者手中窃回财物，不成立盗窃罪。因为盗窃者对财物没有所有权。

例1：（所有权）甲买了一辆汽车，成为该车的所有人。之后乙将甲的汽车偷走，乙成立盗窃罪。

例2：（其他本权）甲将自己的汽车借给好友乙，约定半个月后归还。乙使用一个月仍不归还，甲碍于面子，深夜潜入乙家，将汽车取回。甲成立盗窃罪。

2.占有事实

（1）既保护合法占有，也保护非法占有。

（2）违背占有人的意志改变其占有现状，就需要通过法定程序（其中的占有，不限于对财物的占有，还包括对财产性利益的占有）来改变，一般人无权侵犯。

例1：甲的汽车被乙偷走，甲锁定犯罪人之后，又将自己的汽车偷回来，甲不成立盗窃罪。

例2：甲的汽车被乙偷走，之后该车又被丙偷走，丙成立盗窃罪。

三、财产犯罪的行为对象

1.有体物+无体物

例1：光、热、电、通信网络信号等无体物属于财物。

例2：商标权、专利权、著作权、商业秘密等无形财产，属于知识产权的犯罪对象，被特别保护，因此一般不属于财产犯罪的对象。

2.财产性利益

例1：王某乘坐出租车，到目的地后，司机要求支付车费。王某使用暴力将司机打晕，然后下车逃离。王某的行为属于使用暴力迫使司机放弃债权，免除对自己的债务，在效果上获得了一份财产性利益，因此构成抢劫罪，属于抢劫财产性利益。

例2：通过技术手段将他人存折中的存款转入自己的存折中，即使尚未取出现金，也应以盗窃罪（既遂）定罪处罚。

3.财产要具有价值，包括客观价值与使用价值。如果两种价值都没有，则不能称之为财物。

（1）使用价值。例如，身份证、出入境证件、信用卡、存折、住宅钥匙、具有纪念意义的照片、值得保存的书信等。

（2）财物虽有价值，但没有达到值得刑法保护的程度，也不是财产犯罪的对象。例如，一张餐巾纸、一枚普通纽扣、一把普通牙刷、一张普通名片、一张作废的火车票、一根葱等，由于价值极其低廉，不是财产犯罪的对象。

（3）劳务或行为不是财产犯罪的对象。

例1：甲欺骗卖淫女，提供性服务后会支付嫖资。卖淫女提供完性服务，甲却不支付嫖资。性服务属于人的行为，不能视为财物。

例2：甲欺骗室友乙："你给我写作业，我给你3000元"。乙受骗，帮甲写好作业，甲却不支付3000元。写作业属于劳务，属于人的行为，不能视为财物。

（4）对于所有人、占有人来说没有积极价值，但落入他人之手后可能被直接用于不当活动，进而使所有人、占有人遭受财产损害的物，也属于有价值之物（所谓消极的价值或者规范的价值），能够成为财产犯罪的对象。

例1：银行收回准备销毁的破损货币，对于银行没有积极价值，但只要具有使用的可能性，就不能落入他人手中，窃取这种破损货币的，也成立盗窃罪。

例2：啤酒生产商收回的已经兑奖的瓶盖，对于啤酒生产商没有积极价值，然而，一旦落入他人之手依然可能再次兑奖，窃取该瓶盖的，成立盗窃罪。

（5）对于所有人、占有人没有积极价值，也不能被他人直接利用的，不能视为财物。例如，已经使用过的实名车票、飞机票等，如果对所有人、占有人不再具有利用价值，他人就不具有直接利用的可能性，因而不应认定为财物。

4.动产＋不动产。例如，将他人的房屋炸毁的行为，成立故意毁坏财物罪，如果危及公共安全，可成立与爆炸罪的想象竞合犯。

5.违禁品。例如，甲盗窃乙持有的假币、毒品的，成立盗窃罪。

6.葬祭物。例如，根据社会一般观念，葬祭物仍然由死者亲属占有和所有。因此，葬祭物可以成为财产罪的对象。此外，古墓葬中的文物，也是刑法上的财物。

7.虚拟财产。例如，盗窃Q币、游戏点卡等虚拟财产的，成立盗窃罪。

8.债权凭证。债权凭证本身（如存折本身、信用卡本身）是有体物，也具有财产价值，也属于财产罪的对象。

【提示】财物不包括人的身体。

（1）安装在人体上的假肢、假牙等等，理当属于财物，是财产罪的对象。

（2）从人的身体分离出来的器官、血液、精液、头发等，也是财物。

四、非法占有目的

1.取得型财产犯罪与毁弃型财产犯罪的区别在于有无非法占有目的。如果有，则是取得型财产犯罪，如盗窃罪；如果没有，则是毁弃型财产犯罪，如故意毁坏财物罪。

2.非法占有目的，是指排除权利人，将他人的财物作为自己的财物进行支配，并遵从财物的用途进行利用、处分的意思。

非法占有目的 ＝ 排除意思 ＋ 利用意思	
排除意思	是指具有可罚性的将权利人"撇在一边"，妨害他人对财物的管理、利用的意思。 1.行为人虽然只有一时使用的意思，但没有返还的意思，可成立犯罪。 例如：盗用他人轿车，开到目的地后，将轿车抛弃在目的地的，存在排除意思，可成立盗窃罪。 2.行为人使用一段时间，用完再还回来对权利人而言已经失去价值的，可成立犯罪。 例如：甲在2022年法考前窃取乙正在使用的2022年法考指导用书（不考虑数额），即使具有归还的意思，且在2022年法考结束后归还的，成立盗窃罪。 3.没有排除意思的属于盗用、骗用行为，不成立盗窃罪。 例如：盗用他人自行车去买酱油，然后放回原地。
利用意思	是指按照财物自身可能具有的用途加以利用、处分，享有财物可能产生的某种利益的意思。 例1：男性基于癖好窃取女士内衣的，虽然不是基于遵从内衣的经济用途进行利用、处分的意思，但仍然具有利用意思，仍然成立盗窃罪。 例2：为了燃柴取暖而窃取他人家具的，具有利用意思。 例3：甲和乙互殴，乙拿起手机准备报警，甲顺势夺了过来，继续殴打乙。将乙打服之后离开的路上发现乙的手机在自己的口袋中，顺势就将乙的手机扔进了垃圾桶。甲没有利用意思，只有排除意思，成立故意毁坏财物罪。 【注意】损人不利己的案件，即把人家的东西藏起来，自己不用也不让主人用，构成故意毁坏财物罪。 例如：甲盗窃乙的汽车，不是想自己用，而是不想让乙用，将汽车藏在了很难让人发现的山洞里。这种损人不利己的行为构成故意毁坏财物罪。

五、侵犯财产罪未遂犯量刑的特殊问题

例如：孙某知道好友甲抢劫了一幅名画（价值800万元），并向其索要该画，否则报警。甲害怕之余又有些不甘，便将一副价值8000元的赝品冒充真迹交给孙某。孙某行为成立敲诈勒索罪没有疑问，但对其应该如何量刑呢？

观点一：对孙某应当按800万元适用数额特别巨大的法定刑，同时适用未遂犯的规定，并将取得价值8000元的赝品的事实作为量刑情节。这种观点将数额巨大与特别巨大作为加重构成要件。

观点二：对孙某应当按8000元适用数额较大的法定刑，认定为犯罪既遂，不适用未遂犯的规定。这种观点将数额较大视为单纯的量刑因素或量刑规则。

第二节　夺取型犯罪

一、抢劫罪

（一）法条

第263条　以暴力、胁迫或者其他方法抢劫公私财物的，处三年以上十年以下有期徒刑，并处罚金；有下列情形之一的，处十年以上有期徒刑、无期徒刑或者死刑，并处罚金或者没收财产：

（一）入户抢劫的；

（二）在公共交通工具上抢劫的；

（三）抢劫银行或者其他金融机构的；

（四）多次抢劫或者抢劫数额巨大的；

（五）抢劫致人重伤、死亡的；

（六）冒充军警人员抢劫的；

（七）持枪抢劫的；

（八）抢劫军用物资或者抢险、救灾、救济物资的。

第267条第2款　携带凶器抢夺的，依照本法第二百六十三条的规定定罪处罚。

第269条　犯盗窃、诈骗、抢夺罪，为窝藏赃物、抗拒抓捕或者毁灭罪证而当场使用暴力或者以暴力相威胁的，依照本法第二百六十三条（抢劫罪）的规定定罪处罚。

第289条　聚众"打砸抢"，致人伤残、死亡的，依照本法第二百三十四条、第二百三十二条的规定定罪处罚。毁坏或者抢走公私财物的，除判令退赔外，对首要分子，依照本法第二百六十三条的规定定罪处罚。

（二）概念

抢劫罪，是指以非法占有为目的，以暴力、胁迫或者其他方法，强取公私财物的行为。

本罪不仅侵犯了他人财产，而且侵犯了他人的人身权利。这既是抢劫罪区别于其他财产犯罪的重要标志，又使抢劫罪成为财产罪中最严重的犯罪。

（三）事前型（普通型）抢劫

1.成立犯罪结构图

实施暴力、胁迫等强制手段 → 压制被害人反抗 → 被害人因无法反抗而放弃财物 → 行为人取得财物

2.行为主体

已满14周岁的自然人。对于已满14周岁未满16周岁的人是否能成立转化型抢劫？司法解释所持的是否定观点（下文详述）。

3.行为对象

包括有形财物以及财产性利益。

例1：甲乘坐出租车后使用暴力迫使司机乙放弃出租车费的，成立抢劫罪。

例2：债务人乙向甲借款后一直未还，后使用暴力迫使甲向自己书写收条，应成立抢劫罪（既遂）。

【注意】为了继承遗产而杀害被继承人或其他继承人的，成立故意杀人罪，不能成立抢劫罪。理由：这种行为并不是通过暴力行为直接进行财产转移。

4.行为内容（压制反抗+强取财物）

当场使用暴力、胁迫或者其他强制方法，强取公私财物。暴力、胁迫或者其他强制方法，是手段行为；强取公私财物，是目的行为。

（1）暴力方法：是指对被害人不法行使有形力，使其不能反抗的行为。例如，殴打、捆绑、伤害、禁闭等。

①抢劫罪中的暴力只能是最狭义的暴力 → 足以压制反抗的暴力，不要求事实上压制反抗，更不要求具有危害人身安全的性质（因为拘禁取财同样可成立抢劫罪）。

②暴力对象不限于财物占有者，包括其他具有保护占有意思的人。

例如：孙总下车后，行李箱交由秘书提，甲对秘书（占有辅助人）使用暴力劫取财物的，同样成立抢劫罪。

【注意】对无关第三者实施暴力取得财物的，不成立抢劫罪。例如，甲欲进王某家盗窃，正撬门时，路人李某经过。甲误以为李某是王某，会阻止自己盗窃，将李某打昏，再从王某家窃走财物。因为抢劫罪针对的对象要求客观上要与财物有利害关系，对无辜第三人实施暴力的，应该按照盗窃罪既遂和故意伤害罪并罚。

（2）胁迫方法：是指以恶害相通告（可以通过动作、手势等），使被害人产生恐惧心理因而不敢反抗的行为。这种胁迫也应达到足以压制对方反抗的程度。

例如：甲在路边拦住乙说："给钱，否则我弄死你。"乙生性胆小便马上将自己的财物交给了甲，甲成立抢劫罪。

①恶害是指对被害人生命、身体、自由的加害。如果以当场立即实现损毁名誉等非暴力内容进行威胁的，不成立抢劫罪。

例如：甲拦住乙说："我有你的裸照，给我10万元，否则我将其放在市中心的LED大屏幕上播放。"即使乙给了钱，甲也不成立抢劫罪，因为这种行为难以达到压制反抗的程度，甲可成立敲诈勒索罪。

②被害人对行为人实现恶害是深信不疑的。

例如： 甲身穿军大衣，走进银行大厅，其右手揣在大衣内的胸前，对银行工作人员大声说："拿钱出来，否则我炸死你们（其实甲手中握着的是空酒瓶）"。工作人员于是将钱交于甲。甲的这种行为属于以足以压制反抗的暴力相威胁，成立抢劫罪。

（3）其他方法：是指除暴力、胁迫以外的造成被害人不能反抗、不知反抗的其他强制方法。

①麻醉、醉酒式的抢劫。例如，甲采用药物、酒精使乙暂时丧失自由意志，然后劫走财物。甲成立抢劫罪。

【注意】 如果是被害人自己陷入麻醉、醉酒状态的，行为人单纯利用这种状态拿走财物的，不成立抢劫罪，成立盗窃罪。

②非法拘禁式的抢劫。例如，丙将丁反锁在卧室使之不能出来，进而取得丁家的财物的。丙成立抢劫罪。

（4）强取财物：是指违反被害人的意志将财物转移给自己或者第三者占有。

【注意】 成立抢劫罪既遂，行为人以暴力、胁迫等强制手段压制被害人的反抗，与夺取财产之间必须存在因果关系。

例1： 甲欲采用拘禁的方式抢劫乙占有的财物，将乙反锁在卧室里，然后拿走客厅的财物，但是这个过程中乙一直在卧室熟睡，没有醒过来。甲构成抢劫罪（未遂）和盗窃罪（既遂），数罪并罚。

例2： 甲傍晚在河边溜达，听见有人喊救命，便闻其声找到了乙，发现乙被绑在了树上。甲趁机取走乙身上所有的财物，甲不成立抢劫罪，成立盗窃罪或抢夺罪（存在争议，下文详述）。

例3： 甲持刀拦住乙（为连续10年的全国武术冠军）准备行抢，乙内心呵呵一笑，但是看甲衣着破烂，甚是可怜，便扔给甲1000块，并说："兄弟，过年了，买件好衣服吧。"甲成立抢劫罪（未遂）。

例4： 甲以抢劫的故意实施暴力，导致被害人逃跑时失落财物，甲在追赶时"拾得"财物的，应认定为抢劫罪未遂与侵占罪或盗窃罪并罚。

5.主观罪过

责任要素除故意外，还要求具有非法占有目的。

（1）行为人出于其他目的实施暴力行为，暴力行为致人昏迷或者死亡，然后产生非法占有财物的意图，进而取走财物的[①]，不成立抢劫罪。

司法解释规定，先强奸或伤害，被害人未失去知觉，利用被害人不能反抗、不敢反抗的处境，临时起意使用暴力或胁迫劫取财物，构成强奸罪（或故意伤害罪）和抢劫罪，数罪并罚；被害人失去知觉或者没有发觉，临时起意拿走财物，构成强奸罪（或故意伤害罪）和盗窃罪，数罪并罚。

（2）行为人出于其他故意，于正在实施暴力、胁迫的过程中（暴力、胁迫没有结束时）产生夺取财物的意思并夺取财物的，成立抢劫罪。

例如： 甲以其他故意捆绑乙后，在捆绑状态持续期间取得乙财物的，由于暴力行为

---

① 2005年6月8日《最高人民法院关于审理抢劫、抢夺刑事案件适用法律若干问题的意见》。

仍在持续，成立抢劫罪。

（3）"非法占有目的"的例外

根据《刑法》第289条的规定，在实行聚众"打砸抢"行为的过程中，毁坏公私财物的，即使没有非法占有目的，对首要分子也应认定为抢劫罪。

（四）事后型（转化型）抢劫

1.前提条件：犯盗窃、诈骗、抢夺罪。

（1）"犯盗窃、诈骗、抢夺罪"并不意味着行为事实上已经构成盗窃、诈骗、抢夺罪的既遂，而是意味着行为人有实施盗窃罪、诈骗罪、抢夺罪的行为与故意。

例如：甲盗窃了乙100块钱，乙发现后追赶，甲为了抗拒抓捕而拿出匕首刺伤了乙。虽然甲之前盗窃了100块的行为由于数额原因不属于盗窃罪既遂，但是之后的行为同样成立转化型抢劫。

【注意1】有人对此坚持不同的观点，其从罪刑法定主义原则出发，认为刑法明确表述为"犯盗窃、诈骗、抢夺罪"，而不是"盗窃、诈骗、抢夺行为"，将"数额较大"作为成立盗窃、诈骗、抢夺罪的法定标准，其转化的前提理应达到"数额较大"程度，这是罪刑法定主义原则的必然要求。但是此种观点存在以下问题：

问题一：普通抢劫罪的成立并没有数额的限制，而转化型抢劫和普通抢劫本质上没有区别，只是在暴力、胁迫和取财的先后顺序上有差别，所以在犯罪成立条件上有区别，这是不合适的，这样的话犯罪人会通常选择转化型方式去实施抢劫行为，如果数额不大不转化，这样会使得抢劫罪罪名形同虚设。

问题二：如果在盗窃、诈骗、抢夺财物数额不大，为了窝藏赃物、抗拒抓捕、毁灭罪证而当场实施伤害或者杀害行为的情况下，如果认为不能转化为抢劫罪，而只能认定为故意伤害罪或者故意杀人罪，将不能同时反映行为既侵犯了人身权利又侵犯了财产权利的犯罪性质，同时也会造成量刑上的重大偏差。例如，如果打成重伤，若转化为抢劫罪的话，属于抢劫致人重伤的结果加重犯，量刑幅度为10年以上有期、无期甚至死刑；而故意伤害致人重伤的量刑幅度为3年以上10年以下。

【注意2】多次盗窃、入户盗窃、携带凶器盗窃、扒窃行为成立盗窃罪是没有数额要求的，不需要具有获得较大财物的危险性，即可转化为抢劫。例如，甲潜入乙家（家徒四壁）行窃一包面巾纸，被乙发现并追赶，甲为了抗拒抓捕而将其打成重伤。甲构成转化型抢劫。

（2）三罪转化为抢劫罪，要求三罪达到着手的程度。

三罪要求着手实行，但不要求既遂，即三罪在预备阶段不转化为抢劫（不转化就"分开看"），但在未遂时或所取财物数额不大时可以转化为抢劫。理由：抢劫罪侵犯双重法益即"财产+人身"，普通抢劫是先侵犯人身再侵犯财产，事后抢劫反之。设想如果之前盗窃等罪都还没着手（本质就意味着没有实质侵犯财产法益），那么仅仅有侵犯人身法益，怎么可能是"财产+人身"二合一的抢劫呢？例如，甲准备进入乙家的卧室行窃，在翻乙家墙的时候被乙发现并追赶，甲为了抗拒抓捕而将乙打成重伤，由于甲没有达到着手程度（因为翻墙属于预备阶段），所以不转化为抢劫。甲成立盗窃罪的预备和故意伤害罪，数罪并罚。

【注意】盗窃、诈骗、抢夺的着手只是其成立事后抢劫的一个前提条件，而抢劫罪（事后型）的着手仍以开始实施暴力、胁迫为起点。也即，上述两个"着手"的含义不同。

（3）三罪行为须具有财产犯罪的属性，符合盗窃罪、诈骗罪、抢夺罪这三个财产犯罪的构成要件，才可以转化为抢劫。因为只有财产性质的犯罪转化为重罪抢劫罪（也是财产犯罪）才合乎逻辑，如果将非具有财产性质的犯罪行为转化为重罪抢劫罪的话，有处罚过当之嫌！

例1：盗伐林木的行为符合盗窃罪的构成要件，可以转化为抢劫罪。

例2：信用卡诈骗罪、贷款诈骗罪等金融诈骗罪符合诈骗罪的构成要件，也可以转化为抢劫罪。

例3：盗窃尸体、盗窃枪支、招摇撞骗、抢夺国有档案、骗取出境证件等行为，不具有保护财产法益的性质，不具有财产犯罪属性，不能转化为抢劫罪。

（4）已满14周岁不满16周岁的人能否成为事后抢劫的行为主体？不能！

2006年1月11日《关于审理未成年人刑事案件具体应用法律若干问题的解释》规定，已满14周岁不满16周岁的人盗窃、诈骗、抢夺他人财物，为窝藏赃物、抗拒抓捕或者毁灭罪证，当场使用暴力，故意伤害致人重伤或者死亡，或者故意杀人的，应当分别以故意伤害罪或者故意杀人罪定罪处罚。

【理由】司法解释的逻辑虽然被学理界相关学者批评，但是其仍旧值得认可，考试中仍旧需要坚持司法解释的标准。已满14周岁不满16周岁的人事后抢劫和普通抢劫在侵犯法益种类和个数上虽一致，但是考虑其顺序变化带来的危险性和行为人本身主观恶性是存在区别的（先人身要比先财产更重更恶劣），所以，司法解释从对未成年人犯罪"惩罚为辅，教育为主"的角度出发，认为只要其故意伤害致人重伤或者死亡，或者故意杀人的，应当分别以故意伤害罪或者故意杀人罪定罪处罚，没有这种行为或结果，不能成立犯罪。

2.主观目的：为了抗拒抓捕、窝藏赃物、毁灭罪证。不具有前述目的的，不转化为抢劫。

例1：丙盗窃了丁的财物，被丁发现后而破口大骂，丁骂得实在难听，丙内心受到了前所未有的刺激，出于泄愤而将丁打成重伤。丙不具有上述三大目的，所以不转化为抢劫，而是成立盗窃罪和故意伤害罪，数罪并罚。

例2：甲与余某有一面之交，知其孤身一人。某日凌晨，甲携匕首到余家盗窃，物色一段时间后，未发现可盗财物。此时，熟睡中的余某偶然大动作翻身，且口中念念有词。甲怕被余某认出，用匕首刺死余某，仓皇逃离。甲携带凶器盗窃、入户盗窃，应当成立盗窃罪。如暴力行为不是作为压制财物占有人反抗的手段而使用的，只能视情况单独定罪。在盗窃过程中，为窝藏赃物、抗拒抓捕、毁灭罪证而使用暴力的，才能定抢劫罪。甲并非出于上述目的，因而不应认定为抢劫罪。在本案中，被害人并未发现罪犯的盗窃行为，并未反抗；甲也未在杀害被害人后再取得财物，故对甲的行为应以盗窃罪和故意杀人罪并罚，不能对甲定抢劫罪。

【注意1】只需具备三大目的中的任何一个即可。

【注意2】目的是否实现不影响抢劫罪的成立。

3.客观条件：当场使用暴力或以暴力相威胁。

（1）"当场"是指行为人实施盗窃、诈骗、抢夺行为的现场以及行为人刚离开现场即被他人发现并抓捕的情形。当场＝当时（时间要求）＋现场（空间要求）。

①行为人实施盗窃等行为后，离开现场的时间短暂而被警察、被害人等发现的，也应认定为当场。

例如：甲入室盗窃后，刚走到小区门口，被害人追赶过来，甲为了抗拒抓捕而将其打成重伤。甲成立转化型抢劫。

②行为人实施盗窃等行为后，离开现场一定距离，基于其他原因偶然被警察或者被害人等发现的，不属于当场。

例如：乙入室盗窃后，驱车来到某酒吧，正值把酒言欢之际被例行检查的警察发现赃物，乙为了抗拒抓捕而将警察打成重伤，不属于当场。乙不成立转化型抢劫。

③行为人实施盗窃等行为后，虽未离开现场，但是时间间隔较长的，不属于当场。

例如：小偷在富豪家偷东西后在其别墅的某个阁楼住了几天才被发现，时间过长，不转化为抢劫。

【注意1】追捕过程中即使出现短暂中断，但只要行为人没有完全、彻底摆脱追捕人即具有追捕的连续性，就应该认定为属于"当场"。例如，甲抢夺了被害人乙的汽车后驾车逃跑，乙拦截出租车进行追赶，但是仍旧被甩。乙随即打开手机GPS定位系统，发现甲在10公里外的某地。乙叫上朋友三人一起前去抓捕，赶到现场后，甲觉得被发现简直不可思议，为抗拒抓捕随即将地上的锋利石块捡起，将三人打伤后再次驾车逃离。本案中，追捕具有连续性，符合"当场"的含义，所以甲转化为抢劫罪。

【注意2】先前的盗窃等罪属于连续犯时，应该如何定罪？

例如：甲在A镇盗窃2个电瓶（每个价值4000元）放在面包车中后，开车来到B镇继续盗窃第3块电瓶时被巡逻警察发现并抓捕。甲为了抗拒抓捕而将警察打成轻伤。针对每一块电瓶，甲共计实施了三次盗窃行为，属于连续犯。盗窃行为之间具有紧密性，但是只有第三次盗窃行为和暴力之间具有时间和空间的紧密性。也即先前的盗窃等行为的罪数判断与暴力行为是否属于"当场"含义的认定，这是两个独立不同的问题。结论：甲之前两次盗窃成立盗窃罪，后一次盗窃由于当场实施暴力而成立事后型抢劫罪，两罪数罪并罚。

【注意3】行为人的诈骗行为和被害人交付财物的行为不在同一时间、同一地点时，上述两种行为时的当场都可以转化为抢劫。因为诈骗罪构成要件中包括欺骗和取财行为，所以这两部分均属于诈骗罪中的"当场"。

（2）使用暴力或者以暴力相威胁，与一般抢劫的暴力或以暴力相威胁性质相同。

①暴力、威胁的对象只能是人，不能是财物。

例如：甲盗窃了乙的财物，乙随即发现，并让自己的爱犬"小黑"追赶甲。甲为了抗拒抓捕，一脚将小黑踢死。甲对财物（狗属于主人的财物）实施暴力，不转化为抢劫。

②暴力、威胁的对象只能是"他人"，不包括自己。

例如：丙偷到丁的财物后，丁追赶，丙用刀刺破自己手臂，并对丁说："你再追，我就死在你面前。"丁见丙鲜血直流，一下愣住了。丙迅速逃离现场，该盗窃不转化为抢劫。

③暴力、威胁要求达到足以压制对方反抗的程度，才可以转化为抢劫。

例如：甲偷了乙的财物，乙追赶，甲回身给了乙一耳光并说："你妹的，叫你追老子"。这一耳光将乙打懵了（没反应过来），甲趁机逃走。耳光的暴力程度不高，不转化为抢劫。

④行为人对实施暴力的行为要具有故意，过失对他人实施暴力，不转化为抢劫。

例1：甲犯盗窃罪后被乙紧追不舍，为了摆脱乙的抓捕，甲跨越栏杆逃跑的行为导致栏杆倒塌，刚好砸到乙，导致乙重伤。

例2：丙抢夺后骑上摩托车逃跑，被害人丁追赶，追赶过程中摩托车轧到石子，正好击中丁的太阳穴，造成丁死亡。

【分析】上述两个案例，行为人甲和丙造成被害人重伤、死亡的结果都不是故意的，所以均不转化为抢劫。如果是过失造成，可成立盗窃罪或抢夺罪与过失致人重伤、死亡罪、数罪并罚；如果过失也没有，则直接按照盗窃罪或抢夺罪单独认定即可。

⑤根据司法解释规定，以摆脱的方式逃脱抓捕，暴力强度较小，未造成轻伤以上后果的，可不认定为"使用暴力"，不以抢劫罪论处。

⑥实施暴力导致被害人重伤、死亡的，直接适用抢劫致人重伤、死亡的法定刑升格条件即可。例如，甲偷了乙的财物，乙追赶，甲为了抗拒抓捕而使用暴力致乙死亡。甲直接适用抢劫致人死亡的法定刑升格条件，不再单独成立故意杀人罪。

（五）抢劫罪既遂与未遂的界限

1.司法解释观点：具备劫取财物或者造成他人轻伤以上后果两者之一的，均属抢劫既遂；既未劫取财物又未造成他人人身伤害后果的，属抢劫未遂。

2.其他学术观点：以行为人取得（控制）被害人财物为既遂标准；造成轻伤但未取得财物的，依然属于抢劫未遂。

【提示】根据相关司法解释的规定，除了"抢劫致人重伤、死亡"之外，其他7种抢劫罪的加重类型均存在既遂、未遂问题。如果出现未遂，适用加重类型的法定刑，同时结合未遂犯的处理原则进行量刑。

（六）抢劫罪的法定刑升格条件

1.入户抢劫

（1）"入户抢劫"，是指为实施抢劫行为而进入他人生活的与外界相对隔离的住所，包括封闭的院落、牧民的帐篷、渔民作为家庭生活场所的渔船、为生活租用的房屋等进行抢劫的行为。

（2）"户"是家庭住所，根据司法解释的规定，以下不属于"户"的范畴：集体宿舍、旅店宾馆、临时搭建的工棚、商店、刚装修好但无人居住的新房等。

【总结】户的特点：①居住性；②相对隔离性。

（3）入户要具有非法性，否则不成立入户抢劫。进入他人住所时须具有实施抢劫等财产犯罪为目的。

①根据司法解释的规定，[①]以侵害户内人员的人身、财产为目的，入户后实施抢劫（包括转化抢劫），均应当认为入户抢劫。例如，对于入户盗窃、诈骗、抢夺，而当场使用暴力或者以暴力相威胁的行为，应当认定为入户抢劫。

②没有以上目的而入户，在户内临时起意实施抢劫的，不属于入户抢劫。例如，因

---

① 2016年1月6日《最高人民法院关于审理抢劫刑事案件适用法律若干问题的指导意见》。

访友办事等原因经户内人员允许入户后，临时在户内实施抢劫的，不属于入户抢劫。

（4）既然是入户抢劫，暴力、胁迫等强制行为必须发生在户内。

例1：以抢劫为目的入户后，使用暴力致使被害人离开户内进而强取财物的，应认定为入户抢劫。

例2：在户外以欺骗手段使被害人到户外后实施抢劫的，不是入户抢劫。

（5）根据司法解释的规定，（半商半住）对于部分时间从事经营、部分时间用于生活起居的场所：

①行为人在非营业时间强行入内抢劫或者以购物等为名骗开房门入内抢劫的，应认定为"入户抢劫"。

②行为人进入生活场所实施抢劫的，应认定为"入户抢劫"。

③如场所之间没有明确隔离，行为人在营业时间入内实施抢劫的，不认定为"入户抢劫"，但在非营业时间入内实施抢劫的，应认定为"入户抢劫"。

（6）行为人必须认识到自己进入的是他人的家庭住所。

例如：误将家庭住所当作卖淫场所、普通商店而实施抢劫行为的，不应认定为入户抢劫。

（7）入户主体不包括户内人员。

例1：甲和乙为刚毕业的大学同学，二人合租住在一起。甲在二人居住的屋内抢劫了乙，不属于入户抢劫。

例2：丙在丁家寄宿，丙深夜将其抢劫，不属于入户抢劫。

（8）为他人入户抢劫望风的共犯，也适用入户抢劫的加重法定刑。

2.在公共交通工具上抢劫

（1）公共交通工具要求具有公共性和运营性。

（2）从事旅客运输的各种公共汽车，大、中型出租车，火车、船只、飞机等属于"公共交通工具"。

（3）小型出租车不属于"公共交通工具"。

（4）在公共交通工具上抢劫，要求暴力、胁迫等强制行为必须发生在公共交通工具上。

【注意1】对运行途中的机动公共交通工具加以拦截后，对公共交通工具上的人员实施抢劫的，同样属于在公共交通工具上抢劫。

【注意2】盗窃、诈骗、抢夺后，随即在公共交通工具上实施事后抢劫的，也属于在公共交通工具上抢劫。如果是下车后实施事后抢劫的，则不属于在公共交通工具上抢劫。

（5）司法解释规定，对于虽不具有商业营运执照，但实际从事旅客运输的大、中型交通工具，可认定为"公共交通工具"。接送职工的单位班车、接送师生的校车等大、中型交通工具，同样视为"公共交通工具"。

3.抢劫银行或者其他金融机构

（1）抢劫对象须是经营资金。

【注意1】抢劫正在使用中的金融机构的运钞车的，属于抢劫金融机构。

【注意2】运钞车中没有金融机构的经营资金、有价证券和客户的资金等的，不管是抢劫运钞车中人的财物，还是抢劫运钞车本身，都不属于抢劫金融机构。

（2）仅仅抢劫银行的办公用品不属于"抢劫银行"。

（3）抢劫银行大厅储户身上的现金，也不属于"抢劫银行"。

4.多次抢劫或者抢劫数额巨大

（1）"多次抢劫"应指抢劫3次以上。

【注意】司法解释认为，"多次"的认定要以每一次抢劫行为均构成犯罪为前提。

（2）认定"抢劫数额巨大"，参照各地认定盗窃罪数额巨大的标准执行。抢劫数额以实际抢劫到的财物数额为依据。对以数额巨大的财物为明确目标，由于意志以外的原因，未能抢到财物或实际抢得的财物数额不大的，应同时认定"抢劫数额巨大"和犯罪未遂的情节，根据刑法有关规定，结合未遂犯的处理原则量刑。

5.抢劫致人重伤、死亡

（1）致人重伤、死亡的主观心态包括故意和过失。

例1：抢劫行为过失导致被害人死亡的，属于抢劫致人死亡。

例2：行为人以劫财为目的，直接杀死被害人后取财的，属于抢劫致人死亡。

例3：抢劫行为引起被害人自杀或追赶抢劫犯的被害人自己不小心摔死，不属于抢劫致人死亡的结果加重犯。

（2）因果关系：要求抢劫行为与重伤、死亡之间具备直接性要件，且行为人对重伤、死亡具有预见可能性。

例1：甲开枪射击乙进而实施抢劫，乙疯狂逃命，狠狠撞到电线杆上死亡。甲属于抢劫致人死亡。

例2：甲为了强取财物，所实施的暴力手段行为直接致被害人乙重伤的，应认定为抢劫致人重伤。

例3：甲欲抢劫乙，对乙实施暴力相威胁，威胁行为致乙精神失常或者精神病发作而死亡，甲属于抢劫致人重伤、死亡。

例4：行为人使用凶器胁迫被害人，被害人却勇敢夺取凶器，在夺取凶器时手臂碰在其他坚硬物体上造成重伤，不应认定为抢劫致人重伤。

（3）必须是抢劫行为（压制反抗的行为和取财行为）导致的重伤或死亡，否则数罪并罚。

例如：甲抢劫乙的财物，偶然发现乙是自己的杀父仇人，然后将其杀死。甲成立抢劫罪、故意杀人罪，并罚。

（4）"致人重伤、死亡"中的"人"不限于被害人本人，也包括其他人。例如，第三人帮助被害人阻拦抢劫，为了排除障碍，杀死第三人。

【注意】在抢劫过程中误伤、误杀同伙，属于偶然防卫的，不成立抢劫致人重伤、死亡。①

（5）事后抢劫引起被害人重伤、死亡的也属于结果加重犯。

（6）抢劫过程中的放弃行为过失导致被害人重伤、死亡的，不属于抢劫致人重伤、死亡的结果加重犯。

---

① 张明楷：《刑法学（下）》（第六版），法律出版社2021年版，第1294页。

例如：甲持枪抢劫乙的财物，乙要求甲放下枪支，甲虽然没有放弃抢劫犯意，但是放下枪支时过失导致枪支走火致乙死亡。甲不属于抢劫致人死亡的结果加重犯。甲应该按照加重抢劫（持枪）的中止与过失致人死亡罪，数罪并罚。

6.冒充军警人员抢劫

这是指冒充军人或警察抢劫。

冒充军警人员抢劫，既包括身穿军警人员制服抢劫，也包括没有身穿制服却声称自己是军警人员而抢劫；既包括军人冒充警察抢劫，也包括警察冒充军人抢劫。

【注意1】"冒充"行为要具备让他人相信其是军警人员的可能性。例如，甲体重300多斤，夏天光着膀子，身上纹满了纹身（左青龙、右白虎），拿着刀将被害人劫持，威胁其交出现金，否则将其杀害。在这个过程中，甲一直声称自己是一名警察。本案的细节描述能得出一般人都不会相信他是警察的结论，所以甲不属于冒充军警人员抢劫。

【注意2】司法解释规定，军警人员利用自身真实身份实施抢劫的，不认定为"冒充军警人员抢劫"，应依法从重处罚。

7.持枪抢劫

（1）这是指使用枪支或者向被害人显示持有、佩带的枪支进行抢劫的行为。

（2）这里的"枪"仅限于能发射子弹的真枪，不包括不能发射子弹的仿真枪支与其他假枪；但不要求枪中装有子弹（可以是空枪）。

（3）因携带枪支抢夺而成立抢劫罪的，不属于持枪抢劫。

【注意】犯盗窃、诈骗、抢夺罪，为窝藏赃物、抗拒抓捕或者毁灭罪证而当场使用枪支的，属于持枪抢劫。

8.抢劫军用物资或者抢险、救灾、救济物资

（1）"军用物资"，仅限于武装部队（包括武警部队）使用的物资，不包括公安警察使用的物资。

（2）关于错误认识的处理。

例如：甲欲抢劫救灾物资，抢到手发现是军用物资。这种对象认识错误属于同一犯罪构成内的错误，不影响该升格条件的适用。

主观上以为是军用物资，客观上抢劫了普通财物，或者反之的，都按照普通抢劫认定。

经典考题：甲深夜进入小超市，持枪胁迫正在椅子上睡觉的店员乙交出现金，乙说"钱在收款机里，只有购买商品才能打开收款机"。甲掏出100元钱给乙说"给你，随便买什么"。乙打开收款机，交出所有现金，甲一把抓跑。事实上，乙给甲的现金只有88元，甲"亏了"12元。关于本案，下列哪一说法是正确的？（2013年卷二第8题，单选）①

---

① 【答案】D。A项错误，"入户抢劫"中的"户"应作限制解释，指家庭住所，具有功能特征（供他人家庭生活）与场所特征（与外界相对隔离，具有封闭性的特点）。本案中的小超市显然不具有"户"的特点，甲不属于入户抢劫。B项错误，根据相关司法解释的规定，抢劫罪的既遂有两种：一是取得财物；二是造成被害人轻伤以上的结果。持枪抢劫只是抢劫罪的结果加重犯，既遂同样要求取得财物或是造成被害人轻伤以上的结果。C项错误，持枪抢劫属于抢劫罪的结果加重犯，需要对基本抢劫犯罪行为的既遂、未遂作出区分。D项正确，甲实施了足以压制反抗的暴力，进而取得财物88元，这本身就成立了抢劫罪既遂，对于行为人甲在抢劫中的财物付出，完全不需要理会，充其量只是抢劫的手段行为。综上，D项当选。

A. 甲进入的虽是小超市，但乙已在椅子上睡觉，甲属于入户抢劫

B. 只要持枪抢劫，即使分文未取，也构成抢劫既遂

C. 对于持枪抢劫，不需要区分既遂与未遂，直接依照分则条文规定的法定刑量刑即可

D. 甲虽"亏了"12元，未能获利，但不属于因意志以外的原因未得逞，构成抢劫罪既遂

二、抢夺罪

（一）法条

第267条　抢夺公私财物，数额较大的，或者多次抢夺的，处三年以下有期徒刑、拘役或者管制，并处或者单处罚金；数额巨大或者有其他严重情节的，处三年以上十年以下有期徒刑，并处罚金；数额特别巨大或者有其他特别严重情节的，处十年以上有期徒刑或者无期徒刑，并处罚金或者没收财产。

携带凶器抢夺的，依照本法第二百六十三条（抢劫罪）的规定定罪处罚。

（二）概念

抢夺罪是指以非法占有为目的，当场直接夺取他人紧密占有的数额较大的公私财物或多次抢夺的行为。

（三）构成要件

1. 行为主体

已满16周岁的自然人。已满14周岁不满16周岁的人对携带凶器抢夺的行为同样要承担抢劫罪的刑事责任。

2. 行为对象

他人紧密占有的财物。何为"紧密"占有？通常指财物与人的身体有接触。

3. 行为方式

（1）趁人不备型。例如，甲趁正在晨跑的乙不注意，快速夺取乙脖子上的金项链，然后迅速消失。

（2）趁人防备型。例如，在火车的候车大厅，女大学生乙坐在椅子上，甲欲非法占有乙的提包，乙瞪着大眼睛很警惕地看着甲并抱紧提包，但甲仍走上前一把从乙怀中夺走提包。虽然该女大学生时刻准备着，甲没有趁人不备，但甲仍构成抢夺罪。

（四）携带凶器抢夺的认定

携带凶器抢夺的，以抢劫罪定罪处罚。本规定属于法律拟制，而非注意规定。本款是把不符合抢劫罪的行为拟制为抢劫罪。

【理由】之所以设立该规定，是因为在抢夺案件中，被害人能够当场发现被抢夺的事实，而且在通常情况下会要求行为人返还自己的财物；而行为人携带凶器的行为，客观上是为自己抗拒抓捕、窝藏赃物创造了便利条件，再加上主观上具有使用凶器的意识，使用凶器的可能性非常大，从而导致其行为的法益侵害程度与抢劫罪没有实质区别。

1. "凶器"的含义与认定

（1）凶器，是指在性质上或者用法上足以杀伤他人的器物。

【注意】凶器（须用于杀伤他人）≠犯罪工具。仅具有毁坏物品的特性而不具有杀伤他人机能的物品，不属于凶器。例如，为了入户盗窃而携带各种钥匙以及用于划破他人衣服口袋、手提包的不足以杀伤他人的微型刀片，不是凶器。

（2）性质上的凶器：主要是法律规定禁止个人携带的违禁品。例如，枪支、爆炸物、管制刀具。

（3）用法上的凶器：本来用途不是凶器，但是可以用于杀伤人的物品。例如，菜刀、砖块、钢管、斧子等。

（4）凶器会让他人产生害怕的感觉。

例1：领带可能勒死人，但系着领带抢夺的，不属于携带凶器抢夺。这是因为一般人不会因为领带而产生危险感。

例2：汽车可以撞死人，但是开车抢夺不属于携带凶器抢夺。

例3：凶器并不限于固定物，具有杀伤力的液体（如硫酸）乃至凶猛动物（藏獒）也可能被评价为凶器。

2."携带"的含义与认定

（1）携带是一种现实上的支配，要求行为人具有随时可以使用自己所携带凶器的可能性。

例如：行为人手持凶器、怀中藏着凶器、将凶器置于衣服口袋、将凶器置于随身的手提包等容器中的行为无疑属于携带凶器。但是如果行为人将一把匕首放在了自己背着的密码箱（该密码箱有18道锁）中，不具有随时使用的可能性，则不属于携带凶器。

（2）不要求行为人显示凶器（将凶器暴露在身体外部），也不要求行为人向被害人暗示自己携带着凶器。如果显示或暗示有凶器，就属于胁迫手段，直接定抢劫罪。

（3）要求有对人使用的意图。

例如：甲（藏民）背包里装了一把藏刀，路上临时起意夺走行人的手机。但是甲根本就没有使用藏刀的想法，不属于携带凶器抢夺。

（五）抢夺与抢劫的关系

根据司法解释的规定，[①]驾驶机动车、非机动车夺取他人财物，具有下列情形之一的，应当以抢劫罪定罪处罚：

1.夺取他人财物时因被害人不放手而强行夺取的。

2.驾驶车辆逼挤、撞击或者强行逼倒他人夺取财物的。

3.明知会致人伤亡仍然强行夺取并放任造成财物持有人轻伤以上后果的。

三、盗窃罪

（一）法条

第264条　盗窃公私财物，数额较大的，或者多次盗窃、入户盗窃、携带凶器盗窃、扒窃的，处三年以下有期徒刑、拘役或者管制，并处或者单处罚金；数额巨大或者有其

---

① 2013年11月11日《最高人民法院、最高人民检察院关于办理抢夺刑事案件适用法律若干问题的解释》。

他严重情节的，处三年以上十年以下有期徒刑，并处罚金；数额特别巨大或者有其他特别严重情节的，处十年以上有期徒刑或者无期徒刑，并处罚金或者没收财产。

第265条　以牟利为目的，盗接他人通信线路、复制他人电信码号或者明知是盗接、复制的电信设备、设施而使用的，依照本法第二百六十四条的规定定罪处罚。

（二）概念

盗窃罪，是指以非法占有为目的，窃取他人占有的数额较大的财物，或者多次盗窃、入户盗窃、携带凶器盗窃、扒窃的行为。

（三）构成要件

1.行为对象：他人占有的财物。对自己占有的财物不可能成立盗窃罪。

（1）包括有体物和无体物。

①盗窃信用卡并使用的，成立盗窃罪。

②盗窃增值税专用发票或者可以用于骗取出口退税、抵扣税款的其他发票的，成立盗窃罪。

③以牟利为目的，盗接他人通信线路、复制他人电信码号或者明知是盗接、复制的电信设备、设施而使用的，以盗窃罪论处。

④将电信卡非法充值后使用，造成电信资费损失数额较大的，以盗窃罪定罪处罚。

⑤盗用他人公共信息网络上网账号、密码上网，造成他人电信资费损失数额较大的，以盗窃罪定罪处罚。

⑥盗窃枪支、弹药、公文、印章等物的，不以盗窃罪论处。但是，以盗窃财物的故意窃取了枪支、弹药、公文、印章等物的，依然可能成立盗窃罪。

（2）不限于数额较大的财物，值得刑法保护的数额较小的财物也可以成为盗窃罪的对象。

例1： 入户盗窃他人具有纪念意义的照片的，扒窃他人信用卡、身份证的，也成立盗窃罪。

例2： 入室盗窃或扒窃一张面巾纸等几乎没有利用价值或交换价值的，不成立盗窃罪。

2.行为手段：平和手段转移他人对财物的占有。平和手段是指手段不能对人身具有暴力、胁迫的性质。当然，非常轻微的暴力也视为平和手段。

例如： 甲看到乙躺在公园长椅上睡着了，手里握着手机。甲走到跟前，用木棍轻轻敲乙的手背，乙反射性松手，甲捡起手机逃离。甲构成盗窃罪。

3.责任形式为故意，同时具有非法占有目的。

要求主观认识到财物"数额较大"。否则不成立盗窃罪。例如，甲将天价玉米（科研产品）误以为是普通玉米而窃取，不成立盗窃罪。

4.占有的认定（十分重要）

（1）占有状态坚持"主客观相一致"的认定标准，既要求主观上有占有的意思，同时也要求客观上具有稳定的占有事实。

例如： 刘某携带报纸包裹的人民币5万元骑车经过县城某路口时，不慎将装有5万元的报纸包丢失在马路边，并呈现出钱散露的状态。之后，驾驶拖拉机从此处经过的陈某发现地上有钱，随即减速停车，准备捡拾。由于刹车不灵和惯性作用，拖拉机靠边停下时，超过报纸包约10米左右。这时，付某驾驶一辆三轮车沿路驶来，同样发现该报纸包和钱，并立即停在了钱堆处进行捡拾。陈某刚从拖拉机上跳下来，见此景赶忙向付某跑来，且边跑边喊："那是我（丢）的钱！"付某回答说："你（丢）的钱我给你拾呢。"对话间，陈某已经跑到付某跟前，并一把从付某手中将钱全部抓走，随即弃车（拖拉机）离开现场。本案中，付某没有占有的意思，即使其拿起来（短暂一瞬间）也不属于占有行为，所以付某不存在对该笔钱的占有状态，所以陈某的行为不属于转移占有的犯罪（即不成立抢夺、盗窃、诈骗等罪），只能对主人刘某成立侵占罪（对遗失物的侵占）。

（2）占有辅助者。

所有人对财物的占有不限于紧密占有、随身占有，处于其实力支配下且保持一定距离的占有也属于所有人自己的占有状态。

例1：秘书或者助理与上司同行时帮助上司提着公文包的，该公文包依然由上司占有。如果秘书或者助理拿着公文包跑掉的，成立盗窃罪。

例2：搬运工在从火车站内帮助乘客搬运行李至站外的过程中，行李依然由乘客占有。如果将行李拿走，属于盗窃。

（3）只要是在他人的事实支配领域内的财物，即使他人没有现实地握有或监视，也属于他人占有。

例1：他人住宅内、车内、信箱内的财物，即使他人完全忘记其存在，也属于他人占有。

例2：住在宾馆的行为人即使穿着宾馆提供的睡衣，该睡衣也由宾馆主人占有。

例3：商店里的衣服，即使顾客在试穿，该衣服也由店主占有。

（4）明显属于他人支配、管理的财物，即使他人短暂遗忘或者短暂离开，但只要财物处于他人支配力所能涉及的范围，也应认定为他人占有。

例1：甲在餐馆就餐时，将提包放在座位上，付款时忘记拿提包，或者离店时忘了拿提包，但只要时间短暂，就仍应认定甲仍然占有着自己的提包。如果此时服务员将提包拿走，成立盗窃罪。

例2：主人外出，家里的某个财物，即使主人遗忘放在何处，也属于主人占有。

例3：乘客下公交车或者地铁后，车已开走时，其遗忘在公交车、地铁上的财物，不再由乘客占有；由于是公共场所，也不能认定由司机占有。此时视为遗失物，他人拾得不退还的，可成立侵占罪。

例4：顾客遗忘在大型商店的财物，如果经过了一定时间，也不再占有。属于遗失物，他人拾得拒不退还的，可成立侵占罪。

（5）可以推断是别人占有支配状态的，也属于他人占有的财物。

例1：他人门前停放的自行车，即使没有上锁，也应认为由他人占有。

例2：他人停在路边的汽车（不管是否已经锁门），由他人占有。但是如果是人迹罕至的沙漠有一辆轿车，该轿车可能属于无人占有。

例3：他人果园里的果实、农民地里的作物、他人鱼池中的水产品，即使没有围墙、栏杆，也属于他人占有。

（6）占有的转化：即使原占有者丧失了占有，但当该财物转移为建筑物的管理者或者第三者占有时，也应认定为他人占有的财物。

例1： 旅客遗忘在旅馆房间的财物，属于旅馆管理者占有，而非遗忘物。之后的旅客或清洁人员拿走的，属于盗窃。

例2： 甲遗忘在乙家的财物，由乙占有，不属于遗失物。第三人丙拿走的，属于盗窃。

例3： 游人向公园水池内投掷的硬币，属于公园管理者占有。第三人拿走的，属于盗窃。

例4： 甲穿过铁丝网从高尔夫球场内"拾得"大量高尔夫球的，属于盗窃。

（7）死者的占有问题。

争议的理论观点展示（主观题多次考查）：

观点一：否定说 → 认为死者不能占有财物（尸体为物，物不能占有财物），拿走其财物的行为成立侵占罪。

观点二：肯定说 → 认为应当肯定死者对财物的占有状态，这是一种拟制。其他人拿走死者的财物构成盗窃罪。

观点三：司法解释 → 先以杀人故意杀死被害人，临时起意当场拿走财物，构成故意杀人罪与盗窃罪，数罪并罚。如果离开现场，日后返回现场拿走财物的，构成故意杀人罪与侵占罪，数罪并罚。

（8）封闭空间内，所有权人、占有权人在场的，仍属于其占有。

例如： 乘客遗忘在出租车上或者飞机上的财物，可以转为司机、乘务人员占有，此时如果第三人转移占有，成立盗窃罪；司机、乘务人员拒不退还的，属于变占有为所有，成立侵占罪。

（9）存款的占有。

存款人享有了存款的债权，所存的现金则是由银行占有。

例1： 甲利用技术手段将他人存款债权转移于自己存折中，当然成立对债权的盗窃罪。

例2： 乙将存款误划入甲的储蓄卡，甲利用储蓄卡从自动取款机取出相应现金的，应认定为盗窃罪。盗窃的对象是银行管理者的占有，而不是原主人乙的占有，也不是存款债权。

例3： B公司需要向A支付1万元现金，由于公司没有现金，公司管理者将公司的储蓄卡（内有10万元存款）交给A，让A自行取款后归还储蓄卡，但A从自动取款机中取出了10万元据为己有。A对9万元成立盗窃罪。

（10）上下主从关系的占有。

当数人共同管理某种财物，而且存在上下主从关系时，下位者是否也占有该财物？

一般情况： 刑法上的占有通常属于上位者，而不属于下位者。即使下位者事实上握有财物，或者事实上支配财物，也只不过是单纯的监视者或者占有辅助者。因此，下位者基于非法占有目的取走财物的，成立盗窃罪。例如，私营商店的店主与店员共同管理商店的财物，店员将财物拿走的，属于盗窃。

特殊例外： 如果上位者与下位者具有高度的信赖关系，下位者被授予某种程度的处分权时，就应承认下位者的占有，下位者任意处分财物，就不构成盗窃罪，而构成侵占罪或职务侵占罪。

（11）封缄物的占有。

实务中最经典的案例就是快递行业从业员将委托人包装好的包裹拿走并取出财物的行为。

①委托人占有——受托人将财物转移的，成立盗窃罪。

②受托人占有——受托人将财物转移的，成立侵占罪或职务侵占罪。

③区分说（受托人占整体，委托人占内部）——受托人将财物转移的，成立侵占罪或职务侵占罪，然后将内容物取走成立盗窃罪。前后二者往往具有牵连关系或者吸收关系，按照重罪盗窃罪定罪处罚。

【提示】该学说得到了学术界一些知名学者的认可，同时在立法上也有类似支持。①

（四）盗窃罪的其他类型

除了普通盗窃即盗窃公私财物数额较大之外，还存在其他不要求犯罪数额即可成立盗窃的类型。

1.多次盗窃

根据司法解释的规定，多次盗窃，是指3次以上盗窃。

（1）三个"同一"原则：在同一时间、同一地点针对同一被害人所实施的盗窃，就是一次盗窃。如果不同时满足三个"同一"，属于不同盗窃。

例1：在同一时间、地点，针对三位不同被害人盗窃，属于多次盗窃。

例2：在不同时间、不同地点，针对同一被害人三次盗窃，属于多次盗窃。

（2）多次盗窃不以每次盗窃既遂为前提，成立多次盗窃，也不要求行为人实施的每一次盗窃行为均已构成盗窃罪。

2.入户盗窃

这是指非法进入他人生活的与外界相对隔离的住所进行盗窃的行为。

（1）入户要具有非法目的（不限于盗窃的目的），合法进入他人住宅后盗窃的，不应认定为入户盗窃。

例1：甲受邀来乙家做客，其间，甲临时起意窃取了乙的手机。甲不属于入户盗窃。

例2：丙为了诈骗丁入户，被丁识破骗局，便盗窃了丁的财物。丙属于入户盗窃。

（2）入户盗窃的成立不要求被害人在户内，进入一段时间没有人居住的户内盗窃的，也属于入户盗窃。

（3）对于入户盗窃但未实际窃得任何财物的，应当以盗窃罪未遂论处。

（4）入户盗窃车钥匙，然后将户外的摩托车盗窃走，应如何评价？

观点一：（最高院实务观点）"入户盗窃"车钥匙的目的是盗窃"户"外的摩托车，两者系一行为的两个阶段。车钥匙作为控制和使用摩托车的载体，"入户盗窃"车钥匙的行为在整个盗窃行为中起决定性作用。因此，在户外窃取摩托车的价值应计入"入户盗

---

① 《刑法》第253条第2款规定，邮政工作人员私自开拆或者隐匿、毁弃邮件、电报而窃取财物的，依照盗窃罪从重处罚。所以，在立法角度上是认为一旦属于封缄物，就应该肯定委托人对内容物的占有。受托人私自获取其中内容物的，可成立盗窃罪。

窃"数额，整体行为属于"入户盗窃"，成立盗窃罪。

观点二：（命题老师观点）从事实上看，行为人只是入户盗窃了车钥匙，而没有入户盗窃摩托车，由于摩托车钥匙具有重要的使用价值，故单纯入户盗窃摩托车钥匙的行为也构成盗窃罪。概言之，不能将成钥匙与车本身进行一体性评价。[1]

3.携带凶器盗窃

（1）不要求行为人显示、暗示凶器，更不要求行为人对被害人使用凶器。针对被害人使用凶器实施暴力，或者使用凶器胁迫被害人，进而取得财物的，直接成立抢劫罪。

（2）携带凶器盗窃不要求具有使用的可能性，也不要求具有对被害人使用的意思。但是要求行为人认识到自己带了凶器，即仅具有对物使用的意思而携带凶器盗窃的，也能认定为携带凶器盗窃。[2]

4.扒窃

根据司法解释的规定，在公共场所或者公共交通工具上窃取他人随身携带的财物的，应当仍定为扒窃。

（1）随身携带的财物，包括他人带在身上或者置于身边附近的财物。

例如：在公共汽车上窃取他人口袋内、提包内的财物，在火车、地铁上窃取他人置于货架上、床底下的财物的，均属于扒窃。

（2）扒窃不要求技术性，也不要求常惯性。

例如：甲是某公司职员，下班坐地铁回家途中，发现邻座熟睡女孩的手机从口袋中露出一半，便偷偷将手机窃走。甲虽然是第一次实施盗窃行为（无常惯性），其也没有过硬的盗窃技术，但是依旧不影响其成立扒窃类型的盗窃罪。

（五）盗窃罪的认定

1.司法解释规定，盗窃正在使用中的社会机动车通行道路上和人员密集往来的场所以外其他场所的窨井盖，且不属于故意伤害、故意杀人的情形，数额较大，或者多次盗窃的，成立盗窃罪。如果是毁坏，满足条件，可以按照故意毁坏财物罪定罪处罚。

2.盗窃违禁品（毒品、假币等），成立盗窃罪。

3.以下行为不定盗窃罪：

（1）盗伐林木的，定盗伐林木罪。

（2）盗掘古文化遗址、古墓葬的，定盗掘古文化遗址、古墓葬罪。

（3）盗窃技术成果等商业秘密的，定侵犯商业秘密罪。

（4）盗窃枪支、弹药、爆炸物、危险物质的，定盗窃枪支、弹药、爆炸物、危险物质罪。

（5）盗窃国家机关公文、证件、印章的，定盗窃国家机关公文、证件、印章罪。

（6）盗窃武装部队公文、证件、印章的，定盗窃武装部队公文、证件、印章罪。

（7）盗窃尸体、尸骨、骨灰的，定盗窃尸体、尸骨、骨灰罪。

4.偷开机动车，导致车辆丢失的，成立盗窃罪。如果偷开机动车实施其他犯罪，事

---

[1] 张明楷：《刑法学（下）》（第六版），法律出版社2021年版，第1244页。
[2] 张明楷：《刑法学（下）》（第六版），法律出版社2021年版，第1246页。

后将车丢弃，被盗车辆价值计入盗窃数额。

5.盗窃他人手机，然后对他人微信、支付宝加以使用的。

本部分主要探讨盗窃罪和信用卡诈骗罪之间的关系，下文的信用卡诈骗罪部分这个问题就不再详述。

（1）盗窃手机+微信、支付宝没钱+将绑定的银行卡里的钱转账至自己账户，定盗窃罪。

【理由】①本案中没有自然人被骗的问题。

②大家应该也注意到自己的银行卡通常有一个密码，而用微信或支付宝付款时通常使用的是另一个密码（甚至指纹支付、刷脸支付）。所以利用的支付密码，这和银行卡密码本身没有关系，谈不上侵犯银行对信用卡的管理秩序。你在付钱的时候只需要输入支付密码或者指纹和刷脸，银行卡密码并不使用，银行卡的相关属性被无限弱化，其也就是相当于一个"钱包"，所以该行为不属于使用银行卡，故不成立信用卡诈骗罪，而应成立盗窃罪。

（2）盗窃手机+微信、支付宝没钱（也没绑定银行卡）+绑定他人银行卡+再通过微信、支付宝转钱到自己微信、支付宝中，定盗窃罪。

【理由】绑定他人银行卡时，确实是使用了他人银行卡号与密码，但是此时被害人没有损失，行为如果到此结束，行为人不构成犯罪。接下来就是重点：仍旧是利用微信、支付宝的密码转钱，该行为还是没有使用被害人银行卡号与密码，所以依旧是盗窃罪。

（3）窃取他人信用卡信息+绑定信用卡+利用微信、支付宝付款消费，定盗窃罪。

【理由】同上，也是没有利用信用卡的账号与密码。

（4）盗窃手机+消费付款+微信、支付宝余额不足+选择绑定的银行卡直接扫码付款，定信用卡诈骗。如果涉及大额消费需要输入微信、支付宝密码或者需要验证指纹、面部识别的话，仍旧是盗窃罪。

【理由】前者属于冒用他人信用卡的行为，成立信用卡诈骗罪。后者此时仍旧没有利用信用卡的账号与密码，还是盗窃罪。

【归纳总结】只要用的是微信和支付宝的密码（包括指纹和面部识别），没有使用银行卡的账号与密码的，均成立盗窃罪。

（六）盗窃罪的既遂标准

只要行为人取得（控制）了财物，就是盗窃既遂。

1.取得控制，是指行为人将财物置于自己实际控制范围之内，排除了他人支配的可能性。

例如：乙发现甲下车没有拔钥匙，便悄悄上车，欲开走车。甲发现，马上制止并抓住了乙。乙并没有将车置于自己的实际控制范围内，构成盗窃罪未遂。

2.一般来说，只要被害人丧失了对财物的控制，就应认定行为人取得了财物，且行为人不一定表现出对财物的直接占有。

例1：行为人以非法占有为目的，从火车上将他人财物扔到偏僻的轨道旁，打算下车后再捡回该财物。不管行为人事后是否捡回了该财物，均应认定为盗窃罪既遂。

例2：住在雇主家里的雇员，将窃取的戒指藏在雇主家的花盆里，成立盗窃既遂。

3.在状态上，取得控制要求达到平稳状态。

例1：甲在书店偷书，刚把书放进挎包就被发现、被追捕，此时不算既遂。

例2：甲在书店偷书，把书放进挎包没有人及时发现，属于既遂。

4.财物体积大小直接影响取得、控制标准。

例1：在商店行窃，就体积很小的财物（如戒指）而言，行为人将该财物夹在腋下、放入口袋、藏入怀中时就是既遂。

例2：体积很大的财物（如冰箱、洗衣机等）而言，一般只有将该财物搬出商店才能认定为既遂。

【注意】在超市、自助商店盗窃行为的既遂，需要分情况探讨。

（1）在没有监控的情况下，小商品一般装入口袋就可以算既遂。

（2）在有监控的情况下，且行为人还处于超市、商店内，原则上未遂。

（3）无论有没有监控，只要行为人离开超市、商店的，原则上属于既遂。

5.盗窃的环境也可以影响取得、控制标准。

例如：盗窃工厂内的财物，如果工厂是任何人可以出入的，则将财物搬出原来的仓库、车间时就是既遂；如果工厂的出入相当严格，出入大门必须经过检查，则只有将财物搬出大门外才是既遂。

（七）盗窃之公开与秘密之争

关于盗窃罪到底能不能公开进行的问题，在法考中也算是针尖对麦芒"仇人般"地共存着，每位老师都有自己的不同观点，甚至学术界。例如，有学者主张"明抢暗偷"的观点，认为盗窃不能公开进行；有学者主张盗窃罪完全可以公开进行，并提出其合理性。而实务中的通说观点仍是"明抢暗偷"，即盗窃不能公开进行（当然不否认极个别地方判决出现公开盗窃的结论）。

关于公开式、零暴力转移他人财物的案例，在以往的考试中都有考查，但都是以观点展示的形式出现。例如，2013年卷二第60题考查观点展示，依据不同观点得出不同结论，要求考生对不同的学术观点都要有所了解。2016年卷二第18题的D项也只是说在盗窃罪和抢夺罪中二选一，同样是尊重不同的观点，同样是学说展示型题目，根本没说定论。

【总结】在法考刑法的备考学习中，上述两种观点的掌握势在必行。

第三节　交付型犯罪

一、诈骗罪

（一）法条

第266条　诈骗公私财物，数额较大的，处三年以下有期徒刑、拘役或者管制，并处或者单处罚金；数额巨大或者有其他严重情节的，处三年以上十年以下有期徒刑，并处罚金；数额特别巨大或者有其他特别严重情节的，处十年以上有期徒刑或者无期徒刑，并处罚金或者没收财产。本法另有规定的，依照规定。

（二）概念

诈骗罪，是指以非法占有为目的，使用欺骗方法，骗取数额较大的公私财物的行为。

（三）构成要件

1.成立犯罪结构图

行为人实施了欺骗行为 → 被骗人陷入或维持了错误认识 → 被骗人基于错误认识而处分了财产 → 行为人或第三人取得了财产 → 被骗人或被害人丧失财产

2.欺骗行为

（1）从形式上说欺骗行为包括两类：一是虚构事实，二是隐瞒真相；从实质上说是使对方陷入处分财产的认识错误的行为。

【注意】生活中的欺骗不等于刑法意义上的诈骗。

例1：甲将乙骗到户外，然后进入乙的房间内，将其财物拿走。甲成立盗窃罪。

例2：乙女在路上被铁丝绊倒，受伤不能动，手中钱包（内有现金5000元）摔出七八米外。路过的甲捡起钱包时，乙大喊"我的钱包不要拿"，甲说"你不要喊，我拿给你"，乙信以为真没有再喊。甲捡起钱包后立即逃走。本案看似欺骗，但是被害女孩根本没有处分财产的认识和行为，所以甲不构成诈骗罪。

（2）欺骗行为的手段、方法没有限制，包括：语言欺骗＋文字欺骗＋肢体行为欺骗。

（3）欺骗行为包括：作为＋不作为

例1：乙向甲偿还了债务5万元。过后乙问甲："我还没还你钱吧？"甲明知已经还钱仍答道："还没还。"乙又给了甲5万元。甲构成不作为的诈骗罪。

例2：出卖不动产时隐瞒不动产被抵押的事实，也属于不作为的欺骗行为。

【提示】淘宝行为是不是欺骗行为，关键看行为人有无告知真相的义务。例如，甲在古玩市场看到一件宝物，价值连城，而摊主不识货，廉价出售，甲隐瞒宝物价值而成交。因为甲没有说明真相的义务，交易中的单纯沉默不构成诈骗，属于正常的淘宝行为。又如，乙请鉴赏家甲鉴定一件藏品，甲明知该藏品价值连城，但故意贬低其价值，并要求以低价购买，乙答应低价出卖。甲有告知真相的义务，故意隐瞒，并提出购买，构成诈骗。

（4）对自己出卖的商品进行一般性夸张，不具有使他人处分财产的具体危险的行为，不是欺骗行为。

例1：（"老王卖瓜，自卖自夸"）售楼人员声称房价会上涨而劝他人购买住房，即使房价后来下跌，或者声称本商场的商品价格比其他商场便宜，即使事实上贵于其他商场，也不能认定为欺骗行为。

例2：化妆品推销员声称自己所卖的化妆品能让使用者年轻20岁，这种行为日常生活中人们是能够辨别的，不构成诈骗行为。

（5）形式虚假但内容真实，不属于欺骗行为。

例如：甲向乙出借10万元，出于信任而没有让乙写下欠条，到期后乙不归还欠款，甲伪造欠条向法院起诉让乙归还10万元欠款，甲的行为不成立诈骗罪（同样不成立虚假诉讼罪）。

3.对方产生错误认识

（1）被骗人必须具有处分能力与处分地位。对年龄很小的幼儿、严重的精神病患者、机器、动物等不可能成立诈骗，而应成立盗窃。

例如：甲看见一个5岁的小姑娘手里拿着一部手机，便和小妹妹说"叔叔拿棒棒糖和你换好不好"，小姑娘答应并完成交换。甲成立盗窃罪而不是诈骗罪。

（2）认识错误的内容必须是处分财产的认识错误，而不是任何错误（掉包、调虎离山式的盗窃）。

例1：甲为金店老板，其子在店门口玩耍，乙为了取得金饰急匆匆跑进店内，对正在吃饭的甲说："门口右转的十字路口有个小孩被车撞了，快去看看是不是你家孩子？"甲听后随即冲出去。乙乘机拿走几根金项链后逃走。乙成立盗窃罪。

例2：甲事先购买了与某金店的金项链形状相同的镀金项链，然后假装在某金店购买金项链，待店员乙将金项链交给甲观看时，甲趁乙接待其他顾客之机，将金项链藏在身上，然后声称不购买并将镀金链"退还"给乙。根据社会的一般观念，店员乙将金项链递给甲观看时，该金项链仍然由乙占有。所以，一方面，乙并没有陷入处分金项链的认识错误；另一方面，根据交易常规，乙将金项链递给甲观看的行为，也不是处分行为。即使外表上形同处分行为，但也不是基于认识错误的处分行为。所以，甲的行为不成立诈骗罪，只成立盗窃罪。

（3）受骗者对行为人所诈称的事项有所怀疑仍然处分财产的，也不影响诈骗罪的成立。

例1：甲向球鞋收藏者乙说，自己有一双乔丹亲笔签名的AJ1经典篮球鞋（市场价值20万元），现在自己急需用钱5折出售。乙怀疑该鞋的真实性，但是由于价格实在是太具诱惑力便花钱购买下来。后经鉴定为高仿鞋。甲构成诈骗罪。

例2：甲向富商乙佯称，其有齐白石名画一幅，因公司资金短缺急需用钱，仅以10万元出售。由于该价格远低于市场价，乙怀疑该画的真实性，但又认为，倘若果真为齐白石的名画，则获利丰厚。在甲的一再利诱下，乙与甲交易。事后鉴定，该画为赝品。甲构成诈骗罪。

4.被骗人基于错误认识而处分财产

（1）处分财产表现为直接交付财产、承诺行为人取得财产、承诺转移财产性利益、承诺免除行为人的债务等。例如，甲通过花言巧语欺骗乙，乙将自己身上所有的财物直接交给甲。

（2）受骗者的处分行为，只要是使财物或者财产性利益转移给行为人或第三者占有就够了，不要求有转移财产的所有权或其他本权的意思表示。

例如：甲以不法所有为目的，欺骗乙说："借我开两天你的奔驰车，我把那女孩追上之后就还你。"乙答应出借。甲开车就跑掉了。甲构成诈骗罪。这属于"名为借、实为骗"。乙放弃的是占有权，没有放弃所有权，但是甲主观上想获取的是所有权，当客观上获取占有权后便立即实现了所有权，仍构成诈骗罪。

（3）受骗者处分财产时必须有处分意识，即认识到自己将某种财产转移给行为人或第三者占有，否则不成立诈骗罪。

例如：郑某冒充银行客服发送短信，称张某手机银行即将失效，需重新验证。张某信以为真，按短信提示输入银行卡号、密码等信息后，又将收到的编号为135423的"验证码"输入手机页面。后张某发现，其实是将135423元汇入了郑某账户。郑某成立盗窃罪。

【延伸】关于处分意识的观点展示。

观点一：基本的处分意识说，即认识到自己将某种财产转移，但不要求对财产的数量、价格等具有完全的认识。[1]

观点二：完整的处分意识说，即不仅认识到自己将某种财产转移，还要求对财产的数量、价格等具有完整的认识。[2]

例如：在卖鱼老板甲不知情的情况下，收鱼者乙在称上做了手脚，使得1000斤的鱼显示800斤。乙只交付800斤的鱼钱。按照观点一：甲知道处分的是鱼，对数量即使没有完整的认识，也可以评价为具有处分意识，所以乙成立诈骗罪。按照观点二：甲对于鱼的数量没有全面认识，所以没有处分意识，因此乙只能成立盗窃罪。

【提示】上述观点一更具有一定合理性，被命题老师认可的情况之下，最高院的指导案例中也是坚持此观点。

例1：甲在某商场购物时，将便宜照相机的价格条形码与贵重照相机的价格条形码予以更换，使店员将贵重照相机以便宜照相机的价格"出售"给甲。店员客观上处分了照相机，但其没有意识到所处分的是贵重照相机，应认定具有处分意识。所以甲成立诈骗罪。

例2：乙将一部照相机包装盒里的泡沫取出，使一个包装盒里装入两部照相机然后拿着装有两个照相机的一个包装盒付款，店员以为包装盒里只装有一部照相机，仅收取了一部照相机的货款。店员认识到自己将包装盒里的"财物"处分给了乙，也具有处分意识。所以乙成立诈骗罪。

例3：丙在某商场购物时，偷偷地从一箱方便面取出几袋方便面，并将一部照相机放在方便面箱子里，然后拿着方便面箱子付款，店员没有发现方便面箱子里的照相机，只收取了一箱方便面的货款。店员虽然认识到自己将方便面箱子里面的"财物"处分给了乙，但没有认识到处分方便面之外的照相机，应当认为店员没有处分照相机的意识，丙的行为成立盗窃罪。

例4：丁发现被害人的一本名为《诈骗罪探究》的书中夹有一张清代邮票，便讨要该书，被害人在没有意识到该书中夹有贵重邮票的情况下，将书送给丁，丁将其中的邮票据为己有。被害人客观上也有处分邮票的行为，但主观上没有处分邮票的意识。丁的行为成立盗窃罪，因为丁实际上是以要书为名掩盖盗窃事实。

5.取得财产

（1）积极财产的增加。例如，将被害人的财物转移为行为人或第三者占有。

（2）消极财产的减少。例如，使对方免除或者减少行为人或第三者的债务。

[1] 张明楷：《刑法学（下）》（第六版），法律出版社2021年版，第1308页。

[2] 周光权：《刑法各论》（第三版），中国人民大学出版社2021年版，第126页。提示：在第四版书中，周老师保持了同张老师一致的观点。

（3）使用欺骗方法使自己不缴纳应当缴纳的财产，成立诈骗罪。

（4）行为人虽然获得了财产性利益，但被害人并没有处分财产的，不成立诈骗罪。

例1：甲在收费的高速公路驾驶车辆后，不经过收费站，而是通过破坏公路旁的栅栏逃避收费的，既不成立诈骗罪，也不成立盗窃罪，可以成立故意毁坏财物罪。

例2：乙在经过收费站时，假装掏钱付费，在收费人员提前打开栏杆时突然逃走的，既不成立诈骗罪，也不成立盗窃罪，属于逃债行为。

（5）取得的财物与处分的财物具有一致性，才成立诈骗罪。

例如：顾客购物时将车钥匙遗忘在收银台，收银员问是谁的，丁谎称是自己的，然后持该钥匙将顾客的车开走。丁对该钥匙成立诈骗，对车成立盗窃罪。

6. 丧失财产

（1）通过欺骗方法使他人免除非法债务的，不存在财产损失，不成立诈骗罪。

例1：甲原本就没有支付嫖资的意思，欺骗卖淫女乙使之提供性服务的，不成立诈骗罪。

例2：甲原本打算支付嫖资，与对方实施性行为后，又采取欺骗手段使对方免收嫖资的，也不成立诈骗罪。

例3：甲向卖淫者乙支付了嫖资后，使用欺骗手段骗回嫖资的，成立诈骗罪。

（2）行为人提供了相当的给付，但受骗者的交换目的基本未能实现，认定为有财产损失，成立诈骗罪。

例1：医生甲欺骗乙患肝炎，进而将价值1万元药品卖给乙，由于乙的交换目的没有实现，故甲成立诈骗罪。

例2：甲来书店找法考辅导用书，书店老板将公务员考试用书包装好，冒充法考辅导用书卖给甲。书店老板构成诈骗。

（3）行为人实施欺骗行为，导致受骗者就所交付财产的用途和内心所期待的不一致时，也应认为存在财产损失，行为人的行为成立诈骗罪。

例如：甲声称将募捐的钱交给灾民，但事实上将募捐的钱交给父母的，成立诈骗罪。

（4）诈骗不法原因给付的财物，同样成立诈骗罪。

例1：将白纸冒充假币出售给他人，成立诈骗罪。

例2：将面粉冒充毒品出售给他人，成立诈骗罪。

（5）以欺骗方法取得对方不法占有的自己所有的财物的，不成立诈骗罪。

例1：甲的手机被乙窃取，之后甲通过花言巧语的方式把失窃的手机骗了回来，甲无罪。

例2：丙盗窃了丁的手机，而丁采取欺骗方法骗取了丙的电脑的，丁成立诈骗罪。

（6）以欺骗方法取得对方合法占有的自己所有的财物的，应认定为诈骗罪。

例如：甲将自己的轿车出租给乙，收取租金后甲通过欺骗手段将该车骗回。甲成立诈骗罪。

（7）存在欺骗行为，被骗人也处分了财产，但是不存在财产损失时，不成立诈骗罪。

例如：甲拾得一张中奖彩票，冒充中奖人去彩票中心兑了奖，甲虽然有欺骗行为，但是彩票不是实名制，而且彩票中心没有财产损失，甲不成立诈骗罪。

（四）三角诈骗与盗窃罪间接正犯

1.图表展示与推理

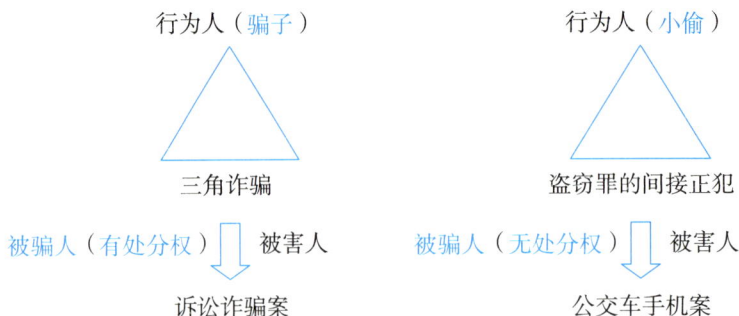

【推理】为什么三角诈骗成立诈骗罪？一般的诈骗罪中，被骗人和被害人是同一个人，也即一个人同时扮演了被骗人和被害人两个角色，那么可以肯定的是，在这种情形下，被骗人也是被害人，对自己的财产肯定是有处分权的，因此最终行为人成立诈骗罪。然而特殊情况下，我们将被骗人和被害人的角色分开，不再是同一个人扮演，那么在此种特殊情况下我们需要讨论的就是：被骗人是否对被害人的财产有处分权？如果有处分权，那么这种特殊情况就和上述的一般情况（被害人同时是被骗人的情形）就一致了，因为此时的被骗人和上述第一种情况的本人一样，都有处分权，只不过被骗人的身份由他人扮演而已。所以当被骗人和被害人角色分开时，被骗人有处分权的，就相当于本人被骗一样，所以三角诈骗成立诈骗罪。我相信，这样去解释的话，绝大多数考生便能更好地理解三角诈骗的本质。结论：三角诈骗与盗窃罪的间接正犯的关键区分就在于被骗人对于被害人的财产是否有处分权。如果有，则属于三角诈骗；如果没有，则属于盗窃罪的间接正犯。

2.三角诈骗

例1：甲以提起民事诉讼为手段，提供虚假的陈述、出示虚假的证据，使法院作出有利于自己的判决，从而获得财产的行为，成立诈骗罪与虚假诉讼罪的想象竞合犯。

例2：乙上班后，其保姆丙在家做家务；甲敲门后欺骗保姆说"我是小区门口洗衣店的老板，乙让我上门取他的西服去干洗。"丙信以为真，将乙的西服交给甲。乙回家后才知保姆被骗。丙是保姆，其日常的工作性质就是洗衣、做饭等，所以丙此时对主人乙的西服有基本的处分权（保姆可以拿着西服送去干洗），所以成立三角诈骗。

例3：丙租用丁所经营的车库，将自己的汽车停放在该车库内。依照惯例，丙将备用钥匙交给车库的管理者乙持有。与丙关系密切的甲曾征得丙的同意，多次从乙处得到车钥匙将车开出。某日，甲欺骗乙，说得到了车主丙的认可，向乙索取车钥匙。甲得到车钥匙后，使用该钥匙将丙停在车库的汽车开走，据为己有。甲成立诈骗罪。

例4：（二维码案）被告人甲偷偷把商户的微信、支付宝二维码换成了自己的二维码，商户直到月底结款的时候才发现，顾客付款时实际上将货款支付给了甲。甲通过这种方式默默在家收取了70余万元。

观点一：成立诈骗罪（张明楷教授观点）。属于新类型的三角诈骗，有别于传统三角诈骗。区别主要在于，传统三角诈骗是被骗人处分了被害人的财物，造成被害人财产损失；而本案的奇特之处是，被骗人处分的是自己的财物（购物款）却造成了被害人（店主）的损失。二者相同地方在于被骗人对财物都是有处分权的，所以依据是诈骗行为导致财产损失，成立诈骗罪更合适。①

　　观点二：成立盗窃罪（司法实践中的主流观点）。 其中，第一类观点采"盗窃罪说"，具体又分为"一般盗窃说"和"盗窃罪的间接正犯说"。"一般盗窃说"认为，偷换二维码的行为相当于偷换商家收银箱，商家让顾客扫码支付，是商家没有发现二维码被调包，非主观上自愿向行为人的二维码交付财物。顾客基于商家的指令，当面向商家提供的二维码转账付款，其结果由商家承担。所以，此类案件系典型的一般盗窃案件。"盗窃罪间接正犯说"则主张，行为人通过利用顾客的付款行为窃取了商家的财物，故顾客是被行为人利用来进行盗窃的工具，行为人应以盗窃罪的间接正犯论处。

　　观点三：成立侵占罪。 认为此类案件，首先，不成立诈骗罪的关键在于顾客只对商户存在认识，只有将支付款物转移给商户的处分意识，不具有处分被害人财产的权限或者地位；而商户又不存在面向行为人的处分行为和处分意识。其次，亦不能成立盗窃罪。理由在于，顾客支付的款项自始至终没有进入商户的账号，而是直接进入了行为人的账号，商户从来没有占有过付款，并不符合盗窃罪侵害占有、建立新的占有的行为本质。根据罪刑法定原则和法益保护主义，此类案件可以解释成立侵占罪。根据在于，行为人对非法取得的商户财产负有返还义务，拒不返还的符合侵占罪本质；盗窃罪或者诈骗罪后占有他人财物的，作为共罚的事后行为被包括在内一并评价了，但是一旦先前行为不符合盗窃罪或者诈骗罪，事后的侵占行为则有必要认定为独立犯罪。

　　3.盗窃罪的间接正犯

　　例1： 甲、乙、丙三人按照左、中、右的顺序坐在公交车座位上，三人由于工作辛苦，同时在车上睡着了。此时由于公交车司机的急转弯，导致丙手中的手机滑落掉到地上，但是丙由于睡得比较安稳，并没有察觉到，而此时甲却被惊醒了。但是由于手机掉在了乙的座位下面，甲实在不方便去捡，所以甲将熟睡的乙也叫醒并和乙说自己的手机不小心掉在乙的座位下，请乙帮忙捡一下，而乙出于热心，二话没说就弯腰将手机捡起并拿给了甲。甲拿到手机之后，便马上下车逃走。此案中可以肯定的是，被骗人是乙，被害人却是丙，这个时候判断乙是否对丙的手机享有处分权呢？答案显然是不具有处分

---

① 按照此观点的逻辑，下列案例同样应定性为诈骗罪。

　　例1：（2018年仿真题）甲销售公司的司机徐某负责把货物运送到乙公司之后，乙公司就将货款当面交付甲公司的司机带回交给甲公司的老板。后来，徐某从甲公司辞职了，甲公司遂聘请A为新的司机。但甲公司老板对新司机A不太放心，就对A说："你把货物运到乙公司之后，就不要带货款回来了，我让乙公司直接把货款汇到咱们公司的账户来。"但甲公司的老板忘了和乙公司的老板说明这一情况。A将货物运到乙公司后，就主动和乙公司的老板说："我们老板让我把货款带回去。"由于以前一直是这样操作的，乙公司老板信以为真，将8万元货款交给了A，A拿到这8万元之后逃跑。

　　例2：（2018年仿真题）甲用乙的淘宝账号从网上买了一部手机，用甲自己的银行卡付了款，留的是自己的号码。手机卖家核实信息时，按照淘宝账号信息打电话给了乙，乙骗商家说手机是自己买的，并告知商家更改收货地址，商家把手机发货给乙。

权。那么本质上乙是完全被骗，从而成为了甲实施盗窃的工具，所以乙（工具）不构成犯罪，甲成立盗窃罪的间接正犯。

例2： 甲在操场内的跑道上行走时，发现操场外的路上有一个足球（实为丙所有），就对过路人乙说："那是我的足球，劳驾您扔给我。"乙将足球扔给甲后，甲将足球据为己有。甲成立盗窃罪。

例3： 废品收购站老板甲欺骗员工乙说："王某曾对我说，他家院里的跑步机坏了，要当废品扔掉，让我们去拿，你去拿回来。"乙不知情，将跑步机拿了回来。甲是行骗人，乙是受骗人，王某是被害人。因为乙不具有处分王某财物的权利或地位，是甲实施盗窃的工具。甲是利用乙的不知情进行盗窃，构成盗窃罪的间接正犯。

（五）无钱饮食问题（霸王餐）

1.原本没有支付饮食费用的意思，而伪装具有支付费用的意思，欺骗对方，使对方提供饮食的，如果数额较大，成立诈骗罪（骗的是食物）。

例如： 甲没打算支付餐费，却点了数额较大的食物，吃完后不付款。不管甲是明目张胆地拒不付款，还是趁机溜走，均成立诈骗罪，诈骗的行为对象是食物。

2.原本具有支付饮食费用的意思，但是饭后发现自己没带钱，然后欺骗对方免除饭费的，成立诈骗罪（骗的是债权性利益）。

例如： 甲约朋友去吃饭，吃完饭后才发现自己没带钱，和饭店老板谎称自己哥哥是副市长，以后有啥事可以找自己，老板相信后为其免单。甲成立诈骗罪。

3.行为人原本具有支付饮食费用的意思，但在饮食后却不想付钱而逃跑，属于单纯逃债的行为，不成立犯罪。

例如： 甲开始有支付费用的意思，吃完后不想付钱，趁着饭店人多而偷偷溜走（或是声称送走朋友后回来付款而趁机逃走）。店家没有因此而免除甲的债务，所以甲不成立诈骗罪。

（六）赌博诈骗的认定

关于对通过打假牌、控制牌局等方式诱使对方参赌，从而不法取得对方财物行为的定性，主要是观点展示。

观点一：成立赌博罪。 理由：根据《最高人民法院关于对设置圈套诱骗他人参赌又向索还钱财的受骗者施以暴力或暴力威胁的行为应如何定罪问题的批复》的规定，以营利为目的，设置圈套、诈骗他人参赌，纠集多人进行赌博，属于刑法规定的聚众赌博行为。在赌博中使用欺诈手段是赌博罪的特点，打假牌仅是行为人在赌博过程中采用的一种手段行为，仍然是服务于赌博行为的，所以成立赌博罪更为适宜。

观点二：成立诈骗罪。 理由：赌博是用财物做注比输赢。这种输赢是存在偶然性的，对当事人来说是具有不确定性的。如果一方当事人对胜败结果了然于胸，那么就不能称其为赌博。各行为人从赌博之初主观上就具有明确的非法占有他人财物的目的，客观上实施了诱使他人参与假赌博以骗取钱财的行为，此时的输赢结果已属必然，行为人事实上是以赌博之名行诈骗之实，完全符合诈骗罪的犯罪构成要件。

（七）调虎离山、掉包式盗窃

例1： 甲与乙一起乘火车旅行。火车在某车站仅停2分钟，但甲欺骗乙说："本站停车12分钟。"乙信以为真，下车购物。乙刚下车，火车便发车了。甲立即将乙的财物转移至另一车厢，然后在下一站下车后携物潜逃。甲构成盗窃罪。

例2：甲欺骗乙称："我会魔法，会将10元钱变成100元。"乙便给甲100张10元让他变。甲将钱放进一个黑色布袋中，然后晃来晃去，趁乙不注意而进行了掉包。"魔法"完成后甲叮嘱乙2个小时后再打开，否则会失效的。虽然甲有欺骗行为，乙有认识错误，但是乙在短距离仍是该财物的间接占有者，本质上是甲通过欺骗的平和手段转移了乙对财物的占有，所以甲不构成诈骗罪，而构成盗窃罪。

例3：王某走进一家烟酒商店，和老板说要买2条中华烟，老板便从里屋拿出来给王某。然后王某又问有没有玉溪，有的话再来5条玉溪烟。老板一看大生意啊，就马上返回屋内找玉溪烟。此时王某赶紧将自己包内的2条假中华和柜台上的真中华进行了调换，待老板出来后，王某以玉溪烟是假货为由故意和老板争执起来，然后离开。王某构成盗窃罪。

例4：（表面掉包，实为诈骗）甲、乙、丙三人在淘宝商店买了30部手机，然后将新手机主板卸下，换上旧主板，利用七天无理由退货方式，从店主那里退款。

对比一个案例：甲在网上购买了一个价值5万元的LV包，收到货之后，其将手中的超高仿LV包（几乎看不出来这是假的）通过七天无理由退货的方式退回到卖家，卖家收到包之后，同意退款。这个案件相比较上述案件在行为方式上更单一（毕竟不存在拆换零件的细节过程），之前的购买包包的行为是商品买卖的合法行为，直到其通过假包退货（欺骗行为）的方式才值得刑法处罚，看得出来，卖家误以为假包是真包（陷入错误认识）后，同意退款（该笔购物款只是暂时存放在淘宝、京东等第三方平台，卖家对这笔货款是享有所有权的）。货款退回后，行为人也就通过七天无理由退货的方式完成了用假包调换真包的目的，这个过程中，那笔货款也就仅仅起到一个类似"担保"的作用，无非就是让卖家不起疑心。

有人会提出，这不就是典型的"掉包"案件吗？不是成立盗窃罪吗？咱们通常说的"掉包"成立盗窃罪的案件中，其实主人都是在身边的，其依旧享有对该物品的占有权，所以这种不知情的"掉包"行为才在本质上属于转移他人占有的逻辑，才能成立盗窃罪。而这种网络购物方式的掉包问题，卖家毕竟将货物通过邮寄的方式送到买家面前，这么远的距离很难再认定卖家享有占有权（付货款前所有权是保留的），既然卖家此时由于远距离而失去占有权，那么这种"掉包"行为也就谈不上转移占有的盗窃逻辑，所以不能成立盗窃罪。

本案的不法行为（核心法律行为）是将更换了主板的手机冒充原手机退货，使得商家陷入错误认识（以为是原来的手机），进而退款（处分了自己的合法债权，由于在第三方淘宝那里暂时保管）。行为人诈骗罪的对象绝不是手机本身，因为手机是合法交易来的（商家在这个阶段不存在任何损失，说白了，这个阶段就是正常的商品交易行为），谈何诈骗？

例5：（表面掉包，实为诈骗）甲多次以假名在某婚恋网站上刊登征婚信息，并成功与乙确定恋爱关系，相处一段时间后乙向甲求婚，甲同意并索要彩礼10万元。乙将钱用红包装好后交给甲，甲将其放入自己的包包内。二人吃晚饭期间，甲故意挑事进而和乙发生争吵，然后以性格不合提出分手，乙要求退还彩礼，甲将提前准备好的红包（里面装的是报纸）拿出来，还给乙。随后二人各自离开，不欢而散。本案中，甲一开始就具备非法占有的目的，所以通过欺骗行为使得乙处分彩礼，甲接过来装入自己包包内时，即可认为成立诈骗罪。那么之后掉包的行为只是在掩饰之前犯罪的本质而已。

例6：（表面掉包，实为侵占）装裱店老板丙收到张某的一幅知名画家的画作，在装裱时，将真迹藏了起来，用赝品冒充真迹，第二天装裱后交还给张某。本案中，丙成立侵占罪。

本案的关键词在于"第二天"，即丙在装裱的过程中，主人张某是根本不在现场的，那张某还谈何占有该画？张某没有占有状态，丙还谈何转移占有？那还怎么成立盗窃罪？本案实质：丙基于加工承揽合同占有该画，此期间主人张某不在现场，所以丙的掉包本质就是变占有为所有，应成立侵占罪。假设本案装裱画的时间很短（2小时左右），所以主人张某就选择在店里休息等待，那么此时加工装裱的丙实施掉包行为的话，即可成立盗窃罪。

（八）以借为名的盗窃与诈骗

例1：甲看上了朋友乙的手机，想占为己有。聚餐的时候，甲声称自己手机没电了便借来乙的手机假装拨打电话，然后以室内信号不好为由而走到室外，趁机拿着手机跑掉。甲有欺骗行为，乙有错误认识，但是乙此时将手机借给甲并没有失去对手机的占有（短距离的间接占有），甲属于通过欺骗的平和手段转移乙对手机的占有，成立盗窃罪。

例2：甲看上了朋友乙的手机，想占为己有。然后和乙说："哥们，我手机坏掉了，而且最近工资也没发，你看能不能借你的手机给我用一个月？我发了工资买了新手机之后马上还给你。"乙于是将手机借给甲，从此之后乙就再也没见到甲。此时，甲有欺骗行为，乙有错误认识，而且乙将手机处分给甲使用，乙不再占有该手机，因此甲成立诈骗罪。

例3：甲手机坏掉了且最近工资也没发，出于无奈向好朋友乙借了一部手机使用，约定10天后归还。但是，随后甲发现该手机真的太好用了，便产生了非法占有目的，于是到期之后拒不退还，甲的行为本质属于变占有为所有，成立侵占罪。

（九）无权处分问题

例如：乙全家外出数月，邻居甲主动帮乙照看房屋。某日，甲谎称乙家门口的一对石狮为自家所有，将石狮卖给外地人丙，得款1万元据为己有。

本案存在两层法律关系：行为人和主人（甲与乙）；行为人和买者（甲与丙）。

1.甲对乙家的财物没有处分权却擅自出卖，让不知情的买主搬走财物，属于利用没有故意的间接正犯的事例，成立盗窃罪。如果直接拿走，属于盗窃罪直接正犯。

2.甲的行为是否同时对买者丙成立诈骗罪（想象竞合犯）？关键在于买者丙是否存在财产损失。

（1）根据无权处分完全有效说：买者通过支付对价获取石狮有效的，因而没有财产损失。甲不成立诈骗罪。

（2）根据无权处分无效说：甲的处分行为不具有效力，买者存在财产损失，甲成立诈骗罪。

【结论】观点展示问题，行为人要么成立盗窃罪与诈骗罪的想象竞合犯；要么就只成立盗窃罪。

（十）"买短乘长"

买短途票乘长途车的问题，应该如何定性？

例如：列车乘警发现甲购买的是兰州到天水的火车票，只有一站地，但是列车已经过了天水站6站。甲交代自己准备在济南下车，后查明甲这几年通过这种方式共计逃票70余次，逃票金额共计8000余元。

观点一：甲属于一般违法，不构成犯罪。"买短乘长"的逃票、超乘行为是一种运输合同违约行为。案例中的行为人与承运人的客运合同关系自取得客票时即成立，客票上记载了货运关系的时间、起点、终点等内容，其"买短乘长"逃票超程的行为是一种不按客票上所记载的内容履行合同的违约行为。对此，经营管理者可根据《民法典》第815条的规定，按照规定加收票款或拒绝运输。

观点二：甲构成盗窃罪。首先，行为人非法占有的对象是在无票区间享有的、铁路部门提供的有偿服务。这种有偿服务的特点是：（1）有偿服务是盗窃罪的犯罪对象。有偿服务是一种财产性权益，区别于有形商品的一类服务性商品，其本质上与有形财物一样具备价值性，属于盗窃犯罪的对象。（2）"买短乘长"行为窃取的价值等同于无票区间的车票费用。铁路公司面向社会公开发售车票，付款购买相应区间的车票即等同于购买了该区间铁路公司的运送、餐饮等服务，票款等同于服务价值，无票区间的票款等同于无票区间的服务价值。其次，行为人非法占有无票区间的有偿服务，采取了秘密窃取的手段。"买短乘长"行为一般有只买前头票、购买两头票等方式，其行为包含进站、无票乘车、出站三个核心部分。综合考察，行为人非法占有无票区间的有偿服务，窃取行为发挥了核心作用。[1]

观点三：甲构成诈骗罪。这种欺骗行为使得铁路部门工作人员产生了认识错误，从而免除了相应对价。之所以在出口检票，就是因为知道有人会"买短乘长"，只是不知道是哪一个或者哪几个具体的人会"买短乘长"，同时也会意识到自己不一定能完全查出"买短乘长"的人，亦即，认识到自己会免除某一个人或者某几个人应当支付的对价。[2]

（十一）盗电与骗得免除电费问题

例1：甲工厂正常大量用电后，在电力公司人员即将按电表收取电费时，产生少缴电费之念，使用不法手段将电表显示数调至极小额度，使收费人员误以为显示的数字为真实用电量，从而免除甲的电费3万元。甲成立诈骗罪。

例2：甲工厂正常大量用电后，在电力公司人员收取电费时，厂长和收电费人员合谋少交电费，并将电表回调，二人成立盗窃罪（盗窃的债权性利益）。本案中没有人被骗，首先该收电费的工作人员是共犯，其不能被骗，而电力公司不在现场，也不可能被骗。本案实质是二人合谋窃取电力公司的债权性利益。

---

[1] 田宏杰、李猛、陈赛等："'买短乘长'，司法该如何界定"，载《检察日报》2019年10月18日，第3版。

[2] 张明楷：《刑法学（下）》（第六版），法律出版社2021年版，第1319页。

例3：乙为了少缴电费，事先采用不法手段，使电表转速低于正常转速运行的，所窃取的是电力本身，成立盗窃。

（十二）租车后质押、抵押问题

例如：洪某回到甲市生活，想要开办自己的公司。遂伪造了虚假的产权证明，向 A 银行贷款 30 万元用于公司经营。后由于经营不善且贷款难以偿还，洪某心生邪念，心想 B 公司作为租车公司，车上装有 GPS，如果他将车开出去质押，超过一定时间 B 公司发现车子的问题还可以找到，就不算犯罪。因此洪某与 B 公司签订了租车合同并交付了租金，租用了一辆奥迪车。随后伪造奥迪车的相关证明文件，去 C 小贷公司要求贷款。C 小贷公司负责人孙某受骗，接受了洪某的出质请求，但未办理质权登记，借给了洪某 50 万元。奥迪车超期未归，B 公司通过 GPS 发现了车子的位置并于深夜将其开走。孙某于是发现自己受骗。

观点一：洪某对 C 贷款公司成立合同诈骗罪。理由：首先，洪某对 B 租车公司的汽车没有非法占有目的，其行为就属于典型的"借花献佛"。洪某明知 B 公司会通过 GPS 定位系统取回自己的车，所以没有排除意思，只是具有利用意思。其真正值得刑法评价的行为是之后伪造奥迪车的相关证明文件，质押该车后，骗取了 C 公司负责人孙某的信任，并出借 50 万元给洪某，最后造成 C 公司债权不能实现，进而产生财产损失（洪某利用 B 公司取回该车的方式造成 C 公司的损失）。本案中，洪某均是通过和相关公司签订相关合同的方式实施欺诈，所以洪某对 C 公司成立合同诈骗罪更为适宜。

观点二：洪某对 B 租车公司成立合同诈骗罪，对 C 贷款公司成立侵占罪，数罪并罚。理由：洪某通过和 B 租车公司签订合同的方式获取汽车，其对汽车是有非法占有目的的，因为之后通过质押的方式将汽车套现，该行为就属于对合同诈骗所得赃物的非法处置和变现行为，该行为不再作重复评价，不以犯罪论处。同时车的手续真假对于质押担保而言是没有意义的。从《民法典（物权编）》角度，质押无须相关证明文件，只要债权人占有质押物即可，所以 C 贷款公司在占有质押物之时，本身没有损失，也就谈不上对 C 公司成立诈骗类型的犯罪。但是由于未办理质权登记，B 公司取回自己汽车后，C 公司是不能对抗 B 租车公司主张权利，所以根据合同相对性，C 公司可以向洪某主张归还欠款，洪某不还的话，可针对 C 公司成立侵占罪。洪某两个行为，侵犯数个法益，应数罪并罚。

（十三）诈骗罪与敲诈勒索罪的关系

1. 行为人实施了欺骗行为，但表明自己只是转告者的身份，即使被害人陷入恐惧心理而处分财产的，也只成立诈骗罪。

例1：甲得知乙得罪了丙，便欺骗乙说："我听说丙要找人教训你，你给我钱，我帮你摆平。"乙信以为真，因害怕丙的伤害而给了甲钱。乙怕的是丙，对于甲的转告行为并不怕，乙是基于被骗而交付甲的钱，所以甲只成立诈骗罪。

例2：王某委托刘某帮忙装修，刘某帮忙搞定之后，装修公司老板钟某要求刘某全价支付费用（之前刘某少付 20 万元）。刘某对钟某说："房主是在黑社会混的，你再要 20 万元，小心他捣毁你的装修公司。"钟某听后就没有再要求刘某支付 20 万元。刘某对钟某的行为构成诈骗罪。理由：钟某执意要求刘某再付 20 万的时候，刘某对钟某说："房主是在黑社会混的，你再要 20 万元，小心他捣毁你的装修公司。"本句话看似存在恐吓的成分，但是刘某并没有表明自己能控制房主，言外之意就是，即使钟某害怕了，他害怕的也并不是刘某。所以刘某对钟某不可能成立敲诈勒索罪。其制造恐怖谎言的核心是骗钟某放弃合法债权，应成立诈骗罪。

2.诈骗罪与敲诈勒索罪的想象竞合，即行为既让人陷入错误认识又让人内心恐惧，进而交付财物。

例如：甲对乙说："我有你的淫秽视频，不给钱我就曝光！"乙便答应照办。乙一方面产生认识错误，另一方面产生恐惧心理。甲既触犯诈骗罪，又触犯敲诈勒索罪，想象竞合。

3.既有欺骗又有敲诈，如果能断定行为人基于何种原因而处分财产的，直接按照该原因定罪。

例如：甲为国家工作人员，为官十分清廉，乙和甲说："给我1万元，否则我将你贪污的证据送到纪检委"。甲明知自己根本就没有过贪污行为，但是此时正是要晋升的关键时期，甲怕乙的行为耽误自己顺利晋升，就给了乙1万元。甲没有陷入错误认识，而是由于恐惧而交付的财产，乙成立敲诈勒索罪。

（十四）电信诈骗和电信盗窃

1.电信诈骗：以虚假、冒用的身份证件办理入网手续并使用移动电话，造成电信资费损失数额较大的，以诈骗罪定罪处罚。

2.电信盗窃：《刑法》第265条规定，以牟利为目的，盗接他人通信线路、复制他人电信码号或者明知是盗接、复制的电信设备、设施而使用的，依照盗窃罪定罪处罚。

【总结】在电信诈骗中，被害人是电信公司，它受到了欺骗，有让加害人使用电信服务的处分意图；而在电信盗窃中，被害人是电信号码的使用者或电信公司，它们并没有被骗，也没有处分行为，故构成盗窃。

经典考题：乙购物后，将购物小票随手扔在超市门口。甲捡到小票，立即拦住乙说："你怎么把我购买的东西拿走？"乙莫名其妙，甲便向乙出示小票，两人发生争执。适逢交警丙路过，乙请丙判断是非，丙让乙将商品还给甲，有口难辩的乙只好照办。关于本案的分析（不考虑数额），下列哪一选项是错误的？（2014年卷二第19题，单选）[①]

A.如认为交警丙没有处分权限，则甲的行为不成立诈骗罪

B.如认为盗窃必须表现为秘密窃取，则甲的行为不成立盗窃罪

C.如认为抢夺必须表现为乘人不备公然夺取，则甲的行为不成立抢夺罪

D.甲虽未实施恐吓行为，但如乙心生恐惧而交出商品的，甲的行为构成敲诈勒索罪

---

① **【答案】**D。A项正确，如甲被骗人（警察）没有处分权，那么此时警察就是行为人实施盗窃罪的工具，行为人成立盗窃罪的间接正犯。B项正确，如认为盗窃必须表现为秘密窃取，那么本案则是公然进行，当然也就不成立盗窃罪。C项正确，如认为抢夺必须表现为乘人不备公然夺取，本案是在有防备、有准备的情况给予财物的，所以不成立抢夺罪。D项错误，要想构成敲诈勒索罪，行为人必须实施恐吓行为，行为人没有实施恐吓行为，是被害人自己陷入恐惧心理交付财物的，行为人不成立敲诈勒索罪。综上，D项当选。

二、敲诈勒索罪

（一）法条

第274条　敲诈勒索公私财物，数额较大或者多次敲诈勒索的，处三年以下有期徒刑、拘役或者管制，并处或者单处罚金；数额巨大或者有其他严重情节的，处三年以上十年以下有期徒刑，并处罚金；数额特别巨大或者有其他特别严重情节的，处十年以上有期徒刑，并处罚金。

（二）概念

敲诈勒索罪，是指以非法占有为目的，对他人实行威胁、恐吓，索取公私财物数额较大或者多次敲诈勒索的行为。

（三）构成要件

1.成立犯罪结构图

行为人实施了恐吓行为 → 被害人陷入了恐惧心理 → 被害人基于恐惧心理而处分了财产 → 行为人或第三人取得了财产 → 被害人丧失财产

2.行为内容

使用暴力、胁迫手段，使对方产生恐惧心理而交付财物，进而取得财产。

（1）暴力。

①暴力或者以暴力相威胁的行为不能达到了足以压制他人反抗的程度，否则构成抢劫罪。

②暴力不需要足以压制被害人反抗，只要足以使被害人产生恐惧心理即可。

（2）胁迫。

①胁迫，是指以恶害相通告，以使对方产生恐惧心理。

②恶害的种类没有限制，包括对被害人的生命、身体、自由、名誉、财产等进行胁迫。

③通告的被加害的对象既可以是交付财物的被害人，也可能是与被害人有密切关系的第三人。例如，向男子声称如不交付财产就加害其恋人，属于敲诈勒索。

④恶害的实现不要求自身具有违法性，即使是合法行为，如果使得他人产生恐惧心理的，同样属于以恶害相通告。

例如： 孙某对赵某说："你将占有的钱某的画给我。"否则我向公安机关揭发你杀害钱某的事实，孙某成立敲诈勒索罪。关于本案的处理，理论上还有另一种观点：认为敲诈勒索罪保护的法益在于被害人财产法益与意志自由。孙某本来就可以选择是否检举揭发赵某的罪行，赵某并没有权利要求孙某不去揭发（相当于赵某就是任人宰割的羔羊，没有讨价还价的余地）。所以，孙某向赵某索要封口费的行为，其实质并没有限制赵某的意志自由，反而给其创设了通过支付封口费来换取自己免于被揭发的机会，反而是扩张了其选择的自由与空间，故没有侵犯其意志自由，不构成敲诈勒索。

⑤单纯使被害人产生困惑的行为，不成立敲诈勒索罪。

例如： 乙拾得他人财物后告知对方，如果不给付一定的酬谢费就不返还财物的，不成立敲诈勒索；但是，如果乙声称不给付一定的酬谢费就毁坏财物的，则属于敲诈勒索。

⑥行为人所告知的恶害是将由行为人自己实现还是将由第三者实现，在所不问。但由第三者实现时，行为人必须使对方知道行为人能够影响第三者，或者让对方推测到行为人能影响第三者。

例1：甲是当地的地痞流氓，向路边小贩收保护费，声称第二天如果不交钱就砸烂他的摊位。甲表明恶害由自己实现，成立敲诈勒索罪。

例2：乙是当地的地痞流氓，向路边小贩收保护费，声称第二天如果不交钱就找自己的一帮兄弟砸烂他的摊位。乙表明恶害由自己兄弟实现，小贩也知道他们经常一起干这种事，那帮兄弟会听从乙的安排，成立敲诈勒索罪。

例3：丙是当地的地痞流氓，向路边小贩收保护费，声称第二天如果不交钱就命令城管砸烂他的摊位。小贩知道丙没有这个权力，不会产生恐惧心理，丙不成立敲诈勒索罪。

⑦三角恐吓（三角敲诈），同三角诈骗一样，被胁迫者与财产的被害人不是同一人。被胁迫者必须具有处分被害人财产的权能或地位。

例如：甲恐吓乙的秘书丙，如果不将办公室内的现金拿给自己就曝光乙公司的商业秘密，丙出于恐惧而把办公室的1万元现金交给了甲。甲是恐吓者，秘书是被恐吓者，乙是受害者。甲构成敲诈勒索罪。

（四）特殊案件的认定

1.碰瓷案件

根据司法解释的规定，实施"碰瓷"，具有下列行为之一，敲诈勒索他人财物，符合《刑法》第274条规定的，以敲诈勒索罪定罪处罚：

（1）实施撕扯、推搡等轻微暴力或者围困、阻拦、跟踪、贴靠、滋扰、纠缠、哄闹、聚众造势、扣留财物等软暴力行为的。

（2）故意制造交通事故，进而利用被害人违反道路通行规定或其他违法违规行为相要挟的。

（3）以揭露现场掌握的当事人隐私相要挟的。

（4）扬言对被害人及其近亲属人身、财产实施侵害的。

例如：甲等人在某饭店门口"蹲点"，发现乙醉酒后开车，便驾车尾随并故意撞击乙所驾驶的车辆。停车后，乙醉醺醺地从车上下来，甲等人提出"赔偿"他们损失2万元，否则以其醉驾为由报警处理，乙害怕而交付财物。甲等人成立敲诈勒索罪。

2.通过上访相威胁案件

（1）如果上访人属于合理诉求，该享有政府合理补偿、赔偿等，其通过上访方式实现自己合法利益，不属于敲诈勒索罪。

（2）如果没有任何权利基础，以上访相要挟，可成立敲诈勒索罪。

例如：被占用土地的农民已经获得超额的补偿，但是其仍旧要求政府再度补贴，否则就进京上访（正是国家举行重要国际会议、活动的关键时期），当地领导害怕而再度满足其不法要求的，该农民可成立敲诈勒索罪。

3.拾得财物索要金钱案件

例1：甲拾得乙丢失的5万元现金，事后其联系失主乙，提出给其1万元"拾金不昧费"，否则不还钱。该行为只成立对金钱的侵占罪。

例2： 丙拾得丁的重要证件，向丁所要"拾金不昧费"，否则便销毁该证件，该行为可成立敲诈勒索罪。

4.冒充警察抓赌、抓黄案件

例如： 被告人李某、王某、何某均为男性，某县无业青年。某日晚，三人得悉某旅店有人卖淫嫖娼，遂起歹心。随后三人冒充警察审到该店，以打击卖淫嫖娼为名，抓住正在嫖娼的外地老板马某和卖淫女钱某，对马某实施殴打，勒令马、钱二人各交罚款8000元，同时扬言，若不交罚款，就要把他们送到公安局和告诉他们的家属，胁迫他们缴清罚款。此后，上述三人又以同样的手段，先后三次冒充警察，获得他人财物4万余元。

第一种定性可能： 构成招摇撞骗罪与诈骗罪的想象竞合犯。理由：李某等人冒充警察，使卖淫嫖娼者信以为真，害怕被抓和被家人知道，便交了罚款。李某等人的行为侵犯了国家机关的正常管理活动，损害了国家机关的威信，符合招摇撞骗罪的犯罪构成。同时李某等人的行为也是一种欺骗行为，使得被害人被欺骗而交付财物，也符合诈骗罪的犯罪构成。一个行为同时符合两罪的犯罪构成，属于想象竞合犯，择一重罪处罚。

第二种定性可能： 成立敲诈勒索罪。理由：李某等人冒充警察的行为是想通过恐吓的方式让卖淫嫖娼者害怕自己的行为被家属知道，害怕自己被拘留，进而交付财物，行为中虽然有一定欺骗的成分，但是主要是勒索恐吓，而且被害人也主要是因为害怕而交钱，所以成立敲诈勒索罪更合适。

第三种定性可能： 成立抢劫罪。理由：李某等人对嫖客实施了殴打行为，随后逼迫他们交"罚款"，殴打行为属于抢劫罪的暴力行为，与取得财物之间具有因果关系，因此李某等人成立抢劫罪。

5.损害赔偿请求权案件

损害赔偿请求权的行使原则上不成立敲诈勒索罪。但是，如果行为人以加害生产商的生命、身体、财产等相要挟，而且所要求的赔偿数额明显超过应当赔偿的数额的，应以敲诈勒索罪论处。

例1： 甲从生日蛋糕中吃出苍蝇，以向媒体反映或者向法院起诉相要挟，要求生产商赔偿的，即使所要求的数额巨大乃至特别巨大（比如要求赔偿100万），也不成立敲诈勒索罪。因为行为人的手段与目的均具有正当性，至于赔偿数额，则取决于双方的商谈。

例2： 乙在饭店吃饭吃出了苍蝇，顿感恶心至极。索赔10万元，老板不应。乙出门买了桶汽油回来说："如果不给老子10万，我就一把火把你饭店给烧了。"老板迫于无奈给了乙10万元。乙成立敲诈勒索罪。

6.以胁迫手段取得对方不法占有的自己所有的财物的，不成立敲诈勒索罪。但是取得他人其他财物的则成立敲诈勒索罪。

例1： 甲知道自己的手机被乙窃取，便恐吓乙说："不把手机还给我，小心点你上学的宝贝儿子。"乙害怕而将窃取的手机还给了甲。甲不成立敲诈勒索罪。

例2： 甲知道自己的手机被乙窃取，十分生气！便恐吓乙说："不把你家的汽车给我，小心点你上学的宝贝儿子。"乙害怕而将自己的汽车给了甲。甲成立敲诈勒索罪。

7.债权人为了实现到期债权，对债务人实施胁迫的，应如何处理？

（1）如果没有超出权利的范围，具有实施胁迫的必要性，手段行为也不构成其他犯罪的，无罪。

例如： 乙拖欠甲10万元，总是不还。甲对乙说："你若再不归还，小心你的狗命！"乙被迫归还。甲不构成敲诈勒索罪。

（2）当债务人一方具有值得保护的利益，或者债权的内容未确定，债务人在民事诉讼中存在请求的正当利益，对方使用胁迫手段取得财物的，或者胁迫手段获取的财物明显超出债权范围的，依然可成立敲诈勒索罪。

例1： 甲是乙的债权人，但是债权早已超过诉讼时效，乙不还。甲对乙说："你若再不归还，小心你的狗命！"乙被迫归还。甲构成敲诈勒索罪。

例2： 甲欠乙5万元久拖不还，乙对甲说："你不是不还钱吗？限你一周之内给我10万，否则小心你的狗命！"对于明显超出的5万元，乙成立敲诈勒索罪。

经典考题： 下列哪种行为构成敲诈勒索罪？（2006年卷二第15题，单选）[①]

A.甲到乙的餐馆吃饭，在食物中发现一只苍蝇，遂以向消费者协会投诉为由进行威胁，索要精神损失费3000元。乙迫于无奈付给甲3000元

B.甲到乙的餐馆吃饭，偷偷在食物中投放一只事先准备好的苍蝇，然后以砸烂桌椅进行威胁，索要精神损失费3000元。乙迫于无奈付给甲3000元

C.甲捡到乙的手机及身份证等财物后，给乙打电话，索要3000元，并称若不付钱就不还手机及身份证等物。乙迫于无奈付给甲3000元现金赎回手机及身份证等财物

D.甲妻与乙通奸，甲获知后十分生气，将乙暴打一顿，乙主动写下一张赔偿精神损失费2万元的欠条。事后，甲持乙的欠条向其索要2万元，并称若乙不从，就向法院起诉乙

第四节　侵占型犯罪

一、侵占罪

（一）法条

第270条　将代为保管的他人财物非法占为己有，数额较大，拒不退还的，处二年

[①] 【答案】B。A项错误，甲进餐的过程中发现食物中有苍蝇，甲当然有权利提出赔偿，索要的赔偿数字属于双方讨论的赔偿范围，并不会因为索要的赔偿数额过大而成立敲诈勒索罪。B项正确，食物中的苍蝇是甲自己偷偷放进去的，肯定没有要求店主赔偿的权利，之后还以砸烂桌椅进行威胁、恐吓逼迫老板乙交付财物，乙无奈进而交付财物，甲成立敲诈勒索罪。C项错误，拾得他人遗失物后要求对方支付对价后才予以返还遗失物的行为，并不会使得乙陷入恐惧心理，乙只是出于无奈的心理处分财物，而且基于一般的社会理念和相关法律规定，拾得人享有一定的报酬请求权，所以甲不成立敲诈勒索罪。D项错误，甲、乙之间自愿形成的合法的债权债务关系，甲是债权人，通过合法正当的手段行使债权，不成立敲诈勒索罪。综上，B项当选。

以下有期徒刑、拘役或者罚金；数额巨大或者有其他严重情节的，处二年以上五年以下有期徒刑，并处罚金。

将他人的遗忘物或者埋藏物非法占为己有，数额较大，拒不交出的，依照前款的规定处罚。

本条罪，告诉的才处理。

（二）概念与类型

侵占罪，是指将代为保管的他人财物非法占为己有，数额较大，拒不退还的，或者将他人的遗忘物或者埋藏物非法占为己有，数额较大，拒不交出的行为。

1.委托物（保管物、借用物等）的侵占：所有人转移占有 → 行为人自己所有。

2.脱离占有物（遗忘物、埋藏物）的侵占：所有人非自愿脱离了占有 → 行为人自己所有。

【提示】侵占罪的核心本质就是变占有为所有。

（三）本罪的认定

1.分期付款购物问题——设定甲是买方，乙是卖方。

（1）甲付清货款之前，货物的所有权由乙享有（所有权保留）。甲此时处分货物的，属于对委托物的侵占行为，但是如果具有继续付款的意思，则因缺乏故意而不成立犯罪。

（2）如果乙违反甲的意志窃回货物的，则成立盗窃罪。

2.不法原因给付物

例如：甲欲向国家工作人员行贿而将财物委托给乙转交，但乙将该财物据为己有，乙的行为是否构成侵占罪？

肯定说：认为甲在民法上不论是否有返还请求权，这个财物肯定不是乙的，所以对于乙而言，该财物仍然属于"自己占有的他人财物"。因此，乙成立侵占罪。

否定说：认为甲对该财物没有权利请求返还，故可以认为该财物所有权已经不属于甲；同时，财物在乙的实际控制之下，也不属于国家所有。因此，乙没有将"他人财物"据为己有，因此，乙不成立侵占罪。

3.赃物

例如：甲为盗窃犯，将其盗窃的财物委托乙窝藏或者代为销售，但乙知道真相却将该财物据为己有，乙的行为是否构成侵占罪？

肯定说：认为虽然乙接受的是盗窃犯的委托，但其受托占有的财物仍然是他人的财物，而且事实上占有着该财物，故其行为属于将自己占有的他人财物据为己有，成立委托物侵占。

否定说：认为乙虽然接受了甲的委托，但甲并不是财物的所有人，既然如此，甲与乙之间就不存在任何形式的所有人与受托人之间的委托关系，故不成立委托物侵占。相对于原所有人而言，赃物属于脱离占有物，乙将赃物据为己有的行为，属于侵占脱离占有物，但由于乙将赃物或犯罪所得收益据为己有的行为，成立赃物犯罪，侵占脱离占有物的行为被吸收，仅以赃物犯罪论处。

4.侵占罪与盗窃罪的关系

例如：沈某骑自行车到摩托车修理店，见有一辆摩托车停在修理店门口，遂起占有之念，又见该修理店里货架上没有摩托车锁，于是问店主"你店里有没有摩托车锁？"店主说："这里没有，你要的话，等一会我回去拿。"沈某便说："你快点去拿吧，我要办事去呢。"店主在沈某的催促下，离开了修理店到50米外的家里取锁，临走时对沈某讲"我去拿锁，你帮我看下店。"店主离开后，沈某骑走摩托车。在本案中，虽然沈某欺骗店主使其离开修理店，但店主并没将财产转移给沈某占有。店主虽然说了一声"帮我看下店"，但此时沈某充其量只是修理店财物的占有辅助者。根据社会的一般观念，即使店主暂时离开了修理店，修理店中的财物仍然由店主占有，所以，沈某的行为成立盗窃罪。

5.乘客"遗忘"在小型出租车内的财物问题

例1：乘客刚下车时，将行李"遗忘"在车内，在短暂的时间内，只要出租车尚未离开，该行李仍由乘客占有。司机在乘客刚下车后，发现车内留有行李而迅速逃离的，应当认定为盗窃罪。同理，在前乘客刚下车、后乘客立即上车的情形下，后乘客立即将前乘客"遗忘"在出租车座位上的行李据为己有的，也成立盗窃罪。

例2：前乘客遗忘在出租车后备箱的行李，如果脱离了前乘客的占有，就当然转移为司机占有。司机事后据为己有的，成立侵占罪。如果后乘客也将自己的行李放在后备箱，在下车时将前乘客的行李一并取走的，成立盗窃罪。

6.利用他人银行卡存款的问题

他人利用行为人的银行卡存款，实际上相当于行为人受委托管理他人的现金，行为人以拒不归还的意思从银行取款据为己有的，只成立侵占罪，不成立其他犯罪（行为人对银行不存在犯罪行为）。

7.基于毁坏目的控制财物后才产生非法占有目的，成立侵占罪，而不是盗窃罪、抢夺罪等。

例如：甲殴打乙，乙掏出电话欲报警，甲为了防止其报警将电话夺过来放入口袋中。回到家之后，甲猛然发现自己忘记把手机扔掉了，拿在手里看着还不错，就将该手机留下。甲的行为不能成立抢夺罪，因为在夺手机时，甲只有排除意思，并没有利用意思。其是基于毁坏的意思而事实上占有了该手机，占有之后才生非法占有的目的，这样看来，其行为本质属于变占有为所有，应成立侵占罪。

经典考题：结合犯罪构成理论以及刑法分则的相关规定分析，以下案件哪些不构成侵占罪？（2003年卷二第47题，多选）①

---

① 【答案】ABCD。A项错误，游戏厅内的财物，不管是老板本人的，还是其他顾客丢在这里的，该财物都属于游戏厅老板占有，甲通过平和手段转移老板对财物的占有，成立盗窃罪。B项错误，被害人肖某是因为被迫交赎金而将财物埋在了歹徒指定的地点，此时该财物不属于遗失物，仍然属于肖某占有，乙跟踪肖某将财物取走的行为，成立盗窃罪。C项错误，田某是三轮车夫，帮助丙拉装修材料，此时丙骑车在后紧跟着田某，该批装修材料的占有者仍为丙，三轮车夫田某只是占有辅助者，田某将装修材料公然拉走的行为成立盗窃罪。D项错误，金钱属于银行占有，丁利用ATM机的故障，取走1万元现金，属于通过平和手段转移银行对财物的占有，成立盗窃罪。综上，ABCD项当选。

A. 某游戏厅早上8点刚开门，甲就进入游戏厅玩耍，发现6号游戏机上有一个手机，甲马上装进自己口袋，然后逃离。事后查明，该手机是游戏厅老板打扫房间时顺手放在游戏机上的。甲被抓获后称其始终以为该手机是其他顾客遗忘的财物

B. 乙知道邻居肖某的8岁小孩被他人绑架，肖某可能会按照歹徒的要求交付赎金，即终日悄悄跟随在肖某身后。某日，见肖某将一塑料口袋塞入某桥洞下，即在肖某离开10分钟后，将口袋挖出，取得现金20万元

C. 丙到某装饰城购买价值2万元的装修材料，委托三轮车夫田某代为运输。田某骑三轮车在前面走，丙骑自行车跟在后面。在经过一路口时，田某见丙被警察拦住检查自行车证，即将装修材料拉走倒卖，获款4000元

D. 丁闲极无聊在一自动取款机按键上胡乱敲击。在准备离开时，丁无意中触动了一个按钮，取款机即吐出一张100元钞票，丁见此情景，就连续不断地进行操作，直至取出现金1万元，然后迅速离去

二、职务侵占罪

（一）法条

第271条　公司、企业或者其他单位的工作人员，利用职务上的便利，将本单位财物非法占为己有，数额较大的，处三年以下有期徒刑或者拘役，并处罚金；数额巨大的，处三年以上十年以下有期徒刑，并处罚金；数额特别巨大的，处十年以上有期徒刑或者无期徒刑，并处罚金。

国有公司、企业或者其他国有单位中从事公务的人员和国有公司、企业或者其他国有单位委派到非国有公司、企业以及其他单位从事公务的人员有前款行为的，依照本法第三百八十二条、第三百八十三条的规定定罪处罚。

（二）概念

职务侵占罪，是指公司、企业或者其他单位的工作人员，利用职务上的便利，将本单位财物非法占为己有，数额较大的行为。

【总结】职务侵占罪实质上就是非国家工作人员的"贪污罪"。

（三）构成要件

1.行为主体

行为主体是公司、企业或者其他单位的工作人员，即非国家工作人员。

（1）国有公司、企业或者其他国有单位中从事公务的人员和国有公司、企业或者其他国有单位委派到非国有公司、企业以及其他单位从事公务的人员，利用职务上的便利侵占公共财物的，应认定为贪污罪。

（2）村民委员会等村基层组织人员，利用职务便利侵吞集体财产的，以职务侵占罪论处；但是如果在协助人民政府从事行政管理工作时，利用职务上的便利侵占公共财物的，则成立贪污罪。

（3）对村民小组组长利用职务上的便利，将村民小组集体财产非法占为己有，数额较大的行为，以职务侵占罪定罪处罚。

（4）在国有资本控股、参股的股份有限公司中从事管理工作的人员，除受国家机关、

国有公司、企业、事业单位委派从事公务的以外，不属于国家工作人员。对其利用职务上的便利，将本单位财物非法占为己有，数额较大的，应当以职务侵占罪论处。

（5）对本罪行为主体的认定，不能采取身份说。只要行为人事实上在从事公司、企业或者其他单位的员工所从事的事务，原则上就应认定为本罪的行为主体。

例1：公司法定代表人被捕后，其妻子自行到公司代行法定代表人职责，利用代行法定代表人职责的便利，将公司财物据为己有的，应认定为职务侵占罪。

例2：为企业销售产品的人员，不管是领取固定工资，还是按销售比例提成，也无论是长期合同人员，还是短期聘用人员，均能成为本罪的行为主体。为了非法获取单位财物，以虚假身份应聘为单位人员，然后利用职务上的便利非法将单位财物据为己有的，成立职务侵占罪。

2.行为内容：利用职务上的便利，将数额较大的单位财物非法占为己有的行为。

（1）必须利用了职务上的便利，即利用自己主管、管理、经营、经手单位财物的便利条件。纯粹的体力性劳务，不属于这里的"职务"。

例1：单纯的装卸工，不是这里的"职务"；而仓库管理员、产品质检员、运输司机，属于这里的"职务"。

例2：甲是某公司司机，按照公司安排独自一人将价值7万元的货物运往外地。其在途中将货物变卖，携款潜逃。甲构成职务侵占罪。

（2）必须将单位财物非法占为己有，包括将基于职务管理的单位财物非法占为己有（侵占）以及利用职务之便的窃取、骗取等行为。所以这里"侵占"的含义应作扩大解释，包括窃取、欺骗等行为。

例1：甲为某公司工作人员，利用职务上的便利将公司持有的股份变更为自己持有的股份的，成立职务侵占罪。

例2：乙利用职务上的便利将其他自然人股东（不是单位财物）持有的股份变更为自己持有的股份的，不成立职务侵占罪。

例3：丙利用职务上的便利将原本可以由单位承揽的业务变为个人承揽，利用业余时间完成承揽合同获取利益的，不成立职务侵占罪。

（3）"非法占为己有"，不限于行为人所有，还包括使第三者所有。

3.责任要素除故意外，还要求具有非法占有目的。

第五节　挪用型犯罪

一、挪用资金罪

（一）法条

第272条　公司、企业或者其他单位的工作人员，利用职务上的便利，挪用本单位资金归个人使用或者借贷给他人，数额较大、超过三个月未还的，或者虽未超过三个月，但数额较大、进行营利活动的，或者进行非法活动的，处三年以下有期徒刑或者拘役；挪用本单位资金数额巨大的，处三年以上七年以下有期徒刑；数额特别巨大的，处七年以上有期徒刑。

国有公司、企业或者其他国有单位中从事公务的人员和国有公司、企业或者其他国有单位委派到非国有公司、企业以及其他单位从事公务的人员有前款行为的，依照本法第三百八十四条的规定定罪处罚。

有第一款行为，在提起公诉前将挪用的资金退还的，可以从轻或者减轻处罚。其中，犯罪较轻的，可以减轻或者免除处罚。

（二）概念

挪用资金罪，是指公司、企业或者其他单位的工作人员，利用职务上的便利，挪用本单位资金归个人使用或者借贷给他人使用，数额较大、超过3个月未还的，或者虽未超过3个月，但数额较大、进行营利活动的，或者进行非法活动的行为。

（三）构成要件

1.行为主体

行为主体是公司、企业或者其他单位的工作人员，与职务侵占罪的行为主体相同。

【注意】司法解释规定，对于受国家机关、国有公司、企业、事业单位、人民团体委托，管理、经营国有财产的非国家工作人员，利用职务上的便利，挪用国有资金归个人使用构成犯罪的，应当以挪用资金罪定罪处罚。

2.行为对象为单位资金。

【注意】资金不等于现金，出借承兑汇票或其他票据给他人的，也属于挪用资金罪。

3.行为方式

（1）挪用本单位资金归个人使用进行一般活动，数额较大、超过3个月未还。

①一般活动包括消费、娱乐活动等。

②数额较大的起点：10万元，同时需要超过3个月未还。

③其中归个人使用的类型：

第一，将本单位资金供本人、亲友或者其他自然人使用的。

第二，以个人名义将本单位资金提供给其他单位使用的。

第三，个人决定以单位名义将本单位资金提供给其他单位使用，谋取个人利益的。

（2）挪用本单位资金归个人使用，虽未超过3个月，但数额较大、进行营利活动的。

①只要求数额较大，不要求超过3个月即成立犯罪。

②数额较大的起点：10万元。

③营利活动，应是合法的营利活动，是指以单位资金作为资本牟取利润的活动。因此，将单位资金借给他人收取利息的行为，也属于营利活动。

（3）挪用本单位资金归个人使用，虽未超过3个月，但数额较大、进行非法活动的。

①只要求数额较大，不要求超过3个月即成立犯罪。

②数额较大的起点：6万元。

③挪用单位资金进行非法活动。例如，挪用资金用于赌博、走私、行贿、嫖娼等。

4.成立本罪不能有非法占有的目的，如果行为人挪用单位资金后故意不归还（表明具有非法占有的目的），则成立职务侵占罪。

二、挪用特定款物罪

（一）法条

第273条　挪用用于救灾、抢险、防汛、优抚、扶贫、移民、救济款物，情节严重，致使国家和人民群众利益遭受重大损害的，对直接责任人员，处三年以下有期徒刑或者拘役；情节特别严重的，处三年以上七年以下有期徒刑。

（二）概念

挪用特定款物罪，是指将专用于救灾、抢险、防汛、优抚、扶贫、移民、救济款物挪作他用，情节严重，致使国家和人民群众利益遭受重大损害的行为。

（三）构成要件

1.本罪的挪用只限于由有关单位改变专用款物用途，不包括挪作个人使用。如果国家工作人员利用职务便利，挪用特定款物归个人使用，则构成挪用公款罪，并从重处罚。

例如：某地政府将1000万元的救灾资金用于修建办公大楼，该行为成立挪用特定款物罪。如果是国家工作人员甲将这笔钱挪作私人使用，则甲成立挪用公款罪（且从重处罚）。

【注意】挪用失业保险基金与下岗职工基本生活保障资金的，属于挪用救济款物。

2.本罪是单位犯罪，但只处罚直接责任人员。

3.挪用行为情节严重，给国家和人民群众利益造成重大损害的，才成立犯罪。

第六节　毁坏、拒付型犯罪

一、故意毁坏财物罪

（一）法条

第275条　故意毁坏公私财物，数额较大或者有其他严重情节的，处三年以下有期徒刑、拘役或者罚金；数额巨大或者有其他特别严重情节的，处三年以上七年以下有期徒刑。

（二）概念

故意毁坏财物罪，是指故意毁坏公私财物，数额较大或者有其他严重情节的行为。

（三）构成要件

1.行为对象

国家、单位或者他人所有的财物，包括动产与不动产。行为人是否占有该财物，不影响本罪的成立。

2.行为方式

本罪行为方式为"毁坏"

（1）毁坏包括物理上变更、消灭财物的形体，还包括丧失或者减少财物的效用的一切行为。

（2）以下行为属于财物效用的丧失与减少，即属于"毁坏行为"：

例1：甲嫉妒乙劳动发财，半夜将乙的鱼塘闸门打开，使得鱼游入河中。甲的行为虽然没有将鱼杀死，但是对于乙来说财物的效用、价值没有了，属于毁坏行为。

例2：将他人的戒指扔入海中、低价抛售他人股票的行为，属于毁坏行为。

例3：将粪便投入他人餐具，使他人产生心理障碍不再使用该餐具，属于毁坏行为。

例4：将他人财物隐藏，为了报复泄愤将他人的现金扔入水沟，属于毁坏行为。

例5：向他人的美术作品泼洒脏物、涂黑他人的广告牌内容的，属于毁坏财物。

3.本罪由故意构成，即明知自己的行为会造成公私财物的毁坏，并且希望或者放任这种结果的发生。

（四）特殊问题的认定

1.混合行为：将不同性质财物混合到一起，如果财物丧失基本属性，或者不能再分开的，可成立故意毁坏财物罪。例如，将食用油混入到加油站的92、95号汽油中，该行为属于故意毁坏财物的行为。

2.剥夺行为：没有利用意思，但剥夺了他人对财物的占有。

例如：甲对乙使用暴力，欲将其打残。乙慌忙掏出手机准备报警，甲一把夺过手机装进裤袋并将乙打成重伤。甲在离开现场5公里后，把乙价值7000元的手机扔进水沟。甲的后行为构成故意毁坏财物罪。

3.消费物品：具体成立盗窃罪或故意毁坏财物罪。

例1：偷吃人家的粮食、偷放人家的烟花爆竹，这些行为成立盗窃罪。

例2：向他人传真发送大量垃圾广告，导致消耗他人大量纸张和油墨的，成立故意毁坏财物罪。

二、拒不支付劳动报酬罪

（一）法条

第276条之一　以转移财产、逃匿等方法逃避支付劳动者的劳动报酬或者有能力支付而不支付劳动者的劳动报酬，数额较大，经政府有关部门责令支付仍不支付的，处三年以下有期徒刑或者拘役，并处或者单处罚金；造成严重后果的，处三年以上七年以下有期徒刑，并处罚金。

单位犯前款罪的，对单位判处罚金，并对其直接负责的主管人员和其他直接责任人员，依照前款的规定处罚。

有前两款行为，尚未造成严重后果，在提起公诉前支付劳动者的劳动报酬，并依法承担相应赔偿责任的，可以减轻或者免除处罚。

（二）概念

拒不支付劳动报酬罪，是以转移财产、逃匿等方法逃避支付劳动者的劳动报酬或者有能力支付而不支付劳动者的劳动报酬，数额较大，经政府有关部门责令支付仍不支付的行为。

（三）构成要件

1.行为主体

负有向他人支付劳动报酬义务的自然人与单位。

2.行为方式：拒不支付劳动报酬。有下列两种类型：

（1）以转移财产、逃匿等方法逃避支付劳动者的劳动报酬。

（2）有能力支付而不支付劳动者的劳动报酬。

【注意1】即使行为人转移财产或者逃匿，但只要支付了劳动报酬，就不可能构成本罪。

【注意2】行为人确实没有支付能力而逃匿的，不成立本罪。

【注意3】拒不支付包括全部不支付和部分不支付。

【提示】本罪行为的实质是不履行支付劳动报酬的义务，属于真正的不作为犯。

3.劳动报酬包括工资，但不限于工资，劳动者应得的奖金、津贴、补贴也属于劳动报酬。

4.成立本罪除要求数额较大外，还要求经政府有关部门责令支付仍不支付（行政前置）。

【注意1】换言之，即使行为人转移财产、逃匿或者声称拒不支付劳动报酬，但经政府有关部门责令支付后立即支付劳动报酬的，不成立本罪。

【注意2】责令应该使用正式的方式，包括书面及通过会议方式。劳动行政部门个别人的口头或电话责令，不属于这里的责令形式。

5.本罪的责任形式为故意，因失误而漏发劳动报酬的，不成立本罪。但是，在发现漏发后，经政府有关部门责令支付仍不支付的，也可成立本罪。

（四）罪数

行为人不支付劳动报酬，由政府有关部门责令后仍不支付，后来经法院判决支付劳动报酬，行为人仍不执行判决、裁定的，是拒不支付劳动报酬罪与拒不执行判决、裁定罪的想象竞合犯，从一重罪论处。

刑法分论之三   侵害社会法益的犯罪

专题二十一 危害公共安全罪

命题点拨

本专题在考试中的地位较为重要，主要涉及交通安全方面的刑事犯罪，如交通肇事罪、危险驾驶罪、以危险方法危害公共安全罪、妨害安全驾驶罪。其中妨害安全驾驶罪是《刑法修正案（十一）》新增加的罪名，值得重点关注与学习。

第一节 危险方法型犯罪

一、放火罪

（一）法条

第114条 放火、决水、爆炸以及投放毒害性、放射性、传染病病原体等物质或者以其他危险方法危害公共安全，尚未造成严重后果的，处三年以上十年以下有期徒刑。

第115条 放火、决水、爆炸以及投放毒害性、放射性、传染病病原体等物质或者以其他危险方法致人重伤、死亡或者使公私财产遭受重大损失的，处十年以上有期徒刑、无期徒刑或者死刑。

过失犯前款罪的，处三年以上七年以下有期徒刑；情节较轻的，处三年以下有期徒刑或者拘役。

（二）概念

放火罪，是指故意引起火灾，危害公共安全的行为。侵犯的是不特定或者多数人的生命、健康或公共财产安全。

（三）构成要件

1.行为主体：已满14周岁的自然人。

2.行为方式：没有限制，既可以是作为，也可以是不作为。

例如：主人家停电，保姆甲点燃蜡烛继续收拾家务，蜡烛被风吹倒，甲发现后出于其他目的并没有将蜡烛扶起，最后引起火灾。甲成立不作为的放火罪。

3.程度要求：成立本罪要求放火行为足以危害公共安全，且放火罪属于具体危险犯。

（1）自焚行为足以危害公共安全的，也成立放火罪。

（2）燃烧他人财物不足以危害公共安全的，只能构成故意毁坏财物罪。

例如：甲将仇人乙的汽车开到无人的沙漠区，一把火点燃了。由于甲的行为没有危害公共安全，所以只成立故意毁坏财物罪。

（3）燃烧自己财物不足以危害公共安全的，无罪。

例如：乙家周围300里荒无人迹，乙将自己的房子点燃，没有危害公共安全，无罪。

4.责任形式：故意。在结果加重犯的场合，只需要对结果具有过失。

5.关于承诺：被害人承诺对自己的建筑物等放火的，如果放火行为危害公共安全，则该承诺无效，不影响放火行为构成放火罪；如果没有危害公共安全，承诺有效，无罪。

例如：甲承诺让乙烧掉自己的房屋，乙便放火烧甲的房屋，但是导致其他人家的房屋也被烧，乙构成放火罪。

（四）《刑法》第114条和第115条的关系

1.行为人实施放火行为，对伤亡等实害结果的发生有故意心态（且发生结果），直接适用第115条第1款（结果犯）。那么此时第114条便是未遂犯。

例如：甲希望放火烧死多数人，但是没有发生实害结果，对甲适用第114条（未遂犯）。

2.行为人实施放火行为，只是对公共危险的产生有故意，对发生的伤亡结果仅仅是过失，直接适用第115条（结果加重犯），第114条便属于基本犯。

（五）罪数

1.采用放火的方式杀害特定之人，如果危害公共安全的，成立放火罪与故意杀人罪的想象竞合犯，择一重罪处罚。

2.采用放火的方式杀害特定之人，没有危害公共安全的，只成立故意杀人罪。

3.行为人实施其他犯罪行为后为了毁灭罪证而放火，或者为了骗保而放火且已经着手实施骗保的，应数罪并罚。

二、投放危险物质罪

（一）概念

投放危险物质罪，是指故意投放毒害性、放射性、传染病病原体等物质，危害公共安全的行为。

（二）构成要件

1.投放的必须是毒害性、放射性、传染病病原体等危险物质，包括危险气体、液体、固体。

例如：古某因拆迁事宜报复刘某，在刘某办公室内的暗室安装钛射线工业探伤机，使用铱源对刘某的身体进行照射，致使刘某及其他70位工作人员受到放射源的辐射伤害。经鉴定，刘某为重伤，有13人为轻伤。本案的犯罪对象是刘某，但将工业探伤机放置在办公室内，当其开机照射被害人刘某时，不可避免地将照射与被害人刘某相邻办公室的工作人员。事实上，本案也的确造成多人身体受损，因此，古某的行为危害了公共安全，侵犯了不特定多数人的生命健康。所以，古某的行为构成投放危险物质罪。

2.必须有投放行为。

例如：将危险物质投放于供不特定或多数人饮食用的食品或饮料中；将危险物质投放于供人、畜等使用的河流、池塘、水井等中；释放危险物质，如将放射性物质、传染病病原体释放于不特定或者多数人通行、生活的场所等。

3.投放危险物质的行为必须危害公共安全，因此，故意使用危险物质杀害特定个人或特定牲畜，没有危害公共安全的，不构成投放危险物质罪，成立故意杀人罪或故意毁坏财物罪。

4.责任形式为故意，即行为人明知自己投放危险物质的行为会发生危害公共安全的结果，并且希望或者放任这种结果的发生。

三、以危险方法危害公共安全罪

（一）概念

以危险方法危害公共安全罪，是指故意使用放火、决水、爆炸、投放危险物质以外的危险方法危害公共安全的行为。

（二）构成要件

1."以其他危险方法"仅限于与放火、决水、爆炸、投放危险物质相当的方法，而不是泛指任何具有危害公共安全性质的方法。因为刑法将本罪规定在第114条与第115条之中，根据同类解释规则，它必须与前面所列举的行为的危险性相当。

2.如果某种行为符合其他犯罪的犯罪构成，以其他犯罪论处符合罪刑相适应原则，应尽量认定为其他犯罪，不宜认定为本罪。

例1：在高速公路上撒几百米长的钉子或盗窃、破坏机动车道路上的窨井盖，危害公共安全的，成立破坏交通设施罪。

例2：劫持火车、电车的行为，成立破坏交通工具罪。

3.本罪主观上只能由故意构成，如果是过失心态，则有可能成立过失以危险方法危害公共安全罪或者交通肇事罪等其他犯罪。

（三）具体危险犯

本罪和放火罪、爆炸罪一样，属于具体危险犯。只有行为人的行为在客观上对公共安全有危及的可能性，且该行为不属于具体放火、爆炸、决水、投放危险物质等具体犯罪行为时，才能以本罪认定。

例1：杨某为了贪小财而将城市某公路上消防栓的铜芯偷走，半个月后该公路上发生火灾，铜芯被偷走的消防栓无法发挥作用，造成多人死亡、重伤以及重大财产的损失。本案在实施破坏行为时，没有对公共安全产生现实、具体的危险，故行为人不成立以危险方法危害公共安全罪。可以按照盗窃罪与故意毁坏财物罪的想象竞合犯，按照重罪处罚。

例2：黄某因为被女友甩掉而痛不欲生，深夜酒吧买醉至凌晨4点。从酒吧出来路过天桥时随手抄起一块板砖朝人行路上扔去，并大喊："抛弃我这样优秀的男人你会后悔的！"该板砖不偏不倚正好砸在早起赶着上班的路人。同理，本案也不成立以危险方法危害公共安全罪。可成立高空抛物罪与过失致人死亡罪的想象竞合犯，按照重罪处罚。

例3：乙的孩子被绑架，绑匪要巨额赎金，乙濒临崩溃，决定结束自己的生命。于是在出租房内隔断天然气软管，自己躺在卧室床上静静等待死亡到来。刚躺下没多久，乙突然得到儿子打来的电话，说自己从甲处逃了出来，让乙去某地接自己。乙喜出望外，马上出门。跑到楼下突然想起天然气还在泄漏，但是决定不再理睬，接儿子最重要，便急忙跑出小区。天然气长时间泄漏，周围气体浓度不断升高，楼上张某家傍晚准备做饭，触动厨房开关，一下子引发了爆炸，造成整个单元楼部分楼层坍塌，3人死亡、2人重伤。

为求自杀而置公共安全于不顾，明知这种释放天然气自杀的方式对整个单元房的其他无辜群众和重大财产是一种极大的安全隐患，一旦爆炸，势必造成多人死亡、重伤以及重大财产损失。乙仍然对此放任不管，最终导致3死、2重伤以及房屋坍塌的重大损失，根据同类解释原则，这种行为达到了放火、爆炸行为的性质程度，成立以危险方法危害公共安全罪。

（四）司法解释

1.破坏矿井通风设备，危害公共安全。

2.在多人通行的场所私拉电网，危害公共安全。

3.在火灾现场破坏消防器材，危害公共安全。

4.在具有瓦斯爆炸高度危险的情形下，下令多人下井采煤。

5.故意传播突发传染病病原体，危害公共安全。

6.邪教组织人员以自焚、自爆方法危害公共安全。

7.在高速公路上逆向高速行驶。

8.醉酒驾车，肇事后继续驾车冲撞，放任危害后果的发生，造成重大伤亡。

9.乘客实施"抢夺方向盘、变速杆等操纵装置，殴打、拉拽驾驶人员"等具有高度危险性的妨害安全驾驶行为的，按以危险方法危害公共安全罪定罪处罚。

10.驾驶人员在公共交通工具行驶过程中，与乘客发生纷争后违规操作或者擅离职守，与乘客厮打、互殴，危害公共安全，尚未造成严重后果的，依照刑法第一百一十四条的规定，以以危险方法危害公共安全罪定罪处罚；致人重伤、死亡或者使公私财产遭受重大损失的，依照刑法第一百一十五条第一款的规定，以以危险方法危害公共安全罪定罪处罚。

11.故意从高空抛弃物品，尚未造成严重后果，但足以危害公共安全的，依照刑法第一百一十四条规定的以危险方法危害公共安全罪定罪处罚（3年以上10年以下）；致人重伤、死亡或者使公私财产遭受重大损失的，依照刑法第一百一十五条第一款的规定处罚（10年以上，无期、死刑）。为伤害、杀害特定人员实施上述行为的，依照故意伤害罪、故意杀人罪定罪处罚。

12.驾车冲撞、碾轧、拖拽、剐蹭民警，或者挤别、碰撞正在执行职务的警用车辆，危害公共安全或者民警生命、健康安全，符合《刑法》第114条、第115条、第232条、第234条规定的，应当以以危险方法危害公共安全罪、故意杀人罪或者故意伤害罪定罪，酌情从重处罚。

暴力袭警，致使民警重伤、死亡，符合刑法第234条、第232条规定的，应当以故意伤害罪、故意杀人罪定罪，酌情从重处罚。

13.故意传播新型冠状病毒感染肺炎病原体，具有下列情形之一，危害公共安全的，依照《刑法》第114条、第115条第1款的规定，以危险方法危害公共安全罪定罪处罚：

（1）已经确诊的新型冠状病毒感染肺炎病人、病原携带者，拒绝隔离治疗或者隔离期未满擅自脱离隔离治疗，并进入公共场所或者公共交通工具的；

（2）新型冠状病毒感染肺炎疑似病人拒绝隔离治疗或者隔离期未满擅自脱离隔离治疗，并进入公共场所或者公共交通工具，造成新型冠状病毒传播的。

其他拒绝执行卫生防疫机构依照传染病防治法提出的防控措施，引起新型冠状病毒传播或者有传播严重危险的，依照《刑法》第330条的规定，以妨害传染病防治罪定罪处罚。

14. 盗窃、破坏人员密集往来的非机动车道、人行道以及车站、码头、公园、广场、学校、商业中心、厂区、社区、院落等生产生活、人员聚集场所的窨井盖，足以危害公共安全的，成立以危险方法危害公共安全罪。

【注意1】成立以危险方法危害公共安全罪的情形并不是仅仅局限于上述司法解释内容，如果行为的危险程度根据同类解释规则符合放火罪、爆炸罪等危险程度之时，都是可以成立本罪的。

【注意2】关于妨害安全驾驶罪、高空抛物罪在《刑法修正案（十一）》新增之后，如果该行为没有出现危及公共安全的具体危险，则按照妨害安全驾驶罪、高空抛物罪（都是轻罪）本身定罪处罚；如果产生具体危险或者造成重大伤亡结果，则按照妨害安全驾驶罪、高空抛物罪与以危险方法危害公共安全罪（第114条或第115条）的想象竞合犯，成立重罪（以危险方法危害公共安全罪）。

【背诵技巧】醉开逆行高速车，风井瓦井危险多，邪教烧爆拉电网，传病消防车坠河，高空抛物要负责，冠状病毒别传播，路上井盖你别挪。

经典考题：下列哪一行为成立以危险方法危害公共安全罪？（2012年卷二第15题，单选）[1]

A. 甲驾车在公路转弯处高速行驶，撞翻相向行驶车辆，致2人死亡

B. 乙驾驶越野车在道路上横冲直撞，撞翻数辆他人所驾汽车，致2人死亡

C. 丙醉酒后驾车，刚开出10米就撞死2人

D. 丁在繁华路段飙车，2名老妇受到惊吓致心脏病发作死亡

第二节　责任事故型犯罪

一、交通肇事罪

（一）法条

第133条　违反交通运输管理法规，因而发生重大事故，致人重伤、死亡或者使公私财产遭受重大损失的，处三年以下有期徒刑或者拘役；交通运输肇事后逃逸或者有其他特别恶劣情节的，处三年以上七年以下有期徒刑；因逃逸致人死亡的，处七年以上有期徒刑。

---

[1]【答案】B。A项错误，该行为属于违章行为（拐弯处高速行驶）导致的重大交通事故的情形，成立交通肇事罪。B项正确，乙成立以危险方法危害公共安全罪。C项错误，违章行为（酒后驾车）导致的重大交通事故的情形，成立交通肇事罪与危险驾驶罪的想象竞合犯，择一重罪（交通肇事罪）处罚。D项错误，飙车属于在道路上追逐竞驶的行为，按照《刑法》第133条之一的规定，该行为成立危险驾驶罪。综上，B项当选。

（二）概念

交通肇事罪，是指违反交通运输管理法规，因而发生重大交通事故，致人重伤、死亡或者使公私财产遭受重大损失的行为。

（三）构成要件

1.行为主体

本罪不属于身份犯，不限于驾驶交通工具的人，无论是机动车驾驶人，还是非机动车驾驶人，亦或是行人，均可能构成本罪。

例1：甲在偷开机动车辆过程中因过失撞死、撞伤他人或者撞坏车辆的，成立交通肇事罪。

例2：乙将自己的机动车交给醉酒者、无驾驶资格者驾驶，没有防止伤亡结果发生的，驾驶者与车主均成立交通肇事罪。

例3：丁跑步横穿马路时，不注意信号灯指示，也不注意观察路况，导致疾驰而来的汽车强行并线避让丁，并与其他车辆发生碰撞事故，导致1人死亡。本案中，丁虽然是行人，但同样也是交通参与人，其行为危害了交通安全，应成立交通肇事罪。

【注意1】使用自行车、电动车、三轮车、人力车、畜力车、残疾人专用车等非机动车进行交通运输，发生重大事故，致人伤亡的，可以成立交通肇事罪。

【注意2】根据司法解释的规定，单位主管人员、机动车辆所有人或者机动车辆承包人，指使、强令他人违章驾驶造成重大交通事故的，以交通肇事罪论处。

例4：乘客甲在行驶的公交车上暴力殴打司机或抢驾驶操控装置，干扰公交车正常行驶，导致发生交通事故的，同样可能成立交通肇事罪。

2.行为方式

行为人必须有违反交通运输管理法规（主要指公路、水上交通运输中的各种交通规则、操作规程、劳动纪律等）的行为。例如，闯红灯、超载、超速、酒驾、驾驶没有经过年检的车辆、无证驾驶等。

【提示】实施"碰瓷"，驾驶机动车对其他机动车进行追逐、冲撞、拦截或者突然加减速、急刹车等可能影响交通安全的行为，因而发生重大事故，致人重伤、死亡或者使公私财物遭受重大损失，符合《刑法》第133条规定的，以交通肇事罪定罪处罚。

3.结果要求

须发生重大交通事故，致人重伤、死亡或者使公私财产遭受重大损失。单纯违反交通运输管理法规的行为，不成立本罪。

4.因果关系

交通肇事的结果必须由违反规范保护目的的行为所引起。换言之，行为虽然违反交通运输管理法规，也发生了结果，但是结果的发生超出了规范保护目的，就不成立本罪。

例1：交通运输管理法规禁止酒后驾驶的目的是为了防止驾驶者因为饮酒而导致驾驶能力减退或丧失进而造成交通事故。如果酒量极大的甲喝了一瓶啤酒，其驾驶能力根本不受任何影响，在城市封闭的环城路上正常行驶，突遇一精神病人横穿公路，虽及时刹车但仍将其撞死。甲是不成立交通肇事罪的。

例2：禁止驾驶没有经过年检的车辆的目的是为了防止因车辆故障导致交通事故。如果行为人驾驶没有年检的车辆，但是该车并没有故障，而是由于被害人横穿高速公路造成了交通事故，对行为人不能以交通肇事罪论处。

例3：（2019年仿真题）贾某酒后驾车，将水泥地上的井盖轧飞，并砸中行人致其死亡。酒后驾车轧飞井盖这属于低概率事件，异常介入因素独立导致结果发生，和酒驾行为没有关系。同时，法律禁止酒驾的目的是为了防止酒后其驾驶能力降低等造成相应的交通事故，并不是防止轧飞杂物，因为正常驾驶出现轧飞杂物也是可能的，所以本案中不具备刑法意义上的因果关系。

例4：甲于某晚9时驾驶货车在县城主干道超车时，逆行进入对向车道，撞上乙驾驶的小轿车，乙被卡在车内无法动弹，乙车内黄某当场死亡、胡某受重伤。后查明，乙无驾驶资格，事发时略有超速，且未采取有效制动措施。虽然乙存在违章行为（无驾照、略有超速、刹车没踩好等），但是交通肇事罪的成立要求违章行为与实害结果之间存在因果关系，显然乙的违章行为并不是导致实害结果发生的原因（核心直接原因是货车司机的逆行），即不存在直接的、必然的因果关系，所以乙不成立交通肇事罪。

【总结】即使发生相关结果，但是该结果和违章行为没有必然的因果关系，行为人不成立交通肇事罪。

5.领域要求：交通事故必须发生于公共交通领域。

6.主观罪过：本罪的责任形式为过失，即对危害结果持过失心态。

【提示】有人会问，行为人违章难道不是故意吗？诚然，违章是故意心态，但是行政法上的故意违章不等于其具备对刑法重大交通事故的故意，相反，行为人对重大交通事故的结果是过失心态。

（四）交通肇事逃逸（情节加重犯，3到7年）

1.司法解释规定："'交通运输肇事后逃逸'，是指行为人具有本解释第二条第一款规定和第二款第（一）至（五）项规定的情形之一，在发生交通事故后，为逃避法律追究而逃跑的行为。"[1]

该解释中所谓的"具有本解释第二条第一款规定和第二款第（一）至（五）项规定的情形之一"是指行为人已经构成交通肇事罪。因此，逃逸要以之前的行为构成交通肇事罪为前提。

2."逃逸"是指肇事后为了逃避法律责任的追究而逃跑的行为。其没有严格的时间和场所限制。

例如：甲骑摩托车载着乙闯红灯将路人撞死，甲受伤昏迷，乙轻微擦伤，乙马上骑车将昏迷的甲送往医院救治。甲苏醒后知道以上全部事实，但是其什么也没说。即使甲昏迷后被动离开，但是苏醒后有条件报警却不为之，也应当评价为"为了逃避法律责任的追究而逃跑"的逃逸行为。

---

[1] 2000年11月15日《最高人民法院关于审理交通肇事刑事案件具体应用法律若干问题的解释》第3条。

3.关于逃逸的认定标准，还有其他观点（不考观点展示，司法解释优先适用）：将"不救助被害人"作为核心出发点来认定"逃逸"。也即，交通肇事后存在需要救助的被害人，行为人能履行而不履行救助义务的，属于"逃逸"，因不救助导致被害人死亡的属于"逃逸致死"。

4."逃逸"最高法定刑是7年，所以对应的追诉时效为10年。

（五）因逃逸致死（结果加重犯，7到15年）

1.司法解释规定，"因逃逸致人死亡"，是指行为人在交通肇事后为逃避法律追究而逃跑，致使被害人因得不到救助而死亡的情形。①

不难看出，司法解释中"逃逸致死"的认定不以之前的行为构成交通肇事罪为前提。

【解读】为什么司法解释要将"逃逸"和"逃逸致死"的认定前提设置得有所区别呢？主要理由如下：

（1）"逃逸"为情节加重犯，"逃逸致死"则为结果加重犯。

①情节加重犯，其构成要件完全覆盖了基本构成要件，如在公共交通工具上抢劫。除了"在公共交通工具上"这一加重情节外，其他与基本要件一致。

②结果加重犯则不同，其构成要件（犯罪结果）是变更的。"因逃逸致人死亡"中的死亡结果可以看作是加重结果，因此就不能认为逃逸致死以一般的交通肇事罪的构成条件为基础和前提。

例如：非法拘禁致人死亡的，即使行为人的拘禁行为不构成基本犯（符合时间、方式等要求），但只要与死亡结果存在相当的因果关系，即可成立结果加重犯。

（2）实践中行为人逃逸后，被害人被后来车辆二次或者二次以上碰撞最终死亡的，在这种情况下是很难准确断定第一次碰撞构成重伤，也就无法认定第一次逃逸的行为构成交通肇事罪。假设此时二次碰撞人还不是负主要或全部责任的话，那被害人的生命便得不到法律公正的判决。

2.因果关系：要求"逃逸"不救助的行为与"死亡"结果之间存在因果关系。

例1：交通肇事致使被害人当场死亡，但肇事者误以为被害人没有死亡，为逃避法律责任而逃逸。本案被害人并不是因得不到及时救助而死亡，而是被直接撞死的，因此行为人不属于因逃逸致人死亡。

例2：交通肇事致人重伤后误以为被害人已经死亡，为逃避法律责任而逃逸，导致被害人得不到及时救助而死亡。本案被害人开始没有死，行为人为了逃避法律制裁而逃跑，使得被害人得不到及时救助而死亡，属于因逃逸致人死亡。

例3：甲交通肇事后，以为被害人已经死了，为了隐匿罪迹，将被害人抛入江中、埋入土里等，导致被害人溺死或闷死的，应将后行为认定为过失致人死亡罪（没因果关系，不属于逃逸致死），如果前行为构成交通肇事罪，则需要数罪并罚。

3.行为人需要明知发生了交通事故，否则不能认定为逃逸，且主观上要求为了逃避法律责任而逃跑。

---

① 2000年11月15日《最高人民法院关于审理交通肇事刑事案件具体应用法律若干问题的解释》第5条第1款。

例1：甲深夜中根本就不知道自己撞到了人，继续行驶，不属于逃逸。

例2：交通肇事后因害怕被现场群众殴打，逃往公安机关自首，被害人因得不到救助而死亡的，不属于逃逸致死。

4.“逃逸致死”最高法定刑是15年，所以对应的追诉时效为15年。

（六）逃逸的共犯

1.司法解释规定，（事后瞎指使）交通肇事后，单位主管人员、机动车辆所有人、承包人或者乘车人指使肇事人逃逸，致使被害人因得不到救助而死亡的，以交通肇事罪的共犯论处。①

（1）交通肇事罪是过失犯罪，所以本司法解释中以“共犯”论处的说法是受到质疑的。

（2）理论上对上述司法解释的说明与推理也是百花争鸣。理论上有人认为“共犯”的外延要宽于“共同犯罪”，其还包括同时过失犯罪的意思，所以这里的“共犯”指的是指使者和驾驶者均成立交通肇事罪的意思，进而否定过失犯罪成立共同犯罪。这种说法也具有一定的合理性。因为驾驶者成立交通肇事罪是没有争议的，那么指使者的指使行为同样属于违章行为，其与被害人的死亡之间同样具有因果关系，依旧成立交通肇事罪。所以二人同时成立交通肇事罪也就说得通了。

例如：乙（15周岁）在乡村公路驾驶机动车时过失将吴某撞成重伤。乙正要下车救人，坐在车上的甲（乙父）说：“别下车！前面来了许多村民，下车会有麻烦。”乙便驾车逃走，吴某因流血过多而亡。本案按照上述司法解释，父子二人均成立交通肇事罪，但是由于儿子乙年龄不够，所以只追究甲的交通肇事罪的刑事责任。

2.司法解释规定，（事前瞎指挥）单位主管人员、机动车辆所有人或者机动车辆承包人指使、强令他人违章驾驶造成重大交通事故，具有本解释第2条规定情形之一的，以交通肇事罪定罪处罚。②

这是指他人指挥过失发生交通事故，其逻辑是指挥者与驾驶者均成立交通肇事罪。

（七）逃逸致死与不作为故意杀人的区别

1.司法解释规定：“行为人在交通肇事后为逃避法律追究，将被害人带离事故现场后隐藏或者遗弃，致使被害人无法得到救助而死亡或者严重残疾的，应当分别依照刑法第二百三十二条、第二百三十四条第二款的规定，以故意杀人罪或者故意伤害罪定罪处罚。”③

2.对比“逃逸致人死亡”和不作为故意杀人罪，不难发现二者的不同之处：

（1）前者主观上不希望被害人死亡；后者则是放任态度。

---

① 2000年11月15日《最高人民法院关于审理交通肇事刑事案件具体应用法律若干问题的解释》第5条第2款。
② 2000年11月15日《最高人民法院关于审理交通肇事刑事案件具体应用法律若干问题的解释》第7条。
③ 2000年11月15日《最高人民法院关于审理交通肇事刑事案件具体应用法律若干问题的解释》第6条。

（2）前者仅仅是逃逸行为，不会实施其他不利于被害人救助的行为；后者存在隐藏等主动作为的行为。

（3）前者是被害人死亡时得不到及时救助；后者是被害人根本无法得到救助。

（4）上述司法解释规定了"移置性逃逸"以故意杀人罪论处，如果一律认定"因逃逸致人死亡"属于不作为故意杀人的话，则直接导致"移置性逃逸"的规定形同虚设。

（八）司法解释重点内容

《最高人民法院关于审理交通肇事刑事案件具体应用法律若干问题的解释》

第2条　交通肇事具有下列情形之一的，处三年以下有期徒刑或者拘役：

（一）死亡一人或者重伤三人以上，负事故全部或者主要责任的；

（二）死亡三人以上，负事故同等责任的；

（三）造成公共财产或者他人财产直接损失，负事故全部或者主要责任，无能力赔偿数额在三十万元以上的。

交通肇事致一人以上重伤，负事故全部或者主要责任，并具有下列情形之一的，以交通肇事罪定罪处罚：

（一）酒后、吸食毒品后驾驶机动车辆的；

（二）无驾驶资格驾驶机动车辆的；

（三）明知是安全装置不全或者安全机件失灵的机动车辆而驾驶的；

（四）明知是无牌证或者已报废的机动车辆而驾驶的；

（五）严重超载驾驶的；

（六）为逃避法律追究逃离事故现场的。

第3条　"交通运输肇事后逃逸"，是指行为人具有本解释第二条第一款规定和第二款第（一）至（五）项规定的情形之一，在发生交通事故后，为逃避法律追究而逃跑的行为。

第4条　交通肇事具有下列情形之一的，属于"有其他特别恶劣情节"，处三年以上七年以下有期徒刑：

（一）死亡二人以上或者重伤五人以上，负事故全部或者主要责任的；

（二）死亡六人以上，负事故同等责任的；

（三）造成公共财产或者他人财产直接损失，负事故全部或者主要责任，无能力赔偿数额在六十万元以上的。

第5条　"因逃逸致人死亡"，是指行为人在交通肇事后为逃避法律追究而逃跑，致使被害人因得不到救助而死亡的情形。

交通肇事后，单位主管人员、机动车辆所有人、承包人或者乘车人指使肇事人逃逸，致使被害人因得不到救助而死亡的，以交通肇事罪的共犯论处。

第6条　行为人在交通肇事后为逃避法律追究，将被害人带离事故现场后隐藏或者遗弃，致使被害人无法得到救助而死亡或者严重残疾的，应当分别依照刑法第二百三十二条、第二百三十四条第二款的规定，以故意杀人罪或者故意伤害罪定罪处罚。

第7条　单位主管人员、机动车辆所有人或者机动车辆承包人指使、强令他人违章驾驶造成重大交通事故，具有本解释第二条规定情形之一的，以交通肇事罪定罪处罚。

【总结】

	结　果	责　任	违章内容
一般交肇	1死或3重伤	全部、主要责任	一般违章：闯红灯、超载、超速、酒驾等。
	3死	同等责任	
	无力赔30万元	全部、主要责任	
特殊交肇	1重伤	全部、主要责任	1.酒驾、毒驾。 2.无驾照。 3.安全装置故障。 4.无牌照、报废。 5.严重超载。 6.逃逸。
提示			交通肇事致1人以上重伤，负事故全部或者主要责任，为逃避法律追究逃离事故现场的，成立交通肇事罪基本犯，不再适用"逃逸"的加重法定刑。理由：逃逸行为作为成立犯罪的标准，不再属于适用加重刑罚的标准，否则会造成重复评价。
背诵技巧			毒酒无两照，报废出故障，逃逸与多装。

经典考题：关于交通肇事罪与其他犯罪关系的论述，下列哪些选项是正确的？（2008年卷二第58题，多选，四川）①

A.甲酒后驾车撞死一行人，下车观察时，发现死者是其情敌刘某，甲早已预谋将刘某杀死。甲的行为应为故意杀人罪，而不能定为交通肇事罪

B.乙明知车辆的安全装置不全，仍然指使其雇员王某驾驶该车辆运输货物；王某明知车辆有缺陷，仍超速行驶，造成交通事故，导致1人死亡。乙与王某均构成交通肇事罪

C.丙在施工场地卸货倒车时，不慎将一装卸工人轧死。丙的行为构成重大责任事故罪，而不是交通肇事罪

D.丁在一高速公路上驾车行驶时，因疲劳过度将车驶出高速公路，将行人常某撞死。对丁的行为应认定为交通肇事罪，而不是过失致人死亡罪

二、危险驾驶罪

（一）法条

第133条之一　在道路上驾驶机动车，有下列情形之一的，处拘役，并处罚金：

（一）追逐竞驶，情节恶劣的；

（二）醉酒驾驶机动车的；

---

① 【答案】BCD。A项错误，甲属于酒后驾车撞死行人，对被害人没有故意杀人的主观心态，不可能成立故意杀人罪，应认定为交通肇事罪。B项正确，按照相关司法解释的规定，单位主管人员、机动车辆所有人或者机动车承包人指使、强令他人违章驾驶造成重大交通事故的，二者均成立交通肇事罪，本案情形符合司法解释规定，乙和王某均成立交通肇事罪。C项正确，交通肇事罪需发生在公共交通领域，施工场地显然不属于公共交通领域的范畴。D项正确，交通肇事罪与过失致人死亡罪属于法条竞合，原则上特殊法优先于一般法，定交通肇事罪。综上，BCD项当选。

（三）从事校车业务或者旅客运输，严重超过额定乘员载客，或者严重超过规定时速行驶的；

（四）违反危险化学品安全管理规定运输危险化学品，危及公共安全的。

机动车所有人、管理人对前款第三项、第四项行为负有直接责任的，依照前款的规定处罚。

有前两款行为，同时构成其他犯罪的，依照处罚较重的规定定罪处罚。

（二）概念

危险驾驶罪，是指在道路上驾驶机动车追逐竞驶，情节恶劣，或者在道路上醉酒驾驶机动车，或是从事校车业务或者旅客运输严重超载、超速，或是违反危险化学品安全管理规定运输危险化学品，危及公共安全的行为。

（三）构成要件

1.飙车型（抽象危险犯）

驾驶机动车在道路上追逐竞驶且情节恶劣的行为。

（1）不要求行为人须出于赌博竞技或满足精神刺激等目的。

（2）追逐竞驶既可能是二人以上基于意思联络而实施，也可能是单个人实施。

例如：行为人驾驶机动车针对救护车、消防车等车辆实施追逐竞驶行为的，也可能成立本罪。

（3）追逐竞驶以具有抽象危险性的高速、超速驾驶为前提，缓慢驾驶的行为不可能成立本罪。

（4）成立本罪要求情节恶劣。对此，应以道路上车辆与行人的多少、驾驶的路段与时间、驾驶的速度与方式、驾驶的次数等进行综合判断。

例如：甲在没有其他车辆与行人的荒野道路上追逐竞驶的行为，不应认定为情节恶劣，不成立本罪。

（5）本罪行为不要求发生在公共道路（公路）上，只需要发生在道路上即可。在校园内、地下停车场等均可成立本罪。

2.醉驾型（抽象危险犯）

在道路上醉酒驾驶机动车的行为。

（1）每100毫升血液中酒精含量≥80毫克，属于醉酒驾驶。如果没有达到醉酒状态，不成立本罪。

（2）没有抽象危险的行为，不可能成立本罪。

例如：在没有车辆与行人的荒野道路上醉酒驾驶机动车的，因为不具有抽象的危险，不应以本罪论处。

（3）教唆他人醉酒驾驶的，成立教唆犯。

例如：朋友聚会上，甲开心而喝得大醉，朋友乙明知甲醉酒仍要求甲开车送自己回家。甲成立危险驾驶罪，乙属于本罪的教唆犯。

（4）醉酒驾驶属于故意犯罪，行为人必须认识到自己是在醉酒状态下驾驶机动车（只要有大体的认识即可）。

例1：在驾驶汽车前吃了大量荔枝，被交警以呼气式酒精检测仪测试到酒精含量达到醉酒程度，行为人没有故意，不成立危险驾驶罪。

例2：（何谓大体认识？）甲饮酒后驾驶，自认为没醉，结果被交警检测达到醉驾标准，这就属于具有醉驾的故意，即只要有认识到自己喝酒的事实，醉驾标准的事实就交给"天意"。认识到自己只是酒后驾车，那么就不接受醉酒驾驶的辩解。

3.超载、超速型（抽象危险犯）

从事校车业务或者旅客运输，严重超过额定成员载客，或者严重超过规定时速行驶的行为。

（1）仅包括校车和营运客车，包括公路营运客车及中小学生和幼儿园儿童接送车辆，不包括城市公共汽车、货运客车。

【注意】这里的校车、客车是否取得国家规定的许可并不重要，也即违章从事接送学生业务的校车或者违章客车也包含在内。

（2）行为仅仅包括超载、超速。

（3）其中的超载、超速要达到"严重"程度。[①]

4.运输危险物品型（具体危险犯）

（1）违反危险化学品安全管理规定运输危险化学品且危及公共安全的行为。

例如：缺乏对机动车驾驶人员进行切实的安全教育、法制教育和岗位技术培训，没有剧毒化学品道路运输通行证，违反以上这些危险化学品安全管理规定而运输危险化学品且危及公共安全（如随时可能发生爆炸、有毒气体泄露等危险）的，成立本罪。

（2）仅有违反规定还不够，还要危及公共安全。

（3）运输危险物品发生重大事故，可成立本罪与危险物品肇事罪的想象竞合犯。

【背诵技巧】飚速醉酒开校车，超载超速旅客多，化学运输莫得瑟，主管三四要负责，毒驾无事笑呵呵。

（四）第133条之一第2款的理解

司机严重超载、超速或违规运输危险化学物品危及公共安全（仅包括这两项，不包括飙车和醉驾类型）成立危险驾驶罪的，如果该机动车所有人、管理人对此负有直接责任，也按照危险驾驶罪认定。

[①]《严重超员、严重超速危险驾驶刑事案件立案标准（试行）》第1条规定，在道路上驾驶机动车从事校车业务或者公路客运、旅游客运、包车客运，有下列严重超过额定乘员载客情形之一的，可以立案侦查：（1）驾驶大型载客汽车，载客超过额定乘员50%以上或者超过额定乘员15人以上的；（2）驾驶中型载客汽车，载客超过额定乘员80%以上或者超过额定乘员10人以上的；（3）驾驶小型、微型载客汽车，载客超过额定乘员100%以上或者超过额定乘员7人以上的。第2条规定，在道路上驾驶机动车从事校车业务或者公路客运、旅游客运、包车客运，有下列严重超过规定时速行驶情形之一的，可以立案侦查：（1）在高速公路、城市快速路上行驶，超过规定时速50%以上，且行驶时速达到90公里以上的；（2）在高速公路、城市快速路以外的道路上行驶，超过规定时速100%以上，且行驶时速达到60公里以上的；（3）通过铁路道口、急弯路、窄路、窄桥或者在冰雪、泥泞的道路上行驶，或者掉头、转弯、下陡坡，以及遇雾、雨、雪、沙尘、冰雹等低能见度气象条件时，超过规定时速50%以上，且行驶时速达到30公里以上的；（4）通过傍山险路、连续下坡、连续急弯等事故易发路段，超过规定时速50%以上，且行驶时速达到30公里以上的。

例如：甲为旅客运输公司的管理者，为了在每次客运服务中多赚得利益，强令指示其驾驶员多安排乘客乘车，否则就扣留驾驶员的工资，驾驶员不得已听从了甲的要求。

（五）罪数

1.实施危险驾驶行为，过失造成他人伤亡或者重大财产损失结果，构成交通肇事罪的，应以交通肇事罪论处。

例1：甲醉驾的同时，因醉驾而过失撞死行人。一个醉驾行为既触犯本罪，又触犯交通肇事罪，应以交通肇事罪论处。

例2：甲、乙在道路上飙车，结果因为车速过快发生重大交通事故，同样按照想象竞合犯，以交通肇事罪论处。

2.实施危险驾驶行为，之后的行为又构成交通肇事罪的，成立本罪与交通肇事罪，数罪并罚。

例如：从事旅客运输的甲严重超载行驶了50公里，为了赶时间又闯红灯，不慎撞死行人。甲的第一个行为（严重超载行为）构成危险驾驶罪。第二个行为（严重超载并闯红灯撞死人），既触犯危险驾驶罪又触犯交通肇事罪，择一重论处，定交通肇事罪，然后与第一个行为的危险驾驶罪并罚。

3.危险驾驶行为具有与放火、爆炸等相当的具体的公共危险，行为人对该具体的公共危险具有故意，没有造成严重后果的，应当认定为以危险方法危害公共安全罪。

例如：在高速公路上逆向追逐竞驶或者醉酒高速驾驶，但没有造成严重后果的，应当适用《刑法》第114条，认定为以危险方法危害公共安全罪。

4.实施危险驾驶行为，以暴力、威胁方法阻碍公安机关依法检查，又构成妨害公务罪（或袭警罪）的，数罪并罚。

三、妨害安全驾驶罪

（一）法条

第133条之二　对行驶中的公共交通工具的驾驶人员使用暴力或者抢控驾驶操纵装置，干扰公共交通工具正常行驶，危及公共安全的，处一年以下有期徒刑、拘役或者管制，并处或者单处罚金。

前款规定的驾驶人员在行驶的公共交通工具上擅离职守，与他人互殴或者殴打他人，危及公共安全的，依照前款的规定处罚。

有前两款行为，同时构成其他犯罪的，依照处罚较重的规定定罪处罚。

（二）概念

妨害安全驾驶罪，是指对行驶中的公共交通工具的驾驶人员使用暴力或者抢控驾驶操纵装置，干扰公共交通工具正常行驶，或者驾驶人员在行驶中的公共交通工具上擅离职守，与他人互殴或者殴打他人，危及公共安全的行为。

（三）构成要件

1.行为主体

（1）乘客、售票员、安全员等。

①时间要求：公共交通工具处于行驶中。

②行为方式：对司机使用暴力或抢控驾驶操纵装置等，不包括语言辱骂，如果辱骂行为严重可成立侮辱罪、寻衅滋事罪等。

（2）司机（驾驶者）。

行为方式：在行驶的公共交通工具上擅离职守，与他人互殴或者殴打他人。

【注意】其他条件与上述主体中的相同。司机面对乘客对其使用暴力或者抢控驾驶操纵装置行为，为了防止车辆发生倾覆和避免乘车人生命健康受损，采取一定有效措施，但造成公共交通工具或公共设施等损毁的，可成立紧急避险。

2.发生的空间：包括公共汽车、公路客运车、大中型出租车等车辆。

（四）罪数

1.同时符合其他犯罪（如交通肇事罪），属于想象竞合犯，择一重罪处罚。

例如：夜间公交末班车司机被乘客辱骂后擅自脱离驾驶位置，结果车辆失控撞死1行人，其行为符合本罪和交通肇事罪的犯罪构成，应该按照重罪（交通肇事罪）定罪处罚。

2.本罪与《刑法》第114条、第115条的关系。

（1）本罪是抽象危险犯，第114条（以危险方法危害公共安全罪）是具体危险犯。但是两者之间明显存在位阶关系，即本罪对公共安全法益的侵犯程度较低，第114条则较高。

例如：末班公交车上两三个人和早高峰公交车的一车人，人数明显存在差异，所以定罪上也存在不同。

（2）第115条（以危险方法危害公共安全罪）属于结果犯（致人重伤、死亡或者使公私财产遭受重大损失的），法定刑明显要重得多，甚至存在死刑。

3.法条依据。

《刑法》第114条规定："放火、决水、爆炸以及投放毒害性、放射性、传染病病原体等物质或者以其他方法危害公共安全，尚未造成严重后果的，处三年以上十年以下有期徒刑。"

《刑法》第115条第1款规定："放火、决水、爆炸以及投放毒害性、放射性、传染病病原体等物质或者以其他危险方法致人重伤、死亡或者使公私财产遭受重大损失的，处十年以上有期徒刑、无期徒刑或者死刑。"

【总结】在认定罪与罪之间的关系时，一定要通过文字的表述进行细节上的对比把握。

4.如果行为人对驾驶人员使用危害程度较高的暴力，迫使其按照指令驾驶的，成立本罪和劫持汽车罪的想象竞合犯。

四、危险作业罪

（一）法条

第134条之一　在生产、作业中违反有关安全管理的规定，有下列情形之一，具有发生重大伤亡事故或者其他严重后果的现实危险的，处一年以下有期徒刑、拘役或者管制：

（一）关闭、破坏直接关系生产安全的监控、报警、防护、救生设备、设施，或者篡改、隐瞒、销毁其相关数据、信息的；

（二）因存在重大事故隐患被依法责令停产停业、停止施工、停止使用有关设备、设施、场所或者立即采取排除危险的整改措施，而拒不执行的；

（三）涉及安全生产的事项未经依法批准或者许可，擅自从事矿山开采、金属冶炼、建筑施工，以及危险物品生产、经营、储存等高度危险的生产作业活动的。

（二）概念与立法背景

危险作业罪，是指在生产、作业中违反有关安全管理的规定，实施具有发生重大伤亡事故或者其他严重后果的现实危险的特定行为。

本罪属于具体危险犯。《刑法修正案（十一）》新增本罪，主要是因为近年来一些重大事故，使人们认识到等到发生事故后再治理为时已晚。因此本罪对一些虽尚未发生严重后果，但是具有导致重大事故发生现实危险的重大隐患行为予以提前介入，积极地预防惩治犯罪。

（三）构成要件

1.行为主体

本罪主体没有特殊要求，包括有组织、指挥或者管理职责的负责人、管理人员、实际控制人、投资人等。

2.行为类型

（1）逃避监管型：关闭、破坏直接关系生产安全的监控、报警、防护、救生设备、设施，或者篡改、隐瞒、销毁其相关数据、信息的。

（2）拒不整改型：因存在重大事故隐患被依法责令停产停业、停止施工、停止使用有关设备、设施、场所或者立即采取排除危险的整改措施而拒不执行的。

（3）无证许可型：涉及安全生产的事项未经依法批准或者许可，擅自从事矿山开采、金属冶炼、建筑施工，以及危险物品生产、经营、储存等高度危险的生产作业活动的。

（四）罪数

行为人在生产、作业中违反有关安全管理的规定，有《刑法》第134条之一规定的情形之一，具有发生重大伤亡事故或者其他严重后果的现实危险的，即可成立本罪。如果同时发生重大事故，可成立与其他犯罪（重大责任事故罪）的想象竞合犯。

五、不报、谎报安全事故罪

（一）法条

第139条之一　在安全事故发生后，负有报告职责的人员不报或者谎报事故情况，贻误事故抢救，情节严重的，处三年以下有期徒刑或者拘役；情节特别严重的，处三年以上七年以下有期徒刑。

（二）概念

不报、谎报安全事故罪，是指在安全事故发生后，负有报告职责的人员不报或者谎报事故情况，贻误事故抢救，情节严重的行为。

（三）构成要件

1.行为主体

负有报告职责的人员，是指负有组织、指挥或者管理职责的负责人、管理人员、实际控制人、投资人，以及其他负有报告职责的人。

生产经营单位的普通员工、过路人、旁观者等不属于负有报告职责的人员。但是可以成为本罪的共犯。

2.行为方式

不报告或者谎报。其中不报告属于不作为。

3.结构模式

安全事故发生 → 不报告或谎报 → 造成贻误事故抢救的后果 → 情节严重

【注意1】即使及时报告，严重后果仍不可避免地发生，则行为人不报或谎报，不构成本罪。

【注意2】如果严重后果已经造成，不存在扩大的可能，没有抢救的必要，只是单纯隐瞒，不构成本罪。例如，安全事故直接砸死工人10名，此时不报告或谎报也不会贻误抢救，所以不会成立本罪。

第三节　破坏型犯罪

一、破坏交通工具罪

（一）法条

第116条　破坏火车、汽车、电车、船只、航空器，足以使火车、汽车、电车、船只、航空器发生倾覆、毁坏危险，尚未造成严重后果的，处三年以上十年以下有期徒刑。

第119条　破坏交通工具、交通设施、电力设备、燃气设备、易燃易爆设备，造成严重后果的，处十年以上有期徒刑、无期徒刑或者死刑。

过失犯前款罪的，处三年以上七年以下有期徒刑；情节较轻的，处三年以下有期徒刑或者拘役。

（二）概念

破坏交通工具罪，是指故意破坏火车、汽车、电车、船只、航空器，足以使其发生倾覆、毁坏危险的行为。

（三）构成要件

1.行为对象

关涉不特定或者多数人的生命、健康安全的火车、汽车、电车、船只、航空器。

（1）"汽车"应作扩大解释，即包括大型拖拉机，因为破坏大型拖拉机也会发生危害公共安全的结果。

（2）电瓶机动车、缆车应该包含于"电车"之中。

例如：（2017年真题）乙故意破坏旅游景点的缆车的关键设备，致数名游客从空中摔下。乙构成破坏交通工具罪。

（3）破坏自行车、人力三轮车、马车等非机动交通工具的，由于不足以危害公共安全，不构成本罪。

（4）只有当火车、汽车等交通工具关涉公共安全时，才能成为本罪对象。公共安全的判断需满足以下条件：

①交通工具正在行驶（飞行）中。

②交通工具处于已交付可随时使用的状态。

例如：公交车交付修理厂维修，修理工甲和公交公司有个人私怨，便在维修过程中故意破坏刹车装置，但其他功能都修好了，然后交付公交公司使用。甲的行为构成破坏交通工具罪，因为车辆具有随时使用的可能性。

③使用范围涉及公共领域，但不限于公共道路交通领域。例如，破坏大学园里的公交车，也构成本罪。

（5）劫持火车、电车的行为，成立破坏交通工具罪。

2.实施了破坏行为，通常是指对上述交通工具的整体或者重要部件的破坏，即破坏行为要足以使交通工具发生倾覆、毁坏的危险。不影响交通运输安全的行为不包括在内。

例如：甲将公交车的玻璃砸碎，这种行为不足以造成车辆倾覆的危险，不成立本罪。

【注意】如果破坏行为过大，根本不可能再使用该交通工具的话，不成立本罪。例如，甲直接将公交车砸成了废铁，该车根本无法使用，也就不会发生倾覆、毁坏的危险，不成立本罪，成立故意毁坏财物罪。

3.责任形式为故意，即明知自己破坏火车、汽车、电车、船只、航空器的行为会发生使其倾覆、毁坏进而危及他人生命、健康的结果，并且希望或者放任这种结果的发生。

【注意1】行为人本想破坏汽车，但实际上破坏了电车的，同一构成要件内的认识错误，不影响本罪的成立。

【注意2】犯罪动机不影响本罪的成立。出于贪利动机窃取交通工具的关键部件，足以发生使其倾覆或毁坏危险的，也成立破坏交通工具罪。

（四）第116条和第119条的关系

前者是基本犯，后者是加重犯罪。需要注意的是，加重犯的成立不是破坏行为造成的任何严重结果，而应该是破坏行为足以使交通工具发生倾覆、毁坏危险的现实化。破坏交通设施罪也是同样的逻辑。

例如：（2016年真题）陈某欲制造火车出轨事故，破坏轨道时将螺栓砸飞，击中在附近玩耍的幼童，致其死亡。小孩的死亡便属于行为人过失导致的结果问题，并不是破坏交通设施罪的结果加重犯。因此，行为人的一个行为同时触犯了破坏交通设施罪基本犯和过失致人死亡罪，成立想象竞合犯。

二、破坏交通设施罪

（一）法条

第117条　破坏轨道、桥梁、隧道、公路、机场、航道、灯塔、标志或者进行其他破坏活动，足以使火车、汽车、电车、船只、航空器发生倾覆、毁坏危险，尚未造成严重后果的，处三年以上十年以下有期徒刑。

第119条　破坏交通工具、交通设施、电力设备、燃气设备、易燃易爆设备，造成严重后果的，处十年以上有期徒刑、无期徒刑或者死刑。

过失犯前款罪的，处三年以上七年以下有期徒刑；情节较轻的，处三年以下有期徒刑或者拘役。

（二）概念

破坏交通设施罪，是指故意破坏轨道、桥梁、隧道、公路、机场、航道、灯塔、标志或者进行其他破坏活动，足以使火车、汽车、电车、船只、航空器发生倾覆、毁坏危险的行为。

【注意1】交通设施和交通工具是不一样的。可以这么简单理解，前者是"路"，后者是"车"，路能载车。例如，在高速公路上撒大量的钉子、石油、渣土的行为都属于对交通设施即对"路"的破坏，这种行为足以使路上的"车"发生倾覆、毁坏危险，所以该行为成立破坏交通设施罪。

【注意2】根据司法解释的规定，盗窃、破坏正在使用中的社会机动车通行道路上的窨井盖，足以使汽车、电车发生倾覆、毁坏危险的，成立破坏交通设施罪。

（三）构成要件

1.行为对象

关涉公共安全的交通设施。凡是可供汽车、电车通行的道路、桥梁、隧道均应认定为本罪中的公路、桥梁与隧道。

【提示】盗窃高速公路附属设施的行为，需要具体分析。

例1：甲盗窃高速公路中央栅栏，如果中间没有其他隔离物的，应认定为破坏交通设施罪；如果除中央栅栏外，还有花草等隔离物的，则宜认定为盗窃罪。

例2：乙盗窃高速公路旁边的栅栏，如果栅栏外是没有车辆、多人通行的庄稼地、山地等的，应认定为盗窃罪；如果栅栏外是车辆、多人通行的辅路，则应认定为破坏交通设施罪。

2.行为程度

破坏行为足以使火车、汽车、电车、船只、航空器发生倾覆、毁坏危险，包括使交通设施本身遭受毁损和使交通设施丧失应有性能的行为。例如，拆卸铁轨、拔掉轨道枕木、毁损交通标志、熄灭灯塔上的灯光、在公路或机场上挖坑掘穴等。

3.责任形式为故意。犯罪动机不影响本罪的成立。出于贪利动机窃取交通设施或其关键部件，足以使交通工具发生倾覆或毁坏危险的，也成立本罪。

经典考题：甲在高速公路休息站开店经营汽车补胎业务，故意在靠近经营点附近的高速公路上撒钉子，长达数百米。造成很多汽车爆胎，足以导致车辆倾覆的危险，很多车主经常抱怨。司机问甲为什么会有这么多钉子在路上，甲闭口不谈，只是按照市场价格补胎收费。甲的行为构成何罪？（2018年仿真题）[①]

A.故意毁坏财物罪　　　　　　　B.破坏交通工具罪

C.破坏交通设施罪　　　　　　　D.诈骗罪

[①]【答案】C。首先，排除诈骗罪的成立，诈骗罪的逻辑结构在于通过欺骗行为取得他人财物，造成他人损失。本案中是通过扎破他人车胎的行为让他人付出修车费，该行为不具有欺骗性质。其次，在破坏交通工具罪和破坏交通设施罪两者中，后者更具有针对性，在长达几百米的高速公路上撒钉子的行为不是针对交通工具本身的破坏行为，应属于对交通设施即公路本身的破坏，这种行为无异于你将高速路中间弄了一个又长又深又宽的大坑，果真如此的话，对高速行驶的汽车足以产生倾覆、毁坏的危险。高速路上撒钉子使汽车爆胎的情况也是极端危险，经验告诉我们爆胎是极可能让高速行驶的车辆产生倾覆、毁坏危险的，根据同类解释规则，成立破坏交通设施罪更合适。即使有人认为同时也满足故意毁坏财物罪的犯罪构成，但是按照想象竞合犯处理，也是成立破坏交通设施罪这个更重的罪名。综上，C项当选。

第四节　恐怖型犯罪

一、组织、领导、参加恐怖组织罪

（一）法条

第120条　组织、领导恐怖活动组织的，处十年以上有期徒刑或者无期徒刑，并处没收财产；积极参加的，处三年以上十年以下有期徒刑，并处罚金；其他参加的，处三年以下有期徒刑、拘役、管制或者剥夺政治权利，可以并处罚金。

犯前款罪并实施杀人、爆炸、绑架等犯罪的，依照数罪并罚的规定处罚。

（二）概念

组织、领导、参加恐怖组织罪，是指组织、领导或者参加恐怖活动组织的行为。

（三）构成要件

1.行为方式

行为人实施组织、领导、参加的行为之一的，便成立本罪。事实上是否开始实施恐怖活动，不影响本罪的成立。本罪为选择性罪名，所以实施以上两个行为或全部行为，也不需要并罚。

2.本罪只能由故意构成，即明知恐怖活动危害公共安全。

（四）罪数

犯本罪并实施杀人、爆炸、绑架等犯罪的，实行数罪并罚。

二、帮助恐怖活动罪

（一）法条

第120条之一　资助恐怖活动组织、实施恐怖活动的个人的，或者资助恐怖活动培训的，处五年以下有期徒刑、拘役、管制或者剥夺政治权利，并处罚金；情节严重的，处五年以上有期徒刑，并处罚金或者没收财产。

为恐怖活动组织、实施恐怖活动或者恐怖活动培训招募、运送人员的，依照前款的规定处罚。

单位犯前两款罪的，对单位判处罚金，并对其直接负责的主管人员和其他直接责任人员，依照第一款的规定处罚。

（二）概念

帮助恐怖活动罪，是指故意资助恐怖活动组织、实施恐怖活动的个人，恐怖活动培训以及为恐怖活动组织、实施恐怖活动或者恐怖活动培训招募、运送人员的行为。

本罪侵犯的法益为不特定或多数人的生命、健康、重大公私财产安全以及安宁的公众生活秩序。

（三）构成要件

1.行为方式

（1）"帮助"的含义（有钱的出钱，有力的出力）：

①以现金、物质、技术、活动场地等经济形式对恐怖活动组织、实施恐怖活动的个人或者恐怖活动培训进行支持和帮助。

②以提供人力帮助为恐怖活动组织、实施恐怖活动的个人或者恐怖活动培训招募、运送人员。

（2）帮助的具体方式没有限制，资助时间也没有限制。但应限于物质性便利或者人力帮助，不包括单纯的精神鼓励。

（3）第120条之一条第2款实质上是将属于组织、领导、参加恐怖组织罪的帮助犯正犯化。故本罪的成立不以恐怖活动组织或者人员实施具体的恐怖活动犯罪为前提。

①只要行为人提供的资助被恐怖活动组织或者人员接收，就成立本罪的既遂。

②只要恐怖组织或者人员接收了行为人所招募、运送的人员，招募、运送的行为就成立本罪的既遂犯；如果没有被接收，则属于未遂犯。基于同样的理由，教唆或者帮助他人实施本罪的资助行为或者招募、运送人员的，成立本罪的教唆犯与帮助犯。

2.本罪只能由故意构成，过失不成立本罪。

三、准备实施恐怖活动罪

（一）法条

第120条之二　有下列情形之一的，处五年以下有期徒刑、拘役、管制或者剥夺政治权利，并处罚金；情节严重的，处五年以上有期徒刑，并处罚金或者没收财产：

（一）为实施恐怖活动准备凶器、危险物品或者其他工具的；

（二）组织恐怖活动培训或者积极参加恐怖活动培训的；

（三）为实施恐怖活动与境外恐怖活动组织或者人员联络的；

（四）为实施恐怖活动进行策划或者其他准备的。

有前款行为，同时构成其他犯罪的，依照处罚较重的规定定罪处罚。

（二）概念

准备实施恐怖活动罪，是指为实施恐怖活动准备犯罪工具、进行联络行为、组织或积极参加恐怖活动培训等准备行为。

本罪侵犯的法益为不特定或多数人的生命、健康、重大公私财产安全以及安宁的公众生活秩序。

（三）构成要件

1.行为方式（工具、培训、联络、策划）

（1）"为实施恐怖活动准备凶器、危险物品或者其他工具"，即行为人为实施恐怖活动进行的事前准备。例如，制造、购买刀具、枪械、爆炸物等作案工具。

（2）"组织恐怖活动培训或者积极参加恐怖活动培训"，此类犯罪是恐怖组织的思想教化。例如，通过对部分少数民族信教群众通过恐怖培训，让他们在思想上接受恐怖主义信仰，并传授实施恐怖活动所需要的方法和技能。

（3）"为实施恐怖活动与境外恐怖活动组织或者人员联络"，即为实施恐怖活动与境外恐怖主义联系的行为。例如，行为人通过境外网站与境外恐怖活动组织或者人员联络，从而更好地宣传宗教极端思想、鼓吹"圣战"、渲染恐怖血腥场景、贩卖枪支等。

（4）"为实施恐怖活动进行策划或者其他准备"，是指就实施恐怖活动的时间、地点、目标、方法等进行筹划、计划。

【注意】本罪为恐怖组织犯罪的预备型犯罪即预备行为正犯化，还没有达到其他犯罪的实行阶段，如果构成本罪，同时又有其他犯罪（如爆炸罪等罪）的实行行为，则属于想象竞合犯，择一重罪处罚。

2.本罪只能由故意构成，过失不成立本罪。

经典考题：乙成立恐怖组织并开展培训活动，甲为其提供资助。受培训的丙、丁为实施恐怖活动准备凶器。因案件被及时侦破，乙、丙、丁未能实施恐怖活动。关于本案，下列哪些选项是正确的？（2016年卷二第56题，多选）①

A.甲构成帮助恐怖活动罪，不再适用《刑法》总则关于从犯的规定

B.乙构成组织、领导恐怖组织罪

C.丙、丁构成准备实施恐怖活动罪

D.对丙、丁定罪量刑时，不再适用《刑法》总则关于预备犯的规定

第五节　枪支型犯罪

一、非法制造、买卖、运输、邮寄、储存枪支、弹药、爆炸物罪

（一）法条

第125条第1款　非法制造、买卖、运输、邮寄、储存枪支、弹药、爆炸物的，处三年以上十年以下有期徒刑；情节严重的，处十年以上有期徒刑、无期徒刑或者死刑。

第3款　单位犯前两款罪的，对单位判处罚金，并对其直接负责的主管人员和其他直接责任人员，依照第一款的规定处罚。

（二）概念

非法制造、买卖、运输、邮寄、储存枪支、弹药、爆炸物罪，是指行为人违反国家有关枪支、弹药、爆炸物管理的法规，非法制造、买卖、运输、邮寄、储存枪支、弹药、爆炸物、危害公共安全的行为。

（三）构成要件

1.行为主体：自然人和单位均可以构成本罪。

2.行为对象：必须是枪支、弹药、爆炸物。

【注意】发射金属弹丸的钢珠枪属于枪支；不能发射子弹或者没有杀伤力的仿真手

---

① 【答案】ABCD。A项正确，甲明知乙成立恐怖组织并开展培训活动，仍然为其提供资助，成立帮助恐怖活动罪。本罪属于帮助犯的正犯化，因此不再适用《刑法》总则关于从犯的规定。B项正确，因为乙实施的是成立恐怖组织并开展培训活动的行为，成立组织、领导恐怖组织罪没有任何问题。CD项正确，准备实施恐怖活动罪成立的一种行为方式就是积极参加恐怖活动培训，因此丙、丁构成准备实施恐怖活动罪，而本罪属于帮助犯的正犯化，因此不再适用《刑法》总则关于预备犯的规定。综上，ABCD项当选。

枪不属于本罪的枪支；弓弩不属于本罪对象。

3.行为方式：非法制造、买卖、运输、邮寄、储存。

【注意1】买卖行为不要求买入后再卖出。

【注意2】对于以枪支换枪支、弹药换弹药或者枪支换弹药等行为，需要看该行为是否增加了公共危险，如果是，那么可以成立本罪。例如，甲持有两支手枪而没有相应的子弹，而乙有子弹却没有枪支，二者互换补强。甲、乙可成立非法买卖枪支罪。

二、非法出租、出借枪支罪

（一）法条

第128条第2款至第4款　依法配备公务用枪的人员，非法出租、出借枪支的，依照前款的规定处罚。

依法配置枪支的人员，非法出租、出借枪支，造成严重后果的，依照第一款的规定处罚。

单位犯第二款、第三款罪的，对单位判处罚金，并对其直接负责的主管人员和其他直接责任人员，依照第一款的规定处罚。

（二）概念

非法出租、出借枪支罪，是指依法配备公务用枪的人员与单位，非法出租、出借枪支，或者依法配置枪支的人员与单位，非法出租、出借枪支，造成严重后果的行为。

（三）构成要件

1.本罪第一主体：依法配备公务用枪的人员与单位。

（1）依法配备公务用枪的人员与单位，非法出租、出借枪支。

（2）非法持有枪支的人，出租、出借枪支的，不成立本罪。

（3）非法出租，是指违反《枪支管理法》的规定，擅自将公务用枪在一段时间内有偿提供给他人使用的行为。

（4）非法出借，一般是指违反《枪支管理法》的规定，擅自将公务用枪在一段时间内无偿提供给他人使用的行为。

（5）如果是永久性地有偿转让给他人，则成立非法买卖枪支罪。

（6）非法将公务用枪赠与给他人的，可以评价为永久性无偿提供给他人使用的行为，应认定为非法出借枪支。

（7）依法配备公务用枪的人员，违反法律规定，将公务用枪用作借债质押物，使枪支处于非依法持枪人的控制、使用之下的，成立非法出借枪支罪。

2.本罪第二主体：依法配置枪支的人员与单位。

（1）依法配置枪支的人员与单位，非法出租、出借枪支，造成严重后果的行为。

（2）依法配置枪支的人员与单位。例如，国家射击队、射击队员、猎人等。

（3）本主体成立犯罪要求：非法出租、出借+造成严重后果。也即没有造成严重后果，即使是非法出租、出借了，也不成立本罪。这是与上述第一种类型主体的关键区别。

（四）本罪的认定

1.行为人明知他人使用枪支实施杀人、伤害、抢劫、绑架等犯罪行为，而出租、出借枪支给他人的，成立本罪与相应的共同犯罪（故意杀人罪、抢劫罪、绑架罪等）的想象竞合犯，从一重罪论处。

2.非法持有、私藏枪支、弹药的人将枪支、弹药出租、出借给他人的，对双方均以非法持有、私藏枪支、弹药罪论处。

【提示】非法持有、私藏枪支、弹药罪（《刑法》第128条第1款）

1."非法持有"，是指不符合配备、配置枪支、弹药条件的人员违法、违规擅自持有的行为。

2."私藏"，是指依法配备、配置枪支、弹药的人员，在配备、配置枪支、弹药的条件消除后，违反枪支管理法律法规的规定，私自藏匿配备、配置的枪支、弹药且拒不交出的行为。

三、丢失枪支不报罪

（一）法条

第129条　依法配备公务用枪的人员，丢失枪支不及时报告，造成严重后果的，处三年以下有期徒刑或者拘役。

（二）构成要件

1.行为主体：只能是依法配备公务用枪的人员。

【注意】千万不要与非法出租、出借枪支罪相混淆，认为本罪也有两个主体。

例如：（2017年真题）"猎户甲合法持有猎枪，猎枪被盗后没有及时报告，造成严重后果。甲构成丢失枪支不报罪。"该项为错误选项。

2.行为方式：丢失枪支不及时报告。该行为是一种不作为，所以本罪为真正不作为犯。

（1）丢失枪支后根本不报告。

（2）丢失枪支后拖延一段时间才报告。

（3）"丢失"应作扩大解释，指非自愿失去对枪支的占有控制，包括遗失、被盗、被抢等情况。

3.丢失枪支不及时报告，只有造成严重结果的，才成立本罪。

（1）这里的严重后果，应当包括直接危害结果与间接危害结果，但一般表现为枪支落入不法分子之手后，不法分子利用行为人丢失的枪支实施犯罪行为造成严重后果。

（2）丢失枪支本身不是本罪所说的"严重后果"。

例如：（2008年真题）"警察乙丢失枪支后未及时报告，清洁工王某捡拾该枪支后立即上交，乙的行为没有造成严重后果。"该项为正确选项。

4.本罪的责任形式为故意。

（1）丢失枪支本身只是成立本罪的前提，丢失枪支的心理状态，不能决定本罪的责任形式与内容。

（2）本罪的故意内容是行为人明知自己丢失枪支而不及时报告的行为，导致有关国家机关不能及时知道枪支丢失，使枪支继续处于失控状态，并且希望或者放任这种结果发生。

（3）本罪完全有成立共同犯罪的可能性，将本罪的责任形式确定为故意，有利于处理共同犯罪案件。

例如：警察甲与警察乙外出追捕逃犯。其间，甲的枪被逃犯抢去后，意欲及时报告。乙唆使甲不报告："别报告了，不嫌丢人，以后需要用枪，用老弟我的。"于是甲没报告。后来该枪落入不法分子之手，不法分子用该枪实施了抢劫。乙构成教唆犯，甲构成实行犯。

专题二十二 破坏社会主义市场经济秩序罪

命题点拨

本专题篇幅和规模较为宏大，共计8节内容，在考试中重要性主次分明。其中，生产、销售伪劣商品罪这一节的法条竞合关系、非国家工作人员受贿罪、货币型犯罪、洗钱罪（《刑法修正案（十一）》修正）、合同诈骗罪、非法经营罪等均属于核心考点。特别提示：信用卡诈骗罪极其重要。

第一节 生产、销售伪劣商品罪

一、生产、销售伪劣产品罪（本节的一般罪名）

（一）法条

第140条 生产者、销售者在产品中掺杂、掺假，以假充真，以次充好或者以不合格产品冒充合格产品，销售金额五万元以上不满二十万元的，处二年以下有期徒刑或者拘役，并处或者单处销售金额百分之五十以上二倍以下罚金；销售金额二十万元以上不满五十万元的，处二年以上七年以下有期徒刑，并处销售金额百分之五十以上二倍以下罚金；销售金额五十万元以上不满二百万元的，处七年以上有期徒刑，并处销售金额百分之五十以上二倍以下罚金；销售金额二百万元以上的，处十五年有期徒刑或者无期徒刑，并处销售金额百分之五十以上二倍以下罚金或者没收财产。

（二）概念

生产、销售伪劣产品罪，是指生产者、销售者在产品中掺杂、掺假，以假充真，以次充好或者以不合格产品冒充合格产品，销售金额较大的行为。

（三）构成要件

1.数额要求

（1）销售达到5万元，即构成本罪既遂。

（2）未销售的。司法解释规定，伪劣产品尚未销售，货值金额达到生产、销售伪劣产品罪规定的销售金额（5万元）3倍以上的（15万元），以生产、销售伪劣产品罪（未遂）定罪处罚。

2.行为主体

行为主体包括自然人与单位，即生产者、销售者。

3.责任形式为故意，过失不可能构成本罪。

例1：生产者甲在生产过程中因疏忽大意造成产品配方出现错误，使该产品成为伪劣产品的，不构成本罪。

例2：个体经销人员乙不知道自己购入的是伪劣产品而销售的，不成立本罪。

（四）本罪的认定

1.知道他人实施生产、销售伪劣产品罪，而为其提供贷款、资金、账号、发票、证明、许可证件，或者提供生产、经营场所或者运输、仓储、保管、邮寄等便利条件，或者提供制假生产技术的，以本罪的共犯论处。

2.成立本罪，同时构成侵犯知识产权、合同诈骗、非法经营等犯罪的，属于想象竞合犯，依照处罚较重的规定定罪处罚。

3.成立本罪，又以暴力、威胁方法抗拒查处，构成妨害公务等罪的，依照数罪并罚的规定处罚。

二、生产、销售、提供假药罪

（一）法条

第141条 生产、销售假药的，处三年以下有期徒刑或者拘役，并处罚金；对人体健康造成严重危害或者有其他严重情节的，处三年以上十年以下有期徒刑，并处罚金；致人死亡或者有其他特别严重情节的，处十年以上有期徒刑、无期徒刑或者死刑，并处罚金或者没收财产。

药品使用单位的人员明知是假药而提供给他人使用的，依照前款的规定处罚。

（二）概念

生产、销售、提供假药罪，是指自然人或者单位故意生产、销售、提供假药的行为。

（三）构成要件

1.假药的含义

依照《药品管理法》第98条的规定，有下列情形之一的，为假药：

（1）所含成分与国家药品标准规定的成分不符的。

（2）以非药品冒充药品或者以他种药品冒充此种药品。

（3）变质的药品。

（4）药品所标明的适应症或者功能主治超出规定范围。

【注意】上述假药都限于用于人体的药品与非药品，如果生产、销售假农药、假兽药则不构成本罪。

2.行为主体

自然人与单位均可成立本罪。新增药品使用单位及其人员。

【注意1】其中药品使用单位包括医院、卫生院、疾控中心、卫生防疫站等。

【注意2】药品使用单位应作扩大解释。例如，药品供应单位免费提供假药的，也成立本罪。

3.行为方式：生产、销售和提供行为。

（1）"生产"包括印刷包装材料、标签、说明书的行为。"提供"行为限于免费，如果有偿则属于销售行为。

（2）司法解释规定，销售少量根据民间传统配方私自加工的药品，或者销售少量未经批准进口的国外、境外药品，没有造成他人伤害后果或者延误诊治，情节显著轻微危害不大的，不认为是犯罪。

（3）本罪为抽象危险犯，只要实施了就构成犯罪，不要求产生足以严重危害人体健康的危险。

【注意】在疫情防控期间，生产、销售伪劣的防治、防护产品、物资，或者生产、销售用于防治新型冠状病毒感染肺炎的假药、劣药，符合《刑法》第140条、第141条、第142条规定的，以生产、销售伪劣产品罪，生产、销售、提供假药罪或者生产、销售、提供劣药罪定罪处罚。

在疫情防控期间，生产不符合保障人体健康的国家标准、行业标准的医用口罩、护目镜、防护服等医用器材，或者销售明知是不符合标准的医用器材，足以严重危害人体健康的，依照《刑法》第145条的规定，以生产、销售不符合标准的医用器材罪定罪处罚。

4.责任形式为故意，行为人必须明知自己生产、销售、提供的是假药。本罪不要求以获取非法利润为目的，即使低于成本价出售假药，也不影响本罪的成立。

三、生产、销售、提供劣药罪

（一）法条

第142条　生产、销售劣药，对人体健康造成严重危害的，处三年以上十年以下有期徒刑，并处罚金；后果特别严重的，处十年以上有期徒刑或者无期徒刑，并处罚金或者没收财产。

药品使用单位的人员明知是劣药而提供给他人使用的，依照前款的规定处罚。

（二）概念

生产、销售、提供劣药罪，是指生产、销售、提供劣药，对人体健康造成严重危害的行为。

（三）构成要件

1.劣药的含义

根据《药品管理法》第98条的规定，有下列情形之一的，为劣药：

（1）药品成分的含量不符合国家药品标准。

（2）被污染的药品。

（3）未标明或者更改有效期的药品。

（4）未注明或者更改产品批号的药品。

（5）超过有效期的药品。

（6）擅自添加防腐剂、辅料的药品。

（7）其他不符合药品标准的药品。

2.本罪为实害犯，要对人体健康造成严重危害的实害结果，才成立犯罪。

3.本罪的责任形式为故意。

【注意】行为人对假药和劣药发生认识错误的情况下，应该在重合范围内，认定为生产、销售、提供劣药罪。

四、妨害药品管理罪

（一）法条

第142条之一 违反药品管理法规，有下列情形之一，足以严重危害人体健康的，处三年以下有期徒刑或者拘役，并处或者单处罚金；对人体健康造成严重危害或者有其他严重情节的，处三年以上七年以下有期徒刑，并处罚金：

（一）生产、销售国务院药品监督管理部门禁止使用的药品的；

（二）未取得药品批准证明文件生产、进口药品或者明知是上述药品而销售的；

（三）药品申请注册中提供虚假的证明、数据、资料、样品或者采取其他欺骗手段的；

（四）编造生产、检验记录的。

有前款行为，同时又构成本法第一百四十一条、第一百四十二条规定之罪或者其他犯罪的，依照处罚较重的规定定罪处罚。

（二）概念

本罪是指违反药品管理法规，实施足以严重危害人体健康的法定行为。

（三）构成要件

1.行为方式

（1）生产、销售国务院药品监督管理部门禁止使用的药品的。

（2）未取得药品批准证明文件生产、进口药品或者明知是上述药品而销售的。

（3）药品申请注册中提供虚假的证明、数据、资料、样品或者采取其他欺骗手段的。

（4）编造生产、检验记录的。

2.本罪为具体危险犯，成立本罪要求足以严重危害人体健康。

【注意】未取得药品批准证明文件生产、进口药品或者明知是上述药品而销售（该药品完全有效），其行为不足以严重危害人体健康（也即没有具体的危险），则不构成本罪，同样也不成立非法经营罪。因为足以严重危害人体健康成立本罪的情况下，最高法定刑为7年有期徒刑，而不足以严重危害人体健康成立非法经营罪却最高判处15年有期徒刑，后者会造成罪责刑严重失衡。所以，上述这种行为并不满足犯罪的构成要件，完全可以按照《药品管理法》加以行政处罚即可，这也体现了刑法的谦抑性原理。

五、生产、销售有毒、有害食品罪

（一）法条

第144条 在生产、销售的食品中掺入有毒、有害的非食品原料的，或者销售明知掺有有毒、有害的非食品原料的食品的，处五年以下有期徒刑，并处罚金；对人体健康造成严重危害或者有其他严重情节的，处五年以上十年以下有期徒刑，并处罚金；致人死亡或者有其他特别严重情节的，依照本法第一百四十一条的规定处罚。

（二）概念

生产、销售有毒、有害食品罪，是指在生产、销售的食品中掺入有毒、有害的非食品原料，或者销售明知掺有有毒、有害的非食品原料的食品的行为。

（三）构成要件

1.行为方式

（1）在生产的食品中掺入有毒、有害的非食品原料。

（2）在销售的食品中掺入有毒、有害的非食品原料。

（3）明知是掺有有毒、有害的非食品原料的食品而销售。

【注意】"有害"的范围较大，不能随意进行扩大解释，只有与"有毒"相当的、足以造成严重食物中毒或者其他严重食源性疾患的物质，才是"有害"物质。例如，销售的熟食中有苍蝇、蟑螂尸体、头发等，不属于这里的"有害"范畴。

2.关于"食品"

（1）"食品"不一定要求是商店出售的。

例如：甲将自己制造的有毒、有害食品直接予以销售的，成立生产、销售有毒、有害食品罪。

（2）"食品"不要求是经过加工制作的。

例如：乙将自己打捞的有毒鱼虾拿到市场上出卖，没有经过任何加工的，也可能成立销售有毒食品罪。

【提示】司法解释规定，明知是使用盐酸克仑特罗等禁止在饲料和动物饮用水中使用的药品或者含有该类药品的饲料养殖供人食用的动物，或者销售明知是使用该类药品或者含有该类药品的饲料养殖的供人食用的动物，而提供屠宰等加工服务，或者销售其制品的，以本罪论处。

（3）"食品"完全可能是活着的动物。

（4）"食品"还包括不适合人食用的物品。

例如：将工业用酒精勾兑成散装白酒出售给他人的，将工业用油冒充食用油出售给他人的，也成立销售有毒、有害食品罪。

【注意1】在食品中掺用罂粟壳的行为，构成生产、销售有毒、有害食品罪。[①] 罂粟壳属于国家管制的麻醉药品，长时间使用容易使人体产生依赖造成瘾癖，其属于有毒、有害的非食品原料。如果同时构成引诱、教唆、欺骗他人吸毒罪的，属于想象竞合犯，从一重罪处罚。

【注意2】生产、销售含有兴奋剂目录所列物质的食品，符合《刑法》第143条、第144条规定的，以生产、销售不符合安全标准的食品罪和生产、销售有毒、有害食品罪定罪处罚。

【注意3】（1）（给人用）明知对方是食用油经销者，仍将用餐厨废弃油（即"地沟油"）加工而成的劣质油脂销售给对方，导致劣质油脂流入食用油市场供人食用的，成立生产、销售有毒、有害食品罪。

（2）（给企业用）明知油脂经销者向饲料生产企业和药品生产企业等单位销售豆油等食用油，仍将餐厨废弃油加工而成的劣质油脂销售给对方，导致劣质油脂流向饲料生产企业和药品生产企业等单位的，成立生产、销售伪劣产品罪。

---

① 2014年12月24日《关于严厉打击在食品中添加罂粟壳行为的通知》。

六、生产、销售不符合安全标准的食品罪

（一）法条

第143条　生产、销售不符合食品安全标准的食品，足以造成严重食物中毒事故或者其他严重食源性疾病的，处三年以下有期徒刑或者拘役，并处罚金；对人体健康造成严重危害或者有其他严重情节的，处三年以上七年以下有期徒刑，并处罚金；后果特别严重的，处七年以上有期徒刑或者无期徒刑，并处罚金或者没收财产。

（二）概念

本罪是指违反国家食品卫生安全管理法规，生产、销售不符合食品安全标准的食品，足以造成严重食物中毒事故或者其他严重食源性疾病的行为。

（三）司法解释规定的成立本罪的情形

1.含有严重超出标准限量致病性微生物、农药残留、兽药残留、重金属、污染物质的食品。

2.在食品加工、销售、运输、贮存等过程中，超限量或者超范围滥用食品添加剂。

3.在食用农产品种植、养殖、销售、运输、贮存等过程中，超限量或者超范围滥用添加剂、农药、兽药的食品。

4.属于病死、死因不明或者检验检疫不合格的畜、禽、兽、水产动物及其肉类、肉类制品。

5.婴幼儿食品中生长发育所需营养成分严重不符合食品安全标准的食品。

【注意1】对以非碘盐充当碘盐或者以工业用盐等非食盐充当食盐等危害食盐安全的行为，分别不同情况，以生产、销售伪劣产品罪，或者生产、销售不符合安全标准的食品罪，或者生产、销售有毒、有害食品罪追究刑事责任。

【注意2】生产、销售不符合食品安全标准的食品添加剂，用于食品的包装材料、容器、洗涤剂、消毒剂，或者用于食品生产经营的工具、设备等，构成犯罪的，以生产、销售伪劣产品罪定罪处罚。

七、本节犯罪的认定与处罚

（一）分类

危险犯与实害犯	抽象危险犯	1.生产、销售、提供假药罪。 2.生产、销售有毒、有害食品罪。
	具体危险犯	1.生产、销售不符合安全标准的食品罪。 2.生产、销售不符合标准的医用器材罪。 3.妨害药品管理罪。
	实害犯	1.生产、销售、提供劣药罪。 2.生产、销售不符合安全标准的产品罪。 3.生产、销售伪劣农药、兽药、化肥、种子罪。 4.生产、销售不符合卫生标准的化妆品罪。

（二）法条竞合

1.《刑法》第149条第1款规定，生产、销售9个具体罪名的产品，不构成该罪，但是销售金额在5万元以上的，定生产、销售伪劣产品罪。

2.《刑法》第149条第2款规定，如果行为同时构成9个具体罪名和生产、销售伪劣产品罪，按照处罚较重的罪论处。这属于法条竞合，重法优于轻法。

【总结】1.实施某一具体罪名的行为但不构成该罪，如果符合一般罪则按照一般罪名定罪。

2.行为同时符合具体罪名与一般罪名，法条竞合的特殊解决规则：重法优先于轻法。

经典考题：杨某生产假冒避孕药品，其成分为面粉和白糖的混合物，货值金额达15万多元，尚未销售即被查获。关于杨某的行为，下列哪一选项是正确的？（2010年卷二第15题，单选）①

A.不构成犯罪

B.以生产、销售伪劣产品罪（未遂）定罪处罚

C.以生产、销售伪劣产品罪（既遂）定罪处罚

D.触犯生产假药罪与生产、销售伪劣产品罪（未遂），依照处罚较重的规定定罪处罚

（三）罪与罪之间的包含评价关系

1.假药是最严重的劣药。

2.有毒、有害的食品是最严重的不符合安全标准的食品。

例1：（2014年真题）甲以为是劣药而销售，但实际上销售了假药，且对人体健康造成严重危害。法院以销售劣药罪定罪处罚。该项正确。

例2：（2016年真题）丙销售不符合安全标准的饼干，足以造成严重食物中毒事故，但销售金额仅有500元。对丙应以销售不符合安全标准的食品罪论处。该项正确。

第二节　走私罪

一、走私普通货物、物品罪

（一）法条

第153条　走私本法第一百五十一条、第一百五十二条、第三百四十七条规定以外的货物、物品的，根据情节轻重，分别依照下列规定处罚：

---

① 【答案】D。司法解释规定，伪劣产品销售金额不满5万元，但将已销售金额乘以3倍（15万元）以上的，以生产、销售伪劣产品罪（未遂）定罪处罚。根据《刑法》第149条的规定，生产、销售9个具体罪名的产品，不构成各该罪，如果销售金额在5万元以上，定生产、销售伪劣产品罪。生产、销售本节第141条至148条所列产品，构成各该条规定的犯罪，同时又构成本节第140条（生产、销售伪劣产品罪）规定之罪的，依照处罚较重的规定定罪处罚。本案中，杨某生产的假冒避孕药品，属于假药的范畴，同时货币金额达到15万元以上，该行为同时构成生产假药罪与生产、销售伪劣产品罪（未遂），依照处罚较重的规定定罪处罚。综上，D项当选。

（一）走私货物、物品偷逃应缴税额较大或者一年内曾因走私被给予二次行政处罚后又走私的，处三年以下有期徒刑或者拘役，并处偷逃应缴税额一倍以上五倍以下罚金。

（二）走私货物、物品偷逃应缴税额巨大或者有其他严重情节的，处三年以上十年以下有期徒刑，并处偷逃应缴税额一倍以上五倍以下罚金。

（三）走私货物、物品偷逃应缴税额特别巨大或者有其他特别严重情节的，处十年以上有期徒刑或者无期徒刑，并处偷逃应缴税额一倍以上五倍以下罚金或者没收财产。

单位犯前款罪的，对单位判处罚金，并对其直接负责的主管人员和其他直接责任人员，处三年以下有期徒刑或者拘役；情节严重的，处三年以上十年以下有期徒刑；情节特别严重的，处十年以上有期徒刑。

对多次走私未经处理的，按照累计走私货物、物品的偷逃应缴税额处罚。

第154条 （变相走私）下列走私行为，根据本节规定构成犯罪的，依照本法第一百五十三条的规定定罪处罚：

（一）未经海关许可并且未补缴应缴税额，擅自将批准进口的来料加工、来件装配、补偿贸易的原材料、零件、制成品、设备等保税货物，在境内销售牟利的；

（二）未经海关许可并且未补缴应缴税额，擅自将特定减税、免税进口的货物、物品，在境内销售牟利的。

第155条 （间接走私）下列行为，以走私罪论处，依照本节的有关规定处罚：

（一）直接向走私人非法收购国家禁止进口物品的，或者直接向走私人非法收购走私进口的其他货物、物品，数额较大的；

（二）在内海、领海、界河、界湖运输、收购、贩卖国家禁止进出口物品的，或者运输、收购、贩卖国家限制进出口货物、物品，数额较大，没有合法证明的。

第156条 与走私罪犯通谋，为其提供贷款、资金、帐号、发票、证明，或者为其提供运输、保管、邮寄或者其他方便的，以走私罪的共犯论处。

（二）概念

走私普通货物、物品罪，是指违反海关法规，走私《刑法》第151条、第152条、第347条规定以外的货物、物品，偷逃应缴税额较大或者1年内曾因走私被给予二次行政处罚后又走私的行为。

（三）构成要件

1.走私对象：是除本节9种特殊走私犯罪以及走私毒品罪以外的货物、物品。

【注意】9种走私罪与走私毒品罪的对象，也可能成为本罪对象。例如，行为人甲走私贵重金属入境的，或者误将贵重金属当作普通金属走私出境的，都可构成本罪。

2.客观行为：逃避海关监管，走私普通货物、物品进出境的行为。

【注意】武装掩护走私普通货物、物品的，仍旧成立本罪，但应从重处罚。武装掩护走私，只限于携带武器进行走私活动，不要求现实使用。如果使用武器杀害、伤害缉私人员的，要与故意杀人罪和故意伤害罪并罚。如果只是以暴力、威胁方法抗拒缉私的，则与妨害公务罪并罚。

二、走私武器、弹药罪

（一）法条

第151条第1款　走私武器、弹药、核材料或者伪造的货币的，处七年以上有期徒刑，并处罚金或者没收财产；情节特别严重的，处无期徒刑，并处没收财产；情节较轻的，处三年以上七年以下有期徒刑，并处罚金。

（二）概念

走私武器、弹药罪，是指违反海关法规，走私武器、弹药的行为。

（三）构成要件

1.行为对象：走私对象为武器、弹药。

（1）走私的是能够使用的弹头、弹壳 → 成立走私弹药罪。

（2）走私的是报废或无法使的弹头、弹壳且不属于废物的 → 成立走私普通货物、物品罪。

（3）走私的是被鉴定为废物的弹头、弹壳 → 成立走私废物罪。

【注意】本罪中的武器不包括仿真武器，对走私仿真武器，情节严重的，应按走私国家禁止进出口的货物、物品罪论处。

2.主观罪过：故意，即行为人必须明知是（包括明知可能是）国家禁止进出口的武器、弹药而走私。行为人误以为自己走私的是普通货物，但客观上走私了武器的，也只能认定为走私普通货物罪。

【注意】客观上走私了武器，行为人误以为走私的是弹药的，由于属于同一犯罪构成内的认识错误，不影响走私武器罪（既遂）的成立。

（四）罪数

1.由于走私行为包含了运输、邮寄、储存等行为，所以，凡是符合走私武器、弹药罪的犯罪构成的，不再认定为非法运输、邮寄、储存枪支、弹药罪。

2.行为人走私武器、弹药进境后，又非法出售的，应另成立非法买卖枪支、弹药罪，与本罪并罚。

3.对以暴力、胁迫方法抗拒缉私的，应认定为两罪，即走私武器、弹药罪和妨害公务罪，实行数罪并罚。

三、走私假币罪

（一）法条

第151条第1款　走私武器、弹药、核材料或者伪造的货币的，处七年以上有期徒刑，并处罚金或者没收财产；情节特别严重的，处无期徒刑，并处没收财产；情节较轻的，处三年以上七年以下有期徒刑，并处罚金。

（二）概念

走私假币罪，是指违反海关法规，走私伪造的货币的行为。

（三）构成要件

1.行为对象：走私的对象是伪造的货币，包括在境外正在流通的所有货币，不管在我国境内能否流通或者兑换。

【注意】走私变造的货币，成立走私国家禁止进出口的货物、物品罪。

2.主观罪过：行为人主观上必须明知是伪造的货币而走私；不明知是伪造的货币而携带、运输其进出境的，不成立本罪。

四、走私文物罪和走私贵重金属罪

（一）法条

第151条第2款　走私国家禁止出口的文物、黄金、白银和其他贵重金属或者国家禁止进出口的珍贵动物及其制品的，处五年以上十年以下有期徒刑，并处罚金；情节特别严重的，处十年以上有期徒刑或者无期徒刑，并处没收财产；情节较轻的，处五年以下有期徒刑，并处罚金。

（二）概念

走私文物罪是指违反海关法规，走私国家禁止出口的文物的行为。

走私贵重金属罪是指违反海关法规，走私国家禁止出口的黄金、白银或者其他贵重金属的行为。

（三）构成要件

1.两个罪的行为方式仅限于：境内 → 境外。

2.如果将文物或者贵重金属从境外走私入境 → 成立走私普通货物、物品罪。

五、走私国家禁止进出口的货物、物品罪

（一）法条

第151条第3款　走私珍稀植物及其制品等国家禁止进出口的其他货物、物品的，处五年以下有期徒刑或者拘役，并处或者单处罚金；情节严重的，处五年以上有期徒刑，并处罚金。

（二）构成要件

1.走私管制刀具、仿真枪支、变造的货币、旧机动车、旧切割机、旧机电产品的，成立走私国家禁止进出口的货物、物品罪。

2.关于走私兴奋剂问题

运动员、运动员辅助人员走私兴奋剂目录所列物质，或者其他人员以在体育竞赛中非法使用为目的走私兴奋剂目录所列物质，涉案物质属于国家禁止进出口的货物、物品，具有下列情形之一的，应当依照《刑法》第151条第3款的规定，以走私国家禁止进出口的货物、物品罪定罪处罚：

（1）1年内曾因走私被给予二次以上行政处罚后又走私的。

（2）用于或者准备用于未成年人运动员、残疾人运动员的。

（3）用于或者准备用于国内、国际重大体育竞赛的。

（4）其他造成严重恶劣社会影响的情形。

六、走私淫秽物品罪

（一）法条

第152条第1款　以牟利或者传播为目的，走私淫秽的影片、录像带、录音带、图片、书刊或者其他淫秽物品的，处三年以上十年以下有期徒刑，并处罚金；情节严重的，处十年以上有期徒刑或者无期徒刑，并处罚金或者没收财产；情节较轻的，处三年以下有期徒刑、拘役或者管制，并处罚金。

（二）概念

走私淫秽物品罪，是指违反海关法规，以牟利或者传播为目的，走私淫秽的影片、录像带、录音带、图片、书刊或者其他淫秽物品的行为。

（三）构成要件

1.行为对象：淫秽物品。"淫秽物品"属于规范的构成要件要素。

2.主观罪过：责任要素除故意外，还要求以牟利或者传播为目的。

【注意】牟利、传播两目的不要求同时具备，只要具备其一即可。是否实现该目的在所不问。

（四）罪数

行为人以牟利、传播为目的，从境外走私淫秽物品，然后在境内贩卖、传播走私进境的淫秽物品的，属于牵连犯，从一重罪处罚。

七、走私类犯罪之间的包含关系（很重要）

罪与罪之间的包含评价关系	①　→　武器弹药、假币、核材料、文物、贵重金属、淫秽物品等
	②　→　一般的禁止进出口的货物、物品
	③　→　普通货物、物品
	1.范围由大到小：③≥②≥①。
	2.①能包含评价为②；②能包含评价为③。
	3.本节罪名不是对立关系，而是上述的这种包含评价关系。例如，走私武器、弹药罪可以包含评价为走私国家禁止进出口的货物、物品罪，走私国家禁止进出口的货物、物品罪可以包含评价为走私普通货物、物品罪。

八、走私犯罪的既遂标准

1.在海关监管现场被查获的。

2.以虚假申报方式走私，申报行为实施完毕的。

3.以保税货物或者特定减税、免税进口的货物、物品为走私对象，在境内销售的，或者申请核销行为实施完毕的。

第三节　妨害对公司、企业的管理秩序罪

一、非国家工作人员受贿罪

（一）法条

第163条　公司、企业或者其他单位的工作人员，利用职务上的便利，索取他人财物或者非法收受他人财物，为他人谋取利益，数额较大的，处三年以下有期徒刑或者拘役，并处罚金；数额巨大或者有其他严重情节的，处三年以上十年以下有期徒刑，并处罚金；数额特别巨大或者有其他特别严重情节的，处十年以上有期徒刑或者无期徒刑，并处罚金。

公司、企业或者其他单位的工作人员在经济往来中，利用职务上的便利，违反国家规定，收受各种名义的回扣、手续费，归个人所有的，依照前款的规定处罚。

国有公司、企业或者其他国有单位中从事公务的人员和国有公司、企业或者其他国有单位委派到非国有公司、企业以及其他单位从事公务的人员有前两款行为的，依照本法第三百八十五条、第三百八十六条的规定定罪处罚。

（二）概念

非国家工作人员受贿罪，是指公司、企业或者其他单位的工作人员利用职务上的便利，索取他人财物或者非法收受他人财物，为他人谋取利益，数额较大的行为。

（三）构成要件

1.行为主体

本罪为身份犯，行为主体必须是公司、企业或者其他单位的非国家工作人员。

（1）国有公司、企业或者其他国有单位中从事公务的人员以及其他国家工作人员利用职务上的便利索取、收受财物的，成立受贿罪。

（2）国家机关、国有公司、企业、事业单位中不从事公务的非国家工作人员，是本罪的主体。

2.必须利用职务上的便利非法收受他人财物，且数额较大（6万元以上）。

（1）职务便利即主管、管理、经营、经手的便利。

（2）财物包括财产性利益。例如，提供房屋装修、含有金额的会员卡、代币卡（券）、旅游费用等。

3.行为方式包括：收受财物+索取财物

【注意1】行为人只要允诺为他人谋取利益即可，不要求行为人实际上为他人谋取了利益。

【注意2】公司、企业或者其他单位的工作人员在经济往来中，利用职务上的便利，违反国家规定，收受各种名义的回扣、手续费，归个人所有的，成立本罪。

（四）司法解释规定的成立本罪的情形

1.医疗机构中的医务人员利用开处方的职务便利，以各种名义非法收受药品、医疗器械、医用卫生材料等医药产品销售方财物数额较大，为医药产品销售方谋取利益的。

2.学校及其他教育机构中的非国家工作人员，在教材、教具、校服或者其他物品的采购等活动中，利用职务上的便利，索取销售方数额较大财物，或者非法收受销售方数额较大财物，为销售方谋取利益的。

3.学校及其他教育机构中的教师，利用教学活动的职务便利，以各种名义非法收受教材、教具、校服或者其他物品销售方财物数额较大，为教材、教具、校服或者其他物品销售方谋取利益的。

4.依法组建的评标委员会、竞争性谈判采购中谈判小组、询价采购中询价小组的组成人员，在招标、政府采购等事项的评标或者采购活动中，索取他人财物或者非法收受他人财物数额较大，为他人谋取利益的。

二、非法经营同类营业罪

（一）法条

第165条　国有公司、企业的董事、经理利用职务便利，自己经营或者为他人经营与其所任职公司、企业同类的营业，获取非法利益，数额巨大的，处三年以下有期徒刑或者拘役，并处或者单处罚金；数额特别巨大的，处三年以上七年以下有期徒刑，并处罚金。

（二）构成要件

1.行为主体：本罪为真正的身份犯，主体只能是国有公司、企业的董事、经理。

2.行为方式：要求利用职务上的便利。

三、为亲友非法牟利罪

（一）法条

第166条　国有公司、企业、事业单位的工作人员，利用职务便利，有下列情形之一，使国家利益遭受重大损失的，处三年以下有期徒刑或者拘役，并处或者单处罚金；致使国家利益遭受特别重大损失的，处三年以上七年以下有期徒刑，并处罚金：

（一）将本单位的盈利业务交由自己的亲友进行经营的；

（二）以明显高于市场的价格向自己的亲友经营管理的单位采购商品或者以明显低于市场的价格向自己的亲友经营管理的单位销售商品的；

（三）向自己的亲友经营管理的单位采购不合格商品的。

（二）概念

为亲友非法牟利罪，是指国有公司、企业、事业单位的工作人员，利用职务上的便利，违背任务，非法为亲友牟利，致使国家利益遭受重大损失的行为。

（三）构成要件

1.行为主体：本罪是身份犯，主体包括国有公司、企业、事业单位的工作人员。

【注意】国有公司、企业委派到国有控股、参股公司从事公务的人员，属于国有公司、企业人员。[①]

---

① 2005年8月1日《最高人民法院关于如何认定国有控股、参股股份有限公司中的国有公司、企业人员的解释》。

2.行为方式：成立本罪要求利用职务上的便利。包括下列三种行为：

（1）将本单位的盈利业务交由自己的亲友进行经营的。

（2）以明显高于市场的价格向自己的亲友经营管理的单位采购商品或者以明显低于市场的价格向自己的亲友经营管理的单位销售商品的。

（3）向自己的亲友经营管理的单位采购不合格商品的。

【背诵技巧】送你盈利、高买低卖、收购废品。

3.成立本罪必须致使国家利益遭受重大损失。

（四）罪数

实施本罪的行为同时触犯贪污罪的，应作为想象竞合犯，以贪污罪论处。

例如：甲国有公司原本直接从乙公司购买电子产品，但是甲国有公司的负责人张三让亲属李四成立丙公司，由丙公司从乙公司购买电子产品后高价卖给甲国有公司，从而使得丙公司获利，甲国有公司受损失。对此，张三成立贪污罪与本罪的想象竞合犯，从一重罪论处。

四、签订、履行合同失职被骗罪

（一）法条

第167条　国有公司、企业、事业单位直接负责的主管人员，在签订、履行合同过程中，因严重不负责任被诈骗，致使国家利益遭受重大损失的，处三年以下有期徒刑或者拘役；致使国家利益遭受特别重大损失的，处三年以上七年以下有期徒刑。

（二）概念

签订、履行合同失职被骗罪，是指国有公司、企业、事业单位的直接负责的主管人员，在签订、履行合同过程中，因严重不负责任被诈骗，致使国家利益遭受重大损失的行为。

（三）构成要件

1.行为主体：只限于国有公司、企业、事业单位的直接负责的主管人员。

【注意1】如果是国家机关工作人员实施了本罪的客观行为，则成立国家机关工作人员签订、履行合同失职被骗罪（《刑法》第406条）。

【注意2】金融机构、从事对外贸易经营活动的公司、企业的工作人员严重不负责任，造成大量外汇被骗购或者逃汇，致使国家利益遭受重大损失的，以本罪定罪处罚。

2.只有因严重不负责任 → 被诈骗 → 从而致使国家利益遭受重大损失 → 才成立本罪，并非在签订、履行合同过程中严重不负责任的一切行为，都成立本罪。

【注意】因严重不负责任而不能履行合同，致使国家利益遭受重大损失的，不成立本罪。

第四节　破坏金融管理秩序罪

一、伪造货币罪

（一）法条

第170条　伪造货币的，处三年以上十年以下有期徒刑，并处罚金；有下列情形之一的，处十年以上有期徒刑或者无期徒刑，并处罚金或者没收财产：

（一）伪造货币集团的首要分子；

（二）伪造货币数额特别巨大的；

（三）有其他特别严重情节的。

（二）概念

伪造货币罪，是指没有货币制作、发行权的人，非法制造外观上足以使一般人误认为是真货币的假货币，妨害货币的公共信用的行为。

（三）构成要件

1.行为主体：没有货币制作、发行权的人。

2.行为方式

（1）伪造：从无到有 → 使非属于此种货币的材料取得此种货币的形式。

（2）伪造的货币不要求有真实对应的真币，但要求足以使一般人相信是真币。例如，甲伪造500元面额的假币，该行为不属于伪造货币。

（3）故意伪造"错版"人民币的，也应认定为伪造货币。

（4）货币只包括正在流通的货币、包括外国正在流通的货币（外国货币不要求在境内可与人民币兑换）、硬币、纸币、普通纪念币和贵金属纪念币。

【注意】司法解释规定，伪造停止流通的货币并使用的，以诈骗罪论处。如果仅伪造而没有使用，属于诈骗罪的预备行为。

3.主观罪过：故意，但不要求行为人具有使用的目的。因此，如果行为人虽不具有使用的目的，但明知伪造的货币会落入他人之手置于流通的，就应认定为本罪。

二、变造货币罪

（一）法条

第173条　变造货币，数额较大的，处三年以下有期徒刑或者拘役，并处或者单处一万元以上十万元以下罚金；数额巨大的，处三年以上十年以下有期徒刑，并处二万元以上二十万元以下罚金。

（二）概念

变造货币罪，是指没有货币制作、发行权的人对真正的货币进行各种方式的加工，使其改变为面额、含量不同的货币，数额较大的行为。

（三）构成要件

1.变造：加工改造 → 使同一种真实货币改变数额、数量。

2.变造货币，是指对真货币采用剪贴、挖补、揭层、涂改、移位、重印等方法加工处理，改变真币形态、价值的行为。

（1）将100元面额真币改为50元面额，属于变造。

（2）将真币变为"错版"人民币，属于变造。

（3）将硬币周边的金属刮下来，减少硬币金属含量，属于变造。

（4）将1999年制造的面值1元的硬币变造为具有收藏价值的2000年制造的面值1元的硬币，属于变造。

【注意】根据司法解释的规定，同时采用伪造和变造的手段，拼凑假币的行为（一半真币一半假币对接的行为），以伪造货币论。

3.变造是对真货币的加工行为，故变造的货币与变造前的货币具有同一性，如果加工的程度导致其与真货币丧失同一性，则属于伪造货币。

例1：甲将金属货币熔化后制作成较薄的、更多的金属货币的行为，属于伪造货币。

例2：乙将日元涂改成欧元的，已经使货币发生了本质变化，属于伪造货币。

例3：丙以货币碎片为材料，加入其他纸张，制作成假币的，属于伪造货币。

【记忆总结】伪造="变性"；变造="整容"。

经典考题：关于货币犯罪的认定，下列哪些选项是正确的？（2011年卷二第59题，多选）①

A.以使用为目的，大量印制停止流通的第三版人民币的，不成立伪造货币罪

B.伪造正在流通但在我国尚无法兑换的境外货币的，成立伪造货币罪

C.将白纸冒充假币卖给他人的，构成诈骗罪，不成立出售假币罪

D.将一半真币与一半假币拼接，制造大量半真半假面额100元纸币的，成立变造货币罪

三、出售、购买、运输假币罪

（一）法条

第171条第1款　出售、购买伪造的货币或者明知是伪造的货币而运输，数额较大的，处三年以下有期徒刑或者拘役，并处二万元以上二十万元以下罚金；数额巨大的，处三年以上十年以下有期徒刑，并处五万元以上五十万元以下罚金；数额特别巨大的，处十年以上有期徒刑或者无期徒刑；并处五万元以上五十万元以下罚金或者没收财产。

第3款　伪造货币并出售或者运输伪造的货币的，依照本法第一百七十条（伪造货币罪）的规定定罪从重处罚。

（二）概念

出售、购买、运输假币罪，是指明知是伪造的货币而出售、购买或者运输，数额较

---

① 【答案】ABC。A项正确，根据司法解释的规定，以使用为目的，伪造停止使用的货币，或者使用伪造的停止流通的货币的，以诈骗罪论处。B项正确，货币只要具有流通性即可，不要求在国内可以兑换。C项正确，将白纸冒充假币卖给他人，符合诈骗罪的构成要件，成立诈骗罪。D项错误，根据司法解释的规定，一半真币一半假币对接的行为成立伪造货币罪。综上，ABC项当选。

大的行为。

（三）构成要件

1.行为对象：伪造的货币，不包括变造的货币。

2.行为方式

（1）购买：是指有偿取得假币。

（2）出售：是指有偿转让、有偿交付伪造的货币。条件是对方明知是假币，否则构成使用假币罪（存在诈骗）。出售的方式既包括用假币换取真币，也包括用假币换取实物。

【注意】行为人将报纸等冒充假币出卖给他人的，成立诈骗罪；购买者不成立购买假币罪（属于不能犯）。

（3）运输：是指转移假币的存在地点。为了自己使用在外地购买假币后，携带假币乘坐交通工具返回居住地的行为，不构成运输假币罪（可能成立持有假币罪）。

【注意1】在运输行为已经既遂的情况下，行为人主动毁灭假币的，不得认定为犯罪中止。

【注意2】运输限于国内运输。出入国边境运输，成立走私假币罪。

（四）罪数

1.具有同一性：伪造货币并出售或者运输伪造的货币的，以伪造货币罪从重处罚，不另成立出售、运输假币罪。但这仅限于行为人出售、运输自己伪造的假币的情形。

2.不具有同一性：如果行为人不仅伪造货币，而且出售或者运输他人伪造的货币，即伪造的假币与出售、运输的假币不具有同一性，则应当实行数罪并罚。

3.间接走私：直接向走私人收购假币，定走私假币罪，而非购买假币罪。在境内收购、运输、贩卖走私来的假币，定走私假币罪，而非出售、购买、运输假币罪。

四、持有、使用假币罪

（一）法条

第172条　明知是伪造的货币而持有、使用，数额较大的，处三年以下有期徒刑或者拘役，并处或者单处一万元以上十万元以下罚金；数额巨大的，处三年以上十年以下有期徒刑，并处二万元以上二十万元以下罚金；数额特别巨大的，处十年以上有期徒刑，并处五万元以上五十万元以下罚金或者没收财产。

（二）概念

持有、使用假币罪，是指明知是伪造的货币而持有、使用，数额较大的行为。

（三）构成要件

1.行为对象：必须是伪造的假币。

（1）不包括变造的假币，如果仅持有变造的假币，不成立犯罪。

（2）如果使用变造的假币骗取财物的，成立诈骗罪。

2.行为方式

（1）持有：是指将假币置于行为人事实上的支配之下，不要求行为人实际上握有假币。

【注意1】这里的持有是一种单纯的持有；如果与伪造、出售、购买、运输等环节相联系，则以这些行为的罪名论处，而不构成持有假币罪。

【注意2】以单纯收藏为目的而持有假币的行为，也成立持有假币罪。

（2）使用：是将假币作为真货币而置于流通领域。

①对人使用，要求对方不知情。向知情的人交付假币、伪造货币的共犯人之间分配假币、向知情的人出售假币等，都不属于使用假币的行为。

②对自动售货机、自动存取款机使用伪造的假币，属于使用假币的行为。

③用假币购物、消费、还债、赌博、缴纳税款或罚款，都属于使用假币。

④将假币存入银行，将假币作为注册资本，都属于使用假币。但是将假币作为资本实力的证明加以显示，不属于使用假币。

⑤将假币赠送给不知情的他人去使用的，属于使用假币。

⑥将铁片置入自动贩卖机以获得商品的，由于铁片本身不是假币，故不属于使用假币，只能认定为盗窃。

⑦向知情之人出售假币的，不属于使用假币。

⑧委托知情的人帮忙保管假币的，不属于使用假币。

【提示】使用仅限于当作货币进行使用。例如，甲拿伪造的假币烧火取暖或者拿假币当作厕纸使用的，不属于这里的使用假币。

3.主观罪过

责任形式为故意，即明知是假币而非法持有或者使用。

（四）本罪的认定

1.用假币存钱，然后再从ATM机中取出真币的行为，成立使用假币罪和盗窃罪，数罪并罚。

经典考题：甲发现某银行的ATM机能够存入编号以"HD"开头的假币，于是窃取了三张借记卡，先后两次采取存入假币取出真币的方法，共从ATM机内获取6000元人民币。甲的行为构成何罪？（2009年卷二第61题，多选）①

A.使用假币罪　　　　　　　　　B.信用卡诈骗罪

C.盗窃罪　　　　　　　　　　　D.以假币换取货币罪

2.行为人趁人不注意秘密用假币"换取"他人真币的，成立盗窃罪。

例如：甲与乙进行私下外汇交易。乙给甲1万美元，甲在清点时趁乙不注意，抽出10张100元面值的美元，以10张10元面值的美元顶替。清点完成后，甲将总面额8.3万元的假人民币交给乙，被乙识破。乙要回1万美元，经清点仍是100张，拿回家后才发现美元被调换。甲成立盗窃罪。

3.行为人盗窃假币后又持有的，一般仅认定为盗窃罪。但是，盗窃假币后又使用的，应当以盗窃罪与使用假币罪实行并罚。

---

① 【答案】AC。甲将假币存入ATM机的行为，属于将假币置于流通领域的行为，成立使用假币罪；之后又从ATM机中取出真币的行为，属于通过平和手段转移银行对财物占有的行为，成立盗窃罪。甲的两个行为分别触犯了不同的法益，应实行数罪并罚。综上，AC项当选。

（五）假币类犯罪罪数总结

1. 伪造货币后 → 出售、运输、使用该假币的 → 伪造货币罪（从重处罚）。
2. 购买假币后 → 使用该假币的 → 购买假币罪（从重处罚）。
3. 出售、运输假币 → 又使用该假币的 → 数罪并罚。
4. 购买假币 → 又出售、运输该假币的 → 出售、购买、运输假币罪。

五、金融工作人员购买假币、以假币换取货币罪

（一）法条

第171条第2款　银行或者其他金融机构的工作人员购买伪造的货币或者利用职务上的便利，以伪造的货币换取货币的，处三年以上十年以下有期徒刑，并处二万元以上二十万元以下罚金；数额巨大或者有其他严重情节的，处十年以上有期徒刑或者无期徒刑；并处二万元以上二十万元以下罚金或者没收财产；情节较轻的，处三年以下有期徒刑或者拘役，并处或者单处一万元以上十万元以下罚金。

（二）概念

金融工作人员购买假币、以假币换取货币罪，是指银行或者其他金融机构的工作人员，购买伪造的货币，或者利用职务上的便利，以伪造的货币换取货币的行为。

（三）构成要件

1. 行为主体：必须是银行或者其他金融机构的工作人员。
2. 行为方式：
（1）购买假币。
（2）利用职务上的便利，以假币换取货币。调换假币没有利用职务之便的，应视行为的具体情况认定为盗窃等罪。

【注意】购买假币与调换假币通常密切联系，但刑法并不要求两种行为同时实施，同时实施这两种行为的，也以一罪论处。

3. 责任形式为故意，行为人必须明知是假币而购买，或者明知是假币而将其调换成真货币。

（四）罪数

金融机构工作人员利用职务上的便利以少量面额（如100元）的假币换取大量面值（如10万元）真币的，成立贪污罪或者职务侵占罪，属于想象竞合犯，从一重罪处罚。

六、高利转贷罪

（一）法条

第175条　以转贷牟利为目的，套取金融机构信贷资金高利转贷他人，违法所得数额较大的，处三年以下有期徒刑或者拘役，并处违法所得一倍以上五倍以下罚金；数额巨大的，处三年以上七年以下有期徒刑，并处违法所得一倍以上五倍以下罚金。

单位犯前款罪的，对单位判处罚金，并对其直接负责的主管人员和其他直接责任人员，处三年以下有期徒刑或者拘役。

（二）概念

高利转贷罪，是指以转贷牟利为目的，套取金融机构信贷资金高利转贷他人，违法所得数额较大的行为。

（三）构成要件

1.转贷牟利的目的，要求行为人在获取金融机构信贷资金之时就具有。凡是以用于借贷谋取非法收入为目的而取得金融机构贷款的，均属于套取金融机构贷款。

【注意1】贷款时没有转贷牟利目的，也没有采用欺骗手段，取得贷款后将贷款转贷他人的，只是单纯改变贷款用途的行为，不成立任何犯罪。

【注意2】如果行为人以非法占有为目的套取金融机构信贷资金的，以贷款诈骗罪论处。

2.本罪不是必须具有欺骗性质。在行为人与金融机构负责人通谋，金融机构负责人知道真相仍然贷款给转贷牟利的行为人时，行为人的行为依然成立本罪（对金融机构负责人的行为视具体情形认定为违法发放贷款罪或者其他犯罪）。

3.变相的高利转贷（同样成立本罪）。

（1）行为人以转贷牟利目的套取金融机构信贷资金后，表面上将该部分资金用于生产经营，但将自有资金高利借贷他人，违法所得数额较大的，应认定为本罪。

（2）行为人以转贷牟利目的套取金融机构的信贷资金，高利借贷给名义上有合资合作关系但实际上并不参与经营的企业，违法所得数额较大的，也应认定为本罪。

七、非法吸收公众存款罪

（一）法条

第176条 非法吸收公众存款或者变相吸收公众存款，扰乱金融秩序的，处三年以下有期徒刑或者拘役，并处或者单处罚金；数额巨大或者有其他严重情节的，处三年以上十年以下有期徒刑，并处罚金；数额特别巨大或者有其他特别严重情节的，处十年以上有期徒刑，并处罚金。

单位犯前款罪的，对单位判处罚金，并对其直接负责的主管人员和其他直接责任人员，依照前款的规定处罚。

有前两款行为，在提起公诉前积极退赃退赔，减少损害结果发生的，可以从轻或者减轻处罚。

（二）概念

非法吸收公众存款罪，是指非法吸收公众存款或者非法变相吸收公众存款，扰乱金融秩序的行为。

（三）构成要件

1.行为主体

（1）不具有吸收存款资格的金融机构和自然人。

（2）即使具有吸收存款资格的金融机构，但是如果以擅自提高利率等不法方式吸收存款的，因为严重扰乱了金融秩序，应以本罪论处。

2.行为对象：社会公众即社会不特定对象。

（1）包括个人与单位。

（2）向亲朋好友或者单位内部人员吸收存款的，不成立本罪。

【注意】在向亲友或者单位内部人员吸收资金的过程中，明知亲友或者单位内部人员向不特定对象吸收资金而予以放任的，属于向公众吸收存款，成立本罪。

3.行为方式

根据司法解释，同时满足下列四个条件的，属于"非法吸收公众存款"：

（1）非法性——未经有关部门依法批准或者借用合法经营的形式吸收资金。

（2）公开性——通过媒体、推介会、传单、手机短信等途径向社会公开宣传。

（3）利诱性——承诺在一定期限内以货币、实物、股权等方式还本付息或者给付回报。

（4）社会性——向社会公众即社会不特定对象吸收资金。

4.情节要求

只有当行为人非法吸收公众存款，用于货币、资本的经营时（如发放贷款），才能认定为扰乱金融秩序，才应以本罪论处。例如，将非法吸收的公众存款用于生产活动的，不成立本罪。

5.主观罪过

本罪责任形式为故意，不能具有非法占有目的，否则成立集资诈骗罪。

（四）司法解释规定的常见的非法吸收公众存款的情形

1.不具有房产销售的真实内容或者不以房产销售为主要目的，以返本销售、售后包租、约定回购、销售房产份额等方式非法吸收资金的。

2.以转让林权并代为管护等方式非法吸收资金的。

3.以代种植（养殖）、租种植（养殖）、联合种植（养殖）等方式非法吸收资金的。

4.不具有销售商品、提供服务的真实内容或者不以销售商品、提供服务为主要目的，以商品回购、寄存代售等方式非法吸收资金的。

5.不具有发行股票、债券的真实内容，以虚假转让股权、发售虚构债券等方式非法吸收资金的。

6.不具有募集基金的真实内容，以假借境外基金、发售虚构基金等方式非法吸收资金的。

7.不具有销售保险的真实内容，以假冒保险公司、伪造保险单据等方式非法吸收资金的。

8.以投资入股的方式非法吸收资金的。

9.以委托理财的方式非法吸收资金的。

10.利用民间"会"、"社"等组织非法吸收资金的。

11.单位或个人假借开展网络借贷信息中介业务之名，未经依法批准，归集不特定公众的资金设立资金池，控制、支配资金池中的资金，并承诺还本付息的。

（五）罪数

1.行为人擅自设立金融机构后，又非法吸收公众存款的，或者非法吸收公众存款后，又擅自设立金融机构的，成立本罪与擅自设立金融机构罪（《刑法》第174条），数罪并罚。

2.行为人一开始先非法吸收公众存款，打算还本付息，但后来犯意转化，实施集资诈骗行为的，直接按照集资诈骗罪认定，不需要数罪并罚。

八、违法发放贷款罪

（一）法条

第186条　银行或者其他金融机构的工作人员违反国家规定发放贷款，数额巨大或者造成重大损失的，处五年以下有期徒刑或者拘役，并处一万元以上十万元以下罚金；数额特别巨大或者造成特别重大损失的，处五年以上有期徒刑，并处二万元以上二十万元以下罚金。

银行或者其他金融机构的工作人员违反国家规定，向关系人发放贷款的，依照前款的规定从重处罚。

单位犯前两款罪的，对单位判处罚金，并对其直接负责的主管人员和其他直接责任人员，依照前两款的规定处罚。

关系人的范围，依照《中华人民共和国商业银行法》和有关金融法规确定。

（二）概念

违法发放贷款罪，是指银行或者其他金融机构的工作人员违反国家规定发放贷款，数额巨大或者造成重大损失的行为。

（三）构成要件

1.行为主体：银行或者其他金融机构的工作人员。小额贷款公司及其工作人员不能成为本罪的主体。

例如：（2016年真题）甲急需20万元从事养殖，向农村信用社贷款时被信用社主任乙告知，一个身份证只能贷款5万元，再借几个身份证可多贷。甲用自己的名义贷款5万元，另借用4个身份证贷款20万元，但由于经营不善，不能归还本息。本案中，乙成立违法发放贷款罪。

【注意】关系人：是指商业银行或者其他金融机构的董事、监事、管理人员、信贷人员及其近亲属以及上述人员投资或者担任高级管理职务的公司、企业和其他经济组织。

2.成立本罪要求数额巨大或者造成重大损失。是否造成了重大损失，是用经济的观点判断。例如，非法向关系人发放贷款，到期不能收回的贷款或者利息数额重大的，就应认为造成了重大损失。

九、洗钱罪

（一）法条

第191条　为掩饰、隐瞒毒品犯罪、黑社会性质的组织犯罪、恐怖活动犯罪、走私犯罪、贪污贿赂犯罪、破坏金融管理秩序犯罪、金融诈骗犯罪的所得及其产生的收益的来源和性质，有下列行为之一的，没收实施以上犯罪的所得及其产生的收益，处五年以下有期徒刑或者拘役，并处或者单处罚金；情节严重的，处五年以上十年以下有期徒刑，并处罚金：

（一）提供资金帐户的；

（二）将财产转换为现金、金融票据、有价证券的；

（三）通过转帐或者其他支付结算方式转移资金的；

（四）跨境转移资产的；

（五）以其他方法掩饰、隐瞒犯罪所得及其收益的来源和性质的。

单位犯前款罪的，对单位判处罚金，并对其直接负责的主管人员和其他直接责任人员，依照前款的规定处罚。

（二）概念

洗钱罪，是指为掩饰、隐瞒毒品犯罪、黑社会性质的组织犯罪、恐怖活动犯罪、走私犯罪、贪污贿赂犯罪、破坏金融管理秩序犯罪、金融诈骗犯罪的所得及其产生的收益的来源与性质，提供资金账户，将财产转换为现金、金融票据、有价证券，通过转账或者其他支付结算方式转移资金，跨境转移资产，或者以其他方法掩饰、隐瞒犯罪所得及其收益的性质和来源的行为。

（三）构成要件

1.行为主体

既可以是自然人，也可以是单位。

【注意】《刑法修正案（十一）》通过删除第191条关于客观行为方式中三个"协助"和"明知"等术语，改变了洗钱罪只能由"他犯"构成的限制性框架，将"自洗钱"纳入洗钱罪的打击范围。强化对洗钱罪的刑事打击效果，从根本上改善我国反洗钱司法效果薄弱的局面。例如，甲是毒品犯罪分子，其将自己的毒品犯罪所得通过跨境转移资产的方式转移至海外，其成立毒品犯罪与洗钱罪，数罪并罚。

2.行为对象

上游犯罪的所得及其产生的收益。

【注意】犯罪所得包括犯罪行为的直接所得与间接所得，还包括犯罪行为所取得的报酬。例如，帮助他人实施金融诈骗犯罪所获得的报酬，也是犯罪所得。

（1）毒品犯罪：是指刑法分则第六章第七节所规定的犯罪。

【注意】包括所有毒品犯罪，不能随便限制其范围。例如，帮助他人持有毒品原植物种子、幼苗所获得的报酬，因为包庇毒品犯罪分子而从被包庇者那里获得的报酬，也都应当认定为毒品犯罪所得。

（2）黑社会性质的组织犯罪：是指以黑社会性质组织为主体实施的各种犯罪，包括黑社会性质组织所实施的财产犯罪的所得及其产生的收益。

（3）恐怖活动犯罪：是指以恐怖活动组织为主体实施的各种犯罪，包括恐怖活动组织所实施的财产犯罪的所得及其产生的收益。

（4）走私犯罪：是指刑法分则第三章第二节所规定的全部走私犯罪。

（5）贪污贿赂犯罪。

这里的"贪污贿赂犯罪"≠分则第八章的"贪污贿赂罪"。

①职务侵占罪不属于本罪的上游犯罪。

②所挪用的公款本身不属于上游犯罪"所得"，因为挪用公款只是暂时使用公款，而不要求将公款据为己有。但是，挪用公款行为产生的收益属于上游犯罪产生的收益，能够成为洗钱罪的对象。

例如：甲挪用公款在境外开公司，乙知道真相帮助甲将公款汇往境外的，不应当认定为洗钱罪。

【注意】挪用公款存入银行的利息，可以成为洗钱罪的对象。

（6）破坏金融管理秩序犯罪：是指刑法分则第三章第四节所规定的犯罪。

（7）金融诈骗犯罪：是指刑法分则第三章第五节所规定的犯罪。

【注意】上述（6）和（7）的犯罪，本身其内部有很多细小、具体的罪名，容易被大家忽略，所以大家需要特殊记住一些具体罪名。

破坏金融管理秩序犯罪包括：假币类犯罪、高利转贷罪、非法吸收公众存款罪、非国家工作人员受贿罪、违法发放贷款罪、骗取贷款罪等。

金融诈骗犯罪包括：集资诈骗罪、贷款诈骗罪、保险诈骗罪、信用卡诈骗罪等。

【提示】合同诈骗罪不属于洗钱罪的上游犯罪。

3.洗钱罪的成立，应当以上游犯罪事实成立为认定前提。

（1）上游犯罪尚未依法裁判，但查证属实的，不影响对洗钱罪的审判。

（2）上游犯罪事实可以确认，因行为人死亡等原因依法不予追究刑事责任的，不影响洗钱罪的认定。

（3）上游犯罪事实可以确认，但是上游犯罪超过追诉时效，洗钱罪仍旧可以追究刑事责任。

（4）上游犯罪事实成立，依法以其他罪名定罪处罚的，也不影响洗钱罪的认定。

例如：只要上游犯罪人的行为符合破坏金融管理秩序犯罪或金融诈骗犯罪的犯罪构成，即使由于某种原因（如牵连犯、想象竞合犯、包括的一罪等）认定为其他犯罪时，其犯罪所得及其产生的收益也能成为洗钱罪的对象。

4.本罪的责任形式为故意（包括间接故意），行为人明知自己的行为会发生掩饰、隐瞒犯罪所得及其收益的来源和性质的结果，并且希望或者放任这种结果发生。

【注意】行为人在上述7种犯罪所得及其收益范围内产生对象认识错误的，不影响洗钱罪故意的成立。例如，行为人将上游的黑社会性质的组织犯罪所得误认为是恐怖活动犯罪所得而实施洗钱行为的，不影响洗钱罪的成立。

【总结】下列情形属于常见的"洗钱"方式：

（1）通过典当、租赁、买卖、投资等方式，转移、转换犯罪所得及其收益的。

（2）通过与商场、饭店、娱乐场所等现金密集型场所的经营收入相混合的方式，转移、转换犯罪所得及其收益的。

（3）通过虚构交易、虚设债权债务、虚假担保、虚报收入等方式，将犯罪所得及其收益转换为"合法"财物的。

（4）通过买卖彩票、奖券等方式，转换犯罪所得及其收益的。

（5）通过赌博方式，将犯罪所得及其收益转换为赌博收益的。

（6）将犯罪所得及其收益携带、运输或者邮寄出入境的。

（7）通过上述规定以外的方式转移、转换犯罪所得及其收益的。

（四）本罪的认定

1.成立本罪要求行为人与上游犯罪人没有事前通谋，否则行为人成立上游犯罪的共犯。成立共犯后的再次洗钱也是"自洗钱"的体现，同样需要数罪并罚。

2.上游行为人犯罪符合构成要件，但是行为人没有责任（年龄不够等），下游洗钱者依旧可以成立洗钱罪。

3.在司法实践中，对于地下钱庄实施非法从事资金支付结算业务或者非法买卖外汇行为，通过转账或者其他结算方式协助资金转移，或者协助将资金汇往境外，构成非法经营罪，同时又构成洗钱罪或者帮助恐怖活动罪的，按照想象竞合犯处罚原则，依照处罚较重的规定定罪处罚。

十、骗取贷款罪

（一）法条

第175条之一　以欺骗手段取得银行或者其他金融机构贷款、票据承兑、信用证、保函等，给银行或者其他金融机构造成重大损失的，处三年以下有期徒刑或者拘役，并处或者单处罚金；给银行或者其他金融机构造成特别重大损失或者有其他特别严重情节的，处三年以上七年以下有期徒刑，并处罚金。

单位犯前款罪的，对单位判处罚金，并对其直接负责的主管人员和其他直接责任人员，依照前款的规定处罚。

（二）概念

骗取贷款罪，是指以欺骗手段取得银行或者其他金融机构贷款，给银行或者其他金融机构造成重大损失的行为。

（三）构成要件

1.本罪的成立要求给银行或者其他金融机构造成重大损失。如果只有骗取行为，并没有造成损失的，不成立本罪。

2.本罪责任形式为故意，不要求具有特定目的。如果行为人具有非法占有目的，则按照相应的金融诈骗罪或者其他犯罪论处。例如，以非法占有为目的，骗取银行贷款的，成立贷款诈骗罪。也即贷款诈骗罪与骗取贷款罪的区别为：是否具有非法占有的目的。

十一、妨害信用卡管理罪

（一）法条

第177条之一　有下列情形之一，妨害信用卡管理的，处三年以下有期徒刑或者拘役，并处或者单处一万元以上十万元以下罚金；数量巨大或者有其他严重情节的，处三年以上十年以下有期徒刑，并处二万元以上二十万元以下罚金：

（一）明知是伪造的信用卡而持有、运输的，或者明知是伪造的空白信用卡而持有、运输，数量较大的；

（二）非法持有他人信用卡，数量较大的；

（三）使用虚假的身份证明骗领信用卡的；

（四）出售、购买、为他人提供伪造的信用卡或者以虚假的身份证明骗领的信用卡的。

窃取、收买或者非法提供他人信用卡信息资料的，依照前款规定处罚。

银行或者其他金融机构的工作人员利用职务上的便利，犯第二款罪的，从重处罚。

（二）构成要件

根据上述法条，本罪有四种行为方式：

1.明知是伪造的信用卡而持有、运输的，或者明知是伪造的空白信用卡而持有、运输，数量较大的。

2.非法持有他人信用卡，数量较大的。

（1）违法获得他人信用卡后而持有的，属于非法持有。例如，拾取他人多张信用卡而持有的，即属于非法持有他人信用卡。

（2）为持卡人保管、取款而持有他人信用卡的，不属于非法持有。

（3）购买他人信用卡后而持有的，属于非法持有他人信用卡。

（4）经持卡人同意，收藏他人没有余额、不能透支的借记卡的，不属于非法持有。

（5）收藏他人可以透支的贷记卡的，即使征得持卡人同意，也属于非法持有。

3.使用虚假的身份证明骗领信用卡的。

（1）以虚假的身份证明骗领信用卡，并不要求身份证明本身是虚假的，行为人使用他人真实身份证明（包括居民身份证、军官证、士兵证、护照等）为自己骗领信用卡的，也属于以虚假身份证明骗领信用卡。

（2）以虚假的身份证明骗领信用卡，还包括使用虚假的保证人身份证明骗领信用卡。

（3）骗领信用卡，还包括以他人的身份证明挂失他人的信用卡并骗领补办的信用卡。

4.出售、购买、为他人提供伪造的信用卡或者以虚假的身份证明骗领的信用卡的。

（四）本罪的认定

使用虚假的身份证明骗领信用卡，构成本罪，又实施了信用卡诈骗罪的，属于牵连犯，择一重罪论处。

第五节　金融诈骗罪

【提示】1.金融诈骗罪与诈骗罪是特殊法条与普通法条的关系，优先适用特殊法条。

2.本节有三个只能由自然人构成的犯罪（纯正的自然人犯罪）：（1）贷款诈骗罪；（2）信用卡诈骗罪；（3）有价证券诈骗罪。

一、贷款诈骗罪

（一）法条

第193条　有下列情形之一，以非法占有为目的，诈骗银行或者其他金融机构的贷款，数额较大的，处五年以下有期徒刑或者拘役，并处二万元以上二十万元以下罚金；数额巨大或者有其他严重情节的，处五年以上十年以下有期徒刑，并处五万元以上五十万元以下罚金；数额特别巨大或者有其他特别严重情节的，处十年以上有期徒刑或者无期徒刑，并处五万元以上五十万元以下罚金或者没收财产：

（一）编造引进资金、项目等虚假理由的；

（二）使用虚假的经济合同的；

（三）使用虚假的证明文件的；

（四）使用虚假的产权证明作担保或者超出抵押物价值重复担保的；

（五）以其他方法诈骗贷款的。

（二）概念

贷款诈骗罪，是指以非法占有为目的，使用欺诈方法，诈骗银行或者其他金融机构的贷款，数额较大的行为。

（三）构成要件

1.贷款诈骗罪（既遂）的构造为：行为人实施欺骗行为 → 金融机构工作人员产生认识错误 → 基于认识错误发放贷款 → 行为人或第三者取得贷款 → 金融机构遭受财产损失。

【注意1】单位实施贷款诈骗行为的，直接以负有责任的自然人的贷款诈骗罪论处，不再成立单位的合同诈骗罪。例如，甲公司以非法占有为目的实施贷款诈骗行为，诈骗所得100万元，银行职员乙为其洗钱。甲公司负有责任的自然人成立贷款诈骗罪，乙构成洗钱罪。

【注意2】行为人合法取得贷款后，由于某种原因不能还本付息，采取欺骗手段将用于贷款的抵押物隐匿、转移，使贷款人不能对抵押物行使权利的，不能认定为贷款诈骗罪。按民事案件处理，无罪。

【注意3】合法取得贷款后，如果行为人的欺骗手段使贷款人产生认识错误，进而作出免除债务的处分，则成立普通诈骗罪（骗取财产性利益）。

2.责任要素除故意外，还要求具有非法占有的目的，具体表现为不归还贷款的意思。对于具有下列情形之一的，应认定为具有非法占有目的：

（1）假冒他人名义贷款的。

（2）贷款后携款潜逃的。

（3）未将贷款按贷款用途使用，而是用于挥霍致使贷款无法偿还的。

（4）改变贷款用途，将贷款用于高风险的经济活动造成重大经济损失，导致无法偿还贷款的。

（5）为谋取不正当利益，改变贷款用途，造成重大经济损失，致使无法偿还贷款的。

（6）使用贷款进行违法犯罪活动的。

（7）隐匿贷款去向，贷款到期后拒不偿还的。

3.本罪与骗取贷款罪的区别：本罪具有非法占有目的，骗取贷款罪不能具有此目的。

例如：甲因不具备贷款的条件而采取了欺骗手段获取贷款，案发时有能力履行还贷义务，或者案发时不能归还贷款是因为意志以外的原因，如因经营不善、被骗、市场风险等，只能认定为骗取贷款罪。

（四）本罪的认定

1.两头骗。

例如：行为人甲采取欺骗手段使乙为其提供担保，从而骗取银行或其他金融机构贷款。行为人欺骗他人为自己的贷款诈骗提供担保，显然是一种手段行为，而贷款诈骗则是目的行为，二者属于牵连关系，从一重罪处罚。[1]

---

① 张明楷：《刑法学（下）》（第六版），法律出版社2021年版，第1031页。

2.行为人窃取他人房产证等证件，冒用他人名义与银行签订贷款合同，骗取银行贷款的，成立贷款诈骗罪。

二、信用卡诈骗罪

（一）法条

第196条　有下列情形之一，进行信用卡诈骗活动，数额较大的，处五年以下有期徒刑或者拘役，并处二万元以上二十万元以下罚金；数额巨大或者有其他严重情节的，处五年以上十年以下有期徒刑，并处五万元以上五十万元以下罚金；数额特别巨大或者有其他特别严重情节的，处十年以上有期徒刑或者无期徒刑，并处五万元以上五十万元以下罚金或者没收财产：

（一）使用伪造的信用卡，或者使用以虚假的身份证明骗领的信用卡的；

（二）使用作废的信用卡的；

（三）冒用他人信用卡的；

（四）恶意透支的。

前款所称恶意透支，是指持卡人以非法占有为目的，超过规定限额或者规定期限透支，并且经发卡银行催收后仍不归还的行为。

盗窃信用卡并使用的，依照本法第二百六十四条（盗窃罪）的规定定罪处罚。

（二）概念

信用卡诈骗罪，是指以非法占有为目的，利用信用卡进行诈骗活动，骗取数额较大的财物的行为。

（三）"信用卡"的定义

根据立法解释的规定，本罪的信用卡，是指由商业银行或者其他金融机构发行的具有消费支付、信用贷款、转账结算、存取现金等全部功能或者部分功能的电子支付卡。

【总结】银行卡、借记卡、储蓄卡都属于本罪"信用卡"。美容卡、购物卡、健身卡等不属于"信用卡"。

【问题】非法获取他人社保卡后盗刷卡内社保金应该如果定性？

观点展示：

观点一：现在的社保卡已经加入了存储、取款、转账等金融功能，可以作为具有借记功能的银行卡使用，所以应构成信用卡诈骗罪。

观点二：（张明楷老师的观点）社保卡不同于信用卡，拾得社保卡进行盗刷没有秘密窃取，而是通过骗取药店等具体刷卡操作人员致使被害人遭受损失，应构成诈骗罪（三角诈骗）。

观点三：拾得社保卡、盗刷社保金是一种在被害人不知情的情况下通过平和手段秘密窃取的行为，应构成盗窃罪。

（四）行为方式

1.使用伪造的信用卡，或者使用以虚假的身份证明骗领的信用卡的（假卡，数额要求5000元）。

（1）使用，是指按照信用卡的通常使用方法，将伪造的信用卡作为真实有效的信用卡予以利用。

（2）使用所谓"变造"的信用卡（如磁条内的信息被变更的信用卡）的，应认定为使用伪造的信用卡。变造的信用卡，在此是一种扩大解释。

2.使用作废的信用卡的（假卡，数额要求5000元）。

行为主体既可以是持卡人，也可以是其他人。

3.冒用他人信用卡的（真卡，数额要求5000元）。

（1）此种行为中的信用卡必须是真实有效的，否则属于上述两种行为。

（2）使用自己名义的信用卡的行为，不成立信用卡诈骗罪。

（3）冒用他人信用卡，以违反合法持卡人的意志为前提；征得持卡人同意使用其信用卡的，不构成犯罪。

（4）根据司法解释的规定，"冒用他人信用卡"，包括以下情形：

①拾得他人信用卡并使用的。

②骗取他人信用卡并使用的。

③窃取、收买、骗取或者以其他非法方式获取他人信用卡信息资料，并通过互联网、通讯终端等使用的。

④其他冒用他人信用卡的情形。

4.恶意透支的（真卡，数额要求5万元）。

（1）恶意透支，是指持卡人以非法占有为目的，超过规定限额或者规定期限透支，并且经发卡银行催收后仍不归还的行为。

（2）"催收"方式：书面催收+口头催收。

（3）"催收"对象：仅限于对持卡人催收，对保证人或者持卡人家属催收的，不属于"催收"。

（4）"催收"需要在透支超过规定限额或者规定期限后进行。

（5）"催收"应当采用能够确认持卡人收悉的方式，但持卡人故意逃避催收的除外。这是"有效催收"的本质要求，以将持卡人由于搬迁或者出差等原因没有收到银行催收以致未能按时还款的情况排除在外。

（6）只要持卡人透支后，发卡银行实施过催收行为，持卡人按照信用卡的通常使用情形认识到发卡银行实施过催收行为并仍不归还，即使持卡人没有直接或间接收到发卡银行的催收，也应认定为"经发行银行催收后仍不归还"。

（7）对于持卡人与实际透支人不一致时的催收对象及相关问题。

①违背持卡人真实意愿情形的处理。以拾得、骗取、窃取、收买，甚至抢劫、盗窃等方式获取他人信用卡后恶意透支，根据刑法和司法解释的有关规定，可以盗窃罪、信用卡诈骗罪（冒用他人信用卡）等规定定罪处罚，不需要催收。

②未违背持卡人的真实意愿情形的处理。持卡人明知甚至与实际透支人共谋，共同使用自己的信用卡恶意透支的，对持卡人进行催收即可。

（8）司法解释的规定。

①持卡人以非法占有为目的，超过规定限额或者规定期限透支，经发卡银行两次有效催收（间隔至少30日）后超过3个月仍不归还的，应认定为"恶意透支"。

②有以下情形之一的，应当认定为以非法占有为目的：

A.明知没有还款能力而大量透支，无法归还的；

B.使用虚假资信证明申领信用卡后透支，无法归还的；

C.透支后通过逃匿、改变联系方式等手段，逃避银行催收的；

D.抽逃、转移资金，隐匿财产，逃避还款的；

E.使用透支的资金进行违法犯罪活动的；

F.其他非法占有资金，拒不归还的情形。

③发卡银行违规以信用卡透支形式变相发放贷款，持卡人未按规定归还的，不适用"恶意透支"的规定，构成其他犯罪的，以其他犯罪论处。

【提示】该行为实质上是借用信用卡的形式发放贷款，所发放的"信用卡"的主要功能是作为贷款载体而非用于透支消费，不符合信用卡的本质特征，此种情况下"持卡人"透支不还的行为主要属于不及时归还贷款，不应适用恶意透支的规定定罪处罚。当然，如果符合骗取贷款罪、贷款诈骗罪等其他犯罪的，可以依照其他犯罪定罪处罚。

（9）非法占有目的必须存在于透支时；透支时具有归还的意思，透支后由于客观原因不能归还的，不能认定为信用卡诈骗罪。

（10）责任要素除故意外，还要求有非法占有目的。

【注意】得单纯依据未按规定还款的事实认定非法占有目的。对于持卡人原有合法、稳定收入来源，长期正常使用信用卡，信用记录良好，但在正常透支消费后，因突发重大疾病或者其他客观原因，导致一时无力还款，事后与发卡银行积极沟通说明情况、尽力筹措还款资金的，不应认定为以非法占有为目的。

【归纳总结】

盗窃信用卡 + 使用	无论对谁用，只成立盗窃罪①
侵占（拾得）信用卡 + 使用	无论对谁用，只成立信用卡诈骗罪②
抢劫信用卡 + 使用	无论对谁用，只成立抢劫罪③
总结	原则：冒用他人信用卡就是违背持卡人的意志加以使用，法条中不区分人和机器，所以原则上行为人只要用的不是自己的真实卡（违背他人意志），无论对机器还是人使用，都只成立信用卡诈骗罪。 例外：盗窃+无论对谁用，都成立盗窃罪；抢劫+无论对谁用，都成立抢劫罪。
注意	盗窃、抢劫信用卡并使用成立盗窃罪和抢劫罪，其前提是该卡属于已经被激活的"活卡"，如果是未被激活的"死卡"，盗窃、抢劫之后再激活使用的，仍然成立信用卡诈骗罪。具体可参考最高院指导案例"王立军等信用卡诈骗案"。

---

① 《刑法》第196条第3款规定，盗窃信用卡并使用的，以盗窃罪论处。

② 2008年4月18日《最高人民检察院关于拾得他人信用卡并在自动柜员机（ATM机）上使用的行为如何定性问题的批复》，拾得他人信用卡并在自动柜员机（ATM机）上使用的行为，属于《刑法》第196条第1款第3项规定的"冒用他人信用卡"的情形，构成犯罪的，以信用卡诈骗罪追究刑事责任。

③ 2005年6月8日《最高人民法院关于审理抢劫、抢夺刑事案件适用法律若干问题的意见》第6条规定，抢劫信用卡后使用、消费的，其实际使用、消费的数额为抢劫数额。

经典考题：甲和女友乙在网吧上网时，捡到一张背后写有密码的银行卡。甲持卡去 ATM 机取款，前两次取出 5000 元。在准备再次取款时，乙走过来说："注意，别出事"，甲答："马上就好。"甲又分两次取出 6000 元，并将该 6000 元递给乙。乙接过钱后站了一会儿说："我走了，小心点。"甲接着又取出 7000 元。关于本案，下列哪些选项是正确的？（2015 年卷二第 57 题，多选）①

A. 甲拾得他人银行卡并在 ATM 机上使用，根据司法解释，成立信用卡诈骗罪

B. 对甲前两次取出 5000 元的行为，乙不负刑事责任

C. 乙接过甲取出的 6000 元，构成掩饰、隐瞒犯罪所得罪

D. 乙虽未持银行卡取款，也构成犯罪，犯罪数额是 1.3 万元

三、保险诈骗罪

（一）法条

第198条　有下列情形之一，进行保险诈骗活动，数额较大的，处五年以下有期徒刑或者拘役，并处一万元以上十万元以下罚金；数额巨大或者有其他严重情节的，处五年以上十年以下有期徒刑，并处二万元以上二十万元以下罚金；数额特别巨大或者有其他特别严重情节的，处十年以上有期徒刑，并处二万元以上二十万元以下罚金或者没收财产：

（一）投保人故意虚构保险标的，骗取保险金的；

（二）投保人、被保险人或者受益人对发生的保险事故编造虚假的原因或者夸大损失的程度，骗取保险金的；

（三）投保人、被保险人或者受益人编造未曾发生的保险事故，骗取保险金的；

（四）投保人、被保险人故意造成财产损失的保险事故，骗取保险金的；

（五）投保人、受益人故意造成被保险人死亡、伤残或者疾病，骗取保险金的。

有前款第四项、第五项所列行为，同时构成其他犯罪的，依照数罪并罚的规定处罚。

单位犯第一款罪的，对单位判处罚金，并对其直接负责的主管人员和其他直接责任人员，处五年以下有期徒刑或者拘役；数额巨大或者有其他严重情节的，处五年以上十年以下有期徒刑；数额特别巨大或者有其他特别严重情节的，处十年以上有期徒刑。

保险事故的鉴定人、证明人、财产评估人故意提供虚假的证明文件，为他人诈骗提供条件的，以保险诈骗的共犯论处。

第183条　保险公司的工作人员利用职务上的便利，故意编造未曾发生的保险事故进行虚假理赔，骗取保险金归自己所有的，依照本法第二百七十一条（职务侵占罪）的

---

① **【答案】** ABD。A 项正确，根据《关于拾得他人信用卡并在自动柜员机（ATM 机）上使用的行为如何定性问题的批复》，拾得他人信用卡并在自动柜员机（ATM 机）上使用的行为，属于"冒用他人信用卡"的情形，构成犯罪的，以信用卡诈骗罪追究刑事责任。BD 项正确，从本案的案情看，乙虽然和甲一起拾捡了信用卡，但乙只参与了甲的后两次行为，只对 6000 元和 7000 元两次的行为承担责任，即成立信用卡诈骗罪的承继的共犯，而对于甲前两次取出 5000 元的行为，乙无须承担刑事责任。C 项错误，如前述对 B 项和 D 项的解析，乙对甲后来两次取出的 6000 元和 7000 元的行为成立信用卡诈骗罪的承继的共犯，而非掩饰、隐瞒犯罪所得罪。综上，ABD 项当选。

规定定罪处罚。

国有保险公司工作人员和国有保险公司委派到非国有保险公司从事公务的人员有前款行为的，依照本法第三百八十二（贪污罪）、三百八十三条的规定定罪处罚。

（二）概念

保险诈骗罪，是指投保人、被保险人、受益人，以使自己或者第三者获取保险金为目的，采取虚构保险标的、保险事故或者制造保险事故等方法，骗取保险金，数额较大的行为。

（三）构成要件

1.行为主体：投保人、被保险人与受益人。本罪为真正的身份犯。

【注意】不具有主体身份的人骗取保险金的，不构成保险诈骗罪，可构成普通的诈骗罪。

例如：个体户甲开办的汽车修理厂系某保险公司指定的汽车修理厂家。甲在为他人修理汽车时，多次夸大汽车毁损程度，向保险公司多报汽车修理费用，从保险公司骗取12万余元。对甲的行为应以诈骗罪论处。

2.行为方式：采取虚构保险标的、保险事故或者制造保险事故等方法。

【注意】保险诈骗罪的成立（刑事犯罪）与保险合同的成立（民事合同）并不冲突。

例如：甲隐瞒其父母自身疾病"带病投保"，欺骗保险公司。自合同成立之日起2年后，受益人甲才向保险公司索赔的。《保险法》第16条第3款规定："前款规定的合同解除权，自保险人知道有解除事由之日起，超过三十日不行使而消灭。自合同成立之日起超过二年的，保险人不得解除合同；发生保险事故的，保险人应当承担赔偿或者给付保险金的责任。"刑法和保险法的性质和目的均不同，保险法是从民事责任角度为了保障弱势一方的合法权益，故认定该保险合同有效，但从刑法角度来看，甲的行为已经破坏了保险合同所涉及的社会主义市场经济秩序，故在刑法上仍成立保险诈骗罪，虽然保险公司赔付保险金，但是其也不是基于错误认识处分的财物（是基于保险合同的强制规定），所以本案应该按照保险诈骗罪的未遂处理。

3.本罪的着手的认定。

虚构保险标的、制造保险事故，属于为保险诈骗创造前提条件，属于预备行为。向保险公司提出理赔才是着手，才开始实行行为。

例如：甲为了骗取保险金而放火烧毁已经投保的房屋，进而骗取保险金的，开始放火烧毁房屋时，还不是保险诈骗罪的着手，以房屋被烧毁为根据向保险公司提出给付保险金的请求时，才是保险诈骗罪的着手。

（四）罪数

1.行为人故意造成财产损失的保险事故或故意造成被保险人死亡、伤残或者疾病，骗取保险金，同时构成其他犯罪的，依照数罪并罚的规定处罚。

例如：甲故意纵火烧毁已经投保的汽车，发生火灾导致邻居乙、丙房屋被烧毁，并骗取保险金的，成立放火罪和保险诈骗罪，数罪并罚。

2.行为人仅实施了制造保险事故的犯罪行为，而没有向保险人索赔即没着手，只处罚制造保险事故的犯罪。

【例如】：甲租用某建筑公司场地开舞厅，并为舞厅财产购买了30万元保险。后因甲无力支付租金，场地被建筑公司封锁。甲决定放火烧毁舞厅，一来可以解对建筑公司之恨，二来可以从保险公司获取保险赔偿金。甲放火后事迹败露，未到保险公司索赔即被当地公安机关抓获。甲的行为构成放火罪与保险诈骗罪的预备，想象竞合从一重，应认定为放火罪。

【总结】着手前是想象竞合犯，着手后数罪并罚。

（五）共犯的认定

1.《刑法》第198条第4款规定："保险事故的鉴定人、证明人、财产评估人故意提供虚假的证明文件，为他人诈骗提供条件的，以保险诈骗罪的共犯论处。"

【提示】本款属于注意规定。

2.不具有本罪主体的一般公民与保险公司的工作人员相勾结骗取保险金，构成共同犯罪时，应当根据刑法总论中的共犯与身份的原理以及共同犯罪的其他原理确定罪名。

四、集资诈骗罪

（一）法条

第192条　以非法占有为目的，使用诈骗方法非法集资，数额较大的，处三年以上七年以下有期徒刑，并处罚金；数额巨大或者有其他严重情节的，处七年以上有期徒刑或者无期徒刑，并处罚金或者没收财产。

单位犯前款罪的，对单位判处罚金，并对其直接负责的主管人员和其他直接责任人员，依照前款的规定处罚。

（二）概念

集资诈骗罪，是指以非法占有为目的，使用诈骗方法非法集资，数额较大的行为。

（三）构成要件

1.本罪的诈骗方法即为欺骗行为，与诈骗罪的行为构造相同。

行为构造：行为人实施欺骗行为 → 使对方陷入认识错误 → 对方基于认识错误处分财产 → 行为人或第三者取得财产 → 被害人遭受财产损失。

2.非法集资，是指单位或者个人，违反法律、法规，向社会公众募集资金的行为。

（1）集资仅限于向社会公众募集资金，不包括募集资金以外的财物。

（2）集资行为必须面向社会公众，但不要求实际上已经骗取了多数人的资金。

（3）非法集资表现为虚假承诺回报，承诺的回报必须是虚假的，而不是真实的。

3.责任要素除故意外，还要求具有非法占有的目的，表现为具有不归还集资款的意思。

【注意】根据司法解释的规定，使用诈骗方法非法集资，具有下列7种情形之一的，可以认定为"以非法占有为目的"：

（1）集资后不用于生产经营活动或者虽用于生产经营活动但与筹集资金规模明显不成比例，致使集资款不能返还的。

（2）肆意挥霍集资款，致使集资款不能返还的。

（3）携带集资款逃匿的。

（4）将集资款用于违法犯罪活动的。

（5）抽逃、转移资金、隐匿财产，逃避返还资金的。

（6）隐匿、销毁账目，或者搞假破产、假倒闭，逃避返还资金的。

（7）拒不交代资金去向，逃避返还资金的。

（8）其他可以认定非法占有目的的情形。

（四）本罪的认定

1.本罪与非法吸收公众存款罪的区别：是否具有非法占有目的，本罪要求具有此目的。

2.网络借贷信息中介机构或其控制人，利用网络借贷平台发布虚假消息，非法建立资金池募集资金，所得资金大部分未用于生产经营活动，主要用于借新还旧和个人挥霍，无法归还所募集资金数额巨大，应认定为具有非法占有目的，以集资诈骗罪追究刑事责任。[1]

3.犯罪嫌疑人在初始阶段仅具有非法吸收公众存款的故意，不具有非法占有目的，但在发生经营失败、资金链断裂等问题后，明知没有归还能力仍然继续吸收公众存款的，这一时间节点之后的行为应当认定为集资诈骗罪，此前的行为应当认定为非法吸收公众存款罪，属于包括的一罪，以集资诈骗罪定罪处罚。

第六节　危害税收征管罪

一、逃税罪

（一）法条

第201条　纳税人采取欺骗、隐瞒手段进行虚假纳税申报或者不申报，逃避缴纳税款数额较大并且占应纳税额百分之十以上的，处三年以下有期徒刑或者拘役，并处罚金；数额巨大并且占应纳税额百分之三十以上的，处三年以上七年以下有期徒刑，并处罚金。

扣缴义务人采取前款所列手段，不缴或者少缴已扣、已收税款，数额较大的，依照前款的规定处罚。

对多次实施前两款行为，未经处理的，按照累计数额计算。

有第一款行为，经税务机关依法下达追缴通知后，补缴应纳税款，缴纳滞纳金，已受行政处罚的，不予追究刑事责任；但是，五年内因逃避缴纳税款受过刑事处罚或者被税务机关给予二次以上行政处罚的除外。

（二）构成要件

1.行为主体：纳税人与扣缴义务人（身份犯）。

（1）纳税人：法律、行政法规规定的负有纳税义务的单位或者个人。

（2）扣缴义务人：法律、行政法规规定的负有代扣代缴、代收代缴税款义务的单位或者个人。

【注意】教唆、帮助他人逃税的，可成立逃税罪共犯。

2.行为方式

（1）采取欺骗、隐瞒手段进行虚假纳税申报。

---

[1] 最高人民检察院检例第40号：周辉集资诈骗案。

例如： 采取隐匿账簿、记账凭证，或者在账簿上多列支出或者不列、少列收入，或者报送虚假的纳税申报表、财务报表、代扣代缴、代收代缴税款报告表或者其他纳税申报资料进行虚假的纳税申报。

（2）不申报。

【注意】因不申报而成立逃税罪的，不需要采取欺骗、隐瞒手段。但只有经税务机关通知申报而不申报的，才能认定为逃税罪（限制解释）。

（3）根据《刑法》第204条的规定，缴纳税款后，以假报出口或者其他欺骗手段，骗取所缴纳的税款，符合其他要件的，也成立逃税罪。（参见下文骗取出口退税罪的相关内容）

3.数额要求

（1）纳税人成立本罪要求逃税数额较大并且占应纳税额10%以上。

（2）扣缴义务人构成逃税罪的，只要求数额较大，不要求占10%以上。

4.阻却事由

（1）任何逃税案件，首先必须经过税务机关的处理。税务机关没有处理或者不处理的，司法机关不得直接追究行为人的刑事责任。

（2）如果税务机关只要求行为人补缴应纳税款，缴纳滞纳金，而没有给予行政处罚的，只要行为人补缴应纳税款和缴纳滞纳金，就不应追究刑事责任。

（3）只有当行为人超过了税务机关的规定期限而不接受处理，司法机关才能追究刑事责任。

（4）但书所规定的"二次以上行政处罚"中的"二次"是指因逃税受到行政处罚后又逃税而再次被给予行政处罚，即已经受到二次行政处罚，第三次再逃税的，才否定处罚阻却事由的成立。

例如： 甲2013年3月因逃税受到行政处罚，2015年3月第二次逃税又受到行政处罚。此时，仍然可能成立处罚阻却事由，不构成逃税罪。

（5）该处罚阻却事由的待遇不适用于扣缴义务人的逃税行为。

二、抗税罪

（一）法条

第202条　以暴力、威胁方法拒不缴纳税款的，处三年以下有期徒刑或者拘役，并处拒缴税款一倍以上五倍以下罚金；情节严重的，处三年以上七年以下有期徒刑，并处拒缴税款一倍以上五倍以下罚金。

（二）构成要件

1.行为主体：纳税人和扣缴义务人，且仅限于自然人，不包括单位。

【注意1】非纳税人或扣缴义务人单独以暴力、威胁方法阻碍税务机关工作人员履行税收职责的，成立妨害公务罪。

【注意2】非纳税人与纳税人或扣缴义务人共同故意抗税的，成立抗税罪的共犯。

2.本罪是作为与不作为相结合的犯罪。

（三）罪数

根据司法解释的规定，实施抗税行为致人重伤、死亡，构成故意伤害罪、故意杀人罪的，属于想象竞合犯。

三、骗取出口退税罪

（一）法条

第204条　以假报出口或者其他欺骗手段，骗取国家出口退税款，数额较大的，处五年以下有期徒刑或者拘役，并处骗取税款一倍以上五倍以下罚金；数额巨大或者有其他严重情节的，处五年以上十年以下有期徒刑，并处骗取税款一倍以上五倍以下罚金；数额特别巨大或者有其他特别严重情节的，处十年以上有期徒刑或者无期徒刑，并处骗取税款一倍以上五倍以下罚金或者没收财产。

纳税人缴纳税款后，采取前款规定的欺骗方法，骗取所缴纳的税款的，依照本法第二百零一条（逃税罪）的规定定罪处罚；骗取税款超过所缴纳的税款部分，依照前款的规定处罚。

（二）概念

骗取出口退税罪，是指以假报出口或者其他欺骗手段，骗取国家出口退税款，数额较大的行为。

（三）构成要件

1.本罪只有在没有缴纳税款的情况下才可能成立。

（1）纳税人缴纳税款后，采取假报出口等欺骗方法，骗取所缴纳的税款的，成立逃税罪。

（2）对于骗取税款超过所缴纳的税款部分，则应认定为骗取出口退税罪，与逃税罪实行数罪并罚。

2.司法解释规定，有进出口经营权的公司、企业，明知他人意欲骗取国家出口退税款，仍违反国家有关进出口经营的规定，允许他人自带客户、自带货源、自带汇票并自行报关，骗取国家出口退税款的，以本罪论处。

四、虚开增值税专用发票罪

（一）法条

第205条　虚开增值税专用发票或者虚开用于骗取出口退税、抵扣税款的其他发票的，处三年以下有期徒刑或者拘役，并处二万元以上二十万元以下罚金；虚开的税款数额较大或者有其他严重情节的，处三年以上十年以下有期徒刑，并处五万元以上五十万元以下罚金；虚开的税款数额巨大或者有其他特别严重情节的，处十年以上有期徒刑或者无期徒刑，并处五万元以上五十万元以下罚金或者没收财产。

单位犯本条规定之罪的，对单位判处罚金，并对其直接负责的主管人员和其他直接责任人员，处三年以下有期徒刑或者拘役；虚开的税款数额较大或者有其他严重情节的，处三年以上十年以下有期徒刑；虚开的税款数额巨大或者有其他特别严重情节的，处十年以上有期徒刑或者无期徒刑。

虚开增值税专用发票或者虚开用于骗取出口退税、抵扣税款的其他发票，是指有为他人虚开、为自己虚开、让他人为自己虚开、介绍他人虚开行为之一的。

第210条　盗窃增值税专用发票或者可以用于骗取出口退税、抵扣税款的其他发票的，依照本法第二百六十四条（盗窃罪）的规定定罪处罚。

使用欺骗手段骗取增值税专用发票或者可以用于骗取出口退税、抵扣税款的其他发票的，依照本法第二百六十六条（诈骗罪）的规定定罪处罚。

（二）构成要件

1.行为方式

（1）为他人虚开。

（2）为自己虚开。

（3）让他人为自己虚开。

（4）介绍他人虚开发票。

2.本罪是实害犯。行为人实则实施诈骗犯罪，要求其主观上具有非法占有的目的。因过失而误开、错开增值税等发票的，不成立本罪。

（四）认定

行为人盗窃、骗取增值税专用发票或其他发票的行为成立盗窃罪或诈骗罪。

第七节　侵犯知识产权罪

一、侵犯商业秘密罪

（一）法条

第219条　有下列侵犯商业秘密行为之一，情节严重的，处三年以下有期徒刑，并处或者单处罚金；情节特别严重的，处三年以上十年以下有期徒刑，并处罚金：

（一）以盗窃、贿赂、欺诈、胁迫、电子侵入或者其他不正当手段获取权利人的商业秘密的；

（二）披露、使用或者允许他人使用以前项手段获取的权利人的商业秘密的；

（三）违反保密义务或者违反权利人有关保守商业秘密的要求，披露、使用或者允许他人使用其所掌握的商业秘密的。

明知前款所列行为，获取、披露、使用或者允许他人使用该商业秘密的，以侵犯商业秘密论。

本条所称权利人，是指商业秘密的所有人和经商业秘密所有人许可的商业秘密使用人。

（二）概念

侵犯商业秘密罪，是指违反反不正当竞争法等规范商业秘密的法律规定,侵犯商业秘密,情节严重的行为。

（三）构成要件

1.行为对象

商业秘密，是指不为公众所知悉，能为权利人带来经济利益，具有实用性并经权利人采取保密措施的技术信息和经营信息。

2.行为方式

（1）一次伤害：以盗窃、贿赂、欺诈、胁迫、电子侵入或者其他不正当手段获取权利人的商业秘密的。

（2）二次伤害：披露、使用或者允许他人使用以前项手段获取的权利人的商业秘密的。

（3）嘴巴漏风：违反保密义务或者违反权利人有关保守商业秘密的要求，披露、使用或者允许他人使用其所掌握的商业秘密的。

（4）多次伤害：明知或应知前述第一种至第三种违法行为，而获取、披露、使用或者允许他人使用该商业秘密。

3.主观罪过

责任形式为故意，行为人明知自己的行为会侵犯他人的商业秘密，并且希望或者放任这种结果发生。

二、侵犯著作权罪

（一）法条

第217条 以营利为目的，有下列侵犯著作权或者与著作权有关的权利的情形之一，违法所得数额较大或者有其他严重情节的，处三年以下有期徒刑，并处或者单处罚金；违法所得数额巨大或者有其他特别严重情节的，处三年以上十年以下有期徒刑，并处罚金：

（一）未经著作权人许可，复制发行、通过信息网络向公众传播其文字作品、音乐、美术、视听作品、计算机软件及法律、行政法规规定的其他作品的；

（二）出版他人享有专有出版权的图书的；

（三）未经录音录像制作者许可，复制发行、通过信息网络向公众传播其制作的录音录像的；

（四）未经表演者许可，复制发行录有其表演的录音录像制品，或者通过信息网络向公众传播其表演的；

（五）制作、出售假冒他人署名的美术作品的；

（六）未经著作权人或者与著作权有关的权利人许可，故意避开或者破坏权利人为其作品、录音录像制品等采取的保护著作权或者与著作权有关的权利的技术措施的。

（二）概念

侵犯著作权罪，是指自然人或者单位，以营利为目的，侵犯他人著作权或与著作权有关的权利，违法所得数额较大或者有其他严重情节的行为。

（三）构成要件

1.关于行为方式（参见上述法条）需要注意几个问题：

（1）"复制发行"的含义包括复制或者发行以及复制且发行。

（2）行为人所制作、出售的美术作品的署名为虚无人的，不成立本罪，但有可能成立诈骗罪。

2.本罪是故意犯罪，同时要求具有营利目的。

例1：甲出于教学、研究等非营利目的复制他人作品的，不构成犯罪。

例2：乙单纯制作假冒他人署名的美术作品，不出售、交付给他人，不具有营利目的的，不成立本罪。

【提示】根据司法解释的规定，除销售外，具有下列情形之一的，可以认定为"以营利为目的"：

（1）以在他人作品中刊登收费广告、捆绑第三方作品等方式直接或者间接收取费用的。

（2）通过信息网络传播他人作品，或者利用他人上传的侵权作品，在网站或者网页上提供刊登收费广告服务，直接或者间接收取费用的。

（3）以会员制方式通过信息网络传播他人作品，收取会员注册费或者其他费用的。

（4）其他利用他人作品牟利的情形。

三、假冒注册商标罪

（一）法条

第213条　未经注册商标所有人许可，在同一种商品、服务上使用与其注册商标相同的商标，情节严重的，处三年以下有期徒刑，并处或者单处罚金；情节特别严重的，处三年以上十年以下有期徒刑，并处罚金。

（二）构成要件

1.行为人实施了未经注册商标所有人许可，在同一种商品、服务上使用与其注册商标相同的商标，情节严重的行为。

【注意1】相同不等于完全一致。根据司法解释的规定，具有下列情形之一，可以认定为"与其注册商标相同的商标"：

（1）改变注册商标的字体、字母大小写或者文字横竖排列，与注册商标之间基本无差别的。

（2）改变注册商标的文字、字母、数字等之间的间距，与注册商标之间基本无差别的。

（3）改变注册商标颜色，不影响体现注册商标显著特征的。

（4）在注册商标上仅增加商品通用名称、型号等缺乏显著特征要素，不影响体现注册商标显著特征的。

（5）与立体注册商标的三维标志及平面要素基本无差别的。

（6）其他与注册商标基本无差别、足以对公众产生误导的商标。

【注意2】如果经过注册商标所有人许可，在同一种商品或者服务上使用该商标的，是合法行为，不成立假冒注册商标罪。

2.责任形式为故意。行为人认识到自己使用的商标与他人已经注册的商标相同，认识到自己的行为未经注册商标所有人许可，但有意在同一种商品、服务上使用与他人注册商标相同的商标。动机不影响犯罪的成立。

（三）认定

1.行为人先生产假冒注册商标的商品，然后又销售这些商品，只定假冒注册商标罪。

2.行为人只销售他人假冒注册商标的商品，构成销售假冒注册商标的商品罪。

3.以假冒注册商标方式生产、销售伪劣商品的行为，属于想象竞合犯，从一重罪论处。

第八节　扰乱市场秩序罪

一、合同诈骗罪

（一）法条

第224条　有下列情形之一，以非法占有为目的，在签订、履行合同过程中，骗取对方当事人财物，数额较大的，处三年以下有期徒刑或者拘役，并处或者单处罚金；数额巨大或者有其他严重情节的，处三年以上十年以下有期徒刑，并处罚金；数额特别巨大或者有其他特别严重情节的，处十年以上有期徒刑或者无期徒刑，并处罚金或者没收财产：

（一）以虚构的单位或者冒用他人名义签订合同的；

（二）以伪造、变造、作废的票据或者其他虚假的产权证明作担保的；

（三）没有实际履行能力，以先履行小额合同或者部分履行合同的方法，诱骗对方当事人继续签订和履行合同的；

（四）收受对方当事人给付的货物、货款、预付款或者担保财产后逃匿的；

（五）以其他方法骗取对方当事人财物的。

（二）概念

合同诈骗罪，是指以非法占有为目的，在签订、履行合同过程中，使用欺诈手段，骗取对方当事人财物，数额较大的行为。

（三）构成要件

1. "合同"的含义：应当是平等市场主体之间签订的、反映市场经济（交易）关系、具有财产交付内容的合同。

【注意1】行政合同也可能成为本罪的合同。

例如：环保局向社会公开招标，让具有污泥处理技术的企业为环保局处理污泥。甲企业不具有该技术，却伪造相关资料与环保局签订合同，通过将污泥直接运往外地填埋的方法，从环保局骗取大量污泥处理费用。甲公司应认定为合同诈骗罪。

【注意2】普通公民之间的借款合同、收养合同、监护合同等不属于本罪的合同。

【注意3】就违禁品的买卖所签订的合同，不属于本罪的合同。

【注意4】书面、口头合同都可以成为本罪的合同。

2.行为方式："欺诈手段"（参考上述法条内容）。

【注意】上述犯罪行为必须发生在签订、履行合同的过程中，被害人必须是合同对方当事人。

3.成立本罪要求具有非法占有的目的。

【注意1】非法占有目的既可以存在于签订合同时，也可以存在于履行合同的过程中，但产生非法占有目的后并未实施诈骗行为的，不能成立合同诈骗罪。

【注意2】行为人收受了对方已经转移所有权的财产后，才产生非法占有目的，此后除据为己有外并没有实施其他犯罪行为的，不能以犯罪论处（应属于民事违约责任）。如果是通过欺骗方式让对方免除自己的债务的，则是新的诈骗行为，对象就是财产性利益。

【注意3】下列情形认定为具有非法占有的目的：

（1）挥霍对方当事人交付的货物、货款、预付款、定金或者保证金，致使上述款物无法返还的。

（2）使用对方当事人的货物、货款、预付款或者定金、保证金进行违法犯罪活动的。

（3）合同签订后，以支付部分货款、开始履行合同为诱饵，骗取全部货物后，在合同规定的期限内或者双方约定的付款期限内，无正当理由拒不支付其余货款的。

（4）收到对方货款后，不按合同规定或双方约定组织货源，而是用于冒险投资的。

（四）本罪的认定

1.本罪与普通诈骗罪的关系

（1）合同诈骗罪与普通诈骗罪是一种特别关系。符合诈骗罪的犯罪构成且利用了合同的，就成立合同诈骗罪。

（2）至少对方当事人应是从事经营活动的市场主体，否则也难以认定为合同诈骗罪。

例如：甲得知自己的朋友乙（一般公民）有大量存款，便产生诈骗故意。甲声称，自己有一笔绝对赚钱的生意，投资50万元后，3个月内可以赚100万元，但自己一时没有50万元，希望乙投资30万元，3个月后返还乙60万元。甲按上述内容起草了一份书面合同，双方在合同上签字后，乙交付30万元给甲，甲获得乙的30万元后逃匿。甲的行为成立普通诈骗罪，而非合同诈骗罪。

2.本罪与金融诈骗罪、生产、销售伪劣商品犯罪的关系

（1）二者是一般法条与特殊法条的关系，发生竞合，优先适用特殊法条。

例1：乙利用合同诈骗银行或者其他金融机构的贷款的，应认定为贷款诈骗罪。

例2：行为人与他人签订合同，收到他人货款后，提供伪劣商品的，一般应认定为生产、销售伪劣商品犯罪。

（2）金融诈骗罪中也有一些不需要利用合同的，在这种情况下，不发生法条竞合问题。

二、非法经营罪

（一）法条

第225条　违反国家规定，有下列非法经营行为之一，扰乱市场秩序，情节严重的，处五年以下有期徒刑或者拘役，并处或者单处违法所得一倍以上五倍以下罚金；情节特别严重的，处五年以上有期徒刑，并处违法所得一倍以上五倍以下罚金或者没收财产：

（一）未经许可经营法律、行政法规规定的专营、专卖物品或者其他限制买卖的物品的；

（二）买卖进出口许可证、进出口原产地证明以及其他法律、行政法规规定的经营许可证或者批准文件的；

（三）未经国家有关主管部门批准非法经营证券、期货、保险业务的，或者非法从

事资金支付结算业务的；

（四）其他严重扰乱市场秩序的非法经营行为。

（二）概念

非法经营罪，是指自然人或者单位，违反国家规定，故意从事非法经营活动，扰乱市场秩序，情节严重的行为。

（三）司法解释规定的成立本罪的情形

1.非法买卖外汇。这是指在国家规定的交易场所外非法买卖外汇、扰乱市场秩序，情节严重的。

2.经营非法出版物。这是指违反国家规定，出版、印刷、复制、发行严重危害社会秩序和扰乱市场秩序的非法出版物，情节严重的。

3.擅自经营国际电信业务。这是指违反国家规定，采取租用国际专线、私设转接设备或者其他方法，擅自经营国际电信业务或者涉港澳台电信业务进行营利活动，扰乱电信市场管理秩序，情节严重的。

4.非法生产、销售"瘦肉精"。这是指未取得药品生产、经营许可证件和批准文号，非法生产、销售盐酸克仑特罗等禁止在饲料和动物饮用水中使用的药品，扰乱药品市场秩序，情节严重的；或者在生产、销售的饲料中添加盐酸克仑特罗等禁止在饲料和动物饮用水中使用的药品，或者销售明知是添加有该类药品的饲料，情节严重的。

5.传染病疫情期间哄抬物价。这是指违反国家在预防、控制突发传染病疫情等灾害期间有关市场经营、价格管理等规定，哄抬物价、牟取暴利，严重扰乱市场秩序。违法所得数额较大或者有其他严重情节的。①

6.违反国家规定，擅自设立互联网上网服务营业场所，或者擅自从事互联网上网服务经营活动，情节严重的。

7.未经国家批准擅自发行、销售彩票，构成犯罪的。

8.未经烟草专卖行政主管部门许可，无生产许可证、批发许可证、零售许可证，而生产、批发、零售烟草制品，情节严重的。

9.持卡人之外的其他人违反国家规定，使用销售点终端机具（POS机）等方法，以虚构交易、虚开价格、现金退货等方式向信用卡持卡人直接支付现金，属于非法从事资金结算业务，情节严重的。

10.违反国家规定，未经依法核准擅自发行基金份额募集基金，情节严重的。

11.违法国家规定，私设生猪屠宰厂（场），从事生猪屠宰、销售等经营，情节严重的。

12.违反国家规定，以营利为目的，通过信息网络有偿提供删除信息服务，或者明知

---

① 2020年2月6日《最高人民法院、最高人民检察院、公安部、司法部关于依法惩治妨害新型冠状病毒感染肺炎疫情防控违法犯罪的意见》指出：在疫情防控期间，违反国家有关市场经营、价格管理等规定，囤积居奇，哄抬疫情防控急需的口罩、护目镜、防护服、消毒液等防护用品、药品或者其他涉及民生的物品价格，牟取暴利，违法所得数额较大或者有其他严重情节，严重扰乱市场秩序的，依照《刑法》第225条第4项的规定，以非法经营罪定罪处罚。

是虚假信息,通过信息网络有偿提供发布信息等服务,扰乱市场秩序,情节严重的。

13.以提供给他人开设赌场为目的,违反国家规定,非法生产、销售具有退币、退分、退钢珠等赌博功能的电子游戏设施设备或者其专用软件,情节严重的。

14.行为人出于医疗目的,违反有关药品管理的国家规定,非法贩卖国家规定管制的能够使人形成瘾癖的麻醉药品或者精神药品,扰乱市场秩序,情节严重的。

15.以提供他人生产、销售食品为目的,违反国家规定,生产、销售国家禁止用于食品生产、销售的非食品原料,情节严重的。

16.违反国家规定,生产、销售国家禁止生产、销售、使用的农药、兽药,饲料、饲料添加剂,或者饲料原料、饲料添加剂原料,情节严重的。

17.非法生产、销售"黑广播""伪基站"无线干扰器等无线电设备3套以上,或者非法经营数额5万元以上,或者具有其他情节严重的情形的。

18.违反国家规定,未经监管部门批准,或者超越经营范围,以营利为目的,经常性地向社会不特定对象发放贷款,①扰乱金融市场秩序,情节严重的②。

【提示】非法放贷的罪数问题

(1)为从事非法放贷活动,实施擅自设立金融机构、套取金融机构资金高利转贷、骗取贷款、非法吸收公众存款等行为,构成犯罪的,应当择一重罪处罚。

(2)为强行索要因非法放贷而产生的债务,实施故意杀人、故意伤害、非法拘禁、故意毁坏财物、寻衅滋事等行为,构成犯罪的,应当数罪并罚。

(3)纠集、指使、雇佣他人采用滋扰、纠缠、哄闹、聚众造势等手段强行索要债务,尚不单独构成犯罪,但实施非法放贷行为已构成非法经营罪的,应当按照非法经营罪的规定酌情从重处罚。

19.违反国家规定,未经许可经营兴奋剂目录所列物质,涉案物质属于法律、行政法规规定的限制买卖的物品,扰乱市场秩序,情节严重的。

20.违反国家规定,非法经营非国家重点保护野生动物及其制品(包括开办交易场所、进行网络销售、加工食品出售等),扰乱市场秩序,情节严重的。

21.违反国家规定,从事生产、销售非法电视网络接收设备(含软件),以及为非法广播电视接收软件提供下载服务、为非法广播电视节目频道接收提供链接服务等营利性活动,扰乱市场秩序,情节严重的。

---

① 《最高人民法院、最高人民检察院、公安部、司法部、关于办理非法放贷刑事案件若干问题的意见》规定,"经常性地向社会不特定对象发放贷款",是指2年内向不特定多人(包括单位和个人)以借款或其他名义出借资金10次以上。

② 《最高人民法院、最高人民检察院、公安部、司法部、关于办理非法放贷刑事案件若干问题的意见》第4条规定:"仅向亲友、单位内部人员等特定对象出借资金,不得适用本意见第一条的规定定罪处罚。但具有下列情形之一的,定罪量刑时应当与向不特定对象非法放贷的行为一并处理:(一)通过亲友、单位内部人员等特定对象向不特定对象发放贷款的;(二)以发放贷款为目的,将社会人员吸收为单位内部人员,并向其发放贷款的;(三)向社会公开宣传,同时向不特定多人和亲友、单位内部人员等特定对象发放贷款的。"

经典考题： 下列哪些行为构成非法经营罪？（2009年卷二第57题，多选）①

A.甲违反国家规定，擅自经营国际电信业务，扰乱电信市场秩序，情节严重

B.乙非法组织传销活动，扰乱市场秩序，情节严重

C.丙买卖国家机关颁发的野生动物进出口许可证

D.丁复制、发行盗版的《国家计算机考试大纲》

【提示】非法经营罪中的"经营非法出版物"的情形和侵犯著作权罪的区别：前者的出版物本身就没有合法著作权和出版资格，后者则拥有合法著作权和出版资格。

三、强迫交易罪

（一）法条

第226条 以暴力、威胁手段，实施下列行为之一，情节严重的，处三年以下有期徒刑或者拘役，并处或者单处罚金；情节特别严重的，处三年以上七年以下有期徒刑，并处罚金：

（一）强买强卖商品的；

（二）强迫他人提供或者接受服务的；

（三）强迫他人参与或者退出投标、拍卖的；

（四）强迫他人转让或者收购公司、企业的股份、债券或者其他资产的；

（五）强迫他人参与或者退出特定的经营活动的。

（二）构成要件

1.强迫交易包括强迫他人和自己交易、强迫他人与第三者交易。

2.具体成立本罪的类型参考上述法条中的5种。（需熟知）

【注意】参与、退出投标、拍卖、特定经营活动的，也成立本罪。

（三）本罪与抢劫罪的关系

1.暴力程度不同：本罪的暴力、胁迫不能达到完全压制对方反抗的程度，否则成立抢劫罪。

2.司法解释的规定

（1）从事正常商品买卖、交易或者劳动服务的人，以暴力、胁迫手段迫使他人交出与合理价钱、费用相差不大钱物，情节严重的，以强迫交易罪定罪处罚。

例如：（2012年真题）张某到加盟店欲批发1万元调味品，见甲态度不好表示不买了。甲对张某拳打脚踢，并说"涨价2000元，不付款休想走"。张某无奈付款1.2万元买下调味品。甲成立强迫交易罪。

（2）以非法占有为目的，以买卖、交易、服务为幌子，采用暴力、胁迫手段迫使他人

---

① 【答案】AC。A项正确，根据司法解释的规定，擅自经营国际电信业务，扰乱电信市场秩序，情节严重的，成立非法经营罪。B项错误，该行为成立组织、领导传销活动罪。C项正确，根据《刑法》第225条的规定，买卖进出口许可证、进出口原产地证明以及其他法律、行政法规规定的经营许可证或者批准文件的行为，成立非法经营罪。D项错误，该行为成立侵犯著作权罪。综上，AC项当选。

交出与合理价钱、费用相差悬殊的钱物的，以抢劫罪定罪处刑。在具体认定时，既要考虑超出合理价钱、费用的绝对数额，还要考虑超出合理价钱、费用的比例。

（3）利用信息网络威胁他人，强迫交易，情节严重的，以强迫交易罪定罪处罚。

四、损害商业信誉、商品声誉罪

（一）法条

第221条　捏造并散布虚伪事实，损害他人的商业信誉、商品声誉，给他人造成重大损失或者有其他严重情节的，处二年以下有期徒刑或者拘役，并处或者单处罚金。

（二）构成要件

1.捏造 → 虚构、编造不符合真相或并不存在的事实。

2.散布 → 使不特定人或者多数人知悉或可能知悉行为人所捏造的虚伪事实。

【注意】捏造是本罪的预备行为，散布是本罪的实行行为。

3.成立本罪要求给他人造成重大损失或者有其他严重情节。

4.责任形式为故意，即明知自己的行为会损害他人的商业信誉、商品声誉，并且希望或者放任这种结果发生。

（1）对于没有商业诽谤的故意，听信他人传谣而散布虚伪事实乃至对虚伪事实进行某种程度的加工的行为，不应认定为本罪。

（2）消费者及新闻单位对经营者的产品质量、服务质量进行合理批评、评论的，不得认定为本罪。

五、虚假广告罪

（一）法条

第222条　广告主、广告经营者、广告发布者违反国家规定，利用广告对商品或者服务作虚假宣传，情节严重的，处二年以下有期徒刑或者拘役，并处或者单处罚金。

（二）构成要件

1.行为主体：广告主、广告经营者、广告发布者。

例如：（2007年真题）丙假冒某部委名义，以组织某高层论坛为名发布广告、寄送材料，要求参会人员每人先邮寄会务费1万元。丙收款50万元后潜逃。丙的行为构成虚假广告罪，但由于主体不合适，这是错误选项，应该成立诈骗罪。

2.虚假宣传的类型。

（1）对商品或者服务作夸大失实的宣传。

（2）对商品或者服务作语意含糊、令人误解的宣传。

【注意1】日常生活的广告中允许存在夸张成分，如果消费者认识到了广告的夸张程度，该广告不属于虚假广告。例如，新钙中钙的广告、炫迈口香糖的广告等。

例如：（2007年真题）广告商乙在拍摄某减肥药广告时，以肥胖的郭某当替身拍摄减肥前的画面，再以苗条的影视明星刘某做代言人夸赞减肥效果。事后查明，该药具有一定的减肥作用。乙不构成虚假广告罪。

【注意2】对商品或者服务的宣传要足以使一般人陷入错误认识，也即广告内容太抽象，一般不是虚假广告，只有作具体的描述时，才可能是虚假广告。

　　例如： 甲声称某种产品"性能优良、经久耐用"或者"美容养颜、青春永驻"时，即使并不符合客观事实，一般也不能认定为虚假广告；但如果将某种野山椒说成是抗癌物质，就属于虚假广告。

　　（四）罪数

　　1.利用虚假广告对自己生产、销售的伪劣商品作虚假宣传，属于牵连犯，从一重罪论处。

　　2.如果利用虚假广告骗取他人财物，则是虚假广告罪与诈骗罪的想象竞合犯，应从一重罪论处。

　　3.司法解释规定，在疫情防控期间，违反国家规定，假借疫情防控的名义，利用广告对所推销的商品或者服务作虚假宣传，致使多人上当受骗，违法所得数额较大或者有其他严重情节的，依照《刑法》第222条的规定，以虚假广告罪定罪处罚。

六、提供虚假证明文件罪

　　（一）法条

　　第229条　承担资产评估、验资、验证、会计、审计、法律服务、保荐、安全评价、环境影响评价、环境监测等职责的中介组织的人员故意提供虚假证明文件，情节严重的，处五年以下有期徒刑或者拘役，并处罚金；有下列情形之一的，处五年以上十年以下有期徒刑，并处罚金：

　　（一）提供与证券发行相关的虚假的资产评估、会计、审计、法律服务、保荐等证明文件，情节特别严重的；

　　（二）提供与重大资产交易相关的虚假的资产评估、会计、审计等证明文件，情节特别严重的；

　　（三）在涉及公共安全的重大工程、项目中提供虚假的安全评价、环境影响评价等证明文件，致使公共财产、国家和人民利益遭受特别重大损失的。

　　有前款行为，同时索取他人财物或者非法收受他人财物构成犯罪的，依照处罚较重的规定定罪处罚。

　　（二）构成要件

　　1.行为主体：本罪为身份犯，必须是法条中的主体，其他人可以成为本罪的共犯。

　　2."提供"不只是单纯的交付，应该包括制作与交付。也即，仅制作虚假证明文件而不交付的，不成立本罪。

　　（三）罪数

　　实施本罪行为，同时索取他人财物或者非法收受他人财物构成犯罪的，不需要数罪并罚，直接按照重罪定罪处罚。

七、组织、领导传销活动罪

　　（一）法条

　　第224条之一　组织、领导以推销商品、提供服务等经营活动为名，要求参加者以缴纳费用或者购买商品、服务等方式获得加入资格，并按照一定顺序组成层级，直接或者间接以发展人员的数量作为计酬或者返利依据，引诱、胁迫参加者继续发展他人参加，骗取财物，扰乱经济社会秩序的传销活动的，处五年以下有期徒刑或者拘役，并处罚金；情节严重的，处五年以上有期徒刑，并处罚金。

（二）构成要件

1.本罪的传销活动是一种诈骗型传销，并不是真正传销商品，只是以发展人员的数量作为计酬或者返利依据。

2.本罪禁止的传销活动，是指组织者、领导者通过收取"入门费"等获取非法利益的行为。

3."骗取财物"。

（1）"骗取财物"是对诈骗型传销组织（或者活动）的描述，亦即，只有当行为人组织、领导的传销活动具有"骗取财物"的性质时，才成立本罪。

（2）如果组织、领导诈骗型传销活动的行为，同时触犯集资诈骗等罪的，属于想象竞合犯，择一重罪论处。

（四）罪数

犯本罪，并实施故意伤害、非法拘禁、敲诈勒索、妨害公务等行为，构成犯罪的，需要数罪并罚。

专题二十三　妨害社会管理秩序罪

命题点拨

本专题内容的篇幅和规模同样很宏大，共计9小节内容。其中重点罪名包括：妨害公务罪；招摇撞骗罪；网络犯罪；考试作弊犯罪；窝藏、包庇罪；帮助毁灭、伪造证据罪；掩饰、隐瞒犯罪所得、犯罪所得收益罪；国（边）境犯罪的罪数；走私、贩卖、运输、制造毒品罪等。

本专题涉及的《刑法修正案（十一）》新增的罪名包括：袭警罪；冒名顶替罪；高空抛物罪；催收非法债务罪；侵害英雄烈士名誉、荣誉罪。

第一节　扰乱公共秩序罪

一、妨害公务罪

（一）法条

第277条第1至4款　以暴力、威胁方法阻碍国家机关工作人员依法执行职务的，处三年以下有期徒刑、拘役、管制或者罚金。

以暴力、威胁方法阻碍全国人民代表大会和地方各级人民代表大会代表依法执行代表职务的，依照前款的规定处罚。

在自然灾害和突发事件中，以暴力、威胁方法阻碍红十字会工作人员依法履行职责的，依照第一款的规定处罚。

故意阻碍国家安全机关、公安机关依法执行国家安全工作任务，未使用暴力、威胁方法，造成严重后果的，依照第一款的规定处罚。

（二）概念

妨害公务罪，是指以暴力、威胁方法阻碍国家机关工作人员依法执行职务，阻碍人大代表依法执行代表职务，阻碍红十字会工作人员依法履行职责的行为，故意阻碍国家安全机关、公安机关依法执行国家安全工作任务，未使用暴力、威胁方法，造成严重后果的行为。

（三）构成要件

1.行为对象

必须是国家机关工作人员，即在中国的各级立法机关、行政机关、司法机关中从事公务的人员。

【注意1】中国共产党各级机关、政协各级机关中从事公务的人员也属于本罪对象。

【**注意2**】司法解释规定，对于以暴力、威胁方法阻碍国有事业单位人员依照法律、行政法规的规定执行行政执法职务的，或者以暴力、威胁方法阻碍国家机关中受委托从事行政执法活动的事业编制人员执行行政执法职务的，以妨害公务罪论处。

【**注意3**】阻碍军人执行职务的，成立阻碍军人执行职务罪（《刑法》第368条），不以本罪论处。

2.行为类型

行为犯 （要求暴力、威胁）	（1）以暴力、威胁的方法阻碍国家机关工作人员依法执行职务。
	（2）以暴力、威胁的方法阻碍人大代表依法执行职务。
	（3）在自然灾害或突发事件中，以暴力、威胁方法阻碍红十字会工作人员依法履行职责。
实害犯 （要求严重后果）	（4）未使用暴力、威胁的方法，但故意阻碍国家安全机关、公安机关工作人员依法执行国家安全工作任务，造成严重后果。

（1）第4种类型的"未使用暴力、威胁方法"不是真正的构成要件要素，只是表面的、虚假的构成要件要素，仅起到界限作用。该要素的价值不体现在是否成立犯罪上（即在成立犯罪角度，有无这个要素是无所谓的），其在本法条中的作用就是区别妨害公务罪有"暴力"类型与"非暴力"类型。

（2）针对国家机关工作人员不合法（实体或程序上的不合法）的职务行为进行阻碍的，不成立本罪。

（3）对于公民因合理要求没有得到满足而与国家机关工作人员发生轻微冲突的行为，不能认定为妨害公务罪。

（4）以暴力、威胁方法阻碍国家机关工作人员（含在依照法律、法规规定行使国家有关疫情防控行政管理职权的组织中从事公务的人员，在受国家机关委托代表国家机关行使疫情防控职权的组织中从事公务的人员，虽未列入国家机关人员编制但在国家机关中从事疫情防控公务的人员）依法履行为防控疫情而采取的防疫、检疫、强制隔离、隔离治疗等措施的，依照《刑法》第277条第1款、第3款的规定，以妨害公务罪定罪处罚。

（5）必须在国家机关工作人员执行职务时实施阻碍行为。执行职务之前或者职务完成之后，不成立本罪。

例如：（2016年真题）甲与傅某相互斗殴，警察处理完毕后让各自回家。傅某当即离开，甲认为警察的处理不公平，朝警察小腿踢一脚后逃走。甲的行为不成立犯罪（更不要认为踢了一脚就成立故意伤害罪）。

（6）本罪前三种类型要求实施暴力或者威胁才成立，否则不成立本罪。

例如：通过自杀、自伤、设置路障等方式使得执法人员不能出入执法现场，单纯撕毁封条、警戒标志的行为，不成立妨害公务罪。

3.责任形式为故意，阻碍的动机不影响本罪的成立。

【**注意**】便衣警察抓小偷，乙误认为这是不法侵害，进而将警察打伤的行为，直接按照假想防卫的原则进行处理即可。

（四）罪数

1.原则：实施某罪+妨害公务罪=数罪并罚。

2.（1）走私、贩卖、运输、制造毒品罪+妨害公务罪=前罪升格处罚即可；（2）组织或运送他人偷越国（边）境罪+妨害公务罪=前罪升格处罚即可。

【注意】第1个例外中，走私、贩卖、运输、制造毒品罪由于有死刑的存在，所以其妨害公务的行为哪怕是实施故意重伤、故意杀人行为，本罪也能承受，按照一罪也可以做到罪刑平衡。反之，第2个例外，组织或运送他人偷越国（边）境罪没有死刑，所以其只能承受一般的妨害公务行为，如果是重伤和杀人的，则需要数罪并罚。

经典考题：下列哪一行为应以妨害公务罪论处？（2016年卷二第19题，单选）①

A.甲与傅某相互斗殴，警察处理完毕后让各自回家。傅某当即离开，甲认为警察的处理不公平，朝警察小腿踢一脚后逃走

B.乙夜间入户盗窃时，发现户主戴某是警察，窃得财物后正要离开时被戴某发现。为摆脱抓捕，乙对戴某使用暴力致其轻微伤

C.丙为使其弟逃跑，将前来实施行政拘留的警察打倒在地，其弟顺利逃走

D.丁在组织他人偷越国（边）境的过程中，以暴力方法抗拒警察检查

二、袭警罪

（一）法条

第277条第5款　暴力袭击正在依法执行职务的人民警察的，处三年以下有期徒刑、拘役或者管制；使用枪支、管制刀具，或以驾驶机动车撞击等手段，严重危及其人身安全的，处三年以上七年以下有期徒刑。

（二）概念

袭警罪，是指使用暴力袭击正在依法执行职务的人民警察的行为。

【注意】本罪与妨害公务罪是特别与一般的关系，成立本罪要求符合妨害公务罪的构成要件，反之，不符合本罪构成要件，可以退而求其次地成立妨害公务罪。

（三）构成要件

1.本罪中的暴力是指狭义的暴力，即对警察的身体不法实施有形力。

【注意1】警察对暴力行为无论是否存在防备，行为人均可成立本罪。

①【答案】C。A项错误，《刑法》第277条第1款规定："以暴力、威胁方法阻碍国家机关工作人员依法执行职务的，处三年以下有期徒刑、拘役、管制或者罚金。"本行为属于妨害公务的行为。本案中警察虽然属于国家机关工作人员，但是警察处理完毕公务行为已经结束，之后踢警察的行为就妨碍不到公务，所以不成立本罪。B项错误，入户盗窃被发现，为了抗拒抓捕而使用暴力致其轻微伤，属于转化型抢劫，成立抢劫罪。C项正确，本题出在2016年当时《刑法》第277条规定，暴力袭击正在依法执行职务的人民警察的，依照妨害公务罪从重处罚。使用暴力将前来实施行政拘留的警察打倒在地，使其弟顺利逃走的行为妨害到了公务，所以成立本罪。但2020年《刑法修正案（十一）》对本条进行了修订，C项中的丙构成袭警罪。D项错误，暴力抗拒检查（妨害公务的行为）+组织他人偷越国（边）境→加重处罚，只成立组织他人偷越国（边）境罪。综上，所以C当选。

【注意2】行为人没有暴力，只是实施威胁、恐吓行为的，不成立本罪，但是可以成立妨害公务罪。

2.行为对象：人民警察。

【注意1】包括公安机关、国家安全机关、监狱管理机关的人民警察；也包括法院、检察院的司法警察；同样也包括交通警察。

【注意2】关于袭击辅警的情况：（1）人民警察在场，辅警配合执行职务的，对辅警袭击，可成立妨害公务罪；（2）人民警察不在场，辅警单独是不具有执法权的，对辅警袭击造成伤害后果的，可成立故意伤害等其他犯罪。①

3.时间要求：需要警察在执行职务期间。

【注意】如果暴力袭击没有执行职务的警察，如为了报复其执法行为而对警察实施暴力、拦截、恐吓等行为的，可以成立故意伤害罪、故意杀人罪、寻衅滋事罪等。

4.罪过形式为故意，即要求行为人明知暴力袭击的对象是人民警察。

【注意】行为人认识到对方正在依法执行职务，但是由于人民警察穿着便装等原因，行为人确实没有认识到对方是人民警察的，不成立本罪，但是可成立妨害公务罪。

（四）罪数

1.暴力袭击正在依法执行职务的人民警察致其重伤、死亡，符合故意伤害罪、故意杀人罪的，属于想象竞合犯，从一重罪处罚。

2.行为人驾驶机动车冲撞、碾轧、拖拽、剐蹭民警，如果车速极快，现场人员极多，足以危害公共安全的，成立本罪与以危险方法危害公共安全罪的想象竞合犯，从一重罪处罚。

三、招摇撞骗罪

（一）法条

第279条　冒充国家机关工作人员招摇撞骗的，处三年以下有期徒刑、拘役、管制或者剥夺政治权利；情节严重的，处三年以上十年以下有期徒刑。

冒充人民警察招摇撞骗的，依照前款的规定从重处罚。

（二）概念

招摇撞骗罪，是指冒充国家机关工作人员进行招摇撞骗的行为。

本罪侵犯的法益为国家机关工作人员的公众信赖感即官员的公众形象。例如，冒充国家机关工作人员学雷锋、做好事，不构成犯罪。

（三）构成要件

1.行为类型具体包括以下几种：

（1）非国家机关工作人员冒充国家机关工作人员。

（2）此种国家机关工作人员冒充彼种国家机关工作人员。例如，行政机关工作人员冒充司法机关工作人员。

---

① 杨万明主编：《〈刑法修正案（十一）〉条文及配套〈罪名补充规定（七）〉理解与适用》，人民法院出版社2021年版，第280页。

（3）职务低的国家机关工作人员冒充职务高的国家机关工作人员。

【注意1】冒充的国家机关工作人员，不包括国有企业、事业单位人员、高干子弟、烈士子女、战斗英雄和劳动模范。

【注意2】冒充已经撤销的国家机关工作人员，足以使对方信以为真的，也可成立本罪。

【注意3】冒充军人招摇撞骗的，成立冒充军人招摇撞骗罪（《刑法》第372条）。

2.招摇撞骗，是指以假冒的身份进行炫耀、欺骗，如骗取爱情、职位、荣誉、资格等，原则上不要求骗取财物。

【注意1】假冒国家机关工作人员给他人好处的（如假冒国家机关工作人员捐款），不成立犯罪。

【注意2】单纯声称自己是国家机关工作人员，不实施撞骗行为的，不成立犯罪。

（四）本罪与诈骗罪的关系

1.侵犯法益不同：本罪侵犯的是国民对国家机关的信赖；而诈骗罪侵犯的是财产。

2.构成要件不同：本罪必须是冒充国家机关工作人员进行招摇撞骗；而诈骗罪的行为可以是使他人产生处分财产的认识错误的任何欺骗手段。

3.责任要件不同：本罪不要求有骗取财物的故意与非法占有目的；而诈骗罪必须具有骗取财物的故意与非法占有目的。

【结论】冒充国家机关工作人员骗取数额较大、巨大或者特别巨大财物的，是本罪与诈骗罪的想象竞合犯，应从一重罪（诈骗罪）论处。

四、伪造、变造、买卖国家机关公文、证件、印章罪

（一）法条

第280条第1款　伪造、变造、买卖或者盗窃、抢夺、毁灭国家机关的公文、证件、印章的，处三年以下有期徒刑、拘役、管制或者剥夺政治权利，并处罚金；情节严重的，处三年以上十年以下有期徒刑，并处罚金。

（二）概念

伪造、变造、买卖国家机关公文、证件、印章罪，是指伪造、变造、买卖国家机关的公文、证件、印章的行为。本罪侵害的法益是国家机关公文、证件、印章的公共信用。

（三）构成要件

1.行为方式：伪造、变造、买卖。

（1）伪造公文、证件，是指伪造应当由国家机关制作的公文、证件。

（2）伪造公文、证件既包括伪造"原件"，也包括伪造真实原件的复印件。

（3）伪造印章，是指没有权限而制造国家机关的印章的印形（即私刻公章），或者在纸张等物体上表示出足以使一般人误认为是真实印章的印影（如用红笔描绘公章印影）。

（4）变造，这是指对真实的国家机关公文、证件、印章进行加工，改变其非本质内容的行为，如果改变了公文、证件、印章的本质部分，则应认定为伪造。

（5）买卖，这是指购买或者出售国家机关制作或应当由国家机关制作的公文、证件、印章的行为。这里的买卖包括为出售而购买和为自己使用而购买。

2.本罪为故意犯罪。

（四）司法解释规定的成立本罪的情形

1.互联网上网服务营业场所经营单位违反《互联网上网服务营业场所管理条例》的规定，涂改、出租、出借或者以其他方式转让《网络文化经营许可证》，触犯刑律的，依照刑法关于伪造、变造、买卖国家机关公文、证件、印章罪的规定，依法追究刑事责任。

2.对于伪造、变造、买卖林木采伐许可证、木材运输证件，森林、林木、林地权属证书，占用或者征用林地审核同意书、育林基金等缴费收据以及其他国家机关批准的林业证件构成犯罪的，依照《刑法》第280条第1款的规定，以伪造、变造、买卖国家机关公文、证件罪定罪处罚。

3.伪造、变造、买卖国家机关颁发的野生动物允许进出口证明书、特许猎捕证、狩猎证、驯养繁殖许可证等公文、证件构成犯罪的，依照《刑法》第280条第1款的规定，以伪造、变造、买卖国家机关公文、证件罪定罪处罚。

4.伪造税务机关征税专用章，非法制造税收通用完税证和车辆购置税完税证对外出售的，也成立本罪。

五、盗窃、抢夺、毁灭国家机关公文、证件、印章罪

（一）法条

第280条第1款 伪造、变造、买卖或者盗窃、抢夺、毁灭国家机关的公文、证件、印章的，处三年以下有期徒刑、拘役、管制或者剥夺政治权利，并处罚金；情节严重的，处三年以上十年以下有期徒刑，并处罚金。

（二）构成要件

1.本罪侵害的法益是国家机关公文、证件、印章的证明作用。

2.行为对象：必须是国家机关已经制作的真实的公文、证件、印章。如果不是真实的，则不会侵犯上述法益，也就不会成立本罪。

【注意1】盗窃、抢夺武装部队的公文、证件、印章的，成立盗窃、抢夺武装部队公文、证件、印章罪（《刑法》第375条）。

【注意2】毁灭武装部队的公文、证件、印章的，由于没有规定毁灭武装部队公文、证件、印章罪，但是根据扩大解释的结论，武装部队的公文、证件、印章可以评价为国家机关公文、证件、印章，所以成立毁灭国家机关公文、证件、印章罪。

【注意3】并不是任何盗窃、抢夺、毁灭行为都成立本罪。如果盗窃、抢夺、毁灭行为对公文、证件的证明作用并不发生任何影响，则不宜认定为本罪。例如，甲盗窃、抢夺、毁灭当事人持有的判决书的，不能认定为本罪。

六、伪造、变造、买卖身份证件罪

（一）法条

第280条第3款 伪造、变造、买卖居民身份证、护照、社会保障卡、驾驶证等依法可以用于证明身份的证件的，处三年以下有期徒刑、拘役、管制或者剥夺政治权利，

并处罚金；情节严重的，处三年以上七年以下有期徒刑，并处罚金。

（二）构成要件

1.行为对象：一切可以证明身份的证件。例如，护照、社会保障卡、驾驶证等。

【注意】由国家机关制作，但仅在机关内部具有证明作用的，不属于本罪的对象。例如，国家机关工作人员的工作证、出入证等。

2.行为方式：伪造、变造与买卖。

【注意1】伪造包括有形伪造（无权人制作）和无形伪造（有权人违规制作）。

【注意2】买卖包括买入或者卖出。

七、使用虚假身份证件、盗用身份证件罪

（一）法条

第280条之一　在依照国家规定应当提供身份证明的活动中，使用伪造、变造的或者盗用他人的居民身份证、护照、社会保障卡、驾驶证等依法可以用于证明身份的证件，情节严重的，处拘役或者管制，并处或者单处罚金。

有前款行为，同时构成其他犯罪的，依照处罚较重的规定定罪处罚。

（二）构成要件

1.本罪侵犯的法益：居民身份证、护照、驾驶证等证件的身份真实性，也即社会公共信用。

【注意】如果行为人伪造了身份证，但身份证上的信息是其本人真实的身份信息，此时，如果行为人使用的话，同样成立本罪。例如，甲在参加法考前夕，不慎将身份证丢失，由于时间紧急，甲没有去公安机关办理身份证补办手续，而是让别人伪造了一张身份证，上面的信息与原有身份证上的内容完全一致，甲使用该伪造的身份证去参加考试，同样成立使用虚假身份证件罪。

2.“使用”是指使身份证件的内容处于相对人认识或者可能认识的状态。单纯携带的行为不成立本罪。

3.“盗用”是指将他人的身份证件当作证明自己身份的证件而使用。所以违背身份证件持有人的意志而使用，肯定是属于盗用含义的。

【注意】“冒用”也属于这里“盗用”的含义。其本质就是“一人一证”，你不能用别人的证件证明你自己的身份。例如，甲征得乙的同意，在申请剧毒化学品购买许可证时使用乙的身份证件，属于盗用。

（三）本罪的认定

1.相对方明知行为人提供伪造、变造的身份证件或者盗用他人身份证件时，仍然办理相关事项的，使用者成立本罪，相对方成立本罪的共犯。

例如：在甲利用伪造的身份证件申请开设银行账户时，银行工作人员乙明知其使用的是伪造的身份证件，仍然为其开设银行账户。甲成立本罪，乙属于本罪的共犯。

2.行为人使用虚假身份证件，往往具有其他非法目的，应当按照牵连犯的处断原则，依照处罚较重的规定定罪处罚。例如，为了诈骗他人财物而使用伪造、变造的居民身份证与他人签订合同，为了偷越国（边）境而使用伪造、变造的护照等。

八、冒名顶替罪

（一）法条

第280条之二　盗用、冒用他人身份，顶替他人取得的高等学历教育入学资格、公务员录用资格、就业安置待遇的，处三年以下有期徒刑、拘役或者管制，并处罚金。

组织、指使他人实施前款行为的，依照前款的规定从重处罚。

国家工作人员有前两款行为，又构成其他犯罪的，依照数罪并罚的规定处罚。

（二）构成要件

1.本罪的第一种类型（行为人是冒名顶替者）

（1）冒名顶替他人取得的高等学历教育入学资格、公务员录用资格、就业安置待遇（只有这三种）的才成立本罪。

【注意1】冒名顶替他人取得优质高中入学资格、事业单位人员录用资格、私营企业的录用资格、荣誉称号待遇、特殊优抚待遇的，不成立本罪。

【注意2】取得他人同意之后，以他人身份接受高等教育、参加公务员入职、取得就业安置待遇的，是否成立本罪？本罪保护的法益是社会管理秩序，即使被冒用者同意，也成立本罪。①

（2）被顶替的三项内容的含义。

①"高等学历教育入学资格"，是指经考试成绩合格并经录用程序依法获得的专科、本科、研究生教育入学资格。

②"公务员录用资格"，是指根据公务员法规定的公务员录用程序取得的公务员录用资格。

③"就业安置待遇"，是指根据法律法规和相关政策规定由政府对特殊主体予以安排就业、照顾就业等优待。例如，退役军人、退役运动员、被征地农民、下岗人员、受灾群众等特殊群体人员的就业安置待遇。

2.本罪的第二种类型（行为人是冒名顶替者的组织者）

组织、指使他人实施上述行为，这是本罪的（共谋）共同正犯的行为。打击该主体也是对顶替者背后"神秘"力量的一种惩治。

（三）罪数

1.伪造相关证件后再实施冒名顶替行为的，属于牵连犯，从一重罪处罚，不需要数罪并罚。

2.盗用、冒用他人身份取得公务员录用资格、就业安置待遇取得财物的，构成本罪和诈骗罪的想象竞合犯，从一重罪处罚。

3.国家工作人员实施本罪又构成其他犯罪（如受贿罪、滥用职权罪、玩忽职守罪等），需数罪并罚。

---

① 张明楷：《刑法学（下）》（第六版），法律出版社2021年版，第1365页；周光权：《刑法各论》（第四版），中国人民大学出版社2021年版，第397页；杨万明主编：《〈刑法修正案（十一）〉条文及配套〈罪名补充规定（七）〉理解与适用》，人民法院出版社2021年版，第292、293页。

九、非法获取国家秘密罪

（一）法条

第282条 以窃取、刺探、收买方法，非法获取国家秘密的，处三年以下有期徒刑、拘役、管制或者剥夺政治权利；情节严重的，处三年以上七年以下有期徒刑。

非法持有属于国家绝密、机密的文件、资料或者其他物品，拒不说明来源与用途的，处三年以下有期徒刑、拘役或者管制。

（二）构成要件

1.行为对象：国家秘密是广义的国家秘密，包括国家绝密、国家机密与国家秘密。

（1）国家秘密的保密期限已满、自行解密后，不再成为本罪的对象。

（2）原本不属于国家秘密却有国家秘密标志的，不是国家秘密（看实质）；即使行为人自以为是国家秘密而获取，也属于不可罚的不能犯。

2.责任形式为故意，行为人必须认识到自己非法获取的是或者可能是国家秘密。

（1）行为人为境外机构、组织、人员窃取、刺探、收买国家秘密的，成立《刑法》第111条规定的犯罪。

（2）行为人实施窃取、刺探、收买国家秘密的行为时，没有非法提供给境外机构、组织、人员的故意，但非法获取国家秘密之后，非法提供给境外机构、组织或人员的，因为侵害的法益具有同一性，原则上仅成立《刑法》第111条规定的犯罪，不必实行数罪并罚。

（3）行为人原本故意盗窃财物，但客观上盗窃了国家秘密的，不能认定为非法获取国家秘密罪。

十、非法侵入计算机信息系统罪

（一）法条

第285条第1款 违反国家规定，侵入国家事务、国防建设、尖端科学技术领域的计算机信息系统的，处三年以下有期徒刑或者拘役。

第4款 单位犯前三款罪的，对单位判处罚金，并对其直接负责的主管人员和其他直接责任人员，依照各该款的规定处罚。

（二）构成要件

1.侵入领域特定：国家事务、国防建设、尖端科学技术领域的计算机信息系统。

【注意】侵入其他计算机信息系统的行为不成立本罪。

2.侵入行为是故意行为，过失进入国家重要的计算机信息系统的，不构成犯罪。

十一、非法获取计算机信息系统数据、非法控制计算机信息系统罪

（一）法条

第285条第2款 违反国家规定，侵入前款规定以外的计算机信息系统或者采用其他技术手段，获取该计算机信息系统中存储、处理或者传输的数据，或者对该计算机信息系统实施非法控制，情节严重的，处三年以下有期徒刑或者拘役，并处或者单处罚金；

情节特别严重的，处三年以上七年以下有期徒刑，并处罚金。

第4款 单位犯前三款罪的，对单位判处罚金，并对其直接负责的主管人员和其他直接责任人员，依照各该款的规定处罚。

（二）构成要件

1. "获取"是指通过非法方式与技术手段，违反他人意志，获得他人计算机信息系统中储存、处理或传输的部分数据或全部数据。

【注意】获取后是否利用该数据，不影响本罪的成立。

2. "非法控制"是指通过非法方式与技术手段，违反他人意志，完全控制或者部分控制他人计算机信息系统的行为。

十二、提供侵入、非法控制计算机信息系统程序、工具罪

（一）法条

第285条第3款 提供专门用于侵入、非法控制计算机信息系统的程序、工具，或者明知他人实施侵入、非法控制计算机信息系统的违法犯罪行为而为其提供程序、工具，情节严重的，依照前款的规定处罚。

第4款 单位犯前三款罪的，对单位判处罚金，并对其直接负责的主管人员和其他直接责任人员，依照各该款的规定处罚。

（二）构成要件

1. "提供"既包括出售等有偿提供，也包括免费提供；既包括直接提供，也包括放置在网络上供他人下载。

2. 根据司法解释的规定，具有下列情形之一的程序、工具，应当认定为《刑法》第285条第3款规定的"专门用于侵入、非法控制计算机信息系统的程序、工具"：

（1）具有避开或者突破计算机信息系统安全保护措施，未经授权或者超越授权获取计算机信息系统数据的功能的。

（2）具有避开或者突破计算机信息系统安全保护措施，未经授权或者超越授权对计算机信息系统实施控制的功能的。

（3）其他专门设计用于侵入、非法控制计算机信息系统、非法获取计算机信息系统数据的程序、工具。

十三、编造、故意传播虚假信息罪

（一）法条

第291条之一第2款 编造虚假的险情、疫情、灾情、警情，在信息网络或者其他媒体上传播，或者明知是上述虚假信息，故意在信息网络或者其他媒体上传播，严重扰乱社会秩序的，处三年以下有期徒刑、拘役或者管制；造成严重后果的，处二年以上七年以下有期徒刑。

（二）构成要件

1. 本罪侵犯的法益为：社会正常的公共秩序。

2. 常见的虚假险情、疫情、灾情、警情。例如，房屋倒塌、施工塌方、交通事故、

艾滋病、甲肝、肺结核、火灾、水灾等。

3.编造、故意传播虚假信息罪，行为人必须通过信息网络或者其他媒体传播。例如，通过广播、电话、博客、微博、微信朋友圈、报纸、刊物等传播。

【注意】没有通过信息网络或者其他媒体传播，而是通过人与人之间的告诉这种方式传播的，不成立本罪。

（三）司法解释

司法解释规定，编造虚假的疫情信息，在信息网络或者其他媒体上传播，或者明知是虚假疫情信息，故意在信息网络或者其他媒体上传播，严重扰乱社会秩序的，依照《刑法》第291条之一第2款的规定，以编造、故意传播虚假信息罪定罪处罚。

十四、高空抛物罪

（一）法条

第291条之二　从建筑物或者其他高空抛掷物品，情节严重的，处一年以下有期徒刑、拘役或者管制，并处或者单处罚金。

有前款行为，同时构成其他犯罪的，依照处罚较重的规定定罪处罚。

（二）构成要件

1.“高空”的认定

高空是指“距地面较高的空间”。高低都是相对而言的，没有也不可能有一个统一的“高空”标准。在高空抛物罪之“高空”的认定中，应不限于高层建筑。在低层或多层建筑附近、在因地形等原因形成高层落差的陡坡、悬崖、人行天桥、井下等地方都可能实施高空抛物罪的行为。例如，重庆的一楼可能相当于北京的20层楼。

2.“物”的认定

具体来说，原则上是指固体物，不能排除部分高密度、腐蚀性、毒害性、高温液体的可能性，但应当将气体排除在外。即使是固体物，也需要具体分析抛掷物的具体情况，粉末状的物品通常不宜认定在内。至于固体物的具体种类，无法一一明确列举或者排除，需要结合抛掷物的质量、体积、尖锐程度、抛掷高度、坠落速度等进行具体分析。

3.高空抛物独立成罪，但需要达到情节严重，否则只是一般的行政违法行为。

例如：抛脏水、废弃纸张等不足以危及人身安全或者较大财产安全之类的东西，不宜认定为犯罪。当然高空抛物将造成他人轻微伤、较大的财产损失、社会秩序严重混乱的或者因类似行为被公安机关等处理过后继续实施的，可以认定为情节严重，进而成立本罪。

4.“高空抛物”和“高空坠物”是不同含义，具体区别如下：[1]

（1）前者是人主动为之；后者是物被动坠落。

（2）前者的主体是人；后者的主体可以是人，也可以是建筑物上的物体自然掉落。

（3）前者往往是人故意所为；后者即便主体是人，也通常是过失造成的，甚至可能是意外情况。

---

[1] 彭文华：“《刑法修正案（十一）》关于高空抛物规定的理解与适用”，载《苏州大学学报（哲学社会科学版）》2021年01期。

（4）前者需要承担刑事责任；后者往往只涉及民事责任，即使涉及刑事责任也只能构成过失犯罪。

（三）本罪的认定

1.如果根据同类解释达到对公共安全足够高度的危险，属于想象竞合犯，按照重罪以危险方法危害公共安全罪认定，即本罪是低度危险，而以危险方法危害公共安全罪是高度危险。

2.故意从高空抛掷燃烧物、爆炸物，足以或已经引起火灾、爆炸，危害公共安全的，应该成立放火罪、爆炸罪。

3.高空抛物故意杀害或伤害特定之人，可成立本罪与故意杀人罪、故意伤害罪的想象竞合犯，按照故意杀人罪、故意伤害罪定罪处罚。

4.本罪属于故意犯罪，过失实施高空抛物行为致使被害人重伤、死亡的，成立过失致人重伤罪、过失致人死亡罪。

例如：甲在凌晨3点左右、学校放假期间的宿舍楼抛下书本，自以为不会有人经过，但砸中外出晚归的学生并造成其重伤或死亡的。甲成立过失致人重伤罪或过失致人死亡罪。

5.高空抛物毁坏他人财物的，可成立本罪与故意毁坏财物罪的想象竞合犯。

十五、聚众斗殴罪

（一）法条

第292条　聚众斗殴的，对首要分子和其他积极参加的，处三年以下有期徒刑、拘役或者管制；有下列情形之一的，对首要分子和其他积极参加的，处三年以上十年以下有期徒刑：

（一）多次聚众斗殴的；

（二）聚众斗殴人数多，规模大，社会影响恶劣的；

（三）在公共场所或者交通要道聚众斗殴，造成社会秩序严重混乱的；

（四）持械聚众斗殴的。

聚众斗殴，致人重伤、死亡的，依照本法第二百三十四条（故意伤害罪）、第二百三十二条（故意杀人罪）的规定定罪处罚。

（二）概念

聚众斗殴罪，是指聚集多人攻击对方身体或者相互攻击对方身体的行为。

（三）构成要件

1.本罪为必要的共犯。

（1）成立聚众斗殴罪虽然需要多人参与，但不要求斗殴的各方都必须3人以上。

例如：一方1人或2人、另一方3人以上进行斗殴的，仍然成立本罪。

（2）聚众斗殴并不限于双方，亦即不排除三方、四方斗殴的情形。

（3）聚众斗殴要求有首要分子，但不要求双方都有首要分子，斗殴一方的首要分子约定与对方人员斗殴的，也不影响本罪的成立。

2.本罪只处罚首要分子和积极参加者。

【注意】一般参加者或者旁观者致人重伤、死亡的，根据其行为符合的犯罪构成直接定罪，不适用本条规定的法律拟制。

3.本罪的既遂标准：着手实行聚众斗殴后，严重扰乱了公共秩序。

（四）本罪的认定

1.聚众斗殴致人重伤、死亡的，以故意伤害罪、故意杀人罪定罪处罚。

（1）该规定属于法律拟制。过失致人重伤、死亡，也定故意伤害罪、故意杀人罪。

（2）根据责任主义原则，只应对直接造成死亡的斗殴者和首要分子认定为故意杀人罪，对其他参与者不宜认定为故意杀人罪；在不能查明死亡原因的情况下，也不宜将所有的斗殴者均认定为故意杀人罪，仅应对首要分子以故意杀人罪论处。

【注意】上述重伤、死亡之人包括对方和本方之人。

2.聚众斗殴造成他人财产损失，同时触犯故意毁坏财物罪的，属于想象竞合犯，从一重罪论处。

十六、寻衅滋事罪

（一）法条

第293条 有下列寻衅滋事行为之一，破坏社会秩序的，处五年以下有期徒刑、拘役或者管制：

（一）随意殴打他人，情节恶劣的；

（二）追逐、拦截、辱骂、恐吓他人，情节恶劣的；

（三）强拿硬要或者任意损毁、占用公私财物，情节严重的；

（四）在公共场所起哄闹事，造成公共场所秩序严重混乱的。

纠集他人多次实施前款行为，严重破坏社会秩序的，处五年以上十年以下有期徒刑，可以并处罚金。

（二）构成要件

1.行为方式（参考上述法条中的4种类型）。

2.本罪由故意构成，不要求行为人具备流氓动机等。

（三）竞合关系

实施本罪，行为方式严重或者造成严重后果的，可与故意伤害罪、故意杀人罪、侮辱罪、抢劫罪、抢夺罪等出现想象竞合关系。

例1：随意殴打他人，情节恶劣的，可以与故意伤害罪想象竞合。

例2：追逐、拦截、辱骂、恐吓他人，情节恶劣的，可以与侮辱罪想象竞合。

例3：强拿硬要或者任意损毁、占用公私财物，情节严重的，可以与抢夺罪、抢劫罪、敲诈勒索罪、故意毁坏财物罪等想象竞合。

例4：在公共场所起哄闹事，造成公共场所秩序严重混乱的，可以与聚众扰乱公共场所秩序罪想象竞合。

（四）司法解释

1.乘客在公共交通工具行驶过程中，随意殴打其他乘客，追逐、辱骂他人，或者起哄闹事，妨害公共交通工具运营秩序，符合《刑法》第293条规定的，以寻衅滋事罪定罪处罚。

2.已满16周岁不满18周岁的人出于以大欺小、以强凌弱或者追求精神刺激，随意殴打其他未成年人、多次对其他未成年人强拿硬要或者任意毁损公私财物，扰乱学校及其他公共场所秩序，情节严重的，以寻衅滋事罪定罪处罚。

3.利用信息网络辱骂、恐吓他人，情节恶劣，破坏社会秩序的，以寻衅滋事罪定罪处罚。

4.编造虚假信息，或者明知是编造的虚假信息，在信息网络上散布，或者组织、指使人员在信息网络上散布，起哄闹事，造成公共秩序严重混乱的，以寻衅滋事罪定罪处罚。

5.随意殴打医务人员，情节恶劣的，依照《刑法》第293条的规定，以寻衅滋事罪定罪处罚。

采取暴力或者其他方法公然侮辱、恐吓医务人员，符合《刑法》第246条、第293条规定的，以侮辱罪或者寻衅滋事罪定罪处罚。[①]

十七、组织、领导、参加黑社会性质组织罪

（一）法条

第294条第1款　组织、领导黑社会性质的组织的，处七年以上有期徒刑，并处没收财产；积极参加的，处三年以上七年以下有期徒刑，可以并处罚金或者没收财产；其他参加的，处三年以下有期徒刑、拘役、管制或者剥夺政治权利，可以并处罚金。

（二）构成要件

1.黑社会性质的组织认定标准（参考第294条第5款）：

（1）有团队——具有稳定组织。

（2）有钱——具有经济实力。

（3）做坏事——手段具有非法性、破坏性。

（4）可以靠自己——不要求必须有"政治保护伞"。

例如：（2018年真题）具有保护伞不是认定黑社会性质组织的必备条件，此项为正确表述。

2.本罪属于故意犯罪。其中对于参加者而言，不要求其在加入之前明知该组织属于黑社会性质组织，其加入后才知情，但继续参加的，也不影响其成立本罪。

（三）罪数

行为人组织、领导、参加黑社会性质的组织，又实施了其他犯罪的，应当依照数罪并罚的规定处罚。

例如：参加黑社会性质的组织，并实施故意杀人罪、贩卖毒品罪的，应认定为参加黑社会性质组织罪与故意杀人罪、贩卖毒品罪，实行数罪并罚。

[①] 2020年2月6日《最高人民法院、最高人民检察院、公安部了、司法部关于依法惩治妨害新型冠状病毒感染肺炎疫情防控违法犯罪的意见》。

十八、包庇、纵容黑社会性质组织罪

（一）法条

第294条第3至5款　国家机关工作人员包庇黑社会性质的组织，或者纵容黑社会性质的组织进行违法犯罪活动的，处五年以下有期徒刑；情节严重的，处五年以上有期徒刑。

犯前三款罪又有其他犯罪行为的，依照数罪并罚的规定处罚。

黑社会性质的组织应当同时具备以下特征：

（一）形成较稳定的犯罪组织，人数较多，有明确的组织者、领导者，骨干成员基本固定；

（二）有组织地通过违法犯罪活动或者其他手段获取经济利益，具有一定的经济实力，以支持该组织的活动；

（三）以暴力、威胁或者其他手段，有组织地多次进行违法犯罪活动，为非作恶，欺压、残害群众；

（四）通过实施违法犯罪活动，或者利用国家工作人员的包庇或者纵容，称霸一方，在一定区域或者行业内，形成非法控制或者重大影响，严重破坏经济、社会生活秩序。

（二）构成要件

1.行为主体：国家机关工作人员。

【注意】不是国家工作人员。

2.包庇行为既可能表现为包庇黑社会性质组织本身，也可能表现为包庇黑社会性质组织的组织者、领导者与参加者。

3.包庇行为必须利用职务上的便利。

4.本罪的责任形式为故意，只要行为人认识到对方可能是黑社会性质的组织即可。

（三）罪数

1.国家机关工作人员受贿后再实施本罪的，数罪并罚。

2.国家机关工作人员实施本罪又对黑社会组织的具体犯罪存在教唆、帮助行为的，成立相关犯罪共犯，同样数罪并罚。

十九、赌博罪

（一）法条

第303条第1款　以营利为目的，聚众赌博或者以赌博为业的，处三年以下有期徒刑、拘役或者管制，并处罚金。

（二）构成要件

1.行为方式

（1）聚众赌博，即纠集多人从事赌博。

（2）以赌博为业，即将赌博作为职业或者兼业。

【注意1】聚众者自己不参赌，但从中渔利的，成立本罪。

【注意2】逢年过节，家人、朋友之间以娱乐为主的打扑克、搓麻将，即使存在输赢钱财的情况，一般不以本罪论处。

2.赌博的胜负具有偶然性，如果对于一方当事人而言，胜败的结果已经确定，不能称为赌博。可能成立赌博式的诈骗。例如，甲在赌博中设置骗局诈骗他人钱财，胜负已经被控制，并不取决于偶然，不符合赌博的特征，名为赌、实为骗，以诈骗罪论处。

3.责任要素除故意外，还要求具有营利目的。

（1）通过在赌博活动中取胜进而获取财物的目的。

（2）通过抽头渔利或者收取各种名义的手续费、入场费等获取财物的目的。

（三）本罪的认定

1.只是单纯参加赌博的行为，不成立赌博罪。

2.行为人的目的不在于营利而在于一时娱乐而参加赌博、聚众赌博的，不成立赌博罪。

例如：对不以营利为目的，进行带有少量财物输赢的娱乐活动，以及提供棋牌室等娱乐场所并只收取固定的场所和服务费用的经营行为等，不得以赌博罪论处。

3.以赌博或者提供赌博资金的形式行贿、受贿，构成犯罪的，定贿赂犯罪。

4.明知他人实施赌博犯罪，为其提供资金、网络、通讯、费用结算等直接帮助的，以赌博罪共犯论处。

5.未经国家批准擅自发行彩票，构成犯罪的，定非法经营罪。

二十、开设赌场罪

（一）法条

第303条第2款　开设赌场的，处五年以下有期徒刑、拘役或者管制，并处罚金；情节严重的，处五年以上十年以下有期徒刑，并处罚金。

（二）概念

开设赌场罪，是指开设以行为人为中心，在其支配下供他人赌博的场所的行为。

（三）构成要件

1.开设赌场（经营、控制赌场），无论是临时性的还是长期性的，不影响本罪的成立。

2.根据司法解释的规定，具有下列情形之一的，属于"开设赌场"行为：

（1）建立赌博网站并接受投注的。

（2）建立赌博网站并提供给他人组织赌博的。

（3）为赌博网站担任代理并接受投注的。

（4）参与赌博网站利润分成的。

（5）设置具有退币、退分、退钢珠等赌博功能的电子游戏设施设备，并以现金、有价证券等贵重款物作为奖品，或者以回购奖品方式给予他人现金、有价证券等贵重款物组织赌博活动的。

3.是否获取利润，不影响本罪的成立。

（四）本罪的认定

1.以营利为目的，通过邀请人员加入微信群的方式招揽赌客，根据竞猜游戏网站的开奖结果等方式进行赌博，设定赌博规则，利用微信群进行控制管理，在一段时间内持续组织网络赌博活动的，属于本罪的"开设赌场"。[①]

2.以营利为目的，通过邀请人员加入微信群，利用微信群进行控制管理，以抢红包方式进行赌博，在一段时间内持续组织赌博活动的行为，同样属于本罪的"开设赌场"。[②]

3.明知他人在网上开设赌场，仍为其提供互联网接入、服务器托管、网络存储、通讯传输等技术支持，或者提供广告推广、支付结算等帮助，触犯开设赌场罪与帮助信息网络犯罪活动罪的，构成想象竞合犯，从一重罪处罚。

二十一、组织参与国（境）外赌博罪

（一）法条

第303条第3款　组织中华人民共和国公民参与国（境）外赌博，数额巨大或者有其他严重情节的，依照前款的规定处罚。

（二）构成要件

1."国外"指的是中国以外的其他国家。"境外"是我国"一国两制"制度下，我国港、澳、台地区。

2."组织"包括通过纸质广告、口口相传、信息网络终端等形式先行招揽、以旅游等名义再安排出国（边）境参与赌博，也可以是临时在国（边）境招募人员。通过网络实施本罪行为，也能成立本罪。

二十二、催收非法债务罪

（一）法条

第293条之一　有下列情形之一，催收高利放贷等产生的非法债务，情节严重的，处三年以下有期徒刑、拘役或者管制，并处或者单处罚金：

（一）使用暴力、胁迫方法的；

（二）限制他人人身自由或者侵入他人住宅的；

（三）恐吓、跟踪、骚扰他人的。

（二）构成要件

1.成立本罪的前提必须是非法债务（高利贷、赌债、毒债、套路贷中的虚假债务等），合法债务不成立本罪，但催收合法之债满足其他犯罪构成的，可成立其他犯罪如非法拘禁罪、故意伤害罪等。

2.非法债务的债权人和第三方催债集团均可成立本罪（二者可成立共同犯罪），本罪的主体仅限于自然人。

3.成立本罪不要求行为人具有非法占有的目的。

（三）罪数

1.行为人非法放贷构成非法经营罪，之后又实施非法催收，构成本罪的，数罪并罚。

2.构成本罪同时构成其他犯罪（如故意伤害罪、非法拘禁罪等），属于想象竞合犯，

[①] 最高人民法院指导案例105号：洪某某1、洪某某2、洪某某3、李某某开设赌场案。

[②] 最高人民法院指导案例106号：谢某某、高某、高某某、杨某某开设赌场案。

择一重罪处罚。

3.本罪行为方式中的"使用暴力、胁迫方法"，原则上不成立抢劫罪，因为本罪是不以非法占有为目的的，但是如果行为人通过此方式获取的财物数额超出了本身债务的数额，有成立抢劫罪的可能。

二十三、传授犯罪方法罪

（一）法条

第295条　传授犯罪方法的，处五年以下有期徒刑、拘役或者管制；情节严重的，处五年以上十年以下有期徒刑；情节特别严重的，处十年以上有期徒刑或者无期徒刑。

（二）概念

传授犯罪方法罪，是指故意使用各种手段向他人传授犯罪方法的行为。

（三）构成要件

1.传授手段没有限制，既包括口头传授、书面传授与动作示范传授，也包括公开传授与秘密传授、直接传授与间接传授等。

2.传授的对象没有限制，不问是否达到法定年龄、是否具有刑事责任能力、被传授者是否掌握、接受了犯罪方法。

（四）本罪与教唆犯罪的关系

1.二者的区别

（1）侵犯的法益性质不同：前者侵犯的是社会管理秩序；后者依所教唆的犯罪性质而定。

（2）客观行为不同：前者是向他人传授犯罪方法；后者是使他人产生犯罪决意。

（3）故意内容不同：前者是对传授犯罪方法具有故意；后者是对所教唆的犯罪具有故意。

（4）成立共同犯罪的情况不同：传授犯罪方法的，即使被传授的人按照所传授的方法实施了犯罪，二者也不成立共犯；如果被教唆的人犯被教唆的罪，则二者成立共犯。

（5）定罪量刑的根据不同：传授犯罪方法罪是独立的罪名，具有独立的法定刑；而教唆犯罪不是独立罪名，没有独立的法定刑。

2.二者的联系

（1）行为人以向他人传授犯罪方法为手段，教唆他人犯罪，从一重罪论处。

（2）如果行为人分别对不同的对象实施教唆行为与传授犯罪方法，或者向同一对象教唆此罪而传授彼罪的犯罪方法，则应按所教唆的罪与传授犯罪方法罪实行数罪并罚。

二十四、拒不履行信息网络安全管理义务罪

（一）法条

第286条之一　网络服务提供者不履行法律、行政法规规定的信息网络安全管理义务，经监管部门责令采取改正措施而拒不改正，有下列情形之一的，处三年以下有期徒刑、拘役或者管制，并处或者单处罚金：

（一）致使违法信息大量传播的；

（二）致使用户信息泄露，造成严重后果的；

（三）致使刑事案件证据灭失，情节严重的；

（四）有其他严重情节的。

单位犯前款罪的，对单位判处罚金，并对其直接负责的主管人员和其他直接责任人员，依照前款的规定处罚。

有前两款行为，同时构成其他犯罪的，依照处罚较重的规定定罪处罚。

（二）构成要件

1.行为主体：网络服务提供者，即提供网络设施、中介、接入服务的个人用户、网络服务商等。根据司法解释的规定，提供下列服务的单位和个人属于网络服务提供者：

（1）网络接入、域名注册解析等信息网络接入、计算、存储、传输服务。

（2）信息发布、搜索引擎、即时通讯、网络支付、网络预约、网络购物、网络游戏、网络直播、网站建设、安全防护、广告推广、应用商店等信息网络应用服务。

（3）利用信息网络提供的电子政务、通信、能源、交通、金融、教育、医疗等公共服务。

2.本罪成立前提（行政前置）：网络服务提供者经监管部门责令采取改正措施而拒不改正。

【注意1】根据司法解释的规定，"监管部门责令采取改正措施"，是指网信、电信、公安等依照法律、行政法规的规定承担信息网络安全监管职责的部门，以责令整改通知书或者其他文书形式，责令网络服务提供者采取改正措施，即上述强调合法合规的书面形式。

【注意2】根据司法解释的规定，认定"经监管部门责令采取改正措施而拒不改正"，应当综合考虑监管部门责令改正是否具有法律、行政法规依据，改正措施及期限要求是否明确、合理，网络服务提供者是否具有按照要求采取改正措施的能力等因素进行判断。

3.本罪为真正的不作为犯罪。

4.成立本罪的判断过程：（1）网络服务提供者不履行规定的网络安全管理义务 →（2）经监管部门责令采取改正措施而拒不改正 →（3）因拒绝改正造成了严重后果

（三）司法解释

网络服务提供者不履行法律、行政法规规定的信息网络安全管理义务，经监管部门责令采取改正措施而拒不改正，致使虚假疫情信息或者其他违法信息大量传播的，依照《刑法》第286条之一的规定，以拒不履行信息网络安全管理义务罪定罪处罚。[①]

二十五、非法利用信息网络罪

（一）法条

第287条之一 利用信息网络实施下列行为之一，情节严重的，处三年以下有期徒刑或者拘役，并处或者单处罚金：

---

① 2020年2月6日《最高人民法院、最高人民检察院、公安部了、司法部关于依法惩治妨害新型冠状病毒感染肺炎疫情防控违法犯罪的意见》。

（一）设立用于实施诈骗、传授犯罪方法、制作或者销售违禁物品、管制物品等违法犯罪活动的网站、通讯群组的；

（二）发布有关制作或者销售毒品、枪支、淫秽物品等违禁物品、管制物品或者其他违法犯罪信息的；

（三）为实施诈骗等违法犯罪活动发布信息的。

单位犯前款罪的，对单位判处罚金，并对其直接负责的主管人员和其他直接责任人员，依照第一款的规定处罚。

有前两款行为，同时构成其他犯罪的，依照处罚较重的规定定罪处罚。

（二）构成要件

1.本罪侵犯的法益：我国对正常的信息网络的管理秩序。

2.本罪的行为方式：

（1）利用信息网络设立违法犯罪活动的网站、通讯群组。

（2）利用信息网络发布相关违法犯罪信息。

（3）利用信息网络，为实施违法犯罪活动发布信息。

3."通讯群组"：如微信群组、钉钉群组、QQ群组、微博群组等。

4.利用信息网络提供信息的链接、截屏、二维码、访问账号密码及其他指引访问服务的，应当认定为上述的"发布信息"。

（三）罪与非罪

1.行为人必须是利用信息网络，如果利用的是非信息网络（如散发小广告、面对面交流等方式），散布违法犯罪信息的，不成立本罪。

2.行为人实施的行为所涉及的内容必须是法律所禁止的违法活动或犯罪活动，如果是合法活动，则不成立本罪。

【注意】司法解释规定本罪的"违法犯罪"，包括犯罪行为和属于刑法分则规定的行为类型但尚未构成犯罪的违法行为（言外之意不包括一般的违法，比如嫖娼、吸毒等）。

（四）罪数

非法利用信息网络实施其他犯罪（如贩卖毒品罪、介绍卖淫罪、组织考试作弊罪等），成立想象竞合犯，从一重罪处罚。

二十六、帮助信息网络犯罪活动罪

（一）法条

第287条之二　明知他人利用信息网络实施犯罪，为其犯罪提供互联网接入、服务器托管、网络存储、通讯传输等技术支持，或者提供广告推广、支付结算等帮助，情节严重的，处三年以下有期徒刑或者拘役，并处或者单处罚金。

单位犯前款罪的，对单位判处罚金，并对其直接负责的主管人员和其他直接责任人员，依照第一款的规定处罚。

有前两款行为，同时构成其他犯罪的，依照处罚较重的规定定罪处罚。

（二）构成要件

1.本罪侵犯的法益：我国对正常的信息网络环境的管理秩序。

2.行为所实施的广告推入、支付结算等帮助行为均应在信息网络环境下实施。如果行为人在现实环境下为其进行广告宣传、现金结算的，不能成立本罪。

3.本罪不属于帮助犯正犯化，只是帮助犯的量刑规则，所以依然坚持共犯从属性原则。

例如：甲想通过网络实施诈骗行为，乙明知后为其提供互联网接入的服务，但是甲最终没有去实施诈骗行为。甲无罪，乙也是无罪的。

4.司法解释规定，被帮助对象实施的犯罪行为可以确认，但尚未到案、尚未依法裁判或者因未达到刑事责任年龄等原因依法未予追究刑事责任的，不影响本罪的认定。

【提示】某些互联网公司利用其搜索引擎为个别专科医院有偿提供搜索信息虚假的置顶服务，其行为可能同时符合销售假药罪（共犯）与本罪的想象竞合犯，从一重罪处罚。

二十七、组织考试作弊罪

（一）法条

第284条之一第1款　在法律规定的国家考试中，组织作弊的，处三年以下有期徒刑或者拘役，并处或者单处罚金；情节严重的，处三年以上七年以下有期徒刑，并处罚金。

第2款　为他人实施前款犯罪提供作弊器材或者其他帮助的，依照前款的规定处罚。

（二）构成要件

1.本考试作弊类犯罪的成立前提：所涉及的考试必须是法律所规定的相关国家考试。

（1）根据司法解释的规定，"法律规定的国家考试"，仅限于全国人民代表大会及其常务委员会制定的法律所规定的考试。根据有关法律规定，下列考试属于"法律规定的国家考试"：

①普通高等学校招生考试、研究生招生考试、高等教育自学考试、成人高等学校招生考试等国家教育考试。

②中央和地方公务员录用考试。

③国家统一法律职业资格考试、国家教师资格考试、注册会计师全国统一考试、会计专业技术资格考试、资产评估师资格考试、医师资格考试、执业药师职业资格考试、注册建筑师考试、建造师执业资格考试等专业技术资格考试。

④其他依照法律由中央或者地方主管部门以及行业组织的国家考试。

前述考试涉及的特殊类型招生、特殊技能测试、面试等考试，属于"法律规定的国家考试"。

（2）如果是在非法律规定的相关考试中有上述行为的，不成立考试作弊类罪名，但视情况可成立其他罪名。[①]例如，在一般的学校组织的期中、期末考试中，替考行为不

[①] 2019年9月2日《最高人民法院、最高人民检察院关于办理组织考试作弊等刑事案件适用法律若干问题的解释》第10条规定，在法律规定的国家考试以外的其他考试中，组织作弊，为他人组织作弊提供作弊器材或者其他帮助，或者非法出售、提供试题、答案，符合非法获取国家秘密罪、非法生产、销售窃听、窃照专用器材罪、非法使用窃听、窃照专用器材罪、非法利用信息网络罪、扰乱无线电通讯管理秩序罪等犯罪构成要件的，依法追究刑事责任。

成立犯罪。下述的非法出售和提供试题、答案罪，代替考试罪也需要发生在以上相关的国家考试中。

2.考试作弊类犯罪侵犯的法益：国家对考试组织的管理秩序和他人公平参与考试的权利。

（1）第284条之一第1款。

①"组织"的含义：是指倡导、发起、策划、安排他人进行作弊行为。

②组织对象不限于考生，还可以包括考生家长、教师等。

【注意1】为特定应考人寻找替考者，没有组织行为，成立代替考试罪的共犯。

【注意2】在不特定的应考人与替考者之间从事中介服务的，成立本罪。

【注意3】司法解释规定，在普通高等学校招生、公务员录用等法律规定的国家考试涉及的体育、体能测试等体育运动中，组织考生非法使用兴奋剂的，应当以组织考试作弊罪定罪处罚。明知他人实施前述犯罪而为其提供兴奋剂的，依照前述的规定定罪处罚。

（2）第284条之一第2款。

①本款所规定的行为成立组织考试作弊罪，属于该罪帮助犯的量刑规则，不是帮助犯的正犯化。依然坚持共犯从属性原则。该规定成立本罪的前提是被帮助的他人实施了组织作弊的行为。

例如：乙为甲组织作弊提供了作弊器材，但甲并没有实施组织作弊行为的，不存在任何法益侵害与危险，乙不能成立犯罪。

②"其他帮助"是指除了为组织考试作弊者提供作弊器材外的帮助其顺利实施组织考生作弊行为的行为。例如，为其提供资金、账户、场所、宣传等帮助。

3.组织考试作弊，在考试开始之前被查获，但已经非法获取考试试题、答案或者具有其他严重扰乱考试秩序情形的，应当认定为组织考试作弊罪既遂。

二十八、非法出售、提供试题、答案罪

（一）法条

第284条之一第3款　为实施考试作弊行为，向他人非法出售或者提供第一款规定的考试的试题、答案的，依照第一款的规定处罚。

（二）构成要件

1.本罪的主观目的是为了实施考试作弊行为，不要求行为人以牟利为目的。如果行为人不是为了实施考试作弊行为，而是出于炫耀，以显示自己消息灵通等目的，向他人提供属于国家秘密的试题、答案且情节严重的，成立故意泄露国家秘密罪。

2.为实施考试作弊行为，向他人非法出售或者提供法律规定的国家考试的试题、答案，试题不完整或者答案与标准答案不完全一致的，不影响非法出售、提供试题、答案罪的认定。

【注意】本罪侵犯的法益包括国家对考试组织的管理秩序和他人公平参与考试的权利。所以试题、答案完全一致的成立本罪；达到一定比例（如100道总题量，包括了几十道题目或答案，这足以影响公平参与考试的权利），可成立本罪；但是如果比例极小（如100道总题量，只有个别一两道题目和答案），这种情形可视情况成立诈骗罪。

（三）罪数

1.以窃取、刺探、收买方法非法获取法律规定的国家考试的试题、答案，又组织考试作弊或者非法出售、提供试题、答案，以非法获取国家秘密罪和组织考试作弊罪或者非法出售、提供试题、答案罪数罪并罚。

2.设立用于实施考试作弊的网站、通讯群组或者发布有关考试作弊的信息，情节严重的，以非法利用信息网络罪定罪处罚；同时构成组织考试作弊罪、非法出售、提供试题、答案罪、非法获取国家秘密罪等其他犯罪的，依照处罚较重的规定定罪处罚（想象竞合犯）。

二十九、代替考试罪

（一）法条

第284条之一第4款 代替他人或者让他人代替自己参加第一款规定的考试的，处拘役或者管制，并处或者单处罚金。

（二）构成要件

1.替考行为包括代替他人和让他人代替自己两种情况。

2.本罪主体（对向犯）：处罚应试者、替考者（即枪手）。

【注意】也可能出现一方有罪，一方无罪的情况。例如，丙在法律职业资格考试之前由于每天通宵背书导致身体极度虚弱而住院，其父乙花钱请甲来代替丙考试，但是住院的丙并不知情。本案中，丙不知情而无罪，甲成立代替考试罪，父亲乙成立代替考试罪的教唆犯。

三十、侵害英雄烈士名誉、荣誉罪

（一）法条

第299条之一 侮辱、诽谤或者以其他方式侵害英雄烈士的名誉、荣誉，损害社会公共利益，情节严重的，处三年以下有期徒刑、拘役、管制或者剥夺政治权利。

（二）构成要件

1.本罪的行为对象仅限于英雄烈士，不包括劳动模范、先进个人等。针对后者可成立普通的侮辱罪、诽谤罪。

2.本罪虽然是属于侮辱、诽谤式犯罪，但并不是亲告罪，属于公诉案件。

例如：戍边英雄：祁发宝、陈红军、肖思远、王焯冉、陈祥榕。英雄事迹发布后，国内有个别网民出于个别目的发布诋毁、侮辱、诽谤等言论。网名@蜡笔小球，真名仇某某，在新浪微博发布恶意歪曲事实真相、诋毁贬损5名戍边英雄的违法言论，造成极其恶劣的社会影响。被南京市公安局于2021年2月20日以涉嫌寻衅滋事罪刑事拘留。以本罪刑事拘留主要是考虑到《刑法修正案（十一）》还没生效（2021年3月1日起），新法原则上不溯及既往。但是本案中，由于新法更轻，所以在2021年3月1日南京市建邺区人民检察院以侵害英雄烈士名誉、荣誉罪对犯罪嫌疑人仇某某批准逮捕。

3.本罪可成立不作为犯罪。

例如：网络服务提供者，在明知平台存在侵害英雄烈士名誉、荣誉的不法消息且有能力控制和删除仍放任该消息扩散结果的发生，可成立本罪的不作为犯（属于不作为的帮助犯）。同时可能与拒不履行信息网络安全管理义务罪等发生竞合关系，需择一重罪处罚。

第二节　妨害司法罪

一、伪证罪

（一）法条

第305条　在刑事诉讼中，证人、鉴定人、记录人、翻译人对与案件有重要关系的情节，故意作虚假证明、鉴定、记录、翻译，意图陷害他人或者隐匿罪证的，处三年以下有期徒刑或者拘役；情节严重的，处三年以上七年以下有期徒刑。

（二）构成要件

1.行为主体：刑事诉讼中的证人、鉴定人、记录人、翻译人。

【注意】证人应当包括被害人在内，被害人违背事实，否认自己的法益被犯罪行为侵害的，也可能成立伪证罪。

2.行为方式：作虚假的证明、鉴定、记录、翻译。

（1）虚假内容必须是与案件有重要关系的情节。如果只与案件枝节问题有关，不足以影响案件结论的，不构成本罪。

（2）伪证行为不限于作为，证人在陈述时对自己记忆中的事项全部或者部分保持沉默，使整体上的陈述成为虚假陈述时，成立不作为的伪证罪。

（3）单纯保持沉默而不陈述的行为，不成立伪证罪。

3.发生领域：仅限于刑事诉讼中，包括从立案侦查到审判终结。

（1）"刑事诉讼"应作扩大解释。

例如：行为是否构成故意伤害罪，取决于其是否造成了轻伤以上的伤害，而公安机关在决定是否立案时，常常首先作伤情鉴定。在此阶段，鉴定人将轻微伤鉴定为重伤的，宜认定为伪证罪。

（2）在诉讼前作虚假告发，意图使他人受刑事追究的，成立诬告陷害罪。

4.责任要素除故意外，还要求有陷害他人或者隐匿罪证的意图。

【注意】证人因记忆不清作了与事实不相符合的证明、鉴定人因技术不高作了错误鉴定、记录人因粗心大意错记漏记、翻译人因水平较低而错译漏译的，均不成立本罪。

5.犯罪嫌疑人、被告人作虚假陈述的，因为缺乏期待可能性，不是本罪主体。

【注意】犯罪嫌疑人、被告人教唆证人等为自己作伪证的，也不成立伪证罪的教唆犯。但是被教唆者作伪证的可成立伪证罪。

二、辩护人、诉讼代理人毁灭证据、伪造证据、妨害作证罪

（一）法条

第306条　在刑事诉讼中，辩护人、诉讼代理人毁灭、伪造证据，帮助当事人毁灭、

伪造证据，威胁、引诱证人违背事实改变证言或者作伪证的，处三年以下有期徒刑或者拘役；情节严重的，处三年以上七年以下有期徒刑。

辩护人、诉讼代理人提供、出示、引用的证人证言或者其他证据失实，不是有意伪造的，不属于伪造证据。

（二）构成要件

1.行为主体：辩护人与诉讼代理人（本罪为身份犯）。

2.行为方式：

（1）毁灭、伪造证据。

（2）帮助当事人毁灭、伪造证据。

（3）威胁、引诱证人违背事实改变证言或者作伪证。

【注意】行为人提供的证据失实，但不是有意伪造的，不属于伪造证据。

3.发生领域：刑事诉讼中。

三、妨害作证罪

（一）法条

第307条第1款 以暴力、威胁、贿买等方法阻止证人作证或者指使他人作伪证的，处三年以下有期徒刑或者拘役；情节严重的，处三年以上七年以下有期徒刑。

第3款 司法工作人员犯前两款罪的，从重处罚。

（二）构成要件

1.行为主体：一般主体即可。司法工作人员犯本罪，从重处罚。

2."证人"和"他人"：不应限于狭义的证人，而应包括被害人、鉴定人。例如，指使被害人作虚假陈述、指使鉴定人作虚假鉴定的，都成立妨害作证罪。

3.发生的领域：三大诉讼领域都可以。

4.行为方式：以暴力、威胁、贿买等方法阻止证人作证或者指使他人作伪证。

（1）除了暴力、威胁、贿买方法外，还包括唆使、嘱托、请求、引诱等方法。

例如：（2014年真题）甲、乙是好友。乙的重大贪污罪行被丙发现。甲是丙的上司，为防止丙作证，将丙派往境外工作。甲的行为不成立本罪，该行为只是增加取证难度，谈不上使用暴力、威胁、贿买等方法阻止证人作证或者指使他人作伪证。

（2）阻止证人作证，是指阻止广义的证人就其所了解的案件情况向司法机关作出口头或者书面陈述。例如，阻止证人出庭作证，阻止被害人向司法机关提交书面陈述，阻止鉴定人作出鉴定意见或者阻止鉴定人向司法机关提交鉴定意见等。

（3）指使他人作伪证，是指唆使、指示他人作违背事实的证言，提交违背事实的鉴定意见，指使翻译人、记录人作虚假翻译、记录等。

5.责任形式为故意，行为人的动机不影响本罪的成立。

（三）本罪的认定

1.行为人误以为他人作伪证而阻止他人作证的，因为缺乏妨害作证罪的故意，也不成立本罪。

2.当事人教唆、指使他人作伪证，因缺乏期待可能性，不构成妨害作证罪。

3.共犯人以暴力、威胁、贿买等方法阻止同案犯作供述，或者指使同案犯作虚假供述的，符合阻止他人作证、指使他人作伪证的条件，可能构成妨害作证罪。如果采取的是一般的请求、利诱方法阻止同案犯作供述或者指使同案犯作虚假供述的行为，则因为缺乏期待可能性，而不宜以犯罪论处。

四、帮助毁灭、伪造证据罪

（一）法条

第307条第2款 帮助当事人毁灭、伪造证据，情节严重的，处三年以下有期徒刑或者拘役。

第3款 司法工作人员犯前两款罪的，从重处罚。

（二）构成要件

1.行为主体：一般主体即可。司法工作人员犯本罪，从重处罚。

2.发生领域：三大诉讼领域都可。

【注意】帮助当事人毁灭、伪造证据的行为，既可以发生在诉讼过程中，也可以发生在诉讼活动开始之前。因为发生在诉讼活动之前的毁灭、伪造证据的行为同样侵害了司法活动的客观公正性。

3.行为对象：他人作为当事人的案件的证据。

【注意】毁灭、伪造自己是当事人的案件的证据的，因为缺乏期待可能性，不成立犯罪。

4.行为方式：帮助毁灭、伪造证据。

（1）毁灭证据，并不限于从物理上使证据消失，而是包括妨碍证据显现、使证据的证明价值减少、消失的一切行为。

【注意】隐匿证据的行为，同样属于毁灭证据。例如，（2015年真题）甲杀人后将凶器忘在现场，打电话告诉乙真相，请乙帮助扔掉凶器。乙随即把凶器藏在自家地窖里。乙成立帮助毁灭证据罪。

（2）伪造证据，一般是指制作出不真实的证据。例如，将与犯罪无关的物改变成为证据的行为，就属于伪造。

（3）隐匿证人与被害人的行为，符合妨害作证罪的构成要件（阻止证人作证），而不以本罪论处。

【注意1】帮助毁灭、伪造证据罪的成立并不以当事人的行为构成犯罪为前提，但要求当事人的行为具有犯罪的嫌疑。如果行为人帮助毁灭、伪造与犯罪没有任何关系的证据，则不可能成立本罪。例如，帮助他人毁灭通奸证据的，不可能成立帮助毁灭证据罪。

【注意2】经当事人同意，帮助当事人毁灭有利于当事人的证据、伪造不利于当事人的证据的，同样侵害了司法活动的客观公正性，应当认定为帮助毁灭、伪造证据罪。

【注意3】当事人教唆第三者为自己（当事人）毁灭、伪造证据，第三者接受教唆实施了毁灭、伪造证据行为的，第三者成立帮助毁灭、伪造证据罪。当事人本人不成立本罪。

五、虚假诉讼罪

（一）法条

第307条之一   以捏造的事实提起民事诉讼，妨害司法秩序或者严重侵害他人合法权益的，处三年以下有期徒刑、拘役或者管制，并处或者单处罚金；情节严重的，处三年以上七年以下有期徒刑，并处罚金。

单位犯前款罪的，对单位判处罚金，并对其直接负责的主管人员和其他直接责任人员，依照前款的规定处罚。

有第一款行为，非法占有他人财产或者逃避合法债务，又构成其他犯罪的，依照处罚较重的规定定罪从重处罚。

司法工作人员利用职权，与他人共同实施前三款行为的，从重处罚；同时构成其他犯罪的，依照处罚较重的规定定罪从重处罚。

（二）概念

虚假诉讼罪，是指行为人单独或者与他人恶意串通，采取伪造证据、虚假陈述等手段，捏造民事案件基本事实，虚构民事纠纷，向人民法院提起民事诉讼，妨害司法秩序或者严重侵害他人合法权益，依照法律应当受刑罚处罚的行为。

（三）构成要件

1.行为主体

自然人和单位可以成为本罪的主体。司法工作人员利用职权实施虚假诉讼犯罪的，从重处罚。

2.行为方式

（1）行为人以捏造事实提起民事诉讼，妨害司法秩序或者严重侵害他人合法权益。

（2）向人民法院申请执行基于捏造的事实作出的仲裁裁决、公证债权文书，或者在民事执行过程中以捏造的事实对执行标的提出异议、申请参与执行财产分配的，属于以捏造的事实提起民事诉讼。

例1：（无中生有）甲和乙本为陌生人，一天甲在路上看见乙便对乙说："朋友还我10万元钱。"乙以压根不认识甲为由拒绝。之后甲伪造了各种证据，并形成了完美的证据链，而且这些证据法官根本看不出来是伪造的，然后一纸诉状将乙告上了法庭，最后法官判决乙败诉，偿还甲10万元"债务"。甲成立本罪。

例2：（死灰复燃）甲是乙的债权人，几个月之前乙已经向甲偿还了之前欠甲的10万元钱，但是乙并没有向甲要回当初的欠条。之后甲发现自己手中还有乙欠钱的借条，便心生恶意，以此为由将乙告上法庭，并再一次获得了乙的"还款"。甲成立本罪。

例3：（借题发挥）甲是乙的债权人，债权数额为10万元，但是乙久拖不还的行为让甲十分不爽，甲一纸诉状将乙告上法庭，但是甲将借条上的数额改为了20万元，最终乙败诉，偿还了甲20万元。甲成立本罪。

【注意1】本罪中，行为人提起的必须是民事诉讼，不包括刑事的自诉案件。

例如：甲看乙十分的不爽，便虚构乙侵占了自己的财物，向法院提起了刑事自诉，最终使得乙被判刑。甲的这种行为不成立虚假诉讼罪，因为侵占罪是刑事自诉案件，不属于民事诉讼。但是甲可能成立其他犯罪，如非法拘禁罪或诬告陷害罪。

【注意2】捏造事实单纯提起仲裁的，不成立虚假诉讼罪。

3.既遂标准：行为人只要实施了捏造事实提起民事诉讼并被法院受理即既遂。

（四）罪数

行为人以捏造的事实提起民事诉讼，非法占有他人财产或者逃避合法债务，又构成诈骗罪、职务侵占罪、拒不执行判决、裁定罪和贪污罪等犯罪的，依照处罚较重的规定定罪从重处罚。

例如：（2019年真题）被执行人甲，以虚假诉讼的方式将财产转移给乙（签订虚假借款合同，故意败诉），以逃避执行。甲构成虚假诉讼罪和拒不执行判决罪的想象竞合。

（五）司法解释

《最高人民法院、最高人民检察院关于办理虚假诉讼刑事案件适用法律若干问题的解释》第1条规定，采取伪造证据、虚假陈述等手段，实施下列行为之一，捏造民事法律关系，虚构民事纠纷，向人民法院提起民事诉讼的，应当认定为"以捏造的事实提起民事诉讼"：

（1）与夫妻一方恶意串通，捏造夫妻共同债务的；

（2）与他人恶意串通，捏造债权债务关系和以物抵债协议的；

（3）与公司、企业的法定代表人、董事、监事、经理或者其他管理人员恶意串通，捏造公司、企业债务或者担保义务的；

（4）捏造知识产权侵权关系或者不正当竞争关系的；

（5）在破产案件审理过程中申报捏造的债权的；

（6）与被执行人恶意串通，捏造债权或者对查封、扣押、冻结财产的优先权、担保物权的；

（7）单方或者与他人恶意串通，捏造身份、合同、侵权、继承等民事法律关系的其他行为。

隐瞒债务已经全部清偿的事实，向人民法院提起民事诉讼，要求他人履行债务的，以"以捏造的事实提起民事诉讼"论。

向人民法院申请执行基于捏造的事实作出的仲裁裁决、公证债权文书，或者在民事执行过程中以捏造的事实对执行标的提出异议、申请参与执行财产分配的，属于"以捏造的事实提起民事诉讼"。

六、窝藏、包庇罪

（一）法条

第310条　明知是犯罪的人而为其提供隐藏处所、财物，帮助其逃匿或者作假证明包庇的，处三年以下有期徒刑、拘役或者管制；情节严重的，处三年以上十年以下有期徒刑。

犯前款罪，事前通谋的，以共同犯罪论处。

（二）概念

1.窝藏罪，是指明知是犯罪的人而为其提供隐藏处所、财物，帮助其逃匿的行为。

2.包庇罪，是指明知是犯罪的人而作假证明包庇的行为。

（三）构成要件

1.行为对象："犯罪的人"——有犯罪嫌疑的人。

（1）已被公安、司法机关依法作为犯罪嫌疑人、被告人而成为侦查、起诉对象的人，即使事后被法院认定无罪的，也属于"犯罪的人"。

（2）即使暂时没有被公安、司法机关作为犯罪嫌疑人，但确实实施了犯罪行为，因而将被公安、司法机关作为犯罪嫌疑人、被告人而成为侦查、起诉对象的人，同样属于"犯罪的人"。

（3）实施了符合构成要件的违法行为但没有达到法定年龄、不具有责任能力的人，原则上属于"犯罪的人"。

例如：甲（13周岁）实施了抢劫行为，潜逃到乙家，乙将甲窝藏在自己家里。乙构成窝藏罪。

【总结】"犯罪的人"应从一般意义上理解，而不能从"无罪推定"的角度作出解释，不能认为最终无罪的人不是这里的"犯罪的人"。

【注意1】联系本罪的法益考虑，如果行为人确定、案件事实清楚，公安、司法机关不可能介入刑事司法活动，对这类"犯罪的人"实施所谓窝藏、包庇的行为，不成立犯罪。例如，10岁的甲杀害乙，案件事实很清楚，公安机关根本不可能立案侦查。此时窝藏甲的行为是不成立窝藏罪的。

【注意2】一般行政违法的人不属于本罪的对象。

例如：（2014年真题）甲在强制戒毒所戒毒时，无法抗拒毒瘾，设法逃出戒毒所。甲径直到毒贩陈某家，以赊账方式买了少量毒品过瘾。后甲逃往乡下，告知朋友乙详情，请乙收留。乙让甲住下。本案中，由于甲是吸毒人员（不是犯罪的人），所以乙不成立窝藏罪。

2.行为方式

（1）窝藏行为

①窝藏行为的本质是帮助犯罪的人逃匿，而法条表述中的"为其提供隐藏处所、财物"这句话是对窝藏本质的举例，并不代表着窝藏行为只有这两种。只要行为在本质上符合帮助犯罪的人逃匿的，都属于窝藏行为。

例1：甲看到乙在路边抢劫结束后，对乙大喊"上车，我带你离开"，乙快速上车而被甲带离犯罪现场。甲的这种行为符合窝藏罪帮助犯罪的人逃匿的本质，因此甲成立窝藏罪。

例2：甲看到乙当街抢夺后迅速逃跑，被害人在后面紧追，甲故意伸出脚绊倒被害人，帮助乙顺利逃跑，其可以成立窝藏罪。

②窝藏行为的特点是妨害公安、司法机关发现犯罪的人，或者说使公安、司法机关不能或者难以发现犯罪的人。以下行为属于窝藏行为：

第一，向犯罪人提供化装的用具或者虚假的身份证明等。

第二，向犯罪的人通报侦查或追捕的动静。

第三，犯罪人没有打算逃匿，也没有逃匿行为，但行为人使犯罪人昏迷后将其送至外地。

第四，劝诱、迫使犯罪人逃匿。

③"帮助其逃匿"，应限于直接使犯罪人的逃匿更为容易的行为，而不是漫无边际的帮助行为。

例1：受已经逃匿于外地的犯罪人之托，向犯罪人妻子提供金钱，使犯罪人安心逃匿的，不成立窝藏罪。

例2：明知犯罪人逃匿，而向其提供管制刀具的，也不应认定为窝藏罪。

例3：犯罪人意欲自首而行为人劝诱其不自首的，不成立窝藏罪。

例4：妻子单纯陪同犯罪人潜逃并且在外地共同生活的，不成立窝藏罪。

（2）包庇行为

①包庇行为是指向公安、司法机关提供虚假证明掩盖犯罪的人。包庇应是与窝藏相同性质的行为。

②顶包案件：在司法机关追捕的过程中，行为人出于某种特殊原因为了使犯罪人逃匿而自己冒充犯罪的人向司法机关投案或者实施其他使司法机关误认为自己为原犯罪人的行为的，也应认定为包庇罪。

【注意】窝藏、包庇罪属于抽象的危险犯。因此，即使公安、司法机关知道犯罪人被行为人隐藏在何处，明知行为人提供的是虚假证明，也不妨碍窝藏、包庇罪的成立。但是，行为人劝诱犯罪人逃匿但犯罪人并不逃匿的，因为劝诱行为没有产生妨害司法的危险，不能认定为窝藏罪。

3.行为主体

（1）犯罪的人自己窝藏、逃匿的，因为缺乏期待可能性，而不能成立本罪。

（2）犯罪的人教唆他人对自己实施窝藏、包庇行为时，本人不成立本罪。但他人成立窝藏、包庇罪。

（3）对犯罪人的近亲属实施的窝藏、包庇行为，应认定为缺乏期待可能性，不宜以本罪论处。

4.责任形式为故意，即明知是犯罪的人而实施窝藏、包庇行为。动机不影响本罪的成立。

（1）明知，是指认识到自己窝藏、包庇的是犯罪的人。

（2）在开始实施窝藏、包庇行为时明知是犯罪人的，当然成立本罪。

（3）在开始实施窝藏、包庇行为时不明知是犯罪人，但发现对方是犯罪人后仍然继续实施窝藏、包庇行为的，也成立本罪。

例如：甲一开始不知道现住自己家的张三是罪犯而收留，但在知道其是杀人犯后仍然加以隐藏的，可以构成窝藏罪。

（四）本罪的认定

1.正确区分注意规定与法律拟制

《刑法》第362条规定，旅馆业、饮食服务业、文化娱乐业、出租汽车业等单位的人员，在公安机关查处卖淫、嫖娼活动时，为违法犯罪分子通风报信，情节严重的，依照本法第310条（窝藏、包庇罪）的规定定罪处罚。

这是一项拟制规定，不以被查处的卖淫、嫖娼行为构成犯罪为前提（因为窝藏、包庇罪的对象是犯罪的人，不是违法的人，这里就是把一般卖淫、嫖娼等违法的人拟制为本罪的对象）。

【提示】对于公安机关查处其他不构成犯罪的一般违法行为时，为被查处者通风报信的，不成立犯罪。

2.正确区分窝藏、包庇罪与非罪的界限

（1）知情不报的无罪类型：明知发生犯罪事实或者明知犯罪人的去向，而不主动向公安、司法机关举报的行为，属于单纯的知情不报行为，不成立窝藏、包庇罪。

（2）沉默是金的无罪类型：知道犯罪事实，在公安、司法机关调查取证时，单纯不提供证言的，也不构成窝藏、包庇罪。

【注意】如果拒不提供间谍犯罪或者恐怖主义、极端主义犯罪证据，则成立拒绝提供间谍犯罪、恐怖主义犯罪、极端主义犯罪证据罪。

（3）司法解释规定的有罪类型：取保候审的保证人与该被告人串通，协助其逃匿以及明知藏匿地点而拒绝向司法机关提供的，对保证人应当以窝藏罪论处。

3.正确区分窝藏、包庇罪与事前有通谋的共同犯罪

（1）窝藏、包庇行为是在被窝藏、包庇的人犯罪后实施的，其犯罪故意也是在他人犯罪后产生的，即只有在与犯罪人没有事前通谋的情况下，实施窝藏、包庇行为的，才成立本罪。

（2）如果行为人事前与犯罪人通谋，商定待犯罪人实行犯罪后予以窝藏、包庇的，则成立共同犯罪。

例1：甲和乙约定，由乙实施抢劫行为，由甲负责窝藏乙；乙抢劫后，甲窝藏了乙。因为甲和乙就抢劫犯罪具有共同故意，所以甲不构成窝藏罪，而是与乙构成抢劫罪的共同犯罪。

例2：丙杀了人，请求朋友丁窝藏自己，丁窝藏了丙。因为二人无杀人的共同故意，所以丁不需对故意杀人罪负责，只构成窝藏罪。

4.正确处理包庇罪与伪证罪的关系

（1）在刑事诉讼中，证人等作虚假陈述，意图隐匿罪证的，成立伪证罪。

（2）在刑事诉讼之外作假证明包庇犯罪人的，成立包庇罪。

（3）包庇行为具有导致公安、司法机关不能正常进入刑事诉讼活动的危险。

（4）一个行为同时触犯包庇罪与伪证罪的现象，对此应作为想象竞合犯，从一重罪论处。

例如：证人甲作伪证帮助被告人乙逃避刑事追究，就同时触犯了包庇罪和伪证罪，属于想象竞合，择一重罪论处。

5.正确处理包庇罪与帮助毁灭、伪造证据罪的关系

（1）包庇罪中的"作假证明包庇"，仅限于作使犯罪人逃避或减轻法律责任的假证明。

（2）行为人帮助犯罪人伪造无罪、罪轻的证据的，同时触犯了包庇罪与帮助伪造证据罪，应作为想象竞合犯处理，从一重罪论处。

6.特殊的包庇行为单独定罪

（1）包庇毒品犯罪分子罪（第349条）。

（2）包庇黑社会性质组织罪（第294条第3款）。

（3）帮助犯罪分子逃避处罚罪（第417条）。

【注意】当出现以上特殊包庇行为时，以上述罪名定罪即可，不再成立包庇罪。

七、掩饰、隐瞒犯罪所得、犯罪所得收益罪

（一）法条

第312条　明知是犯罪所得及其产生的收益而予以窝藏、转移、收购、代为销售或者以其他方法掩饰、隐瞒的，处三年以下有期徒刑、拘役或者管制，并处或者单处罚金；情节严重的，处三年以上七年以下有期徒刑，并处罚金。

单位犯前款罪的，对单位判处罚金，并对其直接负责的主管人员和其他直接责任人员，依照前款的规定处罚。

（二）构成要件

1.行为主体：既可以是自然人，也可以是单位。

【注意】本犯的掩饰、隐瞒行为不具有期待可能性，对本犯实施的掩饰、隐瞒行为不能认定为本罪。这里的本犯，包括获取赃物的原犯罪的正犯、教唆犯与帮助犯。例如，甲教唆乙实施盗窃行为，乙盗窃财物后，甲又窝藏乙所盗窃的财物的。甲只成立盗窃罪，而不成立赃物罪。

2.行为对象：犯罪所得及其产生的收益（如孳息、租金等）。

（1）犯罪工具不是赃物。掩饰、隐瞒犯罪工具的，不成立本罪。

（2）伪造的货币、制造的毒品等，不属于本罪的赃物。

（3）犯罪所得及其产生的收益，应限于应当追缴、退赔、归还、没收的财物、物品与财产性利益。

例1：甲收买了被拐卖的妇女、儿童后，乙为了帮助甲逃避国家机关解救，而窝藏妇女、儿童的，不属于窝藏"犯罪所得"。

例2：非法获得的公民个人信息，不属于犯罪所得的赃物。

例3：甲为了制作标本贩卖牟利而盗窃尸体后，乙窝藏该尸体的，应认定为窝藏赃物。

（4）犯罪所得中的"犯罪"，只要求是客观阶层的违法行为即可，与没有达到法定年龄、没有刑事责任能力无关。

例如：13周岁的甲抢劫他人财物，朋友乙将抢来的财物窝藏，乙构成本罪。因为甲的行为是客观违法行为，只是在主观责任阶层甲未达刑事责任年龄、不具有刑事责任能力。

（5）行为没有达到司法解释所要求的数额的，原则上不属于犯罪所得，但是如果行为是值得处罚的未遂犯，则属于犯罪所得，成立本罪。

例如：公司、企业人员利用职务侵占的价值5万元的财物（职务侵占罪成立犯罪的数额标准为6万元），此时不构成犯罪，原则上5万元财物不属于犯罪所得。但是，如果上述行为成立值得处罚的未遂犯，则5万元财物属于犯罪所得。

（6）数人单独实施的普通盗窃行为均未达到数额较大标准，但窝藏者总共窝藏的数额超过盗窃罪数额较大起点的，不能认定为窝藏犯罪所得。因为赃物罪是与本犯相关联的犯罪，如果没有本犯，就没有赃物罪。

例如：甲、乙、丙、丁4人都有盗窃习惯。某日，4人分别盗窃价值500元的财物，均交给戊保管。甲、乙、丙、丁4人不成立盗窃罪，戊不成立赃物罪。

【注意】窝藏、转移入户盗窃、携带凶器盗窃、扒窃的具有一定客观价值或者主观价值的财物的，也可能成立赃物罪。例如，甲入户盗窃了信用卡、存折、身份证等有使用价值的东西，乙明知而进行窝藏的，成立本罪。

（7）犯罪人取得赃物后死亡的，该赃物仍然属于犯罪所得。

（8）所盗财物通过改装等与原物丧失了同一性的，仍属于本罪对象。例如，甲将盗窃来的电脑、汽车等重新组装成新的电脑、新的汽车的，虽然与原物丧失了同一性，仍属于本罪对象。

（9）本犯将所盗的一种货币兑换成另一种货币的，属于犯罪所得"产生的收益"。

（10）"犯罪所得及其产生的收益"中的"犯罪"应是已经既遂，或者虽然未遂但已经终结的犯罪。行为人在本犯既遂前故意参与的，应认定为共同犯罪。

例1：甲为了抢劫财物而对丙实施暴力并致丙昏迷，乙知道真相并与甲共同取得丙的财物。乙成立抢劫罪的共犯，而不成立赃物罪。

例2：甲得知乙受委托占有丙的财物，乙与甲共谋将该财物出卖给他人的，乙与甲构成侵占罪的共犯。但是，如果乙不法处分自己占有的他人财物，甲在明知的情况下而购买的，则不成立共犯，而可能成立赃物罪。

3.行为方式：行为人实施了窝藏、转移、收购、代为销售等掩饰、隐瞒赃物的行为。

（1）窝藏，是指隐藏、保管等使司法机关不能或难以发现赃物的行为。

（2）转移，是指改变赃物的存放地的行为，转移行为应达到足以妨害司法机关追缴赃物的程度，在同一房屋内转移赃物的，不宜认定为本罪，但将某建筑物内的赃物从一个房间转移到另一房间的，可以被评价为转移。

（3）收购，是指收买不特定的犯罪人的赃物或者购买大量赃物的行为；对于购买特定的少量赃物自用的，一般不宜认定为犯罪，但对购买他人犯罪所得的机动车等重大财物的，应认定为收购赃物。

（4）代为销售，是指替本犯有偿转让赃物的行为。对于在本犯与购买人之间进行斡旋的，也应认定为代为销售赃物。将赃物又卖给原主人，但出卖行为不是为了原主人利益的，也是代为销售。

例如：甲盗窃了乙的摩托车（价值1万元），交给丙代为销售。丙找到乙，声称只要给8000元就卖给乙。二人成交。丙属于代为销售赃物。

（5）根据司法解释的规定，明知是盗窃、抢劫、诈骗等犯罪所得的机动车而予以窝藏、转移、买卖、介绍买卖、典当、拍卖、抵押、用其抵债的，或者拆解、拼装、组装的，或者修改发动机号、车辆识别代号的，或者更改车身颜色或者车辆外形的，或者提供或出售机动车来历凭证、整车合格证、号牌以及有关机动车的其他证明和凭证的，或者提供或出售伪造、变造的机动车来历凭证、整车合格证、号牌以及有关机动车的其他证明和凭证的，应以本罪论处。

【注意】没有妨碍司法的行为，不能认定为掩饰、隐瞒行为。

例1：甲公司收购他人盗窃的原油，该公司技术人员乙对原油质量进行鉴定的行为，不成立本罪。

例2：甲受贿收了他人一套房子，乙在知道上述情况之下为其进行了全屋的装修，乙同样不成立本罪。

4.责任形式为故意。

（1）行为人不知是赃物而保管的，不成立犯罪；但知道真相后继续保管的，成立本罪。

（2）如果行为人事前与本犯通谋，就事后窝藏、转移、收购、代为销售、掩饰、隐瞒犯罪赃物达成合意的，以共同犯罪论处。

（三）本罪的认定

1.正确处理本罪与洗钱罪的关系

（1）行为对象不同：本罪是对一切犯罪所得及其产生收益的掩饰与隐瞒；而洗钱罪只有7个上游犯罪。

（2）行为本质不同：本罪只要有掩饰、隐瞒行为即可；而洗钱罪要求掩饰、隐瞒来源和性质。

（3）不是对立关系：一个行为完全可能同时触犯本罪与洗钱罪，以洗钱罪（特殊法）论处。

（4）罪数问题不同：本犯实施本罪行为，由于不具有期待可能性，不再成立本罪；洗钱者自己实施洗钱行为，仍成立洗钱罪，需要数罪并罚。

2.明知是走私、贩卖、制造、运输的毒品或者犯罪所得财物，而为其窝藏、转移、隐瞒的，成立窝藏、转移、隐瞒毒品、毒赃罪。

3.行为人将替本犯窝藏的赃物据为己有的，仅构成本罪，不另成立侵占罪。

例1：甲委托乙窝藏其盗窃来的赃物，乙答应，但后来将该赃物据为己有，拒不退还。对乙以本罪论处，不再定侵占罪。

例2：甲委托乙帮忙保管自己的财物（该财物是甲窃取的，属于赃物），乙不知是赃物便答应保管。后来乙将该赃物据为己有，拒不退还的，乙成立侵占罪。

【总结】知情的侵占，成立本罪，不再认定侵占罪；不知情的侵占，由于没有本罪的故意，成立侵占罪。

4.本罪的善意取得理论分析

例1：甲盗窃他人财物，之后隐瞒真相出售给第三人。

例2：乙明知该车是甲偷来的，为其代销给第三人。

例3：丙明知是赃物而购头。

【学说与分析】学说一：否认赃物的善意取得。得出以下结论：

（1）例1的甲成立盗窃罪与诈骗罪，并罚。

（2）例2的乙成立本罪与诈骗罪的想象竞合犯，择一重罪处罚。

（3）例3的丙成立本罪，出卖者不成立诈骗罪。

学说二：承认赃物的善意取得。得出以下结论：

（1）例1的甲仅成立盗窃罪，不成立诈骗罪（因为买者没有财产损失）。

（2）例2的乙仅成立本罪，同样不会成立与诈骗罪的想象竞合犯，理由同上。

（3）例3的丙成立本罪，出卖者不成立诈骗罪。

（四）司法解释规定的成立本罪的情形

1.知道或者应当知道是非法狩猎的野生动物而购买，符合《刑法》第312条规定的，以掩饰、隐瞒犯罪所得罪定罪处罚。

2.知道或者应当知道是盗窃所得的窨井盖及其产生的收益而予以窝藏、转移、收购、代为销售或者以其他方法掩饰、隐瞒的，成立掩饰、隐瞒犯罪所得、犯罪所得收益罪。

3.明知是盗窃文物、盗掘古文化遗址、古墓葬等犯罪所获取的三级以上文物，而予以窝藏、转移、收购、加工、代为销售或者以其他方法掩饰、隐瞒的，依照《刑法》第312条的规定，以掩饰、隐瞒犯罪所得罪追究刑事责任。

4.明知是犯罪所得的油气而予以窝藏、转移、收购、加工、代为销售或者以其他方式掩饰、隐瞒，符合《刑法》第312条规定的，以掩饰、隐瞒犯罪所得罪追究刑事责任。

5.明知是在长江流域重点水域非法捕捞犯罪所得的水产品而收购、贩卖，价值1万元以上的，应当依照《刑法》第312条的规定，以掩饰、隐瞒犯罪所得罪定罪处罚。

6.明知是非法获取计算机信息系统数据犯罪所获取的数据、非法控制计算机信息系统犯罪所获取的计算机信息系统控制权，而予以转移、收购、代为销售或者以其他方法掩饰、隐瞒，违法所得5000元以上的，应当依照《刑法》第312条第1款的规定，以掩饰、隐瞒犯罪所得罪定罪处罚。

八、破坏监管秩序罪

（一）法条

第315条 依法被关押的罪犯，有下列破坏监管秩序行为之一，情节严重的，处三年以下有期徒刑：

（一）殴打监管人员的；

（二）组织其他被监管人破坏监管秩序的；

（三）聚众闹事，扰乱正常监管秩序的；

（四）殴打、体罚或者指使他人殴打、体罚其他被监管人的。

（二）构成要件

1.行为主体是依法被关押的已决犯。依法被关押的被告人、犯罪嫌疑人不是本罪行为主体。

【注意】依法被关押的罪犯，受监管人员指使，殴打、体罚虐待其他被监管人员，情节严重的，成立虐待被监管人罪的共犯，即监管人员是虐待被监管人罪的正犯，被指使者构成虐待被监管人罪的共犯。

2.行为方式参考法条中内容。

【注意】如果行为人实施的是杀人、伤害行为，则按照故意杀人罪、故意伤害罪定罪处罚。

九、脱逃罪

（一）法条

第316条第1款　依法被关押的罪犯、被告人、犯罪嫌疑人脱逃的，处五年以下有期徒刑或者拘役。

（二）构成要件

1.行为主体：依法被关押的罪犯（已决犯）、被告人与犯罪嫌疑人。

（1）虽然被司法机关采取强制措施，但未被关押的人（如被监视居住或者取保候审），不能成为本罪主体。

（2）行为人在被群众扭送的过程中逃走的，不成立本罪。

（3）完全是司法机关的错误导致关押，事实上确实无罪的人，单纯脱逃，没有使用暴力，不认定为脱逃罪。

（4）被行政拘留、司法拘留的人不是罪犯，不成立本罪。

（5）被口头传唤到公安接受讯问，被采取刑事拘留措施前从讯问室逃走的，不成立本罪。

2.行为方式：脱逃。

（1）脱逃，是指脱离监管机关的实力支配的行为，具体表现为逃离关押场所。

【注意】脱逃地点：除了监狱、看守所等关押场所外，行为人在被转监（从一个监狱转到另一个监狱）、送往法院审判途中脱逃的，也能成立本罪。

（2）脱逃的方式没有限制，可以通过作为脱逃，也可以通过不作为脱逃。

例如：罪犯甲受到监狱奖励，节假日受准回家，故意不在规定时间返回监狱，采取逃往外地等方式逃避入狱的，成立不作为方式的脱逃罪。

3.责任形式为故意。

（1）由于某种特殊原因，暂时离开关押场所，特殊原因消失后立即回到关押场所的，一般不宜认定为脱逃罪。

例如：罪犯甲受到监狱奖励，节假日受准回家，突遇孩子重病（或家乡遭遇特大洪水等自然灾害）而不归，孩子病好转（或灾害结束）之后立即回归的，不成立本罪。

（2）成立本罪不要求行为人永久性或长期性逃避监管，为了一时性逃避劳动改造而脱逃的，原则上也成立本罪。

例如：在劳改农场服刑的罪犯，为了在某段艰苦时间逃避执行机关的监管，逃离半个月后又回到该劳改农场的，应认定为脱逃罪。

4.本罪的既遂标准

（1）行为人摆脱了监管机关与监管人员的实力支配（控制）时，就是脱逃既遂。

（2）何时摆脱控制不以是否逃出关押场所为标准：行为人即使逃出关押场所后，只要明显处于被监管人员追捕的过程中，应认定为脱逃未遂。

【注意】二人以上有共同的意思联络，然后实施脱逃行为的，脱离看守者控制的犯罪嫌疑人、被告人或者罪犯成立犯罪既遂，未脱离者也成立犯罪既遂（部分实行，全部责任与原则）。[1]

第三节　妨害国（边）境管理罪

组织他人偷越国（边）境罪

一、法条

第318条　组织他人偷越国（边）境的，处二年以上七年以下有期徒刑，并处罚金；有下列情形之一的，处七年以上有期徒刑或者无期徒刑，并处罚金或者没收财产：

（一）组织他人偷越国（边）境集团的首要分子；

（二）多次组织他人偷越国（边）境或者组织他人偷越国（边）境人数众多的；

（三）造成被组织人重伤、死亡的；

（四）剥夺或者限制被组织人人身自由的；

（五）以暴力、威胁方法抗拒检查的；

（六）违法所得数额巨大的；

（七）有其他特别严重情节的。

犯前款罪，对被组织人有杀害、伤害、强奸、拐卖等犯罪行为，或者对检查人员有杀害、伤害等犯罪行为的，依照数罪并罚的规定处罚。

二、罪数

（一）加重处罚的类型（此时只成立本罪）

1.实施本罪的过程中 → 过失导致被组织人重伤、死亡的 → 只成立本罪，加重处罚。

2.实施本罪的过程中 → 剥夺或者限制被组织人人身自由的 → 只成立本罪，加重处罚。

3.实施本罪的过程中 → 实施一般暴力妨害公务的 → 只成立本罪，加重处罚。

（二）数罪并罚的类型（本罪与相应罪名并罚）

1.实施本罪的过程中 → 对被组织人有杀害、伤害、强奸、拐卖等行为 → 数罪并罚。

2.实施本罪的过程中 → 对检查人员有杀害、伤害等行为的 → 数罪并罚。

第四节　妨害文物管理罪

一、倒卖文物罪

（一）法条

第326条　以牟利为目的，倒卖国家禁止经营的文物，情节严重的，处五年以下有期徒刑或者拘役，并处罚金；情节特别严重的，处五年以上十年以下有期徒刑，并处罚金。

单位犯前款罪的，对单位判处罚金，并对其直接负责的主管人员和其他直接责任人

---

① 周光权：《刑法各论》（第四版），中国人民大学出版社2021年版，第467页。

员，依照前款的规定处罚。

（二）构成要件

1.行为方式：倒卖。按照司法解释规定指的是出售或者为出售而收购、运输、储存的行为。

【注意1】盗窃珍贵文物后出售的，成立盗窃罪和倒卖文物罪，数罪并罚。

【注意2】不具有牟利目的，为了自己收藏，非法购买国家禁止经营的文物的，不成立本罪。

2.行为对象：国家禁止经营的文物。其他的可以经营的文物不是本罪的对象。

【注意】自己私藏的国家禁止经营的文物加以出售的，也成立本罪。

（三）本罪和其他犯罪的关系

罪　　名	行为主体	行为对象	获得文物者
倒卖文物罪	一般人	国家禁止经营的文物	一般人
非法向外国人出售、赠送珍贵文物罪	文物收藏者	自己收藏的国家禁止出口的珍贵文物	外国人
非法出售、私赠文物藏品罪	国有博物馆、图书馆等单位	该单位收藏的文物藏品	非国有单位或个人（如果是国有单位，不成立本罪）

二、盗掘古文化遗址、古墓葬罪

（一）法条

第328条第1款　盗掘具有历史、艺术、科学价值的古文化遗址、古墓葬的，处三年以上十年以下有期徒刑，并处罚金；情节较轻的，处三年以下有期徒刑、拘役或者管制，并处罚金；有下列情形之一的，处十年以上有期徒刑或者无期徒刑，并处罚金或者没收财产：

（一）盗掘确定为全国重点文物保护单位和省级文物保护单位的古文化遗址、古墓葬的；

（二）盗掘古文化遗址、古墓葬集团的首要分子；

（三）多次盗掘古文化遗址、古墓葬的；

（四）盗掘古文化遗址、古墓葬，并盗窃珍贵文物或者造成珍贵文物严重破坏的。

（二）构成要件

1.行为方式：盗掘，是指未经国家文物主管部门批准，私自挖掘古文化遗址、古墓葬。

（1）盗掘既不是单纯的盗窃，也不是单纯的损毁，盗掘可谓集盗窃与损毁于一体，其法益侵害程度相当严重。

（2）盗掘并不限于挖掘埋藏于地下的古文化遗址、古墓葬；打捞被水淹没的古文化遗址、古墓葬的，掘出掩埋于其他物体中的古文化遗址、古墓葬的，也属于"盗掘"。

2.行为对象：具有历史、艺术、科学价值的古文化遗址、古墓葬。

（三）罪数

1.盗掘过程中，盗窃珍贵文物的，成立本罪的法定升格条件，只成立本罪。

2.盗掘过程中，造成珍贵文物毁损的，成立本罪的法定升格条件，只成立本罪。

3.将盗掘的文物出卖的，成立倒卖文物罪；如果卖出境外的，还成立走私文物罪，与本罪并罚。

4.盗掘行为结束后，出于其他目的故意损毁文物的，应另定故意损毁文物罪，两罪并罚。即使是为了掩盖罪行、毁灭证据而损毁文物也应并罚。

5.采用破坏性手段盗窃古文化遗址、古墓葬以外的古建筑、石窟寺、石刻、壁画等不可移动文物的，以盗窃罪追究刑事责任。

第五节　危害公共卫生罪

一、妨害传染病防治罪

（一）法条

第330条　违反传染病防治法的规定，有下列情形之一，引起甲类传染病以及依法确定采取甲类传染病预防、控制措施的传染病传播或者有传播严重危险的，处三年以下有期徒刑或者拘役；后果特别严重的，处三年以上七年以下有期徒刑：

（一）供水单位供应的饮用水不符合国家规定的卫生标准的；

（二）拒绝按照疾病预防控制机构提出的卫生要求，对传染病病原体污染的污水、污物、场所和物品进行消毒处理的；

（三）准许或者纵容传染病病人、病原携带者和疑似传染病病人从事国务院卫生行政部门规定禁止从事的易使该传染病扩散的工作的；

（四）出售、运输疫区中被传染病病原体污染或者可能被传染病病原体污染的物品，未进行消毒处理的；

（五）拒绝执行县级以上人民政府、疾病预防控制机构依照传染病防治法提出的预防、控制措施的。

单位犯前款罪的，对单位判处罚金，并对其直接负责的主管人员和其他直接责任人员，依照前款的规定处罚。

甲类传染病的范围，依照《中华人民共和国传染病防治法》和国务院有关规定确定。

（二）构成要件

1.本罪的成立需要引起传染病的传播或传播风险。

2.本罪为过失犯罪。

（三）本罪的认定

1.故意传播新型冠状病毒感染肺炎病原体，具有下列情形之一，危害公共安全的，依照《刑法》第114条、第115条第1款的规定，以以危险方法危害公共安全罪定罪处罚：

（1）已经确诊的新型冠状病毒感染肺炎病人、病原携带者，拒绝隔离治疗或者隔离期未满擅自脱离隔离治疗，并进入公共场所或者公共交通工具的；

（2）新型冠状病毒感染肺炎疑似病人拒绝隔离治疗或者隔离期未满擅自脱离隔离治疗，并进入公共场所或者公共交通工具，造成新型冠状病毒传播的。

其他拒绝执行卫生防疫机构依照传染病防治法提出的防控措施，引起新型冠状病毒传播或者有传播严重危险的，依照《刑法》第330条的规定，以妨害传染病防治罪定罪处罚。

2.疫情期间故意隐瞒个人流行病学史，可成立本罪。例如，隐瞒高风险疫区旅居史、全球疫情蔓延的情况下，隐瞒出境史等。

3.国家机关工作人员工作严重不负责任，导致传染病传播或流行的，不成立本罪，成立传染病防治失职罪（《刑法》第409条）。

二、非法行医罪

（一）法条

第336条第1款　未取得医生执业资格的人非法行医，情节严重的，处三年以下有期徒刑、拘役或者管制，并处或者单处罚金；严重损害就诊人身体健康的，处三年以上十年以下有期徒刑，并处罚金；造成就诊人死亡的，处十年以上有期徒刑，并处罚金。

（二）构成要件

1.行为主体：未取得医生执业资格的人。

（1）具有医生执业资格的人如果违反规定，实施的是注册之外的其他医疗业务的，可以成立本罪。例如，牙科医生为患者做外科手术，导致他人死亡的，构成非法行医罪。

（2）根据司法解释的规定，以下情形属于"未取得医生执业资格的人非法行医"：

①未取得或者以非法手段取得医师资格从事医疗活动的。

②被依法吊销医师执业证书期间从事医疗活动的。

③未取得乡村医生执业证书，从事乡村医疗活动的。

④家庭接生员实施家庭接生以外的医疗行为的。

【注意】具有医生执业资格的人，不可能成为本罪的实行犯，但可以成为帮助犯或者教唆犯。例如，具有医生执业资格的甲教唆没有该资格的乙非法行医，同时为乙提供帮助。乙构成非法行医罪，甲构成非法行医罪的教唆犯和帮助犯。

2.行为方式：本罪属于典型的职业犯，要求有反复、持续实施的意思。

（1）行医行为不要求具有不间断性，只要行为是反复实施的，即使具有间断性质，也不影响对业务性质的认定。

（2）行医虽然是一种业务行为，但并不要求行为人将行医作为唯一职业，行为人在具有其他职业的同时，将行医作为副业、兼业的，也属于非法行医。

（3）不具有医生执业资格的人，没有反复、继续实施的意思，偶然为他人治病，不成立非法行医罪。例如，某医院护士甲，没有医生执业资格，但答应同事乙的请求，商定以1500元为乙之子丙戒除毒瘾。甲在没有对丙进行必要的体格检查和并不了解其毒瘾程度的情况下，使照搬其利用工作之便抄录的戒毒处方为内戒毒。在对内使用大剂量药品时，丙出现不良反应，后经送医院抢救无效死亡。甲虽然没有医生执业资格，但他并没有反复、继续私自为他人戒毒的意思，客观上也没有反复实施这种行为，故不能认定甲在非法从事医疗业务，而应认定为过失致人死亡罪。

3.被害人的承诺不阻却非法行医的违法性。因为本罪属于危害公共卫生（社会法益）

的犯罪，任何人对社会法益都没有承诺权限。

4.本罪是故意犯罪，但是成立本罪，不要求以营利为目的。

（三）本罪的认定

1.非法行医严重损害就诊人身体健康或造成就诊人死亡的，只定非法行医罪，加重处罚，构成结果加重犯，不再定过失致人死亡罪。

2.采用封建迷信等方法为他人治病的，不属于非法行医；采用迷信乃至邪教方法致人死亡，应认定为利用迷信致人死亡罪。

3.声称自己的"药品"能够治好某种疾病，使他人信以为真而购买，或者以行医为名采取非法手段取得他人财物的，也不是非法行医，只能视性质与情节认定为诈骗罪或销售假药、劣药等罪。

4.根据司法解释的规定，实施非法行医犯罪，同时构成生产、销售假药罪，生产、销售劣药罪，诈骗罪等其他犯罪的，依照处罚较重的规定定罪处罚。

三、非法组织卖血罪、强迫卖血罪

（一）法条

第333条　非法组织他人出卖血液的，处五年以下有期徒刑，并处罚金；以暴力、威胁方法强迫他人出卖血液的，处五年以上十年以下有期徒刑，并处罚金。

有前款行为，对他人造成伤害的，依照本法第二百三十四条（故意伤害罪）的规定定罪处罚。

（二）构成要件

1."组织"，是指通过策划、动员、拉拢、联络等方式使不特定人或者多人出卖血液的行为。劝诱特定个人出卖血液的，不成立犯罪。

2."强迫"，是指以暴力、威胁方法强迫他人出卖血液的行为。

【注意】使用暴力组织他人出卖血液的，以强迫卖血罪论处即有暴力就是强迫。

3.实施上述犯罪对他人造成伤害的，以故意伤害罪定罪处罚。这里的"伤害"应限于重伤，造成他人轻伤的，仍应认定为本罪。

【注意】第333条第2款中的"造成伤害"，既包括故意所为也包括过失所为。如果是故意所为，定故意伤害罪，此时该款属于注意规定，如果是过失所为，此时该款属于法律拟制。

如果过失致人死亡，不能以故意杀人罪论处，因为条文中没有这样的法律拟制规定，所以只能以故意伤害罪（致人死亡）论处。

四、医疗事故罪

（一）法条

第335条　医务人员由于严重不负责任，造成就诊人死亡或者严重损害就诊人身体健康的，处三年以下有期徒刑或者拘役。

（二）构成要件

1.行为主体：医务人员。包括国家、集体医疗单位的医生、护士、药剂员以及经主管部门批准开业的个体行医人员。

2.行为方式：既可以是作为，也可以是不作为。前者如护理人员打错针、发错药，后者如值班医生擅离职守。

3.成立本罪，要求行为造成就诊人死亡或者严重损害就诊人身体健康。

4.责任形式为过失，包括疏忽大意的过失与过于自信的过失。

【注意】行为人因为医疗技术差或者医疗水平低而造成事故的，需要具体分析。

（1）行为人预见到自己医疗水平不能医治疾病，但仍然继续治疗，贻误患者抢救时机，造成伤亡的，可成立本罪。

（2）紧急情况下，行为人因水平有限未能发现患者疾病原因和严重性，按照常规处置，不成立犯罪。

（3）行为人因水平有限而建议患者转院，患者或家属执意要求其治疗，行为人常规处置，也不成立犯罪。

（三）本罪的认定

1.医疗事故罪与医疗意外事故

医疗意外事故，是指由于医务人员不能预见或者不可抗拒的原因而导致就诊人死亡或者严重损害就诊人身体健康的事故。在这种情况下，由于医务人员主观上没有过失，不能认定为本罪。

2.一般的医疗事故，没有造成就诊人死亡或者严重损害就诊人身体健康，不成立本罪。

第六节　破坏环境资源保护罪

一、污染环境罪

（一）法条

第338条　违反国家规定，排放、倾倒或者处置有放射性的废物、含传染病病原体的废物、有毒物质或者其他有害物质，严重污染环境的，处三年以下有期徒刑或者拘役，并处或者单处罚金；情节严重的，处三年以上七年以下有期徒刑，并处罚金；有下列情形之一的，处七年以上有期徒刑，并处罚金：

（一）在饮用水水源保护区、自然保护地核心保护区等依法确定的重点保护区域排放、倾倒、处置有放射性的废物、含传染病病原体的废物、有毒物质，情节特别严重的；

（二）向国家确定的重要江河、湖泊水域排放、倾倒、处置有放射性的废物、含传染病病原体的废物、有毒物质，情节特别严重的；

（三）致使大量永久基本农田基本功能丧失或者遭受永久性破坏的；

（四）致使多人重伤、严重疾病，或者致人严重残疾、死亡的。

有前款行为，同时构成其他犯罪的，依照处罚较重的规定定罪处罚。

（二）构成要件

1.成立本罪，要达到严重污染环境的程度（实害犯）。

2.本罪主体：单位、自然人都可以。

3.本罪的责任形式为故意。

（三）罪数

行为人实施本罪，同时构成投放危险物质罪等罪的，属于想象竞合犯、择一重罪论处。

二、盗伐林木罪

（一）法条

第345条第1款　盗伐森林或者其他林木，数量较大的，处三年以下有期徒刑、拘役或者管制，并处或者单处罚金；数量巨大的，处三年以上七年以下有期徒刑，并处罚金；数量特别巨大的，处七年以上有期徒刑，并处罚金。

（二）构成要件

1.行为对象：森林或者其他林木。

【注意】"其他林木"，是指小面积的树林和零星树木，但不包括居民房前屋后个人所有的零星树木。

2.行为方式：盗伐。

根据司法解释的规定，盗伐行为包括：

（1）擅自砍伐国家、集体、他人所有或者他人承包经营管理的森林或者其他林木。

（2）擅自砍伐本单位或者本人承包经营管理的森林或者其他林木。

（3）在林木采伐许可证规定的地点以外采伐国家、集体、他人所有或者他人承包经营管理的森林或者其他林木。

3.本罪要求具有非法占有目的，否则可能成立滥伐林木罪。

4.同时成立本罪要求数额较大。根据司法解释的规定，以2至5立方米或者幼树100至200株为"数额较大"的起点。

（三）按盗窃罪处理的情形

1.将国家、集体、他人所有并已经伐倒的树木窃为己有。

2.偷砍他人房前屋后、自留地种植的零星树木，数额较大的。

3.非法实施采种、采脂、挖笋、掘根、剥树皮等行为，牟取经济利益数额较大的，依照《刑法》第264条的规定，以盗窃罪定罪处罚。

4.盗伐枯死的林木，不构成盗伐林木罪。因为盗伐林木罪侵害的法益是环境生态资源，而盗伐枯死的林木不会侵害环境生态资源。但这种行为构成盗窃罪。

5.盗伐林木的数量没有达到盗伐林木罪的定罪标准但达到盗窃罪的定罪标准的，应按盗窃罪论处。盗伐林木罪的法益不同于盗窃罪的法益，因此，盗伐林木行为同时触犯盗窃罪的，属于想象竞合犯，从一重罪论处。

三、滥伐林木罪

（一）法条

第345条第2款　违反森林法的规定，滥伐森林或者其他林木，数量较大的，处三年以下有期徒刑、拘役或者管制，并处或者单处罚金；数量巨大的，处三年以上七年以下有期徒刑，并处罚金。

（二）构成要件

1.行为对象与盗伐林木罪的行为对象范围基本相同。但是，滥伐属于自己所有的林木的，也可能成立本罪，因为属于个人所有的林木，也是国家森林资源的一部分，虽然不能成为盗伐林木罪的对象，却可以成为滥伐林木罪的对象。

2.根据司法解释，下列行为属于滥伐林木：

（1）未经林业行政主管部门及法律规定的其他主管部门批准并核发林木采伐许可证，或者虽持有林木采伐许可证，但违反林木采伐许可证规定的时间、数量、树种或者方式，任意采伐本单位所有或者本人所有的森林或者其他林木的。

（2）超过林木采伐许可证规定的数量采伐他人所有的森林或者其他林木的。

（3）在林木采伐许可证规定的地点以外，采伐本单位或者本人所有的森林或者其他林木的（农村居民采伐自留地和房前屋后个人所有的零星林木的除外）。

（三）盗伐林木罪与滥伐林木罪的区别

1.主观目的不同：前者有非法占有目的；后者没有。

2.所有权不同：前者是国家、集体、他人所有（你砍别人的）；后者是自己所有（你砍自己的）。

例如：（2020年主观题）甲、乙二人为了种植沉香，将大片国有林木砍倒后堆放在一边，然后种植沉香。但是二人对国有林木并没有非法占有目的。如何评价甲、乙的行为？

观点一：根据司法解释，甲、乙不成立盗伐林木罪（没有非法占有目的），也不成立滥伐林木罪（不是行为人自己的林木），只能成立故意毁坏财物罪。

观点二：根据张明楷教授观点，成立故意毁坏财物罪，既没有评价行为人破坏森林资源的不法事实，也不能实现罪刑相适应（盗伐林木罪比故意毁坏财物罪更重），所以可以将甲、乙的行为认定为盗伐林木罪。

第七节　走私、贩卖、运输、制造毒品罪

一、走私、贩卖、运输、制造毒品罪

（一）法条

第347条　走私、贩卖、运输、制造毒品，无论数量多少，都应当追究刑事责任，予以刑事处罚。

走私、贩卖、运输、制造毒品，有下列情形之一的，处十五年有期徒刑、无期徒刑或者死刑，并处没收财产：

（一）走私、贩卖、运输、制造鸦片一千克以上、海洛因或者甲基苯丙胺五十克以上或者其他毒品数量大的；

（二）走私、贩卖、运输、制造毒品集团的首要分子；

（三）武装掩护走私、贩卖、运输、制造毒品的；

（四）以暴力抗拒检查、拘留、逮捕，情节严重的；

（五）参与有组织的国际贩毒活动的。

走私、贩卖、运输、制造鸦片二百克以上不满一千克、海洛因或者甲基苯丙胺十克以上不满五十克或者其他毒品数量较大的，处七年以上有期徒刑，并处罚金。

走私、贩卖、运输、制造鸦片不满二百克、海洛因或者甲基苯丙胺不满十克或者其他少量毒品的，处三年以下有期徒刑、拘役或者管制，并处罚金；情节严重的，处三年以上七年以下有期徒刑，并处罚金。

单位犯第二款、第三款、第四款罪的，对单位判处罚金，并对其直接负责的主管人员和其他直接责任人员，依照各该款的规定处罚。

利用、教唆未成年人走私、贩卖、运输、制造毒品，或者向未成年人出售毒品的，从重处罚。

对多次走私、贩卖、运输、制造毒品，未经处理的，毒品数量累计计算。

第355条　依法从事生产、运输、管理、使用国家管制的麻醉药品、精神药品的人员，违反国家规定，向吸食、注射毒品的人提供国家规定管制的能够使人形成瘾癖的麻醉药品、精神药品的，处三年以下有期徒刑或者拘役，并处罚金；情节严重的，处三年以上七年以下有期徒刑，并处罚金。向走私、贩卖毒品的犯罪分子或者以牟利为目的，向吸食、注射毒品的人提供国家规定管制的能够使人形成瘾癖的麻醉药品、精神药品的，依照本法第三百四十七条的规定定罪处罚。

单位犯前款罪的，对单位判处罚金，并对其直接负责的主管人员和其他直接责任人员，依照前款的规定处罚。

第356条　因走私、贩卖、运输、制造、非法持有毒品罪被判过刑，又犯本节规定之罪的，从重处罚。

第357条　本法所称的毒品，是指鸦片、海洛因、甲基苯丙胺（冰毒）、吗啡、大麻、可卡因以及国家规定管制的其他能够使人形成瘾癖的麻醉药品和精神药品。

毒品的数量以查证属实的走私、贩卖、运输、制造、非法持有毒品的数量计算，不以纯度折算。

（二）行为方式

毒品犯罪是以公众的健康为保护法益的抽象危险犯。所以无论走私、贩卖、运输、制造毒品的数量多少，都需要追究刑事责任。

1.走私毒品

（1）走私毒品是指非法运输、携带、邮寄毒品进出国（边）境的行为。

（2）对在领海、内海运输、收购、贩卖国家禁止进出口的毒品以及直接向走私毒品的犯罪人购买毒品的，属于走私毒品。

（3）走私毒品罪的既遂标准：到达说，即装载毒品的船舶到达本国港口或航空器到达本国领土内时为既遂。

2.贩卖毒品

（1）贩卖毒品是指有偿转让毒品的行为。

【注意1】有偿并不要求营利。例如，甲以每克150元进货的海洛因，100元每克卖出，仍然成立贩卖毒品罪。

【注意2】有偿转让中的"有偿"既可以是获得金钱，也可以是获得其他物质利益。

【注意3】如果是无偿转让毒品，如赠与等，则不属于贩卖毒品。

（2）贩卖方式既可能是公开的，也可能是秘密的。

（3）交付方式包括直接交付和间接交付。

【注意1】在间接交付的场合，如果中间人认识到是毒品而帮助转交给买方的，则该中间人的行为也属于贩卖毒品；如果中间人没有认识到是毒品，则不构成贩卖毒品罪。

【注意2】行为人利用网络贩卖毒品的，可成立本罪与非法利用信息网络罪的想象竞合犯，从一重罪处罚。

（4）毒品的来源既可能是自己制造的毒品，也可能是自己所购买的毒品，还可能是通过其他方法（如拾得、继承）取得的毒品。

【注意1】出于贩卖目的而非法购买毒品的，是贩卖毒品罪的预备行为。

【注意2】如果为了自己吸食而非法购买毒品的，不构成贩卖毒品罪。

【注意3】吸毒者之间交换毒品的行为，不构成贩卖毒品罪。

（5）单纯为吸毒者联系、寻找贩卖者，并未代购的，不属于贩卖毒品罪的共犯。

（6）贩卖的对方没有限制，即不问对方是否达到法定年龄、是否具有刑事责任能力、是否与贩卖人具有某种关系。

（7）贩卖毒品罪的既遂标准：卖掉毒品即实际转移毒品，不要求收到对价。

例如：（2014年真题）甲径直到毒贩陈某家，以赊账方式买了少量毒品过瘾。本案属于贩卖毒品罪既遂，因为赊账是有偿，转移毒品是既遂。

3.运输毒品

（1）运输毒品是指采用携带、邮寄、使用交通工具等方法在我国领域内转移毒品。

【注意1】运输毒品出境或者进境的，属于走私毒品。

【注意2】行为人为了自己吸食而将毒品带往外地，属于非法持有毒品。

（2）运输毒品具体表现为转移毒品的所在地。例如，将毒品从甲地运往乙地。

【注意】从结局上看没有变更毒品所在地却使毒品的所在地曾经发生了变化的行为，也是运输毒品。例如，王某先将毒品从甲地运往乙地，由于某种原因，又将毒品运回甲地的，属于运输毒品。

（3）运输毒品罪的既遂标准：毒品离开原存放地，进入运输状态。

【注意】行为人以邮寄方式运输毒品时，在邮件包装过程中被查获，属于未遂；如果已将装有毒品的邮件交付邮局，属于既遂。

4.制造毒品（"技术活"）

不仅包括使用毒品原植物制作成毒品，也包括以改变毒品成分和效用为目的的加工、配制行为。制造毒品的行为包括：

（1）将毒品以外的物作为原料，提取或制作成毒品。例如，将罂粟制成鸦片。

（2）毒品的精制，即去掉毒品中的不纯物，使之成为纯毒品或纯度更高的毒品。例如，去除海洛因中所含的不纯物，以提高纯度。

（3）使用化学方法使一种毒品变为另一种毒品。例如，使用化学方法将吗啡制作成海洛因。

（4）使用化学方法以外的方法使一种毒品变为另一种毒品。例如，将盐酸吗啡加入蒸馏水，使之成为注射液。

（5）用混合等物理方法加工、配制毒品。例如，将甲基苯丙胺或者其他苯丙胺类毒品与其他毒品混合成麻古或者摇头丸。

【注意1】为便于隐蔽运输、销售、使用、欺骗购买者，或者为了增重，对毒品掺杂使假，添加其他非毒品物质的，不属于制造毒品。

【注意2】去除毒品中"其他非毒品物质"的行为，不属于制造毒品。

【注意3】制造毒品罪应以实际上制造出毒品为既遂标准，至于所制造出来的毒品数量多少、纯度高低等都不影响既遂的成立。着手制造毒品后，没有实际上制造出毒品的，则是制造毒品未遂。

【注意4】不能犯。制造毒品的方法在客观上根本不具有制造出毒品的可能性的，不成立制造毒品罪，切勿以制造毒品罪未遂论处。

（三）责任形式

本罪责任形式为故意。

1.行为人必须认识到自己走私、贩卖、运输、制造的是毒品。

【注意1】明知不是毒品而欺骗他人说是毒品以获取利益的，不构成贩卖毒品罪，应当以诈骗罪论处。

【注意2】本罪只要求行为人认识到是毒品，不要求行为人认识到毒品的名称、化学成分、效用等具体性质。

2.对毒品种类产生错误认识的，不影响本罪的成立。

3.误以为面粉是毒品而贩卖，因为没有侵害法益的任何危险，属于不能犯，不作犯罪处理。如果原本能够贩卖毒品，只是偶然原因，如临时取货时出错，没能贩卖毒品，认定为犯罪未遂。

（四）本罪的认定与处罚

1.行为人在一次走私活动中，既走私毒品又走私其他货物、物品的，应按走私毒品罪和构成的其他走私罪，实行数罪并罚。

2.以牟利为目的，向吸食、注射毒品的人提供国家规定管制的能够使人形成瘾癖的麻醉药品、精神药品的，成立贩卖毒品罪。

3.明知是走私、贩卖毒品的犯罪人，而向其提供上述麻醉药品或者精神药品的，无论是否有偿提供，均定走私、贩卖毒品罪。

4.利用、教唆未成年人（未满18周岁）走私、贩卖、运输、制造毒品或者向未成年人出售毒品的，从重处罚。

5.毒品再犯从重处罚制度：

（1）因走私、贩卖、运输、制造、非法持有毒品被判过刑，又犯本节规定的犯罪的，属于毒品再犯，要从重处罚。

（2）前罪只包括5种行为：走私、贩卖、运输、制造、非法持有毒品罪，后罪包括毒品犯罪一节所有的罪名。

（3）前后罪的法定刑没有要求，包括管制、拘役、有期徒刑、无期徒刑。

（4）前后罪的时间间隔没有要求。

经典考题：关于毒品犯罪，下列哪些选项是正确的？（2016年卷二第61题，多选）[①]

A.甲无牟利目的，为江某代购仅用于吸食的毒品，达到非法持有毒品罪的数量标准。对甲应以非法持有毒品罪定罪

B.乙为蒋某代购仅用于吸食的毒品，在交通费等必要开销之外收取了若干"劳务费"。对乙应以贩卖毒品罪论处

C.丙与曾某互不知情，受雇于同一雇主，各自运输海洛因500克。丙将海洛因从一地运往另一地后，按雇主吩咐交给曾某，曾某再运往第三地。丙应对运输1000克海洛因负责

D.丁盗窃他人200克毒品后，将该毒品出卖。对丁应以盗窃罪和贩卖毒品罪实行数罪并罚

二、非法持有毒品罪

（一）法条

第348条　非法持有鸦片一千克以上、海洛因或者甲基苯丙胺五十克以上或者其他毒品数量大的，处七年以上有期徒刑或者无期徒刑，并处罚金；非法持有鸦片二百克以上不满一千克、海洛因或者甲基苯丙胺十克以上不满五十克或者其他毒品数量较大的，处三年以下有期徒刑、拘役或者管制，并处罚金；情节严重的，处三年以上七年以下有期徒刑，并处罚金。

（二）构成要件

1.行为对象：毒品。行为人误将头痛粉当成毒品持有的，对象不能犯，无罪。

2.行为方式：持有。

（1）持有是一种事实上的支配，行为人与物之间存在一种事实上的支配与被支配的关系。持有具体表现为直接占有、携有、藏有或者以其他方法支配毒品。

（2）持有不要求物理上的握有，只要行为人认识到它的存在，能够对之进行管理或者支配，就是持有。

（3）持有并不要求直接持有，即介入第三者时，也不影响持有的成立。

例如：行为人认为自己管理毒品不安全，将毒品委托给第三者保管时，行为人与第三者均持有该毒品。第三者为直接持有，行为人为间接持有。

[①] 【答案】ABD。AB项正确，中间人代购行为：不以牟利为目的，为他人代购仅用于吸食的毒品的，数量达到一定要求，可成立非法持有毒品罪；如果其从中变相加价的话，可成立贩卖毒品罪。甲没有牟利目的，仅为他人代购毒品，但是达到非法持有毒品罪的数量标准，因此成立非法持有毒品罪；乙却从中收取"劳务费"，这里的劳务费显然是乙从中的变相加价，因此乙成立贩卖毒品罪。C项错误，丙和曾某在客观上共同为同一雇主完成了1000克毒品的运输，但是二者互不知情，没有意思联络，不成立共同犯罪，因此每个人只需要对自己的那部分负责即可。D项正确，盗窃违禁品后出卖的，数罪并罚。丁盗窃毒品再出卖的，应成立盗窃罪和贩卖毒品罪，并罚。综上，ABD项当选。

（4）这里的"持有"是指单纯持有，与走私、贩卖、运输、制造没有联系。如果为了走私、贩卖、运输、制造毒品而持有，只定走私、贩卖、运输、制造毒品罪。

（5）持有不要求单独持有，二人以上共同持有毒品的，也成立本罪。

（6）持有是一种持续行为，只有当毒品在一定时间内由行为人支配时，才构成持有。如果时间过短，不足以说明行为人事实上支配着毒品时，则不能认为是持有。例如，行为人突然发现自己口袋里有一包疑似毒品的物品（事实上也确实是毒品），便立即扔掉或者冲入下水道的，不成立非法持有毒品罪。

3.持有毒品达到一定数量，即非法持有鸦片200克以上、海洛因或者甲基苯丙胺10克以上或者其他毒品数量较大的，才成立非法持有毒品罪。

4.持有毒品的行为必须具有非法性。如果行为人合法持有毒品，则阻却违法性。

例1：依法生产、使用、研究毒品的人持有毒品的，是正当化事由，不构成犯罪。

例2：医生因病人病情的需要，为使用毒品而持有毒品的，经过有权机关批准从事毒品管理职业的，经过有权机关批准制造毒品后持有毒品或依法运输毒品的，都是合法行为，不构成非法持有毒品罪。

5.责任形式为故意，行为人必须明知是毒品而非法持有，但不要求明知毒品的具体种类。

（三）本罪的认定

1.吸毒本身不成立犯罪，但是吸毒者持有毒品达到一定数量，以非法持有毒品罪或运输毒品罪论处。

【注意】如果有证据证明吸毒者是为了实施贩卖等其他毒品犯罪行为的，则需按照相应的罪名（如贩卖毒品罪）定罪处罚。

2.有证据证明行为人不以牟利为目的，为他人代购仅用于吸食的毒品，毒品数量超过《刑法》第348条规定的最低数量标准的，对托购者、代购者应以非法持有毒品罪论处。

【注意】如果代购者从中牟利，变相加价贩卖毒品的，对代购者应以贩卖毒品罪论处。

3.盗窃、抢夺、抢劫毒品的，应当分别以盗窃罪、抢夺罪或者抢劫罪定罪，不另认定为非法持有毒品罪。但是如果出卖的，则另行成立贩卖毒品罪，数罪并罚。

【注意】行为人盗窃财物的同时盗窃了毒品后，非法持有毒品的，应当以盗窃罪与非法持有毒品罪实行并罚。

三、包庇毒品犯罪分子罪与窝藏、转移、隐瞒毒品、毒赃罪

（一）法条

第349条　包庇走私、贩卖、运输、制造毒品的犯罪分子的，为犯罪分子窝藏、转移、隐瞒毒品或者犯罪所得的财物的，处三年以下有期徒刑、拘役或者管制；情节严重的，处三年以上十年以下有期徒刑。

缉毒人员或者其他国家机关工作人员掩护、包庇走私、贩卖、运输、制造毒品的犯罪分子的，依照前款的规定从重处罚。

犯前两款罪，事先通谋的，以走私、贩卖、运输、制造毒品罪的共犯论处。

（二）构成要件

上述两个罪的犯罪对象都仅限于走私、贩卖、运输、制造毒品罪的犯罪分子和毒品、毒赃。

例1：（2015年真题）甲窃得一包冰毒后交乙代为销售，乙不成立转移毒品罪，因为本案的毒品是盗窃而来的。

例2：甲是非法持有毒品的犯罪分子，乙明知而作假证明包庇的，只成立普通包庇罪，不成立包庇毒品犯罪分子罪。

【注意】上述"走私、贩卖、运输、制造毒品的犯罪分子"不要求达到法定年龄、具有责任能力。例如，包庇实施走私、运输、制造毒品行为但不满16周岁的人，也成立本罪。

（三）认定

1.上述两罪均要求与走私、贩卖、运输、制造毒品罪的犯罪分子没有事前通谋，否则成立共犯。

2.《最高人民法院关于审理毒品犯罪案件适用法律若干问题的解释》第6条第3款规定："包庇走私、贩卖、运输、制造毒品的近亲属，或者为其窝藏、转移、隐瞒毒品或者毒品犯罪所得的财物，不具有本条前两款规定的'情节严重'情形，归案后认罪、悔罪、积极退赃，且系初犯、偶犯，犯罪情节轻微不需要判处刑罚的，可以免予刑事处罚。"

3.包庇毒品犯罪分子罪是一种特殊的包庇罪，与包庇罪属于法条竞合关系，优先适用特殊法条，不再认定为《刑法》第310条规定的包庇罪。

4.窝藏、转移、隐瞒毒品、毒赃罪也是一种特殊的赃物罪，与掩饰、隐瞒犯罪所得、犯罪所得收益罪属于法条竞合关系，优先适用特殊法条，不再认定为《刑法》第312条规定的掩饰、隐瞒犯罪所得、犯罪所得收益罪。

四、容留他人吸毒罪

（一）法条

第354条　容留他人吸食、注射毒品的，处三年以下有期徒刑、拘役或者管制，并处罚金。

（二）构成要件

1.容留，是指允许他人在自己管理的场所吸食、注射毒品或者为他人吸食、注射毒品提供场所的行为。

2.容留行为既可以主动实施，也可以被动实施，既可以是有偿的，也可以是无偿的。

3.房主出租房屋后，发现他人在房屋内吸食、注射毒品的，不成立本罪。

【注意】主人在家，发现客人在自己家吸毒不予制止的，成立本罪。

（三）司法解释

容留他人吸食、注射毒品，具有下列情形之一的，应当以容留他人吸毒罪定罪处罚：

1.一次容留多人吸食、注射毒品的。

2.2年内多次容留他人吸食、注射毒品的。

3.2年内曾因容留他人吸食、注射毒品受过行政处罚的。

4.容留未成年人吸食、注射毒品的。

5.以牟利为目的容留他人吸食、注射毒品的。

6.容留他人吸食、注射毒品造成严重后果的。

7.其他应当追究刑事责任的情形。

向他人贩卖毒品后又容留其吸食、注射毒品，或者容留他人吸食、注射毒品并向其贩卖毒品，符合上述容留他人吸毒罪的定罪条件的，以贩卖毒品罪和容留他人吸毒罪数罪并罚。

五、引诱、教唆、欺骗他人吸毒罪

（一）法条

第353条第1款　引诱、教唆、欺骗他人吸食、注射毒品的，处三年以下有期徒刑、拘役或者管制，并处罚金；情节严重的，处三年以上七年以下有期徒刑，并处罚金。

第3款　引诱、教唆、欺骗或者强迫未成年人吸食、注射毒品的，从重处罚。

（二）构成要件

1.行为对象：无限制，不管对方是否达到法定年龄，是否具有刑事责任能力。

2.行为方式：引诱、教唆、欺骗。

【注意】这里的引诱、教唆、欺骗是本罪的实行行为。

3.他人已经吸食、注射毒品是本罪的既遂标准。

第八节　组织、强迫、引诱、容留、介绍卖淫罪

一、组织卖淫罪与强迫卖淫罪

（一）法条

第358条第1至3款　组织、强迫他人卖淫的，处五年以上十年以下有期徒刑，并处罚金；情节严重的，处十年以上有期徒刑或者无期徒刑，并处罚金或者没收财产。

组织、强迫未成年人卖淫的，依照前款的规定从重处罚。

犯前两款罪，并有杀害、伤害、强奸、绑架等犯罪行为的，依照数罪并罚的规定处罚。

（二）概念

1.组织卖淫罪，是指以招募、雇佣、强迫、引诱、容留等手段，控制他人从事卖淫活动的行为。

2.强迫卖淫罪，是指使用暴力、威胁、虐待等强制方法迫使他人卖淫的行为。

（三）构成要件

1.行为对象：他人。既包括女性，也包括男性，即既包括组织女性当女娼，也包括组织男性当男妓。卖淫类型如下：（1）女VS男；（2）女VS女；（3）男VS女；（4）男VS男。

【**总结**】上述除了第一种之外，其他都属于对"卖淫"的扩大解释。

2.关于组织卖淫

（1）组织的第一种类型（有淫窝）：设置卖淫场所或者变相卖淫场所，控制卖淫者，招揽嫖娼者。例如，以办旅馆为名，行开妓院之实。

（2）组织的第二种类型（无淫窝）：是没有固定的卖淫场所，通过控制卖淫人员，有组织地进行卖淫活动。例如，服务业的负责人员组织本单位的服务人员向顾客卖淫。

【**注意**】司法解释规定以招募、雇佣、纠集等手段，管理或者控制他人卖淫，卖淫人员在3人以上的，应当认定为"组织他人卖淫"。

（3）卖淫：是指以营利为目的，满足不特定对方（不限于异性）的性欲的行为，包括与不特定的对方发生性交和实施口交等类似性交行为。组织女性向女性、男性向男性实施口交等类似性交行为的，也成立本罪。

（4）组织他人单纯为异性手淫的、组织女性用乳房摩擦男性生殖器的、组织女性被特定人"包养"的，不属于组织卖淫罪。

3.关于强迫卖淫

（1）在他人不愿意从事卖淫活动的情况下，使用强制手段迫使其从事卖淫活动。

（2）他人虽然原本从事卖淫活动，但在他人不愿意继续从事卖淫活动的情况下，使用强制手段迫使其继续从事卖淫活动。

（3）在他人不愿意在此地从事卖淫活动的情况下，使用强制手段迫使他人在此地从事卖淫活动。

【**注意1**】行为的内容必须是迫使他人卖淫。强迫他人与特定的个人性交或者从事猥亵活动的，成立强奸、强制猥亵等罪。

【**注意2**】行为人强迫妇女仅与自己发生性交，并支付性行为对价的，应认定为强奸罪，不得认定为强迫卖淫罪。

（四）认定

1.组织未成年人卖淫的，从重处罚。

2.犯组织卖淫罪和强迫卖淫罪，并对被组织者有杀害、伤害、强奸、绑架等犯罪行为的，依照数罪并罚的规定处罚。

3.组织卖淫者强迫他人卖淫的（此时被组织者与被强迫者具有同一性），仅成立组织卖淫罪；如果不具有同一性，数罪并罚。

4.在组织卖淫犯罪活动中，对被组织卖淫的人有引诱、容留、介绍卖淫行为的，依照处罚较重的规定定罪处罚。但是，对被组织卖淫的人以外的其他人有引诱、容留、介绍卖淫行为的，应当分别定罪，实行数罪并罚。

5.明知他人实施组织卖淫犯罪活动而为其招募、运送人员或者充当保镖、打手、管账人等的，以协助组织卖淫罪定罪处罚，不以组织卖淫罪的从犯论处。

在具有营业执照的会所、洗浴中心等经营场所担任保洁员、收银员、保安员等，从事一般服务性、劳务性工作，仅领取正常薪酬，且无上述协助组织卖淫行为的，不认定为协助组织卖淫罪。

二、协助组织卖淫罪

（一）法条

第358条第4款　为组织卖淫的人招募、运送人员或者有其他协助组织他人卖淫行为的，处五年以下有期徒刑，并处罚金；情节严重的，处五年以上十年以下有期徒刑，并处罚金。

（二）构成要件

1.行为方式：招募、运送、其他方法。

【注意】其他方法包括充当皮条客、保镖、打手、管账人等行为。

2.本罪属于帮助犯的正犯化，属于独立的实行行为。

三、引诱、容留、介绍卖淫罪

（一）法条

第359条第1款　引诱、容留、介绍他人卖淫的，处五年以下有期徒刑、拘役或者管制，并处罚金；情节严重的，处五年以上有期徒刑，并处罚金。

（二）构成要件

1.行为对象：既包括妇女，还包括男子。

【注意】如果是引诱幼女卖淫的，成立引诱幼女卖淫罪；容留、介绍幼女卖淫的，仍然成立本罪，即容留、介绍卖淫罪。

2.行为方式：引诱、容留、介绍。

（1）引诱：是指在他人本无卖淫意愿的情况下，使用勾引、利诱等手段使他人从事卖淫活动的行为。

【注意】卖淫者原本在此地卖淫，行为人引诱其在彼地卖淫的，不应认定为引诱他人卖淫。

（2）容留：是指允许他人在自己管理的场所卖淫或者为他人卖淫提供场所的行为。

（3）介绍：一般是指在卖淫者与嫖客之间牵线搭桥，沟通撮合，使他人卖淫得以实现的行为。

【注意1】在意欲卖淫者与卖淫场所的管理者之间进行介绍的属于介绍他人卖淫。

【注意2】介绍他人嫖娼，即单纯向意欲嫖娼者介绍卖淫场所，而与卖淫者没有任何联络的，不能认定为介绍卖淫。

【注意3】介绍女子被他人"包养"的，不成立介绍卖淫罪。

【注意4】司法解释规定，利用信息网络发布招嫖违法信息，情节严重，同时构成非法利用信息网络罪与介绍卖淫罪的，属于想象竞合犯，从一重罪处罚。

四、引诱幼女卖淫罪

（一）法条

第359条第2款　引诱不满十四周岁的幼女卖淫的，处五年以上有期徒刑，并处罚金。

（二）构成要件

1.行为对象：仅限未满14周岁的幼女。

2.行为方式：仅限于引诱，没有容留和介绍。

（三）罪数

引诱幼女卖淫，同时又容留、介绍其卖淫的，应分别认定为引诱幼女卖淫罪与容留、介绍卖淫罪，实行数罪并罚。

五、传播性病罪

（一）法条

第360条　明知自己患有梅毒、淋病等严重性病卖淫、嫖娼的，处五年以下有期徒刑、拘役或者管制，并处罚金。

（二）构成要件

1.行为主体：严重性病患者。

2.责任形式为故意。

传播性病罪的成立，不要求行为人主观上具有将自己的性病传染给他人的意图。换言之，只要行为人明知自己患有严重性病而卖淫、嫖娼即可成立本罪。

（三）司法解释

1.明知自己患有艾滋病或者感染艾滋病病毒而卖淫、嫖娼的，以传播性病罪定罪，从重处罚。

2.具有下列情形之一，致使他人感染艾滋病病毒的，认定为"其他对于人身健康有重大伤害"所指的"重伤"，以故意伤害罪定罪处罚：

（1）明知自己感染艾滋病病毒而卖淫、嫖娼的。

（2）明知自己感染艾滋病病毒，故意不采取防范措施而与他人发生性关系的。

第九节　制作、贩卖、传播淫秽物品罪

一、制作、复制、出版、贩卖、传播淫秽物品牟利罪

（一）法条

第363条第1款　以牟利为目的，制作、复制、出版、贩卖、传播淫秽物品的，处三年以下有期徒刑、拘役或者管制，并处罚金；情节严重的，处三年以上十年以下有期徒刑，并处罚金；情节特别严重的，处十年以上有期徒刑或者无期徒刑，并处罚金或者没收财产。

（二）构成要件

1.行为对象：淫秽物品。

2.行为方式：制作、复制、出版、贩卖、传播。

【注意】本罪是选择性罪名，实施行为之一就构成犯罪，实施多个行为也不数罪并罚，只定一个完整罪名。

3.责任要素除故意（包括间接故意）外，还要求具有牟利目的。

【注意】对比记忆：传播淫秽物品罪（第364条）不要求具有牟利目的。

（三）司法解释

1.利用聊天室、论坛、即时通信软件、电子邮件等方式，也是本罪的行为方式。淫秽网站的建立者、直接管理者，是本罪主体。

2.明知他人实施本罪，为其提供互联网接入、服务器托管、网络存储空间、通讯传输通道、费用结算等帮助的，以共犯论处。电信业务经营者、互联网信息服务提供者，可以成为本罪主体。

二、传播淫秽物品罪

（一）法条

第364条第1款　传播淫秽的书刊、影片、音像、图片或者其他淫秽物品，情节严重的，处二年以下有期徒刑、拘役或者管制。

第4款　向不满十八周岁的未成年人传播淫秽物品的，从重处罚。

（二）构成要件

1.传播，是指通过播放、陈列、在互联网上建立淫秽网站、网页等方式使淫秽物品让不特定或者多数人感知以及通过出借、赠送等方式散布、流传淫秽物品的行为。

【注意】在微信群发布淫秽视频，满足条件，可以成立本罪。

2.成立本罪，还要求情节严重。情节是否严重，应从传播的数量、次数、后果、社会影响等方面进行判断，但不能将牟利目的认定为严重情节。

3.责任形式为故意，不要求具有牟利目的；如果行为人具有牟利目的，则成立传播淫秽物品牟利罪。

4.向不满18周岁的未成年人传播淫秽物品，要从重处罚。

刑法分论之四 // 侵害国家法益的犯罪

专题二十四　危害国家安全罪

命题点拨

考试中地位较低，几乎不会考查独立性题目，极个别年份的某选项会涉及一些考点而已。

一、间谍罪

（一）法条

第110条　有下列间谍行为之一，危害国家安全的，处十年以上有期徒刑或者无期徒刑；情节较轻的，处三年以上十年以下有期徒刑：

（一）参加间谍组织或者接受间谍组织及其代理人的任务的；

（二）为敌人指示轰击目标的。

（二）构成要件

1.行为方式有3种：

（1）参加间谍组织充当间谍。

（2）接受间谍组织及其代理人的任务，在我国进行间谍活动。

（3）为敌人指示轰击目标。

2.责任形式为故意，故意的内容因行为方式不同而不完全相同。明知自己的行为会发生危害国家安全的结果，并且希望或者放任这种结果发生。

二、叛逃罪

（一）法条

第109条　国家机关工作人员在履行公务期间，擅离岗位，叛逃境外或者在境外叛逃的，处五年以下有期徒刑、拘役、管制或者剥夺政治权利；情节严重的，处五年以上十年以下有期徒刑。

掌握国家秘密的国家工作人员叛逃境外或者在境外叛逃的，依照前款的规定从重处罚。

（二）构成要件

1.国家机关工作人员构成本罪的，要求在履行公务期间，擅离岗位，叛逃境外或者在境外叛逃。

（1）必须在履行公务期间叛逃。

（2）必须是擅离岗位叛逃；没有离开自己工作岗位的，不可能成为叛逃行为。

（3）必须有叛逃行为，包括两种方式：

①在境内履行公务期间叛逃至境外。

②在境外履行公务期间叛逃。

2.掌握国家秘密的国家工作人员构成本罪的，只需有叛逃境外或者在境外叛逃的行为即可，不要求在履行公务期间，而且要从重处罚。

三、资助危害国家安全犯罪活动罪

（一）法条

第107条　境内外机构、组织或者个人资助实施本章第一百零二条、第一百零三条、第一百零四条、第一百零五条规定之罪的，对直接责任人员，处五年以下有期徒刑、拘役、管制或者剥夺政治权利；情节严重的，处五年以上有期徒刑。

（二）概念

本罪是指境内外机构、组织或者个人资助他人实施背叛国家罪、分裂国家罪、煽动分裂国家罪、武装叛乱、暴乱罪、颠覆国家政权、煽动颠覆国家政权罪的行为。

（三）构成要件

1.主体为境内外机构、组织或者个人。

2.资助对象没有限制，被资助的对象在境内、境外均可，在被资助对象实施上述特定犯罪之前、之中、之后进行资助均可成立本罪。

3.本罪属于独立罪名（帮助犯的正犯化），不属于帮助犯。本罪的既遂标准为将资助行为完成即可，与被资助者是否实施了危害国家安全的犯罪没有关系。

例如：（2016年真题）"丁资助林某从事危害国家安全的犯罪活动，但林某尚未实施相关犯罪活动即被抓获。丁属于资助危害国家安全犯罪活动罪未遂。"该项为错误选项。

四、为境外窃取、刺探、收买、非法提供国家秘密、情报罪

（一）法条

第111条　为境外的机构、组织、人员窃取、刺探、收买、非法提供国家秘密或者情报的，处五年以上十年以下有期徒刑；情节特别严重的，处十年以上有期徒刑或者无期徒刑；情节较轻的，处五年以下有期徒刑、拘役、管制或者剥夺政治权利。

（二）构成要件

1.必须是为境外的机构、组织、个人窃取、刺探、收买、非法提供国家秘密或者情报。

2.行为手段包括4种，即窃取、刺探、收买、非法提供。其中通过互联网将国家秘密或者情报非法发送给境外的机构、组织、个人的，属于非法提供。

3.行为对象是国家秘密或者情报。

（1）秘密包括绝密、机密、秘密3种。

（2）情报须作缩小解释，是指关系国家安全和利益、尚未公开或者依照有关规定不应公开的事项。

4.责任形式为故意，即明知是国家秘密或者情报，而为境外机构、组织、个人窃取、

刺探、收买或者非法提供。

（三）本罪与相关罪名的关系

1.本罪与故意泄露国家秘密罪

（1）故意泄露国家秘密罪是故意将国家秘密泄露给境内人员。

（2）单纯地通过互联网将国家秘密或情报在网上公布的，构成故意泄露国家秘密罪。

【注意】故意泄露国家秘密罪不属于危害国家安全犯罪，而是属于渎职犯罪，在此提醒注意特殊累犯的成立问题，不要将故意泄露国家秘密罪主观认定为是危害国家安全犯罪，从而成立特殊累犯。

2.本罪与非法获取国家秘密罪

（1）非法获取国家秘密罪不要求为境外提供，否则成立本罪。

（2）在非法获取国家秘密时没有为境外提供的意图，获取后非法提供给境外，因为侵害的法益具有同一性，只定本罪。

【注意】非法获取国家秘密罪不属于危害国家安全犯罪，而是属于扰乱公共秩序罪，在此提醒注意特殊累犯的成立问题，不要将非法获取国家秘密罪主观认定为是危害国家安全犯罪，从而成立特殊累犯。

专题二十五　贪污贿赂罪

命题点拨

本专题在考试中十分重要，几乎具有与人身、财产犯罪平起平坐的地位。核心罪名有3个：贪污罪、受贿罪、挪用公款罪。

第一节　贪污犯罪（中饱私囊型）

一、贪污罪

（一）法条

第382条　国家工作人员利用职务上的便利，侵吞、窃取、骗取或者以其他手段非法占有公共财物的，是贪污罪。

受国家机关、国有公司、企业、事业单位、人民团体委托管理、经营国有财产的人员，利用职务上的便利，侵吞、窃取、骗取或者以其他手段非法占有国有财物的，以贪污论。

与前两款所列人员勾结，伙同贪污的，以共犯论处。

第383条　对犯贪污罪的，根据情节轻重，分别依照下列规定处罚：

（一）贪污数额较大或者有其他较重情节的，处三年以下有期徒刑或者拘役，并处罚金。

（二）贪污数额巨大或者有其他严重情节的，处三年以上十年以下有期徒刑，并处罚金或者没收财产。

（三）贪污数额特别巨大或者有其他特别严重情节的，处十年以上有期徒刑或者无期徒刑，并处罚金或者没收财产；数额特别巨大，并使国家和人民利益遭受特别重大损失的，处无期徒刑或者死刑，并处没收财产。

对多次贪污未经处理的，按照累计贪污数额处罚。

犯第一款罪，在提起公诉前如实供述自己罪行、真诚悔罪、积极退赃，避免、减少损害结果的发生，有第一项规定情形的，可以从轻、减轻或者免除处罚；有第二项、第三项规定情形的，可以从轻处罚。

犯第一款罪，有第三项规定情形被判处死刑缓期执行的，人民法院根据犯罪情节等情况可以同时决定在其死刑缓期执行二年期满依法减为无期徒刑后，终身监禁，不得减刑、假释。

第394条　国家工作人员在国内公务活动或者对外交往中接受礼物，依照国家规定应当交公而不交公，数额较大的，依照本法第三百八十二条、第三百八十三条的规定定罪处罚。

第183条第2款　国有保险公司工作人员和国有保险公司委派到非国有保险公司从事公务的人员有前款行为的，依照本法第三百八十二条、第三百八十三条的规定定罪处罚。

第271条第2款　国有公司、企业或者其他国有单位中从事公务的人员和国有公司、企业或者其他国有单位委派到非国有公司、企业以及其他单位从事公务的人员有前款行为的，依照本法第三百八十二条、第三百八十三条的规定定罪处罚。

（二）概念

贪污罪，是指国家工作人员利用职务上的便利，侵吞、窃取、骗取或者以其他手段非法占有公共财物的行为。

（三）构成要件

主体身份	国家工作人员。
行为方式	利用职务上的便利（即主管、管理、经营、经手的权力和便利条件），侵吞、窃取、骗取或者以其他手段非法占有公共财物。
主观目的	非法占有目的。
财物性质	公共财物（不包括个人私有财物）。

1.行为主体

本罪主体为国家工作人员。

（1）国家工作人员是指在国家机关中从事公务的人员；国有公司、企业、事业单位、人民团体中从事公务的人员和国家机关、国有公司、企业、事业单位委派到非国有公司、企业、事业单位、社会团体从事公务的人员，以及其他依照法律从事公务的人员。

（2）村民委员会等基层组织人员协助人民政府从事行政管理工作，属于国家工作人员范畴。

"协助人民政府从事行政管理工作"包括：

①救灾、抢险、防汛、优抚、扶贫、移民、救济款物的管理。

②社会捐助公益事业款物的管理。

③国有土地的经营和管理。

④土地征收、征用补偿费用的管理。

⑤代征、代缴税款。

⑥有关计划生育、户籍、征兵工作。

⑦协助人民政府从事的其他行政管理工作。

（3）通过伪造国家机关公文证件担任了国家工作人员，就属于国家工作人员，可以成为贪污贿赂犯罪的主体。

（4）国有保险公司的工作人员和国有保险公司委派到非国有保险公司从事公务的人员，属于国家工作人员。

（5）《刑法》第382条第2款规定，受国家机关、国有公司、企业、事业单位、人民团体委托管理、经营国有财产的人员，利用职务上的便利，侵吞、窃取、骗取或者以其他手段非法占有国有财物的，以贪污论。这类人本不属于国家工作人员，但是该款将他们拟制为国家工作人员。

【注意】 由于挪用公款罪中没有类似法律拟制，因此此类人挪用受委托管理、经营的国有财产的，只能认定为挪用资金罪，不能认定为挪用公款罪。

（6）一般公民与上述本罪主体勾结，伙同贪污的，以贪污罪的共犯论处。

（7）"国有"开头的公司、企业、单位：原则上都默认是国家工作人员，除非特别强调不是（如安保人员、保洁人员、后厨人员）。

"国有控股"开头的公司、企业、单位：原则上都默认不是国家工作人员，除非特别强调是（如明确说明是国家派到公司中从事公务的人员）。

（8）国家工作人员在国内公务活动或者对外交往中接受礼物，依照国家规定应当交公而不交公，数额较大的，以贪污罪追究刑事责任。

2.行为方式

利用职务上的便利即主管、管理、经营、经手的权力和便利条件，侵吞、窃取、骗取或者以其他手段非法占有国有财物的行为。

（1）利用需要实质利用，而不是形式上的利用。

例如：行为人利用与职务无关仅因工作关系熟悉作案环境或易于接近作案目标、凭工作人员身份容易进入某些单位等方便条件非法占有公共财物的，不成立贪污罪。

（2）利用职务上的便利，既包括利用本人的职务便利，也包括利用职务上有隶属关系的其他国家工作人员的职务便利，即上级对下级可以成立贪污。

例如：乡镇领导利用职务便利，骗取县市财政的经费据为己有，成立诈骗罪；反之，才能成立贪污罪。

（3）只有当国家工作人员现实地对公共财物享有支配权、决定权或对具体支配财物的人员处于领导、指示、支配地位，进而利用职务便利，才能认定为贪污罪。

例1：村民甲谎称危房翻新，村主任乙代其填写虚假资料并以村主任名义签字同意后上报镇政府，从镇政府那里骗取数额较大的危房补助款。乙不成立贪污罪，可成立诈骗罪。因为钱根本就不由乙实际管理和控制，该权力在镇政府那里。

例2：土地管理部门的工作人员乙，为农民多报青苗数，使其从房地产开发商处多领取20万元补偿款，自己分得10万元。此时乙并没有对该笔财物享有控制、支配权，所以乙不成立贪污罪，其行为成立诈骗罪。

（4）部分利用，同样属于利用职务便利。

例如：国有公司的保险柜需要同时使用钥匙和密码才能打开，而钥匙和密码分别由甲、乙二人掌握，甲利用自己的钥匙和猜到的密码打开保险柜取走财物，或者乙利用自己的密码和私下配的钥匙打开保险柜取走财物，均属于利用职务上的便利，可成立贪污罪。

（5）其中"侵吞"、"窃取"、"骗取"的含义和侵占罪、盗窃罪、诈骗罪中的行为方式是一致的含义，只不过由于同时侵犯了职务的廉洁性，该行为也就附属于贪污行为，进而成立贪污罪，而不再是财产犯罪。

　　例1： 国有公司的出纳，即使并未使用其所保管的保险柜钥匙与密码，而是利用作案工具打开保险柜后取走现金的，也应认定为贪污罪，而不应认定为盗窃罪。

　　例2： 国税局局长利用检查下属财务部门工作之机，在核查财务部门电脑上的账目时，将账户上的5万元悄悄打入自己账户，属于窃取公共财物（因为局长没有占有财物），构成贪污罪。

　　例3： 国有保险公司工作人员和国有保险公司委派到非国有保险公司从事公务的人员，利用职务上的便利，故意编造未曾发生的保险事故进行虚假理赔，骗取保险金归自己所有的，属于骗取形式的贪污。

　　例4： 国有银行负责贷款事项的审核员甲，与贷款人乙共谋骗取银行贷款，在没有担保的情况下谎称有担保，欺骗主管贷款事项的副行长，使其同意发放贷款的，对甲、乙应以贪污罪共犯论处。

　　3. 主观目的

　　贪污罪要求具有非法占有目的。如果没有此目的，可成立挪用公款罪。

　　【注意】 非法占有目的包括使第三者占有。例如，甲是某市管理土地补偿款的国家工作人员，其明知他人骗取补偿款的情况下依然决定发放，可成立贪污罪。

　　4. 公共财物

　　（1）不包括个人私有财物，否则不成立本罪。

　　（2）受国家机关、国有公司、企业、事业单位、人民团体委托管理、经营国有财产的人员成立贪污罪必须是非法占有了国有财物。

　　（四）贪污罪的既遂与未遂

　　贪污罪是一种以非法占有为目的的财产性职务犯罪，与盗窃、诈骗、抢夺等侵犯财产罪一样，应当以行为人是否实际控制财物作为区分贪污罪既遂与未遂的标准。

　　对于行为人利用职务上的便利，实施了虚假平账等贪污行为，但公共财物尚未实际转移，或者尚未被行为人控制就被查获的，应当认定为贪污未遂。

　　行为人控制公共财物后，是否将财物据为己有，不影响贪污既遂的认定。

　　经典考题： 甲是A公司（国有房地产公司）领导，因私人事务欠蔡某600万元。蔡某让甲还钱，甲提议以A公司在售的商品房偿还债务，蔡某同意。甲遂将公司一套价值600万元的商品房过户给蔡某，并在公司财务账目上记下自己欠公司600万元。三个月后，甲将账作平，至案发时亦未归还欠款。（事实一）

　　关于事实一的分析，下列选项正确的是：（2016年卷二第89题，不定项）[①]

[①] **【答案】** C。A项错误，甲在过户时并没有非法占有的目的（写下自己欠了公司600万元），因此不成立贪污罪。B项错误，挪用公款罪的对象要求是现实的公款，本案中甲只是将价值600万元的房子（属于公物）挪给了蔡某，甲并没有实际占有和控制600万元的公款，所以不成立挪用公款罪。C项正确，甲之后虚假平账，不再归还600万元，表明其具有了非法占有的目的，因此成立贪污罪。D项错误，甲的行为由于根本不成立挪用公款罪，所以根本谈不上与挪用公款罪的并罚，只成立贪污罪。综上，C项当选。

A.甲将商品房过户给蔡某的行为构成贪污罪

B.甲将商品房过户给蔡某的行为构成挪用公款罪

C.甲虚假平账，不再归还600万元，构成贪污罪

D.甲侵占公司600万元，应与挪用公款罪数罪并罚

二、挪用公款罪

（一）法条

第384条　国家工作人员利用职务上的便利，挪用公款归个人使用，进行非法活动的，或者挪用公款数额较大、进行营利活动的，或者挪用公款数额较大、超过三个月未还的，是挪用公款罪，处五年以下有期徒刑或者拘役；情节严重的，处五年以上有期徒刑。挪用公款数额巨大不退还的，处十年以上有期徒刑或者无期徒刑。

挪用用于救灾、抢险、防汛、优抚、扶贫、移民、救济款物归个人使用的，从重处罚。

（二）概念

挪用公款罪，是指国家工作人员利用职务上的便利，挪用公款归个人使用，进行非法活动的，或者挪用公款数额较大、进行营利活动的，或者挪用公款数额较大（其他活动）、超过3个月未还的行为。

（三）构成要件

1.行为主体：国家工作人员（同贪污罪）。

【再次强调】《刑法》第382条第2款规定，受国家机关、国有公司、企业、事业单位、人民团体委托管理、经营国有财产的人员，利用职务上的便利，侵吞、窃取、骗取或者以其他手段非法占有国有财物的，以贪污论。这类人本不属于国家工作人员，但是该款将他们拟制为国家工作人员。

【注意】上述法律拟制的国家工作人员只限制在贪污行为中。由于挪用公款罪中没有类似法律拟制，因此此类人挪用受委托管理、经营的国有财产的，只能认定为挪用资金罪，不能认定为挪用公款罪。

2.公款，包括用于救灾、抢险、防汛、优抚、扶贫、移民、救济款物。

【注意1】不包括公物（比如国有房地产的商品房等）。

【注意2】国家工作人员挪用特定款物归个人使用，成立挪用公款罪。也就是说这种情况下"特定款物"属于"公款"的一种。

（1）失业保险基金、下岗职工基本生活保障资金属于本罪对象。

（2）公款不等于现金，挪用公有国库券、金融凭证、有价证券等同样可以成立挪用公款罪。

3.何谓"归个人使用"

立法解释规定：

（1）（人VS人）将公款供本人、亲友或者其他自然人使用的。

（2）（人VS单位）以个人名义将公款供其他单位使用的。

（3）（单位VS单位+谋个人私利）个人决定以单位名义将公款供其他单位使用，谋

取个人利益的。

【总结】单位的钱为了单位利益，经过单位合法程序的决策，给单位使用，这属于"公用"。其他打破这种逻辑的，原则上均属于"私用"。

【注意1】司法解释规定，经单位领导集体研究决定将公款给个人使用的。单位负责人决定以单位名义将公款给个人使用，为单位谋取利益的，不以挪用公款罪论处。

【注意2】认定是否属于"以个人名义"，不能只看形式，要从实质上把握。对于行为人逃避财务监管，或者与使用人约定以个人名义进行，或者借款、还款都以个人名义进行，将公款给其他单位使用的，应认定为"以个人名义"。

【注意3】"个人决定"既包括行为人在职权范围内决定，也包括超越职权范围决定。"个人"并不限于一个人，而是相对于单位、集体而言。例如，没有经过单位领导集体研究，只是其中的少数领导违反决策程序决定将公款供其他单位使用的，属于"个人决定"。

【注意4】"谋取个人利益"，既包括行为人与使用人事先约定谋取个人利益实际尚未获取的情况，也包括虽未事先约定但实际已经获取了个人利益的情况。其中的"个人利益"，既包括不正当利益，也包括正当利益；既包括财产性利益，也包括非财产性利益，但这种非财产性利益应当是具体的实际利益，如升学、就业等。

【注意5】为单位少数人谋取利益的，也属于"谋取个人利益"。

4.本罪的3种类型

（1）挪用公款归个人使用，进行非法活动的（3万）

①挪用公款3万元为定罪的数额起点。

【注意】本类型成立犯罪没有超过3个月不归还的时间要求。

②挪用公款给他人使用，不知道使用人将公款用于非法活动，数额较大、超过3个月未还的，构成挪用公款罪。

③明知使用人将公款用于非法活动的，应当认定为挪用公款进行非法活动。

④非法活动如果构成其他犯罪，应数罪并罚。

⑤非法活动包括赌博、走私、贩卖毒品等。

（2）挪用公款数额较大、归个人进行营利活动的（5万）

①以挪用公款5万元为"数额较大"的起点。

【注意】本类型成立犯罪同样也没有超过3个月不归还的时间要求。

②挪用公款存入银行或用于集资、购买股票、国债、注册资本验资等，属于挪用公款进行营利活动。所获取的利息、收益等违法所得，应当追缴，但不计入挪用公款的数额。

③挪用公款归还个人欠款的，如果属于进行营利活动产生的欠款，应当认定为挪用公款进行营利活动。当然，如果属于非法活动的欠款，则按照非法活动的标准认定。

④挪用公款给他人使用，不知道使用人将公款用于营利活动，数额较大、超过3个月未还的，构成挪用公款罪。

（3）挪用公款归个人使用（其他活动），数额较大、超过3个月未还的（5万+3个月）

①以挪用公款5万元为"数额较大"的起点。

②这是指未进行非法活动和营利活动，只是在时间上超过了3个月没有归还。当然，如果在3个月之内还了的，则不成立本罪。

5.本罪3种类型的包含评价关系

非法活动可包含评价为营利活动，营利活动可以包含评价为一般活动。

例如： 乙挪用公款1万元用于非法活动，3个月内归还；挪用公款2万元进行营利活动，3个月内归还；挪用公款3万元进行其他活动，超过3个月未还。结论：乙不成立挪用公款罪。理由：首先，不应将挪用公款进行营利活动与进行其他活动的数额计入挪用公款进行非法活动的数额，即不能将轻行为的数额计入重行为的数额（法律包含评价思维不能反着来），所以，不能认定为挪用公款进行非法活动。其次，虽然可以将挪用公款进行非法活动的数额（1万元）计入挪用公款进行营利活动的数额（2万元）中，但二者的总和（3万元）并未达到"数额较大、归个人进行营利活动"的定罪数额要求定罪标准（5万元），故不成立挪用公款进行营利活动。最后，虽然可以将挪用公款进行非法活动（1万元）与进行营利活动（2万元）计入挪用公款进行其他活动（3万元）中，也即总额（6万元）达到"数额较大，超过3个月未还"的定罪数额要求（5万元）。但本案却在3个月内归还了其中的3万元，不符合"5万元+3个月"同时要求的条件。所以不成立本罪。

6.要求利用职务便利

（1）挪用人要利用职务权力与地位形成的主管、管理、经营、经手公款或特定款物的便利条件实施挪用行为。

（2）挪用公款后即使尚未使用也属于"挪用"的含义。例如，甲将公款划入自己的私人存折，准备日后买房，即使尚未使用该公款买房的，也属于挪用。

（3）如果公款并没有脱离单位的，不属于挪用。例如，国有公司会计甲，为了帮助自己的妻子乙（银行工作人员）完成揽存任务，擅自将公款由A银行转存到B银行，户名依然为国有公司。甲不成立挪用公款罪。

（四）本罪的认定

1.挪用公款罪3种用途的认定，应根据客观的使用性质予以判断。

例如： 国家工作人员甲为了购房而挪出公款，但是因为房价上涨而没有购房，于是将公款用于赌博。对此，应认定为挪用公款进行非法活动。

2.挪用公款给他人使用，使用人和挪用人共谋、指使或者参与策划取得挪用款的，以挪用公款罪共犯论处。

3.挪用公款罪的过程中如果产生非法占有目的，可以转化为贪污罪。

例1：（永远、彻底平账）甲挪用单位办公经费70万元为自己购买商品房。两周后，甲采取销毁账目的手段，使挪用的办公经费70万元中的50万元难以在单位财务账上反映出来。甲一直未归还上述款项。甲成立挪用公款罪（20万元）和贪污罪（50万元），数罪并罚。

例2：（暂时平账）甲挪用公款100万元进行赌博，三天后上级突击检查，甲为了不被发现，以暂时平账的方式加以应付（后来归还）。甲的行为依旧只成立挪用公款罪，不成立贪污罪。

（五）本罪与其他犯罪的对比

A.是否具有国家工作人员的身份。 B.是否具有非法占有的目的。 C.是否利用了职务上的便利即主管、管理、经营、经手之便利。	"√"代表需要 "×"代表不需要
贪　污　罪（A、B、C） 　　√　　√　　√	职务侵占罪（A、B、C） 　×　　√　　√
挪用公款罪（A、B、C） 　√　　×　　√	挪用资金罪（A、B、C） 　×　　×　　√

　　经典考题： 甲恳求国有公司财务主管乙，从单位挪用10万元供他炒股，并将一块名表送给乙。乙做假账将10万元交与甲，甲表示尽快归还。20日后，乙用个人财产归还单位10万元。关于本案，下列哪一选项是错误的？（2012年卷二第20题，单选）①

　　A.甲、乙勾结私自动用公款，构成挪用公款罪的共犯

　　B.乙虽20日后主动归还10万元，甲、乙仍属于挪用公款罪既遂

　　C.乙非法收受名表，构成受贿罪

　　D.对乙不能以挪用公款罪与受贿罪进行数罪并罚

三、巨额财产来源不明罪

（一）法条

　　第395条第1款　国家工作人员的财产、支出明显超过合法收入，差额巨大的，可以责令该国家工作人员说明来源，不能说明来源的，差额部分以非法所得论，处五年以下有期徒刑或者拘役；差额特别巨大的，处五年以上十年以下有期徒刑。财产的差额部分予以追缴。

（二）构成要件

　　1.行为主体：只限于国家工作人员。

　　2.行为方式：财产、支出明显超过合法收入，差额巨大，在有关机关责令行为人说明来源时，行为人不能说明其来源。

　　（1）财产、支出明显超过合法收入，并不是本罪的实行行为，只是本罪的前提条件。

　　（2）本罪的实行行为：责令说明来源，不能说明来源。

　　（3）本罪是真正不作为犯。

---

　　① 【答案】D。A项正确，甲虽然不具有国家工作人员的身份，但是其教唆有国家工作人员身份的乙挪用公款给自己使用，甲成立挪用公款罪的共犯。B项正确，挪用公款罪的3种类型：（1）挪用公款归个人使用，进行非法活动的，要求3万元以上；（2）挪用公款数额较大，进行营利活动的，要求5万元以上；（3）挪用公款数额较大，超过3个月未还，进行合法活动的，要求5万元以上。本案，甲是用于炒股，可以评价为营利性活动，属于第二种情形，没有时间上的要求，所以即使是在3个月内还上，也成立挪用公款罪既遂。C项正确，乙收受名表，其职务性和他人的财物进行了权钱交易，成立受贿罪。D项错误，乙有两个行为，分别触犯了挪用公款罪和受贿罪，应数罪并罚。综上，D项当选。

（三）本罪的认定

1.如果来源不合法（贪污、受贿等）

（1）不说：就成立本罪，之后再说或者被查清楚，也不能推翻本罪的成立。

（2）说：不成立本罪，按照所说的犯罪认定。

2.如果来源合法（继承、赠与等）

（1）不说：就成立本罪，之后调查无罪，也不能推翻本罪的成立。

（2）说：不成立本罪，也不成立其他犯罪。

第二节　贿赂犯罪（权钱交易型）

一、受贿罪

（一）法条

第385条　国家工作人员利用职务上的便利，索取他人财物的，或者非法收受他人财物，为他人谋取利益的，是受贿罪。

国家工作人员在经济往来中，违反国家规定，收受各种名义的回扣、手续费，归个人所有的，以受贿论处。

第386条　对犯受贿罪的，根据受贿所得数额及情节，依照本法第三百八十三条的规定处罚。索贿的从重处罚。

第388条　国家工作人员利用本人职权或者地位形成的便利条件，通过其他国家工作人员职务上的行为，为请托人谋取不正当利益，索取请托人财物或者收受请托人财物的，以受贿论处。

（二）概念

受贿罪，是指国家工作人员，利用职务上的便利，索取他人财物的，或者非法收受他人财物为他人谋取利益的行为。

（三）构成要件

1.保护法益

受贿罪保护的法益是国家工作人员职务行为的不可收买性，也可以说是国家工作人员职务行为与财物的不可交换性。无论是正在实施的职务、已经实施的职务还是将来要实施的职务，均不可与财物进行交易。

2.行为主体：国家工作人员（参考上述贪污罪内容）。

（1）没有身份的人与有身份的人共同利用有身份者的身份受贿的，以受贿罪共犯论处。以丈夫（国家工作人员）和妻子（普通家庭妇女）为组合，举例如下：

例1：甲为了谋取不正当利益给丈夫行贿，丈夫让甲送给妻子代收，妻子明知上述情况而收下。丈夫和妻子成立受贿罪共犯。

例2：丈夫是为人民服务的清廉官员，甲多次想收买而未成功。于是甲把钱送给该官员的妻子，请求其帮忙办事。妻子答应，该官员不知情。本案中该官员无罪，妻子成立利用影响力受贿罪，甲成立行贿罪（未遂）和对有影响力的人行贿罪，并罚。

例3：上述例2中，甲欺骗妻子说该官员让其帮着收下，妻子信以为真便收下。丈夫回到家中得知此事大怒，让妻子第二天将钱退回去。妻子爱财，便假装答应，实际用作花销（丈夫不知情）。丈夫无罪，妻子成立侵占罪，甲成立行贿罪（未遂）。丈夫不知情不可能成立受贿罪，所以妻子也就不可能成立受贿罪的帮助犯。该笔钱同样不是给妻子的，所以也谈不上利用影响力受贿罪。该笔钱甲是为了购买官员的职权（打算"先斩后奏"的形式逼其收下），所以属于行贿，只不过没有成功，属于未遂。妻子将行贿之物花掉，其本质属于变占有为所有，成立侵占罪。

（2）停薪留职的国家工作人员也可以成为本罪的主体（尤其是可以成为斡旋受贿的行为主体）。

（3）关于医疗机构的工作人员。

①医疗机构的国家工作人员，在药品、医疗器械、医用卫生材料等医药产品采购活动中，利用职务上的便利，索取销售方财物，或者非法收受销售方财物，为销售方谋取利益，构成犯罪的，以受贿罪定罪处罚。

②医疗机构中的医务人员，利用开处方的职务便利，以各种名义非法收受药品、医疗器械、医用卫生材料等医药产品销售方财物，为医药产品销售方谋取利益，数额较大的，以非国家工作人员受贿罪定罪处罚。

（4）关于学校及教育机构的工作人员。

①学校及其他教育机构中的国家工作人员，在教材、教具、校服或者其他物品的采购等活动中，利用职务上的便利，索取销售方财物，或者非法收受销售方财物，为销售方谋取利益，构成犯罪的，以受贿罪定罪处罚。

②学校及其他教育机构中的教师，利用教学活动的职务便利，以各种名义非法收受教材、教具、校服或者其他物品销售方财物，为教材、教具、校服或者其他物品销售方谋取利益，数额较大的，以非国家工作人员受贿罪定罪处罚。

【总结】关于医务人员和教育工作者，区分其成立受贿罪还是非国家工作人员受贿罪的关键就是看其出卖的是职务行为还是技术行为。前者成立受贿罪，后者成立非国家工作人员受贿罪。例如，（2016年真题）乙是国有医院副院长，收受医药代表10万元，承诺为病人开处方时多开相关药品。因为乙出卖的是技术行为（开处方），所以成立非国家工作人员受贿罪。

3.行为对象

索取或者收受的财物被称之为"贿赂"。

（1）贿赂的本质在于，它是与国家工作人员的职务行为有关的，作为不正当报酬的利益（权钱交易）。不正当报酬，并不意味着国家工作人员的职务行为本身具有不正当性，而是指国家工作人员实施职务行为时不应当索取或者收受利益却索取、收受了这种利益。

（2）刑法将贿赂的内容限定为财物和财产性利益。例如，提供房屋装修、含有金额的会员卡、代币卡（券）、旅游等，均属于财物。

【注意】非财产性利益则不属于财物，接受非财产性利益一般不成立受贿罪。对于性贿赂存在不同类型，需要分类讨论。

例1：国家工作人员在色情场所嫖宿或者接受其他性服务，由请托人支付费用的，或者请托人支付费用雇请卖淫者为国家工作人员提供性服务的，国家工作人员实际上收受了财产性利益，属于受贿。

例2：请托人直接为国家工作人员提供性服务的，不能认定国家工作人员的行为构成受贿罪。

4.行为方式：包括收受贿赂和索取贿赂两种。

（1）收受贿赂：是指在行贿人主动提供贿赂时，国家工作人员予以接受，且只有谋取利益才成立受贿罪。

（2）索取贿赂（俗称不要脸的受贿）：索取贿赂时不要求为他人谋取利益，只需要利用职务上的便利就成立受贿罪。

（3）上述两种受贿类型，并不限于行为人将贿赂直接占为己有，包括使请托人向第三人提供贿赂的情形。

例如：丙有求于国家工作人员甲的职务行为，甲便要求或者暗示丙向乙提供财物，乙欣然接受；或者甲利用职务上的便利为丙谋取利益，事后丙欲向甲提供作为职务行为的不正当报酬的财物时，甲要求或者暗示丙将财物提供给乙，乙没有拒绝。在这种情况下，甲依然成立受贿罪。如果乙不明知丙所提供的财物与国家工作人员甲的职务行为具有关联，乙不成立受贿罪的共犯；如果乙明知丙所提供的财物为贿赂，则成立受贿罪的共犯。

【注意1】国家工作人员在经济往来中，违反国家规定，收受各种名义的回扣、手续费，归个人所有的，以受贿论处。

【注意2】根据《刑法》第389条第3款的规定，因被勒索给予国家工作人员以财物，没有获得不正当利益的，不是行贿。

5.为他人谋取利益

（1）为他人谋取利益，只要求许诺为他人谋取利益即可，不要求为他人实现该利益。

（2）许诺既可以是真实的，也可以是虚假的①。虚假许诺，是指国家工作人员具有为他人谋取利益的职权或职务条件，在他人有求于自己的职务行为时，并不打算为他人谋取利益，却又进行了承诺。但虚假承诺构成受贿罪需满足一定条件：

①收受财物后做虚假承诺的（此时形成了权钱交易），成立受贿罪。

②许诺的内容要与国家工作人员的职务有关联。如果国家工作人员根本就没有为他人谋取利益的职权与职务条件，却谎称为其谋取利益，成立诈骗罪。

③许诺行为导致财物与职务行为之间形成对价关系。

例1：孙某是某市城建局局长，张总（某房地产公司负责人）请孙某通过地皮审批，为其送来100万元现金。孙某很是不喜欢张总这个人，但是其对钱很感兴趣，所以就欺骗张总说帮其搞定（其实根本就是收钱不打算帮忙）。本案中，孙某的虚假承诺依旧不能掩盖权钱交易的本质，仍应成立受贿罪。

---

① 2017年卷二第62题B项：国家工作人员虚假承诺利用职务之便为他人谋利，收取他人财物的，构成受贿罪。此为正确选项。

例2：孙某是某市的教育局局长（该城市的城建局局长也姓孙），有一天在某饭局上，甲介绍张总（某房地产公司负责人）与孙某认识，顺嘴说了一句这是咱们市的孙局（并没有说明具体职位）。张总由于初来乍到，误以为孙某（教育局局长）是城建局局长，所以私下请求孙某帮其通过地皮审批。孙某明知自己根本没有城建的职权，仍然欺骗张总帮忙办事，并收受100万元现金。本案中，教育局局长孙某根本就没有城建的职权，也就谈不上出卖该职权，所以应成立诈骗罪。

（3）为他人谋取利益中的"利益"既包括正当利益，也包括不正当利益。

6.受贿时间

（1）只要行为人将职务行为与财物形成对价关系，就是受贿。无论什么时候收钱都可以。

（2）事后受贿也可能成立受贿。共计3种情况：

①办事之时就说好先办事等退休后再收钱，退休（离职）后收钱，成立受贿罪既遂。

②办事之时没说要钱，也没说给钱（双方是好朋友，出于情义）。待国家工作人员退休（离职）后，对方偶然送钱的，不成立受贿。

③办事之时没说要钱，也没说给钱（双方是好朋友，出于情义）。过段时日，国家工作人员依旧在职，对方为表达谢意送来财物，如果收下可成立受贿罪。

7.主观罪过为故意。

（1）行为人主观上要有索取或收受贿赂的意思，如果没有，实际上也没有收受的，不成立本罪。

（2）行为人根本不知道自己收受了财物，或者只是暂时收下，准备交给有关部门处理的，也不成立受贿罪。

例如：甲来到公安局局长办公室，往桌子上扔了一沓钱并说"我家兄弟的案子您多帮忙"。然后转身就走，局长在此期间头都没抬，压根就没有搭理甲。随后公安局局长就将现金上交纪检委。公安局局长不成立受贿罪。

（3）行为人认识到自己索取、收受的是职务行为的不正当报酬，认识到自己的行为会侵害职务行为的不可收买性。

例如：教育局局长甲曾经利用职务上的便利帮助了乙，乙多次想表示表示，但都被甲拒绝。偶然的机会，乙得知甲准备买房的消息，乙就偷偷地和中介商量，将自己的一套价值80万元的房子40万元（以急需资金为由）卖给了甲（甲完全不知情）。甲不成立受贿罪。

（四）斡旋受贿（以受贿罪论处）

1.逻辑结构：行为人利用本人职权或者地位形成的便利条件 → 通过其他国家工作人员职务上的行为 → 为请托人谋取不正当利益 → 受贿。

【记忆技巧】说简单点，就是官员帮行贿人向自己的同僚打招呼，并收受或索取财物的行为。

【提示】没有所谓的"斡旋受贿罪"，斡旋受贿按照受贿罪定罪处罚。

2.构成斡旋受贿必须符合4个条件：

（1）斡旋受贿的行为人必须是国家工作人员，不包括离退休人员，也不包括单位。

（2）利用本人职权或者地位形成的便利条件。这是指行为人与被其利用的国家工作人员之间在职务上虽然没有隶属、制约的关系，但是行为人利用了本人职权或者地位产生的影响和一定的工作联系。如果所利用的是纯粹的同学、亲友关系，则不属于斡旋受贿。

（3）通过他人的职务行为。斡旋人利用的是职权或地位的便利，而实际办事人（被斡旋人）则是通过"职务行为"，职务是法律上的职权。斡旋人利用的是事实上的影响力，而实际办事人则通过法律上的权力（职务之便）办事。因此，如果利用职务上有隶属、制约关系的其他国家工作人员的职权来办事，或者担任单位领导职务的国家工作人员通过不属于自己主管的下级部门的国家工作人员的职务为他人谋取利益的，这都是"利用职务上的便利"（法律职权）为他人谋取利益，属于《刑法》第385条规定的普通受贿罪（可以谋取正当利益，也可以谋取不正当利益），而不是斡旋受贿型的受贿罪（仅限于不正当利益）。

（4）无论是索贿还是收受财物，都必须是谋取不正当利益。如果谋取的是正当利益，自然不属于斡旋受贿。

【提示】为什么普通受贿罪谋取的无论是正当利益还是不正当利益，均成立受贿罪，而斡旋受贿成立受贿罪只能谋取不正当利益呢？因为前者是直接出卖自己的职权（直接卖），后者是出卖自己职权的影响力（间接卖）。二者危险性明显存在区别，所以在成立要件上也是有所不同的。

【注意】依据《最高人民法院、最高人民检察院关于办理行贿刑事案件具体应用法律若干问题的解释》第12条的规定，"谋取不正当利益"，是指行贿人谋取的利益违反法律、法规、规章、政策规定，或者要求国家工作人员违反法律、法规、规章、政策、行业规范的规定，为自己提供帮助或者方便条件；违背公平、公正原则，在经济、组织人事管理等活动中，谋取竞争优势的，应当认定为"谋取不正当利益"。

（五）本罪的认定

1.国家工作人员在法律允许的范围内，利用业余时间，以自己的劳动为他人提供某种服务，从而获得报酬的，不成立受贿罪。

2.国家工作人员在业余时间，利用职务上的便利为他人谋取利益，进而获得报酬的，仍然成立受贿罪。

3.行为人接受亲友的正当馈赠的行为，不成立受贿罪。

4.国家工作人员利用职务上的便利，以借贷为名向他人索取财物，或者非法收受财物为他人谋取利益的，应当认定为受贿罪。

（六）受贿罪的既遂与未遂

受贿罪以取得财物为既遂标准。

1.收受了他人交付的转账支票后，还没有提取现金的，应认定为受贿既遂。

2.收受购物卡后，即使还没有购物，也应认定为受贿既遂（受贿数额按购物卡记载的数额计算）。

3.收受银行卡后，即使没有使用，也应认定为受贿既遂（卡内的存款数额应按全额认定为受贿数额）。

4.收受贿赂后，将贿赂用于公益事业的，不影响受贿既遂的认定。

（七）司法解释规定的其他受贿类型

1.商业受贿：国家工作人员在经济来往中非法收取回扣、手续费归个人所有的，属于受贿。

2.收受干股型受贿：国家工作人员利用职务上的便利为请托人谋取利益，收受请托人提供的干股的，以受贿论处。进行了股权转让登记，或者相关证据证明股份发生了实际转让的，受贿数额按转让行为时股份价值计算，所分红利按受贿孳息处理。股份未实际转让，以股份分红名义获取利益的，实际获利数额应当认定为受贿数额。

3.交易型受贿：国家工作人员利用职务上的便利为请托人谋取利益，以下列交易形式收受请托人财物的，以受贿论处：

（1）以明显低于市场的价格向请托人购买房屋、汽车等物品的。

（2）以明显高于市场的价格向请托人出售房屋、汽车等物品的。

（3）以其他交易形式非法收受请托人财物的。

受贿数额按照交易时当地市场价格与实际支付价格的差额计算。

前款所列市场价格包括商品经营者事先设定的不针对特定人的最低优惠价格。根据商品经营者事先设定的各种优惠交易条件，以优惠价格购买商品的，不属于受贿。

4.安排工作型受贿：国家工作人员利用职务上的便利为请托人谋取利益，要求或者接受请托人以给特定关系人安排工作为名，使特定关系人不实际工作却获取所谓薪酬的，以受贿论处。

5.假合作型受贿：国家工作人员利用职务上的便利为请托人谋取利益，由请托人出资，"合作"开办公司或者进行其他"合作"投资的，以受贿论处。受贿数额为请托人给国家工作人员的出资额。

国家工作人员利用职务上的便利为请托人谋取利益，以合作开办公司或者其他合作投资的名义获取"利润"，没有实际出资和参与管理、经营的，以受贿论处。

6.赌博型受贿：国家工作人员利用职务上的便利为请托人谋取利益，通过赌博方式收受请托人财物的，构成受贿。

实践中应注意区分贿赂与赌博活动、娱乐活动的界限。具体认定时，主要应当结合以下因素进行判断：（1）赌博的背景、场合、时间、次数；（2）赌资来源；（3）其他赌博参与者有无事先通谋；（4）输赢钱物的具体情况和金额大小。

7.收受房屋、汽车等财物的受贿：国家工作人员利用职务上的便利为请托人谋取利益，收受请托人房屋、汽车等物品，未变更权属登记或者借用他人名义办理权属变更登记的，不影响受贿的认定。

认定以房屋、汽车等物品为对象的受贿，应注意与借用的区分。具体认定时，除双方交代或者书面协议之外，主要应当结合以下因素进行判断：（1）有无借用的合理事由；（2）是否实际使用；（3）借用时间的长短；（4）有无归还的条件；（5）有无归还的意思表示及行为。

8.假投资型受贿：国家工作人员利用职务上的便利为请托人谋取利益，以委托请托人投资证券、期货或者其他委托理财的名义，未实际出资而获取"收益"，或者虽然实际出资，但获取"收益"明显高于出资应得收益的，以受贿论处。受贿数额，前一情形，以"收益"额计算；后一情形，以"收益"额与出资应得收益额的差额计算。

9.指使给予他人财物型受贿：国家工作人员利用职务上的便利为请托人谋取利益，授意请托人以本意见所列形式，将有关财物给予特定关系人的，以受贿论处。

特定关系人与国家工作人员通谋，共同实施前款行为的，对特定关系人以受贿罪的共犯论处。特定关系人以外的其他人与国家工作人员通谋，由国家工作人员利用职务上的便利为请托人谋取利益，收受请托人财物后双方共同占有的，以受贿罪的共犯论处。

经典考题： 关于受贿罪的判断，下列哪些选项是错误的？（2007年卷二第65题，多选）①

A.公安局副局长甲收受犯罪嫌疑人家属10万元现金，允诺释放犯罪嫌疑人，因为局长不同意未成。由于甲并没有为他人谋取利益，所以不构成受贿罪

B.国家机关工作人员乙在退休前利用职务便利为钱某谋取了不正当利益，退休后收受了钱某10万元。尽管乙与钱某事前并无约定，仍应以受贿罪论处

C.基层法院法官丙受被告人孙某家属之托，请中级法院承办法官李某对孙某减轻处罚，并无减轻情节的孙某因此被减轻处罚。事后，丙收受孙某家属10万元现金。丙不具有制约李某的职权与地位，不成立受贿罪

D.海关工作人员丁收受10万元贿赂后徇私舞弊，放纵走私，触犯受贿罪和放纵走私罪。由于具有牵连关系，应从一重罪论处

二、利用影响力受贿罪

（一）法条

第388条之一 国家工作人员的近亲属或者其他与该国家工作人员关系密切的人，通过该国家工作人员职务上的行为，或者利用该国家工作人员职权或者地位形成的便利条件，通过其他国家工作人员职务上的行为，为请托人谋取不正当利益，索取请托人财物或者收受请托人财物，数额较大或者有其他较重情节的，处三年以下有期徒刑或者拘役，并处罚金；数额巨大或者有其他严重情节的，处三年以上七年以下有期徒刑，并处罚金；数额特别巨大或者有其他特别严重情节的，处七年以上有期徒刑，并处罚金或者没收财产。

离职的国家工作人员或者其近亲属以及其他与其关系密切的人，利用该离职的国家工作人员原职权或者地位形成的便利条件实施前款行为的，依照前款的规定定罪处罚。

（二）构成要件

1.行为主体是国家工作人员的近亲属或者其他与国家工作人员关系密切的人（高官

---

① 【答案】ABCD。A项错误，甲收受贿赂并承诺释放犯罪嫌疑人，已构成权钱交易，成立受贿罪既遂。B项错误，在职的时候并没有关于受贿的约定，退休后由于其他原因收受财物的，不属于权钱交易的本质，不成立受贿罪。C项错误，丙的行为成立斡旋受贿。D项错误，海关工作人员受贿后又放纵走私的，这属于两个行为，侵犯不同法益，成立受贿罪和放纵走私罪，实行数罪并罚。综上，ABCD项当选。

之子）。

（1）行为方式：

①直接通过该国家工作人员职务上的行为，为请托人谋取不正当利益，索取、收受贿赂。

②通过国家工作人员对其他国家工作人员的斡旋行为，为请托人谋取不正当利益，索取、收受贿赂。

（2）如果行为符合诈骗、敲诈勒索、侵占等侵犯财产罪的犯罪构成，可以认定为侵犯财产罪。

例如：甲的父亲是公安局局长，甲得知乙的孩子被关进看守所，为了骗取乙的钱财，对乙谎称："我爸是公安局局长，给我5万元，你的事很好办！"乙信以为真便给了甲5万元，甲得到钱后便拿去赌博，根本不办事。甲构成诈骗罪。

2.行为主体是离职的国家工作人员（老干部）。

（1）行为方式：

①直接利用其原职权或地位形成的便利条件为请托人谋取不正当利益，索取、收受贿赂。

②利用原职权或者地位形成的便利条件通过对其他国家工作人员的斡旋行为，为请托人谋取不正当利益，索取、收受贿赂。

（2）这一类利用影响力受贿罪，表现为财物与离职的国家工作人员的原职权或者地位的交换关系。只要离职的国家工作人员许诺为请托人谋取不正当利益，即可成立犯罪。

3.行为主体是离职国家工作人员的近亲属或者其他与离职的国家工作人员关系密切的人（老干部之妻）。

行为方式：

（1）直接通过该离职的国家工作人员原职权或者地位，为请托人谋取不正当利益，索取、收受贿赂。

（2）通过该离职的国家工作人员对其他国家工作人员的斡旋行为，为请托人谋取不正当利益，索取、收受贿赂。

（三）关系密切的人

这是指与国家工作人员或者离职的国家工作人员具有共同利益关系的人，其中的共同利益不仅包括物质利益，而且包括其他方面的利益。例如，情人关系、恋人关系、前妻前夫关系、密切的上下级关系（如国家工作人员的秘书、司机等）、密切的姻亲或血亲关系等。

三、行贿罪

（一）法条

第389条　为谋取不正当利益，给予国家工作人员以财物的，是行贿罪。

在经济往来中，违反国家规定，给予国家工作人员以财物，数额较大的，或者违反国家规定，给予国家工作人员以各种名义的回扣、手续费的，以行贿论处。

因被勒索给予国家工作人员以财物，没有获得不正当利益的，不是行贿。

第390条　对犯行贿罪的，处五年以下有期徒刑或者拘役，并处罚金；因行贿谋取不正当利益，情节严重的，或者使国家利益遭受重大损失的，处五年以上十年以下有期徒刑，并处罚金；情节特别严重的，或者使国家利益遭受特别重大损失的，处十年以上有期徒刑或者无期徒刑，并处罚金或者没收财产。

行贿人在被追诉前主动交待行贿行为的，可以从轻或者减轻处罚。其中，犯罪较轻的，对侦破重大案件起关键作用的，或者有重大立功表现的，可以减轻或者免除处罚。

（二）构成要件

1.行为主体：只能是自然人。如果是单位行贿，成立单位行贿罪。

2.行为方式：

（1）为了利用国家工作人员的职务行为（包括利用国家工作人员的斡旋行为），主动给予国家工作人员以财物（包括向斡旋受贿者给予财物）。

（2）在有求于国家工作人员的职务行为时，由于国家工作人员的索取而给予国家工作人员以财物。

（3）与国家工作人员约定，以满足自己的要求为条件给予国家工作人员以财物。

（4）在国家工作人员利用职务上的便利为自己谋取利益时或者为自己谋取利益之后，给予国家工作人员以财物，作为职务行为的报酬。

3.责任形式为故意，且"为谋取不正当利益"。

（1）不正当利益≠非法利益，获取不公平的竞争优势（也即程序不正当）也属于不正当利益。

例如：行贿人虽然符合晋级、晋升的条件，但为了使自己优于他人晋级、晋升，而给予有关国家工作人员以财物的，应认定为行贿罪。

（2）为了谋取不正当利益而给予国家工作人员以财物时，即使具有事后索回财物的意思，也不影响行贿罪的成立。如果之后索回的行为构成其他犯罪的，数罪并罚。

例如：甲为了获取某项工程，向国家工作人员乙交付20万元，打算获取工程后再索回。乙收受20万元后，将工程交给甲。甲完工后，以告发相要挟，要求乙退回20万元。乙担心甲告发，将贿赂款退还给甲。乙的行为构成受贿罪。甲的行为不仅成立行贿罪，而且另成立敲诈勒索罪，数罪并罚。

（3）公民请求国家工作人员依法办事，属于正当利益，不构成行贿罪。

例如：农民工张某因索要欠薪，将老板乙起诉。为确保能拿回血汗钱，送给审判长3万元，请求审判长秉公执法。张某是为了行使正当的权利，向审判长送3万元的行为，不属于行贿。但审判长收受财物的，成立受贿罪。

（三）本罪的认定

1.行贿罪与受贿罪

行贿罪与受贿罪属于对向犯，在通常情况下，行贿方与受贿方的行为均成立犯罪。例外情形是仅一方的行为成立犯罪。具体包括：

（1）因被勒索给予财物，没有获得不正当利益的，不是行贿。但国家工作人员的行为仍然是索取贿赂，成立受贿罪。

（2）为了谋取正当利益而给予国家工作人员以财物的，不是行贿；但国家工作人员接受财物的行为成立受贿罪。

（3）为了谋取不正当利益而给国家工作人员以财物的，构成行贿罪；但国家工作人员没有接受贿赂的故意，立即将财物送交有关部门处理的，不构成受贿罪。

2.行贿罪与诈骗罪

行为人用无价值物冒充有价值物，向国家工作人员行贿。国家工作人员属于受贿未遂，而行为人构成行贿罪，不构成诈骗罪，因为诈骗罪骗取的是财物，不包括骗取职务行为。而且，只要对方接受了，行贿罪就既遂。

例1：甲用伪造的购物券冒充真实的购物券向乙行贿，乙属于受贿未遂，甲构成行贿罪，不构成诈骗罪。

例2：甲用一幅毫无价值的赝品冒充名画向乙行贿，乙属于受贿未遂，甲构成行贿罪，不构成诈骗罪。

四、对有影响力的人行贿罪

（一）法条

第390条之一　为谋取不正当利益，向国家工作人员的近亲属或者其他与该国家工作人员关系密切的人，或者向离职的国家工作人员或者其近亲属以及其他与其关系密切的人行贿的，处三年以下有期徒刑或者拘役，并处罚金；情节严重的，或者使国家利益遭受重大损失的，处三年以上七年以下有期徒刑，并处罚金；情节特别严重的，或者使国家利益遭受特别重大损失的，处七年以上十年以下有期徒刑，并处罚金。

单位犯前款罪的，对单位判处罚金，并对其直接负责的主管人员和其他直接责任人员，处三年以下有期徒刑或者拘役，并处罚金。

（二）构成要件

1.与利用影响力受贿罪属于对向犯。

2.本罪侵犯的法益为国家工作人员的职务廉洁性。

3.行为方式：

（1）向国家工作人员的近亲属或者其他与该国家工作人员关系密切的人行贿。

（2）向离职的国家工作人员行贿。

（3）向离职的国家工作人员的近亲属或者其他与该国家工作人员关系密切的人行贿。

4."关系密切的人"包括：情人关系、同学、战友关系、上下级关系、老朋友关系等一切利益、情谊、制约关系。

5.本罪的成立：主观上要求为了谋取不正当利益，如果是为了谋取正当利益，则不成立本罪。

6.自然人和单位都可以成立本罪的主体。

五、介绍贿赂罪

（一）法条

第392条　向国家工作人员介绍贿赂，情节严重的，处三年以下有期徒刑或者拘役，并处罚金。

介绍贿赂人在被追诉前主动交待介绍贿赂行为的，可以减轻处罚或者免除处罚。

（二）构成要件

1.行为结构：在行贿人与国家工作人员之间进行引见、沟通、撮合（搭桥引线的居间行为），从而促使行贿与受贿得以实现。

【注意1】如果是向非国家工作人员或者向单位介绍贿赂，则不成立介绍贿赂罪。

【注意2】介绍的受贿一方必须是国家工作人员，行贿方则无任何限定。

2.责任形式为故意，至于行为人出于何种动机，是否因介绍贿赂而从行贿方或者受贿方得到某种利益，则不影响本罪的成立。

3.成立本罪还要求情节严重。

【总结】本节重点相似罪名对比表

罪　　名	主　　体	行为方式
斡旋受贿	国家工作人员	利用职务便利 → 通过其他国家工作人员的职务行为 → 为请托人谋取不正当利益 → 索取或收受财物。
利用影响力受贿罪	国家工作人员的近亲属、关系密切的人	1.通过国家工作人员的职务行为 → 为请托人谋取不正当利益 → 受贿。
		2.利用国家工作人员职权或地位形成的便利条件 → 通过其他国家工作人员的职务行为 → 为请托人谋取不正当利益 → 受贿。
	离职的国家工作人员及其近亲属、关系密切的人	利用离职的国家工作人员职权或地位形成的便利条件 → 通过其他国家工作人员的职务行为 → 为请托人谋取不正当利益 → 受贿。
介绍贿赂罪	一般主体	搭桥引线、居间介绍，不要求索取或收受财物

专题二十六　渎职罪

命题点拨

本专题在考试中的重要性居于中等位置，每年都会有所涉及。重点罪名包括：滥用职权罪、玩忽职守罪、徇私枉法罪。

第一节　核心罪名

一、滥用职权罪和玩忽职守罪

（一）法条

第397条　国家机关工作人员滥用职权或者玩忽职守，致使公共财产、国家和人民利益遭受重大损失的，处三年以下有期徒刑或者拘役；情节特别严重的，处三年以上七年以下有期徒刑。本法另有规定的，依照规定。

国家机关工作人员徇私舞弊，犯前款罪的，处五年以下有期徒刑或者拘役；情节特别严重的，处五年以上十年以下有期徒刑。本法另有规定的，依照规定。

（二）构成要件

1.滥用职权罪

（1）行为主体：国家机关工作人员。

【注意】不是国家工作人员。

（2）行为方式：

①故意不正确履行职责。

②擅自决定或处理没有具体决定、处理权限的事项。

③故意不履行应当履行的职责，或者说任意放弃职守。

④以权谋私、假公济私，不正确地履行职责。

（3）主观罪过为故意。

（4）程度要求：滥用职权行为，只有致使公共财产、国家和人民利益遭受重大损失的，才成立犯罪。

（5）认定与处罚。

①滥用职权的行为同时触犯故意伤害、故意杀人、侵犯财产等罪的犯罪构成时，属于典型的想象竞合犯，应当从一重罪论处。国家机关工作人员滥用职权以作为方式杀害他人的，应以故意杀人罪论处。

例如：警察逮捕正在哺乳期的犯罪嫌疑人，明知其家中有婴儿无人喂养而置之不理，最后导致婴儿饿死。对此，应认定为故意杀人罪。

②法条竞合：渎职罪一章规定了许多具体的滥用职权的犯罪，与滥用职权罪属于特殊法条与一般法条的关系，一个行为同时构成两罪时，优先适用特殊法条。

2.玩忽职守罪

（1）行为主体：国家机关工作人员。

（2）行为方式：

①擅离职守，不履行职责的行为。

②不正确履行职责的行为，是指在履行职责的过程中，违反职责规定，马虎草率、粗心大意。

3.主观罪过为过失。

4.程度要求：玩忽职守行为，只有致使公共财产、国家和人民利益遭受重大损失的，才成立犯罪。

（三）司法解释

1.国家机关工作人员滥用职权或者玩忽职守，实施下列行为之一，致使公共财产、国家和人民利益遭受重点损失的，以滥用职权罪或者玩忽职守罪定罪处罚：

（1）超越职权范围，批准发放石油、天然气勘查、开采、加工、经营等许可证的；

（2）违反国家规定，给不符合法定条件的单位、个人发放石油、天然气勘查、开采、加工、经营等许可证的；

（3）违反《石油天然气管道保护条例》等国家规定，在油气设备安全保护范围内批准建设项目的；

（4）对发现或者经举报查实的未经依法批准、许可擅自从事石油、天然气勘查、开采、加工、经营等违法活动不予查封、取缔的。

2.国家机关工作人员滥用职权，有下列情形之一，致使盗窃、抢劫、诈骗、抢夺的机动车被办理登记手续，数量达到3辆以上或者价值总额达到30万元以上的，以滥用职权罪定罪，处3年以下有期徒刑或者拘役：

（1）明知是登记手续不全或者不符合规定的机动车而办理登记手续的；

（2）指使他人为明知是登记手续不全或者不符合规定的机动车办理登记手续的；

（3）违规或者指使他人违规更改、调换车辆档案的；

（4）其他滥用职权的行为。

国家机关工作人员疏于审查或者审查不严，致使盗窃、抢劫、诈骗、抢夺的机动车被办理登记手续，数量达到5辆以上或者价值总额达到50万元以上的，依照《刑法》第397条第1款的规定，以玩忽职守罪定罪，处3年以下有期徒刑或者拘役。

3.国家机关工作人员在行使反兴奋剂管理职权时滥用职权或者玩忽职守，造成严重兴奋剂违规事件，严重损害国家声誉或者造成恶劣社会影响，符合《刑法》第397条规定的，以滥用职权罪、玩忽职守罪定罪处罚。

依法或者受委托行使反兴奋剂管理职权的单位的工作人员，在行使反兴奋剂管理职权时滥用职权或者玩忽职守的，依照前款规定定罪处罚。

4.在疫情防控工作中，负有组织、协调、指挥、灾害调查、控制、医疗救治、信息传递、交通运输、物资保障等职责的国家机关工作人员，滥用职权或者玩忽职守，致使公共财产、国家和人民利益遭受重大损失的，依照《刑法》第397条的规定，以滥用职权罪或者玩忽职守罪定罪处罚。

5.在窨井盖采购、施工、验收、使用、检查过程中负有决定、管理、监督等职责的国家机关工作人员玩忽职守或者滥用职权，致使公共财产、国家和人民利益遭受重大损失的，分别以玩忽职守罪、滥用职权罪定罪处罚。

在依照法律、法规规定行使窨井盖行政管理职权的公司、企业、事业单位中从事公务的人员以及在受国家机关委托代表国家机关行使窨井盖行政管理职权的组织中从事公务的人员，玩忽职守或者滥用职权，致使公共财产、国家和人民利益遭受重大损失的，分别以玩忽职守罪、滥用职权罪定罪处罚。

对窨井盖负有管理职责的其他公司、企业、事业单位的工作人员，严重不负责任，导致人员坠井等事故，致人重伤或者死亡的，分别以过失致人重伤罪、过失致人死亡罪定罪处罚。

二、徇私枉法罪

（一）法条

第399条第1款　司法工作人员徇私枉法、徇情枉法，对明知是无罪的人而使他受追诉、对明知是有罪的人而故意包庇不使他受追诉，或者在刑事审判活动中故意违背事实和法律作枉法裁判的，处五年以下有期徒刑或者拘役；情节严重的，处五年以上十年以下有期徒刑；情节特别严重的，处十年以上有期徒刑。

第4款　司法工作人员收受贿赂，有前三款行为的，同时又构成本法第三百八十五条规定之罪的，依照处罚较重的规定定罪处罚。

（二）构成要件

1.行为主体：司法工作人员，是指有侦查、检察、审判、监管职责的工作人员。

2.行为方式：

（1）使无罪变有罪：对明知是无罪的人而使他受追诉。

（2）使有罪变无罪：对明知是有罪的人而故意包庇不使他受追诉。

（3）在刑事审判活动中故意违背事实和法律，作出枉法判决、裁定，包括无罪判有罪、有罪判无罪以及重罪轻判、轻罪重判。

3.责任形式为故意，包括直接故意与间接故意，并出于徇私、徇情动机。过失不能成立本罪，过失导致无罪的人受追诉或有罪的人未被受追诉的，可成立玩忽职守罪。

（三）本罪的认定

法条依据：《刑法》第399条第4款规定："司法工作人员收受贿赂，有前三款行为的，同时又构成本法第三百八十五条规定之罪的，依照处罚较重的规定定罪处罚。"

原则上，司法工作人员收受贿赂，又实施其他犯罪行为的，应数罪并罚。本款属于例外规定，即该款将原本属于数罪并罚的情形拟制为一罪。

经典考题：关于徇私枉法罪，下列哪些选项是正确的？（2009年卷二第65题，多选）①

A. 甲（警察）与犯罪嫌疑人陈某曾是好友，在对陈某采取监视居住期间，故意对其放任不管，导致陈某逃匿，司法机关无法对其追诉。甲成立徇私枉法罪

B. 乙（法官）为报复被告人赵某对自己的出言不逊，故意在刑事附带民事判决中加大赵某对被害人的赔偿数额，致使赵某多付10万元。乙不成立徇私枉法罪

C. 丙（鉴定人）在收取犯罪嫌疑人盛某的钱财后，将被害人的伤情由重伤改为轻伤，导致盛某轻判。丙不成立徇私枉法罪

D. 丁（法官）为打击被告人程某，将对程某不起诉的理由从"证据不足，指控犯罪不能成立"擅自改为"可以免除刑罚"。丁成立徇私枉法罪

第二节 一般罪名

一、民事、行政枉法裁判罪

（一）法条

第399条第2款 在民事、行政审判活动中故意违背事实和法律作枉法裁判，情节严重的，处五年以下有期徒刑或者拘役；情节特别严重的，处五年以上十年以下有期徒刑。

第4款 司法工作人员收受贿赂，有前三款行为的，同时又构成本法第三百八十五条规定之罪的，依照处罚较重的规定定罪处罚。

（二）构成要件

1. 行为主体：司法工作人员。

2. 民事、行政审判不是指狭义的审判活动，是指民事、行政诉讼过程。例如，诉前财产保全的裁定活动，也属于民事审判活动。

3. 成立本罪要求情节严重。

（三）罪数

司法工作人员收受贿赂，再实施本罪的，也是按照重罪处罚，不用数罪并罚。

二、私放在押人员罪

（一）法条

第400条第1款 司法工作人员私放在押的犯罪嫌疑人、被告人或者罪犯的，处五

---

① 【答案】ACD。A项正确，根据司法解释的相关规定，在立案后，虽然采取强制措施，但中断侦查或超过法定期限不采取任何措施，实际放任不管，致使犯罪嫌疑人、被告人实际脱离司法机关控制的，成立徇私枉法罪。B项错误，徇私枉法罪需要发生在刑事诉讼范围之内，刑事附带民事诉讼属于刑事诉讼的范围之内，所以乙法官违背事实和法律，加重赵某的赔偿数额的行为，成立徇私枉法罪。C项正确，徇私枉法罪的主体为司法工作人员，鉴定人不具有本罪的主体身份，不成立徇私枉法罪。丙的行为成立伪证罪。D项正确，"证据不足，指控犯罪不能成立"指的是被告人无罪，而"可以免除刑罚"意味着前提是成立犯罪，也即法官丁将被告人无罪作有罪判决，该行为成立徇私枉法罪。综上，ACD项当选。

年以下有期徒刑或者拘役；情节严重的，处五年以上十年以下有期徒刑；情节特别严重的，处十年以上有期徒刑。

（二）构成要件

1.行为主体：司法工作人员。

2.行为对象：依法被关押的犯罪嫌疑人、被告人或者罪犯。

【注意】被行政拘留、司法拘留的人员，不属于本罪对象。

三、徇私舞弊不征、少征税款罪

（一）法条

第404条　税务机关的工作人员徇私舞弊，不征或者少征应征税款，致使国家税收遭受重大损失的，处五年以下有期徒刑或者拘役；造成特别重大损失的，处五年以上有期徒刑。

（二）构成要件

1.行为主体：税务机关工作人员。

2.责任形式为故意，且具有徇私动机。过失不征、少征税款，致使国家利益遭受重大损失的，可以玩忽职守罪论处。

四、放纵走私罪

（一）法条

第411条　海关工作人员徇私舞弊，放纵走私，情节严重的，处五年以下有期徒刑或者拘役；情节特别严重的，处五年以上有期徒刑。

（二）构成要件

1.行为主体：海关工作人员。

2.成立本罪要求情节严重。

五、不解救被拐卖、绑架妇女、儿童罪

（一）法条

第416条第1款　对被拐卖、绑架的妇女、儿童负有解救职责的国家机关工作人员，接到被拐卖、绑架的妇女、儿童及其家属的解救要求或者接到其他人的举报，而对被拐卖、绑架的妇女、儿童不进行解救，造成严重后果的，处五年以下有期徒刑或者拘役。

（二）构成要件

1.行为主体：负有解救职责的国家机关工作人员。

2."被拐卖的妇女、儿童"，是指拐卖过程中以及拐卖后被收买的妇女、儿童。

3.本罪属于真正的不作为犯。

六、帮助犯罪分子逃避处罚罪

（一）法条

第417条　有查禁犯罪活动职责的国家机关工作人员，向犯罪分子通风报信、提供

便利，帮助犯罪分子逃避处罚的，处三年以下有期徒刑或者拘役；情节严重的，处三年以上十年以下有期徒刑。

（二）构成要件

1.行为主体：负有查禁犯罪活动职责的人员。

2.行为对象：犯罪分子。

（三）司法解释

公安人员对盗窃、抢劫的机动车辆，非法提供机动车牌证或者为其取得机动车牌证提供便利，帮助犯罪分子逃避处罚的，以本罪论处。

附录：

重点罪数总结

关于罪数，可能是法考中同学们最头疼的问题，因为无论是一道客观选择题还是案例分析题，总是分不清楚是一罪还是数罪并罚？即使真的判断准确属于一罪，但是脑海中呈现出太多一罪的理由：继续犯、结果加重犯、想象竞合犯、法条竞合犯、结合犯、连续犯、牵连犯、吸收犯等。

上述问题最棘手、最头疼，但是同学们认真总结一下关于罪数的考题不难发现，无论是选择题还是案例题，罪数的问题往往是爱考查同学们的记忆，就是对特殊刑法分则罪名的罪数记忆。考查罪数理论分析这种难度较高的题目少之又少（可以参考2016年卷二单选11题），所以为了更好地应对这个看似很难的罪数问题，其实我们多多总结一些常考的重点结论即可，这样能保证一些基础性、重点性罪数问题不会失分。为此笔者总结了几乎刑法中所有重点的记忆性罪数案例，仅供各位考生参考。

1. 故意伤害致死（一罪，结果加重犯）。

2. 强奸致使被害妇女重伤、死亡（一罪，结果加重犯）。

3. 非法拘禁致人重伤、死亡（一罪，结果加重犯）。

4. 暴力干涉婚姻自由致使被害人死亡（一罪，结果加重犯）。

5. 抢劫致人重伤、死亡（一罪，结果加重犯）。

6. 劫持航空器致人重伤、死亡（一罪，结果加重犯）。

7. 虐待行为致人重伤或死亡（一罪，结果加重犯）。

8. 遗弃行为致人重伤或死亡的，成立遗弃罪与过失致人重伤或者过失致人死亡的想象竞合犯。

9. 纳税人缴纳一般税款后，采用假报出口等手段骗取所缴税款，貌似骗取出口退税，实为逃税，定逃税罪。如果骗取的税款超过所缴纳税款，超过部分构成骗取出口退税罪，与逃税罪实行数罪并罚。

10. 诈骗罪与合同诈骗罪，盗窃罪与盗窃枪支罪，属于法条竞合，适用特殊法。

11. 为了诈骗而伪造国家机关证件，具有类型化特征，属于牵连犯；而为了杀人去抢劫他人的菜刀，不具有类型化特征，不是牵连犯。

12. 甲盗窃枪支后非法持有，非法持有行为被盗窃行为吸收，只定盗窃枪支罪。

13. 非法拘禁使用暴力致人死亡的 → 故意杀人罪（拟制的一罪）。

14. 刑讯逼供致人死亡的 → 故意杀人罪（拟制的一罪）。

15. 暴力取证致人死亡的 → 故意杀人罪（拟制的一罪）。

16. 虐待被监管人致人死亡的 → 故意杀人罪（拟制的一罪）。

17. 聚众"打砸抢"致人死亡的 → 故意杀人罪（拟制的一罪）。

18. 聚众斗殴致人死亡的 → 故意杀人罪（拟制的一罪）。

19.携带凶器抢夺的，依照抢劫罪论处（拟制的一罪）。

20.收买被拐卖的妇女、儿童又出卖的（此时收买的主观目的不是为了出卖），依照《刑法》第240条的规定定罪处罚。（收买被拐卖的妇女、儿童罪 → 拐卖妇女、儿童罪，拟制的一罪）。

21.犯盗窃、诈骗、抢夺罪，为窝藏赃物、抗拒抓捕或者毁灭罪证而当场使用暴力或者以暴力相威胁的，依照抢劫罪定罪处罚。（盗窃罪、诈骗罪、抢夺罪 → 抢劫罪，拟制的一罪）。

22.未经本人同意摘取其器官，或者摘取不满18周岁的人的器官，或者强迫、欺骗他人捐献器官，致人死亡或者具有致人死亡危险的，应当认定为故意杀人罪。

23.以放火、爆炸等危险方法故意杀人时，其行为不仅符合放火、爆炸等罪的犯罪构成，而且符合故意杀人罪的犯罪构成的，属于想象竞合犯。

24.拐卖妇女的过程中强奸被拐卖的妇女 → 只成立拐卖妇女罪，适用加重法定刑。

25.强奸后迫使卖淫的 → 强奸罪与强迫卖淫罪并罚。

26.收买被拐卖的妇女，然后强奸的 → 数罪并罚。

27.组织、运送他人偷越国（边）境过程中强奸被害人的 → 数罪并罚。

28.犯绑架罪，故意杀害被绑架人的 → 结合犯 → 成立绑架罪。

29.犯绑架罪，故意伤害被绑架人，致人重伤、死亡的 → 结合犯 → 成立绑架罪。

30.犯绑架罪，故意伤害被绑架人，致人轻伤的 → 数罪并罚。

31.绑架行为本身过失导致被绑架人重伤、死亡的 → 绑架罪与过失致人重伤罪或者过失致人死亡罪的想象竞合犯。

32.绑架他人后 → 实施强奸、抢劫、侮辱、猥亵、盗窃等行为 → 数罪并罚。

33.在绑架过程中，因被绑架人的监护人、保护人或者其他在场人反抗等原因，行为人为排除阻碍而故意杀害、伤害上述人员的 → 绑架罪与故意杀人罪或者故意伤害罪并罚。

34.关于拐卖妇女罪、收买被拐卖的妇女罪、强奸罪的罪数总结：

（1）拐卖＋强奸＝拐卖。

（2）收买＋强奸＝并罚。

（3）收买＋拐卖＝拐卖（买来不是为了卖的，法律拟制）。

（4）收买＋强奸＋拐卖＝拐卖（买来不是为了卖的，法律拟制，包含了强奸）。

35.先雇用童工从事危重劳动，然后又强迫劳动，构成雇用童工从事危重劳动罪和强迫劳动罪，数罪并罚。

36.非法雇用童工，造成事故，又构成重大责任事故罪的，数罪并罚。

37.先强奸或伤害，被害人未失去知觉，利用被害人不能反抗、不敢反抗的处境，临时起意使用暴力或胁迫劫取财物，构成强奸罪（或故意伤害罪）和抢劫罪，数罪并罚；被害人失去知觉或者没有发觉，临时起意拿走财物，构成强奸罪（或故意伤害罪）和盗窃罪，数罪并罚。

38.抢劫财物后，为了灭口而杀害他人的，成立抢劫罪与故意杀人罪，实行数罪并罚。

39.由于其他原因故意实施杀人行为致人死亡，然后产生非法占有财物的意图，进而取得财物的，应认定为故意杀人罪与侵占罪（或盗窃罪），实行并罚。

40.采用放火的方式杀害特定之人，没有危害公共安全的，只成立故意杀人罪；采用放火的方式杀害特定之人，如果危害公共安全的，成立放火罪与故意杀人罪的想象竞合犯，择一重罪处罚。

41.行为人明知他人使用枪支实施杀人、伤害、抢劫、绑架等犯罪行为而出租、出借枪支给他人的，成立非法出租、出借枪支罪与相应的共同犯罪（故意杀人罪、抢劫罪、绑架罪等）的想象竞合犯，从一重罪论处。

42.《刑法》第149条第1款，生产、销售9个具体罪名的产品，不构成该罪，但是销售金额在5万元以上的，定生产、销售伪劣产品罪。

43.《刑法》第149条第2款，如果行为同时构成9个具体罪名和生产、销售伪劣产品罪，按照处罚较重的罪论处。这属于法条竞合，重法优于轻法。

44.走私犯罪或者持有型犯罪中，走私或持有的对象为多个的，分别按照不同的走私犯罪、持有型犯罪进行数罪并罚。

45.假币类犯罪罪数总结：

（1）伪造货币后 → 出售、运输、使用该假币的 → 伪造货币罪（从重处罚）。

（2）购买假币后 → 使用该假币的 → 购买假币罪（从重处罚）。

（3）出售、运输假币 → 又使用该假币的 → 数罪并罚。

（4）购买假币 → 又出售、运输该假币的 → 出售、购买、运输假币罪。

46.行为人故意造成财产损失的保险事故或故意造成被保险人死亡、伤残或者疾病，骗取保险金，同时构成其他犯罪的，依照数罪并罚的规定处罚。

47.关于受贿后再犯其他罪的罪数总结：

（1）原则：受贿后再实施其他犯罪行为，一律按照受贿罪和相关犯罪进行数罪并罚。

（2）例外：司法工作人员受贿后再实施徇私枉法行为的，依照处罚较重的规定定罪处罚。

48.关于实施其他犯罪后再实施妨害公务罪的罪数总结：

（1）原则：实施某罪，又实施妨害公务的，数罪并罚。

（2）例外（两个）：妨害公务是某罪的法定升格条件，只成立其他犯罪即可。

例外1：走私、贩卖、运输、制造毒品犯罪。

例外2：组织、运送他人偷越国（边）境罪。

实施上述两个例外罪名再实施妨害公务的，只成立这两个罪（加重处罚）即可。

49.冒充国家机关工作人员骗取数额较大、巨大或者特别巨大财物的，是招摇撞骗罪与诈骗罪的想象竞合犯，应从一重罪（诈骗罪）论处。

50.行为人组织、领导、参加黑社会性质的组织，又实施了其他犯罪的，应当依照数罪并罚的规定处罚。

51.行为人成立虚假诉讼罪的同时又构成诈骗罪的，属于想象竞合犯，择一重罪处罚。

52.盗窃珍贵文物后出售的，成立盗窃罪和倒卖文物罪，数罪并罚。

53.组织他人偷越国（边）境、运送他人偷越国（边）境犯罪（以下称"本罪"）的罪数总结：

（1）加重处罚的类型（此时只成立本罪）：

①实施本罪的过程中 → 过失导致被组织人重伤、死亡的 → 只成立本罪，加重处罚。

②实施本罪的过程中 → 剥夺或者限制被组织人人身自由的 → 只成立本罪，加重处罚。

③实施本罪的过程中 → 实施一般暴力妨害公务的 → 只成立本罪，加重处罚。

（2）数罪并罚的类型（本罪与相应罪名并罚）：

①实施本罪的过程中 → 对被组织人有杀害、伤害、强奸、拐卖等行为 → 数罪并罚。

②实施本罪的过程中 → 对检查人员有杀害、伤害等行为的 → 数罪并罚。

54.盗掘古文化遗址、古墓葬罪的罪数总结：

（1）盗掘过程中，盗窃珍贵文物的，成立盗掘古文化遗址、古墓葬罪的法定刑升格条件，不再成立盗窃罪。

（2）盗掘过程中，造成（包括故意与过失）珍贵文物毁损的，成立盗掘古文化遗址、古墓葬罪的法定刑升格条件，不再成立过失损毁文物罪或故意损毁文物罪。

（3）将盗掘的文物出卖的，成立倒卖文物罪；如果卖出境外的，还成立走私文物罪，与盗掘古文化遗址、古墓葬罪并罚。

（4）盗掘行为结束后，出于其他目的故意损毁文物的，应另定故意损毁文物罪，两罪并罚。即使是为了掩盖罪行、毁灭证据而损毁文物也应并罚。

（5）采用破坏性手段盗窃古文化遗址、古墓葬以外的古建筑、石窟寺、石刻、壁画等不可移动文物的，以盗窃罪追究刑事责任。

（6）盗掘古文化遗址、古墓葬后，将其中的文物非法据为己有的，仍以盗掘古文化遗址、古墓葬罪论处。

55.行为人盗窃财物的同时盗窃了毒品，又将该毒品贩卖的，应当以盗窃罪与贩卖毒品罪实行并罚。

56.向他人贩卖毒品后又容留其吸食、注射毒品，或者容留他人吸食、注射毒品并向其贩卖毒品，符合容留他人吸毒罪的定罪条件的，以贩卖毒品罪和容留他人吸毒罪数罪并罚。

57.实施组织卖淫或者强迫卖淫犯罪行为，并有杀害、伤害、强奸、绑架等犯罪行为的，数罪并罚。

58.引诱幼女卖淫，同时又容留、介绍其卖淫的，应分别认定为引诱幼女卖淫罪与容留、介绍卖淫罪，实行数罪并罚。